数字经济政策：中国经验

毛丰付　盛来芳　辛晓睿　等著

中国财经出版传媒集团
中国财政经济出版社
· 北京 ·

图书在版编目（CIP）数据
数字经济政策 ： 中国经验 / 毛丰付等著. -- 北京 ：
中国财政经济出版社，2025. 4. -- ISBN 978-7-5223
-3897-2
Ⅰ. F492.0
中国国家版本馆CIP数据核字第2025EB2744号

责任编辑：马　真　　　　责任校对：张　凡
封面设计：卜建辰　　　　责任印制：张　健

数字经济政策：中国经验
SHUZI JINGJI ZHENGCE：ZHONGGUO JINGYAN

中国财政经济出版社 出版
URL：http：//www. cfeph. cn
E－mail：cfeph@ cfeph. cn

社址：北京市海淀区阜成路甲 28 号　邮政编码：100142
营销中心电话：010－88191522
天猫网店：中国财政经济出版社旗舰店
网址：https：//zgczjjcbs. tmall. com
涿州汇美亿浓印刷有限公司印刷　各地新华书店经销
成品尺寸：185mm×260mm　16 开　25. 75 印张　504 000 字
2025 年 4 月第 1 版　2025 年 4 月河北第 1 次印刷
定价：98. 00 元
ISBN 978－7－5223－3897－2
（图书出现印装问题，本社负责调换，电话：010－88190548）
本社质量投诉电话：010－88190744
打击盗版举报热线：010－88191661　QQ：2242791300

前言

以 5G、人工智能、大数据、云计算、区块链、量子计算等为代表的数字技术正在引发新一轮科技革命和产业变革。数字技术的创新和应用正在重构全球产业版图，重塑全球供应链，推动人类社会加速迈向智能时代。特别是新一轮人工智能大模型革命浪潮，推动人工智能从感知智能向认知智能跃升，展现出改变人类生产方式和生活方式的巨大潜力。

面对数字经济发展机遇，世界主要国家纷纷加强战略布局。美国提出“数字经济议程”，重点布局人工智能、量子计算等前沿技术，强化数字技术创新优势。欧盟发布“数字欧洲计划”和“数字十年”战略，致力于建设数字主权，推进数字化转型。日本实施“Society 5.0”战略，推动数字技术与产业社会深度融合。德国持续推进“工业 4.0”战略，加快制造业数字化、网络化、智能化转型。同时数字经济发展也面临着数据安全、算法公平、平台垄断等新型风险和挑战，各国都在积极探索适应数字时代的治理新模式。

中国数字经济发展经历了从“追赶”到“并跑”再到“领跑”的历史性跨越。20 世纪 80—90 年代，我国开始系统推进信息化建设，实施“三金”等重大工程，为数字经济发展奠定了基础。进入 21 世纪，随着互联网技术的快速发展，中国移动支付、电子商务、平台经济等新业态蓬勃发展，逐步形成了具有中国特色的数字经济发展模式。

对中国而言，发展数字经济具有特殊的战略意义。首先，数字经济是构建新发展格局的重要支撑。数字技术的赋能作用可以激活国内大市场潜力，优化供给结构，促进国内大循环。其次，数字经济是推动高质量发展的重要引擎。通过数字化转型可以提升全要素生产率，推动产业结构优化升级。最后，数字经济是塑造国际竞争新优势的重要领域。在数字经济时代，中国有机会通过数字创新实现弯道超车。

党的十八大以来，以习近平同志为核心的党中央高度重视发展数字经济，作出一系列重大战略部署。2021 年 10 月，中央政治局第三十四次集体学习专门就推动我国数字经济健康发展进行研究。习近平总书记强调，发展数字经济是把握新一轮科技革命和产业变革新机遇的战略选择。“十四五”规划纲要将数字经济发展置于突出位置，提出打造数字经济新优势，加快数字化发展，建设数字中国。

在推进数字中国建设过程中，我国形成了独具特色的“2522”战略框架体系。第一个“2”是两大基础，即夯实数字基础设施和构建数据资源体系；“5”是五位一体，推动数字技术与经济、政务、文化、社会和生态文明深度融合，加速社会经济数字化转型；第二个“2”是两大能力，即强化数字技术创新能力和数字安全保障能力；第三个“2”是两个环境，即优化国内的数字治理生态和加强数字领域的国际合作。这一框架为推动数字经济发展提供了系统性指导。中国数字经济发展的实践探索，形成了许多富有特色的经验。例如，政府引导与市场主导相结合的发展模式、统筹发展与安全的治理思路、普惠共享的发展理念等。我国也逐步形成了别具特色的数字经济政策体系。这一体系既有顶层设计，如数字经济发展战略规划，也有具体措施，如数据要素市场化配置改革方案；既注重发展，如数字产业化和产业数字化政策，也重视治理，如平台经济监管规则；既关注经济维度推进，如智慧农业、智能制造、数字金融规划，也强调生态环境保护，如环境监测与资源管理数字化举措。这些政策实践为全球数字经济治理提供了有益借鉴。

本书以数字中国“2522”体系为总纲，构建了一个完整的政策分析框架。与其他主要聚焦于政策梳理或特定领域治理的同类著作相比，本书实现了对数字经济政策体系的全方位覆盖。包括了数字基础设施建设政策、数据要素市场化配置政策、数字产业发展政策、产业数字化转型政策、数字人才培养政策、数字技术创新政策、数字经济治理政策、数字经济开放合作政策、区域数字经济协同发展政策、数字经济普惠发展政策，等等。这一框架不仅涵盖了传统的产业政策维度，还特别强调了数据要素、人才培养、安全治理等新兴领域，体现了数字经济发展的新特点和新要求。

本书不仅对中央层面的顶层设计进行了系统梳理，还整理了各地的创新举措和探索经验，并以案例的形式进行了典型政策实践分析。本书致力于为不同群体提供有价值的参考和指导，通过多维度的政策分析和丰富的实践案例，帮助读者更好地理解和把握中国数字经济政策体系，为推动数字经济高质量发展贡献力量。本书的目标读者包括三类，一是对于各级政府部门的决策者和管理者，本书提供了系统的政策框架参考，有助于把握数字经济政策的整体布局，总结了各地实践经验，可为政策制定和实施提供借鉴。二是对于企业界人士与数字经济实践者，本书提供了政策导向指引，有助于企业把握发展方向，提供了转型案例参考，可供企业借鉴学习。三是对于学术界研究者以及数字经济专业的教师和学生而言，本书可以作为重要的教学参考资料，帮助他们深入理解中国数字经济政策体系。为数字经济学科建设提供了政策研究范例和教学素材，为学术研究和人才培养提供了分析框架和实践参考。

本书的出版是一个起点，而不是终点。我们将持续关注数字经济发展趋势，不断更新完善研究成果，为推动数字经济健康发展贡献智慧和力量。同时，我们也期待与更多读者互动交流，共同探讨数字经济发展的未来方向。

毛丰付　盛来芳　辛晓睿

2024 年 12 月

目录

第一章　数字经济政策概论

第一节

数字经济：形势、问题与挑战

一、数字经济发展的形势

全球数字经济正在经历快速而深刻的变革，展现出多边合作加强、多极化以及加速发展的显著趋势。在多边合作方面，各国通过国际组织和区域合作机制，共同制定数字经济规则和标准，推动数字技术、数字基础设施和数字产业的协调发展。跨国企业和政府间的合作不断深化，通过共享技术、数据和最佳实践，促进全球数字经济的协同发展，提升整体竞争力。数字经济多极化趋势愈发明显，发达国家在技术创新和基础设施建设上继续保持领先地位，而新兴市场国家则通过政策支持和技术引进，实现快速追赶。全球范围内，数字技术的广泛应用推动了各国经济结构的调整和产业升级，电子商务、数字支付、在线娱乐和社交媒体等数字产业蓬勃发展，成为经济增长的新引擎。同时，各国在推动数字经济的过程中，注重发挥本地优势，形成了各具特色的发展模式，推动了全球数字经济的多元化发展。全球数字经济正处于加速发展阶段，技术创新、市场扩展和政策支持共同驱动了这一进程。人工智能、物联网、区块链和量子计算等前沿技术不断突破，带动了各行业的数字化转型和生产效率的提升。高速宽带网络和5G技术的普及，为数字经济的发展提供了坚实的基础设施保障。各国政府通过制定数字经济战略和实施鼓励政策，推动数字产业的快速扩展和创新创业的蓬勃发展。

（一）全球数字经济发展总体形势

1. 前沿科技创新加速，推动各行业数字化转型。近年来，全球数字技术的快速发展推动了各国的数字经济进程。美国在这一领域始终保持领先地位，硅谷成为全球创新的标杆。美国的数字技术发展得益于强大的研发投入和完善的创新生态系统，包括世界领先的高校、科研机构和科技企业。欧洲国家如德国、英国和法国在数字技术方面也有显著成就，特别是在工业 4.0 和智能制造领域。这些国家通过政府政策和企业创新相结合，推动技术进步和应用。亚洲的日本和韩国在数字技术领域的进步同样不容忽视。日本在机器人技术、自动化和人工智能方面有着深厚的积累，韩国则在 5G 网络和半导体技术方面处于全球前列。新加坡凭借其良好的政策环境和国际化视野，吸引了大量技术研发和创新企业。新兴市场国家也在加速追赶。印度的信息技术服务业蓬勃发展，成为全球重要的 IT 外包中心。巴西和南非等国在数字技术的应用上有较大进展，尽管基础较为薄弱，但正通过国际合作和政策支持逐步提升技术水平。总体来看，全球数字技术发展呈现出以下趋势：一是技术创新和应用融合加速，各国通过技术研发推动经济增长；二是跨国合作和技术转移愈发重要，新兴市场国家通过引进和消化吸收先进技术，缩小与发达国家的差距；三是技术伦理和安全问题日益突出，国际社会在推动技术发展的同时，也在加强技术规范和伦理治理。

2. 高速网络和 5G 部署提升，支撑智慧城市发展。数字基础设施是支持数字经济发展的重要基石。美国在这一领域投资巨大，其高效的互联网骨干网和广泛覆盖的 5G 网络为数字经济的蓬勃发展提供了强有力的支撑。欧洲国家也在加快数字基础设施建设，德国、法国和英国等国通过国家战略和欧盟项目，积极推进宽带网络和 5G 部署。亚洲国家同样不甘落后。韩国和日本在 5G 网络的商用化方面走在前列，新加坡则以其先进的信息通信技术基础设施和高效的城市管理系统闻名于世。澳大利亚和新西兰通过政府和企业合作，逐步提升数字基础设施水平，确保偏远地区的网络覆盖。新兴市场国家在数字基础设施建设上也在奋力追赶。印度通过“数字印度”计划，大力推动宽带网络覆盖和数字服务普及，巴西则通过“数字巴西”计划，提升互联网普及率和服务质量。非洲国家在国际援助和投资支持下，也在逐步改善数字基础设施，尽管挑战仍然巨大。总体趋势显示，全球数字基础设施建设正朝着更快速度、更广覆盖和更高质量的方向发展。各国政府纷纷制定政策和规划，推动数字基础设施升级，以适应不断增长的数字经济需求。同时，跨国合作和技术援助也在促进全球数字基础设施的均衡发展。

3. 电子政务普及，提升政府透明度和公共服务效率。数字治理是推动政府效率和公共服务质量提升的重要手段。美国在数字政府建设方面走在前列，通过电子政务和数字化公共服务，提高了政府的透明度和效率。联邦和地方政府积极应用数字技术，优化公共资源配置，提升公共服务水平。欧洲国家在数字治理方面也有着丰富的经验和实践。英国通过“政府数字服务”（GDS）计划，推动政府服务的在线化和智能化，德国则通过“数字化议程”提升政府管理的数字化水平，法国在开放数据和智能城市建设方面也取得了显著进展。亚洲国家如韩国和新加坡在数字政府领域表现突出。韩国的电子政务服务涵盖面广，服务质量高，新加坡通过“智慧国家 2025”计划，打造高效、透明和响应迅速的数字政府。日本在智能城市和数字化公共服务方面也有着显著成就。新兴市场国家也在积极推进数字治理。印度通过“数字印度”计划，大力推动政府服务的数字化和在线化，巴西通过“数字政府战略”提升公共服务的可及性和效率，南非在开放数据和电子政务方面也取得了进展。全球数字治理的发展趋势为：一是政府服务的数字化和智能化，提高公共服务的效率和质量；二是开放数据和透明政府，增强政府与公民的互动和信任；三是跨国合作和经验分享，通过国际平台和合作机制，促进全球数字治理的共同进步。

4. 电子商务和在线服务崛起，重塑传统商业模式。数字产业的发展是各国推动经济增长和提升竞争力的重要手段。美国凭借其庞大的市场规模和强大的创新能力，成为全球数字产业的领军者。硅谷聚集了大量科技巨头，如谷歌、苹果、脸书和亚马逊，这些企业在全球数字市场中占据重要地位。美国在电子商务、社交媒体、云计算和大数据等领域的领先地位，推动了数字经济的快速发展。欧洲国家也在数字产业领域表现出色。英国在金融科技、数字广告和创意产业方面具有竞争优势，德国在工业互联网和智能制造领域有着雄厚的基础，法国则在数字文化和内容产业上具有独特的优势。欧盟通过“数字单一市场”计划，促进成员国间的数字经济融合和发展。亚洲的日本和韩国在电子商务、在线娱乐和游戏产业方面发展迅速。新加坡以其开放的市场环境和优越的地理位置，成为亚洲数字产业的枢纽。澳大利亚和新西兰在数字健康和教育技术领域也取得了显著进展。新兴市场国家如印度、巴西和南非在数字产业方面表现活跃。印度的电子商务和移动支付市场迅猛发展，巴西在社交媒体和移动应用方面具有强劲的增长潜力，南非在数字金融和移动通信领域也取得了显著进步。全球数字产业的发展趋势包括：一是数字化转型加速，各行业通过数字技术提升效率和竞争力；二是电子商务和数字服务快速普及，改变了消费者行为和商业模式；三是创新创业活跃，各国通过政策支持和市场开放，鼓励数字产业的创新发展。

5. 智能制造和工业互联网应用，提升生产效率。数字技术与实体经济的深度融合是推动各国经济转型和提升竞争力的关键。美国在这一领域的领先地位得益于其强大的科技创新能力和市场应用。通过物联网、大数据和人工智能等技术，美国的制造业、农业和服务业实现了数字化升级，提升了生产效率和市场竞争力。欧洲国家在数字技术与实体经济融合方面也取得了显著进展。德国的工业 4.0 战略推动了制造业的智能化和数字化，英国在金融科技和数字健康方面实现了实体经济与数字技术的深度融合，法国在智能交通和智慧城市建设方面也取得了突破。亚洲国家如日本和韩国在智能制造和自动化领域表现突出。日本通过机器人技术和物联网实现了制造业的数字化转型，韩国在智能工厂和智能物流方面也有着领先的实践。新加坡的智慧城市建设和数字化公共服务为实体经济注入了新的活力。新兴市场国家也在积极推进数字技术与实体经济的融合。印度的数字支付和电子商务发展迅猛，推动了零售业和服务业的数字化转型，巴西在农业物联网和智能物流方面取得了显著进展，南非在数字金融和移动通信领域也实现了实体经济的数字化升级。全球数字技术与实体经济融合的趋势包括：一是智能制造和工业互联网加速发展，通过数字技术提升生产效率和产品质量；二是智慧城市和智能交通不断普及，提高城市管理和居民生活质量；三是数字金融和电子商务快速发展，推动传统商业模式的创新和变革。通过数字技术与实体经济的深度融合，各国经济将实现高质量发展和竞争力提升。

6. 全球数字经济合作不断深化，共享技术创新与市场机遇。数字国际合作是全球数字经济发展的重要推动力。美国、欧盟和新加坡等国家和地区通过签署数字经济合作协议和推进国际标准化，促进了全球数字经济的协同发展。美国通过与欧洲和亚洲国家的合作，推动了全球数字经济的标准化和规范化。欧盟通过制定统一的数字市场政策，提升了成员国间的数字经济合作水平。在亚太地区，新加坡和日本通过参与国际数字经济合作，提升了在全球数字经济中的地位。新加坡通过签署数字经济合作协议，吸引了大量国际科技公司和投资。日本则通过与亚洲国家的合作，推动了区域内的数字经济一体化。韩国和印度也在积极参与全球数字经济合作，通过与欧美国家的合作，提升了国家的数字经济水平。未来，随着数字经济的全球化发展，各国将继续通过深化国际合作，推动数字技术、数字市场和数字治理等领域的协同发展。通过签署双边和多边合作协议，参与国际标准制定，全球各国将共同推动数字经济的可持续发展，实现互利共赢。

（二）我国数字经济发展形势

近年来，中国的数字经济发展取得了显著成就，并成为推动经济增长的重要引擎。自党的十八大以来，中国政府深入实施网络强国战略和国家大数据战略，积极推进数字经济的发展。习近平总书记在多个重要场合强调，要充分发挥海量数据和丰富应用场景的优势，促进数字技术和实体经济深度融合，赋能传统产业转型升级，催生新产业、新业态、新模式，推动中国数字经济不断做强做优做大。总之，中国数字经济呈现出技术创新活跃、基础设施完善、市场蓬勃发展和治理逐步完善的态势。各国通过加强国际合作、优化政策环境和推进技术应用，不断推动数字经济的高质量发展，为全球经济注入新的动能，促进社会的全面进步和人类生活质量的提升。未来，随着数字技术的进一步发展和应用，中国数字经济将继续保持快速增长，并在全球经济中占据更加重要的地位。

1. 数字技术前瞻创新，5G 和 AI 引领全球潮流。中国在数字技术方面取得了显著的进展，特别是在 5G、云计算、大数据、人工智能、区块链等核心技术的研发和应用上。据《国务院关于数字经济发展情况的报告》和《中国数字经济发展研究报告（2023 年）》显示，中国已建成全球最大的光纤和移动宽带网络，5G 基站建设规模全球领先，累计开通基站达到百万级别，5G 用户数突破 5 亿。此外，中国在 6G 技术研发上也已启动，展示了强大的前瞻性和技术领导力。在人工智能领域，中国的发展速度同样引人注目。政府投入大量资源推动 AI 的研究与商业化应用，AI 技术已广泛应用于金融、医疗、交通和教育等多个领域。云计算市场也持续扩张，中国的几大技术公司如阿里巴巴、腾讯和华为等都在积极布局，提供基础设施即服务（IaaS）、平台即服务（PaaS）和软件即服务（SaaS）等解决方案。在未来，数字技术的发展将更加注重融合创新，新兴技术如边缘计算、量子计算和物联网将与传统行业结合，推动产业升级和经济结构优化。政府也将继续加大在基础研究和技术创新的投入，建立更多的国家级实验室和创新中心，加强国际科技合作，确保中国在全球科技竞争中保持优势。

2. 5G 覆盖广泛，数据中心规模世界领先。中国的数字基础设施建设取得了巨大的成就，如《国务院关于数字经济发展情况的报告》中所述，中国已建设全球最大的光纤网络和移动宽带网络，这为数字经济的发展提供了坚实的基础。5G 网络的推广实现了全覆盖，全国 110 个城市达到了千兆城市建设标准，5G 和光纤家庭互联网的普及极大提升了网络的可用性和速度。未来，随着“东数西算”等国家战略的实施，中国将继续推动数据中心和算力基础设施的建设，优化全国的数据资源配置。这些基础设施将支持云计算、大数据中心等现代服务的发展，加速信息资源的集成和利用。同时，政府将继续推动 IPv6 的全面部署，提升网络设施的现代化水平，确保网络安全和数据的安全传输。中国也将加强对新型基础设施的投资，如卫星互联网、物联网等，这些基础设施将为远程地区和重要行业如农业、制造业提供高质量的网络服务，实现数字化应用的全面覆盖。此外，为适应数字经济的发展，中国将进一步优化跨区域的基础设施联通性，建设高速、智能、绿色的数字基础设施网络，推动形成统一开放、竞争有序的市场环境。

3. 数字政府高效透明，服务便捷跨省通办。目前，中国政府在推动数字治理方面取得了实质性进展。政府数字化转型已从单一的服务数字化扩展到政策制定、公共资源管理和社会治理等全方位。例如，全国一体化的政务服务平台现已支持跨省通办，大量的政务服务事项实现了线上处理，极大提升了政府服务的效率和透明度。展望未来，数字政府的建设将进一步深化，特别是在提升政府决策的科学性、精准性和公开性方面。通过大数据分析、人工智能等技术，政府将能更好地预测和响应社会需求，优化资源配置。同时，数字治理也将更加注重保护公民的数字权益，加强对个人数据的保护，确保数字化转型的安全和公平。此外，中国将继续推动数字政府的国际合作，与其他国家共享治理经验，推广标准化、国际化的数字治理解决方案。这不仅能提升国内治理效能，而且有助于构建开放合作的全球数字治理体系，共同应对跨国挑战如网络安全和数据流动的管理。

4. 数字产业规模扩张，创新企业全球竞争力。中国的数字产业经历了快速发展，已成为国家经济的重要支柱。《国务院关于数字经济发展情况的报告》显示，数字产业规模持续扩大，数字内容、云计算、大数据服务等领域实现了双位数增长。特别是电子商务和在线服务业，成为推动消费和就业的重要力量。展望未来，数字产业的发展将继续加速，政府将支持数字技术在更多传统产业中的应用，如智能制造、数字农业等，通过技术创新推动产业升级。同时，中国将加大对创新型数字企业的扶持，特别是在资金、政策和市场准入等方面提供更多支持，促进一批有全球竞争力的数字经济领军企业成长。在政策层面，预计会有更多针对性的措施出台，以保护和激励创新，确保健康有序的市场竞争环境。此外，随着数字经济的全球化发展，中国的数字产业将更加积极地参与国际合作与竞争，推动国内数字产业的全球布局和国际市场的拓展。

5. 传统产业数字化转型，智能制造提升效能。随着数字技术的发展和应用普及，中国的实体经济正在经历一场深刻的数字化转型，数字技术与制造业、农业、服务业等传统行业的融合加深，大幅提升了这些行业的生产效率和创新能力。特别是工业互联网的推广，已经使得制造业的生产方式实现智能化，提高了资源利用效率和市场反应速度。未来，数实融合将继续深入，智能化、网络化、服务化成为产业发展的主要趋势。政府将加大对关键技术研发的投入，如物联网、人工智能、区块链等，推动这些技术在各行各业中的应用。同时，加强顶层设计，完善相关法规和标准，确保技术融合的安全和效率。此外，随着消费者对个性化、智能化产品和服务需求的增加，企业将更多采用数字技术来满足这些需求。这不仅可以推动产品和服务的升级，也将促进新的业务模式和经济增长点的形成。

6. 数字合作全球布局，共建开放数字经济。中国在推动数字国际合作方面表现出积极态度，通过一系列国际论坛、多边和双边协议加强与世界各国的交流与合作。在“一带一路”倡议框架下，中国积极推进数字经济国际合作。截至目前，中国已与16个国家签署“数字丝绸之路”合作谅解备忘录，并与24个国家建立“丝路电商”双边合作机制。这些合作不仅促进了中国与相关国家的数字经济发展，还为全球数字经济的发展作出了重要贡献。通过分享技术、经验以及共同制定国际规则，中国致力于促进全球数字经济的均衡发展。未来，中国将继续强化与国际伙伴在数据治理、网络安全、跨境电商和智慧城市建设等领域的合作。同时，中国也将利用自己在数字技术方面的优势，帮助发展中国家提升数字化水平，缩小全球数字鸿沟。此外，中国将积极参与全球数字经济治理体系的建设，推动形成更公平、透明的国际数字经济规则，确保数字技术的健康发展和全球信息安全。

二、数字经济面临的挑战

（一）关键领域创新能力不足

近年来，随着全球科技竞争的日益激烈，自主创新能力已经成为国家核心竞争力的重要体现。然而，我国在多个关键技术领域的短板明显，具体表现为技术自主性不强，依赖国外进口的现象较为普遍。例如，高端芯片作为现代信息社会的重要基础，其研发和生产在很大程度上依赖进口，这不仅制约了我国科技产业的自主发展，还在国际贸易摩擦中显得尤为脆弱。工业软件方面，国内企业的研发投入和市场占有率均不及国外巨头，导致工业生产效率和智能化水平受到限制。基础材料的自主研发能力薄弱，严重影响了我国制造业的高质量发展。在高性能金属材料、特种合金、复合材料等领域，我国的技术水平和生产能力尚有很大提升空间。基础材料作为制造业的基础，其研发能力的不足直接影响了我国在高端制造业领域的国际竞争力。传统产业数字化发展相对滞后，进一步加剧了关键领域创新能力不足的问题。农业和工业等传统产业的数字化转型仍面临诸多挑战，部分企业在转型过程中存在“不愿”“不敢”“不会”的困境，中小企业的数字化转型尤为困难。这种状况导致我国在新一轮科技革命和产业变革中，难以充分发挥数字经济的潜力。

（二）产业链发展面临技术封锁

中国在产业链发展中面临着显著的技术封锁问题，这种情况主要表现在关键核心技术的薄弱和对国外技术的高度依赖上。一方面，中国的许多产业存在“缺芯”“少核”“弱基”等问题。光刻机、高端芯片、操作系统、航空钢材等关键技术领域是中国目前最为薄弱的环节。以光刻机为例，它是芯片制造的核心设备，制造一部光刻机需要超过10万个零部件，涉及数学、光学、流体力学等多个领域的顶尖技术。而中国在这些基础研究和关键领域的创新能力仍显不足。在全球生产与分工体系中，中国缺乏话语权和主动权，自给率不到16%的芯片就是一个显著的例子。同时，工业软件的95%仍依赖进口，这进一步暴露了中国在研发设计类工业软件方面的短板。另一方面，中国的产业链供应链自主可控能力较弱。在“逆全球化”趋势加剧的背景下，技术封锁使得中国本土企业在全球产业链中丧失了议价能力和价值分配的主动权。在高端芯片、机器人、人工智能、高端数控机床等关键领域，中国存在明显的研发能力、技术能力和制造能力的短板。技术上的封锁不仅限制了中国在这些领域的创新发展，还导致中国在国际市场上面临被动局面（干勇等，2022）。

（三）数字鸿沟存在进一步扩大风险

中国在数字经济时代面临着显著的数字鸿沟问题，并且这种鸿沟有进一步扩大的风险。数字鸿沟主要体现在地域、人群、行业和制度四个方面，导致了数字技术应用和普及的不均衡，并可能引发更加严重的社会和经济不平等。首先，地域鸿沟是数字鸿沟的一个显著特征。中国各地区在经济发展水平和数字基础设施建设方面存在显著差距，这种差距造成了不同地区之间数字资源获取的极度不均衡。在数字技术进步迅猛的当下，一些欠发达地区的居民往往难以接触到先进的数字技术和相关服务，这不仅限制了他们获取信息的渠道，还减缓了这些地区的经济社会发展步伐（焦豪等，2023）。其次，人群鸿沟也是数字鸿沟的重要组成部分。不同年龄、学历、社会经济地位的人群受数字技术的冲击程度有显著的差异。年轻人更容易适应数字化时代的要求，学习新的知识和技能去获得新岗位，而中老年工作者则面临着更大的挑战。再次，行业鸿沟是数字鸿沟的另一个重要方面。当前，各行业在数字化应用方面存在显著差异。一些技术密集型行业已经实现了高度的数字化，而传统制造业、农业等领域的数字化步伐则相对缓慢（刘瑞明和许元，2024）。最后，制度鸿沟也在数字技术的推广和应用中起到了重要作用。当前的法律法规和标准规范尚未完全适应数字时代的发展需求，导致数字技术在跨越地域、人群和行业时面临诸多阻碍和风险（江小涓和黄颖轩，2021）。总体来说，中国在数字经济时代面临的数字鸿沟不仅存在进一步扩大的风险，而且这种鸿沟的扩大将可能导致更为严重的社会问题。

（四）数据资源价值尚未充分释放

中国当前数据资源价值尚未充分释放的现状主要体现在三个方面。第一，公共数据的确权和估值机制尚不完善，导致数据资源的使用和交易存在较大障碍。目前，公共数据的确权尚未形成一致的观点，这与对数据特性认识不充分、数据利益诉求多样以及数据确权的方式不够科学有关。公共数据确权是数据安全保障的重要前提，因为明确的数据权属可以规范数据的使用和分享，防止数据滥用、篡改或未经授权的访问。第二，公共数据估值体系不健全，导致数据资源价值难以准确评估和体现。数据估值是公共数据安全保障的条件之一，因为它有助于识别数据的价值和重要性。通过公共数据估值，可以更好地理解其对于赋能政务治理、赋能经济发展、赋能共同富裕的意义，促使政府和相关组织确保对数据安全的投入和管理，平衡数据的利益和风险，推动公共数据安全和创新利用的平衡发展。然而，目前我国部分地区虽然已经开始实施公共数据资产估值，但整体进展较慢，方法和标准尚需统一和完善。此外，公共数据安全治理体系建设滞后，难以为数据开放和利用提供有力保障。数据安全治理需要“技术—社会—法律”的联动，合适的数据安全制度与要求可以有效助力公共数据安全保障。建立公共数据安全治理体系主要涉及公共数据安全制度及要求、公共数据安全治理主体、公共数据安全保护责任与义务以及公共数据安全追责等方面。目前，我国在这些方面的实践还处于起步阶段，各地政府和组织在制度建设和实施上还存在较大差距，导致公共数据安全保障的有效性和可持续性不足。第三，数据交易生态系统尚未形成，数据资源市场化配置机制有待完善。数据交易生态系统是数据共享和交易的基础，数据要素视角下的公共数据安全保障研究表明，公共数据确权、数据估值、安全治理体系的建立共同构成了数据要素视角下公共数据安全保障的若干问题（王英和马海群，2024）。

（五）数据安全和网络安全形势严峻

中国当前数据安全和网络安全形势严峻。随着数字经济的深入发展，数据已经成为推动经济社会发展的核心要素。然而，伴随着数据的快速增长和广泛应用，数据安全问题日益突出，公共数据的泄露、误用和篡改等安全事件频繁发生，给国家安全和公共利益带来了重大威胁。近年来，随着信息技术的不断进步和互联网的普及，数据已经渗透到社会经济生活的方方面面，成为推动国家治理现代化和经济高质量发展的重要动力。各级政府部门掌握了海量公共数据，而这些数据的开放利用是激活数字经济的重要举措。例如，政府在提供公共服务和管理社会事务过程中积累了大量的个人信息、企业数据和社会数据。这些数据在推动智能城市建设、提升公共服务效率、促进产业升级等方面发挥了重要作用。然而，数据开放利用也伴随着巨大的安全风险。由于技术性职能常常被委托给私人企业，这容易引发公共数据泄露、误用和修改等安全问题。例如，在数据处理和传输过程中，数据可能被非法获取、篡改或删除，导致信息泄露和数据失真。同时，数据使用方可能会再次拷贝、过度使用甚至再次贩卖，进一步加剧了数据安全问题。这些问题的存在使得公共数据安全保障显得尤为重要，它是公共数据开放交易的基础（张涛等，2024）。

（六）数字治理体系亟待完善

中国当前的数字治理体系亟待完善，面临多重挑战与不足。随着数字技术的快速发展，数字治理作为国家治理现代化的重要组成部分，正逐步渗透到政治、经济、文化和社会等各个领域。然而，现有的数字治理体系在实施过程中出现了显著的价值偏离和治理难题，亟须系统性调整和优化。一方面，数字治理的价值偏离问题突出。数字技术的应用虽然提升了治理效率，但也导致了一系列新问题。例如，数字技术的不当利用可能侵害个人权利，使得个人信息在公共领域和私人领域之间的区隔被打破，个人信息安全面临严峻挑战。此外，过于依赖技术而忽视人的主体价值，导致社会和人的向度被过度简化，形成了“数字利维坦”，即一种数字技术主导的控制体系，削弱了人的主体地位和权利保障（马长山，2019）。另一方面，数字治理动机的偏离引发新的治理难题。一些政府部门为了数字化转型和树立数字化形象，推出了许多政务应用软件，但这些应用在开发设计之初就脱离了群众的现实需求，导致形式主义严重，增加了群众的困扰，背离了政府数字化转型的初衷（钟伟军，2019）。此外，由于技术的便利性，一些政府部门滋生出“懒政”思想，形成了“数字官僚主义”现象，进一步加剧了治理的复杂性和不透明性（祁壮和莫漫漫，2024）。

第二节

中国数字经济政策体系

一、数字经济政策的基本概念

目前已有文献对于数字经济政策的影响效果及机制进行研究，但大多数学者往往将政策中含有数字经济或同类的词语进行文本分析（卜令通和张嘉伟，2023），而将数字经济进行分解，对数据安全（张倩等，2024）、数字文化（杜荷花和周环，2024）、数字政府（朱晋昆和王华，2023）等主题进行政策分析的文献也不在少数，但少有学者对数字经济政策的范围及含义给予界定。大多数政府文件将数字经济政策简单地定义为国家为深入贯彻国家数字经济发展战略而提出的一个政策。陶长琪和丁煜（2022）认为，数字经济政策包含对数字经济发展的促进、规制和治理政策。数字经济政策颁布的目的在于为企业数字化转型提供良好的公共服务机制和营商环境，推动地区数字经济发展水平的提升。从目前研究来看，学术界对于数字经济政策的研究多处于政策分析及量化的角度，理论层面的分析及讨论较少。

本书将尝试根据现有的政策文件和学术研究，对数字经济政策的研究对象及范围进行初步界定。数字经济政策旨在服务于数字经济的发展目标，并解决数字经济发展过程中出现的问题。这些政策覆盖了广泛的领域，包括信息基础设施建设、数据保护与隐私、数字技术创新、产业升级、就业与教育、市场监管和国际合作等方面。通过制定和实施这些有效的政策措施，政府可以促进数字技术的广泛应用和深度融合，推动传统产业的数字化转型和新兴产业的快速发展，保障数据安全与隐私，激励创新创业，提升劳动力的数字技能，营造公平竞争的市场环境，并加强与国际社会在数字经济领域的合作。这些政策不仅为数字经济的可持续发展提供了坚实的保障，还为整个社会经济的高质量发展注入了新的动力。

二、数字经济政策的分类

（一）按照政策层级分类

目前，对于政策的研究，主要是按照层级进行分类。具体而言，可以将政策分为国家级政策和地方级政策。国家级政策是由中央政府制定并实施的，具有全国范围的适用性和影响力，涵盖了国家整体发展的方方面面。具体地，国家级政策包括法律、行政法规、部门规章、党内法规制度和团队规定。这些政策的制定过程通常涉及广泛的调查研究和科学论证，旨在从宏观层面指导国家的经济、政治、文化、社会等各方面的发展，确保国家的统一和稳定。国家级政策中的法律是由全国人民代表大会及其常务委员会制定的，具有最高法律效力。行政法规由国务院制定和发布，是国家行政管理的重要依据。部门规章则由国务院各部委根据法律和行政法规的授权制定，用于规范特定领域的行政管理活动。党内法规制度是中国共产党制定的党内规章制度，规范党的各级组织和党员的行为。此外，团队规定是由国家级团队或工作组制定的政策，用于特定任务或项目的指导和管理。示例文件如表 1－1 所示。

表 1－1　　数字经济中央政策按效力级别划分（示例）

等级	标题	发布日期
法律	中华人民共和国国民经济和社会发展第十四个五年规划和 2035 年远景目标纲要	2021.03.11
行政法规	关于印发全国一体化政务大数据体系建设指南的通知	2022.09.13
	关于加强数字政府建设的指导意见	2022.06.06
	关于印发“十四五”数字经济发展规划的通知	2021.12.12
部门规章	工业和信息化部办公厅关于开展 2024 年“数字适老中国行”活动的通知	2024.04.29
	财政部、工业和信息化部关于开展中小企业数字化转型城市试点工作的通知	2023.06.12
	《数字中国发展报告（2020 年）》	2021.07.02
	关于发展数字经济稳定并扩大就业的指导意见	2018.09.18
党内法规制度	关于构建数据基础制度更好发挥数据要素作用的意见	2022.12.02
	《关于加强新时代高技能人才队伍建设的意见》	2022.10.07
	提升全民数字素养与技能行动纲要	2021.11.05
	《数字乡村发展战略纲要》	2019.05.16

续表

等级	标题	发布日期
团队规定	关于印发《“银龄跨越数字鸿沟”科普专项行动方案（2022—2025年）》的通知	2022.11.11
	关于实施“科技助力乡村振兴行动”的意见	2022.07.13
	关于申报中国科协2022年度研究生科普能力提升项目的通知	2022.05.31
	关于印发《中国科协2022年科普工作要点》的通知	2022.02.25

地方级政策则是由各级地方政府根据自身区域的具体情况和需求制定的。这些政策具有较强的地域性和针对性，旨在解决地方实际问题，促进地方经济社会的发展。具体来说，地方级政策可以进一步分为地方性法规、地方政府规章、地方规范性文件和地方工作文件。地方性法规是由地方立法机关制定的，具有法律效力的规范性文件，通常在地方的立法权限范围内进行。地方政府规章是由地方政府根据法律授权制定的行政管理规范性文件，旨在实施国家法律和政策的具体措施。地方规范性文件则是各级地方政府及其部门根据地方实际需要，制定的具有普遍约束力的规范性文件，用于指导和规范特定领域的管理和操作。地方工作文件是地方政府在具体工作过程中形成的指导性文件，通常包括工作计划、工作报告、工作总结等，主要用于具体工作的安排和部署（见表1-2）。

表1-2　　数字经济地方政策按效力级别划分（示例）

等级	标题	发布日期
地方性法规	湖南省数字经济促进条例	2024.05.30
	太原市大数据发展促进条例	2023.12.08
	浙江省数字经济促进条例	2020.12.24
地方政府规章	芜湖市建设算力中心城市促进办法	2024.02.07
	上海市信息基础设施管理办法	2023.01.19
	山东省公共数据开放办法	2022.01.31
地方规范性文件	兰州市人民政府办公室关于印发《兰州市加快数字经济高质量发展实施意见》的通知	2024.04.09
	浙江省通信管理局等十八部门关于印发《浙江省“信号升格”专项行动实施方案》的通知	2024.04.09
	山东省发展和改革委员会关于印发《山东省数字产业重点项目管理办法》的通知	2024.03.29
地方工作文件	广东高院发布8起“促进新质生产力发展”知识产权保护典型案例	2024.06.12
	广州市人民政府办公厅关于印发广州市数字经济高质量发展规划的通知	2024.04.30
	浙江省人民政府办公厅关于深化数据知识产权改革推动高质量发展的意见	2024.04.28

通过分类，可以更加系统和全面地分析和理解政策的制定过程、实施效果以及其对不同层级社会经济发展的影响。研究国家级政策和地方级政策的不同之处和相互作用，有助于揭示政策实施中的问题和挑战。例如，在国家级政策层面，研究可

以揭示政策在宏观层面上的执行情况以及其对全国范围内各个领域的影响。而在地方级政策层面，研究则可以详细探讨地方政府如何根据具体情况和需求制定和实施政策，分析这些政策在地方经济社会发展中的作用和效果。这种研究不仅有助于揭示政策实施中的问题和挑战，还能为未来的政策制定提供科学依据和改进方向。通过对现有政策的系统分析，可以总结出成功经验和不足之处，从而为新政策的制定提供有价值的参考，有助于促进政策的科学化、合理化和有效性，提高政策的执行效果和社会满意度。最终，这将推动政策在实现社会经济发展目标方面发挥更大作用，确保国家和地方的可持续发展。

（二）按照政策性质分类

政策按照其性质可以分为多种类别，每种政策都在经济和社会发展中发挥着独特的作用。具体而言，政策主要包括产业政策、财政政策、货币政策、投资政策、技术政策、消费政策和价格政策等。

产业政策是国家根据国民经济发展的内在要求调整产业结构和产业组织形式，从而提高供给总量的增长进度，并使供给结构能够有效地适应需求结构要求的所有政策措施及手段的总和。它是一种既可以调节供给，又可以调节需求，但主要是通过调节供给从而实现供给与需求的总量平衡和结构平衡的宏观经济政策，其内容主要包括产业结构政策和产业组织政策。产业政策是国家最关键的宏观经济政策之一。这类政策通常包括对某些行业的补贴、税收优惠、技术支持和市场准入等方面的规定，旨在增强特定产业的竞争力，推动经济结构优化和产业升级。

财政政策涉及政府的收入和支出行为，主要通过税收和公共支出来调节经济活动。财政政策的主要工具包括税率调整、政府支出规划、预算管理等，通过这些工具，政府可以刺激经济增长、控制通货膨胀、实现收入分配的公平性。从宏观经济调节的角度来看，商品经济条件下的财政政策既可以实行平衡的财政政策，也可以实行非平衡的财政政策；非平衡往往是财政政策在商品经济条件下发挥其调节作用的一种不可缺少的手段。但是，这里的平衡本身并不是财政政策的目标，更不是宏观经济的基本目标，而是实现财政政策目标和宏观经济目标的手段。作为政策手段，它所着眼的是近期，是过程，有一个相机抉择的问题。作为政策目标，它所着眼的是长远，是趋势，有一个相对稳定的问题。

货币政策由中央银行负责实施，主要通过调节货币供应量和利率水平来影响经济活动。货币政策的主要工具包括公开市场操作、调整存款准备金率和再贴现率等。通过这些措施的落实，中央银行可以调节市场上的货币流动性，影响投资和消费行为，从而稳定经济增长和控制通货膨胀。货币政策在我国只是近几年才作为重要的宏观经济政策发生作用的。在传统体制下，社会总产值和国民收入水平基本上由国家的指令性计划直接控制，企业以执行和完成国家下达的计划指标为己任，其生产活动很少受市场供求状况的直接影响，货币的作用被严格地限制在狭小的范围内，仅仅是计量的筹码，因而财政政策对国民经济活动起决定作用，货币政策的作用只不过是通过货币投放而保证财政政策的作用得以实现，本身对整个国民经济运行并没有多大的调节作用。但是随着经济体制改革的逐步深入，商品经济得到了很大的发展，货币的作用范围迅速扩大，货币政策有了深厚的作用基础，已成为重要的甚至比财政政策具有更强调节作用的宏观经济政策。

投资政策旨在引导和规范投资行为，以促进经济增长和结构调整。投资政策的具体措施包括投资项目审批、投资优惠政策、投资环境优化等。这类政策不仅关注国内投资，还涉及吸引外资和对外投资的相关规定和鼓励措施。与产业政策、货币政策、财政政策等相比，投资政策更能直接调节国民经济活动。投资规模及结构在短期内可以通过投资需求总量及结构而影响社会供给与需求的总量及结构，在长期内可以通过所形成的供给总量及结构对社会供给与需求的总量及结构起决定作用。因此，以调节投资规模与结构为主要内容的投资政策，是调节社会供给与需求的总量及结构的重要宏观政策。特别是由于产业政策、货币政策、财政政策等宏观经济政策的调节作用也要通过投资政策的具体作用而实现，因而，投资政策在社会主义经济政策体系和宏观经济调节中占有非常重要的地位。

技术政策是政府为推动科技进步和创新而制定的政策措施。这类政策通常包括科研经费投入、科技成果转化支持、知识产权保护、技术标准制定等方面的内容。通过实施技术政策，政府可以促进科技创新，提高国家的科技竞争力和自主创新能力。科学技术是经济发展的推动力，它不断地创造着新的、更完善的生产力因素，决定着经济活动的规模和经济结构的变化。它是现代经济活动中不可缺少的极为重要的组成部分，是国民经济发展的主要杠杆。据有关部门统计，在影响技术形成阶段，将自然科学基础理论与生产实践中取得的经验结合在一起形成各种工艺操作方法和技能，技术是科学与生产之间的中介。生产阶段就是技术的具体运用，创造物质产品的过程。物质生产中的三要素，其中的劳动者从一定意义上讲是技术的人格化，而生产资料则是技术的物化，生产过程也就是技术借助生产三要素发挥作用的过程。科学知识为技术的产生、发展提供理论基础，而生产的需要则是技术产生推广的强大动力。当然技术的发展还有其内部原因，即技术本身各要素、各个组成部分之间的矛盾运动，分化组合使其有一个内在的不断上升的趋势。

消费政策是政府为促进消费需求、引导消费结构升级和提高消费水平而制定的政策措施。这类政策通常包括消费信贷、消费补贴、消费税收优惠、消费环境优化等方面的内容。消费政策主要从两个方面对社会供给与需求的总量平衡及结构平衡发生调节作用：一方面，消费作为社会需求的重要构成部分，可以影响社会需求的总量及结构，通过社会需求的变动而调节社会供给与需求的总量平衡及结构平衡；另一方面，消费可以对供给起到拉动作用或抑制作用，通过供给的变动而对社会供给与需求的总量平衡及结构平衡发生调节作用。另外，消费也是影响社会经济利益关系的重要因素。因此，以调节消费活动为内容的消费政策，是调节宏观经济运行的重要宏观经济政策。

价格政策是政府通过直接或间接手段影响市场价格水平的政策措施。价格政策的具体工具包括价格管制、价格补贴、价格稳定基金等。通过这些手段，政府可以调控市场价格，防止价格过度波动，保障消费者利益，稳定市场秩序。在西方经济学中，价格政策被看作微观经济政策。因为在西方资本主义国家，价格的主要形式是自由价格，价格的形成、结构以及价格的运动，都是由市场决定或起主导作用的，价格水平同样受到市场机制的自发调节。但是在我国社会主义商品经济中，价格的形成、结构、水平、形式、运动等方面不仅受到市场的影响，而且受到市场以外的社会、经济、政治等因素的影响。国家有意识地设计和运用价格政策，不仅能够影响价格自身的运动，而且能够通过对价格运动的影响，间接影响微观经济单位的行为和社会经济活动的其他方面。因此，价格政策的设计和运用就成了社会主义宏观经济管理的重要内容之一。

三、数字经济政策的意义和作用

（一）助推技术创新全面发展

中国的数字经济政策在推动技术进步方面发挥了至关重要的作用，通过优化技术创新要素配置、提升技术创新过程效率、弥合技术创新供需差距，以及多样化技术创新方式，全面促进了技术创新。具体而言，数字经济政策通过推动数据共享机制，提升了资金、技术、人才等创新要素的协同效应，并显著提高了创新要素的生产率。数字经济政策的实施，促进了大数据技术和数字化平台的广泛应用，有效缓解了信息不对称问题，降低了技术创新成本，增强了技术创新的可追溯性。这不仅提高了企业在研发过程中的透明度和效率，还使得资源配置更加合理，减少了创新过程中的浪费和重复投入。例如，通过大数据分析，企业能够更准确地预测市场需求和技术趋势，从而制定更具针对性的研发策略。此外，数字经济政策还通过快速捕捉市场需求，帮助企业准确发现技术创新机会，弥合市场供需差距，提升市场适应能力和应用创新能力。通过建立灵活高效的市场反馈机制，企业能够及时调整研发方向，确保技术创新与市场需求的无缝对接。这不仅增强了企业的竞争力，也提高了技术创新的成功率和市场应用的广泛性。最终，这些政策促进了技术创新主体和方式的多样化，推动了数字创新生态系统的形成，增强了整体创新效能。在政策的引导下，企业、科研机构和高等院校之间的合作更加紧密，创新资源得到了更有效的整合和利用，形成了多层次、多元化的技术创新格局。总之，中国的数字经济政策为技术进步提供了坚实的基础，企业应充分利用这些政策机遇，积极开展技术创新活动，为实现高质量发展贡献力量。通过持续的技术创新和优化，中国企业将在全球竞争中占据更加有利的地位，推动国家经济实现更高质量的发展目标。

（二）构建中国双循环经济新格局

中国的数字经济政策在促进经济增长方面发挥了至关重要的作用。世界经济的数字化转型是大势所趋，新的工业革命将深刻重塑人类社会。数字经济不仅成为新发展格局的有机组成部分，还在国内大循环和国外大循环中起到关键的衔接作用。政府通过财政补贴、税收优惠和技术研发支持等措施，大力推动信息技术和高新技术产业的发展，这不仅提升了科技创新能力，还促进了数字经济与传统产业的深度融合，推动了传统产业的数字化转型和升级。此外，中国的数字经济政策强调开放和国际合作，提出"国内国际双循环"的发展格局，数字经济在其中起到了桥梁作用。在国内循环中，数字经济通过科技创新和产业优化，提高了经济自主性和抗风险能力；在国际循环中，中国的高科技企业积极参与国际竞争，提升了在全球数字经济中的话语权和竞争力。数字经济的发展还带来了就业市场的新变化，创造了新的就业机会，促使劳动力提升数字技能和整体素质，特别是在数字经济较发达的地区，失业率显著低于其他地区。基础设施建设方面，中国还注重完善高速宽带网络、5G 基站和大数据中心，为数字经济的发展提供坚实基础，推动了云计算、人工智能等新兴技术的应用和发展（王照明，2020）。总之，通过科技创新、政策支持和国际合作，中国的数字经济政策不仅提升了经济增长速度，还增强了经济发展的质量和可持续性，未来将继续推动中国经济实现高质量的发展目标。

（三）为社会发展注入了新动力

中国的数字经济政策在促进社会发展方面发挥了重要作用。数字经济作为一种新兴的经济形态，对社会经济发展产生了深刻而广泛的影响，具体体现在以下几个方面。首先，数字经济显著促进了社会创新和公共服务的提升。通过提供更多的信息、更好的沟通和更便捷的服务，数字经济为社会创新带来了新的机遇。例如，数字技术在教育、医疗、交通和环保等领域实现了跨界创新和智能服务，如在线教育、远程医疗、智能交通和智慧城市等。这些创新不仅提高了服务质量和效率，还拓展了服务的覆盖面，显著改善了公众的生活质量。其次，数字经济为政府治理和公民参与提供了更多的途径和平台。数字技术通过提升信息透明度和沟通效率，增强了社会管理水平和公民生活质量。例如，数字政府、数字社会和数字文化等概念正在成为现实，实现了政务服务、社会治理和文化传播的便捷化、智能化和人性化。这种技术驱动的社会管理模式，不仅提高了政府的行政效率，还促进了公民更广泛地参与社会事务，增强了社会的凝聚力和公信力。最后，数字经济政策促进了社会的全面发展，特别是在提升就业和技能水平方面。数字经济的发展不仅创造了大量的新就业机会，还促使劳动力提升数字技能和整体素质。例如，数字经济较发达的地区失业率显著低于其他地区。这种趋势表明，数字经济不仅为经济增长提供了动力，还推动了社会各阶层的共同进步，缩小了地区间的发展差距。此外，数字经济在应对全球性挑战和推动国际合作方面也发挥了重要作用。数字经济作为一种跨越国界和地域的经济形态，为国际合作和全球治理带来了新的契机。例如，数字技术在应对新冠疫情、气候变化和网络安全等领域发挥了关键作用，增强了国际协调与合作。这种全球化视野的数字经济政策，不仅提升了中国在国际舞台上的影响力，还促进了全球社会的共同发展与繁荣。中国的数字经济政策通过多方面的努力，促进了社会的全面进步和发展。从提升社会创新和公共服务质量，到增强政府治理和公民参与，再到促进就业和技能提升，数字经济政策的实施为社会发展注入了新的活力和动力。未来，随着数字经济的进一步发展和政策的不断完善，中国社会将继续在数字经济的推动下实现高质量的发展目标。总之，数字经济不仅是经济增长的引擎，更是社会进步的重要推动力，为实现社会的全面发展提供了坚实的基础和广阔的前景。

（四）提升公共服务质量和政府治理效能

中国的数字经济政策在提升公共服务质量和政府治理效能方面发挥了显著作用。政府通过推进数字经济发展，为产业数字化和数字产业化提供了有力支撑。例如，通过对区域或行业内龙头企业的定向补贴，政府鼓励这些企业进行数字化转型，并通过“同群效应”带动其他企业的整体转型。政府还加速推进直播、电商、移动社交等在线新经济形态的发展，推动数字技术与服务业的融合，催生新产品、新服务和新模式。实现以公众需求为导向的“互联网＋政务服务”治理效能的提升，必须以政府作为供给侧主体的数字化转型为前提。通过加强数字基础设施建设、提升在线政务服务水平和促进数据平台的开放共享，政府改进了公共服务的过程与结果，提升了公众的数字化服务体验，形成了公众需求与政府供给之间的双向互动和正向循环。满足人民群众对美好生活的向往，缓解区域、城乡、行业发展不充分不均衡导致的社会矛盾，提升人民群众的获得感、幸福感和安全感，是建设服务型数字政府的根本出发点和落脚点。此外，数字政府通过数字技术赋能营商环境建设，不断优化数字营商环境。利用互联网平台、大数据中心和移动终端，政府将数字化技术应用于行政审批和市场监管等政务服务场景，提高了市场运行效率。通过打造线上线下一体化的政务服务标准，确保企业和公众能够便捷地获取政务服务，提高了政府服务的精准性和有效性。总之，中国的数字经济政策通过建设数字政府，不仅显著提升了公共服务质量，还大幅度提高了政府治理效能。数字政府在提升服务水平、优化职能体系和加强市场监管方面发挥了重要作用，为社会发展注入了强劲的新动力。

第三节

中国数字经济政策的演变

目前，对于政策阶段划分的研究尚未形成统一的标准。学者主要基于间断—均衡理论与政策范式理论，利用关键政策、标志性历史事件（如领导人的重要讲话、重要会议的召开）、政策发布数量变化等因素，分析政策核心理念的变化，从而对政策阶段进行划分。师博等（2022）将中国数字经济政策以 2017 年为界简单地分为前期和形成期两个阶段，将党的十九大提出的“推动互联网、大数据、人工智能和实体经济深度融合，在中高端消费、创新引领、共享经济、现代供应链等领域培育新增长点、形成新动能”等观点作为标志。李雯轩和李晓华（2022）则以 2000 年和 2016 年为节点，总结三个阶段数字经济政策的特点分别为“连接”互联网、“分享、共享、融合”以及平台化智能化。而最近的文献中，诸葛凯等（2024）将 2000—2022 年的数字经济政策发展分成三个阶段，分别为 2000—2012 年的萌芽期、2013—2017 年的探索期以及 2018—2022 年的提升期。与此同时，秦海波等（2024）参考黄萃等（2015）科技创新政策的发展历程，将我国数字经济政策划分为萌芽（1977 年 12 月至 2000 年 10 月）、信息化（2000 年 10 月至 2014 年 2 月）、“互联网 +”（2014 年 2 月至 2017 年 10 月）以及数字经济（2017 年 10 月至今）四个演进阶段。由此可见，对于数字经济政策演变阶段的划分方式及结果不一。本书在回顾和梳理中国科技创新政策的发展历程之后，结合科技创新的关键事件及其政策分布的时间序列，进行重新划分，包括信息化（1980—2000 年）、两化融合（2000—2017 年）和数字化（2017 年至今）三个主要阶段。在信息化阶段，政策主要集中在推动信息技术的普及与应用；在两化融合阶段，政策重点是促进信息技术与传统产业的深度融合；在数字化阶段，政策则更加关注数字技术的创新与全面应用。通过对这些阶段的深入分析，可以更好地理解我国数字经济政策的演变轨迹和未来发展方向。

一、信息化发展基础阶段（1980—2000 年）

（一）技术发展历程

20 世纪 80 年代，我国邮电通信产业进入了快速发展的时期。十年间在国家一系列政策的扶持下，我国邮电业务总量以年均 15.3% 的速度增长，总体通信能力翻了近两番，初步形成了以北京为中心，多种通信手段相结合，以公用通信网为主体，专用通信网为补充的通达全国各地的综合通信网络。到 1990 年，全国电话交换机总容量由 1980 年的 660 万门增加到 1990 年的 2057 万门，电话普及率由 1980 年的 0.43% 提高到 1990 年的 1.11%。在公用网发展的同时，铁路、电力、石油、交通等部门在不同范围内建立和发展了各类专用网。在市话范围内，基本实现了各专用网与公用网的联网运行，产生了良好的社会效益和经济效益。20 世纪 90 年代，是中国电信业发展的关键时期。在电子技术和通信技术取得长足进步的背景下中国电信业也经历着深刻的变革。改革开放后，中国开始实施“邮电分营”，之前由邮电部统一管理的邮政和电信业务开始分开经营。这标志着中国电信业市场化改革的开端。到 90 年代末期，我国初步建成了以数字通道为主，技术多样、业务多元、安全可靠、开放兼容的现代化数字通信网。

（二）标志性会议及文件

我国电子信息产业的行业管理部门进行了五次机构改革，其中四次处于 1980—2000 年。第一次为 1981 年第四机械工业部更名为“电子工业部”，电子工业由军口划归民口，使骨干军工企业迅速拥有民品生产能力。第二次为 1988 年变更为“机械电子工业部”，实行大行业管理，开展部际、部省多层次对话，对行业和地方电子工业发展加强协调、指导，成立 CEC 集团。第三次为 1993 年重建“电子工业部”，实行大行业管理（战略、布局、政策、国有资产）并提出了“市场导向，内外结合，以外促内，加快发展”的总体战略，把利用国外市场摆在了战略位置，强调要把国内、国外看成统一的大市场，把开展国际贸易合作，扩大电子产品出口摆在更加重要的位置。第四次为 1998 年组建“信息产业部”，推动电信重组与调整，实现政企分开、国企改革三年脱困。

1983 年，《关于加快发展电子工业的报告》阐明了电子工业的地位和作用，提出了电子工业的发展目标与方针措施，反映了电子工业发展需要国家支持和解决的问题，并提出了相应建议。1984 年 2 月，召开电子工业厅局长会议，提出了“打基础，上水平，抓质量，求效益，翻三番，超十年”的十八字总任务、总目标。在我国电子工业发展进程中，起到了重要的动员、指导与促进作用，使电子工业从“六五”时期前两年相对低速的增长（产值增长率分别为 7.9% 和 0.16%），实现了高速腾飞（1983—1985 年年增长率分别为 30%、47.6%、33.5%）。

1985 年，党中央发布了《中共中央关于科学技术体制改革的决定》，提出了“经济建设必须依靠科学技术，科学技术工作必须面向经济建设”的战略方针，强调“尊重科学技术发展规律，从我国的实际出发，对科学技术体制进行坚决的有步骤的改革”的主要内容。改革包括运行机制、组织结构和人事制度等方面，旨在营造人才辈出、人尽其才的良好环境。科技体制改革的进程全面展开，随后《国务院关于进一步推进科技体制改革的若干决定》《国务院关于深化科技体制改革若干问题的决定》等文件相继出台，进一步深化了科研道路的探索方向。中国应当以自己的方式发展高科技。在邓小平的决策下，中国把发展高技术及其产业确定为改革开放新时期科技工作的重要战略任务。

1985—1987 年，我国转变政府职能，实行行业管理，逐步建立面向市场的运行机制。按照“企业放下去，行业管起来”的指导思想，加强了统筹规划、政策法规、经济调节、信息引导等间接管理与宏观控制的职能，推进了从部门管理向行业管理的转变。1986 年，电子工业部在全国电子工业领导干部会议上，作出了发展规模经济，进行基地建设的决策。提出要按照规模经济思想，进行基地建设的决策，走集约化规模经济的道路，建设中国的“松下”“IBM”，形成我国电子工业的主导力量。要推进企业联合，发展企业集团，建立规模经济和集约经营的机制。1986 年 3 月，中央批准实施“高技术研究发展计划”（即“863 计划”），选择了信息技术、生物技术、自动化技术、航天技术、激光技术、新能源、新材料 7 个领域作为重点，并组织优秀科技队伍，跟踪世界高技术的发展。

1991 年，国务院选择 57 个大型企业（电子企业有 3 个）进行企业集团试点，培育发展并带动了一大批企业集团的诞生。到 1997 年 120 个大型企业中电子企业有 10 个。

1993 年，党的十四届三中全会提出进一步转变国有企业机制，建立适应市场经济要求，“产权清晰、权责明确、政企分开、管理科学”的现代企业制度。使企业改革从放权让利转向制度创新和产权改革。国务院选择 2343 个大型企业进行企业集团试点，电子工业积极贯彻，59 个电子国有大中型重点企业要在 2000 年年底前按要求初步建立现代企业制度，组建由股东会、董事会、监事会和经理层组成的法人治理结构，形成有效的制衡机制。各地进行改制试点是最早引进现代化企业管理方式、探索建立现代企业制度、推动企业产权制度改革的行业之一。

1994 年国家提出实施大公司战略。中国第一部公司法实施，1994 年电子部出台了《电子工业大公司战略实施方案》，提出发展电子工业大公司的目标、方针、条件和标准，以及发展大公司的基本政策、实施步骤和具体措施，对发展大公司、大企业集团提出了明确的政策引导。

1995年，党的十四届五中全会通过《中共中央关于制定国民经济和社会发展“九五”计划和2010年远景目标的建议》，其中把实施科教兴国战略列为今后15年直至21世纪加速中国社会主义现代化建设的重要方针之一。为全面落实科教兴国战略，农业、工业、国防、财贸等行业和部门都提出了依靠科技振兴行业的发展战略。各省、市、自治区及各地（市）、县（市）也制定了科教兴省、科教兴市、科教兴县的发展战略和发展方针。1996年，国家科技领导小组成立，各地方随即成立了科技领导小组或科教兴省（区、市）领导小组。在科教兴国战略的指引下，中国科学院提出实施“知识创新工程”，争取在战略高技术、重大公益性创新和重要基础前沿研究领域取得一批重大创新成果，带动国家创新体系建设，提高科技支撑经济社会发展的能力和我国科学技术的国际竞争力、影响力，为实施科教兴国战略作出创新贡献。

1998年，经中央批准，国家科技教育领导小组成立，并于6月9日举行第一次会议。在科教兴国战略的指引下，1999年，我国载人航天工程首飞试验圆满成功。

2000年，中国科学家参与人类基因组测序任务圆满完成，使我国成为继20世纪40年代美国曼哈顿原子弹工程、60年代美国阿波罗登月工程之后，90年代由美、英、德、法、日、中六国科学家共同完成的第三个世界科学工程中唯一的发展中国家。同年，党的十五届五中全会提出大力推进国民经济和社会信息化，标志着我国进入信息化发展基础阶段，是我国数字经济发展的关键历史起点。

（三）重点行业发展

1. 软件行业。20世纪80年代末至90年代初，是我国软件产业萌芽阶段。国内开始出现专业软件开发公司，中国软件进入了开创性阶段，软件的复杂程度和工作量相对较低。1983年电子工业部第六研究所研制成功了全新的汉字软件——CCDOS汉字磁盘操作系统，促进了微型计算机在中国的推广、应用和普及。CCDOS和希望公司UCDOS等的出现，使得国产的计算机（最初是长城0520）能够在国内推广。汉字操作系统的流行也使一大批国际上流行的软件（如BASIC、dBASEI、AutoCAD、WordStar）等被汉化并被推广应用。在中央领导的倡导下，电子工业部会同有关部门在1993年先后组织实施了金桥、金卡、金关、金税等“金字”系列国家信息化重大工程项目，拉开了我国信息化建设的序幕。提高应用水平、扩大应用市场是发展软件产业的突破口，也是推动软件产业持续做大做强的不竭动力。软件产业主管部门积极引导软件企业与传统产业改造紧密结合，开发满足企业信息化需求的软件产品和应用系统，推动在机械、化工、冶金、有色、石油、造船、汽车、电力等传统产业的大量应用。软件产业与第三产业紧密结合，各类软件产品和应用系统在金融、保险、社会服务等生产和生活服务部门得到应用。1995 年我国微机市场销量首次突破百万台，实现了采用国际技术，国际配套，供应国际市场。随着微型机的广泛应用，我国软件产业快速发展。软件企业的数量快速增长，骨干企业逐步形成，各种应用软件产品推向市场。在微机应用中，财务软件和办公软件首先获得了广泛应用。

2. 电信行业。中国电信事业的发展，走过了一个漫长而曲折的历程。从 1985 年开始，电信业发展速度连续 15 年超过国民经济增长速度，“七五”“八五”“九五”计划期间分别比国民经济年增长速度高出 10 个、20 个甚至 30 多个百分点，成为近十几年来发展最快、综合效益最好的行业之一。我国电话网规模在世界的排名，从 1985 年的第 17 位已上升为 1997 年的第 2 位，进入世界前列。我国电信业对国民经济和社会发展的贡献率显著提高，1998 年电信业新增增加值占新增国内生产总值的比重上升到 6%，电信固定资产投资占全社会固定资产投资比重上升到 6.1%。1998 年，全国局用交换机程控化比重达到 99.8%，长途传输数字化比重达到 99.6%；长途电话自动业务比重达到 99.1%，国际电话自动接续业务比重达到 96%。先进的数字移动通信技术 SDH 光通信系统技术、密集波分复用技术得到广泛应用，宽带综合业务数字网、ATM 宽带交换系统等高新技术正在网上试验。1999 年，全国电话用户总数超过 1.1 亿户，是 1978 年的 57 倍。全国电话普及率由新中国成立初期的每百人 0.07 部、1978 年的每百人 0.38 部，提高到 1999 年的每百人 13 部，其中，城市电话普及率超过 30%，通电话的行政村比重达到 70%。我国电信事业的整体发展，有效缓解了国民经济对通信的迫切需求，成为国民经济的基础性先导行业。

3. 计算机制造行业。我国的计算机制造业以微机生产为主体，形成了整机、外部设备、应用产品、零部件及消耗材料四大类产品生产及配套体系并一直处于快速发展态势。1981 年我国计算机市场规模仅为 5.2 亿元，“六五”“七五”计划期间，随着我国经济建设的发展计算机市场稳步增长，1990 年市场规模达 55.1 亿元。进入 90 年代后，我国计算机市场开始高速增长，尤其是金融电子化和以“金”字系列工程为代表的信息化工程的实施，对计算机市场产生了巨大的拉动作用。1992—1997 年市场的增长率一直保持在 40% 以上，1998 年我国计算机市场达到 1480 亿元，是 1991 年的 21 倍，1999 年我国计算机市场达到 1700 亿元。长期以来，我国将计算机推广应用作为一项重要的政策予以实施，取得了显著成绩，在国民经济信息化和传统产业改造中发挥了重大作用。至 1998 年年底，我国计算机保有量达 1200 万台，计算机普及率上升到每千人 0.9 台。90 年代以来计算机开始进入家庭，并且逐步成为计算机应用的热点。至 1998 年年底，家庭微机拥有量达 268 万台，我国城市家庭电脑普及率达4.2%。计算机进入家庭正在迅猛发展，将成为一个十分庞大的消费热点。

4. 集成电路行业。集成电路是当今高科技和信息产业的核心技术，也是知识创新的载体。我国集成电路产业结构从20世纪90年代开始逐步走向设计、制造、封装三业并举，这种相对独立的发展模式已日趋成熟。就设计业来说，从1986年在北京成立了我国第一家专业的集成电路设计公司，即现在的华大集成电路设计中心以后，1988年又在上海和深圳成立了两家专业的集成电路设计公司。由于电子整机厂商对专用集成电路的认可和需求欲望越来越高，以及专用集成电路标准工艺线和封装业的长足进步，刺激了集成电路设计业的迅速发展。据不完全统计，我国在当时已经拥有以各种形态存在的集成电路设计公司、设计中心、设计室等80余家，分布于电子、邮电、航天机械等多个部门和领域。国外多家著名公司也纷纷在我国建立起集成电路设计公司。我国的集成电路设计业已经从80年代末的初始期，经过90年代的创业期，现在正在进入快速发展期。而总体上，集成电路的产量由1990年不足1亿块增加到1998年的27亿块，平均增长率大于50%；销售额由1990年的5.7亿元增加到1998年的60多亿元，平均增长率为34%。据对全国7家主要芯片生产厂统计，除上海华虹公司的8英寸生产线和华越微电子公司的5英寸生产线正在试产过程中外，其余生产线年设计生产能力为105万片，1998年实际投片98万片，生产能力的利用率为93%。

二、加速推进两化融合阶段（2001—2012年）

（一）技术发展历程

2001年加入世界贸易组织（WTO）以来，我国信息及相关产业对外开放的步伐加快。电报、BP机迅速退出了历史舞台，移动电话、互联网飞速发展。智能手机以及软件的进步，更是让通信实现了“音画同步”的质变。1978年，我国固定电话用户总数只有192.54万户；1987年移动电话出现之后，用户规模迅猛增长；2003年，移动电话用户数超过了固定电话。到2012年，我国规模以上电子信息制造业实现销售产值85044亿元，同比增长12.6%。手机、计算机、彩电、集成电路等主要产品产量分别达到11.8亿部、3.5亿台、1.3亿台和823.1亿块，同比增长4.3%、10.5%、4.8%和14.4%；手机、计算机和彩电产量占全球出货量的比重均超过50%，稳固占据世界第一的位置。

（二）标志性会议及文件

2001年，在卡塔尔多哈举行的世界贸易组织（WTO）第四届部长级会议通过了中国加入世界贸易组织法律文件，标志着我国终于成为世界贸易组织新成员，我国对外开放事业进入一个新的阶段。加入世贸组织，充分展示了我国顺应经济全球化潮流、主动参与国际竞争与合作的积极姿态。加入世贸组织，为我国赢得了更加良好的国际环境，有力地扩大了对外开放，促进了经济体制改革和经济结构的战略性调整，有利于增强我国经济发展活力和国际竞争力，总体上符合我国的利益需要。

2002 年 11 月，党的十六大报告强调了我国经济社会发展的一项重要战略，即“坚持以信息化带动工业化，以工业化促进信息化，走出一条科技含量高、经济效益好、资源消耗低、环境污染少、人力资源优势得到充分发挥的新型工业化道路”。这一战略的核心是把握世界科技革命和产业变革的机遇，推动我国经济结构的优化升级，实现经济持续健康发展。具体来说，坚持以信息化带动工业化，就是充分利用信息技术和信息资源，提高工业生产的自动化、智能化水平，实现产业结构的优化升级，提高我国工业的国际竞争力。同时，以工业化促进信息化，就是通过工业化的需求推动信息技术的研发和应用，形成信息化与工业化相互促进、共同发展的良好格局。

2006 年 1 月 9 日至 11 日在北京召开的全国科学技术大会上，中共中央、国务院发布了《关于实施科技规划纲要，增强自主创新能力的决定》，对《国家中长期科学和技术发展规划纲要（2006—2020 年）》进行了全面部署，提出了全面提升国家竞争力，创新体制机制，走中国特色自主创新道路，为建设创新型国家而奋斗。这是继 1956 年 1 月，党中央发出了“向科学进军”的号召，制定了第一个中长期科技规划——《1956—1967 年科学技术发展远景规划》半个世纪以后，根据进入新世纪后改革开放新时期新形势的需要，提出今后 15 年（2006—2020 年）科技工作的指导方针、发展目标、总体部署，重点领域及其优先主题，以及到 2020 年建成创新型国家的奋斗目标。

2011 年，随着互联网的普及，一些不法分子利用互联网进行违法犯罪活动的现象呈上升趋势。为了打击互联网上的违法行为，保护广大用户的合法权益，《互联网信息服务管理办法》应运而生。这一法规的发布旨在完善和加强对互联网信息服务的管理，确保互联网的安全稳定，为用户提供更加安全、便利的在线环境。而制定《规范互联网信息服务市场秩序若干规定》有利于明确互联网信息服务的行为准则，形成良好的信息服务环境。近年来的相关违法事件，凸显互联网信息服务相关法律法规不健全、具体行为规范缺失等问题。通过制定《规范互联网信息服务市场秩序若干规定》进一步明确互联网信息服务规则和行为边界，有利于定分止争，建立依法经营、依法维权的服务环境，保护互联网信息服务提供者和用户的合法权益。

2012年1月，中央一号文件尤其强调农业农村信息化，全文直接出现农业农村信息化的关键词“信息”达16次之多，直接阐述农业农村信息化政策达10处。同年3月，《电子信息制造业“十二五”发展规划》提出了以转型升级为主线，坚持创新引领、应用驱动、融合发展的指导思想；同月，《国土资源信息化“十二五”规划》出台；《教育信息化十年发展规划（2011—2020年）》出台。6月，《通信业“十二五”发展规划》《互联网行业“十二五”发展规划》出台，明确了未来五年我国通信业、互联网行业发展的基本目标和主要任务。7月，《“十二五”制造业信息化科技工程规划》出台，提出了未来五年我国制造业信息化科技工程的总体目标和主要任务。9月，工信部发布《加强2012年信息化和工业化深度融合重点推进项目组织实施工作的通知》，提出了12个重点项目方向，包括研发设计信息化、生产制造信息化、经营管理信息化、节能减排信息化、安全生产信息化、电子商务、物流信息化、信息化综合集成创新、服务型制造、装备信息化、产品信息化、产业服务及行业管理信息化，要求地方围绕重点方向，加强分类推进；利用各自资源，加大支持力度；加强项目的汇总和分析工作。10月，工信部发出《关于协助开展工业企业两化融合评估工作的通知》，明确了评估工作的目的与要求，并指定了18个开展评估的行业和承担单位；同月还下发了《关于开展区域“两化”融合发展水平评估工作的通知》，发布了区域“两化”融合发展水平评估指标体系及评估方法、区域“两化”融合发展水平评估指标体系解释说明、区域“两化”融合发展水平评估指标统计表，意味着“两化融合”水平评估服务平台及认定评估实施组织体系将在各地逐步建立，以确保“两化融合”评估工作务实、扎实地推进。11月，党的十八大报告明确把“信息化水平大幅提升”纳入全面建成小康社会的目标之一，提出“我国要坚持走中国特色新型工业化、信息化、城镇化、农业现代化道路”。报告全文有19处表述提及信息、信息化、信息网络、信息技术与信息安全。充分反映了在我国进入全面建设小康社会的重要发展阶段，国家对信息化发展的高度重视。

（三）重点行业发展

1. 软件行业。截至2007年年底，中国软件产业规模在全球软件产业中的份额提升至8.74%，居世界第4位。中国软件产业在规模高速增长的同时，产业结构不断完善，逐步趋于合理，形成软件科研和技术、基础软件和应用软件产品、软件增值服务、系统集成、嵌入式软件、IC设计、软件应用、软件人才培养全面覆盖、产业链配置相对完整、合理的产业结构体系。而到了2012年，软件业保持平稳增长，1—11月，我国软件产业实现软件业务收入2.19万亿元，同比增长27.3%，增速比1—10月提高1.5个百分点，比电子信息制造业高15个百分点，但低于上年同期5.5个百分点。其中，11月完成收入2377亿元，同比增长41.4%，达前11个月最高水平。前11个月信息技术服务收入比重达到51%，增速达27.2%。其中，集成电路设计在有力的产业政策带动下增长步伐加快，1—11月实现收入678亿元，同比增长34%，高出上年同期10.4个百分点；数据处理和运营服务持续高速增长，实现收入3788亿元，同比增长34.3%。在工业形势企稳向好、两化融合蓬勃发展的带动下，嵌入式系统软件增速逐步加快，1—11月实现收入3558亿元，同比增长35.5%，高出上年同期3.8个百分点；软件产品收入继续保持23.8%的平稳增速。

2. 计算机行业。进入21世纪后，随着互联网的快速发展，计算机技术得到普及，全球计算机产业转移逐步深入，我国计算机产业进入了崭新的发展阶段。2007年，我国计算机产业工业产值达1786.2亿美元，同比增长21.6%；全年生产微型计算机1.21亿台，其中笔记本电脑生产了8000万台以上，年增长率接近40%，占全球笔记本电脑市场生产量的60%以上。同时，我国也是全球重要的计算机销售市场，2007年我国全年计算机销售量达到了1.2亿台，其中笔记本电脑销售量超过8600万台，增长非常迅速。截至2012年，计算机行业生产增速低于平均水平。2012年1—11月，计算机行业实现销售产值和出口交货值分别为20461亿元和15475亿元，分别增长11.1%和10.1%，低于全行业平均水平0.7和0.3个百分点。1—11月生产微型计算机31446万台，增长10.6%；笔记本电脑增长8.7%；数码相机6648万台，下降4.6%。

3. 电子器件行业。2007年，中国电子元件总产量约占全球总产量的30%，位居世界前列。其中，电容器、电阻器、电子变压器、磁性材料、压电石英晶体、电声器件、微特电机、印制电路的产量已居世界首位。为解决劳动就业、构建和谐社会作出贡献。电子元件属于技术密集型和劳动密集型行业，2007年全国现有规模以上企业3379家，从业人员已达213万人，约占中国电子信息产业从业人数的31.5%。截至2012年，电子器件行业比重提升。自2012年8月以来，电子器件行业销售产值、出口交货值月度增速一路走高，连续4个月月均超过20%，11月两者增速分别为27.2%和32.8%，达到自年初以来最高水平。截至11月底，电子器件销售产值和出口交货值为12595亿元和8102亿元，分别增长16.7%和14.8%，高出全行业平均水平4.9和5.0个百分点；电子元件行业销售产值和出口交货值分别增长9.7%和7.4%，低于全行业平均水平2.1和2.4个百分点。1—11月生产集成电路898.8亿块，增长11.6%；半导体分立器件3801亿只，增长0.2%；电子元件23181.3亿只，下降1.8%。

4. 通信设备行业。通信设备制造业包括通信系统设备制造业和通信终端设备制造业，通信设备制造业是通信业的重要基础，对通信业的发展有着至关重要的影响。通信设备行业继续保持增速领先位置。2007 年我国手机产量达到 5.48 亿部，增长了 14%，出口手机达到 4.8 亿部，手机的普及率达到 41.6%，比上年增加了 6.3 个百分点。2007 年手机用户增长了 8622 万户，总量超过 5.47 亿户。2007 年核发手机进网许可证 2366 张，增长了 61%，手机制造企业达到 115 家，产能已经超过 6 亿部。我国已成为名副其实的全球手机制造、消费大国。而 2012 年 1—11 月，通信设备行业实现销售产值和出口交货值 12100 亿元和 6293 亿元，分别增长 18.0% 和 20.0%，高出全行业平均水平 6.2 和 10.2 个百分点。1—11 月生产手机 10.4 亿部，下降 1.1%；移动通信基站 10310.6 万信道，增长 36.8%；程控交换机 3112.1 万线，下降 27.7%。

三、数字化深入发展阶段（2013 年至今）

（一）技术发展历程

2022 年，我国数字经济规模达到 50.2 万亿元，同比名义增长 10.3%，已连续 11 年显著高于同期国内生产总值名义增速，数字经济占国内生产总值比重达到 41.5%，这一比重相当于第二产业占国民经济的比重。与此同时，我国数字产业化规模达到 9.2 万亿元，产业数字化规模为 41 万亿元，占数字经济比重分别为 18.3% 和 81.7%，数字经济的二八比例结构较为稳定。其中，三、二、一产数字经济渗透率分别为 44.7%、24.0% 和 10.5%，同比分别提升 1.6、1.2 和 0.4 个百分点，二产渗透率增幅与三产渗透率增幅差距进一步缩小，形成服务业和工业数字化共同驱动发展格局。而数字经济全要素生产率，总体上从 2012 年的 1.66 上升至 2022 年的 1.75，数字经济生产率水平和同比增幅都显著高于整体国民经济生产效率，对国民经济生产效率提升起到支撑、拉动作用。分产业看，第一产业数字经济全要素生产率小幅上升，第二产业数字经济全要素生产率十年间整体呈现先升后降态势，第三产业数字经济全要素生产率大幅提升，成为驱动数字经济全要素生产率增长的关键力量。

（二）标志性会议及文件

2013 年，《电信和互联网用户个人信息保护规定》作为国内第一部系统性提出网络空间治理的法律法规，特别加强和明确了个人信息保护方面的要求。除此之外，规定还强调了信息保存和销毁的规范，确保个人信息在不再需要时能够及时、彻底地被删除，以防止信息泄露和滥用。这些措施的实施，不仅填补了法律上的空白，也为网络空间的健康发展提供了法律保障，增强了用户对个人信息保护的信心。

2014 年，中央网络安全和信息化领导小组的成立及其首次会议的召开，标志着中国在网络安全和信息化领域迈入了一个全新的战略阶段。这一举措不仅彰显了国家对于网络安全和信息化工作的高度重视，而且在顶层设计上构建了强有力的统筹协调机制，旨在全面加强网络安全保障，深化信息化与经济社会的深度融合，推进网络强国建设，从而有效应对全球信息化时代的挑战，维护国家网络空间主权和安全，为实现中华民族伟大复兴的中国梦提供坚实的网络与信息支持。

2015 年出台的《互联网视听节目服务管理规定》确立了网络视听行业作为国家重点监管领域的地位。该规定在法律法规和行业规范方面不断完善，从资质许可、内容创作、播放、使用、经营等多维度进行规范，并明确了相应的违法追责机制和责任框架。作为网络视频平台的运营方或即将进入网络视听行业的运营者，必须充分了解和预判行业准入资质、监管要求及行业规范，确保在合法合规的前提下进入并运营该行业。同年，《通信短信息服务管理规定》明确提出“任何组织和个人未经接收者同意或者请求，不得向其发送商业性短信息。接收者同意后又明确表示拒绝接收短信息的，应当停止向其发送”等规定。这是我国通信行业首次将权益交给用户，用户拥有“一票否决权”。该规定首次在法律规范层面确立了商业性短信息的应邀发送机制，将对业内的实践产生较大的影响。在该规定发布前，其他相关法规已有不同程度的规定，在未经用户同意或请求，或用户明确拒绝的情况下，不得向用户发送商业性信息。但是，相关法规并未明确采用何种方式征求用户的同意。

2016 年，《国民经济和社会发展第十三个五年规划纲要》《国家信息化发展战略纲要》和《“十三五”国家信息化规划》相继出台，明确数字中国建设发展的路线图和时间表，明确新时代数字中国建设的总目标是坚持与实现“两个一百年”奋斗目标同步推进，全面支撑党和国家事业发展，促进经济社会均衡、包容和可持续发展，为国家治理体系和治理能力现代化提供坚实支撑；明确数字中国建设要贯彻以人民为中心的发展思想，把增进人民福祉作为信息化发展的出发点和落脚点，让信息化更好造福人民①。同年，《中华人民共和国网络安全法》的出台具有里程碑式的意义。这部法律是全面落实党的十八大和十八届三中、四中、五中、六中全会相关决策部署的重大举措，是我国首部专门性和综合性的网络安全立法，提出了应对全球性网络安全挑战的中国方案。立法进程的迅速推进显示了党和国家对网络安全问题的高度重视，并为我国网络安全法治建设带来了重大的战略契机。网络安全法的实施，使网络安全有法可依，推动信息安全行业从仅依靠合规性驱动，转向合规性和强制性并重的双重驱动模式。

2017 年，党的十九大报告中指出，“推动互联网、大数据、人工智能和实体经

---

① 中华读书报．中国共产党与中国科学技术发展（1978—2021）［EB/OL］（2021－7－7）［2021－7－7］. http：//www. hprc. org. cn/gsyj/whs/kjs/202205/t20220520_5409062. html.

济深度融合，在中高端消费、创新引领、绿色低碳、共享经济、现代供应链、人力资本服务等领域培育新增长点，形成新动能”。加快发展数字经济，既是贯彻新发展理念的内在要求，更是化理念为行动的紧迫任务。

2020 年，党的十九届五中全会提出，坚持创新在我国现代化建设全局中的核心地位，把科技自立自强作为国家发展的战略支撑，面向世界科技前沿、面向经济主战场、面向国家重大需求、面向人民生命健康，深入实施科教兴国战略、人才强国战略、创新驱动发展战略，完善国家创新体系，加快建设科技强国。要强化国家战略科技力量，提升企业技术创新能力，激发人才创新活力，完善科技创新体制机制。

2022 年，《“十四五”数字经济发展规划》出台，它是国家“十四五”规划的重要组成部分，是我国数字经济领域的首部国家级规划。该规划以习近平新时代中国特色社会主义思想为指导，在对我国数字经济发展环境深入剖析的基础之上，清晰设定了未来数字经济发展的基本原则和目标，从数据基础、数据要素、产业数字化、数字产业化，到公共服务、治理体系、安全体系、国际合作等诸多方面都提出了明确的任务，并提出了相关领域内的保障措施，以保证发展目标的顺利实现。第十三届全国人民代表大会常务委员会第五次、二十九次、三十次会议分别通过《中华人民共和国电子商务法》《中华人民共和国个人信息保护法》《中华人民共和国数据安全法》等。

2023 年，中共中央、国务院印发《数字中国建设整体布局规划》。该规划对数字中国建设进行了系统性谋划和体系化布局，标志着数字中国建设进入了整体推进阶段。该规划按照夯实基础、赋能全局、强化能力、优化环境的战略路径，全面提升数字中国建设的整体性、系统性、协同性，促进数字经济和实体经济深度融合，以数字化驱动生产生活和治理方式变革，为以中国式现代化全面推进中华民族伟大复兴注入强大动力。

（三）重点行业发展

1. 宽带发展。我国全面建设社会主义现代化国家的新征程进入了开局起步的关键时期，宽带作为新时代经济社会发展的战略性公共基础设施，肩负前所未有的重任，面临前所未有的机遇和挑战。截至 2023 年 9 月底，我国光缆线路总长度达到 6309.7 万公里，同比增长 7.4%。其中，干线光缆达到 112.4 万公里，同比增长 2.6%。干线光缆加速更新换代，新型超低损耗光纤部署规模逐步扩大，G.654.E 光纤部署规模达到 3 万皮长公里。骨干传输网络持续扩容，200G 传输系统规模部署不断增加，400G 超高速、超大容量传输系统在部分骨干场景部署。我国已建成开通光纤到户（FTTH）端口 10.8 亿个，光纤网络基本覆盖全国现有行政村。千兆光网覆盖范围持续拓展，现网具备千兆网络服务能力的 10G PON 端口数达 2184.8 万个，占已部署 PON 端口数量的60%以上，成为固定光纤网络的主流接入方式。千兆及以上速率固定宽带用户加速发展，用户规模已超过 1.4 亿户，占固定宽带用户的23%。光纤到房间（FTTR）等新业务从试点部署迈向规模化发展，用户规模已超过800 万户。在 IPv6 方面，我国 IPv6 地址资源总量达 6.7 万块，全球排名第 2。IPv6 活跃用户数达 7.6 亿，占网民总数的 70%以上。移动通信网络 IPv6 流量占比达到58.4%，城域网 IPv6 流量占比达到 17.9%，IPv6 迈入从“通路”到“通车”、从“能用”到“好用”的关键阶段。这一系列数字和发展成果显示出我国在网络基础设施建设上的巨大成就，宽带网络的不断完善和升级为经济社会的快速发展提供了坚实的保障。在未来的发展过程中，宽带作为关键的公共基础设施，将继续发挥重要作用，助力我国全面建设社会主义现代化国家的目标实现。

2. 区块链。近年来，我国全面启动了区块链产业部署，社会各界对区块链的认识不断深化。地方政府针对 Web3.0、元宇宙等新兴领域加强了政策引导，企业在探索应用落地与模式创新方面发挥了主体作用，行业组织及相关机构积极推动区块链标准体系的完善，整个产业呈现出良好的发展态势。截至 2023 年 10 月，国家互联网信息办公室已发布 13 批次区块链信息服务备案清单。区块链技术赋能数字经济的边界在不断延展，政务数据共享、民生服务、数字金融、医疗健康、数字文创等领域的应用纷纷涌现。从地域分布来看，我国区块链企业主要集中在数字化发展较快的地区，包括北京、广东、上海、浙江和江苏等省市，形成了一定规模的产业生态。从产业投融资情况来看，2023 年前三季度，我国区块链企业共进行了 14 笔投融资交易，已披露的金额总计 5400 万美元，较 2022 年有明显下降。这些获得融资的企业包括边界智能、语潮科技、灵霄藏品和鼎链数科等。从产业影响力来看，2023 年年初，福布斯公布的全球区块链 50 强榜单中，我国共有 6 家企业上榜，分别是蚂蚁集团、百度、建设银行、工商银行、腾讯和微众银行。这些企业在技术应用能力方面取得了显著提升，进一步增强了我国在全球区块链产业中的影响力。

3. 云计算。云计算作为新兴数字产业之一，为数字经济发展提供了强有力的基础支撑，成为“十四五”期间的重点发展产业之一。从整体来看，我国云计算市场保持高速增长。据中国信息通信研究院统计，2022 年我国云计算市场规模达到 4550 亿元，较 2021 年增长 40.91%。其中，公有云市场规模增长 49.3%至 3256 亿元，私有云市场增长 25.3%至 1294 亿元。从细分领域来看，PaaS 和 SaaS 增长潜力巨大。2022 年，IaaS 市场收入稳定，规模达到 2442 亿元，是 PaaS 和 SaaS 总和的 3 倍，尽管其增速达到 51.21%，但较 2021 年同比下降 29.24%，预计长期增速将趋于平稳。PaaS 市场受容器、微服务等云原生应用的推动，增长强劲，总收入达到342 亿元，增长 74.49%。从厂商层面来看，电信运营商引领了新一轮的市场发展。

财报数据显示，2022 年电信运营商的云计算市场增长迅猛，天翼云、移动云、联通云分别实现营收 579 亿元、503 亿元和 361 亿元，增速均超过 100%，远超行业平均水平。这表明运营商在云计算市场的强势增长对行业发展起到了重要的推动作用。

4. 车联网。伴随着人工智能、5G/C－V2X、大数据等新一代信息通信技术与汽车产业的加速融合创新，整车产品智能化、网联化能力持续升级智能网联汽车成为继智能手机之后的又一新型智能终端。我国持续加强车联网新型基础设施建设，建设规模领跑全球，截至 2023 年 10 月，我国 5G 基站累计达到 321.5 万个。地级市城区、县城城区道路智能化升级改造、路侧通信单元部署数量均取得显著进展，截至 2023 年 10 月，全国部署车联网路侧通信单元超 8500 个。我国已有 30 余个城市和高速公路路段启动车联网融合基础设施建设工作，无锡、天津、重庆等 7 个国家级车联网先导区和北京、上海、合肥等 16 个“双智”试点城市相继发布扩大车联网新型基础设施规模建设规划，呈现从单一区县（单一高速路段）部署向多区县（多高速路段）部署乃至市级全域（全路段）部署的发展趋势，如无锡、苏州等已经形成多区协同部署、市级平台统筹的建设模式：“车联网 1 号高速”（即 G2 京沪高速）津京塘段、山东段、江苏段等多段路线完成 710 公里路段的网联化改造。

5. 大数据。我国大数据经过多年高速发展，不断取得重要突破，呈现良好发展态势。经过多年技术和产业的发展，大数据领域内部逐渐细化，形成数据存储与计算、数据管理、数据流通、数据应用、数据安全五大核心领域。一是产业规模高速增长，2021 年，我国大数据产业规模增加到 1.3 万亿元，复合增长率超过 30%；二是创新能力不断增强，2021 年我国发表大数据领域论文量占全球 31%，大数据相关专利受理总数占全球超 50%，均位居第一；三是生态体系持续优化，2021 年我国大数据市场主体总量超 18 万家，一批大数据龙头企业快速崛起初步形成了大企业引领、中小企业协同、创新企业不断涌现的发展格局；四是市场前景广受认可，我国大数据领域投融资金额多年来总体呈现上升趋势，2021 年大数据相关企业获投总金额超过 800 亿元再创历史新高。

第二章 数字基础设施建设

第一节

数字基础设施概述

一、数字基础设施的概念与特征

(一) 数字基础设施的概念

近年来，5G、人工智能、大数据、物联网等新一轮数字技术创新与实体经济加速融合，推动了基础设施的迭代升级，衍生出数字基础设施。数字基础设施概念最早起源于21世纪初的工程技术领域，指由传感器、执行器、有线和无线通信网络以及计算机系统组成的互联网络[①②]。数字经济时代，数字基础设施的概念和内涵进一步扩展，一般认为，数字基础设施是以信息网络为基础，综合集成新一代信息技术，围绕数据的感知、传输、存储、计算、处理和安全等环节，形成的支撑经济社会数字化发展的新型基础设施体系[③]。在数字基础设施相关研究和发展实践中，常将“新型基础设施”“新型数字基础设施”“信息基础设施”和“网络基础设施”等概念等同于“数字基础设施”。

2020年4月20日，国家发改委首次明确新型基础设施是以新发展理念为引领，

① 陈小鼎，李珊．美国数字基建的现状与挑战［J］．现代国际关系，2021（10）：46－54，64.

② 许吉黎，叶玉瑶，郭杰，等．国内外地理学视角下数字基础设施的研究进展与展望［J］．地理科学，2024，44（04）：586－597.

③ 韦柳融．关于加快构建我国数字基础设施建设体系的思考［J］．信息通信技术与政策，2020（09）：63－66.

以技术创新为驱动，以数据为核心，以信息网络为基础，面向高质量发展需要，提供数字转型、智能升级、融合创新等服务的基础设施体系，包括信息基础设施、融合基础设施和创新基础设施三个方面[①]。信息基础设施和网络基础设施作为国家信息化战略的基础，是以5G、宽带、互联网等为代表的基础设施，是数字经济持续发展的动力来源，是现代经济发展的一个重要引擎[②③]。总体来看，"信息基础设施"和"网络基础设施"的视角相对单一，更为强调信息化或网络化作用；新型基础设施的内涵囊括了数字基础设施，还包含创新基础设施，范围相对较广。

狭义的数字基础设施，指的是信息基础设施，即基于新一代信息技术演化发展形成的基础设施。这一层面重点关注信息的生成、传输、处理和应用，具体涵盖高速网络（如5G、卫星互联网）、数据中心、云计算平台等。数字基础设施指的是信息化基础设施，信息化基础设施包括硬件、软件、网络、数据中心等计算机技术和信息管理系统的设施，为企业、政府或机构的信息化提供技术支撑保障[④]。广义的数字基础设施，不仅包括信息基础设施，还包括融合基础设施，即传统基础设施利用新一代信息技术进行智能化改造后所形成的基础设施形态。这意味着将信息技术深度融入能源、交通、制造、城市管理等传统领域，通过物联网、人工智能、区块链等技术，实现基础设施的智能化升级和管理优化。数字基础设施包括支撑数字科学研究、技术开发、产品研制的创新基础设施、"双千兆"网络等新一代通信网络基础设施、工业互联网等融合基础设施以及数据中心等数据和算力基础设施[⑤⑥]。

根据《习近平总书记指引我国数字基础设施建设述评》、发改委解读以及相关文献的梳理，本书认为对数字基础设施概念的认识要基于数据成为关键生产要素的时代背景下，数字基础设施是指能为满足经济社会数字化转型以及公众数字化需求提供无形数据和信息资源的设施，包括通信网络基础设施、算力基础设施和应用基础设施。

（二）数字基础设施的特征

1. 技术密集与创新性。这一特征体现在对最新信息技术的整合应用上，包括但

---

① 新华网．新基建，是什么？[EB/OL]．(2020-04-26) [2020-04-26]．http://www.mofcom.gov.cn/article/i/jyjl/e/2020 04/20200402957398.shtml.

② 杜振华．"互联网+"背景的信息基础设施建设愿景 [J]．改革，2015 (10)：113-120.

③ 秦文晋，刘鑫鹏．网络基础设施建设对数字经济发展的影响研究——基于"宽带中国"试点政策的准自然实验 [J]．经济问题探索，2022 (03)：15-30.

④ 刘修岩，王雨昕．数字基础设施与中国城市的空间重构 [J]．经济地理，2024，44 (04)：55-63.

⑤ 李琬，张国胜．跨越"数字鸿沟"的数字基础设施建设供给政策研究 [J]．当代经济管理，2022，44 (11)：24-30.

⑥ 钞小静，王灿．打通"信息大动脉"：以数字基础设施助力数字中国建设 [J]．治理现代化研究，2023，39 (04)：41-48.

不限于第五代（5G/6G）移动通信、云计算、大数据分析、人工智能、物联网（IoT）、区块链等。这些技术的融合，不仅提供了前所未有的数据处理能力和信息传输速度，还为数字服务的创新和升级奠定了坚实的基础。技术创新是这一领域发展的内在驱动力，推动着数字基础设施从概念到实践的快速迭代。例如，AI技术在自动化运维、智能分析上的应用，显著提高了系统的响应速度和决策精度。

2. 高度互联与融合性。通过高速、低延迟的网络，不同系统、设备、平台之间实现了无缝连接，形成了一个全球范围内的信息交换网络。这种互联性不仅不局限于信息通信领域，还深深渗透到能源、交通、制造、城市规划等传统行业，推动了“万物互联”时代的到来①。融合性体现在数字技术与实体世界的结合，如智能电网通过传感器和数据分析，实现能源的智能调度；智能交通系统利用物联网和AI，优化交通流量，减少拥堵。这种跨领域的融合，打破了传统行业界限，开创了全新的服务模式和商业机遇。

3. 数据驱动与智能性。数据作为数字经济的核心要素，使得数字基础设施呈现出数据驱动和智能性的特点。在这一框架下，数据被广泛收集、分析和应用，成为决策制定、流程优化、产品创新的依据。通过大数据分析和机器学习技术，可以从海量数据中提取有价值的信息，支持预测性维护、个性化服务等高级应用②。智能性则体现在系统能够基于数据反馈自我学习和优化，如智能物流系统通过分析历史数据，自动调整配送路线以提高效率。这种智能性不仅提升了服务质量和响应速度，还为解决复杂问题提供了新途径。

4. 弹性可扩展性。数字基础设施的弹性可扩展性是其适应快速变化市场需求的关键。云计算、微服务架构等技术的运用，使得资源可以根据实际需求动态调整，既能在业务高峰期快速扩容以应对高并发请求，也能在需求减少时缩容以节约成本。这种灵活性和可扩展性，保障了数字服务的连续性和稳定性，同时降低了运营成本，促进了创业创新，使得小型企业也能利用云资源快速响应市场变化，实现规模经济。

5. 安全与可靠性。在数据和网络成为经济社会命脉的今天，数字基础设施的安全与可靠性至关重要。这一特征要求基础设施设计时就必须融入多层次的安全防护机制，如数据加密、身份验证、入侵检测等，确保数据在传输、存储、处理过程中的安全性③。同时，通过冗余设计、故障隔离等技术提高系统的可靠性和韧性，即

---

① 胡乐明，杨虎涛．产业发展战略选择的内在逻辑——一个连接演进的解析框架［J］．经济研究，2022，57（06）：45－63.

② 蔡跃洲，马文君．数据要素对高质量发展影响与数据流动制约［J］．数量经济技术经济研究，2021，38（03）：64－83.

③ 许正中，王晓晓．数字社会新型基础设施建设路径研究［J］．行政管理改革，2024（03）：34－43.

使面对自然灾害、黑客攻击等极端情况，也能快速恢复服务，保障经济活动的连续性。随着数据隐私法律的不断完善，合规性也成为衡量数字基础设施安全性能的重要指标。

6. 可持续发展性。面对全球气候变化的挑战，数字基础设施的建设和发展越来越注重可持续性。这意味着在设计和运营过程中，需考虑能效优化、绿色能源使用、电子废物处理等问题。通过采用节能设备、优化数据中心冷却系统、利用太阳能和风能等可再生能源，减少碳足迹。同时，利用数字技术监测和管理资源使用，实现资源的高效配置，如智能电网的智能调度减少能源浪费。可持续性不仅是环境责任的体现，还是长期经济效益的保障，推动了绿色数字经济的发展。

二、数字经济设施的分类

近年来，我国不断加强数字基础设施布局，统筹推进通信网络基础设施、算力基础设施、应用基础设施等建设，大力推进数字基础设施体系化发展和规模化部署，取得显著成效，为我国经济高质量发展注入强大动力。

（一）通信网络基础设施

通信网络基础设施是数字基础设施建设中的一个核心组成部分，它构成数字社会的神经网络，为数字时代的数据传输、连接与交互提供了基础平台。具体来说，通信网络基础设施概念包括以下关键要素：

1. 物理与无线传输基础。物理传输介质，以光纤为核心，搭配同轴电缆、微波链路及卫星通信系统，构成了数据传输的高速通道，为全球信息流动铺设了坚实的基石。光纤网络以其非凡的带宽能力、低损耗特性，成为数据传输的首选。无线网络技术从2G逐步演进至5G，乃至未来的6G，实现了真正的“随时随地”连接。

2. 网络架构与控制。核心网络设备，包括路由器、交换机和网关等，网络协议与标准，如IPv4、IPv6、TCP/IP协议栈、5G NR标准等，它们统一了不同设备、系统间的沟通规则，打破了技术壁垒，使全球网络成为一个协同工作的整体，保障了网络世界的互联互通与标准化运作。

3. 技术创新与应急保障。下一代通信技术，如量子通信、可见光通信，正引领通信领域的革命，它们利用量子纠缠原理提升安全性，或借助可见光频谱拓宽传输容量，为实现超高速、超安全、超大容量的通信网络铺平道路。应急通信系统作为网络的守护者，在自然灾害、公共危机时刻，通过专门设计的通信设备和网络备份方案。

（二）算力基础设施

算力基础设施，作为数字化时代的核心动力源泉，是一种高度集成的硬件与软件体系，专为满足数据密集型作业的处理、分析和存储需求而设计，支撑着从日常互联网服务到尖端科研项目的一切运算需求。具体来说，算力基础设施包括以下三类：

1. 数据中心。数据中心内集成了高性能服务器集群、存储设备、网络交换设备以及相关的冷却、供电、安全系统，确保了数据处理与传输的高效、安全与连续性，不仅承载着海量数据的存储与处理，而且为各类数字应用提供稳定的运行环境。

2. 智算中心，即智能计算中心，是基于云计算与人工智能技术的新型算力基础设施，通过整合高性能 GPU 服务器、深度学习框架、大规模数据处理平台以及算法模型库，为企业和研究机构等用户提供强大的机器学习、深度学习能力。

3. 超算中心，即超级计算中心，是专门设计用于处理大规模科学计算和复杂模拟仿真的算力基础设施。这些系统往往由成千上万的 CPU、GPU 节点组成，通过高速网络互联，能够执行千万亿次乃至更高的浮点运算。

（三）应用基础设施

应用基础设施是指那些支撑数字化应用开发、部署、运行及优化的一系列技术平台与服务体系。它位于底层的算力、存储、通信等物理基础设施之上，为上层的业务应用和服务提供必需的开发环境、工具、接口和管理能力，是实现数据价值转化和数字服务创新的关键环节。具体来说，应用基础设施概念包括以下两类：

1. 平台类基础设施。平台类基础设施主要包括城市大脑平台、工业互联网平台以及数据交换共享平台等。

2. 传统基础设施数字化。传统基础设施数字化是数字时代基础设施升级的关键步骤，它旨在通过数字化技术重塑交通、能源、城市设施等传统领域的运行模式，包括交通基础设施数字化、能源基础设施数字化以及水利基础设施数字化。

三、数字基础设施与数字中国建设

数字基础设施作为数字经济的基石，正以前所未有的力量重塑中国经济、社会与政府的面貌。它如同一张无形的网，将信息、技术与创新紧密联结，为数字中国的宏伟蓝图铺设了坚实的路径。以下从经济转型、社会进步、政府治理三个维度，深入剖析数字基础设施如何成为推动数字中国建设的关键动力。

（一）数字基础设施与经济转型

5G、大数据、人工智能等前沿技术的融合应用，如同一股强劲的创新风暴，催生了一系列新兴业态，为经济发展开辟了全新的蓝海。电子商务的爆发式增长，依托于高速网络和大数据分析，实现了商品推荐的个性化、购物体验的便捷化，极大地拓宽了消费市场的边界，同时也为中小企业提供了低成本进入市场的途径。远程办公、在线教育、数字健康等服务的兴起，不仅有效应对了疫情期间的社会需求，而且为人们的工作、学习和健康管理提供了前所未有的灵活选择，推动了社会生活方式的全面变革。这些新兴业态不仅拓宽了经济增长的新空间，还在全球范围内重新定义了服务模式和消费体验，促进了消费市场的多元化和深层次发展，为经济增添了新的活力源泉。

数字基础设施的完善，特别是高速网络和云计算技术的普及，为传统产业的数字化转型铺设了一条高速公路①。在数字基础设施的强力支撑下，传统行业正经历着一场深刻的变革，从“制造”向“智造”跨越，实现了从生产方式到管理模式的根本性转变。智能工厂的兴起，利用物联网技术将生产设备、供应链、生产管理等环节紧密相连，实现了生产数据的实时采集与分析，不仅优化了生产流程，减少了资源浪费，还显著提升了产品质量和生产效率。工业互联网平台的构建，则进一步打通了产业链上下游，促进了资源的高效协同，实现了从设计、生产到销售的全链条智能化管理，加速了传统产业的价值链重构②。例如，通过预测性维护系统，企业能够提前发现设备故障，减少非计划停机时间，保证生产连续性，这正是“中国制造”向“中国智造”华丽转身的生动实践。

（二）数字基础设施与社会进步

数字基础设施的普及，特别是对农村和边远地区的覆盖，成为打破地理限制、促进社会公平的重要工具③。在教育领域，远程教育平台和在线课程资源的丰富，使得即使是偏远地区的学生也能接触到优质的教育资源，通过直播课堂、虚拟实验室等技术手段，接受高质量的教育，缩小了城乡、区域间教育水平的差距。在医疗健康领域，远程医疗、电子病历、在线问诊等服务的推广，不仅为农村及边远地区居民提供了及时的医疗咨询和诊断，还通过专家远程会诊、医疗资源共享，有效提升了当地医疗服务的质量，缓解了医疗资源分布不均的问题。这些举措不仅促进了教育和医疗资源的均衡分配，还增强了社会的凝聚力与和谐度，体现了数字技术促进社会进步的普惠价值。

智慧城市的构建，依托于数字基础设施的深度应用，特别是物联网、大数据、

---

① 周嘉，马世龙．从赋能到使能：新基建驱动下的工业企业数字化转型［J］．西安交通大学学报（社会科学版），2022，42（03）：20－30.

② 李方卓．数字基础设施政策驱动企业数字化转型的实践逻辑和理论逻辑［J］．现代管理科学，2024（02）：143－150.

③ 方福前，田鸽，张勋．数字基础设施与代际收入向上流动性——基于“宽带中国”战略的准自然实验［J］．经济研究，2023，58（05）：79－97.

人工智能等技术的集成，正在改变城市管理的面貌，提升了城市运行效率与居民生活品质。智慧交通系统通过实时数据分析，优化交通信号控制，预测并缓解交通拥堵，同时推广智能公交、共享单车等绿色出行方式，有效减少了碳排放，提升了城市交通的智能化和绿色化水平。智能环境监测网络则通过布设大量传感器，实时监测空气质量、水质等环境参数，为环保决策提供了科学依据，促进了城市环境的持续改善。在社区层面，数字技术的应用促进了信息的快速传递和居民的积极参与，如社区 APP 的开发，不仅方便了居民报修、投诉，还促进了邻里交流与互助，增强了社区的自治能力和应对突发事件的快速响应能力，共同构建了一个更加宜居、和谐的城市生活环境。

（三）数字基础设施与政府治理

数字政府平台的搭建，是政府治理现代化的重要里程碑，它不仅实现了政府服务从传统模式向数字化的深刻转型，还极大提高了政府决策和执行的透明度与效率。这一转变始于对政务服务流程的重构，将原本烦琐复杂的线下办理程序迁移至线上，民众得以通过统一的数字门户享受便捷、高效的服务，如在线税务申报、电子证件申请等，显著降低了公众获取服务的成本和时间。更重要的是，数字政府平台促进了数据资源的整合与共享，政府部门间的信息壁垒被打破，实现了数据的互联互通。这种跨部门的数据共享机制使得政府能够快速响应社会需求，协同解决诸如环境保护、公共卫生、城市规划等跨领域的复杂问题，极大提升了政府整体的治理效能和公共服务的质量。

在大数据分析和人工智能技术的强力驱动下，政府决策过程正经历着前所未有的变革。这些先进技术的应用，使得政府能够实时且全面地掌握经济社会的运行状况，通过收集、整合来自各行各业的海量数据，对数据进行深度挖掘和综合分析，揭示出隐藏在数据背后的经济趋势和社会动态。这一过程不仅增强了政府对复杂局势的洞察力，还为政策制定提供了科学、精准的依据。例如，在面对经济波动时，政府可以根据数据分析结果，精确识别受影响的行业和地区，从而制定出更具针对性和前瞻性的经济刺激政策。此外，通过模拟不同政策选项可能带来的影响，政府能作出更为明智的选择，减少决策失误，确保政策的有效性，为经济社会的稳定发展奠定坚实基础。

第二节

通信网络基础设施

一、中国通信网络基础设施的发展历程

中国通信网络基础设施的发展历程是一个从落后到赶超、从模仿到创新的过程，见证了科技与经济的迅猛飞跃。从20世纪初的简易电报线路到如今全球领先的5G网络和光纤宽带覆盖，中国通信行业经历了从无到有、由弱到强的蜕变，不仅重塑了国内信息交流的格局，而且强有力地推动了国家的现代化进程，更是对全球经济与社会生活产生了深远影响。这一历程可划分为三个阶段，第一阶段为通信网络基础设施奠基与发展期，第二阶段为移动通信与互联网浪潮期，第三阶段为智能化与高速通信网络新时代。

（一）通信网络基础设施奠基与发展期（20世纪初至90年代）

20世纪初，中国的通信网络基础设施以有线电报为主，依靠有线电报进行远距离信息传递；电话通信尚处于萌芽阶段，采用的是人工接线的方式。尽管这种方法技术含量低，效率不高，但它作为基石，支撑起了初步的通信网络。随着新中国的成立，国家开始重视通信网络的自主建设，引进苏联的技术与设备，初步构建起全国性的电报和电话网络。这一阶段虽然进展缓慢，但为后续的通信技术革新与网络扩展奠定了初步基础。随着技术的进步，20世纪50年代后期，中国开始引入自动交换技术，人工接线逐渐被自动交换系统取代，大大提高了电话通信的效率和容量。改革开放后，中国经济的快速增长催生了对通信服务的庞大需求，固定电话进入快速普及阶段，从政府机关、企业单位逐步延伸至普通家庭，成为衡量社会进步的重要标志。同时，光纤通信技术的应用和发展，为信息传输带来了革命性变化，为后续宽带互联网的兴起铺设了物理通道。

（二）移动通信与互联网浪潮期（20世纪90年代至21世纪10年代）

进入20世纪90年代末，随着移动通信技术的兴起，中国通信行业迎来了新的发展机遇。从模拟信号的1G时代迅速过渡到数字2G，再到3G网络的商用，移动电话从奢侈品变为生活必需品，移动互联网开始萌芽。互联网的普及彻底改变了信息传播的方式，尽管起初受限于窄带接入，但已经为后续的数字化转型埋下伏笔。这一时期，中国政府加大了对通信基础设施的投资，互联网基础设施建设加速，为

电子商务、在线娱乐等新兴产业的兴起提供了土壤。

在移动通信方面，中国于1987年引入了1G技术，采用TACS（Total Access Communication System）标准，这是模拟通信技术的时代。1G网络主要提供语音通话服务，代表性的设备是“大哥大”，通话质量和网络覆盖有限，但标志着中国移动通信的开端。20世纪90年代中期至21世纪初，中国引入了GSM（Global System for Mobile Communications）和CDMA（Code Division Multiple Access）两种数字通信标准，实现了从模拟到数字的转变。除了语音，还支持短信服务，网络覆盖和通话质量得到显著改善。2009年以后，中国发放了三种3G标准的牌照，分别是WCDMA（中国联通）、CDMA2000（中国电信）和TD－SCDMA（中国移动），标志着移动通信进入了高速数据传输时代，能够提供视频通话和较高速率的移动互联网服务。

在互联网领域，中国于1994年通过中国教育和科研计算机网正式接入国际互联网，标志着中国互联网时代的开端。这一时期，互联网主要在学术界和部分科研机构中使用，普通民众接触甚少，并且网络主要是窄带宽拨号上网，速度慢，普及率低。随着首批商业互联网服务提供商（ISP）的出现，互联网开始向公众领域拓展，但受限于昂贵的上网费用和有限的内容资源，普及程度有限。后面随着个人电脑价格的下降和互联网技术的进一步成熟，互联网开始在中国迅速普及。1997年，中国第一家互联网公司——网易成立，随后新浪、搜狐、腾讯等互联网巨头相继诞生，标志着中国互联网行业的商业化进程加速。21世纪，互联网行业的应用和服务开始多样化发展，阿里巴巴的淘宝网（2003年）和支付宝（2004年）的推出，极大地推动了在线交易的信任度与便捷性；搜索引擎百度的崛起（2000年），改变了人们获取信息的方式；即时通信工具QQ的流行，构建了庞大的社交网络。

（三）智能化与高速通信网络新时代（21世纪10年代至今）

2010年以来，中国通信网络基础设施建设进入快车道，宽带网络实现从窄带到宽带到光纤的跨越，移动通信则从4G时代迅速迈进5G时代，成为全球5G网络部署的领跑者。5G的广泛应用为物联网、智能交通、远程医疗等领域的发展提供了强大支撑，加速了社会各领域的数字化转型。同时，“新基建”战略的提出，聚焦于5G基站、人工智能等新一代信息技术基础设施的建设，预示着中国通信网络正向更高效、更智能、更绿色的方向迈进，为构建数字中国和智慧社会打下坚实基础。

在移动通信方面，2013年中国大规模部署了4G LTE（Long－Term Evolution）网络，以FDD－LTE和TD－LTE两种模式为主，极大提升了数据传输速度，支持高清视频流、在线游戏和移动支付等丰富的多媒体应用。2019年以来，中国成为全球最早一批商用5G的国家之一，中国政府和企业积极推动5G网络建设，截至2023

年9月，已累计建成全球最大的5G基站网络，5G网络以更高的数据传输速度、更低的延迟和更大的连接密度著称，为物联网、自动驾驶、远程医疗等领域带来了革命性的变化。当前中国已启动了6G的研发工作，预计将在2030年前后商用。6G将致力于提供比5G更高的数据传输速率、更广的覆盖范围、更低的延迟以及更强大的连接能力，支持更多样化的应用场景，如全息通信、空天地海一体化网络等。

在光纤网络与高速宽带方面，21世纪第二个10年，中国大力推动光纤到户（FTTH）建设，标志着宽带网络建设进入了一个全新的阶段，政府通过一系列政策支持和资金投入，推动了光纤网络的深度覆盖，尤其是“宽带中国”战略的实施，极大地加速了光纤宽带网络的普及。这一时期，中国不仅在光纤网络的物理覆盖上取得了长足进步，还在带宽提速方面持续发力，从最初的几兆、几十兆，迅速提升至百兆、千兆级别，大大提升了固定宽带的普及率和质量，为高清视频、云服务等高带宽应用提供了基础。中国已经成为全球光纤宽带用户最多、带宽增长最快的国家之一。

随着5G技术的商用，中国通信网络基础设施建设进入了新的发展阶段。5G与光纤网络的深度融合，为实现超高速、低延迟的无线通信提供了可能，加速了物联网、智慧城市、远程医疗、自动驾驶等新型应用的发展。此外，面对未来更复杂的数据传输需求，中国正积极探索下一代光通信技术，如量子通信等，旨在进一步提升网络的传输能力和安全性，为构建智慧社会和数字经济体系提供更加坚实的网络支撑。

二、中国发展各类通信网络基础设施的主要政策

（一）有线通信网络设施：从电话网到宽带网

中国政府在有线网络基础设施领域持续推出一系列政策，以推动国家信息化进程，促进经济社会发展。在信息化建设的早期阶段，中国政府已经展现出对通信网络基础设施长远规划的远见。1982年9月，国务院和中央军委发布《关于保护通信线路的规定》，强调通信线路的重要性，必须确保通信线路的安全。1986年12月，全国人民代表大会通过《中华人民共和国邮政法》，旨在保护通信自由和通信秘密，保障邮政工作的正常进行，促进邮政事业的发展。

1996年3月，国务院在《关于国民经济和社会发展“九五”计划和2010年远景目标纲要》中提出了建设通信光缆干线网络的战略目标，这一决策标志着中国开始着手打造国家级的通信网络骨架。2000年出台的《中华人民共和国电信条例》为电信市场的健康发展提供了法律框架，明确了电信业务许可、市场竞争规则、服务质量标准等内容，为电话网络的建设与运营提供了法律保障。2009年工业和信息化

部颁布了《关于 2009 年度实施“村村通电话”工程推进“信息下乡”活动的意见》，主要目标是进一步完善农村通信设施，确保已通电地区实现“村村通电话，乡乡能上网”，为农民提供功能强大、种类丰富的各类涉农信息服务业务。

2010 年 3 月，工业和信息化部发布《关于推进光纤宽带网络建设的意见》，不仅提出了加快光纤宽带网络建设的具体目标，还规划了 3 年内投资超过 1500 亿元，新增宽带用户超过 5000 万的宏伟蓝图。2013 年，《“宽带中国”战略及实施方案》的发布，进一步明确了光纤宽带网络作为国家战略性公共基础设施的定位，并提出了到 2015 年实现城市光纤到户、农村宽带进入乡村，到 2020 年城市和农村宽带接入能力达到 50Mbps 和 12Mbps 的目标。2015 年，国务院办公厅发布《关于加快高速宽带网络建设推进网络提速降费的指导意见》，鼓励电信运营商加大光纤网络建设力度，提高主干网和城域网的传输能力，从而为用户提供更快、更经济的网络服务。2016 年 12 月，《信息产业发展指南》中规划，到 2020 年，光网全面覆盖城乡，基本建成高速、移动、安全、泛在的新一代信息基础设施。2021 年 3 月，《“双千兆”协同发展行动计划（2021—2023 年）》中规划，到 2023 年，实现千兆光网覆盖家庭 4 亿户万兆无源光网络（10GPON）端口 1000 万个，千兆宽带用户 3000 万户。

在中央政府对有线通信网络基础设施作出一系列规划时，地方政府也出台了多项支持和发展有线通信网络基础设施的政策和条例。如 1988 年，上海市、浙江省、辽宁省、山西省、河北省等多个省市出台了通信邮电管理条例，旨在促进邮电事业的发展，进而适应改革、开放和人民生活的需要。进入 21 世纪以来，随着宽带中国建设方案的发布与实施，河南省人民政府办公厅于 2012 年发布了《关于加强通信信息网络基础设施建设的意见》，提出了光纤宽带、光网城市等重大工程建设目标，以促进城乡一体化和信息化水平的提升。2014 年，广东省人民政府出台了《关于全面推进广东省宽带网络基础设施建设的意见》，强调了宽带网络基础设施的战略性公共基础设施地位，以此加快全省通信网络基础设施的建设。同年，浙江省人民政府在《关于加快发展信息经济的指导意见》中提出加强信息基础设施建设，加快宽带网络建设，实施城市百兆光纤工程和宽带乡村工程，以及全面推进“三网”融合等。2015 年 5 月，辽宁省人民政府发布了《关于加强辽宁省通信网络基础设施建设的意见》，旨在落实“宽带中国”实施方案，推动网络光纤化改造、强化农村信息通信公共服务。随着新型基础设施概念的提出，各省、市、自治区针对新基建进行了行动部署，针对信息通信基础设施出台了具体政策。如上海市、湖北省、浙江省、北京市、深圳市等都出台深化电信基础设施共建共享的实施方案，主要是开展并完善“双千兆”网络，稳步提升电信基础设施共建共享水平，助力数字经济成为构建现代化经济体系和高质量发展的重要引擎。

（二）移动通信网络基础设施政策

我国从1987年开始引入1G，1994年引进GSM，2009年开始导入3G，2013年开始部署4G，2019年开始推动5G商用，在这一系列无线通信技术发展过程中，国家出台了一系列政策支持移动通信发展。在每一代的移动通信网络建设中，国家基本都是以移动、联通、电信等央企为主要政策载体，推动网络基础设施建设和应用。本部分以5G建设为例，介绍移动通信网络基础设施的政策演变。

国家层面出台的5G行业政策偏重于顶层设计，政策性质主要为规划类和支持类，作为5G技术创新和行业融合发展的指导性文件，为5G行业应用标准的形成、技术的迭代、资金的支持、应用的落地指明了方向并提供政策保障。自2015年以来，中共中央、国务院及其他各部委陆续出台支持、规范5G行业的发展政策，如2015年《中国制造2025》中提出要全面突破第五代移动通信（5G）技术；2016年首次在国民经济和社会发展规划中提到5G，2017年首次在政府工作报告中提到5G。2020年3月，工业和信息化部印发《关于全面推动5G加快发展的通知》，提出要“加快5G网络建设部署，丰富5G技术应用场景等”。2021年7月，工业和信息化部等十部门共同出台《5G应用“扬帆”行动计划（2021—2023年）》这一推动5G应用的纲领性文件，提出“重点推进5G在工业互联网、车联网、智慧港口、智慧采矿、智慧教育、智慧医疗等15个行业的5G应用，通过三年时间初步形成5G创新应用体系”。2023年7月，工业和信息化部发布了新版《中华人民共和国无线电频率划分规定》，率先在全球将6425—7125MHz全部或部分频段划分用于IMT（国际移动通信，含5G/6G）系统，有利于稳定5G/6G产业预期，为5G/6G发展提供所必需的中频段频率资源，促进移动通信技术和产业创新发展。2023年11月，工业和信息化部发布《关于开展5G应用“扬帆之城”总结评估工作的通知》，组织开展5G应用“扬帆之城”评估工作，着力打造一批5G应用规模发展先进城市，以点带面，逐步形成全国5G规模应用之势。

在国家政策的引导下，地方政府因地制宜，根据本地产业特色，发布具体5G行业应用推进实施方案，通过专项政策、投资基金、示范项目等方式有重点地发展5G特色应用落地推广。在《5G应用“扬帆”行动计划（2021—2023年）》纲领性文件引领下，陕西、江西、上海、重庆、江苏、山西等地陆续发布5G行业应用政策。如陕西省2022年3月印发《陕西省5G应用“扬帆”行动计划（2021—2023年）》，提出实现5G网络支撑能力中西部领先，5G应用发展水平显著提升，5G在经济社会各领域得到广泛融合，5G产业集聚区初现规模，5G生态体系日臻完善；江西省印发《江西省5G应用“扬帆”行动计划（2021—2023年）》，提出显著提升5G应用发展水平，全面增强5G+工业互联网、5G+物联网、5G+医疗健康等领域竞争力，实现重点领域5G应用深度和广度双突破。上海市印发《5G应用“海上扬帆”行动计划（2022—2023年）》，推动5G网络深度覆盖与融合发展。江苏省印发《江苏省5G应用“领航”行动计划（2022—2024年）》，启动实施“5G促进消费升级、5G赋能智改数转、5G服务社会民生”三大重大支撑工程；山西省印发《加快5G融合应用实施方案》，提出扩大5G融合应用场景，开展“54321”5G应用场景引导建设。

（三）移动物联网基础设施政策

物联网作为新一代信息技术与制造业深度融合的产物，是数字化转型的实现途径，是实现新旧动能转化的关键力量。近年来，国家出台了一系列政策鼓励应用物联网技术促进生产生活和社会管理方式向智能化、精细化、网络化方向转变。早在2011年11月，工业和信息化部就印发了《物联网“十二五”发展规划》，表示在“十二五”期间，抓住发展机遇，明确物联网的发展方向，加快培育和壮大物联网。2013年2月，国务院出台了《关于推进物联网有序健康发展的指导意见》，指出已经将物联网作为战略性新兴产业的重要组成内容，要实现物联网在经济社会各领域的广泛应用，基本形成安全可控、具有国际竞争力的物联网产业体系。在2020年后的“十四五”期间，我国开始了深入推动物联网全面发展的过程。2020年4月，工业和信息化部发布了《关于深入推进移动物联网全面发展的通知》，重点任务是加快移动物联网网络建设、加强移动物联网标准和技术研究、提升移动物联网应用广度和深度、建立健全移动物联网安全保障体系。2021年9月，工业和信息化部等九部门印发了《物联网新型基础设施建设三年行动计划（2021—2023年）》，旨在到2023年年底，在国内主要城市初步建成物联网新型基础设施，从而为社会现代化治理、产业数字化转型以及民生消费升级提供坚实的底座。

在国家大力支持物联网发展的背景下，各级地方政府也制定了相应的实施策略，推动当地物联网的发展。广东省物联网发展起步早，于2013年11月就印发了《广东省物联网发展规划（2013—2020年）》，主要任务是加快物联网基础设施建设，推进物联网技术集成创新和产业化以及推进物联网在生产和商贸服务领域以及社会服务领域的应用。在“十四五”期间，北京市发展改革委等11部门于2023年2月发布《北京市推动先进制造业和现代服务业深度融合发展的实施意见》，提出加快物联网、元宇宙等新一代信息技术在制造业、服务业的创新应用，培育一批智能经济新业态等。江苏省人民政府提出要突破射频识别（RFID）、传感器、系统集成、信息安全等物联网关键技术，提升物联网关键硬件产品的自主供给能力。上海市人民政府在2023年10月颁发《上海市进一步推进新型基础设施建设行动方案（2023—2026年）》，主要是促进区块链技术与物联网技术的深度融合，支持在政务服务、城市治理、产业发展、金融服务、区域征信等领域打造若干创新应用。

（四）建设卫星互联网等空天网络基础设施

为了支持卫星互联网的发展，近年来我国相关部门出台了一系列政策。2020 年国家发改委首次将卫星互联网纳入“新基建”范畴，将其视为通信网络基础设施的重要组成部分。2021 年 4 月中国卫星网络集团有限公司成立，将有力地推动卫星互联网空间段原材料双边市场建设，助力卫星互联网全面快速发展。2021 年 11 月工业和信息化部发布的《“十四五”信息通信行业发展规划》中强调加强卫星通信顶层设施和统筹布局，推动高轨卫星与低轨卫星协调发展，推进卫星通信系统与地面信息通信系统深度融合。2022 年 12 月国务院发布了《扩大内需战略规划纲要（2022—2035 年）》，强调加快物联网、工业互联网、卫星互联网、千兆光网建设。2023 年 4 月，国务院发布《计量发展规划（2021—2035 年）》，开展海上卫星导航设备，海洋装备测量测试技术研究，提升海洋装备数字化测量能力。2024 年 1 月，工业和信息化部等七部门发布《关于推动未来产业创新发展的实施意见》，指出前瞻布局卫星互联网、手机直连卫星等关键技术研究。

随着北斗三代卫星导航系统的全面建成以及“十四五”规划的发布，各省市针对卫星互联网行业也做了相应规划，出台新的政策指导行业更好更快发展。山东省于 2021 年在《山东省“十四五”战略性新兴产业发展规划》中，提出主动参与低轨通信卫星、浮空平台通信系统建设，提供北斗卫星导航定位基础性服务，加快构建天地一体化信息网络骨干节点。河北省人民政府 2023 年 1 月发布《加快建设数字河北行动方案（2023—2027 年）》，通过配合国家做好卫星互联网系统地面设施建设，规划建设低轨卫星互联网地面信关站。2023 年 9 月，上海市发布的《上海市进一步推进新型基础设施建设行动方案（2023—2026 年）》提出布局“天地一体”的卫星互联网，稳步推进实施商业星座组网，加快落实频轨资源授权，分阶段发射规模化地轨通信卫星构建低轨星座。重庆市 2023 年发布《关于加快推进卫星互联网为引领的空天信息产业高质量发展的意见》，提出到 2025 年，构建空天地一体化、通导遥深度融合的空天信息服务体系，创建国家级卫星互联网产业创新中心，卫星互联网产业园形成品牌和规模效应。

（五）互联网协议政策

互联网是关系国民经济和社会发展的重要基础设施，深刻影响着全球的经济、利益以及安全格局。由于互联网协议第四版（IPv4）的全球互联网面临网络地址消耗殆尽、服务质量难以保证等制约性问题，IPv6 成为全球公认的下一代互联网商业应用解决方案。我国自 2017 年以来出台了一系列推进 IPv6 规模部署应用的政策。中共中央办公厅等部门于 2017 年印发了《推进互联网协议第六版（IPv6）规模部署行动计划》，旨在建成全球最大规模的 IPv6 商业应用网络，成为全球下一代互联网发展的重要主导力量。为了加快推进 IPv6 规模部署，中国互联网络信息中心于 2020 年发布了新修订的《中国互联网络信息中心 IP 地址资源管理办法》，目标是积极推进 IPv6 行动计划、加快网络基础设施升级、提高 IP 地址的使用效率，加强技术创新应用。2021 年 7 月，中央网信办发布《关于加快推进互联网协议第六版（IPv6）规模部署和应用工作的通知》，目标是到 2025 年基本建成先进自主的 IPv6 技术、产业、设施、应用和安全体系，形成市场驱动、协同互促的良性发展格局。在此基础上，工业和信息化部联合中央网信办发布《IPv6 流量提升三年专项行动计划（2021—2023 年）》，聚焦 IPv6 流量提升总目标，从网络和应用基础设施服务性能、主要商业互联网应用 IPv6 浓度，支持 IPv6 的终端设备占比等方面提出量化目标。2023 年 4 月，工业和信息化部等八部门发布了《关于推进 IPv6 技术演进和应用创新发展的实施意见》，积极协调有序推进 IPv6 技术演进和应用创新发展，打造强健的产业链体系，推动网络、终端、应用统一步调，加快向 IPv6 单栈的目标演进。2024 年 4 月，中央网信办等三部门进一步印发《深入推进 IPv6 规模部署和应用 2024 年工作安排》，围绕 IPv6 的规模发展，部署了十个方面的重点任务，分别是增强 IPv6 网络性能和服务质量，提高应用设施 IPv6 部署水平，提高终端设备 IPv6 连通水平，强化先行先试和示范引领，推进 IPv6 单栈部署演进，深化行业融合应用，扩大 IPv6 内容源规模，推进创新生态和标准化体系，强化网络安全保障以及加大宣传推广力度。

三、海外主要国家通信网络基础设施政策

近些年，数字基础设施成为世界各国竞争的重要内容，自美国提出“信息高速公路”以来，全球各主要国家纷纷出台相关政策，加快推进各自的通信网络基础设施建设。

（一）美国通信网络基础设施政策

针对通信网络基础设施的发展，美国出台了一系列综合性政策措施，旨在推动技术进步、加强网络安全、激发市场竞争活力以及普及高速互联网接入。自 1993 年克林顿政府提出国家信息基础设施（NII）计划以来，信息技术被美国政府定位为国家发展的核心领域。1996 年的《电信法案》标志着美国通信法律的一次重大改革，它放松了对电信行业的监管，鼓励了市场竞争，为宽带和互联网服务的普及奠定了基础。2009 年的《美国复苏与再投资法案》进一步加大了对宽带基础设施的投资，特别是通过宽带技术机会计划和宽带倡议计划，致力于扩展高速互联网，特别是在农村和边远地区。2010 年，联邦通信委员会发布了《国家宽带计划》，旨在确

保所有美国人都能获得高速互联网接入，提出了提高宽带速度和覆盖范围，促进技术创新和发展，以及确保服务可负担性等多项目标。2015 年的《开放互联网法令》确立了网络中立性原则，禁止网络服务提供商歧视或限制合法的互联网流量，保障了互联网的开放性和公平性。2021 年，《基础设施投资和就业法案》的发布，进一步加大了对宽带的投资，特别是 650 亿美元的宽带投资，以支持宽带部署，推动数字平等，并为低收入家庭提供宽带补贴。2022 年出台的《芯片与科学法案》虽然主要聚焦于半导体制造和科学研究，但也包含了推动先进通信技术（如 5G 和未来的 6G）研发和部署的内容，以确保美国在全球科技竞争中的领先地位，并支持相关网络基础设施的发展。

（二）欧盟通信网络基础设施政策

欧盟在通信网络基础设施发展方面的政策体现了其对数字化转型、网络普及和技术创新的长期承诺。2002 年，欧盟通过电子通信法规，如《电子通信网络和服务的通用监管框架指令》（2002/21/EC），为电信市场的自由化和网络基础设施的公平竞争奠定了法律基础。2010 年，《数字议程》作为"欧洲 2020 战略"的一部分，提出了七大优先事项，其中包括促进高速和超高速互联网的普及和使用，目标是到 2020 年让所有欧洲公民拥有基本宽带接入，并推动下一代网络基础设施的发展。2013 年，《连接欧洲设施》计划进一步推动了跨欧洲的交通、能源和数字基础设施建设，特别是数字部分，专注于高性能宽带网络和数字服务基础设施的部署，并通过资金支持，促进覆盖不佳地区的网络建设。2016 年，《欧洲千兆社会》政策框架设立了 2025 年的具体目标，包括所有主要社会经济驱动点拥有 1Gbps 的互联网接入，所有欧洲家庭至少拥有 100Mbps 的下载速度，并改善农村和偏远地区的网络覆盖。2017 年，《Wi－Fi4EU 倡议》旨在提升公共互联网接入的可用性，通过资助地方政府在公共空间安装 Wi－Fi 设备，为欧盟成员国的公共空间提供免费无线互联网接入。2020 年，《欧洲数字战略》提出了到 2030 年实现"数字十年"目标，包括所有欧盟家庭拥有千兆速度的互联网接入，所有欧洲主要城市和主要交通路径覆盖 5G 网络。2021 年，《2030 数字罗盘》进一步明确了欧盟在 2030 年前的数字目标，包括所有欧盟家庭拥有千兆网络连接，所有人口中心覆盖 5G，推动先进技术的发展和部署，并确保数字基础设施的可持续性。

（三）日本通信网络基础设施政策

日本在构建通信网络基础设施的政策导向上，体现了其对信息技术领域持续性投入与创新驱动的承诺。自 2001 年推出《e－Japan 战略》以来，日本政府一直致力于通过信息技术推动国家发展，并在不同阶段设定了具体的目标和措施。其中，《e－Japan 战略》的主要目标是到 2005 年使日本成为世界上最先进的信息技术国家。这一战略着重于推动高速互联网接入的普及，促进信息技术在教育、医疗和行政服务等领域的应用，以及改善信息技术人才的教育和培训。《e - Japan 战略Ⅱ》在第一阶段战略成功的基础上于 2003 年被提出，进一步推动了宽带服务的普及和质量提升，以及促进了电子商务和电子政府的发展。2004 年，《u - Japan 政策》提出了到 2010 年实现“无处不在的网络社会”的宏伟目标，即任何人、在任何地方、任何时间都能接入网络。2010 年，《新 ICT 战略》通过 ICT 的广泛应用推动社会创新和经济增长，包括实现超高速宽带接入，推动云计算、大数据和物联网的应用，以及促进绿色 ICT，减少碳排放。2013 年，《日本再兴战略》强调了 ICT 作为经济增长的引擎，即推动 5G 网络的研究和开发，促进智能城市和智能交通系统的建设，以及支持 ICT 初创企业和创新。2022 年，日本出台公布了《数字田园都市国家基础设施建设计划》，旨在通过数字化实施振兴农村地区来解决社会问题并提高吸引力，努力发展城乡一体化的 5G 网络。

第三节

算力基础设施

一、中国算力基础设施的发展历程

算力基础设施作为各个行业信息系统运行的算力载体，已成为经济社会运行不可或缺的关键基础设施，在数字经济发展中扮演着至关重要的角色。算力基础设施的发展历程，是科技进步与社会需求共同驱动下的一场深刻变革，它涵盖了数据中心、超级计算中心以及智能计算中心的演变，共同构建了现代信息社会的基石。

（一）起步探索期（20 世纪 80 年代至 21 世纪 00 年代）

算力基础设施的早期形态可追溯至大型计算机时代（20 世纪 60 年代），那时的数据中心主要是为政府、军事和大型企业服务的专用计算设施。中国算力基础设施的起步稍晚于西方发达国家，可追溯到 20 世纪 80 年代。随着计算机技术的初步应用，数据中心开始在国内萌芽，最初服务于科研机构和大型企业，规模小且功能单一。90 年代，随着信息技术的普及，全社会对信息处理能力的需求急剧上升，数据中心建设进入加速发展阶段，虽然与国际先进水平相比尚有差距，但政府和企业的共同努力，如加大对信息技术的投入、引入国家先进技术和管理经验，为后续数据中心的快速发展创造了有利条件。同时，国家对高性能计算的重视也日益增强，

1983 年“银河－I”巨型计算机的成功研制，标志着中国在超算领域从零到一的突破，虽然当时应用范围有限，但为后续发展奠定了基础。

（二）快速扩张期（21 世纪 00 年代至 21 世纪 10 年代）

进入 21 世纪初，中国算力基础设施的发展驶入了快车道，伴随着互联网经济的蓬勃兴起，数据中心的规模与专业化程度实现了前所未有的飞跃。这一时期，数据中心建设不再局限于单一的数据托管，而是朝着集约化、服务化方向深度转型，其中，云计算技术的广泛应用起到了关键性的推动作用。阿里云、腾讯云等本土云服务提供商迅速崛起，不仅在国内市场中占据了主导地位，还在国际舞台上崭露头角，这些云服务商通过构建大规模、高效率的数据中心集群，为用户提供按需分配的计算资源与服务，极大地提高了资源利用率，降低了企业成本，加速了数字化转型的步伐。

在超级计算领域，中国同样取得了令人瞩目的成就。2009 年，“天河一号”在天津国家超级计算中心部署，成为中国首台千万亿次级别的超级计算机，并在 2010 年登上全球最快计算机榜首，标志着中国正式进入国际超算领域的第一梯队。此阶段，国家超级计算中心开始在全国多个城市布局，如长沙、深圳、济南、广州等，推动了高性能计算技术在更多领域的应用。这些超算系统被广泛应用于高性能计算密集型领域，如前沿科学研究、复杂工业设计模拟、精准天气预报等，有效推动了科研成果的转化与产业升级，增强了国家的综合科技竞争力。

（三）高速发展期（21 世纪 10 年代至 21 世纪 20 年代）

2010 年以来的十年是我国云计算的高速发展阶段，在此期间经历了从政策支持、市场培育到技术创新、广泛应用的转变。在政策支持方面，我国政府将云计算纳入国家信息化发展战略，发布了一系列政策文件，如 2015 年国务院发布《关于促进云计算创新发展培育信息产业新业态的意见》，旨在增强云计算服务能力、提升云计算自主创新能力、探索电子政务云计算发展新模式以及统筹布局云计算基础设施。2018 年工业和信息化部印发《推动企业上云实施指南（2018—2020 年）》，目的是推动云平台服务商和行业企业加强供需对接，有序推进企业上云进程。2020 年发布《关于推进“上云用数赋智”行动培育新经济发展实施方案》，支持企业数字化转型，推动云服务基础上的轻重资产分离合作。与此同时，阿里云、华为云、腾讯云等国内科技巨头也相继加大云计算领域的投资，形成了激烈的市场竞争格局。各级政府也纷纷建立政务云平台，利用云计算提高政府服务效率和透明度，实现数据共享和业务协同。

（四）智能化转型期（21 世纪 20 年代至今）

人工智能技术的兴起，特别是在深度学习领域的突破，对计算能力提出了更高的要求。2020 年，国家发改委将智能计算中心纳入新基建范畴，此后也出台十余项智能计算中心相关政策，推动智算中心发展。其中《“十四五”国家信息化规划》强调统筹建设面向区块链和人工智能等的算力和算法中心，《“十四五”数字经济发展规划》提出推动智能计算中心有序发展，打造智能算力、通用算法和开发平台一体化的新型智能基础设施。在政策支持下，地方智算中心建设如火如荼，如杭州、深圳等地的智算中心，旨在为 AI 研发、智慧城市、自动驾驶等前沿应用提供强大算力支撑。智算中心专注于提供针对人工智能模型训练和推理所需的高效率、低延迟算力，支持自动驾驶、智慧城市、医疗健康等新兴应用场景。同时，数据中心、超算中心与智算中心之间的界限逐渐模糊，三者相互融合，共同构建起多层次、全方位的算力服务体系，推动了算力基础设施的生态化发展。

二、中国推动算力基础设施建设的相关政策

近年来，中国在算力基础设施领域的发展受到国家层面的高度重视，多个部门相继出台了相关政策，以促进该领域的健康发展。国家发展改革委等部门联合发布了多项政策，包括《关于加快构建全国一体化大数据中心协同创新体系的指导意见》《全国一体化大数据中心协同创新体系算力枢纽实施方案》《贯彻落实碳达峰碳中和目标要求 推动数据中心和 5G 等新型基础设施绿色高质量发展实施方案》以及《关于深入实施“东数西算”工程加快构建全国一体化算力网的实施意见》。工业和信息化部也积极推动算力基础设施的发展，发布了《关于数据中心建设布局的指导意见》《关于组织开展国家新型数据中心（2021 年）典型案例推荐工作的通知》以及《新型数据中心发展三年行动计划（2021—2023 年）》。此外，工业和信息化部联合多个部门共同发布了《算力基础设施高质量发展行动计划》和《关于加强绿色数据中心建设的指导意见》等。通过这些政策的整合，可以看出中国政府在算力基础设施和数据中心的投资与建设、空间布局以及绿色低碳发展等方面采取了全面且协调的措施，以实现算力基础设施的高效、环保和可持续发展。

（一）促进算力基础设施高质量发展

中国政府高度重视算力基础设施和数据中心的投资与建设，将其视为国家战略性新兴产业发展的重要组成部分。《关于组织开展国家新型数据中心（2021 年）典型案例推荐工作的通知》通过推荐新型数据中心的典型案例，加快新型数据中心建设与应用，支撑经济社会数字化转型。《新型数据中心发展三年行动计划（2021—2023 年）》提出到 2023 年年底的具体发展目标，包括数据中心机架规模增速、平均利用率、总算力等，同时强调了新型数据中心的高技术、高算力、高能效和高安全特征。《算力基础设施高质量发展行动计划》坚持市场需求导向，释放工业、金融

等重点行业对算力应用的需求潜力，推动算力与实体经济融合发展。这些政策共同构成了中国在算力基础设施和数据中心投资与建设方面的政策框架，旨在通过政策引导和市场激励，促进算力基础设施的快速发展和高效利用。

地方政府也高度重视算力基础设施的发展，将其视为推动数字经济发展和科技创新的关键。上海市发布《新型数据中心“算力浦江”行动计划（2022—2024年）》，旨在服务稳定经济大盘，推动上海市新型数据中心的高质量发展。广东省发布《广东省算力基础设施高质量发展行动暨“粤算”行动计划（2024—2025年）》，旨在推动算力基础设施高质量发展，构建多元泛在、智能敏捷、安全可靠、绿色低碳的算力服务生态体系。北京市发布《北京市算力基础设施建设实施方案（2024—2027年）》，强调统筹完善京津冀蒙算力协同发展布局，到2025年建成智算资源供给集群化、智算设施建设自主化等格局，到2027年进一步优化算力供给质量和规模，建立布局合理、技术领先的京津冀蒙算力一体化协同发展格局。浙江省发布《浙江省运力提升行动方案（2024—2027年）》，旨在加快建设算力强省，构建与人工智能相适应的新型算力发展格局。江苏省发布《江苏省算力基础设施发展专项规划》，聚焦算力基础设施的发展，旨在抢抓科技革命和产业变革的机遇，加快算力注智，赋能数字经济、数字社会、数字政府建设。河南省发布《河南省重大新型基础设施建设提速行动方案（2023—2025年）》，旨在通过实施数字化转型战略，加快构建高水平新型基础设施体系，支撑经济社会高质量发展。山西省发布《山西省算力基础设施高质量发展实施方案》，旨在推动算力基础设施的高质量发展并支撑经济社会数字化转型。贵州省发布《贵州省算力基础设施高质量发展行动计划（2024—2025年）》，旨在通过一些措施，统筹推进贵州一体化算力基础设施布局，为全省数字经济发展注入新动能。甘肃省发布《甘肃算力基础设施高质量发展三年行动计划（2024—2026年）》，旨在统筹谋划部署算力基础设施建设发展布局，加快推进全国一体化算力国家枢纽节点（甘肃）建设。

（二）优化算力基础设施空间布局

在空间布局方面，中国政府采取了一系列措施，以实现算力基础设施和数据中心的合理分布和高效协同。2013年1月，工业和信息化部发布的《关于数据中心建设布局的指导意见》明确数据中心布局的基本原则，强调市场需求导向、资源环境优先等因素，并对新建和已建数据中心进行分类指导。2020年12月，国家发展改革委等部门出台了《关于加快构建全国一体化大数据中心协同创新体系的指导意见》，明确提出构建全国一体化大数据中心的目标，强调统筹规划和协同推进，以形成布局合理、绿色集约的数据中心基础设施一体化格局。2021年5月，国家发展改革委等部门进一步出台了《全国一体化大数据中心协同创新体系算力枢纽实施方案》，明确了围绕国家重大区域发展战略布局国家枢纽节点，发展数据中心集群，引导数据中心集约化、规模化、绿色化发展的具体措施。2021 年 10 月，《国家发展改革委等部门关于严格能效约束推动重点领域节能降碳的意见》出台，提出“新建大型、超大型数据中心原则上布局在国家枢纽节点数据中心集群范围内”“对于在国家枢纽节点之外新建的数据中心，地方政府不得给予土地、财税等方面的优惠政策”，进一步明确数据中心总体建设布局的严格措施。2023 年 12 月国家发展改革委出台的《关于深入实施“东数西算”工程加快构建全国一体化算力网的实施意见》则着重于“东数西算”工程的实施，旨在通过全国一体化算力网的构建，实现东西部算力的协同调度和优化配置。这些政策的共同目标是通过优化空间布局，提升数据中心的集约化、规模化和绿色化水平，同时增强数据资源的流通活力和大数据协同应用效果。

在一体化大数据中心国家战略的引领下，各级地方政府积极响应，主动谋划区域发展新蓝图，加速数据中心的优化布局。目前，北京、上海、江苏、山东、云南和甘肃等多个省市已相继颁布数据中心相关政策。如北京市于 2021 年 4 月出台了《北京市数据中心统筹发展实施方案（2021—2023 年）》，规划构建京津冀数据中心集群，依据资源禀赋与发展战略，将区域细分为数据中心功能保障区、改造升级区、适度发展区及协同发展区，实施差异化“建改退合”策略，促进区域间的功能互补与协同发展。同年 4 月，上海市发布《上海市数据中心建设导则（2021 版）》，明确数据中心空间布局原则，设定适建区、禁止区与限制区，优先在外环区域及既有工业区、发电厂周边建设，严格控制中环以内新建数据中心，确保科学合理利用城市空间。江苏省在 2021 年年末发布了《江苏省新型数据中心统筹发展实施意见》，规划“双核三区四基地”的发展格局，旨在通过强化 2 个算力资源调度中心，优化 3 个算力支撑区和布局引导区，以及打造 4 个省级数据中心产业示范基地，全面推动数据中心产业升级，为数字江苏的建设奠定坚实基础。山东省则在 2021 年 10 月推出《关于加快构建山东省一体化大数据中心协同创新体系的实施意见》，旨在构建“2 + 5 + N”的省级数据中心空间新布局，依托 2 个低延迟核心区域，培育 3—5 个数据中心集聚带，并规划“十四五”期间建立超 10 个行业数据中心节点和 30 余个超低时延边缘数据中心，全面推动数据资源高效配置。云南省 2021 年 12 月发布《云南省“十四五”大数据中心发展规划》，提出实现“滇中聚集、滇西突破、全域协同”的总体布局。甘肃省 2021 年 12 月发布《甘肃省数据中心建设指引》，提出以“一核两翼六中心”的架构总体布局数据中心，形成以兰州为核心，庆阳、酒泉为两翼，金昌、张掖、武威、天水、白银、陇南为六中心的数据中心集聚区。

（三）推动算力基础设施绿色低碳转型

绿色低碳发展是中国算力基础设施和数据中心发展的重要方向。2019 年以来，中央政府出台了一系列政策和方案，引导和鼓励数据中心运营主体提高可再生能源使用比例、参与可再生能源市场化交易。2019 年，工业和信息化部、国家机关事务管理局与国家能源局三部门出台了《关于加强绿色数据中心建设的指导意见》，主要聚焦于绿色数据中心建设，推动数据中心向高效、清洁、集约和循环的方向发展。2021 年 11 月，国家发展改革委、国家机关事务管理局等部门发布《深入开展公共机构绿色低碳引领行动促进碳达峰实施方案》，明确要求新型大型、超大型数据中心全部达到绿色数据中心要求，绿色低碳等级达到 4A 级以上，PUE 达到 1.3 以下；鼓励申报绿色数据中心评价，发挥示范引领作用。2021 年 12 月国家发展改革委等四部门出台《贯彻落实碳达峰碳中和目标要求 推动数据中心和 5G 等新型基础设施绿色高质量发展实施方案》，明确提出全国新建大型、超大型数据中心平均 PUE 降到 1.3 以下，国家枢纽节点平均 PUE 进一步降到 1.25 以下，绿色低碳等级达到 4A 级以上，进一步强调了绿色高质量发展的重要性，提出了到 2025 年数据中心形成绿色集约的一体化运行格局的目标，并强调了电能利用效率和可再生能源利用率的显著提升。2023 年 10 月，工业和信息化部等六部门印发的《算力基础设施高质量发展行动计划》也提出了促进绿色低碳算力发展的任务，包括提升资源利用和算力碳效水平、引导市场应用绿色低碳算力以及赋能行业绿色低碳转型等。2024 年 7 月，国家发展改革委有关部门发布《数据中心绿色低碳发展专项行动计划》，旨在降低电能利用效率，提高平均算力能效和碳效水平。

各地方政府为了推动算力基础设施的绿色低碳发展，相继出台了一系列政策和措施。2022 年 3 月，福建省发展和改革委等四部门《关于印发福建省贯彻落实碳达峰碳中和目标要求 推动数据中心和 5G 等新型基础设施绿色高质量发展实施方案的通知》要求全省数据中心电能利用效率（PUE）不超过 1.5，新建大型及超大型数据中心绿色低碳等级达到 4A 级以上，基本形成绿色低碳、智能高效的一体化数据中心格局。北京市 2023 年 4 月结合本市数据中心项目节能审查工作开展情况，发布《关于印发进一步加强数据中心项目节能审查若干规定的通知》，细化可再生能源利用及余热利用，引导数据中心从源头提高能效碳效以及可再生能源利用水平。2024 年 3 月，上海市通信管理局等部门制定了《上海市智能算力基础设施高质量发展“算力浦江”智算行动实施方案（2024—2025 年）》，重点关注提升低碳节能的绿色智算水平。广东省通信管理局等九部门印发的《广东省算力基础设施高质量发展行动暨“粤算”行动计划（2024—2025 年）》也提出优化算力基础设施电能利用效率、水资源利用效率、碳利用效率，提升算力碳效水平和绿色能源利用水平。青海省数据局等部门 2024 年 3 月发布《青海省促进绿色算力产业发展若干措施》，对绿色算力企业执行青海省绿电价格，并长期保持绿色算力企业用电价格处于全国较低水平。

（四）发展算力基础设施的典型案例：贵阳贵安新区

近年来，政策引导多元主体共同建设，鼓励不同主体在算力基础设施建设中发挥各自的优势，推动基础电信企业强化网络等基础设施建设，引导第三方数据中心提供差异化、特色化服务，支持互联网企业创新行业应用。多元主体互促互补，加速产业优质生态圈建设。为优化数据中心建设布局，促进东西部协同联动，国家发展改革委等部门同意在京津冀、长三角、粤港澳大湾区、成渝、内蒙古、贵州、甘肃、宁夏启动建设国家算力枢纽节点，并规划了10个国家级数据中心集群。目前，各地正在加快布局建设投资。例如，贵州省出台了促进大数据产业快速发展的举措，将从降低电价、资金支持、税费减免等多方面支持大数据产业做大做强。京津冀、粤港澳、成渝、内蒙古等国家算力枢纽节点引进超大型数据中心，并在电价、资金等方面给予支持，加快新型算力设施布局。

推动"数据入黔"，夯实"算力"底座，作为面向全国的算力保障基地，贵安新区一直在加速推动中国数字经济发展。贵安新区自成立以来，立足气候、电力、地形地貌等优势，始终把大数据产业作为主导产业来抓，已建成电信、移动、联通、华为、腾讯、苹果等数据中心和云计算基地，是全球超大型数据中心聚集最多的地区之一，目前正致力于打造"三个千亿级"产业集群，包括1个千亿级投资规模的数据中心集聚区、1个千亿级电子信息制造业产业集群和1个千亿级软件和信息技术服务业集聚区。

自2014年以来，贵州省出台了一系列优惠政策和措施，旨在支持大数据产业的发展。在政策规划与战略定位方面，贵州省将自己定位为全国首个大数据综合试验区，并积极抢抓"东数西算"等国家级政策机遇，推动数据中心建设。《贵州省政务数据资源管理办法》《贵州省政府数据共享开放条例》等一系列政策的出台，为数据中心的发展提供了政策指导和法律保障，促进了数据资源的汇聚与应用。在招商引资方面，为了吸引数据中心及上下游企业，贵州省实施了一系列招商激励措施，包括提供土地使用优惠、税收减免、资金补助等。在产业生态构建方面，贵州省政府积极推动构建大数据产业链，支持数据中心与云计算、人工智能、物联网等新兴产业的融合发展，形成了较为完整的数字产业生态体系。在电价优惠方面，贵州省政府针对数据中心的高能耗特点，出台了针对性的电价优惠政策，如大型及以上数据中心实行0.35元/千瓦时的电价政策，大幅降低了数据中心的运营成本。

得益于优惠政策和生态环境，贵安新区以初具规模的超大型数据中心集群吸引了一大批优质的企业入驻。几年时间内，中国移动数据中心、中国联通数据中心、贵安华为云数据中心（七星湖）、贵安华为云数据中心（高端园）、苹果贵安数据中心和腾讯贵安七星数据中心等相继落地贵安。截至 2023 年年底，贵安数据中心集群落地数据中心达 19 个，其中超大型数据中心 17 个，已经成为全球聚集超大型数据中心最多的地区之一。智算卡达 7.6 万张，预计计量算力规模将实现倍增，成为全国规模最大的智算高地。实现贵安数据中心集群省内单向时延 3 毫秒，至成渝、粤港澳、长三角、京津冀等时延大幅缩短。综上，贵州省通过一系列前瞻性的政策设计和有力的执行，成功构建了数据中心发展的优良环境，实现了数据中心产业的快速集聚和健康发展，对促进地方经济转型和提升社会治理能力发挥了重要作用。

三、国际算力基础设施的发展概况

（一）国际算力基础设施相关政策

美国政府在算力基础设施方面的政策制定了一系列措施以优化数据中心，提高能源效率，并加强计算能力。从 2010 年的联邦数据中心整合计划开始，政府就致力于减少数据中心数量，节省能源成本，并提高 IT 运营效率。2016 年的数据中心优化倡议进一步推动了数据中心的现代化，目标是提高能源效率、增加虚拟化和云计算的使用，并加强数据中心的安全性和性能。2020 年 11 月，《引领未来先进计算生态系统：战略计划》的发布，标志着美国政府对于构建先进计算生态系统的长远规划，旨在通过政府、学术界、非营利组织和产业部门的共同努力，建立一个国家战略资产，推动软件和数据生态系统的稳健发展，以及培养专业人才。2021 年 6 月通过的《美国创新与竞争法案》进一步扩展了这一愿景，不仅在科技研发领域进行大规模投资，还特别关注数据中心基础设施的现代化和扩展，授权资金用于建设和升级数据中心，以支持先进计算和数据处理需求。此外，2007 年的《能源独立与安全法案》也对联邦数据中心的能源效率提出了要求，要求联邦机构制定并实施策略，以提高数据中心的能源效率。

欧盟及其成员国为了在数字化时代保持竞争力，已经制定了一系列政策来发展数据中心和算力基础设施。这些政策的总体目标是增强欧洲的数字主权、提升数据处理能力、推动绿色和可持续的发展，以及促进科技创新。首先，欧洲高性能计算联合企业成立于 2018 年，致力于开发和部署超级计算基础设施，支持科学研究和工业应用，并在多个成员国建立超级计算中心。随后 2020 年 2 月发布《欧洲数据战略》，旨在建立一个单一的欧洲数据空间，确保数据的自由流动和安全使用，并特别强调提升数据中心和边缘计算中心的计算能力。《欧洲云联盟倡议》于 2020 年 7 月启动，目的是建立欧洲主导的云和边缘计算基础设施，减少对非欧盟供应商的依赖，增强数字主权，并支持数字化转型。此外，《欧洲绿色协议》于 2019 年 12 月发布，设定了到 2050 年实现碳中和的目标，包括要求数据中心通过使用可再生能源提高能源效率，在2030年之前实现气候中和。在成员国层面，德国2018年11月发布《德国人工智能战略》，强调了对数据中心和计算基础设施的投资，以支持AI研究和应用。法国的《法国国家人工智能战略》也包含对数据中心的投资，计划建设新的数据中心，并升级现有设施。芬兰则通过《数据中心投资计划》鼓励全球数据中心投资，并提供税收优惠和政策支持，利用其可再生能源和冷却优势。

日本政府为了在全球科技竞争中保持领先地位，已经制定了一系列与数据中心和算力基础设施相关的政策。这些政策旨在加强高性能计算能力、推动数字化转型、促进人工智能技术的发展，并实现可持续发展目标。首先，《第六次科学技术基本计划》为日本2021—2025年的科技发展战略提供了蓝图，特别强调了高性能计算基础设施的重要性。该计划着重于发展超级计算机，以支持科学研究和工业创新。其次，日本出台的《人工智能战略2022》特别提到了提升数据中心和计算基础设施的需求，以满足AI的大规模计算需求，并通过建设高性能计算设施和改进数据中心来支持AI的训练和推理任务。最后，为了推动政府服务的数字化转型，《日本数字政府计划》提出了加强数据中心基础设施建设的目标，通过优化现有数据中心、采用云计算技术和增强网络安全来实现政府部门的数字化。此外，2020年发布的《绿色数据中心倡议》展示了日本对可持续发展的承诺，该倡议旨在提高数据中心的能源效率和实施环保措施，通过使用可再生能源、优化冷却系统和提高设备能效等措施来降低数据中心的碳排放。

（二）国际数字巨头企业的全球算力布局

谷歌在全球范围内进行了广泛的算力布局，在北美、南美、欧洲、亚洲和澳大利亚等多个地区建立数据中心，能够提供可靠的服务和灾难恢复能力。首先，谷歌在美国的俄勒冈州、爱荷华州、南卡罗来纳州、佐治亚州等地设有大型数据中心；在欧洲，谷歌的数据中心位于爱尔兰、比利时、芬兰和荷兰等国家；在亚洲，谷歌在新加坡和中国台湾等地也建立了数据中心；谷歌在南美洲的智利和澳大利亚的悉尼也有重要的计算设施。其次，谷歌的数据中心以高效著称，采用先进的冷却技术和可再生能源，实现了高能源使用效率（PUE），并致力于环保和可持续发展。最后，谷歌在安全性和合规性方面也达到高标准，实施多层次的安全措施，并符合全球多地的合规要求。这些特征使得谷歌的算力布局不仅支持其自身服务的高效运转，还为谷歌云用户提供了强大的计算支持。

微软在全球54个区域内运营超过200个数据中心，涵盖北美、南美、欧洲、亚洲、非洲和澳大利亚等地区。具体而言，微软在美国的弗吉尼亚州、得克萨斯州、华盛顿州、伊利诺伊州和爱荷华州等地设有大型数据中心；在欧洲，微软的数据中心位于爱尔兰、荷兰、德国、法国和挪威等国家；在亚洲，微软在日本、中国、新加坡、韩国和印度等地建立了数据中心。微软在南美洲的巴西、非洲的南非和澳大利亚的悉尼和墨尔本也有重要的计算设施。其次，微软注重可持续发展，大量投资于绿色数据中心，承诺到2025年实现100%使用可再生能源，并通过创新的冷却和能源管理技术降低碳足迹。最后，微软的数据中心采用了高度安全的设计和运营标准，确保数据的安全和合规性，符合全球各地的法规要求。

亚马逊通过云计算服务在全球范围内进行了广泛的算力布局。亚马逊的数据中心分布在全球多个大洲，涵盖北美、南美、欧洲、亚洲、非洲和澳大利亚等地区。首先，亚马逊在美国的弗吉尼亚州、俄勒冈州、俄亥俄州和加利福尼亚州设有大型数据中心；在欧洲，亚马逊的数据中心位于爱尔兰、德国、英国、法国、瑞典和意大利等国家；在亚洲，亚马逊在新加坡、日本、韩国、印度、中国大陆和中国香港等建立了数据中心。亚马逊在南美洲的巴西、非洲的南非和澳大利亚的悉尼和墨尔本也有重要的计算设施。其次，亚马逊的数据中心采用了高度冗余和容错设计，以确保服务的高可靠性和高可用性。最后，亚马逊注重可持续发展，致力于到2025年实现100%使用可再生能源，并通过使用风能、太阳能等可再生能源以及先进的冷却技术来降低数据中心的碳足迹。

第四节　应用基础设施

一、传统基础设施数字化

万物互联的智能时代不仅需要建设通信网络基础设施和算力基础设施，还需要对交通、能源以及水利等传统基础设施进行数字化改造，进而实现各行业、各主体、各要素之间互联互通。近年来，中央政府以及地方政府针对如何快速推进传统基础设施数字化，颁布了一系列政策。

（一）交通基础设施数字化

交通基础设施数字化是推动智慧交通和交通强国建设的关键环节，中国政府对此高度重视，出台了一系列相关政策以促进交通基础设施的数字化转型。2019年9月，中共中央、国务院印发了《交通强国建设纲要》，明确提出要推动交通基础设施与信息技术深度融合，加强交通基础设施智能化建设，包括推广北斗卫星导航系统应用、建设泛在先进的交通信息基础设施网络、提升交通基础设施全生命周期数字化管理水平等。2021 年，国务院印发的《“十四五”现代综合交通运输体系发展规划》中明确指出要加快交通基础设施的数字化、网络化、智能化发展，推进新一代信息技术与交通运输深度融合，建设智慧公路、智慧港口、智慧航道、智慧机场等，实现交通基础设施全要素、全过程数字化。同年，交通运输部也印发了《交通运输领域新型基础设施建设行动方案（2021—2025 年）》，提出要推动交通基础设施与信息技术融合发展，加强交通大数据中心体系建设，推广 5G、物联网、人工智能等技术在交通领域的应用，提升交通基础设施的感知、分析、决策和控制能力。2024 年，财政部与交通运输部联合印发了《关于支持引导公路水路交通基础设施数字化转型升级的通知》，重点支持国家综合立体交通网“6 轴 7 廊 8 通道”主骨架以及国家高速公路和普通国道的数字化改造，涵盖了道路、桥梁、隧道、港口、航道等基础设施的智能化升级。

除中央层面的政策外，各地方政府也积极响应，出台地方性政策支持交通基础设施数字化，如推动智慧城市建设中的智慧交通项目，建设城市交通大脑，推广车联网和自动驾驶技术，以及加强交通数据共享平台建设等。广东省在 2024 年发布《广东省数字交通“十四五”发展规划》，强调了基础设施数字化升级的重要性，提出要利用 5G、智能网联、人工智能、北斗等先进技术，推进高速公路、普通国省道、航道、综合交通枢纽站场等基础设施的智能化改造升级。其中智慧公路、智慧港口和航道、智慧枢纽的建设被特别提出，以实现更高效的运输调度和运营效率。北京市在 2022 年发布了《北京市“十四五”时期交通发展建设规划》，提出推动 5G 技术、北斗系统、遥感卫星技术与人工智能在交通领域的应用，实现交通基础设施的数字化转型和智能升级，提升交通网络效应和运营效率。杭州市在《杭州市建设交通强国示范城市行动计划（2020—2025 年）》中，明确提出了交通基础设施数字化的宏伟蓝图。该计划旨在通过数字化转型，实现交通设施的智能化监管和服务，以建设一个安全、便捷、高效、绿色和经济的现代综合交通运输体系。

（二）能源基础设施数字化

能源基础设施数字化是当前全球能源转型和数字经济发展的关键方向之一，我国政府和相关部门已经出台多项政策以推动能源领域的数字化和智能化升级。这些政策指导包括推动智能发电、智能电网、智能调度体系的建设，实现源网荷储互动、多能协同互补，以及用能需求的智能调控，旨在提升能源系统整体效率。国家发展改革委和国家能源局在 2021 年印发了《“十四五”现代能源体系规划》，指出要加快信息技术与能源产业的融合发展，推动能源产业数字化升级；鼓励建设能源数据中心，制定数据资源确权、开放、流通和交易的相关制度，以完善数据产权保护制度，加强能源数据资源的开放共享；实施智慧能源示范工程，包括智慧风电、智慧光伏和智能电网等，通过这些工程展示能源基础设施数字化的潜力和效益。国家能源局在2023年发布的《关于加快推进能源数字化智能化发展的若干意见》中，强调利用数字化智能化技术加速发电清洁低碳转型、支撑新型电力系统建设、带动煤炭安全高效生产、助力油气绿色低碳开发利用，释放能源数据要素价值，强化网络安全，提升能源数字化智能化水平。

多个省份如北京、吉林、上海、贵州等地都提出了具体的能源基础设施数字化、智能化升级措施，包括建设智慧城市物联网平台、数据中心、智能煤矿、区域级城市信息模型（CIM）应用试点等，以及推动能源与现代信息技术的深度融合。《北京市"十四五"时期能源发展规划》明确指出加快能源系统数字化智能化升级是推动能源高质量发展的关键，强调利用新一代信息技术，如云计算、大数据、物联网、人工智能等，深度融合电力系统，以提升电网的智能化水平，实现精准的电网末端感知和自愈配电网管理。上海市在发布的《上海市能源发展"十四五"规划》中强调了能源领域新基建建设的重要性，其中数字化技术的应用是推动能源基础设施现代化的关键，要鼓励5G、云计算等数字技术与能源的深度融合，挖掘能源大数据潜力，推进"互联网+"智慧能源发展。贵州省于2022年发布《贵州省能源数字化"十四五"规划》，强调通过构建数据中心、物联网、工业互联网等新型基础设施，打造一个敏捷高效、稳定可靠的数字化平台，为能源行业的数字化发展提供坚实的基础。吉林省长白山管委会印发了《长白山保护开发区碳达峰实施方案的通知》，指出加快新型基础设施用能结构调整，大力采用新能源供电、"光伏+储能"等模式。

（三）水利基础设施数字化

中国正致力于水利基础设施的数字化转型，以提升水资源管理的效率和响应能力。中共中央、国务院印发了《国家水网建设规划纲要》，核心在于通过数字化手段，实现水资源的优化配置、流域防洪减灾和水生态系统的保护。水利部进一步出台了《关于推进水利工程建设数字孪生的指导意见》，明确了水利工程建设的数字化目标，旨在通过数字孪生技术，建立水利工程的数字映射，实现工程建设全过程的数字化、网络化、智能化管理。水利部还发布了《关于大力推进智慧水利建设的指导意见》，涵盖了构建数字孪生流域、"2+N"水利智能业务应用体系和完善水利网络安全体系等重点任务。智慧水利体系的建设将通过数字化场景、智慧化模拟、精准化决策，实现水利业务的全面数字化、网络化、智能化。

地方政府针对水利基础设施数字化也制定了一系列政策和规划，以适应国家智慧水利的发展要求，提升本地水利管理的现代化水平。陕西省榆林市在《榆林市推进新时代水利高质量发展的实施意见》中明确指出，到2035年，重大水利工程数字化率将超过90%，旨在通过数字化转型完善水网格局，提升水利设施的保障能力，包括加强水利设施的数字化建设，利用现代信息技术提高水资源管理、防洪减灾、水土保持等工作的效能。广东省在智慧水利数字化基础设施建设实践中，强调了对水利视频监控系统的综合应用，通过数字化技术加强水资源监管、水灾害预警、节水增粮信息化监测、灌区信息化管理等方面的能力。

二、市政基础设施数字化

市政基础设施数字化也称为"数字市政"，指充分利用计算机技术和手段，对市政设施及相关系统的各方面数据进行全方位的信息化处理和利用，从而形成对市政公用行业的某一个或全部系统进行数字网络化管理、服务与决策的信息体系[①]。住房和城乡建设部等部门于2022年7月印发《"十四五"全国城市基础设施建设规划的通知》，强调加快推进城市交通、水、能源、环卫、园林绿化等传统基础设施数字化、网络化、智能化建设与改造。2021年1月，住房和城乡建设部印发《关于加强城市地下市政基础设施建设的指导意见》，通过推进基于信息化、数字化以及智能化的新型城市基础设施建设和改造，提升城市地下市政基础设施数字化、智能化水平和运行效率。2024年5月，国家发展改革委等部门出台《关于深化智慧城市发展 推进城市全域数字化转型的指导意见》，提出加快推动城市建筑、道路桥梁、园林绿地、地下管廊、水利水务、燃气热力、环境卫生等公共设施数字化改造，统筹部署泛在韧性的城市智能感知终端。

城市大脑平台是一种基于人工智能、大数据、物联网等先进技术构建的城市级智能化管理系统。为系统、有序推进城市大脑标准化工作，不断完善城市大脑标准体系，全国信息技术标准化技术委员会智慧城市标准工作组组织相关产学研用单位共同编制《城市大脑标准体系建设指南（2022版）》，明确了城市大脑建设的总体要求，构建了城市大脑标准体系总体框架，从城市大脑总体标准、基础设施标准、数据标准、关键支撑能力标准、应用服务标准、建设管理标准和安全保障标准等七大方面提出如何支撑城市大脑高质量发展。杭州是较早启动城市大脑建设的城市之一。2019年浙江省经济和信息化厅就印发《浙江省"城市大脑"建设应用行动方案》，旨在形成一批"城市大脑"的特色应用，并在交通、平安、城管、经济、健康、环保、文旅等领域实现综合应用，城市精细化管理和精准服务迈上新台阶。2021年，杭州市出台《杭州城市大脑赋能城市治理促进条例》，旨在推进城市治理体系和治理能力现代化，建设新型智慧城市。

---

① 百度百科．数字市政［EB/OL］．https：//baike. baidu. com/item/% E6% 95% B0% E5% AD% 97% E5% B8% 82% E 6% 94% BF/9165855.

数据交换共享平台是一种基于计算机网络构建的信息集成系统，可以为政府决策、公共服务和社会治理提供强有力的数据支撑。自2016年以来，党中央、国务院等先后出台了《政务信息资源共享管理暂行办法》《政务信息系统整合共享实施方案》《关于建立健全政务数据协调机制加快推进数据有序共享的意见》《全国一体化政务大数据体系建设指南》等政策文件。2017年国家还启动建设全国一体化政务服务平台和国家数据共享交换平台，统筹推进政务数据开放共享。许多地方政府建设了高效的数据交换共享平台，推动更多数据资源实现安全高效优质的互通共享，涌现出上海市“一网统管”、杭州市“亲清在线”等创新案例。上海市“一网统管”依托大数据资源平台，整合部门业务系统，实现数据规范采集、标准统一、实时更新、互联互通，通过一个端口全景呈现城市治理的各类信息，实现一个平台上对各类事项进行协同化、集成化的高效闭环处置。杭州市“亲清在线”平台诞生于2020年，为统筹推进疫情防控和经济发展，推动惠企政策高效兑现。横向集成方面，“亲清在线”打破部门职能边框，通过“城市大脑”连接各部门业务系统，将政策的各项前置条件全部转化为数字化规则，并将审批规则标准化，实现系统自动判别、智慧审批。

第三章　数据资源体系

第一节

数据管理体制机制

一、数据资源的概念与分类

（一）数据资源的概念

数字经济的核心在于不断挖掘高质量数据资源的潜在价值。资源是某主体拥有的人力、物力、财力等各种要素的总称，而数据资源则特指以数据作为生产要素的资源，数据是信息的载体，信息是数据的呈现和内涵，信息被记录后产生了数据。在世界运行过程中产生的原始数据是无序、混乱的，将这种原始数据通过数据采集、数据聚合、数据加工等手段整合后，数据就具备了被进一步利用的价值，这个过程称为数据资源化。因此，本书中所谈到的数据资源，是指具有潜在使用价值的，可以被作为生产要素的高质量数据。

（二）数据资源的分类

按照2021年12月发布的《中共中央、国务院关于构建数据基础制度 更好发挥数据要素作用的意见》（以下简称《数据二十条》），数据资源可以分为公共数据、企业数据和个人数据三大类。

1. 公共数据。公共数据指各级党政机关、企事业单位依法履职或提供公共服务过程中产生的数据，之前也称为政府数据。公共数据按照来源可以分为五类：一是政府各部门内部管理中产生的数据；二是政府在社会管理和公共服务过程中产生的数据；三是由政府专门的职能机构采集的社会管理数据；四是政府通过业务外包或采购方式获得的数据；五是从公开渠道获取的数据，如公安、交通、医疗、卫生、就业、社保、地理、文化、教育、科技、环境、金融、统计、气象等数据。

无论是从数据资源分布特点，还是从数据资源质量来讲，公共数据是现阶段数量最庞大、价值密度最高、涉及广度最宽的数据资源，其价值远远超过其他任何一个行业垂直领域的数据价值。

2. 企业数据。企业数据指各类市场主体在生产经营活动中采集加工的不涉及个人信息和公共利益的数据。企业数据包括企业内部数据和企业外部数据两大类。

企业内部数据包含日常经营活动数据和生产环节数据。日常经营活动数据一般会通过企业办公系统留存，以 Excel、数据库、数据仓库等技术进行存储和调取。这部分数据是企业进行业务分析以改善运营水平的重要数据资产，目前提供该部分数据采集的公司主要是企业办公基础软件公司，如用友、SAP 等。生产环节数据的采集主要通过对生产设备加装传感器、MES 等来实现，目前已经有部分工业生产企业大量部署了生产环节的数据采集，用于可视化生产和设备的状态监测等领域。

企业外部数据是指企业通过各种手段从经营外部环境中采集的数据，这些数据用来进行网络舆情分析、广告投放检测、行业即时资讯获取等，其中互联网公司对外部数据的应用主要是对营销策略进行调整，通过爬虫技术、埋点检测技术、用户调研等方法进行外部数据的获取。值得注意的是，企业在对外采集数据的过程中获取了大量个人信息数据，但这部分数据不属于企业数据。近年来随着产业互联网的兴起，一些产业互联网平台通过整合大量同行业企业的信息与数据，在提供平台交易的同时，也在其运营过程中自然沉淀了大量产业链相关数据资源，并且以这些数据资源为基础对外提供数据服务。

3. 个人数据。个人数据是指与个人相关，能够识别个人身份的数据。个人数据包括自然人独有的特征数据和参与经济活动、社会活动的行为数据，如个人的姓名、电话、住址、职业、学历、偏好、习惯、旅游去过的城市、购物的交易记录、上网浏览的页面等数据。个人数据通常保存在政府和企业手中。

（三）数据资源、数据要素与数据资产

数据资源、数据要素与数据资产是一组数据管理体系中的重要概念，在大部分重要文件中都会被提到，甚至在某些场合下也会交替使用。这一组概念的联系和区别，对于本书的后续论述有重要影响，在此特别作一个概念辨析。

1. 三个概念的定义。本章开始时已经讨论了数据资源的概念，它是指经过一定处理和组织的，具有潜在价值的高质量数据，这是一种相对狭义的数据资源定义。广义的数据资源是指包含了未经过处理和分析的原始数据，但也隐含了潜在的使用价值。因此，无论从狭义还是广义的角度，数据资源指的是数据本身，如果从物质

的角度看，数据资源和石油、土地、水资源一样，是具象化的实体。

相对来说，数据要素是一个经济学概念，是数据资源在经济学意义上的抽象代表。从本质上看，数据要素和数据资源并没有太大的区别，但数据要素更强调其生产要素思维的理念。从这个意义上看，数据要素就是能够参与社会生产经营活动，为使用者带来经济效益，在生产、分配、流通、消费和社会服务等环节中发挥乘数效应的数据资源，对应的是实体上的狭义的数据资源，即高质量数据。

数据资产是指组织或个人所拥有或控制的，具有明确业务价值，可带来经济利益，能够记录在资产负债表中的数据资源。从这个意义上看，数据资产也是一种经济学概念，是具有明确产权属性，在法律上得到确认，并且可以进行交易和流通的数据资源。

2. 三个概念的区别。从数据资源、数据要素、数据资产三个概念的定义来看，三者紧密相关，在数字经济中都是对数据本身的一种指代，但三者也有明显的区别。

从属性上看，数据资源具有客观性，指的是数据的本体，而数据要素和数据资产具有理念性，是看待数据的一种视角，具有一定的主观意义，因此需要一定的制度约定，才能使数据要素和数据资产为人所认可。

从范围上看，数据资源的含义更加广泛和丰富，数据要素进行了一定的抽象和收敛，强调能够在社会生产中发挥作用，并因为供给、需求和价格的存在，形成了数据要素市场。数据资产则更进一步收敛到具有商业价值的权益，除了对数据本身的处理外，还需要附加一些社会契约。因此，数据资源可能是数据要素，但不一定是数据资产；而能够成为数据资产的数据资源，肯定也是数据要素。从这个意义上看，我们就可以理解在某些场合中，数据资源和数据要素是可以相互替换的。

从特征上看，数据资源本身并无经济学特征，而数据要素具备可复制、可共享、报酬递增的特征，强调的是经济价值，而且是非竞争性和非排他性的。数据要素通过识别、计量和确权后，就成为数据资产，这时候就具备了商业价值，可以用来被交易，同时也就具备稀缺性和排他性。

因此，我们从数据使用生命周期的角度，可以将这三种概念理解为不同生命周期阶段的数据名称。当原始数据被生产出来后，通过采集、清洗、加工的资源化过程，将原始数据转化为可利用的数据资源。当这种数据资源进入社会化大生产的场景后，需要开展流通、共享、应用、监管，并参与到产品生产过程中时，它就从概念上转化为数据要素，当这种数据要素根据法律等社会规则被识别、确认、登记、计量，并赋予权属后，它就转化为一种数据资产，从而具备了可交易、可抵押的商业资产。从数据要素的角度看，数据资产是其市场体系中的一个部分。

二、数据管理机构

（一）我国数据管理机构的发展历程

自2015年《政府工作报告》首次提及“大数据”以来，依靠大数据提升地方政府治理能力开始受到各级政府关注。为整合数据资源，统筹大数据相关工作推进，大数据管理机构成为承担我国政府数据治理任务的专职机构，它的设立是发挥政府数据治理职能，以及合理处理大数据发展影响政府组织变革的结果。

从我国数据管理机构的发展历程来看，主要可以分为三个阶段。

1. 2014—2017年，各地自行探索阶段。2014年1月，广州市委十届五次全会中首次提及大数据管理机构。同年2月，广东省政府成立的广东省大数据管理局是中国第一个大数据管理机构。2015年9月国务院出台《促进大数据发展行动纲要》，随后大数据产业、数据管理、数据治理的相关政策密集出台。伴随对数据资源重要性的认识加深，中央主张通过开放政府数据等手段推动“互联网+”发展，部分地方政府大数据管理机构应运而生。尤其是中国中西部地区力图抓住大数据发展这一契机而加大机构建设力度，最为典型的就是贵州省及省内各市纷纷建立大数据发展管理局。这一阶段成立的机构形态各有不同，有的是市一级的管理局，有的是在经信局下面的科室。以成都市为例，2015年8月成立的成都市大数据管理局是经信委内设的二级局，2017年2月，成都市政务服务管理办公室更名为成都市大数据和电子政务管理办公室，并将原大数据管理局并入其中①。

2. 2018—2022年，省级数据管理机构蓬勃发展阶段。2018年2月，中共十九届三中全会审议通过了《中共中央关于深化党和国家机构改革的决定》（以下简称《决定》），这是中央政府第八次改革，是对政府机构职能体系的一次系统性、整体性、重构性变革。《决定》聚焦调整优化政府机构职能，推动更多“放”、更好“管”、更优“服”，让创新创业之火呈燎原之势。坚持为创新发展添动力，加强和优化政府科技管理职能，落实创新驱动发展战略，主动服务新技术新产业新业态新模式发展，促进创新主体立恒心、增信心。同时《决定》也提出“赋予省级及以下机构更多自主权。增强地方治理能力，把直接面向基层、量大面广、由地方实施更为便捷有效的经济社会管理事项下放给地方。除中央有明确规定外，允许地方因地制宜设置机构和配置职能，允许把因地制宜设置的机构并入同上级机关对口的机构，在规定限额内确定机构数量、名称、排序等”。在这一重要精神的指引下，第八次机构改革成为地方政府建设和改革大数据管理机构的关键契机。

---

① 孟庆国，林彤，乔元波，等．中国地方政府大数据管理机构建设与演变——基于第八次机构改革的对比分析［J］．电子政务，2020（10）：29-38.

2018 年后，省级以下数据管理机构数量迅速增长，第八次机构改革前共有 10 个省级行政区设立数据管理机构；改革后，共有 18 个省级行政区设立省级数据管理机构，其中，北京、吉林、安徽、福建、山东、河南、广西和海南 8 个省级行政区新成立了数据管理机构，而浙江、广东、重庆和贵州 4 个省级行政区则是在原有大数据管理机构的基础上进行了职责调整、部门重组等方面的改革。从地级大数据管理机构的数量变化来看，第八次机构改革前，共有 84 个地级行政单位和省会城市设立大数据管理机构；改革后，全国共有 208 个地级行政单位设立大数据管理机构，其中，187 个地级行政单位在本轮机构改革中提及大数据管理机构建设问题。在这 187 个地级行政单位中，有 63 个行政区是在原机构基础上进行的改革，改革内容主要包括调整机构名称、完善机构职能、更改隶属关系等，另外 124 个地级行政单位新成立了数据管理机构。

2018 年后，地方数据管理机构的性质和隶属关系也有了很大变化。在机构性质方面，大部分由事业单位转为行政机构，在第八次机构改革以前成立大数据管理机构的 10 个省级单位中，天津、上海、江苏、江西、浙江、贵州 6 个省（市）将大数据管理机构设置为事业单位，占比 60%；内蒙古、陕西、广东、重庆 4 个省（区）将其设置为行政单位，占比 40%。改革后，天津、上海、江苏、江西仍保留机构改革前的事业单位性质，其余省（区、市）为行政单位性质。在隶属关系方面，地方大数据管理机构的隶属关系由原本的隶属部门多样化转为以政府或政府办公厅为主的状况。

3. 2023 年至今，国家数据管理体系构建阶段。2023 年 2 月，中共中央、国务院印发《数字中国建设整体布局规划》（以下简称《规划》），首次提出“要构建国家数据管理体制机制，健全各级数据统筹管理机构”。2023 年 3 月，《党和国家机构改革方案》提出，组建国家数据局，负责协调推进数据基础制度建设，统筹数据资源整合共享和开发利用，统筹推进数字中国、数字经济、数字社会规划和建设等，由国家发改委管理。2023 年 7 月，国务院任命刘烈宏为国家数据局局长。同年 10 月 25 日，国家数据局正式揭牌。

在《党和国家机构改革方案》中，将中央网络安全和信息化委员会办公室承担的研究拟定数字中国建设方案、协调推动公共服务和社会治理信息化、协调促进智慧城市建设、协调国家重要信息资源开发利用与共享、推动信息资源跨行业跨部门互联互通等职责，国家发改委承担的统筹推进数字经济发展、组织实施国家大数据战略、推进数据要素基础制度建设、推进数字基础设施布局建设等职责划入国家数据局。由此可见，国家数据局是国内统筹数据要素发展的核心机构，对产业的长期发展起到核心推动作用。

国家数据管理局的组建标志着数据管理机构发展进入了一体化的全面统筹阶段：一体化推动数字基础设施高效联通，有效释放数据要素价值；一体化推进中央和地方政府数据管理机构的有效对接，实现数据管理机构横向打通、纵向贯通、协调有力。国家数据局的组建开启了数据管理领域机构改革向深入推进的进程，为数据要素价值释放以及数字技术与数字经济融合发展提供了组织保障。

（二）现行国家和地方数据管理机构设置情况

1. 国家数据局的数据管理职能。根据国务院机构改革方案，在数字中国建设政府职责体系中，国家数据局整合了中央网信办承担的研究拟定数字中国建设方案、协调推动公共服务和社会治理信息化、协调促进智慧城市建设、协调国家重要信息资源开发利用与共享、推动信息资源跨行业跨部门互联互通等五项宏观管理职责，国家发改委承担的统筹推进数字经济发展一项宏观管理职责，组织实施国家大数据战略、推进数据要素基础制度建设、推进数字基础设施布局建设等三项具体管理职责。

从数据管理的角度看，国家数据局的组建一定程度上实现了数据资源共享和开发职能、数字领域规划发展职能的统筹，为数据管理职能体系化建设开启了组织架构重建的第一步。在当前数据领域管理职能配置之下，从数据要素的全生命周期来看，数据资源管理、数据安全与数字政府建设方面的职能依然分散在网信办、工信部、发改委、公安部、国务院办公厅等部门，部门间职能配置仍存在交叠，因此要继续推动机构职能运行管理机制的持续优化，实现横向打通。一方面，建立健全国家数据局与其他部委、职能部门在数据领域的协商协调机制。统筹安全和发展是当前数据发展利用的重要遵循，推动国家数据局在信息化建设、数据安全、产业发展等领域与相关职能部门有效协调，实现数字经济、数字政府、数字文化、数字社会治理与数字生态治理的协调推进。另一方面，继续优化国家数据局的职能设置，进一步厘清国家数据局与网信办、工信部等数据领域相关职能部门的职责关系，明确国家数据局在数据管理相关领域的职责定位，实现部门间职责协调有序、协同有力，实现数据管理领域的高效决策、有效执行①。

2. 地方数据管理局的数据管理职能。国家数据局成立后，各地因地制宜推进数据管理机构改革。到 2024 年 5 月底，31 个省（区、市）和新疆兵团均完成机构组建，其中，独立设置机构 26 个，加挂牌子的 6 个。各地数据工作机构职能进一步强化，北京等 21 个地区还将数字政府建设纳入数据工作范围，机构职能延伸到公共数据的生产和采集环节。大部分省（区、市）配套设立数据发展促进中心，组建数据

① 曹海军. 数字中国视域下国家数据管理机构改革的若干思考［J］. 理论学刊，2023（03）：96－104.

集团，进一步加强组织保障，理顺数据管理、资源整合和开发利用的关系。总体来看，上下联动、横向协同的数据工作体系基本形成。

地方数据管理机构一般设置为省政府或市政府直属机构，在数据管理的职能配置基本上囊括除数据监管执法以外其他全部数据行政管理职责。代表性机构包括贵州、重庆、广西、山东等省（区、市）大数据局。此类大数据局统筹信息化建设、大数据相关产业发展和行业管理职能、数字政府建设、公共和社会数据汇聚共享应用、数据流通交易等基础制度建设、数字基础设施建设、数据安全体系建设等职责，实现数据行政管理职责在省级层面高度集中。这类大数据局机构规格高、职能配置全，一些地方大数据局主要负责人兼任省政府副秘书长，有利于提高统筹协调能力。

地方数据管理机构在数据管理职能配置方面的特点就是“全面”：管理服务对象既包括省级部门和市县党委政府，也包括大数据和信息化行业和企业，还涉及大数据采集、存储、管理和使用的自然人等社会主体；业务范围统筹数字政府、数字经济和数字社会建设等全部领域，统一履行决策、执行和监督职能；在数据资源管理方面，统筹政策法规、项目审批、基础设施建设、人才培养等治理资源，负责数据基础制度建设，促进大数据政用、民用、商用整合共享、互联互通[①]。例如，广东省政务服务和数据管理局的职能设置为负责统筹推进全省政务服务体系建设，组织推进政务服务标准化、规范化、便利化，承担行政审批制度改革，公共资源交易平台管理等相关工作，协调推进数据基础制度建设，统筹数据资源整合共享和开发利用，统筹推进数字广东、数字政府、数字经济、数字社会规划和建设等。

三、我国数据管理的制度体系

（一）建立数据管理制度体系的顶层设计

数据管理制度体系是国家数据要素化的制度指引，是以法律、政策文件等形式，对数据产权、加工生产、流通交易、监管治理、数据安全等方面进行规范所形成的制度体系。按照制度的层级高低和约束力度，数据管理制度体系可分为法律、条例、办法、纲要、战略、规划、意见、行动计划、实施方案、建设方案、标准、规范等；按照制度所规范客体内容，数据管理制度体系可分为综合性制度和专门性制度，专门性制度包括数据基础设施制度、公共数据开发开放制度、公共数据授权运营制度、数据产业和数商发展制度、数据交易与跨境流通制度、数据中国建设制度、数据安全制度等。

---

① 张克．从地方数据局到国家数据局：数据行政管理的职能优化与机构重塑［J］．电子政务，2023（04）：58－67.

2022年6月，中央全面深化改革委员会第二十六次会议上，习近平总书记强调了数据基础制度建设的重要性，会议上通过的《数据二十条》分方向具体阐述了如何建设数据基础制度，包括建立健全的数据产权制度、合规的数据要素流通交易、利益分配制度以及安全监管制度，为数据要素权属、交易、监管等方面法律的正式出台打下坚实基础。构建数据基础制度体系，是新时代我国改革开放事业持续向纵深推进的标志性、全局性、战略性举措，有利于充分发挥数据要素作用，赋能实体经济，推动高质量发展；有利于做强做优做大数字经济，应对科技革命和产业变革，构筑国际竞争新优势；有利于统筹分配效率与公平，推动全民共享数字经济发展红利，促进实现共同富裕；有利于提高数据要素治理效能，助力国家治理体系和治理能力现代化。

《数据二十条》是中国在数字时代推动经济社会发展的重大顶层设计，旨在通过一系列政策措施，建立健全适应数字生产力发展的数据基础制度体系，坚持促进数据合规高效流通使用、赋能实体经济这一主线，以充分实现数据要素价值、促进全体人民共享数字经济发展红利为目标。主要分为四个方面。

一是数据产权制度，建立保障权益、合规使用的数据产权制度，探索数据产权结构性分置制度，建立数据资源持有权、数据加工使用权、数据产品经营权“三权分置”的数据产权制度框架。构建清晰界定的数据产权规则，明确数据采集、处理、使用等各环节的权利与义务，平衡公共利益、个人权益与企业利益。

二是数据要素市场体系，建立合规高效、场内外结合的数据要素流通和交易制度，从规则、市场、生态、跨境四个方面构建适应我国制度优势的数据要素市场体系。推动建立规范的数据交易市场，包括数据交易平台、定价机制、交易规则等，以降低交易成本，促进数据资源的优化配置。

三是数据要素收益分配制度，建立体现效率、促进公平的数据要素收益分配制度，在初次分配阶段，按照“谁投入、谁贡献、谁受益”原则，推动数据要素收益向数据价值和使用价值创造者合理倾斜，在二次分配、三次分配阶段，重点关注公共利益和相对弱势群体，防止和依法规制资本在数据领域无序扩张形成市场垄断等各类风险挑战。通过设计合理的收益分享机制，确保数据创造者、处理者、使用者等各方能够公平分享数据价值，激发市场活力。

四是数据要素治理制度，建立安全可控、弹性包容的数据要素治理制度，构建政府、企业、社会多方协同的治理模式。加强数据安全与隐私保护，建立健全数据治理结构，包括监管机制、标准体系、合规要求等，确保数据使用的合法合规与社会伦理。

（二）建立与数据管理相关的法律法规体系

1. 国家层面以“三法一条例”为核心构建数据立法框架。近年来，我国数据立法不断向前推进，从整体来看，我国数据立法体系主要聚焦在数据安全保障、用户权益保护和数据跨境流通三大方面。在数据安全保障方面，我国已出台《国家安全法》《网络安全法》《数据安全法》及相关配套规定，《网络数据安全条例》进入2024年立法计划。在用户权益保护方面，我国已出台《民法典》《个人信息保护法》及相关配套规定；在数据跨境流动方面，我国出台《数据出境安全评估办法》，为数据要素跨国流通提供了法律保障。

《网络安全法》：2017年6月1日起正式实施，这是中国首部全面规范网络安全的法律。该法律对数据安全和个人信息保护提出了明确的要求，主要包括：一是强调数据主权，要求关键信息基础设施运营者在中国境内收集和产生的个人信息和重要数据应当在境内存储；二是强调数据安全与审查，网络运营者加强网络信息内容管理，建立网络安全审查制度，对关键信息基础设施的网络产品和服务进行安全审查；三是明确了对个人信息的保护，要求网络运营者收集、使用个人信息应当遵循合法、正当、必要的原则，并明示收集和使用信息的目的、方式和范围，不得收集与其提供的服务无关的个人信息；四是对跨境数据传输提出了合规要求，规定关键信息基础设施运营者确需向境外提供个人信息的，应当进行安全评估。

《数据安全法》：2021年6月10日通过，自2021年9月1日起施行。这部法律是中国数据安全领域的基础性法律，旨在规范数据处理活动，保障数据安全，促进数据开发利用，保护个人、组织的合法权益，维护国家主权、安全和发展利益。数据安全法的主要内容包括：一是数据安全与发展，强调数据安全与发展的关系，要求在保障数据安全的前提下，促进数据资源的开发与利用；二是数据处理规则，规定了数据处理的基本规则，包括数据收集、存储、使用、加工、传输、提供、公开等环节；三是数据安全保护义务，明确了数据处理者对数据安全的保护义务，包括建立健全数据安全管理制度、采取技术措施和其他必要措施保障数据安全等；四是个人信息保护，对个人信息保护进行了专门规定，要求数据处理者在处理个人信息时应当遵守相关法律规定；五是数据分类分级保护制度，确立了数据分类分级保护制度，根据数据的重要性、敏感程度等因素实行差异化的保护措施；六是数据安全审查，建立了数据安全审查制度，对影响或者可能影响国家安全的数据处理活动进行审查；七是数据出口管制，对向境外提供数据进行了规范，要求遵守相关法律法规和标准，进行数据安全评估。

《个人信息保护法》：2021年8月20日通过，自2021年11月1日起施行。该法关注个人数据保护，对一般数据和敏感数据进行分类，要求落实从事前合规审计到事后救济处罚的全程监督。该法提出“数据最小化原则”，要求个人信息处理者在处理个人信息时，应当限于实现处理目的的最小范围，不得过度收集个人信息。这一原则体现了对个人信息权益的保护，要求个人信息处理者在收集、使用个人信息时，应严格限制在实现其公开声明的特定目的所必需的范围内，避免不必要的个人信息收集和使用，有助于减少个人信息被滥用的风险，保护个人信息主体的隐私权和数据安全。

《数据出境安全评估办法》：2022 年 5 月 19 日国家互联网信息办公室 2022 年第 10 次室务会议审议通过，自 2022 年 9 月 1 日起施行。该办法明确了四类需要申报数据安全评估的数据出境情景，包括关键信息基础设施的运营者、处理个人信息达到 100 万人、自上年 1 月 1 日起累计向境外提供 10 万人个人信息、自上年 1 月 1 日起累计向境外提供 1 万人敏感个人信息。在出境数据涉及重要数据的情况下，安全评估是强制性的。

《网络数据安全管理条例》：2024 年 8 月 30 日国务院第 40 次常务会议通过，自 2025 年 1 月 1 日起施行。

2. 地方基于国家法律框架结合地方特色出台数据条例。近年多省市开启了数据立法工作，截至 2023 年年底，共有 23 个省级地区出台了数据相关的条例，河南、福建、重庆、江西、江苏、河北、黑龙江、辽宁、北京、陕西、四川、广东、上海、山西、广西等数据相关条例生效（见表 3－1，不完全统计）。

表 3－1　　各地出台的数据条例

法规名称	所在省市	生效日期
《黑龙江省数据共享与开放条例》	黑龙江省	2021 年 1 月 15 日
《辽宁省数据产业发展条例》	辽宁省	2021 年 3 月 1 日
《吉林省数据资源开发利用条例》	吉林省	2021 年 5 月 20 日
《河北省数据治理与应用促进条例》	河北省	2021 年 8 月 1 日
《河南省数据管理条例》	河南省	2021 年 10 月 8 日
《福建省数据开放与保护条例》	福建省	2021 年 11 月 23 日
《江西省数据资源开发利用条例》	江西省	2022 年 1 月 1 日
《山东省数据要素市场促进条例》	山东省	2022 年 3 月 15 日
《浙江省数字经济促进条例》	浙江省	2022 年 7 月 1 日
《安徽省数据资源开发利用和保护条例》	安徽省	2022 年 9 月 10 日
《四川省数据安全管理条例》	四川省	2022 年 11 月 5 日
《陕西省数据资源管理条例》	陕西省	2022 年 12 月 20 日
《甘肃省数据共享开放促进条例》	甘肃省	2023 年 2 月 1 日

续表

法规名称	所在省市	生效日期
《广西壮族自治区数据开放条例》	广西壮族自治区	2023 年 4 月 15 日
《上海市数据条例》	上海市	2023 年 8 月 10 日
《北京市数据管理和服务条例》	北京市	2023 年 10 月 1 日
《天津市数据资源利用和保护条例》	天津市	2024 年 1 月 20 日
《重庆市数据安全与隐私保护条例》	重庆市	2024 年 6 月 30 日

比较典型的地方数据条例有：

《北京市数字经济促进条例》：一是规定了数据汇集、利用、开放、交易和数据要素收益分配等方面内容；二是以数字产业化发展和产业数字化改造，推动数字经济和实体经济融合发展；三是确保经济发展成果惠及民生、造福人民美好生活；四是强化数字经济安全、确保数字经济行稳致远。

《上海市数据条例》：以促进数据利用和产业发展为基本定位，紧扣以规范促发展、以保护促利用的立法主线，聚焦数据权益保障、数据流通利用、数据安全管理三大环节，结合数字经济相关市场主体的发展瓶颈，在满足安全要求的前提下，最大限度促进数据流通和开发利用、赋能数字经济和社会发展。

《深圳经济特区数据条例》：涵盖个人数据、公共数据、数据要素市场、数据安全等方面，是国内数据领域较为基础性、综合性的立法，并率先在立法中探索数据相关权益范围和类型，明确自然人对个人数据依法享有人格权益，包括知情同意、补充更正、删除、查阅复制等权益；自然人、法人和非法人组织对其合法处理数据形成的数据产品和服务享有法律、行政法规及条例规定的财产权益，可以依法自主使用，取得收益，进行处分。

《浙江省公共数据条例》：全国首部以公共数据为主题的地方性法规，明确了公共数据范围、平台建设规范、收集归集规则，还设立《公共数据授权运营制度》及《公共数据安全管理规范》，推动数据创造价值，确保公共数据全生命周期安全。

《贵州省大数据安全保障条例》：在地方数据立法中以数据安全为特色的条例，目的是保障大数据安全和个人信息安全，明确大数据安全责任，促进大数据的发展应用。该条例明确了大数据处理者在数据收集、存储、使用、传输等环节的安全义务，规定了大数据安全的监督检查、风险评估、应急响应等管理措施，提出建立大数据安全保障体系，提供技术支持和资金保障，促进安全技术的研发和应用，对违反大数据安全规定的个人和组织设定了相应的法律责任，确保条例的有效执行。

从各地数据条例的内容来看，相同之处主要有四点：一是强调数据安全域保护，包括数据的收集、存储、使用、加工、传输、提供、公开等活动需遵守的规定，确保个人隐私和敏感信息得到保护；二是采取数据分类分级管理，根据数据的重要程度和敏感性，实施不同程度的管理和保护措施；三是突出数据跨境流动管理，各地条例通常会涉及跨境数据传输的规范，要求符合国家数据安全审查和相关法律法规；四是鼓励数据开发利用，支持合法合规的数据开发利用，促进数字经济和智慧城市建设，同时要求数据处理活动应服务于经济社会发展和公共利益。不同之处在于，一般会和地域发展特征相联系，各地区的条例会结合本地经济、社会和产业发展特点，针对性地制定特定条款。例如，一些数字经济发达地区可能更注重数据交易和流通规则，而某些拥有重要数据中心的地区则可能更强调基础设施安全。另外，不同省市可能根据自身优势产业，对特定行业（如金融、医疗、教育、互联网等）的数据处理活动设定更为详细的规范。

（三）建立数据标准体系

1. 数据标准的作用。数据标准（Data Standards）是指保障数据的内外部使用和交换的一致性和准确性的规范性约束。在数字化过程中，数据是业务活动在信息系统中的真实反映。由于业务对象在信息系统中以数据的形式存在，数据标准相关管理活动均需以业务为基础，并以标准的形式规范业务对象在各信息系统中的统一定义和应用，以提升企业在业务协同、监管合规、数据共享开放、数据分析应用等各方面的能力①。

对于数据管理体系来说，数据标准不仅是技术层面的规范，还是国家数据战略、数据文化和数据治理体系的重要组成部分，对于推动我国数字经济的发展、提升企业竞争力具有深远意义。从数据标准的影响和作用来看，主要有以下几个方面。

一是确保数据一致性与准确性，数据标准为数据的定义、格式、命名及使用提供了统一的规范，这有助于确保跨部门、跨系统间数据的一致性和准确性。在数据交换和共享过程中，统一的标准减少了误解和歧义，提升了数据的可靠性。

二是提升数据质量，通过实施数据标准，可以有效降低数据录入错误、重复记录等问题，提高数据的纯净度和可信度。数据质量的提升是数据分析、决策支持以及智能应用的基础。

三是促进数据整合与共享，统一的数据标准简化了不同来源数据的集成过程，使得数据更容易被整合到数据中心或数据仓库中，为数据分析、业务洞察及决策支

---

① 中国信通院．数据标准管理实践白皮书．2019.

持提供便利。这也有助于打破数据孤岛，推动数据资源的有效共享。

四是满足监管合规要求，特别是在金融、医疗等行业，外部监管机构往往有严格的数据管理和报告要求。数据标准帮助企业遵守这些规定，确保数据符合监管要求，避免因数据不合规导致的法律风险和罚款。

五是驱动企业数字化转型，在企业内部，数据标准促进了业务部门间的沟通与协作，因为所有部门都基于相同的语言和规则来理解和使用数据。这加速了决策过程，提高了决策的科学性和效率。同时，数据标准为新技术的应用（如人工智能、大数据分析）提供稳定、高质量的数据基础，加速创新和优化业务流程。

2. 国家与地方政策推进数据标准规范体系构建。我国从提出大数据产业时就强调数据标准体系。

2015 年发布的《促进大数据发展行动纲要》就提出要推进大数据产业标准体系建设，加快建立政府部门、事业单位等公共机构的数据标准和统计标准体系，推进数据采集、政府数据开放、指标口径、分类目录、交换接口、访问接口、数据质量、数据交易、技术产品、安全保密等关键共性标准的制定和实施。

2021 年发布的《“十四五”数字经济发展规划》中将数据标准作为强化高质量数据要素供给的重要举措，提出要推动数据资源标准体系建设，提升数据管理水平和数据质量，探索面向业务应用的共享、交换、协作和开放。同时在规划中专门提出了数据质量提升工程，推动数据资源标准化工作，加快数据资源规划、数据治理、数据资产评估、数据服务、数据安全等国家标准研制，加大对数据管理、数据开放共享等重点国家标准的宣贯力度。

2022 年发布的《数据二十条》将数据标准作为数据全流程合规与监管规则体系的重要组成部分，提出探索开展数据质量标准化体系建设，加快推进数据采集和接口标准化，促进数据整合互通和互操作。鼓励探索数据流通安全保障技术、标准、方案。

3. 典型国家、地方和行业标准示例。在这一系列重要文件的推动下，我国逐渐推出一系列数据管理方面的标准制度，对提升数据质量起到了重要促进作用。这些标准主要有：

2014 年，工业和信息化部软件服务业司指导中国电子技术标准化研究院编制《大数据标准化白皮书》，第一次提出了大数据标准体系的概念。这本白皮书第一次系统性地介绍了国际和国内大数据标准化工作情况，国内主要由全国信息技术标准化技术委员会开展数据标准化工作，在元数据、数据库、数据建模、数据交换与管理等领域推动相关标准的研制与应用，为提升跨行业领域数据管理能力提供标准化支持。白皮书从基础标准、数据处理、数据安全、数据质量、产品和平台、应用和服务等方面提出了大数据标准体系框架[①]。如图 3－1 所示。

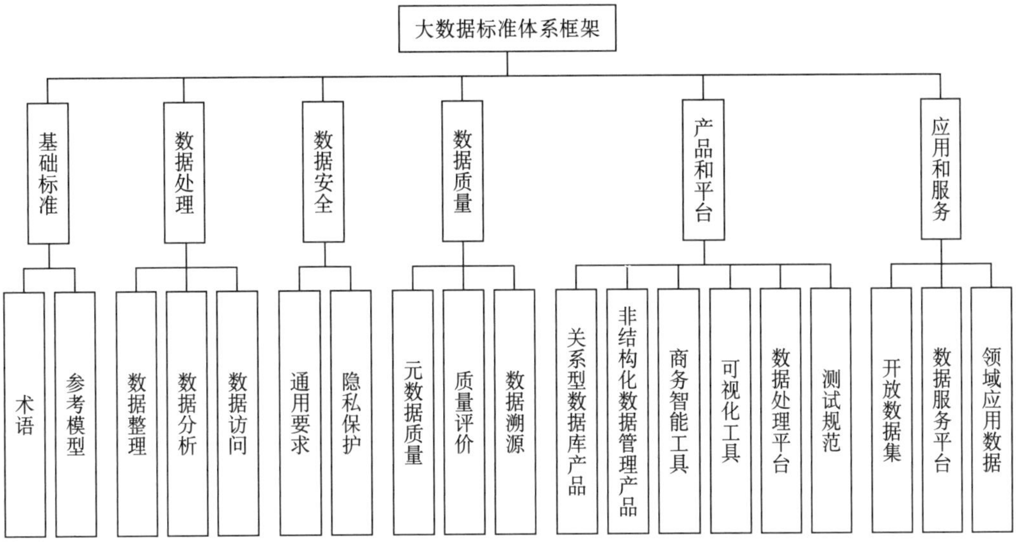

图 3－1　大数据标准体系框架

2018 年由中国电子技术标准化研究院与全国信标委大数据标准工作组联合发布《数据管理能力成熟度模型》（GB/T 36073－2018），是我国首个大数据管理能力评估模型。与国外的数据管理能力成熟模型相比，DCMM 是具有中国特色的数据管理模型。

2020 年发布的《信息技术 大数据 数据分类指南》（GB/T 38667－2020），该标准可以统一定义大数据参与角色、大数据分类框架，提供了大数据分类过程及其分类视角、分类维度和分类方法等方面的建议和指导，为大数据标准化奠定基础，推动中国在大数据领域的研究。该标准具有良好的可移植性、可操作性和扩展性，对基于角色的大数据管理提供支持，为大数据分类提供指导。

2020 年发布的《信息技术 大数据 政务数据开放共享 第 1 部分：总则》（GB/T 38664.1－2020）是一项政务数据开放领域的国家标准，并在随后几年中陆续制定了第 2—4 部分标准。这一标准规定了政务数据开放共享的相关术语和定义、概述、系统参考架构和总体要求，适用于参与或实施政府数据开放共享的机构从事开放共享工程规划、建设、验收和运营等活动，为政府机构制定政务数据开放共享策略的实施提供支持。

2023 年发布的《信息技术 大数据 数据资源规划》（GB/T 42450－2023），明确提出了数据资源规划的核心要素，规范了数据资源设计的各个环节，提炼出数据资

① 中国电子技术标准化研究院．大数据标准化白皮书．2014.

源规划的流程，用于指导组织建立满足其业务需要的数据资源规划相关文件及活动。

比较典型的行业标准有：

2019年发布的《电子商务数据资产评价指标体系》（GB/T 37550－2019），该标准规定了电子商务数据资产评价指标体系的构建原则、指标体系、指标分类和评价过程，适用于数据的电子商务交易过程中，对数据资产价值进行量化计算、评估评价，也可以作为在线数据交易过程中数据资产商品化、证券化的评价依据。

2022年发布的《信息技术 工业大数据 术语》（GB/T 41778－2022），该标准定义了工业大数据领域的关键术语，为行业内的交流与合作提供统一的语言基础。

2023年发布的《信息安全技术 电信领域数据安全指南》（GB/T 42447－2023），该标准给出了开展电信领域数据处理活动的安全原则、通用安全措施，以及在实施数据收集、存储、使用加工、传输、提供、公开、销毁等过程中宜采取的相应安全措施。

2023年发布的《智慧城市基础设施：数据交换与共享指南》，为有权开发和运营社区基础设施的实体提供了用于数据交换与共享原则和框架的指南。适用于涉及城市基础设施数据交换与共享的所有类型的城市。每个城市依据自身特点和条件，采取合适的方法具体实施城市基础设施数据交换与共享。

比较典型的地方标准有：

2018年内蒙古市场监督管理局发布的《大数据标准体系编制规范》（DB15/T 1590－2019），为内蒙古地区大数据应用系统建设、管理过程中提供全生命周期、全流程的安全管理指导。该标准能够指导相关部门做好公共大数据安全管理工作，帮助相关部门采用有效技术和管理措施保障大数据安全，为内蒙古自治区大数据事业健康发展提供安全支撑。

2023年山东省市场角度管理局发布的《公共数据 数据治理规范 第1部分：数据归集》（DB37/T 4646.1－2023），规定了山东省公共数据的数据归集流程、数据归集要求、数据更新要求、数据归集安全等。适用于指导各级公共管理和服务机构归集数据至省一体化大数据平台。

2023年黑龙江省市场监督管理局发布的《农业物联网平台数据交换技术指南》（DB 23/T 3506－2023），界定了农业物联网平台数据交换的术语和定义、缩略语，给出了农业物联网平台数据交换原则、数据交换方式、数据交换流程、数据交换格式、数据安全和维护设计的指导。适用于种植业农业物联网数据交换平台的数据交换。

随着我国大数据产业的纵深发展，与数据管理相关的国家、地方与行业标准将不断地发布和实施，据不完全统计，仅2023年，与数据管理相关的国家标准发布了67项，地方标准发布了8项，团队标准发布了19项，行业标准发布了3项。这些标准的强制性规范作用，将极大地促进我国数据产业的稳健有序发展。

第二节 推动数据资源汇集与利用

一、推动数据资源开发和汇集

（一）推动大数据发展的相关政策

1. 国家推动大数据发展和数据资源汇集的政策。自2014年《政府工作报告》提出大数据概念以来，国家从中央到部委发布了一系列政策推动大数据产业发展。

2015年9月，国务院发布《促进大数据发展行动纲要》，指出大数据已成为国家重要的基础性战略资源，充分利用我国的数据规模优势，实现数据规模、质量和应用水平同步提升，发掘和释放数据资源的潜在价值，有利于更好发挥数据资源的战略作用。同时提出国家大数据资源统筹发展工程，通过整合各类政府信息平台和信息系统，整合分散的数据中心资源，加快完善国家基础信息资源体系和加强互联网信息采集利用四个举措，构建国家数据资源库。

2017年6月，工信部发布《大数据产业发展规划（2016—2020年）》，指出我国已成为产生和积累数据量最大、数据类型最丰富的国家之一。研究建立大数据产业发展评估体系，对我国及各地大数据资源建设状况、开放共享程度、产业发展能力、应用水平等进行监测、分析和评估，编制发布大数据产业发展指数，引导和评估全国大数据发展。同时规划中也提出，要加快大数据采集、传输、可视化、安全等关键技术研发，突破大规模异构数据融合、集群资源调度、分布式文件系统等大数据基础技术，培育安全可控的大数据产品体系。围绕数据生命周期各阶段创新大数据技术服务模式。

2021年11月，工信部发布的《“十四五”大数据产业发展规划》中提出“加快数据‘大体量’汇聚。支持企业通过升级信息系统、部署物联感知设备等方式，推动研发、生产、经营、服务等全环节数据的采集。开展国家数据资源调查，绘制国家数据资源图谱。建立多级联动的国家工业基础大数据库和原材料、装备、消费品、电子信息等行业数据库，推动工业数据全面汇聚”。同时，规划中专门设置了

“数据质量提升工程专栏”，提出要“建立健全国家人口、法人、自然资源和空间地理等基础信息更新机制，持续完善国家基础数据资源库建设、管理和服务，确保基础信息数据及时、准确、可靠”。

2. 各行业汇集数据资源的相关政策。在数据资源汇集开发利用方面，除了国家在整体上的统筹外，各行业主管部门也相继开展本行业内的数据资源管理。

2020 年 3 月，中国人民银行发布《金融科技发展规划（2022—2025 年）》，提出要充分释放数据要素潜能，使金融数据全生命周期管理体系更加完备，数据能力建设不断强化，跨机构、跨地域、跨行业数据规范共享有力有序推进，金融与民生领域数据融合应用全面深入，数据安全和个人隐私得到有效保障。

2020 年 1 月，农业农村部等发布《数字农业农村发展规划（2019—2025 年）》，提出以资源整合、数据共享为途径，推进数据融合、挖掘与应用，搭建共享平台，实现农业农村数据互联互通、资源共建共享、业务协作协同，催生数字农业农村新产业新模式新业态。

2020 年 5 月，工信部发布《关于工业大数据发展的指导意见》，提出促进工业数据汇聚共享、深化数据融合创新、提升数据治理能力、加强数据安全管理，着力打造资源富集、应用繁荣、产业进步、治理有序的工业大数据生态体系。

2021 年 12 月，交通运输部发布《数字交通“十四五”发展规划》，指出针对行业成体系、成规模的公共数据较少，数据开放与社会期望还存在差距的现状，研究制定交通运输公共数据开放和有效流动的制度规范，推动条件成熟的公共数据资源依法依规开放和政企共同开发利用。

2022 年 5 月，国家卫健委发布《关于加强全民健康信息标准化体系建设的意见》，提出围绕分级诊疗、家庭医生签约、个人健康管理、区域医疗协同、医学人才培训等业务要求，加快研究编制全国统一的唯一对象标识、区域检查和检验规范、药品耗材编码、数据资源目录、对象注册与解析等基础标准。

（二）国家数据资源整体情况

2021 年 7 月 23 日，在第五届数字中国建设峰会期间举行的大数据分论坛上，《国家数据资源调查报告（2021）》发布。报告显示，2021 年全年，我国数据产量达到 6.6 泽字节（ZB），同比增加 29.4%，占全球数据总产量 67 泽字节（ZB）的 9.9%，仅次于美国的 16 泽字节（ZB），位列全球第二。近三年来，我国数据产量每年保持 30% 左右的增速。在国内，各省份平均数据存储量为 19.3 艾字节（EB），数据存储前五位的省份分别为广东、北京、浙江、河北、江苏。

2024 年 2 月，国家数据局联合中央网信办、工信部、公安部组织开展全国数据资源调查，国家工业信息安全发展研究中心承担调查实施工作。基于样本分析、企业调研和专家论证，形成《全国数据资源调查报告（2023 年）》。2023 年 5 月 24 日，在福州市举办的第七届数字中国建设峰会·数据资源与数字安全论坛上，国家工业信息安全发展研究中心主任蒋艳代表全国数据资源调查工作组发布《全国数据资源调查报告（2023 年）》（以下简称《报告》）。

《报告》显示，我国数据资源“产—存—算”规模优势基本形成，数据“供—流—用”各环节主体逐渐丰富，海量数据和丰富场景优势潜力亟须释放，数据资源管理和利用整体处于起步阶段。一是数据生产总量大，但有效供给不足。2023 年，全国数据生产总量达 32.85 泽字节（ZB），同比增长 22.44%。5G、AI、物联网技术的创新发展及智能设备的规模应用，推动数据生产规模快速增长。2023 年，全国数据存储总量为 1.73 泽字节（ZB），生产总量中 2.9% 的数据被保存。存储数据中，一年未使用的数据占比约四成，数据加工能力不足导致大量数据价值被低估、难以挖掘复用。二是算力存力规模增长，还需适度超前布局。2023 年，全国 2200 多个算力中心的算力规模约为 0.23 十万亿亿次浮点运算/秒（ZFLOPS），同比增长约为 30%；全国数据存储总空间为 2.93 泽字节（ZB），存储空间利用率为 59%。三是数据流通交易需求旺盛，多元流通模式待完善。消费领域数据交互活跃度较高。中央企业和平台企业发挥枢纽作用，探索数据交互机制。数据交易机构建设加速，产品成交率为 17.9%。数据供给难以满足旺盛需求，急需建立和完善多元流通模式。四是数据应用场景加速落地，数据价值有待释放。公共数据成为引领数据开发利用的催化剂，公共数据开放量同比增长超 16%，授权运营初步探索。数据多场景应用、多主体复用难度大，样本企业中，96% 的行业重点企业已实现数据场景化应用，但实现数据复用增值的大企业仅占 8.3%，数据价值有待释放。

二、推动公共数据开放

（一）国家推动公共数据开放的政策

数据开放共享是释放数据价值的基础条件，是将已有的数据释放出来，增大可获取的数据体量，为大数据开发应用提供数据资源基础。当前阶段，数据开放共享突出表现为政府等公共部门的公共数据资源开放共享的问题。公共部门在履行职能过程中掌握了巨量、多样化的数据资源，对其进行科学有效的开发将带来巨大的经济社会价值。

20 世纪 90 年代我国开始进行政务信息系统的开发建设。通过“两网、一站、四库、十二金”电子政务工程建设收集并产生了大量的政务数据。自 2013 年起，大数据概念逐渐被大众接受，国家推动有关政府部门和企事业单位将各种数据汇聚整合并进行关联分析，打通信息壁垒，构建全国信息资源共享平台，进而开发各类便民应用。这意味着在政府层面就公共数据资源的价值已达成共识，对公共数据资源的开发利用进入到新的阶段。

2015 年 8 月，国务院颁布《促进大数据发展行动纲要》，提出要大力推动政府信息系统和公共数据互联开放共享，加快政府信息平台整合，消除信息孤岛，推进数据资源向社会开放，增强政府公信力，引导社会发展，服务公众企业。在具体行动上，要积极研究数据开放、保护等方面制度，实现对数据资源采集、传输、存储、利用、开放的规范管理，促进政府数据在风险可控原则下最大程度开放，明确政府统筹利用市场主体大数据的权限及范围。

2016 年 9 月，国务院发布《政务信息资源共享管理暂行办法》，明确提出“以共享为原则、不共享为例外”的政务信息资源共享原则，着力推动政府部门间的数据资源共享。2018 年 3 月，国务院印发《科学数据管理办法》，提出科学数据应以“开放为常态、不开放为例外”，面向社会和相关部门开放共享。

2020 年 3 月，《中共中央 国务院关于构建更加完善的要素市场化配置体制机制的意见》提出将推进政府数据开放共享作为加快培育数据要素市场的重要举措之一。要优化经济治理基础数据库，加快推动各地区各部门间数据共享交换，制定出台新一批数据共享责任清单。研究建立促进企业登记、交通运输、气象等公共数据开放和数据资源有效流动的制度规范。

2022 年 12 月出台的《数据二十条》中，对公共数据开放共享明确提出了公共数据开放共享的实现路径：对各级党政机关、企事业单位依法履职或提供公共服务过程中产生的公共数据，加强汇聚共享和开放开发，强化统筹授权使用和管理，推进互联互通，打破“数据孤岛”。鼓励公共数据在保护个人隐私和确保公共安全的前提下，按照“原始数据不出域、数据可用不可见”的要求，以模型、核验等产品和服务等形式向社会提供，对不承载个人信息和不影响公共安全的公共数据，推动按用途加大供给使用范围。推动用于公共治理、公益事业的公共数据有条件无偿使用，探索用于产业发展、行业发展的公共数据有条件有偿使用。

（二）地方和行业推动公共数据开放的政策

除了国家层面的政策外，各地政府与行业主管部门也不断加大公共数据的开放力度，多地发布规范性文件促进和规范公共数据开放共享如《上海市公共数据开放暂行办法》《浙江省公共数据开放与安全管理暂行办法》《北京市交通出行数据开放管理办法（试行）》《贵州省政府数据共享开放条例》等。

2022 年 3 月《浙江省公共数据条例》施行，这是全国首部公共数据领域的地方性法规。截至 2023 年 3 月，浙江省数据开放平台目前已开放 26387 个数据集（含 12998 个 API 接口），145769 项数据项，109.95 亿条数据。截至 2022 年 2 月底，浙江公共数据共享比例达90%，开放比例为20%（共享指公共部门内部之间，开放指面向群众、企业等第三方）。

2022年12月，广东省政务服务和数据管理局发布《广东省公共数据开放暂行办法》，提出建立公共数据开放的长效机制，主要包括五个方面：一是实行重点开放制度，要求优先和重点开放与行业增值潜力显著、产业战略意义重大、民生紧密相关、社会迫切需要，以及与粤港澳大湾区和中国特色社会主义先行示范区建设相关的公共数据。二是推行开放目录管理，要求公共数据开放目录基于公共数据资源目录进行编制；公共数据开放主体应当对尚未开放的公共数据进行定期评估，及时更新公共数据开放目录，适时调整公共数据的开放范围。三是实行分类开放，根据数据开放的风险程度，将数据分为不予开放类、有条件开放类、无条件开放类三类，针对不同风险类别设置有差别的开放方式。四是实现平台统一开放，明确公共数据均通过"一网共享"平台推送到数据开放平台开放。五是提高开放数据质量，对公共数据开放格式以及整理、清洗、格式转换作了规定，同时明确公共数据开放主体应当在满足有关标准和要求下采用对公共数据开放价值影响最小的方式。

2023年2月，长沙市数据资源管理局发布《2023年工作要点》，提出出台全市政务数据应用与服务管理办法，构建规范有序的数据共享交换体系，强化供需对接，畅通共享通道，全面提升便捷化程度；强化数据共性支撑能力，依托数据标准引源系统，推进建立"一码融合"的基础数据标准编码体系，支撑基层网格化、城市运管服等重点应用；建立数据问题校准反馈机制，进一步推进标准数据源头治理；健全空间数据编码标准，推进相关数据汇聚，实现全市网格划分、房屋、人口、企业数据上图。数据资源管理局将会同市住建局、市资规局等部门，基本建成城市数字底图和信息模型（CIM）基础平台；推进数据安全有序开放，建立政务数据开放工作机制，出台数据开放清单；依法依规推进公共数据和社会数据有序共享、合理利用。

另外，行业主管部门也探索在本行业领域推动公共数据资源开放共享。如2015年国家海洋局发布的《关于规范海洋生态环境监测数据管理工作的意见》，2016年交通运输部发布的《关于推进交通运输行业数据资源开放共享的实施意见》等。

（三）公共数据授权运营的典型案例

公共数据授权运营是实现公共数据开放共享的重要途径。《中华人民共和国国民经济和社会发展第十四个五年规划和2035年远景目标纲要》明确提出"开展政府数据授权运营试点，鼓励第三方深化对公共数据的挖掘利用"。《数据二十条》提出"推进实施公共数据确权授权机制，加强对公共数据的汇聚共享和开放开发"。目前，全国已经有多个地区开展了公共数据授权运营方面的制度建设、平台建设等实践探索。本书以福建省为例做一个案例介绍①。

1. 福建开展公共数据授权运营的背景。自2000年“数字福建”写入福建“十五”计划纲要建议，福建省委和省政府始终把“数字福建”建设作为重大战略工程持续推进，陆续成为国家电子政务综合试点、全国政务信息开放试点、政务信息系统整合共享应用试点和公共数据资源开发利用试点。在此期间，福建以统建共享为导向，建立统一政务网络、信息交换体系和安全体系，实现了设施共享、平台共享、数据共享，奠定了“数字福建”的总体框架。福建公共数据的开发利用在“数字福建”的大背景下，逐步从最初的政府内部共享、开放开发走向授权运营，相关政策、制度、平台以及实践较为成熟。

自2010年以来，围绕公共数据共享、开放、授权运营，福建省出台多个政策文件（见表3－2），逐步明确了公共数据资源的权属，政府内部数据共享、社会开放共享的方式方法。虽未针对公共数据授权运营出台专有政策，但在系列政策中，已经就授权运营给出了明确制度和机制，包括创造性提出分级开发、“一模型一评估、一场景一授权”原则、探索有偿服务等。2023年出台的《福建省公共数据资源开发服务平台管理规则（试行）》和《福建省公共数据资源开发服务平台公共数据开发服务商管理规则（试行）》已经能详细指导数据需求方进行数据资源申请、平台入驻等。

表3－2　　福建省推动公共数据开放的相关政策举措

日期	发布者	政策	内容简介
2010年11月	福建省人民政府办公厅	福建省政务信息共享管理办法	促进政务信息在政府内的流通，改进政务活动
2016年10月	福建省人民政府	福建省政务数据管理办法	明确政务数据资源是国有资产，通过普遍开放和授权开放向社会开放服务，增强政府公信力和透明度
2021年1月	福建省人民政府办公厅	福建省公共数据资源开发利用试点实施方案	首创公共数据一级开发授权开放的分级开发模式
2021年12月	福建省人大常委会	福建省大数据发展条例	明确公共数据实行分级开发，由省政府设立公共数据一级开发主体，二级开发主体基于具体应用场景向数据主管部门申请所需数据
2022年7月	福建省数字福建建设领导小组办公室	福建省公共数据资源开放开发管理办法（试行）	构建公共数据开放、开发管理制度机制，明确公共数据实行场景式开发

① 中国联通研究院微信公众号．以福建为例看懂两级授权运营模式．2024－06－02.

续表

日期	发布者	政策	内容简介
2023 年 10 月	福建省人民政府办公厅	福建省一体化公共数据体系建设方案	提出一体化公共数据体系架构，深入构建公共数据资源分级开发模式，完善授权审核、开发利用、有偿服务、使用监管等制度
2023 年 12 月	福建省数字福建建设领导小组办公室	福建省公共数据资源开发服务平台管理规则（试行）	规范二级开发主体申请公共数据的流程、要求等
2023 年 12 月	福建省数字福建建设领导小组办公室	福建省公共数据资源开发服务平台公共数据开发服务商管理规则（试行）	规范一级开发平台服务商的入驻流程、资格管理等

2. 福建开展公共数据授权运营的具体做法，主要有以下三个方面：

一是创新公共数据分级开发利用运营机制。福建省政府于 2021 年 8 月设立省大数据集团有限公司，2022 年 3 月设立福建大数据一级开发有限公司，由该公司承担全省公共数据资源一级开发主体，负责省级公共数据汇聚、共享、开放和安全，对政府提供数据共享等服务，对社会提供数据公共服务和数据授权通道服务。二级开发主体通过“一模型一评估、一场景一授权”向数据主管部门申请数据资源，审批通过后由一级开发主体提供数据资源，继而进行开发利用。

二是依托平台实现公共数据两级授权运营。省大数据集团按照统建共享原则，牵头建设省一体化公共数据平台，该平台是全省公共数据管理总枢纽、流转总通道和服务总门户，包括公共数据服务门户、公共数据资源统一开放平台、公共数据资源开发服务平台以及公共数据汇聚共享平台。面向二级数据开发主体的数据申请、授权、数据服务等功能，由公共数据资源开发服务平台提供，该平台由省大数据集团下属省大数据一级开发有限公司负责建设和运营。目前，该平台能够提供隐私计算、数据沙箱等建模工具，且利用区块链技术实现了数据开发利用全流程的溯源监管和可控开放。

三是构建数据生态强化数据价值转化。福建公共数据资源开发服务平台允许公共数据开发方上架第三方模型或产品，向社会提供免费或有偿服务。福建省允许该平台按需接入第三方互联网信息平台和其他领域的社会数据，促进公共数据与社会数据的融合应用。另外，依托福建大数据交易所，不仅为公共数据产品提供交易流通渠道，而且能进一步融合初级公共数据产品和社会产品。

3. 福建省公共数据授权运营的成效。面向数据汇聚，已接入省市近 1800 个政务信息系统，汇聚 700 多亿条数据，基本实现全省政务信息系统的“应接尽接”、公共数据的“应汇尽汇”；面向数据开放，已有6700多个数据集、6500多个数据接口、28亿条数据记录；面向数据授权，涵盖全省160多万家企业、4160多万流动人口信息、1.28亿多本电子证照、2亿多条信用信息等多种类别3000多项71亿多条数据记录和文件；面向数据质量，通过场景化数据治理，对数据进行分类分级，提高公共数据的质量和针对应用场景的可用性。

公共数据应用场景较多，社会二级开发主体活力逐渐增加。一方面，目前由政府主导的公共数据应用场景集中于城市治理、社保认证、入学管理、餐饮监管、医疗救助等场景。另一方面，通过开发服务平台，可以看到现已有180家数据应用单位、16家公共数据开发服务商入驻，实现了41个场景应用，如莆田数字城市互联网信息服务有限公司的基于多维异源梯联大数据的电梯联动治理、福茶网的福茶茶企入驻真实性核查、交通银行的惠民就医等。

三、促进数据资源创新应用

（一）数据应用赋能实体经济

在我国发展大数据产业的各类政策中，关于数据资源创新应用方面的政策表述，有一个一以贯之的特征，就是强调数据的应用价值，要以应用为主导来驱动大数据产业发展，同时应用的主要方向就是赋能实体经济。这个原则性的政策设计，是我国在数据管理方面显著不同于其他西方国家的重要特征。

早在2015年发布《促进大数据发展行动纲要》时，指导思想中就指出，要“着力推进数据汇集和发掘，深化大数据在各行业创新应用，促进大数据产业健康发展”。2017年工信部的《大数据产业发展规划》提出了应用引领的发展原则，提出要“以国家战略、人民需要、市场需求为牵引，加快大数据技术产品研发和在各行业、各领域的应用，促进跨行业、跨领域、跨地域大数据应用”，并提出了“应用能力显著增强”的发展目标。2021年的《“十四五”大数据产业发展规划》中，进一步提出了“以数据为关键要素，以数字技术与实体经济深度融合为主线”，以及“应用牵引，数据赋能”。在习近平总书记《不断做强做优做大我国数字经济》的文章中，纲领性地提出了“推动数字经济与实体经济融合发展”这一重要发展路径，明确“要把握数字化、网络化、智能化方向，推动制造业、服务业、农业等产业数字化，利用互联网新技术对传统产业进行全方位、全链条的改造，提高全要素生产率，发挥数字技术对经济发展的放大、叠加、倍增作用”。可见，我国发展数据产业的宗旨是从应用价值出发，以赋能实体产业，与实体经济深度融合发展为主要方向的。

（二）数据应用的主要方向

1. 政府与公共服务。利用大数据提升政府与民生服务效率，是我国发展大数据产业，开展数据管理过程中最先想到的应用方向。在《促进大数据发展行动纲要》中就提出“围绕服务型政府建设，在公用事业、市政管理、城乡环境、农村生活、健康医疗、减灾救灾、社会救助、养老服务、劳动就业、社会保障、文化教育、交通旅游、质量安全、消费维权、社区服务等领域全面推广大数据应用，利用大数据洞察民生需求，优化资源配置，丰富服务内容，拓展服务渠道，扩大服务范围，提高服务质量，提升城市辐射能力，推动公共服务向基层延伸，缩小城乡、区域差距，促进形成公平普惠、便捷高效的民生服务体系，不断满足人民群众日益增长的个性化、多样化需求”。

在工信部《大数据产业发展规划》中，围绕政府与公共服务，进一步提出“以民生需求为导向，以电子政务和智慧城市建设为抓手，以数据集中和共享为途径，推动全国一体化的国家大数据中心建设，推进技术融合、业务融合、数据融合，实现跨层级、跨地域、跨系统、跨部门、跨业务的协同管理和服务。促进大数据在政务、交通、教育、健康、社保、就业等民生领域的应用，探索大众参与的数据治理模式，提升社会治理和城市管理能力，为群众提供智能、精准、高效、便捷的公共服务”。

在国务院《“十四五”大数据产业发展规划》中，在政府和公共服务方面的提法有进一步扩大为“提高互联网+政务服务效能”“提升社会服务数字化普惠水平”“推动数字城乡融合发展”和“打造智慧共享的新型数字生活”四个部分，具体应用内容也有了大篇幅的扩展。

可见，随着我国数字化水平的不断提升，在政府和公共服务领域的数据应用也逐步从相对简单的洞察需求、优化配置、拓展渠道，升级到了以数据平台为基础，政府和公共服务数字化转型和数字化创新的阶段，实现了从政府服务线上化到数据驱动公共服务的跨越式发展。

2. 行业应用。在行业应用领域，工业一直是我国推动大数据应用的核心产业。《促进大数据发展行动纲要》中提出了“发展工业大数据，推动大数据在工业研发设计、生产制造、经营管理、市场营销、售后服务等产品全生命周期、产业链全流程各环节的应用，分析感知用户需求，提升产品附加价值，打造智能工厂。建立面向不同行业、不同环节的工业大数据资源聚合和分析应用平台。抓住互联网跨界融合机遇，促进大数据、物联网、云计算和三维（3D）打印技术、个性化定制等在制造业全产业链集成运用，推动制造模式变革和工业转型升级”。因此，从2015年开始，工业大数据成为一个专门的数据资源类别，在众多大数据产业应用中得到最大的支持。

为了发展工业大数据，2020年工信部还专门出台了《关于工业大数据发展的指导意见》，提出要“按照高质量发展要求，促进工业数据汇聚共享、深化数据融合创新、提升数据治理能力、加强数据安全管理，着力打造资源富集、应用繁荣、产业进步、治理有序的工业大数据生态体系”。工业大数据的深入发展，为后来工业互联网平台的建设和应用打下了良好的产业基础。

在2020年的《大数据产业发展规划》中，除了工业大数据外，其他重点行业的数据应用也开始得到重视，提出“推动电信、能源、金融、商贸、农业、食品、文化创意、公共安全等行业领域大数据应用，推进行业数据资源的采集、整合、共享和利用，充分释放大数据在产业发展中的变革作用，加速传统行业经营管理方式变革、服务模式和商业模式创新及产业价值链体系重构”。在2021年的《“十四五”数字经济发展规划》中，对重点行业的数据应用就更加具象化为产业数字化转型，包括“发展智慧农业和智慧水利、开展工业数字化转型应用示范、加快推动工业互联网创新发展、提升商务领域数字化水平、大力发展智慧物流、加快金融领域数字化转型、加快能源领域数字化转型”。从政策文件的表述中可以发现，数据资源的行业应用从最开始的数据资源采集、整合、共享逐步升级为驱动产业数字化转型，行业范围也基本覆盖了一、二、三产业的各个重点行业。

除了行业本身的应用外，政策还致力于推动跨行业的数据融合应用。在《大数据产业发展规划》中，工信部明确提出要促进跨行业大数据融合创新，并设立了跨行业大数据应用推进工程，开展跨行业大数据试点示范。“选择电信、互联网、工业、金融、交通、健康等数据资源丰富、信息化基础较好、应用需求迫切的重点行业领域，建设跨行业跨领域大数据平台。基于平台探索跨行业数据整合共享机制、数据共享范围、数据整合对接标准，研发数据及信息系统互操作技术，推动跨行业的数据资源整合集聚，开展跨行业大数据应用，选择应用范围广、应用效果良好的领域开展试点示范”。这个促进跨行业数据融合应用的政策，为后来各类新模式、新业态的发展创造了良好的发展环境。

3. 创业创新。数据资源在创新创业领域的应用，更多是由数据产业本身的特征所驱动的。《促进大数据发展行动纲要》专门提出了“万众创新大数据工程”，从大数据创新应用、大数据创新服务、发展科学大数据和知识服务大数据应用四方面，推动万众创新、开放创新和联动创新。在《大数据产业发展规划》中，提出“利用大数据助推创新创业”，“鼓励资源丰富、技术先进的大数据领先企业建设大数据平台，开放平台数据、计算能力、开发环境等基础资源，降低创新创业成本。鼓励大型企业依托互联网‘双创’平台，提供基于大数据的创新创业服务”。在《“十四五”数字经济产业发展规划》中，数据被作为营造产业创新生态的关键要素提出，“发挥数字经济领军企业的引领带动作用，加强资源共享和数据开放，推动线上线下相结合的创新协同、产能共享、供应链互通。鼓励开源社区、开发者平台等新型协作平台发展，培育大中小企业和社会开发者开放协作的数字产业创新生态，带动创新型企业快速壮大”。

因此，数据资源与创新创业的赋能与融合发展也经过了从依托资源本身做创新，到围绕创新创业用数据的过程，这也是一个对数据资源的认识不断深化的过程。在近十年的过程中，数据资源由少到多，由封闭到开放，由政府到企业，由科研到市场，在政策的助推下，成为创新创业中不可缺少的一环，在我国双创事业的发展中发挥了巨大的作用。

（三）推动数据资源应用向数据要素利用转型

大数据产业经过十余年的发展后，数据资源的匮乏问题基本得到了解决，历史存量数据在通过各行业的数字化工程由纸质数据转为电子数据，并形成了各行业的数据资源库和整合而成的国家数据资源库。新的增量数据，在数字技术进步和数据标准体系完善的双向作用下，形成了采集、汇集、存储的规范化作业流程。因此，到 2020 年后，数据资源本身的重要性在政策文件中已经被逐步弱化，而数据资源的价值更加得到重视，数据要素的概念也应运而生。

在数据要素的概念体系下，各个政策文件中对于数据应用的表述，也逐渐调整为数据要素的产业应用场景，例如《数据二十条》中就提到要“推动数据要素相关技术和产业应用创新”。2024 年 1 月，国家数据局会同有关部门制定并发布《“数据要素 ×” 三年行动计划（2024—2026 年）》，涵盖工业制造、现代农业、商贸流通、交通运输、金融服务、科技创新、文化旅游、医疗健康、应急管理、气象服务、城市治理和绿色低碳等多个领域，提出具体的数据要素应用和融合策略。各个行业场景的具体应用模式为：

1. 工业制造。利用大数据优化生产流程，实现智能制造和供应链管理的精细化，提高生产效率和产品质量，如预测性维护、智能排产等。创新研发模式，支持企业融合设计、仿真、实验验证数据，推动协同制造，提升服务能力，强化区域联动，开发使能技术。

2. 现代农业。通过数据分析指导精准农业实践，包括智能灌溉、病虫害预警、作物产量预测，以及农产品追溯系统等，提升农业生产效率和食品安全。提升农业生产数智化水平，提高农产品追溯管理能力，推进产业链数据融通创新，培育以需定产新模式，提升农业生产抗风险能力。

3. 商贸流通。运用大数据分析消费者行为，优化库存管理，提升物流效率，个性化营销策略，以及打造智慧供应链体系。拓展新消费，培育新业态，打造新品牌，推进国际化，支持电商平台和商贸经营主体深度融合。

4. 交通运输。发展智能交通系统，如实时路况分析、公共交通调度优化、自动驾驶车辆数据支持，以及智慧物流解决方案。提升多式联运效能，推进航运贸易便利化，提升航运服务能力，挖掘数据复用价值，支持智能网联汽车创新发展。

5. 金融服务。利用大数据进行信贷风险评估、欺诈检测、个性化金融服务推送，以及金融市场分析预测，提升金融服务的安全性和效率。提升金融服务水平，提高金融抗风险能力，推动金融信用数据共享共用和高效流通。

6. 科技创新。构建科研数据共享平台，促进跨学科数据融合创新，支持科研项目管理和成果评估，加速科技成果的转化应用。推动科学数据有序开放共享，以科学数据助力前沿研究和技术创新，支持大模型开发，探索科研新范式。

7. 文化旅游。通过游客行为分析，个性化推荐旅游路线和服务，提升景区管理效率，以及文化遗产的数字化保护与传播。培育文化创意新产品，挖掘文化数据价值，提升文物保护利用水平，提升旅游服务和治理能力。

8. 医疗健康。利用医疗大数据进行疾病预防、诊断辅助、个性化治疗方案设计，以及公共卫生监测和应急响应。提升就医便捷度，便捷医疗理赔结算，推动医保便民服务，有序释放健康医疗数据价值，加强医疗数据融合创新，提升中医药发展水平。

9. 应急管理。整合多源数据，进行灾害预警、应急资源调度、事故模拟仿真，以及灾后恢复重建的决策支持。提升安全生产监管能力，提高自然灾害监测评估能力，强化应急协调共享能力。

10. 气象服务。提高气象预报准确率，提供精细化气象服务，支持农业、交通、能源等领域的气象灾害防御和应对策略。降低极端天气气候事件影响，支持气象数据与经济社会等数据融合应用，创新气象数据产品服务。

11. 城市治理。运用大数据提升城市管理智能化水平，如智慧安防、城市交通规划、环境监测与治理，以及公共服务资源配置优化。优化城市管理方式，支撑城市多领域场景应用，推进公共服务普惠化，加强区域协同治理。

12. 绿色低碳。通过数据分析促进节能减排，支持清洁能源项目的规划与运营，以及构建循环经济和碳足迹追踪系统。提升生态环境治理精细化水平，促进能源利用效率提升，提升废弃资源利用效率，提升碳排放管理水平。

从这 12 个关键行业的应用场景可以发现，《“数据要素 ×”三年行动计划（2024—2026 年）》强调的是数据作为新型生产要素在推动经济社会全面数字化转型中的核心地位，明确要通过创新应用模式和深度行业融合来释放数据的潜在价值。相对于以往对数据创新应用的表述，这一行动计划的政策设计展现出以下特色：

一是从连接到协同：行动计划强调数据应用不仅仅停留在互联互通的层面上，

而是转向基于数据有效应用的全局优化，意味着数据将被用作提升全要素生产率的关键驱动力。通过深入挖掘数据价值，促进各要素间的协同作业，帮助企业、行业乃至整个产业在有限的资源约束下寻找最优化的发展路径，解决以往难以攻克的问题。

二是从使用到复用：行动计划倡导的不仅是数据的一次性使用，更重要的是跨行业、跨领域的数据复用。这意味着数据作为知识的载体，将在不同场景下发挥多重作用，促进各行业知识的交叉融合，进而激发新产品、新服务的诞生，创造出新的价值增量。这有助于拓展经济增长的新空间，实现数据价值的最大化利用。

三是从叠加到融合：行动计划推动数据要素与其他生产要素深度结合，实现从简单叠加到深度融合的转变。这种融合不仅体现在技术层面，还体现在业务流程、管理模式乃至组织文化的革新上，目的是形成新的生产模式和服务形态，全面提升经济活动的效率和质量。

四是行业聚焦与示范引领：行动计划选取了包括工业制造、现代农业、金融服务、科技创新等在内的 12 个关键行业和领域，通过打造典型应用场景，示范引领数据要素在各行业的深度应用。这表明政策制定者对行业特性有着深刻理解，并意图通过针对性的政策支持，加速数据要素在具体行业中的落地和效能释放。

五是强化保障与安全秩序：行动计划还着重于提升数据供给水平、优化数据流通环境、加强数据安全保障等方面，确保数据要素的健康有序发展。特别提到支持和培育具有国际影响力的科学数据库建设，以及依托国家科学数据中心强化高质量数据资源的建设和场景应用，这彰显了对数据质量和安全的高度重视。

总体而言，《“数据要素 ×” 三年行动计划（2024—2026 年）》强调了通过创新应用模式和深度行业融合来释放数据的潜在价值，旨在构建一个开放、协同、安全的数据生态，驱动中国经济高质量发展。

第三节

培育数据要素市场

一、确立数据要素的战略地位

数据是新时代重要的生产要素，是国家基础性战略资源，这已成为全球共识。我国高度重视数据要素市场培育，自 2019 年党的十九届四中全会首次将数据增列为生产要素以来，中央发布多项政策文件，围绕数据要素发展谋篇布局，并将关注点聚焦于数据要素市场建设。2020 年印发的《关于构建更加完善的要素市场化配置体制机制的意见》首次提出培育数据要素市场。2021 年《要素市场化配置综合改革试点总体方案》进一步以“探索建立数据要素流通规则”为主题进行数据要素市场化配置改革的布局，聚焦数据采集、开放、交易、使用、保护等全生命周期的制度建设，具体从完善公共数据开放共享机制、建立健全数据流通交易规则、拓展规范化数据开发利用场景和加强数据安全保护四个方面展开。

《“十四五”数字经济发展规划》明确提出了建立数据要素市场体系的目标，规划要求到 2025 年，数据要素市场化建设成效显现，数据确权、定价、交易有序开展，探索建立与数据要素价值和贡献相适应的收入分配机制，激发市场主体创新活力。在具体政策举措上，集中体现为壮大数据要素市场规模、强化高质量数据要素供给，创新数据要素开发利用机制，培育壮大数据采集、标注、清洗等服务产业，鼓励市场力量挖掘数据价值，推动统一标准体系建设，努力实现互通互操作，形成完整贯通的数据链，促进数据、技术、场景深度融合。规划专门提出要开展数据要素市场培育试点工程，从开展数据确权及定价服务试验、推动数字技术在数据流通中的应用、培育发展数据交易平台等三方面，加快推动数据要素市场建设。

由于数据汇聚能带来价值倍增，具有规模效应，容易出现“赢者通吃”的自然垄断现象。政策布局既要反地方保护、反垄断，又要扶持具有产业链影响力的数据要素生态。2022 年 4 月，中央布局全国统一大市场建设，数据要素市场作为其中一部分，也需打破地域间、市场间壁垒，加强数据要素的协同。2022 年 12 月，《数据二十条》提出构建数据基础制度体系，促进数据合规高效流通使用，建立保障权益、合规使用的数据产权制度，建立合规高效、场内外结合的数据要素流通和交易制度，建立体现效率、促进公平的数据要素收益分配制度，建立安全可控、弹性包容的数据要素治理制度。国家的顶层设计逐步对数据要素各环节提出更细致的目标和要求，为推动数据在更大范围内有序流动和合理集聚、进一步促进数据价值转化应用指明了方向。

各省市积极响应中央号召，相继发布多项政策。从地方层面看，数据要素相关企业主要分布在北京、上海、广东、江苏、山东等经济较发达地区，各省市均已将数据要素市场建设列入省级“十四五”规划，并且大部分地区根据各地数字经济发展特点，在相关文件中对数据要素制度建立进行了进一步规划，同时也提出了远景目标：上海市提出到 2025 年底，上海数字经济发展水平稳居全国前列，国际数字之都框架体系基本形成，数据要素市场体系基本建立。浙江省提出到 2025 年，数字经济发展水平稳居全国前列、建成具有全球影响力的数字科技创新中心。江苏省提出到 2025 年，江苏数字经济发展水平位居全国前列，数据要素市场体系初步建立，到 2035 年，数字经济成为引领江苏经济转型发展的重要引擎。

二、建立数据产权制度

（一）建立数据产权制度的重要性

著名的《新帕尔格雷夫经济学大词典》对产权的定义为：“一种通过社会强制而实现的对某种经济物品的多种用途进行选择的权利。”美国知名经济学家德姆塞茨认为：“产权是包括一个人或其他人受益受损的权利，产权是界定人们如何受益及如何受损，因而谁必须向谁提供补偿以使他修正人们所采取的行动。”因此，产权并不是通常理解的所有权，而是更为广泛的行为自由。

数据产权制度是建立数据要素市场的基础制度之一。为构建统一开放、竞争有序的数据要素市场，国家出台数据产权制度，制定促进数据合规高效流通交易政策文件，建立数据要素收益分配安全治理机制，推出鼓励和支持公共数据、企业数据开发利用的政策文件，逐步建立公共数据资源登记管理、授权运营和产品定价机制。这些政策制度的出台将搭建起数据资源开发利用的基础框架，奠定数据要素市场化配置改革的四梁八柱。

数据产权是数据流通交易和市场化配置的基本制度要求，有其现实紧迫性。国家建立数据产权制度的基本逻辑是数据要素的利用需要市场化，市场化利用就需要交易，因此就必须有产权。2023 年以来，生成式 AI 快速发展，训练数据的重要性愈加凸显，数据在经济和技术层面越来越受到关注。

数据产权制度也是针对我国数据要素市场的特殊性而提出的政策设计。数据市场在中国是一个新兴领域，数据的权利、义务、责任的边界并不清晰，当事人与市场尚未形成基本共识。且依托于互联网的中国数据交易处在强监管状态，中国的《个人信息保护法》《数据安全法》《网络安全法》《电子商务法》以及一系列由监管部门出台的规定，在事实上给数据流通和交易限定了很多制约，压缩数据交易秩序的空间。因此，在当前的政策环境下，如何形成可落地的数据交易规则，真正实现数据合规高效流通使用，凸显了数据产权制度在数据要素市场中的基础性和重要性。

（二）数据确权授权的政策设计

在顶层设计层面，数据确权一直被认为是数据交易发生与责任认定的基础。《数据二十条》正式提出，要探索建立数据产权制度，推动数据产权结构性分置和有序流通，建立公共数据、企业数据、个人数据的分类分级确权授权制度等。这里面有两个重大的制度设计创新。

一是数据产权结构性分置。《数据二十条》提出探索建立数据资源持有权、数据加工使用权、数据产品经营权等分置的产权运行机制，形成“三权分置”的中国特色数据产权制度。这一制度设计淡化了数据的所有权，更为聚焦数据的使用与流通，对未来数据权益制度的构建具有重要的理论和实践指导意义。

二是分级分类确权授权制度。数据类型分为公共数据、企业数据、个人数据，并进行相应的分类分级确权授权。对于公共数据确权授权，《数据二十条》提出“原始数据不出域、数据可用不可见”的要求，倡导以模型、核验等产品和服务形式对外提供。同时，将公共数据细分为四类，其中加大供给不涉及个人隐私和公共安全型数据，有条件无偿使用公共治理和公益事业型数据，有条件有偿使用产业/行业型数据，以及不开放保密型数据。对于企业数据确权授权，《数据二十条》针对企业、第三方数商和政府部门的不同市场主体，享有持有、使用和收益权，通过保障投入回报，加强数据要求供给激励。从企业端来看，国有企业带头、行业龙头和互联网平台带动，通过与中小微企业双向公平授权、共同使用数据，赋能其数字化转型。第三方数商加强标准制定，推动数据产品标准化，发展数据分析、数据服务等产业。政府部门获取的企业和机构数据，须约定并严格遵守使用限制要求。对于个人信息数据确权授权，《数据二十条》指出数据处理需要“按照个人授权范围”；探索由受托者代表个人利益，对市场主体进行监督；强化企业主体责任；创新技术手段，推动个人信息匿名化处理等。整体来看，《数据二十条》十分强调个人隐私安全的重要性，并鼓励通过技术创新实现对个人信息的保护。

（三）推动数据产权登记

国外尚未明确提出数据登记概念，我国先行先试持续完善数据登记制度。数据登记是指权利人出于维护合法权益的需要，依照法规规定在登记系统内将所持有数据的控制状况予以记载，并通过登记系统进行公示的行为。登记的目的在于合法性确认，申请所持有数据成为资产的企业自愿在登记平台上备案形成存证，为潜在的数据权益纠纷和数据来源争议留存证据，并发挥唯一标识数据的作用。

数据登记是数据确权的重要一环。数据的权属不好界定，但依托其产生的数据产品及其权利主体往往是明确的，故通过探索建立统一的数据登记制度，利用制度配合相应的技术手段标记数据的权属，为数据确权提供一个先行先试、切实可行的路径和方法。

目前，北京、浙江、江苏、深圳等省市已经在《数据二十条》的框架指引下建立了各自的数据产权制度规范，并且在数据产权登记方面进行了具体的创新探索。北京于2023年6月发布《关于更好发挥数据要素作用 进一步加快发展数字经济的实施意见》，深圳也同步发布了《深圳市数据产权登记管理暂行办法》，两者都对数据产权确权、授权、登记等规范作出了具体指引。

以《深圳市数据产权登记管理暂行办法》（以下简称《办法》）为例，率先从四个方面提出数据产权等方面的制度创新：

一是创新明确数据产权登记适用范围。《办法》按照构建数据资源和数据产品服务两级数据市场思路，明确适用范围为数据资源和数据产品在本市行政区域内的首次登记、许可登记、转移登记、变更登记、注销登记和异议登记行为，推动数据资源市场化流动和数据产品高效流通。

二是创新提出数据确权方式。《办法》率先以政府规范性文件形式提出对数据产权登记行为进行规范管理，通过首次登记对数据资源或数据产品相关权利归属情况进行记录，探索开展数据确权工作。

三是创新提出数据产权登记流程。《办法》结合市场需求与实际操作层面明确不同数据产权登记类型作用，并对不同类型登记的具体流程和申请材料作出具体规定，实现对数据产权登记的规范化管理。

四是探索建立完善协同监管机制。针对数据产权登记中存在的多头监管问题，《办法》率先以制度形式明确建立跨部门协同监管机制，积极开展监管模式创新，保障数据产权登记工作规范有序开展。

在数据产权登记的具体规范方面，《办法》规定，数据产权登记，是指数据产权登记机构将数据资源和数据产品的权属情况及其他事项进行记载的行为。登记主体具有以下权利：①对合法取得的数据资源或数据产品享有相应的数据资源持有、数据加工使用和数据产品经营等相关权利；②经登记机构审核后获取的数据资源或数据产品登记证书、数据资源许可凭证，可作为数据交易、融资抵押、数据资产入表、会计核算、争议仲裁的依据。数据登记主体可凭证参与其他数据经济活动为深圳首创，为全国其他地方提供有益探索经验。总体来说，《办法》在数据产权登记适用范围、数据确权方式、数据产权登记流程等方面实现了创新。

三、鼓励开展数据要素交易

（一）国家鼓励开展数据交易

我国从国家政策层面鼓励合法的数据交易。2021 年的《“十四五”数字经济发展规划》中提出要加快数据要素市场化流通，提出“加快构建数据要素市场规则，培育市场主体、完善治理体系，促进数据要素市场流通。鼓励市场主体探索数据资产定价机制，推动形成数据资产目录，逐步完善数据定价体系。规范数据交易管理，培育规范的数据交易平台和市场主体，建立健全数据资产评估、登记结算、交易撮合、争议仲裁等市场运营体系，提升数据交易效率”。2022 年 4 月，《中共中央、国务院关于加快建设全国统一大市场的意见》提出“加快培育统一的技术和数据市场”；2022 年 12 月，《扩大内需战略规划纲要（2022—2035 年）》再次提出“提升要素市场化配置水平，建设高效规范、公平竞争的国内统一市场，破除妨碍生产要素市场化配置和商品服务流通的体制机制障碍”。

《数据二十条》提出要统筹构建规范高效的数据交易场所。针对交易场所的建设和运营，提出要“加强数据交易场所体系设计、出台数据交易场所管理办法、引导多种类型的数据交易所共同发展”。将交易场所分为国家级数据交易场所、区域性数据交易场所和行业性数据交易平台三种类型，“突出国家级数据交易场所合规监管和基础服务功能，强化其公共属性和公益定位，推进数据交易场所与数据商功能分离，鼓励各类数据商进场交易。规范各地区各部门设立的区域性数据交易场所和行业性数据交易平台，构建多层次市场交易体系，推动区域性、行业性数据流通使用。促进区域性数据交易场所和行业性数据交易平台与国家级数据交易场所互联互通”。

（二）各地开展数据交易所建设

在中央对推动数据交易相关工作作出部署后，地方层面加快了数据交易的探索和实践，贵阳、武汉、上海、江苏等地方大数据交易中心陆续成立。根据中国信通院《数据要素白皮书（2022 年）》记载，截至 2022 年 11 月，我国各地先后成立 48 家数据交易机构，试图消除供需双方信息差，推动形成合理的市场化价格机制和可复制的交易制度和规则。

贵阳大数据交易所于 2015 年 4 月正式挂牌运营，经历了较长时间运营，逐步摸索出更切实可行的运营模式。截至 2022 年年末，贵阳大数据交易所已累计入驻数据商 402 家，其中，省内数据商 202 家，省外数据商 200 家。已累计上架产品 607 个，其中，数据产品和服务 438 个，占比 72.1%，算法工具 125 个，占比 20.5%，算力资源 44 个，占比 7.2%。已累计撮合交易 136 笔，交易金额 3.59 亿元。其中，数据产品和服务交易 59 笔，金额 6221.37 万元，算法工具交易 6 笔，金额 888.79 万元，算力资源交易 71 笔，金额 2.88 亿元。省内交易 129 笔，金额 3.37 亿元，省外交易 7 笔，金额 2197.68 万元。已上架 109 个政务数据产品，其中云上贵州公司上架 23 个，政府数据开放专区内上架 86 个，产生交易额 331.48 万元①。

上海数据交易所首次提出“数商”生态并进行重点培育孵化，揭牌当日实现首批 100 家数商签约，经历一年时间，数商数量增加至 800 家。“数商”是指以数据作为业务活动的主要对象或主要生产原料的经济主体。从产业链角度出发，任何数据

① 中国信通院．数据要素白皮书（2022）．2023.

交易环节的参与者（Stakeholder）都能够算作“数商”，其中包括基础设施、生产集成、加工处理、安全防御、数据分析等，以涵盖交易主体、交易代理、合规咨询、质量评估、资产评估、数据经济等多个领域。

2023 年 4 月，《广东省数据流通交易管理办法（试行）》发布并公开征求意见，聚焦数据流通交易环节。该政策在以下四方面内容开展了试点和创新：一是进场交易清单：明确规定数据产品/服务的进场交易清单（公共数据等应进场交易）；二是数据交易所：公共属性 + 公益定位，突出数据交易基础服务功能，制定数据交易规则；三是引入数据经纪人：由省政务服务数据管理局认定，提供数据开放、共享、增值服务、撮合等业务，包括技术赋能型（不拥有数据，提供技术赋能）、数据赋能型（自身数据和供方数据融合）、受托行权型（不拥有数据，代行数据权利）。四是数据权益保护：数据生产方享有财产权益，数据使用方应获得财产权益者的同意并支付费用，公共数据的加工、开发和利用方所获财产权益受法律保护。

四、数据资产评估与入表

（一）国家支持数据资产评估与入表

数据资源作为资产确认，本质上反映了国家政策对于数据要素产业的扶持态度，明确的数据权属、统一的数据资产估值及定价标准、健全的数据资产交易体制等，相关规划或陆续推出，数据要素有望正式开启产业化大时代，深度赋能数字时代的国民经济体系。

2020 年 9 月，国务院国资委发布的《关于加快推进国有企业数字化转型工作的通知》首次在国家部委层面提出了“数据资产”一词，强调了国企数据资产的运营。2021 年 11 月，工信部发布的《“十四五”大数据产业发展规划》则更强调行业数据资产化，并提出要发展数据资产评估、登记结算、交易撮合、争议仲裁等市场运营体系。此后，2022 年《数据二十条》提出要“探索数据资产入表新模式”。2022 年 10 月，财政部发布《关于支持深圳探索创新财政政策体系与管理体制的实施意见》，提出“指导深圳研究数据资源相关会计问题。积极推进数据资产管理研究，探索试点公共数据资产确权、估值、管理及市场化利用”。

2022 年 12 月，财政部办公厅发布《关于征求〈企业数据资源相关会计处理暂行规定（征求意见稿）〉意见的函》，规范数据资源相关会计处理。根据财政部报道，2022 年年初，其进入启动研究阶段，对数据交易标的和业务模式、现行企业会计准则适用规定、国际会计领域研究进展等进行系统梳理；2022 年 7—8 月，其通过专题调研等方式，对相关问题的会计处理形成初步结论，形成讨论稿；2022 年。10 月以来，对讨论稿进一步修改完善后形成《暂行规定》征求意见稿。2023 年 8

月，财政部正式印发《企业数据资源相关会计处理暂行规定》（以下简称《暂行规定》），从 2024 年 1 月 1 日起施行。《暂行规定》明确该规定适用于企业按照《企业会计准则》相关规定确认为无形资产、存货等资产类别的数据资源，以及企业合法拥有或控制的、预期会给企业带来经济利益的，但由于不满足企业会计准则相关资产确认条件而未确认为资产的数据资源的相关会计处理。

《暂行规定》根据企业使用、对外提供服务、日常持有以备出售等不同业务模式，明确相关会计处理适用的具体准则，并进一步明确了不满足资产确认条件而未予确认的数据资源的相关会计处理。另外，《暂行规定》创新采取“强制披露加自愿披露”方式，对企业财务报表具有重要影响的数据资源相关信息进行强制披露，同时对有利于增强企业财务报表可理解性的数据资源相关信息进行自愿性披露，进一步强化数据资源相关信息披露。

2023 年 9 月，在财政部指导下，中国资产评估协会印发《数据资产评估指导意见》（以下简称《指导意见》），自 2023 年 10 月 1 日起施行。这也是继财政部出台《暂行规定》后，又一部推动数据资产化的财会文件。《暂行规定》与《指导意见》构成了财政部推动数字经济落地“一体两翼”的政策实践，《暂行规定》为数据资产入表奠定了制度性基础，《指导意见》有助于规范数据资产评估执业行为。

《指导意见》对数据资产进行了明确定义，指特定主体合法拥有或者控制的，能进行货币计量的，且能带来直接或者间接经济利益的数据资源。在《暂行规定》中，符合企业会计准则“无形资产”或“存货”定义的数据资源，才可以作为数据资产进行入表，而“合规”“计量”“经济利益”则是判断的关键词。由此可见，《指导意见》对数据资产的定义与《暂行规定》及企业会计准则是一致的。

《指导意见》确定数据资产价值的评估方法包括收益法、成本法和市场法三种基本方法及其衍生方法。对同一数据资产采用多种评估方法时，应当对所获得的各种测算结果进行分析，说明两种以上评估方法结果的差异及其原因和最终确定评估结论的理由。在资产评估报告中也应披露必要信息，使资产评估报告使用人能够正确理解评估结论。

与其他资产评估不同，《指导意见》强调数据资产评估要重视质量因素，包括数据的准确性、一致性、完整性、规范性、时效性和可访问性等，要求应采取恰当方式执行数据质量评价程序或者获得数据质量的评价结果。而同一数据资产在不同的应用场景下，通常会发挥不同的价值。因此，应根据相应评估目的下评估对象的具体应用场景，选择和使用恰当的价值类型。

（二）推动数据资产评估和入表的实践案例

2024 年以来，四川、江苏、广东、天津、山东、河南等地均有数据资产入表案例落地。截至 2024 年 3 月底，已有 13 家城投或其下属企业实现数据资产入表，其中不乏在债券市场发过债的城投企业，比如成都市金牛城市建设投资经营集团有限公司主体评级 AA +，目前存续债券 5 只，存续规模 33.5 亿元。

全国首批公共数据资产入表案例发生在江苏省，2024 年初盐城港集团顺利完成集装箱码头生产操作系统（TOS）、电子口岸系统、港机设备物资管理系统（EAM）、散杂货生产管理系统（MES）数据资产质量评价及价值评估，并获得《数据资产登记证书》，成为盐城市首批完成数据资产登记的企业，前述数据价值总计评估为 4000 多万元。2024 年 1 月，南京市城市建设投资控股（集团）有限责任公司全资二级集团南京公共交通（集团）有限公司成功完成约 700 亿条公交数据资源资产化并表工作，成为江苏省首单城投类公司数据资产评估入表案例。

此外，南京扬子国资投资集团有限责任公司完成首批 3000 户企业用水脱敏数据资产化入表工作，成为水务行业全国首单数据资产入表案例；重庆市完成了全国首例智慧交通数据资产入表，涉及金额达到 1400 万元；浙江省实现了全国首个电力数据产品资产评估案例；湖州市城市集团下属数字集团完成了停车数据资产登记入表，成为全省首个以公共停车场停车数据入表的实践案例；成都数据集团完成了基于公共数据运营服务平台运行产生的数据资产入表，这是西南地区首批数据资产入表案例；深圳市完成了价值 3000 万元的首单数据资产入表加质押融资，构建了一套可复制的数据资产融资解决方案。

在地方层面，2023 年 12 月，由浙江省标准化院牵头制定的浙江省地方标准《数据资产确认工作指南》发布。该指南不仅是数据基础制度中财政业务相关的配套标准，还为探索数据资产管理和在公共数据授权运营管理中维护数据资源资产权益提供重要的支撑。该标准的发布和实施，有效破解数据资产确认的难点堵点，为数据资产入账、入表提供了坚实基础，及时填补该领域标准空白，也是对《数据二十条》提出在浙江先行先试的具体落实；为企事业单位数据资源确认为资产工作提供准则和通用性指南，是数据基础制度中财政相关的配套业务标准，可为探索公共数据授权运营管理中维护数据资源资产权益提供标准技术支撑。

第四章　五位一体之数字经济

作为数字经济发展的两个重要组成部分，数字产业化和产业数字化的发展为我国经济增长注入新动力。本章一是围绕推动数字产业化的相关政策，以梳理提升数字核心产业竞争力和加快培育新业态、新模式相关政策文件为重点；二是针对促进工业、农业、商贸和金融四大类重点产业数字化发展的相关政策文件，以国家重要政策文件和地方创新政策举措为聚焦点，全面呈现数字产业化和产业数字化发展政策的演变历程。

第一节

推动数字产业化的相关政策

一、提升核心产业竞争力

（一）推动产业做大做强

自2000年7月国家发改委在《当前国家重点鼓励的产业、产品和技术目录（2000年修订）》中将信息产业列为国家重点鼓励产业以后，从信息产业到新一代移动通信、互联网、大数据、云计算等战略性新兴产业，再到人工智能、新能源新材料、虚拟现实和增强现实等未来产业，一系列政策的先后出台推动和引导着不断涌现的数字相关产业垂直领域主线向AI人工智能化加速升级发展方向，加快形成数字产业做大做强政策体系。

在21世纪初，我国对于信息产业的发展就给予了极高的重视。2001年3月，国家发布《国民经济和社会发展第十个五年计划纲要》（简称“十五”计划），明确“加速发展信息产业，大力推进信息化”。这一计划强调了信息产业在国家经济发展中的重要地位，并为我国信息产业的发展指明了方向。2006 年 3 月，《国民经济和社会发展第十一个五年规划纲要》（简称“十一五”规划）出台，进一步明晰了经济社会数字化、网络化、智能化的总体趋势，积极推动集成电路、软件等核心产业的发展，重点培育数字化音视频、新一代移动通信、高性能计算机及网络设备等信息产业群。为了落实“十一五”规划中对于信息产业做大做强的要求，国家发改委在 2007 年 5 月出台《关于印发高技术产业发展“十一五”规划的通知》，将电子信息产业作为高技术发展的重点产业，意味着我国对信息产业的发展有了更为深入和具体的战略部署。

伴随着新一代信息通信技术的飞速发展，信息领域新产品、新服务、新业态大量涌现，国家持续出台数字相关产业扶持政策，抢占数字产业发展机遇。其中，2011 年 2 月国务院发布的《关于印发进一步鼓励软件产业和集成电路产业发展若干政策的通知》中将软件产业和集成电路产业视为国家战略性新兴产业，作为国民经济和社会信息化的重要基础之一，并在通知中制定了一系列政策措施来优化软件产业和集成电路产业发展环境，提高产业发展质量和水平，培育一批有实力和影响力的行业领先企业。此后，2014 年的政府工作报告首次将大数据写入其中，积极引导和鼓励在新一代移动通信、集成电路、大数据、先进制造、新能源、新材料等方面形成产业竞争优势；2015 年陆续出台《关于促进云计算创新发展培育信息产业新业态的意见》《关于积极推进“互联网 +”行动的指导意见》等政策，引导互联网和大数据等战略性新兴产业做大做强；2016 年 11 月发布的《“十三五”国家战略性新兴产业发展规划》中明确要在“十三五”时期，把战略性新兴产业摆在经济社会发展更加突出的位置，大力构建现代产业新体系。该时期国家推动数字产业化发展政策旨在积极突破电子信息产业发展瓶颈，努力提升电子信息产业竞争力；同时，努力抓住互联网、大数据以及云计算等战略性新兴产业的发展机遇。

自 2016 年 G20 杭州峰会通过了《G20 数字经济发展与合作倡议》，我国加快了数字经济发展步伐。尤其是《“十四五”数字经济发展规划》《数字中国建设整体布局规划》等一系列数字经济纲领性文件和规划的出台为中国的数字经济发展构建了宏伟蓝图。在推动数字产业做大做强方面，《“十四五”信息通信行业发展规划》《5G 应用“扬帆”行动计划》《“十四五”大数据产业发展规划》《“十四五”机器人产业发展规划》《关于推动未来产业创新发展的实施意见》等政策，越来越聚焦在数字化的实现产业（半导体）、数字化传输与储存产业（5G、数据中心、云计算）、数字化处理产业（人工智能、区块链）、数字化创意产品（信创）四个领域布局和抢占未来产业赛道，为增强我国数字技术创新能力和产业竞争力奠定坚实基础。

尽管各地政府响应数字经济发展存在着时间先后，所拥有的产业发展优势各异，能够给予的产业发展支持方式和力度也不同，但随着2017年党的十九大报告正式提出“建设数字中国”并逐渐上升为国家战略后，各省市相继出台数字经济发展规划和政策文件，明确提出数字经济产业发展短期和长期产值目标，不断加强对已有数字产业做大做强的战略引导，积极布局未来数字产业发展赛道。

从部分省市推动数字产业发展的政策举措来看，既有共性也有特性。在共性方面，一是重视数字基础设施建设，普遍强调加快5G网络、大数据中心、云计算平台、物联网、工业互联网等新型基础设施的布局和建设，为数字产业做大做强提供基础支撑；二是培育数字产业集群，打造具有国际竞争力的数字产业集群和产业基地；三是增强关键技术创新能力，深化新一代信息技术集成创新和融合应用；四是优化政策环境，包括提供财政补贴、税收优惠、简化审批流程等，为引进和培育数字产业营造最佳的政策环境。在特性方面，各省市根据自身产业基础和优势，选择不同的重点制定具有地域特色的数字产业发展策略。例如，浙江省依托阿里巴巴等电商巨头，重点发展电子商务和数字贸易；北京市依托中关村等科技园区，侧重于人工智能、大数据等高精尖技术研发；海南省则更侧重于发展数字娱乐、数字健康、数字金融等与海岛特色相结合的数字产业。此外，特性还体现在政策创新和先行先试上，诸如深圳、杭州等国家数字经济创新发展试验区，会在数据跨境流通、数字版权交易等前沿领域和行业有更多的政策先行先试，通过开展国际合作、参与国际标准制定推动产业做大做强。

（二）保障产业链安全和关键零部件供给

提升数字产业核心竞争力的另一个关键是引导数字产业全链发展，防止数字产业关键零部件和创新核心领域被“卡脖子”。2021年12月国务院印发的《“十四五”数字经济发展规划》中指出了关键领域创新能力不足，产业链供应链受制于人的局面尚未根本改变，需要加快补齐短板弱项，并且明确强调了提升产业链供应链的稳定性和安全性，推动构建自主可控的数字技术体系的发展要求。中共中央、国务院于2023年2月印发的《数字中国建设整体布局规划》中明确提出要夯实数字基础设施和数据资源体系“两大基础”，为保障产业链安全提供基础；要畅通数据资源大循环，其对保障数据驱动的产业链安全至关重要；要构筑自立自强的数字技术创新体系，这有助于提升关键技术领域的自主创新能力、减少对外依赖；要筑牢可信可控的数字安全屏障，对于保护关键零部件的供应链安全具有重要意义。因此，通过明晰和布局大数据、人工智能、新材料新能源等数字化产业实施产业链“强链补链”行动，增强数字产业链韧性，突破数字产业关键零部件供给和核心技术领域自主创新的瓶颈，已然成为提升数字核心产业竞争力不容忽视的又一关键环节。

1. 保障数字经济相关产业链安全的政策举措。2014 年 6 月，国务院发布《国家集成电路产业发展推进纲要》明确指出，集成电路作为数字经济的基石，其产业链的主要环节需达到国际先进水平，特别强调了集成电路产业国产化及自主可控的紧迫性。随着越来越多的数字产业被纳入国家战略性新兴产业目录中，2016 年 11 月国务院发布的《“十三五”国家战略性新兴产业发展规划》进一步凸显了战略性新兴产业在经济社会发展中的关键位置，着重强调大力构建现代产业新体系。在此基础上，无论是 2017 年 7 月出台的《新一代人工智能发展规划》强调人工智能产业链的构建，促进关键核心技术的研发，保障人工智能领域产业链的安全和竞争力，还是 2018 年国务院政府工作报告明确指出数字相关产业存在“短链”和“缺链”问题，以及这对做大做强新兴产业集群的桎梏，抑或是 2020 年推出的《国家新一代人工智能标准体系建设指南》、2021 年的《“十四五”数字经济发展规划》，以及 2023 年的《数字中国建设整体布局规划》等均提出要加强数字经济安全体系和能力建设，确保产业链供应链的稳定和安全，推动构建自主可控的数字技术生态。由此可见，面对不断涌现的数字产业新产业，国家每一项有关数字相关产业发展的顶层规划和具体政策举措均将发展产业全链、保障产业链安全置于重要位置。

与此同时，各地政府也积极出台相关政策举措，如 2020 年 4 月上海印发的《上海市促进在线新经济发展行动方案（2020—2022 年）》提出加强在线新经济领域的网络安全保障，构建安全可靠的数字基础设施，保障数字经济产业链的稳定运行。2021 年 6 月浙江发布的《浙江省数字经济发展“十四五”规划》提出强化数字经济安全体系，保障数据资源安全，构建安全可信的数字经济生态，同时推动产业链上下游协同发展，增强产业链韧性。同年 7 月广东出台的《广东省数字经济促进条例》提出建立健全数字经济安全保障体系，加强关键信息基础设施保护，提升数字经济产业链供应链的安全性和稳定性。2022 年 5 月北京发布的《北京市数字经济全产业链开放实施方案》强调打造安全可靠的数字经济产业链。同年 7 月重庆发布的《重庆市软件和信息服务业“满天星”行动计划（2022—2025 年）》也强调了加强软件和信息服务业的自主可控，构建安全可靠的产业链体系，提升产业链的国际竞争力和抗风险能力。

2. 数字产业关键零部件供给和关键领域创新的政策支持。过去几年，中兴通讯禁售事件、华为芯片与美国制裁事件、光刻机进口限制、超算芯片受阻和内存芯片依赖进口等，凸显了全球化背景下关键零部件和技术自主可控的重要性，也促进了中国在数字经济领域的自主创新和供应链多元化布局。自 2015 年 5 月《中国制造 2025》部署以来，我国高度重视新一代信息技术产业发展，尤其强调集成电路、高性能芯片、基础软件等关键零部件和核心技术的自主研发和生产能力提升，以此作为产业链现代化升级的核心驱动力。2016 年发布的《国家创新驱动发展战略纲要》进一步巩固了这一方向，明确指出在信息技术、智能制造等前沿领域需着力实施重大科技项目，依托科技创新驱动关键零部件和核心技术的突破。此后，国家层面陆续出台的数字产业相关政策越来越重视对核心技术自主创新的支持力度，如 2020 年 8 月国务院印发的《新时期促进集成电路产业和软件产业高质量发展的若干政策》详细规划了对集成电路和软件企业的财税支持、研发投入、人才引进、知识产权保护等扶持措施，旨在加速关键零部件的国产化替代，减少对外技术依赖；2023 年出台的《数字中国建设整体布局规划》更是将这一思路推向了新的高度，指出要健全社会主义市场经济条件下关键核心技术攻关的新型举国体制，强化企业科技创新主体地位，发挥科技型骨干企业引领支撑作用，进而强化数字中国和数字产业持续发展的关键能力。

各地也纷纷出台有关政策举措支持数字产业关键零部件的自主供给和关键技术领域的突破创新，进而完善 5G、集成电路、新能源汽车、人工智能、工业互联网等数字相关产业供应链体系，提升区域数字产业核心竞争力。2014 年 2 月出台的《北京市进一步促进软件产业和集成电路产业发展的若干政策》中提出通过资金支持和人才激励等举措，提升关键零部件供给和关键领域创新。2020 年 12 月颁布的《浙江省数字经济促进条例》中，明确鼓励和支持企业、高校、科研机构等在人工智能、集成电路、云计算等关键领域进行技术创新，促进关键零部件的自主研发和生产。2021 年 1 月深圳印发的《深圳市数字经济产业创新发展实施方案（2021—2023年）》强调加快 5G、人工智能、集成电路等关键领域核心技术突破，支持产业链上下游协同创新，提升关键零部件供给能力。同年 6 月。上海发布的《上海市战略性新兴产业和先导产业发展“十四五”规划》同样瞄准制约集成电路、生物医药和人工智能等未来产业发展的关键环节，提出构建完整产业链发展，提升芯片设计、制造、封装测试等环节的国际竞争力，推动关键零部件的本地化供应。

（三）优化数字平台生态环境

不同于传统产业，数字产业的发展以数据要素为核心资源，呈现出产业迭代更新快、技术创新周期短等特征。在易于形成集聚效应和规模收益的同时，数字产业更可能催生“赢家通吃”的市场格局，引发市场垄断。因此，营造良好的数字产业生态发展环境，有效利用并充分发挥数字平台在信息、资源、人才的高效集成，产业链上下游的优化协同，以及促进资源配置效率跃升等方面功能的提升，是强化数字产业核心竞争力的又一关键。

为营造繁荣且有序的数字平台建设环境，党中央和国务院主要从以下两方面发力：一方面，通过政策制度鼓励数字平台健康发展，激发其创新活力，力求在工业生产、商业销售、城市交通运营及政府治理等多场景中充分释放数字平台的应用效能，构建强联动、广辐射的数字产业生态，进而形成良性循环。如 2015 年 7 月国务院发布的《关于积极推进“互联网 +”行动的指导意见》鼓励政府、企业在不同领域利用数字平台进行业务创新和模式转型。2019 年 8 月发布的《关于促进平台经济规范健康发展的指导意见》鼓励平台间数据互联互通，促进数据资源的合法合规流通和价值释放，同时保护数据安全和隐私，推动行业标准和规范的建立。另一方面，通过政策法规推动平台经济规范健康持续发展，保障个人和组织的数据安全，构建开放包容、竞争有序、共享共赢的数字生态体系。如 2021 年 2 月国务院发布的《关于平台经济领域的反垄断指南》明确了平台经济领域反垄断的具体标准和程序，防止资本无序扩张，促进市场公平竞争。同年 6 月颁布的《数据安全法》和 8 月颁布的《个人信息保护法》为数字平台的合规运营提供了法律框架，保障了数据合法、安全流动，增强了公众对数字服务的信任，为数字生态的健康发展奠定了坚实基础。

为了持续推动数字产业化进程并提升其发展水平，各省市纷纷出台了系列旨在促进数字平台建设和生态系统完善的政策举措。2020 年 6 月和 9 月北京印发了《关于加快培育壮大新业态新模式促进北京经济高质量发展的若干意见》和《北京市促进数字经济创新发展行动纲要（2020—2022 年）》，提出构建高精尖数字经济体系，打造具有全球影响力的数字经济标杆城市，支持平台经济发展，加强数字基础设施建设，规范数字平台运营。上海 2020 年 4 月发布《上海市促进在线新经济发展行动方案（2020—2022 年）》，鼓励创新在线新经济业态，优化数字平台服务功能，加强数字安全监管，提升数字生态综合竞争力。次年 10 月发布《上海市全面推进城市数字化转型“十四五”规划》，强调推动数字技术在经济社会各领域的广泛应用，加强数字平台建设和数据资源共享，提升城市数字化服务水平，促进数字生态建设。浙江 2020 年 12 月发布的《浙江省数字经济促进条例》和 2021 年 6 月出台的《浙江省数字经济发展“十四五”规划》均强调推动数据资源开放共享，优化数字平台治理，推动形成协同高效的数字生态，促进数字经济高质量发展。广东 2021 年 7 月颁布《广东省数字经济促进条例》，提出构建开放型数字经济生态，加强数字平台治理，保障数据安全。2024 年 5 月广州市出台《广州市数字经济高质量发展规划》进一步强调通过加强数字技术创新和应用，优化数字营商环境，支持数字平台建设，促进数字产业生态的健康发展。辽宁 2021 年 10 月发布的《辽宁省“十四五”数字政府发展规划》和 2022 年 4 月云南发布的《“十四五”数字云南规划》均表达了推动政务数据共享开放，为数字生态建设提供基础支撑；加快新型基础设施建设，完善数字平台体系的政策倾向。

在数字平台和生态发展政策引领下，部分地方政府先行先试，形成了可供学习和借鉴的样本。以杭州数字资产业务与交易平台为例。数字资产作为一种新型资产类别，包括但不限于数字货币、数字版权、数字艺术品、数据产品等，其交易需求日益增长。在此背景下，杭州市政府积极响应国家关于促进数字经济发展的号召，依托自身在信息技术、互联网经济等方面的深厚底蕴，致力于构建一个符合国家法规、适应市场需求的数字资产业务与交易平台。

首先，杭州市政府出台了相应政策文件，明确了数字资产交易的监管框架，为数字交易平台的设立与运营提供了法律依据和指导。例如，推动成立具有国资背景的杭州市数字交易中心、2024 年 4 月出台《杭州市数字贸易促进条例》等，确保平台运作的合规性和安全性。其次，借助区块链、大数据、云计算等技术，打造了安全可靠的数字资产交易平台。例如，依托城市主链基础设施，国数平台（杭州国际数字交易中心）实现了数据的共享交换、资产管理、安全结算等，为数字资产交易提供了技术支持。最后，除传统的数字资产交易外，杭州还探索了文化数字资产交易等新型业态。例如，浙江文交所新增“文化数字资产”交易品种，促进了文化产业与数字技术的深度融合。

得益于政府一系列有力的政策支持和推动，杭州市的数字资产交易活动呈现出显著的增长态势，构建了一个充满活力且规模可观的交易市场。这不仅极大地促进了诸如数字内容创作、数字版权保护及数据分析服务等数字资产相关产业的蓬勃发展，还助力形成了涵盖广泛、结构完整的数字资产产业链。更为重要的是，杭州的数字资产交易平台已成为行业合规运营的标杆，通过实施严格的风险控制和透明的监管机制，有效地预防和控制了市场潜在风险，切实保护了投资者的合法利益。

二、加快培育新业态和新模式

（一）持续推动互联网新业态和新模式创新

“互联网 +”催生的新业态和新模式，在推动数字产业化发展的过程中发挥了重要作用。随着互联网技术和应用的日新月异，业界对更多扶持互联网新业态、新模式创新发展的政策举措抱有热切期待。与此同时，国家和地方各级政府为抢抓数字产业化发展机遇，陆续出台了一系列旨在持续推动互联网新业态、新模式创新的政策，激励和引导着基于“互联网 +”的数字产业化不断发展。

1. 国家政策举措引领和推动互联网新业态和新模式发展。2015 年 1 月，国务院发布了《关于促进云计算创新发展培育信息产业新业态的意见》，着眼于提升云计算发展水平，培育信息产业的新业态，为“互联网 +”战略奠定坚实的技术基石。

同年7月发布了《关于积极推进“互联网+”行动的指导意见》，旨在通过深化互联网与经济社会各领域的深度融合，驱动产业转型升级，催生新兴业态和创新公共服务模式。8月印发的《促进大数据发展行动纲要》进一步明确要借助大数据的力量，培育新兴业态，助力经济转型。此后，一系列激发不同领域互联网创新活力的政策举措涌现。包括：2016年4月颁布的《关于深入实施“互联网+流通”行动计划的意见》，9月和12月发布的《关于加快推进“互联网+政务服务”工作的指导意见》和《关于印发“互联网+政务服务”技术体系建设指南的通知》，2017年11月出台的《关于深化“互联网+先进制造业”发展工业互联网的指导意见》，2018年4月发布的《关于促进“互联网+医疗健康”发展的意见》，等等。国家全方位推进互联网在智能物流、政务服务、医疗健康、工业制造等领域新模式和新业态的创新与实践。2020年9月国务院发布了《以新业态新模式引领新型消费加快发展的意见》，通过支持和鼓励新业态新模式的创新来激发市场活力，提升消费能级，推动经济高质量发展。《“十四五”数字经济发展规划》和《数字中国建设整体布局规划》两份纲领性文件更是将推动互联网新业态、新模式的创新视为核心要务，认定其为数字经济高质量发展的重要途径。

2. 省市政策举措跟进和培育互联网新业态和新模式创新。为响应国家加快培育互联网新业态和新模式的发展思路，各省市纷纷跟进政策举措，并尝试创新政策以期形成“互联网+”业态和模式的先发优势和推广经验。浙江2018年8月出台《浙江省人民政府关于加快发展工业互联网促进制造业高质量发展的实施意见》，较早地布局工业互联网发展，推动新技术、新模式、新业态的蓬勃兴起，为后续的互联网创新打下了基础。2020年11月印发《浙江省数字赋能促进新业态新模式发展行动计划（2020—2022年）》再次强调对新业态新模式发展的支持，提出全面开展“数字赋能626”行动。北京2020年6月发布《关于加快培育壮大新业态新模式促进北京经济高质量发展的若干意见》，提出系列加快北京经济高质量发展的举措，包括支持互联网平台企业在京发展、推动新消费扩容提质、促进科技应用场景建设等。上海2020年4月发布《上海市促进在线新经济发展行动方案（2020—2022年）》提出集聚发展“12+X”新赛道，包括无人工厂、在线文娱、在线医疗等，加快推动经济数字化转型。2023年7月进一步发布《立足数字经济新赛道推动数据要素产业创新发展行动方案（2023—2025年）》，深化数据基础制度，研究出台数据流通交易专项法规，以及统筹相关专项资金支持数字经济创新。江西2021年3月出台《江西省人民政府办公厅关于以新业态新模式引领新型消费加快发展的实施意见》，强调完善“互联网+”消费生态体系，鼓励建设智慧商店、智慧街区、智慧商圈，促进线上线下互动，深化VR技术应用等。

在政策实践过程中，一些城市已经成功培育出了互联网新业态新模式。2019 年杭州民政局印发《杭州市“互联网 + 养老”服务工作实施方案》，将互联网引入养老服务各个领域、环节，创新“线上 + 线下”服务模式，不断提升老年人的幸福感和获得感。通过构建智能服务平台、推广智能穿戴设备、发展远程医疗服务、推动社区智慧养老以及支持社会力量参与“互联网 + 养老”服务，开发适老化智能产品和应用，为养老服务市场注入新活力。杭州在互联网新业态新模式创新方面的实践，特别是养老服务业的数字化转型，利用互联网技术显著提升了服务效率和质量，精准对接了老龄化社会的服务需求，同时也为其他领域提供了宝贵经验和实践模板。广州市政府为了把握新一轮科技革命和产业变革机遇，2023 年 3 月出台《广州市建设国际消费中心城市发展规划（2022—2025 年）》，积极响应国家关于数字经济高质量发展的战略部署。该政策聚焦于鼓励传统产业通过“互联网 +”进行数字化改造升级，加速电子商务的蓬勃发展，特别支持直播电商、社交电商及跨境电商等新业态的兴起。该政策旨在推动线上线下消费有机融合，打造一批智慧商圈和数字消费体验中心，从而显著提升消费品质和便利性。同时，该政策致力于优化数字支付生态，积极推广数字人民币应用，构建安全便捷的数字支付体系。通过上述行动计划，广州市彰显了其在推动互联网新业态新模式创新方面的坚定承诺和实际行动，不仅有力加速了经济结构的现代化进程与优化升级，也显著增强了城市综合竞争力，为构建数字中国贡献了“广州样本”。

（二）深入发展共享经济

共享经济作为数字经济的重要组成部分，不仅是数字经济加快培育的一种典型新业态和新模式，更通过在生活服务领域的深度应用，以及对创新、生产、供应链等资源共享空间的开拓与扩展，体现了数字经济时代下资源优化配置的新逻辑。随着国家和地方层面系列扶持政策的相继出台，我国共享经济将迎来前所未有的发展机遇。

回顾近年来国家为推动共享经济市场繁荣所采取的主要政策，一方面，国家层面对共享经济的支持力度持续加大，几乎每年都会发布旨在促进共享经济发展的政策文件，且相关文件的发布频率呈逐年递增趋势；另一方面，政策内容主要聚焦于为共享经济营造有利的发展环境，通过国家政策的积极引导和市场规律的协同作用，规范共享经济发展的制度框架日渐完善，共享经济发展环境持续优化。

各省市逐步响应国家关于共享经济发展的指导方针，普遍认识到共享经济作为数字经济重要支撑力量的战略地位，陆续出台支持和规范共享经济发展的政策举措。浙江响应较早，2018 年 11 月出台了《浙江省共享经济发展行动计划（2018—2022 年）》，提出到 2022 年形成较为完善的共享经济产业体系和生态体系，全省共享经济发展的平台规模、质量效益、行业竞争力等居全国前列，共享经济发展的政策环境、体制机制、管理能力达到更高水平，成为全国领先的共享经济发展高地。河北 2022 年 5 月发布的《河北省数字经济促进条例》中提倡发展共享出行、共享租住、共享物品等，拓展创新、生产、供应链等资源共享空间。2023 年 4 月发布的《北京市人力资源服务业创新发展行动计划（2023—2025 年）》强调深化共享经济在人力资源服务领域的应用，创新发展服务业态，为企业探索共享用工模式，为劳动者寻求兼职和灵活就业提供优质服务。

（三）持续壮大智能经济

随着人工智能引领的新一轮科技革命和产业变革蓬勃发展，人机交互、类脑智能、数字孪生、多模态智能体等前沿技术的不断创新与迭代升级，以及人与智能设备协作的“人工智能+”应用场景的不断涌现，合力驱动着智能经济的快速崛起与迅猛发展。2017 年我国提出“智能经济”概念，并作为未来重要的发展方向之一被各级政府和市场高度认同。因此，国家和地方纷纷出台旨在壮大智能经济的政策举措，抢抓智能经济发展机遇。总体而言，推动智能经济持续发展的政策举措大致经历了从初期鼓励人工智能技术研发到后期阐明智能经济发展方向的过程。

在国家层面，2017 年，“人工智能”首次被写入政府工作报告。同年 7 月，国务院发布了《新一代人工智能发展规划》，开启了我国 AI 发展的顶层设计与政策环境营造阶段，以期构筑我国人工智能领域的先发优势。2018 年，新一代人工智能发展规划推进办公室与新一代人工智能战略协调专家委员会成立。同年，相关部门与主要研究机构陆续发布重要政策报告，包括《中国人工智能发展报告（2018 年）》《中国人工智能发展报告（2019—2020 年）》以及《中国人工智能 2.0 发展战略研究》，等等。此后，随着人工智能技术的跃迁和在生产活动中潜能的释放，2019 年 3 月 19 日，在中央全面深化改革委员会第七次会议上审议通过了关于促进人工智能和实体经济深度融合的指导意见》，提出要构建数据驱动、人机协同、跨界融合、共创分享的“智能经济形态”。《中华人民共和国国民经济和社会发展第十四个五年规划和 2035 年远景目标纲要》（以下简称“十四五”规划）更是将人工智能列为国家战略科技研发的首要领域，并明确了“十四五”规划期间产业体系、基础设施、公共服务与社会治理等领域智能化发展的任务。此后，2022 年 7 月《关于加快场景创新以人工智能高水平应用促进经济高质量发展的指导意见》，8 月《关于支持建设新一代人工智能示范应用场景的通知》等均转向关注 AI 技术在国民经济和社会发展中的应用探索。

在地方层面，各省市积极响应国家壮大智能经济的政策导向，纷纷出台甚至提前布局智能经济的发展规划、创新壮大智能经济发展的政策举措。浙江 2018 年 9 月印发的《浙江省数字经济五年倍增计划》提出加速数字技术与实体经济深度融合，推动智能经济发展。宁波市早在2017年就发布了《宁波市智能经济中长期发展规划（2016—2025年）》，将智能经济作为培育经济发展新动力最重要的引领性经济形态，重点发展智能制造、智能城市、智能港航。河北2022年5月发布的《河北省数字经济促进条例》中提倡发展基于数字技术的智能经济，推动智慧销售、无人配送以及众创、众包、众扶、众筹等新业态新模式发展。2022年9月《上海市促进人工智能产业发展条例》正式施行，旨在通过法律手段支持人工智能技术研发、应用推广及产业升级，为智能经济发展提供制度保障。广东2022年12月发布《广东省新一代人工智能创新发展行动计划（2022—2025年）》，提出力争到2025年在人工智能前沿与基础理论研究取得突破，部分关键技术与应用研究达到世界先进水平，开源开放共享创新平台成为引领人工智能发展的标杆。上海则是在2023年11月发布了《上海市推动人工智能大模型创新发展若干措施（2023—2025年）》，提出实施大模型智能算力加速计划，打造市级智能算力统筹调度平台，进一步提升智能经济的基础设施和服务能力。此外，浙江、上海、北京和广东等省份均明确提出在“十四五”期间发展人工智能产业，推动关键技术突破和应用场景落地。

（四）有序引导新个体经济

新个体经济作为“互联网+个体经济”的创新融合形态，利用互联网平台进行经营活动，拓宽了市场边界，提高了交易效率。作为数字产业化进程中一个重要的新业态，新个体经济的健康有序持续发展，为市场提供了更为多元的产品和服务，在稳定就业、刺激消费活力、提升国家创新能力和提振经济活力等方面发挥了独特的作用。面对新个体经济方兴未艾、势如破竹的发展态势，国家和地方各级政府肩负双重责任：既要提供必要的政策扶持和制度保障，又要加以规范引导，确保这一经济形态健康、有序地发展壮大。

在国务院2018年9月发布的《关于推动创新创业高质量发展打造“双创”升级版的意见》和2019年12月发布的《关于进一步做好稳就业工作的意见》中推动创新创业的措施均包含鼓励互联网个体经济创新创业。2020年7月，国家发改委等13部门联合发布的《关于支持新业态新模式健康发展 激活消费市场带动扩大就业的意见》首次提出并明确鼓励发展“新个体经济”，具体措施包括进一步降低个体经营者线上创业就业成本，支持微商电商、网络直播等多样化自主就业和分时就业模式，推动生产资料数字化和生产资料使用权共享等以开辟消费和就业新空间。同年7月，国务院颁布了《关于支持多渠道灵活就业的意见》，明确表示对灵活就业的大力支持，特别提到了鼓励新个体经济发展，支持非全日制就业、临时性就业、季节性就业等灵活就业形式，旨在为劳动者提供更多就业选择。此外，在《关于促进平台经济规范健康发展的指导意见》中，政府不仅提出规范平台经济、保障消费者权益和维护市场公平竞争的多项政策举措，还为新个体经济的健康发展构建了数据安全、个人隐私以及线上市场秩序的保护机制。这些政策文件充分体现了国家对新经济形态、创新商业模式和扩大就业的高度重视，旨在通过政策引导新个体经济等新业态新模式繁荣发展，进而推动经济结构的优化升级，增强经济发展的内生动力。

多个省市依据自身特色与实际需求，结合国家指导方针，制定并实施了一系列旨在促进新个体经济蓬勃发展的政策举措。作为数字经济发展先行区的浙江，先后出台了一系列针对性强、实效明显的支持政策，如2021年9月的《浙江省电子商务条例》、2023年7月的《浙江省大力促进个体经济发展的若干政策》和同年12月的《关于支持个体工商户转型升级为企业工作的实施意见》等。浙江在提供数字化转型服务、设立电子商务发展专项基金、构建完善的电商平台和服务体系等方面的深度布局和电商个体经济发展的精细化扶持策略，无疑为其他地区提供了宝贵的学习经验。广东则充分利用自身高新技术产业优势，重点支持科技创新型个体经济，鼓励科技成果转化和知识产权保护，提供研发经费支持和税收优惠。如2015年9月出台的《广东省"互联网+"行动计划（2015—2020年）》、2018年11月发布的《广东省进一步促进就业若干政策措施》、2020年12月发布的《广东省支持多渠道灵活就业若干措施》和2023年1月发布的《广东省培育扶持个体工商户若干措施》均展示了如何通过技术创新驱动新个体经济发展，以及如何利用区位优势拓展国际市场，对有类似条件的地区具有重要参考价值。

四川关于新个体经济发展推出了"互联网+创业"行动计划，加强对青年、大学生等群体的创新创业扶持，提供创业培训、创业指导、创业孵化等一站式服务。同时，加大对文化旅游、特色农产品等领域新个体经济发展的支持。如2016年11月出台的《四川省激励科技人员创新创业十六条政策》、2022年6月发布的《关于印发进一步促进高校毕业生等青年就业创业十三条政策措施的通知》和2022年7月出台的《关于进一步支持中小微企业和个体工商户健康发展的财税政策》等，突出对特定群体的精准扶持和对地方特色产业的深度开发，为其他地区如何结合本地特色资源发展新个体经济提供了思路。

江苏在引导新个体经济发展的政策实践中更多是通过设立小微企业和个体工商户发展基金，提供金融支持；优化营商环境，简化企业开办和注销流程，提升政务服务效率；大力支持网络直播、社交电商等新业态和模式创新。如2021年2月发布的《关于支持多渠道灵活就业的若干措施》和2022年4月出台的《江苏省关于全面提升江苏数字经济发展水平的指导意见》展示了政府如何通过金融扶持、营商环境优化等手段，为新个体经济发展创造良好外部环境，以及如何积极拥抱数字经济发展趋势。

第二节

促进重点产业数字化发展的相关政策

一、开展工业数字化应用示范

（一）全面促进智能制造发展

作为全球最大的制造业国家，我国深刻认识到在当前全球经济竞争加剧和科技快速迭代背景下，转型升级对于维持制造业持续发展的重要性。工业的智能化转型成为我国制造业发展的核心战略。为此，国家接连推出了一系列支持和鼓励智能制造的政策举措，形成了多层次、全方位的政策发展格局，覆盖国家顶层设计、各省份前瞻性布局以及重点城市创新支持政策。

1. 国家层面智能制造政策体系。我国对于制造业智能化转型的政策支持可追溯至“十二五”规划期间，当时首次明确了智能制造的未来发展方向，政策重心聚焦于推动智能制造装备领域跨越式发展。如 2015 年 5 月国务院发布的《中国制造2025》，作为中国实施制造强国战略的第一个十年行动纲领，明确提出将智能制造作为主攻方向，推动制造业智能化升级。同年 12 月《关于积极推进“互联网 +”行动的指导意见》出台，强调加快新一代信息通信技术与工业深度融合。“十三五”时期，国家进一步深化智能制造行业发展政策，实施智能制造工程，加快发展智能制造关键技术装备，强化智能制造标准，培育推广新型智能制造模式，鼓励建立智能制造产业联盟。2016 年 5 月国务院出台《关于深化制造业与互联网融合发展的指导意见》，同年 12 月工信部和财政部印发《智能制造发展规划（2016—2020 年）》即《智能制造“十三五”发展规划》；2017 年 7 月，为抢抓人工智能发展的重大战略机遇，构筑我国人工智能发展的先发优势，《新一代人工智能发展规划》出台，同年《高端智能再制造行动计划（2018—2020）年》《促进新一代人工智能产业发展三年行动计划（2018—2020 年）》等智能制造的详细发展规划持续发布。2018 年 9 月，工信部和国标管理委员会联合发布了《国家智能制造标准体系建设指南（2018 版）》，该指南全面覆盖基础共性标准和关键技术标准，标志着我国开始逐步建立起较为完善的智能制造标准体系，这不仅为智能制造的发展提供了积极的政策引导，还开启了规范化发展的新篇章。在“十四五”规划的开局之年，即2021年12月，国家发布了《“十四五”智能制造发展规划》，这标志着我国已谋篇布局智能制造未来的长期发展，深入实施智能制造和绿色制造工程，着力建设智能制造示范工厂，持续完善智能制造标准体系，大力支持智能制造系统解决方案、流程再造等新型专业化服务机构发展。可见，我国智能制造顶层设计基本完成，多层次协同推进体系基本建立。一系列智能制造政策和推动措施正在为我国智能制造发展提供有力支撑。

2. 各省市“十四五”智能制造发展规划。虽然各省工业基础和经济社会资源禀赋存在差异，但都深刻认识到推进工业智能化、数字化转型的重要性和必要性，基于此，各地积极响应国家战略部署，出台了“十四五”智能制造发展规划，抢抓智能制造发展机遇。如江苏作为智能制造成熟度全国领先省份，2021年连续出台了包括《江苏省“十四五”制造业高质量发展规划》和《江苏省制造业智能化改造和数字化转型三年行动计划（2022—2024年）》等政策，对标世界智能制造领先水平，坚持系统推进产业数字化和数字产业化，加快制造模式和企业形态变革，打造制造业全面数字化转型的江苏样本。浙江2021年4月和7月分别出台《浙江省高端装备制造业发展“十四五”规划》和《浙江省全球先进制造业基地建设“十四五”规划》，提出“十四五”期间的工业数字化发展目标，部署了制造业高质量发展蓝图，尤其强调对于智能制造的政策创新支持。北京2021年8月出台《北京市“十四五”时期高精尖产业发展规划》，以培育和发展一批具有国际竞争力的高精尖企业，提升产业链供应链现代化水平为目标，致力于发展高精尖的智能制造。湖南2022年2月发布《湖南省智能制造“十四五”发展规划》，强调智能制造在制造业高质量发展中的关键作用，提出了包括推动关键技术突破、示范工厂建设、行业智能化改造升级、智能制造装备与工业软件的创新发展等一系列的行动指南，旨在全面提升湖南智能制造水平。山东2022年8月发布《关于印发山东省智能制造提质升级行动计划（2022—2025年）》，提出进一步服务和融入国家智能制造试点示范行动，全面提升本省智能制造创新能力、供给能力、应用水平和发展能级，助力制造业数字化、网络化、智能化转型升级和高质量发展。可以发现，各省政策制定有共性也有特性，对于智能制造发展的政策支持和发展方向的谋篇布局是共识，但基于自身情况的政策调整形成了各省推动智能制造发展政策举措的亮点。

3. 部分城市智能制造创新政策举措。宁波智能制造起步较早，一批制造业企业早已加速向自动化、信息化、数字化、智能化迈进。2021年8月，宁波发布了首个智能制造地方标准《数字化车间/智能工厂评估规范》，指出数字化车间智能工厂评估指标是以数据互联互通为核心，包含设计、生产装备、生产过程、仓储物流、运营以及能源环境、安全等各业务环节，并体现综合绩效。常州作为智能制造的标杆城市，其智能制造政策上亦有创新，如 2022 年 1 月发布的《常州市制造业智能化改造和数字化转型行动计划》，旨在通过加快制造业的智能化改造和数字化转型，构建智能制造系统，推进工业互联网集成创新应用，实现数字化、网络化、智能化的转型升级。同年 5 月发布的《常州市智能制造示范区培育实施方案》则提出要打造一批智能制造示范区来推进“国际化智造名城”建设。

深圳凭借健全有效、逻辑严密的智能制造产业发展政策体系，成为引领国内智能制造产业发展的前沿阵地。首先，从顶层战略和指导意见看，深圳 2022 年 6 月出台了《深圳市人民政府关于发展壮大战略性新兴产业集群和培育发展未来产业的意见》，明确提出打造一批战略性新兴产业集群，其中智能制造的产业方向有“网络与通信、智能终端、智能传感器、软件与信息服务、工业母机、智能机器人”。其次，从行动计划看，2022 年 6 月深圳工信局密集发布了“产业集群行动计划”专项政策，包括有“智能终端”“智能传感”“精密仪器设备”“工业母机”“激光与增材制造”“智能机器人”六大产业集群行动计划。再次，从扶持政策看，2021 年 2 月发布的《关于推动制造业高质量发展坚定不移打造制造强市的若干措施》和 2022 年 5 月发布的《关于进一步促进深圳工业经济稳增长提质量的若干措施》，细化了如何打造新兴产业集群，2024 年 4 月进一步发布了专项扶持计划《深圳市战略性新兴产业发展专项资金扶持政策》。最后，从专项政策的突出重点看，2021 年 8 月发布的《深圳市推进工业互联网创新发展行动计划（2021—2023 年）》明确了智能制造的九大主要任务；2023 年 5 月发布的《2023 年工业互联网发展扶持计划项目申请指南》明确了具体的申报资质和条件；2022 年 12 月发布的《深圳市关于推动智能传感器产业加快发展的若干措施》，更是对亟须加快发展的特定方向提出兼具补助方向和补助细节的专项政策。

（二）深入推进工业互联网创新

工业互联网作为推动制造业数字化、网络化、智能化转型的关键基础设施，近年来在全球范围内发展迅猛，中国各级政府为了激发工业互联网的创新活力和发展潜能，陆续出台了一系列政策制度，旨在营造有利于工业互联网健康成长的生态环境，加速关键技术的攻关与突破，同时大力拓展其在各行业领域的应用场景。

1. 国家层面工业互联网创新发展政策制度。一是国家战略明确部署，在 2015 年 12 月出台的《关于积极推进“互联网 +”行动的指导意见》中，首次提出要研究和驱动工业互联网网络架构体系。2017 年 11 月，国务院发布我国首个工业互联网发展的纲领性文件，即《关于深化“互联网 + 先进制造业”发展工业互联网的指导意见》，提出加强工业互联网标识解析体系顶层设计，建构工业互联网标识解析体系。此后，从 2018 年 6 月印发的《工业互联网发展行动计划（2018—2020 年）》提出初步构建工业互联网标识解析体系；到 2020 年 12 月印发《工业互联网创新发展行动计划（2021—2023 年）》，提出深化标识在设计、生产、服务等环节应用，推动标识解析系统与工业互联网平台、工业 APP 等融合发展。而 2021 年发布的“十四五”规划，更是明确提出打造自主可控的工业互联网标识解析体系，系统布局工业互联网建设。二是工信部牵头落实，2016 年 11 月工信部发布《信息化和工业化融合发展规划（2016—2020 年）》，提出推动工业互联网创新发展，开展工业互联网技术试验验证、工业互联网标识解析系统建设的规划。2018 年 5 月发布的《2018 年工业转型升级资金工作指南》，提出重点支持工业互联网标识解析体系建设。2020 年 12 月印发了《工业互联网标识管理办法》，进一步规范工业互联网标识服务，保障标识解析体系安全可靠运行。2021 年出台的《“十四五”信息通信行业发展规划》则明确提到打造全面互联的工业互联网，完善工业互联网标识解析体系；同年还印发了《“十四五”信息化和工业化深度融合发展规划》，指出要完善工业互联网标识解析体系，推动其在工业领域中的应用和发展。三是部委协同推进，2020 年 12 月工信部等部委联合发布《工业互联网创新发展行动计划（2021—2023 年）》，旨在通过一系列切实可行的措施推动工业互联网的创新发展，包括完善新型基础设施、促进融合应用、提升技术创新能力、健全产业生态以及增强安全保障能力。2021 年 12 月工信部和国家标准化管理委员会联合印发《工业互联网综合标准化体系建设指南（2021 版）》，明确工业互联网标识建设相关注意事项。此后，2022 年 6 月工信部等五部委联合发布《关于推动轻工业高质量发展的指导意见》，指出发挥工业互联网平台和标识解析体系作用，推动产业链上下游加强合作。

2. 各省市工业互联网政策响应。为抢占工业互联网发展机遇，助力区域工业数字化转型升级，发展数字产业新赛道，各省市地方政府针对工业互联网的网络、平台、安全三大体系，陆续出台引导和鼓励工业互联网创新的政策举措。其中，北京在 2018 年 11 月和 2021 年 12 月先后出台《北京工业互联网发展行动计划（2018—2020 年）》和《北京工业互联网发展行动计划（2021—2023 年）》，旨在加速北京工业互联网发展。此外，北京市石景山区 2021 年 8 月出台了北京首个针对工业互联网产业园区的发展政策——《石景山区促进中关村工业互联网产业园高质量发展暂行办法》，其中涉及产业集聚壮大、新基建新场景布局、产业服务生态完善、人才服务提升及园区运营水平提高等多方面，旨在推动区域内的工业互联网创新和应用。上海 2017 年 1 月发布了《上海市工业互联网创新发展应用三年行动计划（2017—2019 年）》，提出要驱动工业互联网的创新发展，同年 5 月印发《上海市工业互联网创新发展专项支持实施细则》，设立工业互联网创新发展专项支持资金，用于支持符合国家和上海市政策导向的重大工业互联网项目。2020 年 6 月又出台了《推动工业互联网创新升级实施“工赋上海”三年行动计划（2020—2022 年）》，旨在推动工业互联网的创新升级，加快制造业数字化、网络化、智能化转型。行动计划包括建设工业互联网平台、推动关键技术突破、开展应用示范、优化产业生态等多个方面，旨在全面提升上海工业互联网的综合能力。2023 年 10 月《上海市工业互联网“标识沪通”行动计划（2023—2025 年）》推动着上海市工业互联网标识解析体系进一步发展。广州 2018 年 3 月连续发布的《广东省支持企业“上云上平台”加快发展工业互联网的若干扶持政策（2018—2020 年）》《广东省深化“互联网 + 先进制造业”发展工业互联网的实施方案》，以及 2020 年 11 月出台的《广州市深化工业互联网赋能 改造提升五大传统特色产业集群的若干措施》，无不凸显广州在驱动工业互联网发展上的决心。江苏 2020 年 5 月出台《江苏工业互联网平台“强链拓市”专项行动方案》，旨在通过工业互联网平台的应用，优化供应链、提高生产效率、开拓国内外市场。浙江也在驱动工业互联网创新发展的政策举措上不断发力，2018 年 8 月《关于加快发展工业互联网促进制造业高质量发展的实施意见》发布，同年 12 月出台《浙江省“1 + N”工业互联网平台体系建设方案（2018—2020 年）》，2024 年 4 月多部门联合印发《浙江省工业互联网标识解析体系“浙里贯通”实施方案》，一系列创新政策举措助力浙江工业互联网的持续健康发展。

3. 政策驱动工业互联网创新发展的典型案例。宁波市镇海区是中国东部沿海地区的重要工业基地，拥有较为发达的石化、装备制造等产业基础。面对全球制造业转型升级浪潮，镇海区积极响应国家和浙江省关于工业互联网的战略部署，致力于用政策举措推动区内企业通过积极应用工业互联网，实现数字化、网络化、智能化转型，以提升整体竞争力。最终，镇海区多家企业参与申报并成功入选工信部“工业互联网平台创新领航应用案例”，在平台化设计、数字化管理、智能化制造、网络化协同、个性化定制、服务化延伸等工业互联网六大应用模式上呈现出多样的创新实践成果。镇海区驱动工业互联网创新发展的具体政策措施包括：首先，政策支持和资金引导。出台了《镇海区支持制造业领域高质量发展政策》等一系列涉及财政补贴、税收减免、研发资助等政策，激励企业投入工业互联网平台的建设和应用。其次，推进智能化管控、大数据分析、云计算服务等关键技术突破与平台建设，协助建设具有行业特色的工业互联网平台。如中国石化镇海炼化公司推出的《炼化企业生产过程智能化管控创新应用》，实现了生产过程的精准控制和优化。再次，鼓励产业链协同与服务创新。不断协调和鼓励区内产业链上下游企业通过工业互联网平台实现协同作业，提升供应链效率的同时，开发服务化创新应用，如远程运维、预测性维护等，增强客户体验和价值创造。最后，通过政策和制度实现人才的引进和培养。如与高校、研究机构合作，建立工业互联网人才培养机制，举办论坛、研讨会等活动，促进知识分享和技术创新的合作。镇海区政策驱动了工业互联网的创新发展，以工业互联网平台促进了供应链上下游企业的信息共享和资源优化配置，增强了产业链的整体韧性，提升了区内企业应对外部冲击的能力。一方面，企业通过平台积累的数据分析，更快地响应市场需求，开展个性化定制和新产品开发，增强市场竞争力。另一方面，工业互联网的应用涌现了新业态，创造了新就业机会，还在环境保护、节能减排等社会责任方面带来了积极影响。宁波市镇海区通过政府与企业的共同努力，在工业互联网平台的创新应用上取得的诸多显著成效，为区域乃至全国的制造业数字化转型提供了宝贵经验和示范。

（三）积极引导企业上云

企业上云是发展工业互联网的必要前提，也是推动制造业和互联网深度融合的关键因素。随着企业上云在生产制造及经营管理中扮演愈发重要的角色，国家和省市各级政府、相关部门陆续以“政策＋补贴”的方式，全力推动企业加快“上云上平台”的进程。

1. 国家层面搭建企业上云政策的顶层设计。2018 年 7 月，工信部印发《推动企业上云实施指南（2018—2020 年）》，明确企业上云整体工作部署的同时，设定了到 2020 年全国新增上云企业 100 万家的具体工作目标，且要求各地工业和信息化主管部门结合实际情况制定推进措施。随着企业上云逐渐上升和发展为了国家战略之一，2020 年 4 月国家发展改革委和中央网信办进一步制定《关于推进“上云用数赋智”行动 培育新经济发展实施方案》，提出在持续推动企业“上云”的基础上，不断完善云上平台的规章制度，借助云上平台帮助中小微企业在研发设计、生产加工、经营管理、销售服务等业务实现数字化转型，为企业发展减成本、降门槛、缩周期。上述国家层面两个顶层设计核心政策，掀起各省市出台促进企业上云发展的政策浪潮。

2. 省市政府分阶段跟进企业上云的政策举措。第一阶段各省市以提出企业上云发展目标为主。如浙江 2018 年 4 月发布《浙江省深化推进“企业上云”三年行动计划（2018—2020 年）》，提出到 2020 年实现上云企业达到 40 万家的目标。河南 2018 年 5 月发布《河南省“企业上云”行动计划（2018—2020 年）》，目的是提高企业上云意识和积极性，加速引进和培育一批国内领先的云平台服务商。天津 2018 年 9 月发布《天津市工业互联网发展行动计划（2018—2020 年）》，旨在培育跨行业和跨领域的工业互联网平台、面向特定行业和区域的企业级平台以及工业云平台及应用服务商。湖北 2018 年 9 月发布《关于印发湖北省工业互联网发展工作计划（2018—2020 年）的通知》，提出到 2020 年实现全省新增上云工业企业 3 万家、培育国内领先的平台服务商3—5家、工业互联网平台10个、打造50家上云标杆企业等上云发展目标。上海2018年11月发布《上海市推进企业上云行动计划（2018—2020年)》，目标是到2020年实现新增10万家企业“上云上平台”、树立20个年度企业上云示范项目、打造20个基础云服务平台和行业云服务平台、培育20家具备云计算核心技术和服务能力的骨干企业。此外，多地政府还会采用财政补贴的形式支持企业上云发展。如天津2018年9月发布《天津市工业企业“上云上平台”财政补贴实施细则》，采用电子凭证“云惠券”形式，推动制造企业购买服务、租用系统，应用成熟的云应用软件和云服务。山西2018年10月发布《山西省“企业上云”行动计划实施细则（试行)》，采用电子“云服务券”形式支持上云企业使用购买云服务和产品。

第二阶段各省市开始探索推行普惠型的云服务支持政策，树立和奖励上云标杆。如山东2021年3月出台《山东企业上云服务商奖补资金最高200万元》，对年度新增重点工业设备上云1000台以上、新增上云上平台企业3000家以上的市，给予最高500万元“云服务券”补贴。江苏2021年3月发布《关于组织开展2021年度首批省星级上云企业创建工作的通知》，大力推动“企业上云”，强化星级上云企业建设。北京2024年4月发布《北京市加快建设信息软件产业创新发展高地行动方案》，鼓励企业搭建功能全面的模型即服务（MaaS）云计算平台，支持云计算平台与用户合作，推动企业上云和数字化转型。

3. 其他国家和组织驱动企业上云的政策经验。美国在2010年就推出了“云优先”政策，要求联邦机构优先考虑云解决方案，以此作为提高效率、降低成本和提升服务的一部分。2018年则重新制定和更新为“云敏捷”战略，让各机构采用可以简化转型并拥抱具有现代化能力的云解决方案，完成从“云优先”到“云敏捷”的政策战略演进。美国在过去很长一段时间都专注于完善和发展“云上”的软件和硬件设施，为联邦政府机构和工业企业的数字化转型提供必要的工具和最佳服务。欧盟不仅在2021年出台了《数字欧洲计划》一个多年度资金计划，旨在推动欧盟成员国的数字化转型，包括支持企业采用先进的云计算服务。2023年更是批准了92亿欧元援助计划助力欧洲云计算发展。德国2011年提出的工业4.0计划中，也包括云计算与制造业深度融合，推动智能工厂和智能制造的发展。新加坡2014年推出的智慧国家2025计划中，将推动企业上云视为关键组成部分，旨在通过云服务提高业务效率和创新能力。

（四）强劲激发数字经济产业园效能

汇聚大量云计算、大数据、物联网、人工智能等数字产业化企业的数字经济产业园，不仅为工业企业提供技术解决方案和应用场景展示，还在加速技术的商业化应用、推动生产过程智能化、决策管理数据化等方面起到重要加速剂和连接器作用。此外，数字经济产业园通过吸引不同类型的数字服务提供商、科研机构、金融机构和咨询公司等入驻，构建起完整的产业生态体系，为工业企业的数字化转型提供全方位支持。因此，国家积极驱动数字经济产业园发展，省市各级政府纷纷予以政策与资金支持，抢抓数字经济产业园在本区域落地发展。

1. 国家驱动数字经济产业园发展的政策举措。2017 年 11 月国务院发布《关于深化“互联网先进制造业”发展工业互联网的指导意见》，明确涵盖了对数字经济产业园的支持和发展要求。2019 年 5 月，在国务院印发的《关于推进国家级经济技术开发区创新提升打造改革开放新高地的意见》中强调“鼓励国家级经开区发展数字经济，支持建设数字园区”，这间接推动了数字经济产业园的建设和发展。2021 年 12 月，在系统布局“十四五”时期数字经济发展的重要文件《“十四五”数字经济发展规划》中，强调优化数字经济发展环境、建设数字基础设施、推动产业数字化转型等举措，为数字经济产业园的发展提供了宏观指导。国家层面陆续出台的驱动数字经济产业园落地发展的政策为工业数字化应用创造了良好的外部环境，提供了必要的支持与激励，加速了工业企业的数字化转型进程，促进了整个工业体系的现代化和竞争力提升。

2. 地方驱动数字经济产业园落地的政策举措。各省市瞄准数字经济产业园发展效应，纷纷出台各类支持政策，加速区域数字经济产业园的落地和发展。如浙江 2019 年 5 月实施的《数字化小微企业园建设运营通用要求》行业标准，其中涵盖成立数字园区服务联盟，充分发挥三大运营商、阿里云等一批信息化服务机构作用，积极开发和推广应用“园区大脑”系统等具体要求。此后，无论是同年 8 月出台的《浙江省推进数字化园区建设实施方案》，还是 2021 年 6 月《建议加快建设浙江省 11 地市数字经济产业园，快速推进数字经济一号工程 2.0》提案的答复，都明确了深入推进数字化园区建设的标准要素，鼓励进一步加大新一代信息技术在园区基础设施建设、园区管理、园区服务及企业发展等方面的集成应用，实现数字化全面赋能园区管理和服务，支撑园区企业数字化转型和数字产业集群发展。重庆渝中区 2020 年 4 月印发了《重庆市区块链数字经济产业园发展促进办法（试行）》，旨在通过提供资金支持、税收优惠、人才引进等措施，促进区块链数字经济产业园的发展。江苏则是在 2022 年 5 月通过的《江苏省数字经济促进条例》中提出，通过建设数字经济特色产业园来解决数字经济发展中的关键问题。福建泉州 2023 年 12 月出台《关于加快泉州数字经济产业园高质量发展的若干措施》，提出引进培育奖励、产业用房补助、经济贡献奖励、研发创新奖励、资质排行奖励、人才引育激励、招商引资奖励七大扶持措施。

3. 数字经济产业园示范效应的典型案例。常州作为江苏省乃至全国重要的制造业基地，积极探索利用数字技术驱动产业变革的新路径。常州数字经济产业园的“超级虚拟工厂”就是在这样的背景下应运而生。面对传统制造业产能过剩、需求匹配不精准等问题，常州钟楼经济开发区与江苏智云天工科技有限公司合作，集成了5G、人工智能（AI）、大数据分析等先进技术打造了一个工业制造创新平台，旨在通过工业互联网技术，整合产业链上下游资源，优化生产流程，提高生产效率和灵活性。常州市政府及经开区为常州数字经济产业园的“超级虚拟工厂”提供了包括税收优惠、资金补贴、人才引进等一系列政策支持，为超级虚拟工厂的建设和运营创造了良好的外部环境。与此同时，政府积极推动完善数字经济产业园5G网络覆盖、数据中心建设等数字基础设施建设，为平台的高效运行打下了坚实基础。另外，围绕“超级虚拟工厂”，园区积极引入和培育了一批数字经济领域的企业，包括云计算、大数据、物联网等技术服务商，形成了较为完整的数字产业链条，促进了技术交流与合作，增强了整个数字经济产业园区的创新能力。一方面，“超级虚拟工厂”通过精准匹配订单，有效激活了园区内外企业的闲置产能，提高了生产效率，降低了运营成本，带来了直接的经济效益。大量企业通过平台获得了数据分析、智能化改造等服务，提升了产品附加值，增强了市场竞争力。平台的运营催生了按需制造、共享工厂等新的商业模式，为制造业的未来发展开辟了新路径。另一方面，“超级虚拟工厂”还辐射带动了周边区域的产业升级，成为常州乃至江苏省数字经济发展的亮点，吸引了更多投资，促进了经济高质量发展。

二、推动农业数字化发展

农业数字化发展是深度融合数智技术、云计算、大数据等先进技术的智慧农业生态系统。在底层数智技术的支撑下，农业数字化既包括农业生产活动的智能化，也拓展至农业金融创新、农村电商发展等农业经营的诸多环节。有关推动农业数字化发展的政策举措，最早是从推进农业生产活动信息化开始，此后逐渐延伸至农产品流通、农业金融、农村电商等经营环节。“中央一号文件”作为中央每年发布的第一份文件，是中共中央、国务院重视农村问题的专有名词。从2012年首次提出全面推进农村农业信息化，到2015年首次将农业现代化作为首要议题，再到2018年将数字农业与乡村振兴更加紧密衔接，以及2023年更加强调加快农业农村大数据应用，推进智慧农业发展。“中央一号文件”不仅体现了我国对农业数字化发展的重视程度，还反映出推动农业数字化发展的政策举措，从支持农业生产领域数字化转型，逐渐提升至农业生产经营数字化水平跃迁的过程。

（一）农业生产数字化

1. 国家层面顶层设计。2006年3月，中共中央和国务院联合颁发了《2006—

2020 年国家信息化发展战略》。该战略推动全国信息化发展的同时，也开始辐射带动农业农村信息化发展。然而，早期农业信息化发展支持类政策更多地强调农业生产活动的信息化应用和赋能。伴随着党的十九大提出实施乡村振兴战略，以及 2018 年 1 月《关于实施乡村振兴战略的意见》和同年 5 月《乡村振兴战略规划（2018—2022 年）》的相继发布，持续驱动着农业农村迈向全方位的数字化转型阶段。“中央一号文件”也显示，从农业生产活动数字化到农业经营活动数字化，连续多年强调农业生产活动现代化和数字化转型，提出加快在农业生产活动中大数据应用，推进智慧农业、智慧水利的发展。近年来，国家还通过一系列政策推进农业生产活动的数字化转型升级，如 2019 年 5 月发布《数字乡村发展战略纲要》提及促进新一代信息技术与种植业、种业、畜牧业、渔业、农产品加工业的全面深度融合应用。2020 年 1 月出台《数字农业农村发展规划（2019—2025 年）》加快农业农村生产智能化。2021 年 7 月颁布《数字乡村建设指南 1.0》加快推广智能装备在农业生产活动中的应用。2022 年 1 月出台《数字乡村发展行动计划（2022—2025 年）》部署智慧农业创新发展行动。2022 年 2 月发布《“十四五”全国农业农村信息化发展规划》，旨在进一步布局、支持和规范农业生产活动的数字化和智能化发展，提升农业生产保障能力。这些文件不仅明确了数字农业的发展目标，还为农业生产数字化发展提供了具体的实施路径和政策保障。

2. 地方层面“探索—跟进—创新”举措。各省市推动农业数字化政策举措大致经历了从早期探索开辟，到响应国家号召全面推进，再到创新应用抢占智慧农业发展机遇的过程。“十四五”期间，我国大部分省份根据自身特色和发展需要，相继出台了针对智慧农业、智慧水利、农产品深加工等农业生产数字化的政策和规划。如河南 2020 年 4 月出台《关于加快推进农业信息化和数字乡村建设的实施意见》，提出发展智慧农业、建设智慧农（牧）场、推广精准化农（牧）业作业、推进生产管理智能化。江苏 2021 年 1 月发布《关于高质量推进数字乡村建设的实施意见》，明确提出加快农业生产过程数字化转型，推动新一代信息技术与种植业、畜牧业、渔业生产、农机作业、农产品加工等深度融合，推动环境调控、动植物本体感知、畜禽定量饲喂、水肥一体化喷滴灌、农业航空装备等技术产品在设施农业和大田种植中广泛应用。山东 2021 年 12 月发布了《山东省“十四五”推进农业农村现代化规划》，强调推进农业信息技术集成应用，建设一批数字农业应用示范基地，发展数字田园、数字牧场、数字渔场等。福建 2023 年 7 月印发的《福建省新型基础设施建设三年行动计划（2023—2025 年）》中也提出，引导各类新型农业经营主体创建一批数字农业创新应用基地，加快农业物联网、大数据建设应用，大力推广智能化农业装备。出台资金投入、技术支持、人才培养、基础设施建设等方面的政策规划，为农业生产数字化、智能化转型提供了政策支持和切实可行的实施路径。

3. 农业生产数字化发展的典型案例。安徽省凤阳县小岗村智慧农业项目。该项目旨在通过高科技手段改造传统农业，推动农业产业升级，实现农业生产的智能化、精准化和绿色化。通过引入智慧农业管理系统，推广智慧循环农业和节水灌溉技术，极大提高了农业生产效率，降低了成本，增加了农作物的抗灾能力和产量，同时也提升了农产品的质量。永丰村智慧渔场——太仓独溇小海生态农业园项目。该项目将原来600亩产能低下的老旧鱼塘，改造成湿地公园，利用水产养殖物联网、人工智能、区块链、5G信息传输及固化微生物等先进技术，建设了水质在线监测系统、智能预警和增氧控制等智慧养殖系统，推进智能化生产管理、标准化质量控制、生态化养殖尾水处理等系列的绿色养殖模式和绿色发展理念的融合。一方面，智慧渔场的运营不仅极大地提高了渔业生产效率，经济效益显著增加，还通过生态循环农业的实践，有效减少了养殖过程中的污染，改善了水质和周边生态环境，促进了渔业的可持续发展。另一方面，智慧渔业的引入不仅改变了传统的养殖方式，还带动了当地农业的产业升级，使之成为现代农业的示范点，吸引了更多投资和游客。

（二）农业经营数字化

1. 国家层面支持和规范政策。2015年10月，国务院出台《关于促进农村电子商务加快发展的指导意见》，同年12月农业部也发布了《关于推进农业大数据发展的指导意见》，这些政策的主要目的就是加快推进农产品销售和经营环节的数字化转型升级。而在2016年7月中共中央办公厅和国务院办公厅联合印发的《国家信息化发展战略纲要》中，更是重新调整和扩大了对农业信息化的认识，开始重视和关注农业生产、加工、销售等全链条的信息化和数字化发展。与此同时，从2012—2023年每年的中央一号文件中不难发现，对于数字技术在农产品购销监管、农业供应链金融等农业深加工和经营方面的应用愈发重视。就农业经营数字化的鼓励和支持政策来说，如2016年12月国务院发布《关于进一步促进农产品加工业发展的意见》就鼓励运用数字技术建立和完善从田间到餐桌的农产品供应链管理体系。2022年8月农业农村部颁布了《农业现代化示范区数字化建设指南》，强调通过农产品网络零售拓展更广阔天地，农村电商催生创新商机，农业管理数字化科技助力高效农业，引领农业融入数字时代，开启农业发展新篇章。2024年3月，商务部等九部门联合印发《关于推动农村电商高质量发展的实施意见》，提出大力发展农村电商，基本建立起县乡村三级电子商务服务体系和物流配送体系。就农业经营数字化的规范和引导政策来说，如2019年12月农业农村部联合网信办出台《数字农业农村发展规划（2019—2025年）》，其中明确提出到2025年，数字技术与农业产业体系、生产体系、经营体系加快融合，农业生产经营数字化转型取得明显进展，管理服务数字化水平明显提升，乡村数字治理体系日趋完善。次年5月，农业农村部会同多部门发布《关于开展“互联网+”农产品出村进城工程试点工作的通知》，旨在培育出一批具有较强竞争力的县级农产品产业化运营主体，建立完善适应农产品网络销售的供应链体系、运营服务体系和支撑保障体系。2022年2月，农业农村部还出台《“十四五”全国农业农村信息化发展规划》来规范农产品网络销售，驱动农业农村大数据体系的建立和完善。这些政策举措为农业经营数字化的持续健康发展打下坚实的政策基础。

2. 地方层面响应和创新举措。云南在2021年12月出台的《云南省“十四五”数字农业农村发展规划》中，提出在2025实现数字技术与农业生产体系、经营体系管理体系、服务体系深度融合谋篇布局。江西在2022年2月也发布了《江西省“十四五”农业农村现代化规划》，鼓励和推广农业信息化新技术、新模式、新成果在农业生产经营管理中的运用，促进新一代信息技术与农业全面融合。该文件还强调继续推进省级智慧农业“123+N”平台建设运维，拓展12316信息服务平台功能，推动农业农村基础数据汇集和共享。同年11月，湖南出台《湖南省乡村建设行动实施方案》，其中明确指出要加强农村仓储、物流、冷链设施的数字化建设，促进大数据物联网、人工智能、区块链在农业生产、加工、经营中的运用。2024年1月浙江发布的《关于加快人工智能产业发展的指导意见》，不仅提出深化“农业产业大脑+未来农场”建设，推动人工智能赋能农业高质量发展，还积极倡导在农业经营数字化领域打造智慧商圈、智慧供应链、智慧物流、智慧港口、智慧金融、智慧能源等的应用场景。

3. 农业经营数字化发展成功案例。农业信息平台建设成功案例——四川成都天府见山农场项目。天府见山农场基于“一个管理者管理多个农场”的管理理念和“一个平台为多个对象服务”的盈利模式，充分利用大数据、物联网、5G等新兴信息化技术手段，打造了一个高度智能、便捷管理维护、可拓展品种和区域的智慧农业系统——见山智慧农业云平台，为数字农场的打造以及农业产业的可持续发展提供了值得借鉴的经验和路径。农产品溯源成功案例——浙江湖州数字茶园（安吉白茶生产服务应用）项目。安吉白茶作为高端茶叶品牌，其品质控制和品牌保护至关重要。当地政府通过建设“白茶产业一张图”，整合了生产、加工、销售等环节的数据，实现从茶园到茶杯的全过程追溯。该项目不仅提升了白茶品质的管理，形成了品牌信任度，还通过数据分析优化了生产和供应链管理，提高了白茶产业的整体效益。农业经营数字化监管成功案例——勉县农资监管平台建设项目。该项目以提升农产品质量和安全为出发点，着重解决农业投入品市场混乱、监管困难等问题。

在当地政府的指导和帮助下，通过构建涵盖物联网、大数据的农资监管平台，实现从生产到销售的全链条追溯。该项目有效遏制了劣等农产品流入市场，保障了农民利益和消费者健康，是陕西省在智慧农业监管方面的成功实践，并在全国范围内得到认可。

三、提升商贸数字化水平

（一）电子商务政策体系发展历程

随着时间的推移，各国政府逐渐认识到电子商务对经济增长、就业创造和产业升级的重要性，开始制定相应的政策来促进和支持电子商务的发展。然而，电子商务作为一种新兴的商业模式也面临着包括交易安全、支付信任、物流配送、法律法规缺失等诸多问题的挑战。因此，不断出台支持和规范类政策，鼓励支持和引导规范电子商务行业持续健康的发展壮大成为关键一环。

1. 萌芽与初创期（20 世纪末—2005 年）。这一阶段，电子商务在中国尚处于萌芽阶段，加速形成有利于电子商务发展的政策环境成为重点。相关政策主要集中在为电子商务提供基础环境，以期为电子商务的成长壮大提供必要的条件。大量有关网络基础设施建设、电子商务法律框架等政策法规陆续颁布，尤其是随着 2004 年颁布的《中华人民共和国电子签名法》在 2005 年 4 月开始施行，标志着中国电子商务法律体系的初步确立，为电子商务交易的合法性和安全性提供了法律保障。与此同时，2005 年 1 月，国务院还发布了《关于加快电子商务发展的若干意见》，旨在加快信用、认证、标准、支付和现代物流建设，以形成有利于电子商务发展的支撑体系。

2. 快速增长期（2006—2011 年）。随着电子商务开始快速增长，政府进一步加大对电子商务的支持力度，不仅用制度鼓励和引导电子商务平台发展，还促进电子商务在农村、外贸等领域的应用，开始更加关注市场规范、税收、物流、支付等关键环节的政策建设。2006 年 3 月，国务院出台的《2006—2020 年国家信息化发展战略》就明确将电子商务作为国家信息化发展的战略重点，并要求制定相应的行动计划。2007 年 6 月，发改委发布《电子商务发展“十一五”规划》，其中进一步明确了电子商务发展的战略目标和政策导向，推动了电子商务基础设施完善和行业规范形成。

3. 法治化与规范期（2012—2015 年）。由于电子商务的规模和影响力不断扩大，越来越多的行业规范和制度缺失新问题暴露出来。政府开始重视完善电子商务领域的法治化建设，加强对电子商务市场的监管。一系列规范市场秩序、保护消费者权益、促进跨境电子商务发展的规范类政策出台。其中，具有代表性的包括：

2012 年 3 月工信部发布的《电子商务“十二五”发展规划》；2013 年 4 月发改委等部门联合印发的《关于促进电子商务健康快速发展有关工作的通知》；2013 年 8 月国务院出台的《关于实施支持跨境电子商务零售出口有关政策的意见》等。这些政策举措的陆续出台标志着政府在支持跨境电商、推动电子商务健康快速发展方面迈出了重要步伐。

4. 法律确立与全面发展期（2016 年至今）。从 2016 年 5 月发改委出台《关于推动电子商务发展有关工作的通知》推动电子商务发展的一些项目，到《电子商务法》在 2018 年 8 月被审议通过，电子商务政策体系进入了一个新的发展阶段。这一时期，政策不仅更加注重完善电子商务生态系统、促进线上线下融合、加强数据安全和个人信息保护，还积极推动跨境电子商务、农村电子商务等细分领域的发展。尤其伴随《电子商务法》的实施，标志着电子商务进入法治化轨道，电子商务活动有了全面的法律框架。而陆续设立杭州、深圳等地的跨境电子商务综合试验区，旨在通过先行先试推动电子商务领域政策的不断创新。

中国电子商务政策的演变是一个从初步探索到逐步成熟、从局部试点到全面推广、从政策引导到法治化规范的过程，每一步都与电子商务的实际发展需求紧密相连。每个阶段的政策都是对当时电子商务发展现状的回应，旨在解决行业面临的主要问题，为电子商务创造良好的发展环境，推动电子商务行业健康、有序、快速、高质量发展。可以预期，随着电子商务的深化应用，政策将继续向着更加精细化、智能化、可持续化的方向发展。

（二）加快物流智慧化和供应链数字化

提升商贸数字化水平的关键在于智慧物流领域的快速发展和供应链数字化转型。不仅国家和各省市陆续出台相关政策，支持和驱动物流领域的数字化和供应链数字化发展，以期建立反应迅速、抗冲击能力强、智能化水平高的现代物流体系和强韧性供应链，而且国内外也涌现了一些值得推广的成功经验和案例。

1. 国家层面政策举措。为了驱动物流智慧化的发展，早在 2009 年 4 月发改委就出台过《物流业调整和振兴规划》积极推进企业物流管理信息化。2018 年 1 月国务院发布了《关于推进电子商务与快递物流协同发展的意见》，旨在深入实施“互联网 + 流通”行动计划，提高电子商务与快递物流协同发展水平。此后，2020 年 8 月发改委发布的《推动物流业制造业深度融合创新发展实施方案》、2021 年 11 月交通运输部出台的《综合运输服务“十四五”发展规划》、2022 年 5 月国务院颁布的《“十四五”现代物流发展规划（2021—2025 年）》，都或多或少地提及推动物流公共信息服务平台的建设和完善，交通运输、公安交管、市场监管等部门之间的物流数据要素的开放，以及对物流基础设施的智能化改造、物流效率和服务质量数字化升级。针对供应链数字化的发展，国务院在 2017 年 10 月发布《关于积极推进供应链创新与应用的指导意见》，积极打造大数据支撑、网络化共享、智能化协作的智慧供应链体系。2022 年 10 月，国家市场监督管理总局批准《信息化和工业化融合管理体系 供应链数字化管理指南》，旨在为引导企业开展供应链数字化转型提供一套标准化的管理框架和方法，是企业进行供应链数字化升级的重要依据。与此同时，2015 年 8 月发布的《促进大数据发展行动纲要》和 2021 年 12 月出台的《“十四五”智能制造发展规划》等政策，虽然没有直接强调智慧物流和供应链数字化，但也从数据共享、行业融合等维度出发，要求积极推进我国物流行业的智慧化和供应链的数字化转型。

2. 地方层面创新政策。各地也根据自身特点制定了相应的实施方案和奖励措施。就智慧物流领域的发展来说，部分省市不断推陈出新，落地各种驱动智慧物流发展的政策举措。如在江浙沪地区，上海 2020 年 5 月出台《上海市推进新型基础设施建设行动方案（2020—2022 年）》；浙江 2021 年 6 月陆续发布《浙江省商务高质量发展“十四五”规划》和《浙江省数字经济发展“十四五”规划》。这些政策举措着重完善供应链物流支撑体系，加快智慧物流基础设施，优化物流仓储的规划布局。在京津冀地区，天津 2021 年 8 月发布《天津市商贸数字化发展三年行动方案（2021—2023 年）》；河北 2021 年 11 月发布《河北省建设全国现代商贸物流重要基地“十四五”规划》；北京 2022 年 1 月出台《关于印发北京城市副中心推进数字经济标杆城市建设行动方案（2022—2024 年）的通知》。这些地区在智慧物流的政策上则是侧重发展航空科技、航空物流等航空核心产业，积极打造国家物流枢纽和智慧物流示范区。相较之下，广东更多是基于自身的资金优势，推广集约高效的智慧物流设备，推动货、车、场等物流要素数字化，支持物流园区智慧化升级。如 2021 年 1 月发布的《广州市交通物流融合发展第十四个五年规划》、2022 年 4 月发布的《2022 年广东省数字经济工作要点》等政策。就供应链数字化的推动来说，成都在 2019 年 12 月出台了《精准支持现代供应链体系发展政策措施》，鼓励发展基于物联网、大数据、云计算、5G、区块链等新技术运用的供应链新模式，希望通过技术驱动，提升供应链的智能化、透明化水平，增强产业协同和资源配置效率。安徽为了推动供应链数智化升级，在 2023 年 10 月发布《安徽省加快供应链创新应用行动计划（2023—2025 年）》，一系列如新获批 5A 网络货运企业增奖、物流基地和省级集配中心奖补、支持供应链服务企业培育，以及支持供应链核心技术攻关等奖补措施加速安徽供应链的数智化转型升级。

3. 国外典型政策案例分析。新加坡政府则是先后在 2006 年和 2014 年连续启动了“智能国家 2015”计划和“智慧国家 2025”计划，旨在通过全面的数字化转型，将新加坡打造成为世界上首个智慧国家，继续巩固其作为全球创新和宜居城市的领先地位。具体来说，智慧国家计划明确提出要投资自动化仓库、智能港口和机场等先进的物流基础设施，利用物联网、大数据和人工智能技术，提升物流效率和准确性。与此同时，强调建立全国性的数据交换平台，促进供应链各环节的信息互联互通，实现货物从源头到终端的全程可视化追踪，提高供应链透明度。新加坡通过智慧物流和供应链管理，货物处理和周转的时间显著缩短，物流成本降低，企业运营效率和竞争力得到增强。新加坡的智慧物流和供应链管理实践成为全球标杆，提升了其作为国际交通枢纽和物流中心的地位。欧美委员会在2015年5月发布旨在消除成员国之间的数字壁垒的《欧盟数字化单一市场战略》，在推动数字经济和数字服务发展的同时，也成为加快物流和供应链领域数字化转型的典型案例。具体来看，首先，通过推动电子发票、电子货运文档等数字化工具的广泛应用，让欧洲企业能够更有效地追踪货物状态、管理库存和优化物流路径。随着文书工作的减少，错误率的降低，大大提高了供应链的整体透明度和效率。其次，通过制定统一数据标准和规则，简化了跨境数据交换流程，使得供应链上的企业能够更容易地共享信息，减少了因数据格式不兼容或法律限制而产生的摩擦。最后，因为该战略鼓励使用数字化工具和平台优化物流和供应链管理，增强了中小企业竞争力和危机应对能力，从而使得欧盟整体的跨境贸易效率有了明显提升。

（三）驱动数字营销创新

数字营销是一种利用互联网、社交媒体、搜索引擎、电子邮件以及其他数字技术和渠道来推广产品、服务和品牌的营销手段和策略；是把整个营销体系的设计，都依托于一个确定的数据基础，更精准地监控用户当前的状态，预测用户会因什么产生付费的行为，从而实现转化率的大幅提升。数字营销可以让用户的转化流程可量化；数字营销行业的快速发展，将有力推动消费扩容提质，为扩大内需战略发挥至关重要的助力作用。

1. 国家层面布局数字营销的政策。随着数字营销激活消费、盘活经济发展的作用日益显现，国家在布局数字经济发展时，都或多或少地包括了鼓励数字营销创新的政策。早在2017年10月国务院发布的《关于积极推进供应链创新与应用的指导意见》中就提到，鼓励企业利用云计算、大数据、物联网等技术优化营销流程，提升供应链管理和营销服务水平，促进营销模式创新。2020年6月中央全面深化改革委员会第十四次会议审议通过了《关于深化新一代信息技术与制造业融合发展的指导意见》，其中明确提出支持制造业企业运用数字营销工具，增强品牌建设，拓展市场渠道，提升产品和服务的市场竞争力。2021年12月发布的《"十四五"数字经济发展规划》中也有强调"要促进数字技术与实体经济深度融合，推动数字营销、个性化定制等服务创新，为数字营销创新提供了宏观指导框架”的内容。2023 年 2 月发布的《数字中国建设整体布局规划》中，虽未直接详述数字营销的具体操作指南，但在构建中国数字化发展蓝图时，为数字营销的创新、合规、安全及融合发展指明了方向，提供了重要政策依据和战略指导。2024 年 4 月商务厅也发布了《关于实施数字消费提升行动的通知》，提出打造“4 + N”网络消费矩阵，增加数字营销的平台和机会，鼓励企业利用节日、主题活动等进行创意营销，提升用户体验和参与度。此外，在 2023 年 2 月颁布的《互联网广告管理办法》中，还对数字营销的健康有序发展进行了规范，提出数字营销更应该保护消费者权益，倡导公平竞争。

2. 地方层面抢抓数字营销的举措。浙江、广东、上海等很多省份在出台的“十四五”数字经济发展规划中都涉及了支持和规范数字营销创新发展的政策。部分省市政府还直接出台激励数字营销创新发展的政策举措。如上海 2020 年 4 月出台《上海市促进在线新经济发展行动方案（2020—2022 年）》鼓励发展在线新经济，支持数字营销服务平台建设，推动营销技术和服务创新，提升企业数字化营销能力。北京 2020 年 9 月也发布《北京市促进数字经济创新发展行动纲要（2020—2022 年）》，提出支持企业利用数字营销提升品牌影响力，鼓励创新营销模式，如社交电商、直播带货等新型营销方式。广东在 2021 年 7 月颁布的《广东省数字经济促进条例》中，明确指出要支持企业开展数字营销创新，促进网络营销、内容营销、社群营销等新兴营销模式的发展。山东烟台 2024 年 7 月印发《关于推动数字贸易创新发展的实施意见》，支持数字贸易龙头企业开展跨国投资合作，重点培育创新型企业开展数字营销创新服务。浙江作为中国电商之都，数字营销领域尤为活跃。在 2020 年 11 月《浙江省数字赋能促进新业态新模式发展行动计划（2020—2022 年）》、2022 年 6 月《“设计 + 营销”赋能制造业高质量发展助力共同富裕示范区建设的行动计划（2022—2025 年）》等政策举措中，都涉及支持数字营销服务企业发展，推动人工智能推荐、大数据分析用于精准营销等营销技术的不断创新应用。

3. 政企驱动数字营销的案例经验。在杭州市政府的支持下，涌现出像巨量引擎平台这样一个提供数字化营销服务平台的成功案例。2020 年 9 月，巨量引擎城市峰会在杭州举办，并探讨了如何利用智能数字营销生态激发电商新可能，展示了巨量引擎如何通过其平台和技术优势，帮助品牌和商家在电商领域实现业务增长。巨量引擎在杭州的数字营销实践不仅体现在技术创新和平台整合上，还包括对新趋势的敏锐捕捉、营销策略的灵活应用，以及与大型活动的深度合作，全方位展示了数字营销在促进商业增长和品牌建设方面的巨大潜力。

四、加快金融数字化转型

（一）银行、证券、保险的数字化转型

面对数字化发展浪潮，国家在银行、证券、保险等金融领域已陆续出台一系列政策，推动相关领域的数字化转型升级，进而提高金融服务的质量和效率，支持实体经济发展，满足人民群众的多元化金融需求。2022 年 1 月，原中国银保监会更是为金融领域的数字化转型出台了重要的指导性政策文件——《关于银行业保险业数字化转型的指导意见》。该意见强调了金融数字化转型领域的战略规划、组织流程建设、数据治理、风险管理、技术创新应用等多个方面。不仅鼓励金融机构利用大数据、云计算、人工智能等技术提升服务能力和风险管理水平，而且提到加强数据安全和隐私保护的必要性。通过回顾和梳理三个领域数字化转型政策举措发现：

1. 银行业数字化转型政策举措。国家层面的政策主要聚焦于四个方面：一是总体指导和规划，如央行在 2019 年 8 月和 2021 年 12 月先后发布《金融科技（FinTech）发展规划（2019—2021 年）》和《金融科技发展规划（2022—2025 年）》，为银行业数字化转型提供宏观指导和战略规划，强调金融科技应用与创新，推动银行业务模式、产品和服务的全面升级。二是支持技术创新应用，如原中国银保监会 2022 年 1 月发布《关于银行业保险业数字化转型的指导意见》，鼓励银行采用云计算、大数据、人工智能、区块链等先进技术，提升运营效率、优化客户体验、加强风险管理和反欺诈能力。三是强调数据治理与安全，如 2021 年 6 月和 8 月先后颁布的《数据安全法》和《个人信息保护法》等法律，均明确提出要强化银行业数据治理，建立健全数据安全保护机制，确保数据收集、存储、使用和传输过程中的安全性与合规性。四是普惠金融与服务下沉，如国务院 2013 年 8 月发布的《关于金融支持小微企业发展的实施意见》，倡导通过数字化手段拓展金融服务的广度和深度，尤其是向农村地区、小微企业和弱势群体提供更加便捷、低成本的金融服务，支持乡村振兴、小微企业发展。“十四五”规划中也有提及加快金融机构数字化转型部署，间接指导了银行数字化关注普惠金融与服务下沉战略方向。

地方层面的政策更加注意与自身经济特点和发展需要结合。一方面，既有经济发达地区侧重于金融科技的创新应用，如上海 2020 年 5 月先后建立“信易贷”综合服务平台和大数据普惠金融平台、江苏在 2022 年 3 月印发《昆山市建设金融支持深化两岸产业合作改革创新试验区实施方案》，同年 11 月央行等多部委联合印发《上海市、南京市、杭州市、合肥市、嘉兴市建设科创金融改革试验区总体方案》等。另外，农业大省关注数字普惠金融的发展，如河南 2024 年 5 月出台的《河南银行业保险业加力推动普惠金融高质量发展行动方案》。另一方面，多地政府建立金

融科技产业园区或创新中心，吸引金融科技企业入驻，促进银行与科技企业合作，加速金融产品和服务创新。如北京市海淀区2018年8月发布《北京市海淀区人民政府关于促进国家科技金融创新中心建设发展的若干意见》。

2. 证券行业数字化转型政策举措。国家层面政策体现在以下三个方面：一是强化顶层设计与战略规划，旨在通过规划指导证券行业利用科技力量进行革新，提升行业竞争力和国际影响力，如2023年2月印发的《数字中国建设整体布局规划》中明确要求证券行业加快数字化转型步伐。二是推进线上业务与优化服务，如2020年8月证券业协会发布的《关于推进证券行业数字化转型发展的研究报告》、2021年2月中国证监会通过的《证券账户非现场开户实施细则》，以及2024年2月中国证监会就《关于进一步推进证券行业数字化转型的建议》发布答复函等，均强调鼓励扩大线上证券业务覆盖面，推出非现场开户等便利措施，优化投资者账户制度，提升客户服务体验，简化业务办理流程，增强客户的便利性和满意度。三是科技应用和数据安全，与银行领域数字化转型一样，鼓励证券公司采用数字化前沿技术，推动业务创新和风险管理能力的提升，并强调在确保证券行业在数字化进程中合法合规，防范数据泄露风险。

各省市则是根据国家政策框架，制定具体实施方案和激励措施。2021年3月，中国证监会在北京地区率先启动资本市场金融科技创新试点工作。上海2021年5月发布《上海证券交易所科技战略规划（2021—2025年）》，反映了上海证券行业在数字化转型上的重要规划方向。同年9月发布的《上海市促进城市数字化转型的若干政策措施》也包含了多项措施旨在推动包括金融行业在内的多个领域数字化转型。浙江在2021年9月出台《浙江省数字化改革总体方案》，其中提出构建数字化治理体系和公共数据共享平台，为包括证券在内的各行业数字化转型奠定了基础。

3. 保险行业数字化转型政策举措。国家层面政策呈现为以下三个方面：一是发布专项指导意见，为保险业提供数字化转型总体框架和具体要求，主要强调数据驱动、技术创新、服务优化、风险防控等方面的转型策略，如银保监会2022年1月出台的《关于银行业保险业数字化转型的指导意见》。二是推动数字化应用和创新，早在2014年8月国务院就出台了《关于加快发展现代保险服务业的若干意见》，积极推动保险与科技企业合作，探索建立保险科技孵化器、创新实验室等，激发市场创新活力。2024年1月国家金融监督管理总局发布了《关于加强科技型企业全生命周期金融服务的通知》，鼓励数字技术在改进保险产品设计、精算定价、核保理赔、客户服务等各个环节的应用，提升保险服务的智能化和个性化水平。三是加强数据治理与保护，与银行与证券领域数字化转型一样，健全数据管理制度，确保数据安全、合规使用，保护消费者隐私也是在推动保险领域数字化转型过程中始终关注的重点之一。

各级政府纷纷积极跟进国家顶层规划。一是区域性创新试验区模式：建立保险科技产业园区或创新示范区，提供政策试验田，允许保险公司在特定区域内先行先试新型保险产品和服务模式。如 2016 年 6 月宁波就获批成为全国首个国家保险创新综合试验区，武汉在 2021 年 9 月也印发了《东湖科技保险创新示范区总体方案》，这些地区通过提供政策支持和创新环境，促进科技保险产品和服务的创新，形成具有特色的样板模式。二是数字普惠保险模式：鼓励并支持保险公司利用数字化手段，扩大保险覆盖范围，特别是面向农村地区、小微企业、低收入人群提供更加便捷、可负担的保险服务，实现保险的普惠性。如广西 2024 年 2 月出台的《关于印发数字化金融服务支持消费若干措施的通知》。三是监管科技应用与保险数字化转型模式：地方金融监管部门探索利用监管科技手段，提升对保险市场的动态监测和风险预警能力，确保数字化转型过程中的市场稳定和消费者权益保护。如深圳 2017 年 3 月发布的《关于促进福田区金融科技快速健康创新发展的若干意见》。

（二）电子支付和数字人民币的可控试点

电子支付和数字人民币是加快金融数字化转型的一个重要环节，不仅可以降低成本，减少货币发行环节，提高发行效率，还有利于反洗钱、反偷税漏税、反电信诈骗、反恐怖融资等，对于数字时代金融领域有序健康发展有着重大的意义。我国积极推进数字人民币的同时，也在不断优化电子支付监管环境，两者相辅相成，共同推动我国支付体系向数字化、智能化转型。各级政府持续发布相关政策，旨在平衡技术创新与风险防控，促进数字经济繁荣发展。

1. 国家层面出台支持和规范类的政策制度。国家对电子支付和数字人民币的发展较为关注，相继发布多项政策制定和试点举措推动其快速发展；同时也不断出台政策规范引导其有序健康发展。在支持类政策举措上，早在 2014 年 5 月发改委和央行就联合印发了《关于组织开展移动电子商务金融科技服务创新试点工作的通知》，支持电子商务中的移动电子支付发展。在“十四五”规划中，更是提及“稳妥推进数字货币研发，健全市场化利率形成和传导机制”。2020 年 8 月商务部出台的《全面深化服务贸易创新发展试点总体方案》中，提出在京津冀、长三角、粤港澳大湾区及中西部具备条件的试点地区开展数字人民币试点。2021 年 7 月中共中央和国务院发布《关于支持浦东新区高水平改革开放打造社会主义现代化建设引领区的意见》，明确提出构建贸易金融区块链标准体系，开展法定数字货币试点。此后，无论是在 2021 年 10 月多部门联合印发的《“十四五”电子商务发展规划》中提倡探索数字人民币在电子商务领域的支持作用，还是中共中央和国务院 2021 年 10 月发布《成渝地区双城经济国建设规划纲要》支持开展法定数字货币研究及移动支付创新应用。陆续出台的相关政策均表明国家对于电子支付和数字人民币发展的关注和支持。在规范引导类政策上，2015 年 7 月多部委联合印发《关于促进互联网金融健康发展的指导意见》，为包括电子支付在内的互联网金融领域提供了总体指导原则，强调了合规经营、风险防控和社会责任，为电子支付的规范发展设定了基调。2017 年 12 月央行则出台了《条码支付业务规范（试行）》，对条码支付的业务规范和技术规范提出相关要求。2021 年 10 月央行进一步发布了《中国人民银行关于加强受理终端及相关业务管理的通知》，对个人收款条码的使用规范作出具体规定。而在数字人民币的规范引导上，央行 2019 年 8 月发布的《金融科技（FinTech）发展规划（2019—2021 年）》、2021 年 12 月发布的《金融科技发展规划（2022—2025 年）》以及国务院 2021 年 12 月出台的《"十四五"数字经济发展规划》等国家级规划，无不提及积极参与数据安全、数字货币数字税等国际规则和数字技术标准制定。

2. 地方层面积极响应和跟进的政策举措。各省市积极响应国家对于电子支付和数字人民币政策举措，纷纷出台一系列政策助推电子支付和数字人民币的持续健康发展。江苏 2020 年 10 月出台《关于深入推进数字经济发展的意见》，提出要发展金融科技，支持苏州开展央行数字货币试点。深圳 2020 年 12 月发布《深圳市人民政府关于加快智慧城市和数字政府建设的若干意见》，其中提到要开展数字货币研究与移动支付等创新应用，稳妥推进数字货币在新零售、电子商务、行政收费等场景进行试点测试。2023 年 8 月则推出了全国首个针对数字人民币的专项政策——《罗湖区关于高质量建设数字人民币应用生态示范区的若干措施》，提出了包括专项扶持资金的投入、关注数字人民币系统升级、"支付＋"行业解决方案、智能合约应用等具体的十项措施，旨在推动数字人民币的产业化发展和应用生态建设。上海则在 2021 年 5 月出台的《全面推进上海数字商务高质量发展实施意见》中提到开展数字人民币应用试点，同年 8 月和 10 月又分别出台《上海国际金融中心建设"十四五"规划》和《上海市全面推进城市数字化转型"十四五"规划》等政策文件，进一步鼓励数字人民币试点活动，拓展线下和线上支付、交通出行、政务和民生等场景应用。

（三）金融科技的创新与监管

金融科技是技术驱动的金融创新，其核心是通过引入人工智能、生物特征识别等新兴科技手段，助推金融业全流程的效率提升。从国家对于金融科技的顶层政策制度设计，到地方对于金融科技创新的政策创新支持，既体现了政府实现推动金融行业数字化、智能化转型升级的愿景，也呈现出政府加强监管以维护金融稳定、保护消费者权益的决心。

1. 国家层面金融科技创新制度的顶层设计。早在 1993 年 12 月国务院就在发布的《关于金融体制改革的决定》中首次提出加快金融电子化建设。2014 年互联网金融首次被写入了政府工作报告；2015 年 7 月国务院发布《关于积极推进“互联网+”行动的指导意见》，其中就提到探索推进互联网金融云服务平台建设，在保证技术成熟和业务安全的基础上，支持金融企业与云计算技术提供商合作开展金融公共云服务，提供多样化、个性化、精准化的金融产品。2017 年 5 月中国人民银行成立了金融科技委员会，引导新技术在金融领域的正确使用；2019 年 8 月金融科技业首份顶层文件《金融科技（FinTech）发展规划（2019—2021 年）》正式发布。2021 年 12 月央行继续发布《金融科技发展规划（2022—2025 年）》，在进一步明确下一阶段金融科技发展目标、重点任务和保障措施的同时，鼓励金融机构利用云计算、大数据、人工智能等技术提升金融服务质效，并强调在推进金融科技创新过程中的风险管理、数据安全和消费者权益保护。2022 年 2 月央行联合多部门印发《金融标准化“十四五”发展规划》，着重强调标准化引领金融业数字生态建设，提出稳步推进金融科技标准建设、系统完善金融数据要素标准、引领金融科技规范健康发展等内容。

2. 地方层面金融科技创新的政策支持。各省市也陆续出台了支持和规范金融科技创新的政策举措。在制定地方金融科技创新规划方面，北京 2018 年 11 月印发了《北京市促进金融科技发展规划（2018—2022 年）》，目的是努力把北京建设成为具有全球影响力的国家金融科技创新与服务中心。上海 2020 年 1 月发布了《加快推进上海金融科技中心建设实施方案》，力争用 5 年的时间把上海打造成为金融科技的技术研发高地。扬州则在 2021 年 12 月发布的《扬州市“十四五”科技创新规划》中明确了金融支持科技创新的具体目标和路径；旨在通过政策引导资源配置，支持本地科技企业成长；优化科技信贷服务，发展科技金融服务体系。深圳也在 2022 年 4 月发布《深圳市扶持金融科技发展若干措施》抢抓金融科技发展机遇，加快金融科技产业升级，助力深圳打造全球金融科技中心。在创新试点和风险容忍方面，北京、上海、深圳、杭州等地纷纷打造金融科技“监管沙盒”。利用“监管沙盒”机制允许在有限的环境中测试新兴金融科技产品和服务；监控潜在风险的同时，为创新提供安全空间。在支持金融科技投资与创业方面，如杭州 2020 年 7 月发布的《杭州国际金融科技中心建设专项规划》，芜湖 2021 年 7 月发布的《芜湖市关于金融支持科技创新的意见》，泉州 2023 年 5 月发布的《泉州市促进金融科技发展的若干措施》等政策举措，无不通过提供税收优惠、设立专门基金用于支持初创企业，减少监管限制等方式驱动金融科技创新发展。

3. 金融科技创新和监管的案例分析。助力科技企业创新发展案例——开发“中银·科创贷”。科技企业的发展往往面临融资难、融资贵的问题，尤其是在初创和成长阶段。为此，2023 年人民银行海南省分行、海南省工业和信息化厅制定印发了《海南省“科创贷”实施方案（2023 年版）》。不仅应用企业公共信用信息技术，运用大数据与人工智能技术，筛选数据信息，为企业精准画像，而且开辟线上贷款申请渠道，依托海易信平台的专属入口，符合条件的客户可线上申请贷款、获得融资；最后还差异化服务与全方位支持，运用涉企公共数据，通过内嵌模型运算，实现快速测额。该项目政策举措实践效果明显，成功为众多科技企业提供了融资支持。不仅快速提供授信支持，而且首笔“中银·科创贷”的落地是海南省“科创贷”业务的破冰，为推动金融数字化转型、数据增信赋能业务提供了新的经验。

金融科技监管案例——数据共享与资金流向监控应用（金综链）。在金融行业中，风险管理和资金监控是维护金融稳定和安全的关键。特别是在复杂的供应链金融场景中，资金流向监控的信息孤岛、数据不透明、反应滞后等问题尤为突出。为了解决这些问题，工商银行浙江省分行在浙江省银保监会支持下，2019 年开发并上线了“金综链”平台，旨在通过数据共享机制，增强资金流向的透明度和监控效率。该项目自 2022 年纳入国家区块链创新应用试点名单以来，在国家金融监督管理总局和浙江省委网信办的指导下，运用区块链、知识图谱、多方安全计算等前沿技术，在金融业数据共享与风控领域取得显著示范效应。先后落地“跨行流水验真”和“贷后资金监管”两大场景应用。截至 2023 年 12 月，通过“手机银行 + 金综链”和“企业网银 + 金综链”，实现了账户流水在不同银行机构间直通共享，已覆盖浙江省内 117 家银行机构，累计服务群众 14.4 万余次。而“贷后资金监管”项目为贷款行提供匿名化的贷款资金流向信息，解决银行之间跨行信贷资金监管难题，提升风险预警和管控能力，已覆盖浙江省内 115 家银行机构，累计开展线上核查贷后资金超 263880 笔。

第五章　五位一体之数字政府

第一节

数字政府建设的发展历程与框架体系

一、数字政府建设的发展历程

（一）数字政府概念的提出与演进

数字政府的概念最早可追溯到 1998 年，由美国前总统戈尔在加利福尼亚科学中心的一次演讲中提出“数字地球”的概念后，随后“数字政府”（Digital Government）这一术语在西方政府与 IT 企业的合作中应运而生。它标志着政府治理与信息技术深度融合的新阶段，旨在通过数字化转型，重塑政府与公众的互动方式，提高政府服务的效率和质量，推动政府决策的科学化、精准化，最终实现政府治理现代化。起初，数字政府主要关注政府信息化建设，即通过计算机技术提升政府内部办公效率。随后，进入电子政务阶段，重点转向政府服务的网络化，通过政府门户网站提供信息发布和在线服务。伴随经济的发展，数字政府开始强调服务整合与协同，推动跨部门的信息共享和业务联动，以实现更高效的一站式服务。随着大数据、云计算、人工智能等技术的应用，数字政府趋向于数据驱动和智能化，注重利用数据分析优化决策和服务。当前，数字政府正朝着构建整体型、开放型、智能化的治理模式演进，以适应数字时代的要求，实现政府职能的全方位数字化转型，提升治理效能，更好地服务于经济社会发展和人民生活改善。总体而言，数字政府经历了政府信息化—电子政务—数字政务—数字政府一系列的演进过程。

从内涵看，政府信息化是指政府在管理决策过程中，利用信息技术手段对政府管理、服务、决策等方面进行现代化改造的过程。政府信息化注重提高政府机构内部的信息化水平，包括信息系统建设、数据管理、信息资源共享等方面。电子政务是指政府利用信息通信技术，通过互联网平台提供在线政府服务和公共信息，实现政府与公民、企业之间的信息互动和服务交互。电子政务强调政府对外服务的数字化和在线化，提高政府服务的便捷性和效率。数字政务是政府运用数字技术、网络通信、信息技术等工具来提供政府服务和信息的方式，着重于利用技术手段提高政府的效率、透明度和服务质量，实现数字化的政府管理与服务。数字政务更强调政府与公民、企业之间的互动和信息共享。数字政府是政府信息化和电子政务的进一步发展阶段，是在全面信息化基础上，利用大数据、人工智能等最新技术手段，构建智能化、数字化的政府管理体系。数字政府强调数据驱动的决策、智能化服务、平台化治理等，全面提升政府运营水平和服务质量。

政府信息化、电子政务、数字政务和数字政府的相同之处：第一，核心目标都是关注政府与公民、企业之间的互动关系，致力于提供更便捷、高效的公共服务体验。第二，实现路径都是利用信息技术促进政府管理效率和提升服务质量，开展政府现代化和数字化转型。第三，物质基础都是依赖于现代信息技术的支持，如互联网技术、大数据、人工智能等，用于政府机构的信息化建设和服务优化。

四者的不同之处主要在以下方面：政府信息化主要关注政府机构内部的信息化建设和管理，电子政务更侧重政府与公民、企业之间的在线互动和服务优化，数字政务强调数字技术在政府管理各领域的运用，涉及更广泛的业务领域，数字政府强调数字技术在政府管理各领域的运用，涉及更广泛的业务领域，更注重政府内部管理和服务的数字化转型，包括业务流程数字化和决策智能化等方面。综上，政府信息化是最基础的阶段，电子政务是在政府信息化的基础上发展而来，而数字政务和数字政府是政府信息化的高级阶段，它们之间紧密联系也互有区别。

（二）数字政府发展阶段划分

随着信息技术的飞速发展和广泛应用，数字政府建设已成为全球政务管理创新的重要趋势和方向，体现了政府服务模式从传统向现代化、智能化的转型。根据数字政府概念的演进和数字政府发展的推进可归纳出数字政府在中国主要经历了政府信息化筹备与普及、电子政务建设和数字政府建设三个关键阶段。中国数字政府的演进发展中并没有出现严格的数字政务阶段，虽然 2022 年《数字中国建设整体布局规划》提出了“数字政务”概念，但有研究指出该概念仅在已有政策文件和实践共识基础上将“数字政府”中的“政府”聚焦到“政务”，同时将“数字化”扩展到各类党政机关当中，它不是对“数字政府”的替代或迭代，而是为了让政府数字化转型更好地推进并融入数字中国整体布局规划中，因而也属于数字政府的内容。

阶段一：政府信息化筹备与普及（1978—1998 年）。1978 年改革开放初期，中国政府意识到信息化对于现代化国家治理的重要性，开始着手筹备与普及政府信息化。1983 年 10 月 15 日，国务院批准组建国家计委经济信息管理办公室，负责制定全国经济信息管理系统的长远建设规划和年度实施计划、信息系统总体技术方案，并展开制定指标体系和统一编码等基础性工作。国务院的这一决定，标志着我国政府信息化的发展开始由数据处理向信息管理升级。1986 年 2 月，国务院发布《关于建立国家经济信息自动化管理系统若干问题的批复》，正式提出电子政务初步建设构想。1995 年 5 月，中共中央、国务院发布了《关于加速科学技术进步的决定》，正式提出科教兴国战略，要求“逐步建立现代化的信息网络，加快国民经济信息化的进程”，进一步规范了政府信息化的推进之路。1996 年 3 月，全国人大八届四次会议通过了《国民经济和社会发展“九五”计划和 2010 年远景目标纲要》，提出将信息化建设纳入国家五年计划，明确了政府信息化的优先级和目标，并提出企业作为实施主体，通过引进先进技术，提升自身信息化水平，为政府提供信息化服务。科技部门则扮演技术支撑角色，推动科研成果在政府管理中的应用。在本阶段政府政策还致力于推进政务信息化的试点工作。例如，1994 年启动的“金字号”工程，即“金税工程”，通过信息化手段改革税收管理系统，提高了税收征管效率。这一系列政策的出台和实施，不仅推动了政府工作效率的提升，而且开启了中国信息化建设的序幕，为后来的数字化转型奠定了坚实的基础。

阶段二：电子政务建设（1999—2016 年）。自 1999 年起，中国电子政务建设进入快速发展期。1999 年，中国政府启动了“政府上网工程”，这是中国电子政务建设的标志性事件，由国务院信息办主导，旨在通过互联网提升政府服务效率。2000 年，国务院颁发了《全国政府系统办公自动化（OA）建设 2001—2005 年规划纲要》，这是电子政务建设的重要政策文件，规定了 OA 系统的建设目标和实施步骤，推动了政府内部办公流程的数字化转型。2002 年 8 月，国务院办公厅印发《国家信息化领导小组关于我国电子政务建设指导意见》（即“17 号文件”），在总结我国电子政务建设历史和现状的基础上，“17 号文件”就“十五”期间全国电子政务建设的主要目标、重要任务、职责分工及相应的政策措施等作出部署，明确指出我国电子政务建设的总体框架是“两网、一站、四库、十二金”，对应中央和地方综合门户网站、政府内网和外网、四大基础信息库和十二个重要领域业务系统，并提出要由“注重垂直行业管理”向“注重社会公众服务”转变。2006 年 3 月国家信息化领导小组印发《国家电子政务总体框架》，其是对“17 号文件”的细化和补充，在“十二金”之外又增加了 5 项“优先支持的业务系统”和 8 项“已建、在建和拟建的电子政务应用系统”，同时还明确了电子政务的总体框架、发展目标和实施路径，指导了“十一五”期间各地区、各部门更好地推行电子政务，促进全国电子政务健康发展。同年3月，中共中央办公厅、国务院办公厅印发了《2006—2020年国家信息化发展战略》，进一步规划了未来15年电子政务的发展方向，具体包括提高行政效率、改善政府效能、扩大民主参与、推进政务公开、促进信息资源共享、推进政务协同，以增强政府公共服务能力。总结了信息化发展的基本形势，指出了信息化发展的战略目标和战略重点，既强调要通过信息化推动经济结构的调整和社会发展模式的转变，通过信息技术提高经济增长的质量和效益等，也强调要加强信息资源的开发利用，提高信息资源的价值，推动信息产业的发展，提高信息产业对经济增长的贡献度，提高国民经济和社会各领域对信息技术的应用水平等。2011年12月，工信部发布《国家电子政务“十二五”规划》，指出电子政务正处于转变发展方式、深化应用和突出成效的关键转型期，从应用、服务、共享、基础设施到安全等方面提出具体建设内容，旨在指导和推动全国的电子政务建设。2013年2月，工信部信息化推进司印发《基于云计算的电子政务公共平台顶层设计指南》，电子政务服务领域开始借助“云计算”技术工具进一步提升发展质量，为政府治理体系与治理能力发生质变奠定了基础。2016年9月，国务院办公厅发布了《关于推进“互联网+政务服务”工作的指导意见》，标志着“互联网+政务服务”成为国家政策的核心内容，政府数字化转型进入快车道。为了推进电子政务进阶发展，2016年12月，国务院办公厅印发《“互联网+政务服务”体系技术建设指南》，向地方政府各部门提供了“互联网+政务服务”在平台技术架构、服务内容、一体化办理、信息共享、供需信息收集以及监督考核等方面的统一性技术指导。

阶段三：数字政府建设（2017年至今）。自2017年开始，“数字政府”一词开始出现在政务服务相关的政策语言体系中。习近平总书记在2017年中共中央政治局第二次集体学习时强调，要运用大数据提升国家治理现代化水平，实现政府决策科学化、社会治理精准化、公共服务高效化。2018年6月，国务院办公厅印发了《进一步深化“互联网+政务服务”推进政务服务“一网、一门、一次”改革实施方案》，明确了政务服务数字化转型的方向，强调了政务服务的便捷化、透明化和标准化，细化了政务服务的线上线下融合，推动政务服务“一网统管”和“一网通办”。2019年，党的十九届四中全会强调“推进数字政府建设，加强数据有序共享”的新时代治理体系改革目标，并提出“建立健全运用互联网、大数据、人工智能等技术手段进行行政管理的制度规则”，“数字政府”有关的建设规划在全国范围内铺开。2021年政府工作报告中提出加快数字社会建设步伐，提高数字政府建设水平，营造良好数字生态，建设数字中国。同年3月，《国民经济和社会发展第十四个五年规划和2035年远景目标纲要》更是将“加快数字化发展，建设数字中国”单列成篇，要求加快建设数字经济、数字社会、数字政府，以数字化转型整体驱动生产方式、生活方式和治理方式变革。同年 7 月，工业和信息化部、中央网络安全和信息化委员会办公室、国家发展和改革委员会、教育部、财政部、住房和城乡建设部、文化和旅游部、国家卫生健康委员会、国务院国有资产监督管理委员会、国家能源局等十部门联合印发《5G 应用“扬帆”行动计划（2021—2023 年）》，旨在推动 5G 技术在基于数字化、网络化、智能化的政府建设中的应用创新，打造信息技术、通信技术和运行技术深度融合的数字政府新生态。2022 年 6 月，国务院发布了《关于加强数字政府建设的指导意见》，这是数字政府建设的纲领性文件，明确了数字政府建设的目标、任务和路径，强调了数据驱动的政府决策、服务模式创新和政务流程优化。紧接着，广西、广东两地发布数字政府建设规划，标志着数字政府从建设理念走向落地实践，随后数字政府建设迅速向国内其他省（区、市）扩散，各地方政府纷纷出台数字政府建设发展规划和实施方案，全面推进数字政府建设。截至 2023 年 5 月底，全国已有 21 个省级地区公开发布 27 项数字政府专项政策文件，如表 5 - 1 所示。

表 5 - 1　　省级地区公开发布的数字政府政策情况

序号	政策名称	发布地区	印发日期
1	宁夏回族自治区数字政府建设行动计划（2021—2023 年）	宁夏回族自治区	2021 - 03 - 01
2	浙江省数字政府建设“十四五”规划	浙江省	2021 - 06 - 04
3	吉林省数字政府建设“十四五”规划	吉林省	2021 - 06 - 30
4	广东省数字政府建设“十四五”规划	广东省	2021 - 06 - 30
5	江苏省数字政府建设“十四五”规划	江苏省	2021 - 08 - 31
6	四川省数字政府建设“十四五”规划	四川省	2021 - 09 - 27
7	甘肃省人民政府关于加强数字政府建设的意见	甘肃省	2021 - 09 - 29
8	辽宁省“十四五”数字政府发展规划	辽宁省	2021 - 10 - 16
9	陕西省数字政府建设“十四五”规划	陕西省	2021 - 10 - 27
10	甘肃省数字政府建设总体规划（2021—2025 年）	甘肃省	2021 - 12 - 22
11	黑龙江省“十四五”数字政府建设规划	黑龙江省	2021 - 12 - 30
12	湖南省“十四五”数字政府建设实施方案	湖南省	2022 - 03 - 23
13	关于加快统筹推进数字政府高质量建设的实施意见	江苏省	2022 - 04 - 04
14	江西省数字政府建设三年行动计划（2022—2024 年）	江西省	2022 - 05 - 27
15	海南省政府数字化转型总体方案（2022—2025 年）	海南省	2022 - 07 - 15
16	浙江省人民政府关于深化数字政府建设的实施意见	浙江省	2022 - 07 - 30
17	自治区数字政府改革建设方案	新疆维吾尔自治区	2022 - 09 - 17
18	黑龙江省人民政府关于加强数字政府建设的实施意见	黑龙江省	2022 - 09 - 28

续表

序号	政策名称	发布地区	印发日期
19	广西壮族自治区人民政府关于加强数字政府建设的实施意见	广西壮族自治区	2022-11-30
20	福建省数字政府改革和建设总体方案	福建省	2022-12-26
21	山东省数字政府建设实施方案	山东省	2023-01-29
22	云南省数字政府建设总体方案	云南省	2023-03-02
23	河北省人民政府关于加强数字政府建设的实施意见	河北省	2023-04-12
24	西藏自治区加强数字政府建设方案（2023—2025年）	西藏自治区	2024-04-16
25	河南省加强数字政府建设实施方案（2023—2025年）	河南省	2023-04-26
26	江苏省数字政府建设2023年工作要点	江苏省	2023-04-27
27	自治区人民政府关于加强数字政府建设的实施意见	宁夏回族自治区	2023-05-16
28	江西省数字政府建设总体方案	江西省	2023-07-17
29	青海省人民政府关于加快数字政府建设的实施意见	青海省	2023-07-30

资料来源：《数字政府蓝皮报告（2023年）》及公开资料。

在数字政务+数字政府推进模式上，政府采取了“中央统筹、地方执行，线上线下融合”的模式，鼓励各地创新实践，同时加强数据共享和信息安全。政策推进的重点在于全面数字化转型，包括政务服务、公共服务、社会治理等各个领域。例如，推进“一网通办”“一网统管”“一网协同”等，实现政务服务的全程在线、跨部门协同，以及社会治理的智能化、精准化。同时，加强数据安全和隐私保护，确保数字政府建设在合法合规的框架内进行。这一阶段，数字政务+数字政府建设不仅提升了政府服务的效率和透明度，还推动了政府决策科学化、公共服务普惠化，以及社会治理智能化。通过大数据、云计算、人工智能等技术的广泛应用，政府的治理能力得到了显著提升，为实现国家治理体系和治理能力现代化提供了有力支撑。

二、数字政府的框架体系

党的十八大以来，党中央、国务院准确把握全球数字化、网络化、智能化发展趋势和特点，围绕数字政府系统化建设出台一系列政策文件，逐步形成了从总体设计到专项指导的数字政府政策体系，有力支撑了国家治理体系和治理能力现代化建设。党的十九届四中全会提出，“创新行政管理和服务方式，加快推进全国一体化政务服务平台建设，健全强有力的行政执行系统，提高政府执行力和公信力”。这意味着政府行政管理从传统的粗放式逐步向精细化演进，从单向关联到“互联网+政务服务”多向互动，从单兵式管理向协作式管理转变、从文书式管理向电子政务式管理转变，从服务供给到以用户需求为中心，从局部治理走向去中心化、一体化治理。数字政府建设旨在提高政务服务效率，增强政府部门间协同，以及推动数据资源的充分利用和开放共享，以更好地服务于社会和公众。因而，数字政府的框架体系主要围绕三方面展开。

（一）互联网＋政务服务（对外服务）

互联网＋政务服务是指政府利用互联网技术，特别是移动互联网、大数据、云计算等，将传统的政务服务转移到线上，实现政务服务的数字化、网络化和智能化。互联网＋政务服务是数字政府框架体系的重要组成部分，它以提升公共服务质量和效率为目标，构建了对外服务的新模式。2007 年 9 月，国务院办公厅发布了《国家电子政务工程建设项目管理暂行办法》，明确提出要构建全国统一的电子政务网络，推进政府服务的在线化。2012 年 5 月，国务院又发布了《2012 年政府信息公开重点工作安排》，强调了电子政务公开，要求各级政府建立政务公开平台，提供在线服务。2015 年 7 月国务院办公厅发布的《关于积极推进“互联网＋”行动的指导意见》和 2016 年 12 月出台的《“互联网＋政务服务”体系技术建设指南》均明确提出要推进“互联网＋政务服务”，打造“掌上政府”和“指尖服务”。这一政策要求各级政府利用互联网技术，实现政务服务的在线办理，大大提高了公众办事的便利性。2018 年 6 月和 7 月，国务院办公厅发布了《进一步深化“互联网＋政务服务”推进政务服务“一网、一门、一次”改革实施方案》和《推进全国一体化在线政务服务平台建设的指导意见》，初步确定了全国政务服务的数字化平台建设标准和数字化转型路径，强调了政务服务数据的互联互通和共享，以及政务服务效能的提升。2019 年 5 月，国务院办公厅发布《关于深化公共资源交易平台整合共享的指导意见》，要求各地建设一体化的政务服务大厅，实现线上线下融合。2022 年 3 月国务院发布《关于加快推进政务服务标准化规范化便利化的指导意见》指出要进一步推进政务服务运行标准化、服务供给规范化、企业和群众办事便利化，有效服务生产要素自由流动和畅通国民经济循环。因此，政府通过推动“一网通办”和电子政务平台建设，以推进互联网＋政务服务，提升公共服务的可达性和满意度，增强公众对政府的信任，促进公平、高效的公共服务体系的构建。

（二）政府办公数字化（内部协作）

政府办公数字化是数字政府框架体系中的关键环节。具体是指政府内部管理和工作流程的数字化转型，通过信息技术的应用，提高政府内部的工作效率和决策质量。回顾政府办公体系升级历程，从最初的物理办公、信息化办公、数字办公到如今的新一代数字办公，政府实现了办公体系中“人、场、物”正向、有序的高效协同运作，以及整体管理水平的显著提升。1985 年前后，党中央高瞻远瞩，洞察国际高新科技的发展趋势，特别是抓住信息技术飞速发展的大好时机，大力开展国民经济信息化建设，国家信息中心及众多部委信息中心相继宣告成立。2017 年 3 月，国务院办公厅发布了《2017年政务公开工作要点》，强调了政府办公的电子化和信息化，要求推进电子公文、电子档案等管理，实现办公流程的线上化。这一政策推动了政府内部的数字化转型，提升了办公效率，减少了纸质文件的使用，实现了资源的高效利用。2021年9月，国务院办公厅印发《全国一体化政务服务平台移动端建设指南的通知》，旨在指导各地区、各部门加强政务服务平台移动端的标准化、规范化建设和互联互通，推动更多政务服务事项实现网上办、掌上办，提升企业和群众的获得感和满意度。2022年9月，国务院办公厅发布的《全国一体化政务大数据体系建设指南》，着重提到政府办公数字化的管理，要求建立统一的政府办公信息系统，提升内部决策支持和行政管理效能。这些政策共同构建了政府办公数字化的框架，促进了政府内部管理的现代化，提高了政府的运行效率和决策质量。此外，为应对新冠疫情的影响，多部门联合发布了多项政策，以支持远程办公和数字化转型。综上，政府办公数字化和职能部门数字化的推进，极大地提高了内部管理效率。通过减少纸质文件，简化流程，决策过程得以加速，运营成本降低，使得政府机构能够更快速地响应社会变化，提高行政效能，更好地服务于社会。

（三）政务数据共享开放

政务数据共享开放是指政府将其在行政过程中产生的各类数据资源进行整合、管理和共享，部分数据在确保安全和隐私的前提下对社会开放，以供公众、企业和其他组织使用。政务数据共享开放是数字政府框架体系中的重要支柱，它通过数据的整合与利用，推动政府服务的创新和效率提升。2004年12月，中共中央办公厅、国务院办公厅印发了《关于加强信息资源开发利用的若干意见》，这是我国第一次专门针对信息资源开发利用提出的重要指导性文件，文件指明了建立健全政府信息公开制度、加强政务信息共享、规范政务信息资源社会化增值开发利用工作、提高宏观调控和市场监管能力、加强政务信息资源管理等内容的主要原则和总体任务，对加强政务信息资源开发利用，推动我国政府信息化建设起到巨大而深远的影响。2015年4月国务院办公厅发布《政府信息公开工作要点》，首次提出数据开放概念，指出要积极稳妥推进政府数据公开。4个月后，国务院办公厅发布了《促进大数据发展的行动纲要》，明确提出建立统一的国家数据资源体系，建立公共机构数据资源清单，并制定实施政府数据开放共享标准和数据开放计划，推动政务数据的开放共享，为电子政务平台提供数据支撑，以支持决策科学化和公共服务优化。这一政策打破了数据孤岛，促进了政府服务的协同和透明。2016年2月，中央全面深化改革领导小组通过了《关于全面推进政务公开工作的意见》，指出要加快建设国家政府数据统一开放平台，稳步推进政府数据共享开放。同年7月，中共中央办公厅、国务院办公厅发布的《国家信息化发展战略纲要》再次提及要积极稳妥推进公共信息资源开放共享，并进一步提出要建立公共信息资源开放目录，构建统一规范、互联互通、安全可控的国家数据开放体系。同年9月，中央网信办发布了《政务数据资源共享管理暂行办法》，明确了政务数据共享的范围、方式和责任，推动电子政务平台的数据整合。2017年7月，国家发改委、中央网信办等联合发布的《政务信息资源目录编制指南（试行）》中，明确要求建立政务数据资源目录，推动数据资源的有序开放，以支持科研、教育、企业等社会主体的创新应用。2020年12月，国家发改委、中央网信办等多部门联合发布《关于加快构建全国一体化大数据中心协同创新体系的指导意见》，提出要优化数据中心基础设施建设布局，加快建立完善云资源接入和一体化调度机制，加强跨部门、跨区域、跨层级的数据流通与治理，深化大数据在社会治理与多领域的协同创新，加快提升大数据安全水平，形成"数网""数纽""数链""数脑""数盾"体系，以强化数据中心、数据资源的顶层统筹和要素流通。2022年9月，国务院办公厅发布《国务院办公厅关于印发全国一体化政务大数据体系建设指南的通知》，该通知从提高政府管理水平和服务效能出发，对各地区各部门加强数据汇聚融合、共享开放和应用创新展开了指导，并强调建立全国一体化政务大数据体系的重要性，提出到2023年底构建统一的数据共享平台和数据标准体系，以支撑全国政务数据的共享和应用。这些政策共同构建了政务数据共享开放的框架，促进了政府决策的科学性和公众参与，提升了政府治理的现代化水平。作为数字政府的关键支柱，政务数据的共享开放不仅有助于政府基于数据进行科学决策，洞察社会发展趋势，还能激发社会创新活力，推动经济持续发展。数据驱动的决策模式减少了决策的盲目性，使得政策更加精准，从而提升整体治理效能。综上，数字政府的框架体系以服务公众为核心，通过"互联网＋政务服务"的便捷性，有效增强了公众对政府的信任度，解决了公共服务的可达性问题，提高了政府服务的公平性和效率。同时，政府办公数字化的实施，显著提升了内部管理效率，减少了行政成本，加快了政府决策响应速度。政务数据的共享开放不仅推动了政策制定的科学性，还促进了社会创新和经济发展。这三个关键领域的整合，充分证明了构建数字政府框架体系的必要性和说服力，它有力地推动了政府服务的现代化和整体治理能力的提升。

第二节

互联网＋政务服务

作为推动政府服务创新和提升公共服务效率的重要途径，"互联网＋政务服务"

已成为我国深化行政体制改革、加快政府职能转变的关键措施，其主要通过“一网通办”和电子政务平台建设两种方式展开。通过一系列政策引导和实践案例探索，不仅提高了政府服务的透明度和可及性，减少了公众和企业办事的时间和成本，实现了政府服务的均等化和普惠化，而且有效促进了政务服务的便捷化、智能化、精准化发展，进而推动政府职能转变，助力服务型政府建设。

一、推动“一网通办”的相关政策举措与案例

“一网通办”是中国政府为优化营商环境、提升政务服务效率而推出的一项重要改革措施，是“互联网+政务服务”的一张新名片。

（一）推动“一网通办”建设与实施的相关政策

上海市政府最先提出“一网通办”理念与建设框架，2018 年 4 月上海市公布《全面推进“一网通办”加快建设智慧政府工作方案》，明确了建成上海政务“一网通办”总门户任务，指出对面向群众和企业的所有线上线下服务事项，逐步做到一网受理、只跑一次、一次办成，逐步实现协同服务、一网通办、全市通办。规划到2020 年，形成整体协同、高效运行、精准服务、科学管理的“智慧政府”基本框架。同年 5 月、7 月和 9 月上海分别成立了全国首个大数据中心、上线了“一网通办”总门户以及推出了“一网通办”移动客户端即“随申办”。此外，2024 年 1 月上海市人民政府办公厅印发了《上海市优化政务服务提升行政效能深化“一网通办”改革行动方案（2024—2026 年）》的通知，旨在通过智能化技术提升政务服务的精准性和便捷性。该方案提出到 2026 年，基本实现政务服务全方位、全流程、全要素的数字化运营和精准化管理，为企业和群众提供“智慧精准”“公平可及”的“一网通办”服务。

自上海率先推行“一网通办”政策后，北京、山西、四川等多个省市也纷纷开始建立“一网通办”服务平台，最终将该政策逐渐推广至全国。2018 年 7 月北京市印发《北京市推进政务服务“一网通办”工作实施方案》，强调以“一网通办”和“一窗通办”为核心，到 2020 年年底建成覆盖全市的整体联动、部门协同的“互联网+政务服务”体系。2020 年 8 月山西省人民政府办公厅印发《山西省全面推进政务服务“一网通办”实施方案的通知》，提出深入推进“互联网+政务服务”，加快全省一体化在线政务服务平台的规范化、集约化建设，推动政务服务数据资源有效汇聚、充分共享，推进“事项通”“系统通”“用户通”“数据通”“业务通”“证照通”，实现全省政务服务“一网通办”。2022 年 9 月四川省发布《四川省“一网通办”三年行动方案》，提出了加快推动“一网通办”前提下的“最多跑一次”改革，加快建设全省统一、智慧泛在、便捷高效的网上政务服务体系，坚决打破信息

孤岛、拆除数据烟囱、打通业务壁垒，大力推动政务数据共享和有序汇聚，全面提升公共服务数字化、智能化水平，以实现政务服务标准化、规范化、便利化、智慧化。2024 年 1 月重庆市出台《重庆市政务服务“一网通办”管理办法》，提出依托重庆市一体化政务服务平台，统一事项标准、统一系统对接、统一数据共享、统一服务体验、统一效能监管，实现企业群众办事线上“一点登录、全网通办”，线下“一窗受理、综合服务、最多跑一次”。

“一网通办”的出现具有深刻的现实意义，其发展和深化受到了党中央的高度关注和支持。在上海刚推出“一网通办”后，国务院办公厅分别于 2018 年 6 月和 7 月印发了两份有关推进在政务服务中实现“一网通办”的指导意见。6 月印发的《进一步深化“互联网 + 政务服务”推进政务服务“一网、一门、一次”改革实施方案》提出按照政务服务“一网通办”的要求，加快建设国家、省、市三级互联的网上政务服务平台体系，推动政务服务“一次登录、全网通办”，大幅提高政务服务便捷性。7 月印发的《关于加快推进全国一体化在线政务服务平台建设的指导意见》指出要加快建设全国一体化在线政务服务平台，推动政务服务导向从政府供给向群众需求转变，从“线下跑”向“网上办”“分头办”向“协同办”转变，全面推进“一网通办”。此外，在党中央的领导下，长三角“一网通办”于 2019 年 5 月正式上线试运营，这为未来全国实现跨省通办、区域一体化及全国更广泛的“一网通办”奠定了坚实的经验基础。

（二）“一网通办”平台和 APP 实施案例

“一网通办”政策的成功实施，主要依托于“一网通办”平台和 APP。各地区纷纷运用数字化、智慧化的创新手段，建设了“一网通办”平台和 APP，为群众办事、城市管理、政府办公构建起了协同高效的数字政府服务体系，实现了公共服务与行政审批的广泛“智慧化”与“高效化”。以广东省为例，广州市着力打造“一网通办、全市通办”的“穗好办”政务服务品牌，建设“一网统管、全城统管”的“穗智管”城市运行管理中枢。在 2020 年国家营商环境评价考核中，广州市“政务服务”指标走在全国前列，国家网上政务服务能力考核排名第二。截至 2020 年 11 月，广州市移动政务总门户——“穗好办”APP 上线超 1000 项个人及企业服务事项，实名注册用户量突破 250 万①。此外，2019 年上海市推出“随申办”市民云 APP，对接上海市 16 个区、200 多个街道、300 多个系统，用户已突破 1400 万。2019 年，成都的“天府市民云”平台实现了 1000 多项政务服务事项“掌上办”。2020 年，重庆市政府推出“渝快办”平台，整合了 10000 多项政务服务，实现“一

---

① https：//www. gz. gov. cn/zwfw/zxfw/content/post_6950104. html.

网通办”和“掌上办”。

二、电子政务平台的相关政策举措与案例

电子政务平台作为推动政府服务数字化转型的关键工具，被多个地方政府通过一系列政策举措予以强化和规范。这些举措包括推动电子政务平台的建设和应用、提升电子政务的公开服务水平以及强化信息安全保护措施以确保平台的安全可靠运行等。这些政策举措不仅提高了政务服务的效率和透明度，还为企业和公众提供了更加便捷、高效的服务体验。

（一）推动电子政务平台建设与实施的相关政策

电子政务平台建设是国家数字政府建设的重要组成部分。一方面，从国家层面推动电子政务标准体系的建设，2002 年 10 月国家标准化管理委员会发布《电子政务标准体系框架》，确立了电子政务标准的基本框架，包括电子政务总体标准、电子政务应用业务标准、电子政务应用支撑标准、网络基础设施标准、信息安全标准和电子政务管理标准等，明确规定了不同政务应用的具体业务流程、数据格式，政务运行的各种软件、硬件和服务的标准，电子政务所需的网络基础设施，政务信息的安全保护措施以及电子政务项目的规划、实施、运维和评估。这一框架为电子政务系统的开发和应用提供了统一的标准依据，有助于实现不同系统之间的互联互通。另一方面，从国家层面推进电子政务平台的构建，2014 年 11 月国务院办公厅发布《关于促进电子政务协调发展的指导意见》，提出逐步建立与政府履职相适应的电子政务体系，有效服务于创新政府、廉洁政府、法治政府建设，不断提升信息化条件下政府治理能力。2018 年 7 月国务院《关于加快推进全国一体化在线政务服务平台建设的指导意见》提出建设全国一体化在线政务服务平台的目标，通过整合现有的政务服务平台，实现政务服务事项的统一入口、统一认证、统一支付等功能，提升政务服务质量和效率。

各地区根据国家政策，制定了一系列推动电子政务平台建设的地方性政策，包括电子政务的建设规划和推进方案、电子政务集约化发展政策、电子政务协调发展政策以及县级政府政务公开和政务服务的试点政策。

第一，电子政务的建设规划和推进方案层面，以上海市为例，2017 年 2 月，上海市人民政府根据《上海市电子政务管理办法》和《上海市政府电子政务“十三五”发展规划》提出的《2017 年上海市政府电子政务重点工作安排的通知》，明确了完善网上政务大厅建设、深化事中事后综合监管平台建设、推进市级电子政务云建设和搭建政府系统办公协同平台的电子政务平台建设要求。

第二，各地积极推进电子政务集约化发展。例如，2015 年 3 月实施的《山东省

人民政府办公厅关于加快我省电子政务集约化发展的实施意见》，提出山东省的电子政务集约化发展以创新政府管理和提升治理能力为核心，依托国家电子政务网络，采用“服务商建设运营、政府购买服务”的模式，构建云平台架构，计划在3—5年内完成省市云平台和灾备中心建设，实现业务应用系统向云平台迁移，深化政务信息资源应用。方案整体制定了九项任务，包括云平台建设、信息资源共享、大数据应用等，并从推进机制、管理体制等方面提出保障措施，确保电子政务集约化建设的顺利实施。江苏省人民政府于2023年12月发布的《江苏省政务“一朵云”建设总体方案》，明确了政务云的体系架构、建设布局和实施路径，提出了到2027年底全面建成集约共享、融合创新、智能敏捷、安全可控、高效服务的全省政务“一朵云”体系的目标。

第三，各地推进的电子政务协调发展政策。例如，2015年4月，《河北省人民政府办公厅关于促进电子政务协调发展的实施意见》出台，提出加快政府系统电子政务内网建设，加强外网建设和管理，管理运维好业务专网，并推进信息资源的共享与开放。同时，着重新技术应用，如云计算、大数据，并制定相应标准规范。此外，加大数据库和应用系统建设，提升政府网站和重点应用系统的建设，以及加大政务公开力度，确保电子政务建设项目的顺利推进。2016年4月常州市颁布《市政府办公室关于促进电子政务协调发展的实施意见》，指出电子政务协调发展方案的目标是建成统一规范的电子政务网络和提升信息安全保障能力。意见重点包括完善电子政务内网建设、加快外网建设、推动业务专网迁移整合、强化“一办四中心”信息化建设以及加快电子政务云平台建设。同时，方案提出加强电子政务安全体系建设，推进信息资源共享和数据开放利用，深化电子政务应用，并完善保障措施，以促进电子政务协调发展。

此外，部分地区依托电子政务平台开展了县级政府政务公开和政务服务的试点工作。2012年2月四川省发布《四川省人民政府办公厅关于依托电子政务平台加强县级政府政务公开和政务服务试点工作的通知》，2012年2月浙江省发布《浙江省人民政府办公厅关于依托电子政务平台开展县级政府政务公开和政务服务试点工作的通知》，2013年7月温州市人民政府办公室发布《温州市依托电子政务平台加强县级政府政务公开和政务服务实施指南》。上述通知依据国家相关通知和指南，结合省内实际情况，提出了县一级政府电子政务平台的试点工作方案，提出建立覆盖县级各部门、各乡镇（街道）和社区（村）统一电子政务平台，充分利用平台发布政府信息，办理行政职权和便民服务事项，实现网上政府信息公开、政务服务、电子监察三大功能。主要内容涵盖了政府门户网站的信息公开、联网审批平台的政务服务提升、电子监察系统和统一信息平台的建设。同时，明确了这项工作组织实施的进度、职责分工和方案编制要求。

（二）电子政务平台建设与实施案例

全国和典型城市的电子政务平台建设政策案例涵盖了政务云、电子政务服务网、一体化政务平台等多种类型。以政务云为例，政务云是推进城市数字化转型的重要底座，是政务服务“一网通办”、城市运行“一网统管”的基础支撑。2016 年 1 月，北京市经信委发布《北京市市级政务云管理办法（试行）的通知》，特别提出“上云为常态，不上云为例外”，即除安全等保要求在四级以上的部门以及一些涉密系统以外，其他机构都要上云。同年 12 月北京市人民政府印发的《“十三五”时期信息化发展规划》中提到：要建设一些重点领域数据中心作为支撑，推动建设多个重点行业的战略性公有云服务平台，提升政府服务效率。目前，北京市政务服务中心承担着全市 44 个委办局、16 个区县的 740 余项审批服务。基于政务云平台，北京市行政审批和行政服务事项在政务服务中心集中受理、集中办理、集中发证，整合打通各部门、层级、区域数据，实现“一口进、一口出”，前台一窗多能、后台分工协作，所有审批服务均已实现“一站式”办理，真正做到了“只有一个窗口的政务服务中心”。同样，2016 年 10 月，上海市人民政府办公厅印发《上海市电子政务云建设工作方案》通知，提出充分运用云计算、大数据等先进理念和技术，按照“集约高效、共享开放、安全可靠、按需服务”的原则，以“云网合一、云数联动”为构架，建成市、区两级电子政务云平台。历经多个发展阶段，上海市政务云构建了“1+16”的总体布局，形成了由电信、移动、联通 3 家运营商联合支撑的市级政务云体系；16 个区也构建了多元化技术共同支撑的区级政务云平台。为进一步规范云资源申请和使用流程，提高云资源使用效率，进一步强化各单位对上云系统的管理安全防护。同时，不断提升政务云的服务能力，推进政务云广泛深度应用，2022 年 4 月，上海又发布了《上海市政务云管理暂行办法》，对市政务云的职责分工、服务范围、规划建设、能力建设、资源管理、运行维护和安全保障、效能评估等方面详细要求以进一步推动政务云的标准化和规范化建设。

以电子政务服务网为例，2014 年 6 月 25 日，“一张网”——浙江政务服务网正式运行，这也是全国首个省、市、县一体化在线政务服务平台。同年 8 月，其手机客户端应用“浙里办”上线，至今已运行近十年，超过 1.2 亿用户实名注册，每天 300 万以上人次登录办理业务。2016 年底，“最多跑一次”在浙江省委经济工作会议上被正式提出；2017 年 2 月，浙江省发布《加快推进“最多跑一次”改革实施方案》；2018 年 11 月，《浙江省保障“最多跑一次”改革规定》正式施行。“最多跑一次”改革，坚持“群众和企业到政府办事最多跑一次”的理念和目标，从与群众生产生活关系最紧密的领域和事项做起，倒逼各级各部门减权、放权、治权，形成各项便民服务“在线咨询、网上办理、证照快递送达”的运行机制。2023 年以来，浙江大力实施营商环境优化提升“一号改革工程”，以政务服务增值化改革为牵引，持续推动营商环境走在全国前列，连续 4 年被全国工商联评为营商环境最佳口碑省份。

以一体化政务平台为例，2016 年 4 月广东省出台了《关于在全省推广一门式一网式政府服务模式改革的实施方案》，在全国率先推行“一门式一网式”政务服务模式改革，以打造集约化的政务服务中心。文件提出要在县（市、区）、镇（街）两级构建网上网下一体化公共服务体系，创新一门一网式政府服务模式，要将实体办事大厅按部门分设的办事窗口整合为综合服务窗口，实现一口受理，并与网上统一申办受理平台无缝对接，从而实现线上线下服务的融合。作为国家电子政务综合试点省份，广东省建成了全国最大的省级一体化政务服务平台广东政务服务网、全国集成度最高的政务终端广东政务服务一体机等。各地市纷纷响应，以广州为例，2021 年 12 月广州市政务服务数据管理局印发了《广州市政务服务统一预约管理办法（试行）》，提出为进一步优化政务服务流程，便捷企业群众办事，缓解政务服务大厅窗口排队压力，合理配置政务服务资源，提高政务服务效率，实行全市各级政务服务大厅统一预约服务，包括统一预约入口、统一预约平台和统一预约规则。统一预约入口为广东政务服务网或“穗好办”APP，统一预约平台为广州市一体化在线政务服务平台，全市政务服务预约按统一的预约规则分级管理。2023 年 2 月，广州市人民政府进一步印发《广州市加快推进政务服务标准化规范化便利化工作实施方案》，提出建立线上线下一体化管理机制，政务服务事项纳入线上线下一体化办理，实现政务服务事项办理统一平台、统一标准、统一管理。探索使用国家垂直管理部门业务系统办理事项的数据应用，推进使用省垂直管理部门业务系统办理事项的共享互通，推进使用国家、省垂直管理部门业务系统办理的政务服务事项实现线上线下融合互通。

第三节

政府办公数字化

数字化时代，为提升政府工作效率和服务质量，在对外互联网 + 政务服务的同时，我国政府在对内办公数字化领域也出台了一系列政策，并实施了多个成功案例，旨在通过技术革新和管理优化，实现政府办公流程的自动化、移动化，以及职能部门的数字化转型。

一、办公自动化和移动办公的相关政策举措与案例

（一）办公自动化和移动办公的相关政策

随着信息技术的兴起与快速发展，办公自动化和移动办公成为提高工作效率、优化服务流程的重要手段。我国政府较早关注并重视办公自动化和移动办公行业的重要性，出台了一系列政策支持其发展。1986 年夏季，国务院召开了国民经济信息化工作会议，部署了 12 项大型信息系统建设。1987 年，经国务院批准，原国家计划委员会正式成立了国家信息中心，负责国家信息系统的规划与建设。与此同时，中南海实施名为“海内工程”的信息化建设项目，目标是在党和政府的首脑机关率先开展办公自动化建设，逐步为党和政府在宏观管理与科学决策方面实现信息网络化。1987 年 8 月，国务院办公厅秘书局首次召开了“全国政府办公厅系统办公自动化工作会议暨全国政府办公厅系统软件交流会”。这次会议揭开了政府系统有组织地开展办公自动化建设的序幕，也开创了政府机构间在办公自动化建设中合作、互助的先河。1992 年，国务院办公厅下发了《关于建设全国行政首脑机关办公决策服务系统的通知》，各级政府的办公自动化建设开始加快步伐。1994 年，中共中央办公厅、国务院办公厅实施了旨在实现办公自动化的“金海工程”。在“金海工程”的示范和带动下，2000 年全国已经基本建成了以国务院办公厅为枢纽，连接各省、自治区、直辖市政府和国务院各部委、各直属机构的全国政府系统办公自动化网络，绝大多数地区、部门也建立了机关内部的办公业务网络，有些地区的办公自动化网络延伸到了地（市）、县，有些部门还建立了全系统的办公自动化网络。2000 年 5 月，国务院办公厅下发了《国务院办公厅关于进一步推进全国政府系统办公自动化建设和应用工作的通知》，要求各地区、各部门高度重视、抓紧落实，加快办公自动化建设步伐，用 3—5 年的时间完善各地区、各部门的办公业务网和以国务院办公厅为枢纽的全国政府办公业务资源网，建立面向社会的政府公众信息网和门类齐全、内容丰富、更新及时的政府办公业务信息资源数据库，最终建成以“三网一库”为基本结构的全国政府系统办公自动化网络，实现各级行政机关办公业务的电子化、自动化和网络化。此后，各地纷纷响应，2000 年 10 月，《内蒙古自治区人民政府办公厅关于推进全区政务信息化网络建设和应用工作的通知》提出加快办公自动化建设，用 3—5 年时间完善“三网一库”建设，以建立覆盖全区各级行政机关的封闭广域网系统，并以自治区政府办公厅局域网为中心节点，实现网上办公和无纸化办公。2000 年 11 月，陕西省发布《陕西省人民政府办公厅关于进 ·步推进全省政府系统办公自动化建设和应用工作的通知》，提出用 3—5 年的时间，建立和完

善“三网一库”为基本结构的全省政府系统电子政务网络，实现机关办公业务的电子化、自动化和网络化。2001 年 11 月，浙江省人民政府办公厅发布《关于“十五”期间进一步推进全省政府系统信息化建设工作的通知》提出用 3—5 年的时间初步建立以“三网一库”为基本架构的全省政府系统信息化的枢纽框架，基本完成相关信息应用项目的建设、推广和使用，初步形成电子政府的雏形。

随着新一代信息技术的快速迭代，政府相关政策也陆续出台，以进一步优化办公自动化和移动办公的技术手段、运行模式及其效率。2011 年 12 月，《财政部、国家税务总局关于软件产品增值税政策的通知》提出对符合条件的智能移动办公软件产品给予增值税优惠政策；2013 年 8 月，《国务院关于促进信息消费扩大内需的若干意见》提出加快推广智能移动终端、云计算、大数据等新一代信息技术在智能移动办公领域的应用；2015 年 7 月，《国务院关于积极推进“互联网 +”行动的指导意见》提出支持智能移动办公行业发展，推动移动办公应用的普及和深化，提高办公效率和协同能力；2017 年 7 月，《国务院关于印发新一代人工智能发展规划的通知》提出到 2020 年人工智能核心产业规模达到 1500 亿元以上，到 2025 年达到 1 万亿元以上，智能移动办公行业是其重点发展领域之一。2020 年 2 月，工业和信息化部出台《关于运用新一代信息技术支撑服务疫情防控和复工复产工作的通知》，提出面对疫情对中小企业复工复产的严重影响，支持运用云计算大力推动企业上云，重点推行远程办公、居家办公、视频会议、网上培训、协同研发和电子商务等在线工作方式。2021 年 3 月教育部出台《教育部关于加强新时代教育管理信息化工作的通知》，提到要促进教育行政办公数字化。上述政策的出台旨在通过推动智能移动办公行业的创新和发展，加快推广智能移动终端、云计算、大数据等新一代信息技术在智能移动办公领域的应用，进而促进信息消费，提高办公效率和协同能力。

同时，政府明确了办公自动化和移动办公的规范化标准，确保相关建设行动切实可行。相关政策举措包括：2019 年 12 月广西壮族自治区市场监督管理局发布与实施的地方标准《政府系统综合办公信息化建设规范——第 1 部分：总则》（DB45/T 2047. 1 - 2019），这一规范从政府系统办文、办事、办会等方面提出利用互联网、大数据、人工智能等手段，建设包含公文处理、活动办理、督查管理、值班值守、移动办公在内的综合办公平台，为政府系统办公提供业务和技术标准。2022 年 6 月国家信息中心牵头编制的《信息安全技术电子政务移动办公系统安全技术规范》国家标准正式发布，提出了电子政务移动办公系统安全技术框架，规定了确保移动终端安全、移动通信安全、移动接入安全和安全管理中心等各部分的技术要求，适用于电子政务移动办公系统的安全设计、建设实施、安全管理和测试评价。

（二）办公自动化和移动办公系统应用案例

在政策引导和技术支撑下，政府办公自动化和移动办公系统进展迅速，形成了一些典型案例。青海省海南州兴海县在2011年9月国务院办公厅转发的《关于开展依托电子政务平台加强县级政府政务公开和政务服务试点工作的意见》基础上积极开展县级政府政务公开和政务服务工作，通过举办培训班，使州县机关部门人员掌握办公自动化系统的应用，有效提升了政府公文运转效率和办公自动化水平。此外，上海市政府在办公自动化系统使用过程中，创新性地使用量子相关技术，如量子密信手机，通过APP客户端、量子安全SIM卡以及量子密钥服务平台将量子加密技术与即时通信技术紧密融合，实现消息一次一密、音视频通话全帧加密、多人群聊文件传输加密等功能。如量子加密对讲，在实时治理协同场景中通过量子TF卡、量子密钥管理服务平台与专用对讲终端，确保对讲、媒体共享、调度信息的高等级加密防护。同时，还探索了量子云印章、量子安全视频会议、量子安全U盾等量子技术赋能场景在政务办公领域的应用。

关于移动办公，2020年2月《杭州市关于数字赋能线上审批服务远程办公的通告》出台①，提出全市要加快推进数字赋能线上审批服务远程办公，各级各部门实行线上审批服务，并倡议各单位（组织）充分借助我市数字技术优势，以居家互联网办公或远程办公形式开展复工。2022年11月湖南省人民政府办公厅印发了《"湘易办"超级移动端建设工作方案》，致力于实现"一机在手、一键登录、一网通办、一次办好"目标。该方案在2022年底初步建成了"湘易办"的公众版和政务版APP、微信小程序和支付宝小程序等，推进高频服务事项上线运行，实现移动政务服务应用的标准统一和业务协同。广东省以满足政府部门内部办文、办事、办会需求为基础，推出"粤政易"移动办公平台，截至2021年7月，"粤政易"已面向全省21个地级以上市、11万个组织机构，总计超过166万名公职人员开通账户，接入政务应用600多项，公文处理效率提升超过40%②。

通过这些政策与平台的实施，政府部门和企业能够更好地利用现代信息技术，实现办公流程的数字化、网络化和智能化，提高工作效率，降低运营成本，同时也为公众提供更加便捷、高效的服务。

二、职能部门数字化办公的相关政策举措与案例

（一）职能部门数字化办公的相关政策与案例

职能部门数字化办公是推动政府办公数字化的又一重要举措。2015年7月《国务院关于积极推进"互联网+"行动的指导意见》提出要推动各职能部门利用互联网技术提升政务服务效率，鼓励在线办事、信息共享和数据互通。2022年6月国务

---

① https：//www. hangzhou. gov. cn/art/2020/2/6/art_1228998465_41951823. html.

② http：//www. gd. gov. cn/zwgk/wjk/qbwj/yf/content/post_3344999. html.

院印发《关于加强数字政府建设的指导意见》，明确提出以数字化改革助力政府职能转变，以数字政府建设支撑加快转变政府职能，推进体制机制改革与数字技术应用深度融合。例如，浙江省温州市苍南县龙港镇“撤镇设市”后，数字化转型在政府结构优化过程中体现出了巨大的发展空间。龙港加强数字政府建设，实行大部制扁平化改革，将职能相近的部门合并重组，其中党政机构共设置15个部门，纵向管理102个社区，真正实现扁平化治理。同时依靠数字化手段提升城市管理和服务水平，通过“智慧村社通”平台及时化解群众身边的民生难题①，取得了良好成效。

进一步，国家及地方政府对于职能部门的数字化转型制定了更详尽的政策举措。一是重视行政审批、行政执法、公共资源交易等行政职能部门的全流程数字化运行、管理和监督。2021年12月《国家发展改革委关于进一步推进投资项目审批制度改革的若干意见》提出建设投资项目在线审批系统，简化审批流程，实现跨部门联审，提升审批效率。江苏省时间按照“共享、自主、安全”原则统筹开发的审批服务综合执法一体化平台，较为全面地满足了基层治理以及职能部门的办公需求，包括党建引领、审批服务、综合执法、网格管理、指挥调度、经济发展、业务对接、系统管理等8个模块，实现了跨部门、跨区域、跨系统数据互认共享②。

二是重视大数据科学决策部门的动态监测、统计分析、趋势研判、效果评估和风险防控等，强调政府决策的科学化水平。2022年12月，伴随着“青岛智慧统计”平台正式上线，青岛市在统计数字化转型方面迈出了重要步伐③。“青岛智慧统计”平台对全市经济运行情况展开统计，“经济运行一张图”系统对经济运行进行“全维度”监测分析，为全市经济社会发展精准“画像”。“高质量纳统”通过部门数据共享，综合运用市场主体、纳税主体、特色企业等数据，实施网格化管理、移动APP纳统核实，动态化生成“种子”“储备”“准四上”企业库，监测企业成长转化情况，将数据定期推送至相关职能部门，联动开展企业培育、扶持和纳统工作，大幅提升纳统效能。同时，针对有数据共享需求的部门，青岛市统计局在“最多报一次”系统内生成《保密承诺书》，需求部门在线签署《承诺书》，同时由统计局在线生成《企业统计数据共享授权书》并发送至相关企业完成签署，《授权书》中明确了数据共享部门、具体统计指标、数据共享期限、授权事项变更等，并且允许企业通过《授权事项变更告知书》进行授权变更或停止授权，充分保障企业合法权益，提高统计数据开放共享水平。企业只需一次报送，便可多部门共享流动，解决

① http://www.zjlg.gov.cn/art/2021/9/27/art_1229003825_58950099.html.

② http://gxxxzx.gxzf.gov.cn/jczxfw/dsjfzyj/t5255903.shtml.

③ 中国报道网．“青岛智慧统计”平台上线“创新融合共享”加快统计数字化转型［EB/OL］.（2022-12-08）［2022-12-08］. http://qwfb.chinareports.org.cn/xs/20221208/90422.html.

了企业多头报数的困扰，切实为企业减负。

三是重视税务机关和税务系统部门的数字化转型，不断提高运行效能。2015 年 9 月《“互联网 + 税务”行动计划》发布以来，国家税务总局及各地方税务机关结合“金税三期”工程建设，积极推进人工智能、大数据技术与现代税收征管和服务的融合，探索智慧税务建设的理论与实践创新。2015 年 11 月 25 日，政府采购国税系统电子平台上线运行，税务系统税收征管信息化、电子化快速推进，全国基层税务机关不断推出税收征管数字化创新举措。2021 年 10 月中共中央办公厅、国务院办公厅印发了《关于进一步深化税收征管改革的意见》提出，全面推进税收征管数字化升级和智能化改造、不断完善税务执法制度和机制、大力推行优质高效智能税费服务、精准实施税务监管、持续深化拓展税收共治格局。

（二）职能部门一体化协同办公案例

除职能部门数字化办公之外，基于数字技术的全国一体化在线政务服务平台建设促使职能部门实现了一体化协同办公，进一步推动了数字政府的建设和完善。2018 年 7 月，国务院办公厅发布了《关于加快推进全国一体化在线政务服务平台建设的指导意见》，强调了政府办公的协同化，通过云计算、大数据等技术，实现部门间信息共享和协同办公，如电子政务协同办公平台的建设，使得政策制定、执行和监督等环节更加顺畅。2023 年 9 月，国务院办公厅发布《关于依托全国一体化政务服务平台建立政务服务效能提升常态化工作机制的意见》，提出要围绕“高效办成一件事”加强协同配合，依托全国一体化政务服务平台持续推动更多跨部门、跨层级“一件事一次办”，扩大“跨省通办”“区域通办”范围，实现更多服务异地能办、就近可办。2024 年 1 月，国务院印发《关于进一步优化政务服务提升行政效能推动“高效办成一件事”的指导意见》，进一步提出从企业和群众视角出发，将需要多个部门办理或跨层级办理，关联性强、办理量大、办理时间相对集中的多个事项集成办理，为企业和群众提供“一件事一次办”“一类事一站办”服务。明确每个“一件事”的牵头部门和配合部门及各自职责，强化跨部门政策、业务、系统协同和数据共享，以及重构跨部门办理业务流程，以为人民群众带来更好的政务服务体验。

各省都开发了政务服务 APP，以方便职能部门数字化办公，这对于提升政府治理能力、优化公共服务、促进社会和谐具有重要意义。2017 年 3 月，《浙江省人民政府办公厅关于开展政务移动办公系统建设的通知》出台，浙江省委办公厅、省政府办公厅联合阿里巴巴集团，合力打造了数字化协同管理平台——“浙政钉”，其于 2017 年 3 月开始试点建设，在同年正式落地使用。2019 年 4 月，《中共浙江省委办公厅关于推广“浙政钉”移动办公应用的通知》颁布，进一步要求全省建成统一的移动办公平台，建设“掌上办公之省”。通过“浙政钉”平台，支撑实现通信从层级化向扁平化转变，创新了政务沟通方式；通过业务中台和数据中台的能力，统一各地、各部门之间业务流、数据流、审批流汇聚到“浙政钉”，创新了政务协同方式；通过将现有 PC 电脑上的文件办公应用功能整合接入到“浙政钉”工作平台，创新了移动办公模式。截至 2022 年 11 月，“浙政钉”注册用户数高达 180 万，日活率达 84%；浙江各地各部门基于“浙政钉”平台自建开发的应用数超 4000 个[①]。2019 年 3 月，山东省人民政府办公厅发布关于印发《数字山东 2019 行动方案》的通知，提出要全面推广“山东通”，加快已有移动办公业务向“山东通”移动办公平台迁移，并深化“山东通”应用，加强移动终端安全管理，支撑全省各级机关办文、办会、办事“网上办、掌上办”。2022 年 3 月，“山东通”正式上线运行，做到了组织在线、沟通在线、办公在线、治理在线、服务在线、学习在线的“六个在线”，提升了机关运行效能、政务服务效能和政府治理效能。2019 年 8 月，上海市人民政府办公厅颁布《“随申办”超级应用建设工作方案》，提出在推进“一网通办”改革和政务公开领导小组的统一领导下，设立“随申办”超级应用工作组，由省政府统一建设管理，由市政府办公厅牵头，市发展改革委、市经济信息化委、市财政局等部门参加，极大地提高了省域内跨部门协同的效率。截至 2024 年，“随申办”作为上海市政府职能部门办公平台，集成了 700 余项政务服务事项，覆盖公安、民政、卫生、医保、司法等多个领域[②]。此外，2019 年 12 月广西壮族自治区发布实施全国首个《政府系统综合办公信息化建设规范》地方标准，制定了政府系统跨部门、跨层级、跨区域的协同办公业务的标准规范，这也意味着一体化协同办公平台建设在标准规范方面已有初步探索。

第四节

政府数据共享开放

在数字经济时代，数据共享开放成为推动社会进步和经济发展的关键动力。政府数据共享开放的核心在于数据资源的最大化利用，通过数据的流动和共享，促进政府决策的科学化、服务的精准化以及社会创新的活跃化。我国政府不仅围绕推动政府数据开放共享提出了相关举措，也通过一系列政策推进了数据的应用。

---

① https://www.gov.cn/xinwen/2022-11/28/content_5729257.htm.

② 中国新闻网．“随申办”超级应用发布上海智慧城市“入口”再升级［EB/OL］.（2020-01-09）［2020-01-09］. https://www.chinanews.com.cn/cj/2020/01-09/9055686.shtml.

一、推动政府数据共享的重要举措与案例

（一）制定政府数据开放标准和管理办法

各级政府制定数据开放标准和管理办法是推动数据共享的重要举措之一。统一的数据标准和管理办法能够确保不同政府部门和机构之间的数据兼容性和一致性，简化数据交换过程，提高数据的互操作性，有助于促进数据资源的高效利用和价值最大化。在2016年9月国务院发布的《政务信息资源共享管理暂行办法》基础上，各省市政府积极响应，制定了适合本地发展的政府数据开放标准和管理办法。以北京市为例，2017年12月出台《北京市政务信息资源管理办法（试行）》、2019年5月发布《北京市公共数据管理办法》征求意见，2022年8月，《北京市优化营商环境条例》进一步提出要构建以区块链等新一代信息技术为基础的数据共享和业务协同制度等，对公共数据开放工作提出了明确要求，规定了政务数据的采集、存储、使用和共享规则，推动各部门间数据共享。以上海市为例，2019年8月上海市大数据中心发布了《上海市公共数据开放暂行办法》提出，要通过政务数据的互联互通，推动电子政务平台的数据整合，提升公共服务水平。2021年11月，上海市第十五届人民代表大会常务委员会第三十七次会议通过的《上海市数据条例》进一步提出，在满足安全要求的前提下，最大限度促进数据流通和开发利用、赋能数字经济和社会发展。为保证上海市政务数据的开放共享，2022年12月上海市经济信息化委市互联网信息办公室印发《上海市公共数据开放实施细则》，确立数据开放的范围和原则、建立数据开放的管理和协调机制、推动数据开放平台的建设和完善、制定数据开放的标准和规范、加强数据开放的安全和隐私保护，以及推动数据开放的创新应用等。到2023年8月《上海市公共数据开放2023年度重点工作安排》则具体提出了推动公共数据更广范围、更深层次、更高质量开放的目标。此外，2018年11月广东省政府办公厅发布了《广东省政务数据资源共享管理办法（试行）》，提出构建全省统一的数据共享平台，促进电子政务平台的数据交换和应用。2020年6月，浙江省政府办公厅发布了《浙江省公共数据开放与安全管理暂行办法》，明确了数据共享的法律依据和责任，推动了数据安全和合规使用。这些措施共同构成了政府数据开放政策的框架，为各级政府部门提供了数据开放的操作指南和行动方向。政府部门通过开放数据，不仅能够提升自身的服务能力和决策水平，还能激发社会各界对数据的创新应用，推动形成开放、共享、协作的数字生态，为建设数字中国提供强有力的数据支撑。

（二）制定政府数据共享方案与实施办法

推动政府数据共享的首要举措是制定推动政府数据资源共享的方案和实施办法。自2015年4月国务院办公厅发布《政府信息公开工作要点》，指出要积极稳妥

推进政府数据公开。2016 年 2 月，中央全面深化改革领导小组通过《关于全面推进政务公开工作的意见》，指出要加快建设国家政府数据统一开放平台，稳步推进政府数据共享开放以来，各地纷纷响应，提出深入推进政府数据共享工作。例如，2016 年 1 月成都市政府办公厅印发《关于深入推进政务数据资源整合共享工作的意见》，明确了成都市建立统一的政务数据共享平台的主要举措，强调通过构建规范高效的政务数据采集和开发利用体系，显著提高政务数据资源开放共享水平，推动智慧政府建设取得阶段性成果。2017 年 7 月国家发改委、中央网信办等联合发布了《政务信息资源目录编制指南（试行）》，从政务数据统筹管理、数据资源、共享交换、数据服务和标准规范等方面说明了政务数据共享的实施办法。基于此，各省市制定了各项方案推动本地政府数据共享，以推动政务数据的共享，并实现数据资源的最大化利用。例如，2017 年 11 月重庆市政府办公厅发布《重庆市政务信息系统整合共享工作方案》，提出了一系列加快推进政务信息系统整合共享的举措，旨在构建起全市统一、动态更新、共享校核、权威发布的政务信息资源目录体系，实现政务数据资源的高效利用和共享。2021 年 5 月贵州省第十三届人民代表大会常务委员会第二十六次会议批准《贵阳市政府数据共享开放实施办法（2021 修改）》，提出市人民政府负责领导全市数据共享开放工作，市大数据主管部门负责监督管理和指导，其他行政机关负责数据采集、目录编制、提供、更新和安全管理；要建立统一的政府数据共享平台和开放平台，行政机关应将信息化系统纳入统筹管理，并提供接口与平台对接，对于无条件共享数据直接通过共享平台获取，有条件共享数据需授权或申请。

规范化的数据共享方案与实施办法促进了政府数据的开放和利用，提升了政务服务的透明度和便捷性。通过这些措施，政府能够更好地发挥数据作为国家战略资源的作用，促进社会治理体系和治理能力现代化，为建设数字中国提供坚实的数据支撑。

（三）数据开放平台的建设案例

政府部门间数据共享平台是实现数据共享和互通的有效途径。这种平台能够打破信息孤岛，促进不同政府部门之间的数据流通，提高政府服务效率和决策质量，截至 2023 年 8 月，我国已有 226 个省级和市级地方政府上线了数据开放平台。2016 年 4 月，《广东省人民政府办公厅关于印发广东省促进大数据发展行动计划（2016—2020 年）的通知》提出，要加快大数据基础设施建设，推动资源整合和政府数据开放共享，建立“用数据说话、用数据决策、用数据管理、用数据创新”的管理机制，提升政府经济管理和社会治理能力。同时，明确指出在 2018 年建成一批社会大数据公共服务平台，其中首要建成“开放广东”全省政府数据统一开放平台。“开放广东”平台是广东省政府为响应国家大数据战略，推动政务公开、提升公共服务水平、激发社会创新活力而设立的一个重要平台。“开放广东”平台汇集了广东省内各级政府的行政管理、公共服务、经济、社会等多个领域的数据，形成一个全面、统一的数据资源库。政府定期发布各类通过标准化处理的数据集，包括统计数据、政策文件、服务信息等，以 API 接口、数据下载等方式供公众和企业使用，促进数据的公开透明。

2016 年 10 月，深圳市政府印发了《深圳市促进大数据发展行动计划（2016—2018 年）》，提出要统筹大数据基础设施建设，推动政府数据开放共享，具体要加强构建全市统一的政府大数据中心和建设全市统一的政府数据开放平台。11 月“深圳大数据平台”上线运行，该平台通过整合和发布政府各部门的各类数据资源，实现数据的公开、共享和利用。平台汇集了政府各部门的行政管理、公共服务、经济、社会、环境等各类数据，涵盖了城市运行、民生服务、产业发展等多个领域。政府通过定期或不定期地发布数据集，这些数据通常经过清洗、标准化处理，方便公众和企业使用。数据类型可能包括表格、图表、API 接口等形式。

2022 年 3 月，国务院办公厅电子政务办《关于印发 2022 年长三角地区依托全国一体化政务服务平台推进政务服务“一网通办”和公共数据共享应用工作要点的通知》提出，打造长三角公共数据共享平台支撑体系、数据共享高速通道。在此政策引导下，依托全国一体化政务服务平台，长三角地区建立了一体化数据共享交换平台，实现了长三角跨区域数据流通，三省一市间政务信息资源乃至社会公共数据互查互用，构建了长三角地区数据共享体系，并对三省一市现有省级共享平台进行物理上和逻辑上的衔接，形成了区域内专属的数据共享高速通道。与此同时，推动区域政府数据资源统一汇集，以管理服务对象为视角，归集全域内的政府公共数据，构建区域级的自然人、法人基础信息库，建立跨区域的环境监测、养老服务、人力资源、社会保障、信用体系等区域级专题信息库，更好地支撑区域一体化发展领域整体的优政、兴业、惠民。

二、推动数据应用的举措与案例

在推动政府数字化转型的过程中，一项关键举措是大力推行数据应用，如电子证照、电子签章和电子发票等数字化服务的广泛应用。其中，电子证照的推广，不仅简化了公民和企业的办事流程，减少了纸质文件的使用，还实现了信息的实时更新和共享，提高了政府服务的透明度和公信力。电子签章的引入，使得文件签署过程更为便捷，确保法律效力的同时，也减少了伪造和篡改的风险。电子发票的普及，不仅节省了资源，降低了成本，还极大地提高了税收管理的精准性和效率。这些数字化服务的广泛应用，不仅推动了政府服务的现代化，还为实现智慧城市和数字政府的愿景奠定了坚实基础。

（一）电子证照应用的推广与实践案例

国务院办公厅2022年2月发布了《关于加快推进电子证照扩大应用领域和全国互通互认的意见》，明确提出要加快电子证照的应用推广，旨在深化“放管服”改革，优化营商环境，同时提升企业和群众的获得感和满意度。截至2022年年底，全国一体化政务服务平台电子证照共享服务体系基本建立，电子证照制发机制建立健全，企业和群众常用证照基本实现电子化，与实体证照同步制发和应用，在全国范围内标准统一、互通互认。通过电子证照的推广应用，减少企业和群众办事的环节和材料，实现政务服务的便利化。此后，河南、新疆、云南等地陆续印发了相应的电子证照扩大应用领域和跨地区互通互认措施。

江西省药品监督管理局在电子证照应用方面的特色实践体现了政务服务数字化转型的重要进展。以2022年3月中共江西省委、江西省人民政府颁布的《关于深入推进营商环境优化升级“一号改革工程”的意见》为契机，江西省药品监督管理局升级了行政服务平台，将电子证照信息实时汇聚到省电子证照共享系统，与行政审批系统和“一窗式”服务无缝对接。通过业务流程的整合，实现了电子证照的制证签发和查验使用，提升了行政效率。2024年2月，江西省药品监督管理局发布“电子证照在药品监管政务服务中应用”的特色实践案例①，提到截至2024年2月2日，江西省已经完成的全省“两品一械”产品相关备案及审批件的电子证照（电子审批件）有32项省级和7项地市事项，6万多件电子证照（备案件、审批件），大大简化了企业办理“两品一械”相关许可和备案的流程。主要措施包括建立省电子证照共享系统，实现数据和流程的共享；升级行政审批系统，与“一窗式”平台和电子证照库对接，实现电子证照的自动调用；推广电子营业执照，支持身份认证、执照留档和电子签名，提升企业线上办事体验。电子证照的推广应用提高了政务服务效率，减少了企业提交纸质材料的烦琐；激发了市场活力，优化了营商环境；通过集成化、多场景应用和便捷化服务，也提升了企业和公众的满意度。

（二）电子签章的推广应用政策与实践案例

电子签章方面，《中华人民共和国电子签章条例》于2005年4月1日起生效，旨在确立电子签章和数据电文的效力，规范电子签章活动，推动国民经济和社会信息化。该条例共分为6章35条，为电子签章的合法使用提供了法律依据。2020年12月，北京市经济和信息化局、市政务服务管理局、市公安局联合印发的《北京市电子印章推广应用行动方案》提出以“统一管理、分步实施、政府带动、并行过渡”为原则，推进电子印章在企业提交可信材料、政府全程在线审批等业务场景中

---

① http：//www. jxzwfww. gov. cn/art/2024/2/2/art_83533_4779033. html？ flag = gj.

的便捷应用，逐步构建“互联网 +”环境下政府管理和服务方式。此外，北京市市场监管局在 2021 年 1 月 21 日宣布，新开办企业可以在获得电子执照的同时免费获得一套电子印章，这一措施进一步推动了电子印章的应用，提高了企业开办的便利度①。

北京安证通信息科技股份有限公司（以下简称“安证通”）成立于 2003 年，作为一家电子签名认证应用服务运营商，是推动电子签章应用的典型案例。安证通专注电子签章，与数千家行业头部企业建立长期稳定合作，已累计为 500 余万企业客户提供了电子签名全生态链和电子合同全生命周期服务、数字信任系统与服务，充分发挥了电子签章的数字价值。例如，安证通为中国石油勘探开发研究院的原油产销综合管理系统提供了在线签章功能以及代输客户的数字身份、实名认证、印章办理等服务。此后收发油计量员、销售中心复核员等人员的签字、盖章均能线上操作，实现了油气全业务产业链数字化运营、一体化管控。安证通为中国建设科技有限公司统建“统一电子印章认证管理系统”，采用集中部署、分级管理模式，提供电子印章管理、系统功能管理和自助服务管理等功能模块，通过“电子印章 + 实体印章”一体化的管理，帮助中国建科实时掌握集团公司、分公司的印章使用情况，印章状态的实时盘点、统计分析和印章生命周期智能管理等，实现智能化管理，安全高效。安证通为山西焦煤集团有限责任公司建设电子印章管理系统，通过与电子招采平台集成对接，提供电子印章管理、系统功能管理和自助服务管理等功能模块，实现平台用户安全登录身份认证、合同在线签署、标书加解密等服务，助推山西焦煤采购、销售合同高效签署，为交易全生命周期提供司法保障，降低风险。安证通将电子合同签署系统、电子印章系统分别与用友 NC 系统、泛微 OA 系统集成应用，帮助拓展管理软件电子签署功能，推动人事、采购、销售、财务等业务线上审批、电子用印。同时安证通为上海宝冶集团有限公司的多家分包商、分供商提供 USBKey 签章方式，保障签署的真实性与安全性。

（三）推动电子发票的政策举措与实践案例

国家税务总局积极推广电子发票的全面数字化。2021 年 2 月，国家税务总局发布了《关于进一步扩大增值税电子发票电子化报销、入账、归档试点工作的通知》，旨在加快增值税电子发票的应用和推广，降低企业交易成本，推进数字经济的发展。电子发票的报销、入账、归档试点工作，不仅提高了财务管理的效率和透明度，而且有助于企业实现会计核算的自动化和信息化。通过电子化流程，企业能够减少纸质发票管理的成本和时间，同时确保了财务数据的真实性、完整性、可用性和安全性。2022 年以来，各地陆续发布《关于进一步开展全面数字化的电子发票受票试点工作的公

① https：//www.gov.cn/xinwen/2021 -01/21/content_5581590.htm.

告》①，目标为提高税收征管的效率，降低企业的运营成本，同时也为消费者提供了更加便捷的发票管理方式。2023 年 11 月西藏税务局发布《国家税务总局西藏自治区税务局关于开展全面数字化的电子发票试点工作的公告》，提出自 2023 年 12 月 1 日起，在所辖部分纳税人中开展数电票试点，至此数电票开票试点省份（含计划单列市）已经实现了全覆盖（见表 5－2）。从地理范围上看，全国 31 个省（自治区、直辖市）、新疆生产建设兵团、5 个计划单列市、20 多家中央企业和有关单位参与了试点，实现了地理空间上的全覆盖。从规模体量上看，上至世界 500 强企业，下至小微企业，均被纳入试点范围，实现了对不同规模市场主体的全覆盖。从行业分布上看，有党政机关、事业单位，有国有企业、非公企业，有高等院校、医疗机构和科研机构等，遍布不同行业和领域，确保了在各个行业、各个领域都有可借鉴的范例。由于试点单位行业覆盖全、分布范围广，极大加快了全国电子发票的整体推广应用步伐。

表 5－2　数电票开票试点省份（含计划单列市）

行政划分	名称	开票试点	受票试点	行政划分	名称	开票试点	受票试点
省	河北	√	√	省	甘肃	√	√
	山西	√	√		青海	√	√
	辽宁	√	√		台湾		
	吉林	√	√	市	北京	√	√
	黑龙江	√	√		上海	√	√
	江苏	√	√		天津	√	√
	浙江	√	√		重庆	√	√
	安徽	√	√	自治区	内蒙古	√	√
	福建	√	√		广西	√	√
	江西	√	√		西藏	√	√
	山东	√	√		宁夏	√	√
	河南	√	√		新疆	√	√
	湖北	√	√	计划单列市	青岛	√	√
	湖南	√	√		大连	√	√
	广东	√	√		厦门	√	√
	海南	√	√		深圳	√	√
	四川	√	√		宁波	√	√
	贵州	√	√	特别行政区	香港		
	云南	√	√		澳门		
	陕西	√	√				

① http：//beijing.chinatax.gov.cn/bjswj/sszc/zxwj/202211/99bc9fe34d1546488ec70472f008e37e.shtml.

这些创新举措是现代政府数字化转型的基石，其简化了公民和企业的办事流程，显著提高了行政效率，减少了纸质文件的使用，提升了公共服务体验，并且通过数据的互联互通，增强了服务的透明度，提升了公众对政府的信任，为数字经济的发展创造了有利环境。

2022 年国票信息——发票通企业数字化税务协同管理平台的线上电子发票发展的典型案例。发票通企业数字化税务协同管理平台主要面向企业的业、票、财、税等提供一站式产品服务。基于微服务架构，实现发票系统（含数电发票)、业务系统、财务系统、金税系统的集成应用与数据共享。平台包含销项管理、进项管理、发票风险、海关业务、供应链结算业务、电子档案、纳税申报等功能。满足和解决各行业企业在税务数字化共享过程中遇到的问题。全新升级“数电票”功能，在继承传统税控设备开票的基础上，依托发票通平台数电票开具能力，可对接企业业务或 ERP 系统，集中或分散开具数电票，同时在进项发票管理中，可对接收的数电票进行集中的查验、认证，为企业推进数电票的试点提供方案及系统支撑。

第六章　五位一体之数字文化

作为数字中国建设的重要组成部分，数字文化发展不仅关乎文化传承与创新、公共服务水平，而且是新时期文化产业高质量发展、国家软实力提升的关键。本章主要从公共文化，即文化事业的数字化建设、文化产业的数字化发展两个维度梳理相关政策举措。

我国文化数字化发展的政策举措伴随互联网的兴起而出现，经历了特色鲜明的不同阶段。

1. 探索阶段（1994—2002 年）。作为第 77 个接入互联网的国家，1994 年中国开启了信息化的新纪元。互联网技术的引入为文化领域带来了前所未有的机遇，崭新的文化发展篇章开启，文化数字化的概念开始萌芽。这一阶段由于互联网在中国的发展并不成熟，政策文件只将其作为新兴信息技术对待，如国务院分别于 1994 年和 1996 年公布《中华人民共和国计算机信息系统安全保护条例》《中华人民共和国计算机信息网络国际联网管理暂行规定》。1996 年，中国第一家网吧在北京成立，随后网吧行业迅速兴起，网络文化消费市场逐步形成。1997—1998 年，人民网、网易、搜狐、新浪先后成立，为网民拓展了资讯获取渠道。1998 年，《第一次亲密接触》的发表标志着网络文学进入公众视野。1999 年腾讯发布聊天工具，网络社交开始实现。互联网的媒体属性、商业机会和社会价值逐渐凸显，各部门开始重视参与网络信息治理。但互联网与文化的结合尚未被充分关注，政策制定仅针对互联网单一主体进行监管，旨在维护健康、有序的网络环境。相关政策从规范内容信息与营业场所两方面构建了互联网文化市场的基本监管框架，以确保健康有序的网络文化发展环境。内容规范方面，2000 年 9 月国务院出台的《互联网信息服务管理办法》，2002 年 6 月中国新闻出版总署、中国信息产业部出台的《互联网出版管理暂行规定》，均指出互联网信息服务提供者应当按照经许可或备案的项目提供服务等要求，为网络文化内容的合法生产与传播提供了初步的规范指导；运营场所方面，2001 年 4 月国务院办公厅发布的《国务院办公厅关于进一步加强互联网上网服务营业场所管理的通知》、2001 年 8 月国务院办公厅颁布的《国务院办公厅关于进一步整顿和规范文化市场秩序的通知》，以及 2002 年 9 月国务院实施的《互联网上网服务营业场所管理条例》，提出对互联网上网服务营业场所存在无证经营、未成年进入、开展违法犯罪活动等突出问题进行整治。尽管此时“文化数字化”概念尚未被明确提出，但这些初期网络环境的监管政策为日后文化数字化的发展奠定了必要的环境基础。

2. 融合阶段（2003—2011 年）。随着互联网技术的发展，互联网产业的形态逐步成型，淘宝、酷狗音乐、优酷网等平台先后上线，文化领域与互联网的融合趋势日益明显，网络文学、网络游戏、网络视听、动漫等网络文化业态快速发展，政策重心逐渐从单纯的监管转向发展与管理并重，旨在促进文化与数字技术的深度融合。加深文化产业与互联网的融合、推动新兴文化产业发展成为这一时期的主旋律。2003 年 9 月，《文化部关于支持和促进文化产业发展的若干意见》发布，提出了我国文化产业存在产品科技含量较低，创新能力、竞争能力有待提高的问题，强调通过支持和促进高新技术在文化产业中的应用，提升文化产业竞争力。2006 年 3 月，中共中央办公厅、国务院办公厅印发《2006—2020 年国家信息化发展战略》，将“建设先进网络文化”作为重要战略任务之一，提出要推进中华民族优秀文化作品数字化、加快出版等行业信息化等目标。2008 年 1 月，国家发改委等六部门发布了《关于鼓励数字电视产业发展若干政策》，从优化投融资环境、加强税收优惠支持等方面鼓励引导数字电视产业发展；2009 年 9 月，国务院办公厅出台了《文化产业振兴规划》，将发展新兴文化业态作为重点任务之一，提出采用数字、网络等高新技术推动文化产业升级等举措。数字文化产业虽未被政府文件直接提及，但作为新兴业态已被纳入国家战略议程。此外，这一阶段国家还颁布了一系列规范性文件，以维护文化数字化的发展环境。2003 年 5 月，文化部出台了《互联网文化管理暂行规定》，界定了互联网文化产品的范围、区分了经营性与非经营性活动、规范了申请设立互联网文化单位的程序。2007 年 12 月，国家广播电影电视总局、国家信息产业部公布了《互联网视听节目服务管理规定》，明确了服务提供者需要承担建设中国特色网络文化和维护网络文化信息安全的责任，应自觉遵守法律法规并接受管理，指出从事相关服务需要取得信息网络传播视听节目许可证或履行备案手续，需要满足专业人员、法人资格、资金等多方面的条件，并提出了违反规定的相关处罚。科技与文化结合的发展趋势在这一阶段逐渐明朗起来，文化数字化取得了初步的成果。

3. 创新发展阶段（2012—2016 年）。移动互联网技术的广泛应用为这一阶段文化产业带来了新的增长点。动漫游戏、数字音乐、数字电影、网络视频、移动多媒体广播电视、公共视听载体、数字出版、网络出版、手机出版等新兴文化产业逐渐成熟并规模化。政府政策不再仅仅将数字技术和互联网视为文化产业的辅助工具，而是作为推动文化产业创新和发展的主体，更加注重提升网络文化产品的原创能力和文化品位、推动文化产业的技术进步、激发市场活力、构建文化新业态发展环境，促进新兴文化业态的繁荣。2012 年 2 月，中共中央办公厅、国务院办公厅印发《国家"十二五"时期文化改革发展规划纲要》，明确提出"文化数字化建设工程"，旨在推动文化资源数字化、文化生产数字化到文化传播数字化的全链条数字化。2012 年 2 月，文化部印发的《文化部"十二五"时期文化产业倍增计划》将数字文化服务业作为重点产业，指明要推动数字等高新技术在文化领域的广泛应用，促进文化内容以及产品的数字化转化和开发，加快文化产品的生产、传播、消费的数字化进程，加强文化内容与数字技术结合培育新兴文化业态，并提出要提高网络音乐娱乐、网络文学等网络文化产品的原创能力和文化品位，进一步增强网络文化的核心竞争力。同年 6 月，科技部、中宣部和财政部联合印发《国家文化科技创新工程纲要》，指出要围绕促进社会主义文化大发展大繁荣的重大科技需求，深入实施科技带动战略，并提出加强文化领域共性关键技术研究、促进传统文化产业的优化和升级、推动新兴文化产业的培育和发展、提升文化事业服务能力、加强文化科技创新发展环境建设五大主要任务。2016 年 12 月，国务院发布的《"十三五"国家战略性新兴产业发展规划》将数字创意产业确定为我国五大战略性新兴产业之一，提出以数字技术和先进理念推动文化创意与创新设计等产业发展，促进文化科技深度融合、相关产业相互渗透。数字文化新兴业态日渐成熟，文化数字化发展成果显著。

4. 战略阶段（2017 年至今）。这一阶段文化数字化上升为国家战略，政策不仅从指导方向上强调推动文化产业从内容创作、生产、传播到消费全产业链的数字化，还提出具体的方针举措，如搭建文化数据服务平台，推动文化产业链与互联网、物联网的深度融合等。与此同时，公共文化事业的数字化发展也受到高度重视，政策强调利用数字技术拓宽文化服务的覆盖面，提升服务质量，确保文化资源能够更公平、更便捷地惠及全民。2017 年 4 月，《文化部关于推动数字文化产业创新发展的指导意见》发布，首次提出"数字文化产业"概念，明确了数字文化产业在文化产业中的地位，提出"促进优秀文化资源数字化""推进数字文化产业与相关产业融合发展"等目标，标志着文化数字化已成为文化领域发展的重点。2019 年 8 月，科技部等六部门发布《关于促进文化和科技深度融合的指导意见》，首次提出"国家文化大数据体系建设"，表明我国文化数字化已发展到体系化建设阶段。2020 年 10 月，党的十九届五中全会明确提出推进公共文化数字化建设和实施文化产业数字化战略，将文化事业和文化产业统称为“大文化”。这一战略对文化产业、公共文化两个领域的数字化建设进行了全面布局。同年 11 月，《文化和旅游部关于推动数字文化产业高质量发展的意见》发布，指明文化产业的发展目标，即“文化产业和数字经济融合发展迈向新阶段，数字化、网络化、智能化发展水平明显提高，形成新动能主导产业发展的新格局，数字文化产业发展处于国际领先地位”。2022 年 5 月，中共中央办公厅、国务院办公厅印发了全面落实文化数字化建设的指导性文件《关于推进实施国家文化数字化战略的意见》，首次将文化数字化确立为国家战略，明确到“十四五”时期末，基本建成文化数字化基础设施和服务平台，形成线上线下融合互动、立体覆盖的文化服务供给体系，并具体提出了关联形成中华文化数据库、夯实文化数字化基础设施、搭建文化数据服务平台、促进文化机构数字化转型升级、发展数字化文化消费新场景、提升公共文化服务数字化水平、加快文化产业数字化布局、构建文化数字化治理体系等 8 项重点任务，并提出加强文化数据安全保障、加强文化数字化全链条监管、建立文化数字化标准体系、健全文化资源数据分享动力机制、调整优化政府投入、提升科技支撑水平、加大金融支持力度和激活智力智库资源等 8 方面的保障措施。2022 年 10 月，党的二十大报告中明确提出把实施国家文化数字化战略作为社会主义文化强国建设的一项重要任务，这是文化数字化首次出现在党代会报告中，显示了党中央对文化数字化的高度重视。2023 年 2 月，中共中央、国务院印发《数字中国建设整体布局规划》明确要深入实施国家文化数字化战略，打造自信繁荣数字文化，强调了文化数字化在数字中国建设的重要地位，提出了建设国家文化大数据体系、提升数字文化服务能力等政策举措。这一时期政府政策措施聚焦于全面推进文化数字化建设，从国家层面就推进文化数字化作出了一系列重大部署，描绘了文化数字化的新图景，构筑了网络强国、文化强国的宏伟蓝图。

第一节

公共文化数字化建设

一、公共文化数字化建设历程

我国公共文化数字化建设可追溯至 1997 年，文化部组织申报的“中国试验型数字式图书馆”项目审批通过，数字图书馆建设正式启动，开启了公共文化数字化建设序幕。2002 年 4 月，文化部和财政部印发了《文化部、财政部关于实施全国文化信息资源共享工程的通知》，共同启动了“全国文化信息资源共享工程”，该工程强调利用现代信息手段将中华优秀文化资源进行数字化处理与整合，通过运用互联网、移动存储等手段打破地域限制、促进资源的流动，实现优质文化信息资源在全国范围内的共建共享，丰富群众文化生活。这一工程的启动标志着我国开始从政策层面引导科技手段在文化资源建设中发挥作用。该工程的实施历经多年，相关内容多次出现在各类国家政策文件中，承担了早期我国公共文化数字化建设的重要使命。2006 年 9 月发布的《国家“十一五”时期文化发展规划纲要》提到全国文化信息资源共享工程是完善公共文化服务网络的重要构成，要以农村为重点，建设电子图书、舞台艺术、知识讲座和影视节目等数字资源库，基本完成全国市、县和乡镇分中心建设，推进文化资源数字化。2007 年 4 月《文化部、财政部关于进一步推进全国文化信息资源共享工程的实施意见》，同年 8 月中共中央办公厅、国务院办公厅印发的《关于加强公共文化服务体系建设的若干意见》均强调以建设数字资源为核心，通过将优秀文化资源进行数字化加工和整合，实现共建共享。2012 年 2 月，中共中央办公厅、国务院办公厅印发的《国家“十二五”时期文化改革发展规划纲要》，指出要深入实施文化信息资源共享工程。2013 年 1 月文化部发布的《全国文化信息资源共享工程“十二五”规划纲要》明确指出我国文化共享工程已从共建进入全面共享的发展阶段，新时期的主要任务有完善覆盖城乡的六级服务网络、实施“公共电子阅览室建设计划”、加强数字资源建设的统筹规划和管理和打造先进实用的技术支撑平台等，其中，技术支撑平台包括国家公共文化数字支撑平台、全国公共电子阅览室管理信息系统和公共文化信息服务门户。

除文化信息资源共享工程这一有力抓手外，国家还出台多项政策举措推动公共文化数字化建设。在“十一五”期间，虽然公共文化与数字化尚未以统一体出现，但相关政策已为公共数字文化建设奠定了基础。如 2006 年 9 月发布的《国家“十一五”时期文化发展规划纲要》，明确指出促进数字和网络技术在公共文化服务领域的应用，建设数字广播电视信息平台、数字电影放映网络系统、网上图书馆、网上博物馆、网上剧场和群众文化活动远程指导网络。

进入“十二五”，随着 2011 年 11 月《文化部、财政部关于进一步加强公共数字文化建设的指导意见》发布，明确提出了“公共数字文化建设”一词，我国公共文化服务数字化迈入了一个新的发展阶段。此后我国公共文化数字建设在政策层面得到了持续强化，日臻完善。2012 年 2 月中共中央办公厅、国务院办公厅印发《国家“十二五”时期文化改革发展规划纲要》，提到要加快现代科技应用步伐，提高公共文化服务的数字化、网络化水平。要推动文化遗产信息资源、数字资源开发利用，提升中华文明展示水平和传播能力。2015 年 1 月，中共中央办公厅、国务院办公厅印发《关于加快构建现代公共文化服务体系的意见》，强调要加快推进公共文化服务数字化建设，包括文化机构数字化、公共数字文化服务网络、公共数字文化资源建设、保护和应用等内容。2016 年 12 月，全国人大常委会颁布《中华人民共和国公共文化服务保障法》，其中第三十三条规定“国家统筹规划公共数字文化建设，构建标准统一、互联互通的公共数字文化服务网络，建设公共文化信息资源库，实现基层网络服务共建共享。国家支持开发数字文化产品，推动利用宽带互联网、移动互联网、广播电视网和卫星网络提供公共文化服务。地方各级人民政府应当加强基层公共文化设施的数字化和网络建设，提高数字化和网络服务能力”，这标志着公共文化数字化建设上升到立法层面。2020 年“十四五”规划明确提出推动公共文化数字化建设。2021 年 6 月，文化和旅游部发布的《“十四五”公共文化服务体系建设规划》明确提出“公共文化数字化网络化智能化发展取得突破”的建设目标，指出要推进城乡公共文化服务体系一体建设，建设以人民为中心的图书馆，繁荣群众文艺，增强公共文化服务实效性，推动公共文化服务社会化发展，推动公共文化服务数字化、网络化、智能化建设。2022 年 1 月，国务院印发《国家“十四五”数字经济发展规划》，提出了到 2025 年数字化公共服务更加普惠均等的目标，将持续提升公共服务数字化水平作为八大重点任务之一，并提出了“提高‘互联网+政务服务’效能，提升社会服务数字化普惠水平，推动数字城乡融合发展，打造智慧共享的新型数字生活”四大具体落实方向。同年 8 月，中共中央办公厅、国务院办公厅印发《“十四五”文化发展规划》，指出推进城乡公共文化服务体系一体化建设，推动公共文化数字化建设，创新实施文化惠民工程，提升基本公共文化服务标准化均等化水平，更好保障人民基本文化权益。由此可以看出，公共文化数字化是“公共文化”的数字化，需要以满足人民需求为宗旨，同时，公共文化数字化是公共文化的“数字化”，需要将数字手段运用到公共文化中。将数字化与公共文化深度融合以满足人民日益增长的文化需求是公共文化数字化的总体要求。

这一系列重要文件的相继出台，为我国公共文化服务数字化建设提供了清晰的路线图。这些政策不仅明确了发展目标和原则，还具体部署了重点工程和任务，形成了全方位、多层次的政策支撑体系，确保了公共文化服务数字化建设的持续性与系统性，极大地提升了文化服务的可达性和质量，较好满足人民群众日益增长的文化需求。

二、公共文化的线上资源建设

（一）内容供给

大量的文化资源集中在公共文化机构，因此与文化产业相比，文化事业有明显的资源积累优势，有效利用这些资源是推动公共文化服务数字化的关键。据此，国家出台了相关政策推进公共文化资源的数字化、开展文化数字资源的关联整合，以满足广大人民群众多层次多类型的文化需求。

1. 文化资源数字化。将文化资源转化为数字化形态，是公共文化服务数字化进程的基石。这一转变不仅丰富了文化资源的展示方式，还极大地拓宽了民众获取资源的渠道，使得广大民众和众多组织能够便捷地触及并利用这些文化资源。同时，通过先进的数字化技术如 3D 打印、虚拟现实等，增强了对文化遗产等古老文化的保护效能，使历史遗迹和文物等文化资源在数字世界焕发新生。这一过程，不仅提升了文化资源的可接近性和互动性，还极大地促进了文化资源的普及与创新应用，为公共文化服务数字化提供了丰富的素材与可能性。因此，文化资源数字化作为推动公共文化服务数字化的关键步骤，深受国家、地方重视。2007 年 4 月，《文化部、财政部关于进一步推进全国文化信息资源共享工程的实施意见》提出要应用现代科学技术，将中华优秀文化资源进行数字化加工，通过共享网络体系实现资源的共建共享。2017 年 5 月，中共中央办公厅、国务院办公厅印发《国家“十三五”时期文化发展改革规划纲要》，指出要加强文化资源的数字化采集、保存和应用。2019 年 8 月，科技部、中宣部、国家网信办等印发《关于促进文化和科技深度融合的指导意见》，提出要开展文化资源分类与标识、数字化采集与管理等文化生产技术研发，优化文化数据提取、存储、利用技术，发展适用于文化遗产保护和传承的数字化技术和新材料、新工艺；要利用物联网、云计算、大数据、人工智能等新技术对公共文化服务进行全方位、全链条的改造，创新公共文化服务供给模式，充分发挥公共文化机构的研究、展示和教育功能。2022 年 5 月，中共中央办公厅、国务院办公厅印发《关于推进实施国家文化数字化战略的意见》，将促进文化机构数字化转型升级、提升公共文化服务数字化水平等作为重点建设任务，具体指出要推动文化机构将文化资源数据采集、加工、挖掘与数据服务纳入经常性工作；推动公共图书馆、文化馆、博物馆、美术馆、非遗馆等加强公共数字文化资源建设，增强公共文化数字内容的供给能力。

各地积极响应文化资源数字化的发展要求，实施大规模文化资源数字化工程，对各类文化信息资源进行数字化处理与呈现，构建可分享、可推广的文化数字资源，为文化数字资源库群建设奠定基础。如 2021 年 3 月广东省科学技术厅等六部门发布《广东省关于促进文化和科技深度融合实施方案（2021—2025 年）》，指出针对广东省历史文化遗产的多种类型，开展技术攻关。2023 年 12 月中共上海市委办公厅、上海市人民政府办公厅联合印发《上海市贯彻落实国家文化数字化战略的实施方案》，指出要夯实文化数字化的数据基础，促进文化资源数据转化为数据资产。

同时，随着我国进入高质量发展阶段，人民文化需求的品质日益提升，高质量文化供给成为新时期公共文化数字化发展的重要内容。2019 年 4 月，文化和旅游部办公厅印发了《公共数字文化工程融合创新发展实施方案》，就资源建设内容提出具体指引，指出要按照公共数字文化工程的功能定位和技术标准，科学规划新增资源建设内容，推动高质量公共数字文化资源建设。2022 年 5 月，《关于推进实施国家文化数字化战略的意见》印发，其不仅强调了文化资源的共建共享，还明确提出要鼓励开发高质量的数字化公共文化内容、激发文化资源的时代活力，如通过电子书籍、在线展览等形式，让古老文化在数字平台焕发光彩。

2. 整合文化数字资源。在文化资源数字化的基础上，将数字文化资源整合汇聚，形成内容丰富的公共文化数据库，是将资源优势转化为资产优势的关键，也是实现资源共建共享、充分发挥资源价值、助力数字文化强国建设的重要环节。2015 年，中共中央办公厅、国务院办公厅印发的《关于加快构建现代公共文化服务体系的意见》，提到科学规划公共数字文化资源建设，建设分布式资源库群。2016 年 12 月，国家颁布了《中华人民共和国公共文化服务保障法》，从法律层面提出确立了构建标准统一、互联互通的公共数字文化服务网络，建设公共文化信息资源库，实现基层网络服务的共建共享的目标。2021 年 3 月，《中华人民共和国国民经济和社会发展第十四个五年规划和 2035 年远景目标纲要》提出实施社会主义文化繁荣发展工程，积极推进数字文化建设，分类采集梳理文化遗产数据，建设国家文化大数据体系。2022 年 5 月，中共中央办公厅、国务院办公厅出台的《关于推进实施国家文化数字化战略的意见》则是对文化资源科学分类、规范标识以推进资源高效整合的又一重要推进，文件提出关联形成文化数据库，即系统梳理文化领域已建或在建的数字化工程和数据库，推动文化资源科学分类和规范标识，按照统一标准关联零散的文化资源数据，关联不同形态的文化资源数据，形成中华文化数据库。

除从宏观尺度指导文化数字资源整合外，部分政策提到了具体的数据库建设，如 2017 年 1 月，中共中央办公厅、国务院办公厅印发了《关于实施中华优秀传统文化传承发展工程的意见》，提出建设国家文献战略储备库、革命文物资源目录和大数据库。2021 年 4 月，文化和旅游部出台《“十四五”文化和旅游发展规划》，提出建设国家文物资源大数据库、革命文物专题数据库、全民艺术普及资源总库等数据库。通过对各类型文化资源库的数字化，有助于全方位梳理与摸排中华文化，可以为不同领域、不同形态的文化资源之间建立起桥梁，促进数据的关联与流通，确保数据库的实时更新与扩展，为文化的传承、发展和创新提供恒久的动能。

各级地方政府积极响应国家公共文化数字化建设工程，依据自身地域特色和文化优势，有选择性地建立特色资源库，不仅丰富了国家文化资源的多样性，还促进了地方文化独特性与活力的展现，实现了文化资源的区域化深耕与个性化表达。例如，四川作为西部古籍资源大省，拥有丰富的典籍资源，四川省委办公厅、四川省人民政府办公厅于2007年9月发布《四川省人民政府办公厅关于进一步加强古籍保护工作的意见》，提出全面开展古籍保护工作，根据国家古籍数字化标准规范古籍数字化工作，建立古籍数字资源库。目前，已建立了四川科技古籍、巴蜀家谱、川剧唱本等数字资源库，通过高清晰度的数字化记录和互联网平台的传播，使得更多读者得以跨越地域限制一览四川典籍魅力。广东作为历史名城，拥有丰富的历史文化建筑资源，广东省住房和城乡建设厅于2020年9月、2021年10月分别编制了《广东省历史建筑数字化技术规范》《广东省历史建筑和传统风貌建筑保护利用工作指引》，为利用信息化手段对历史建筑进行建档提供依据，率先建立了省级历史建筑数字化信息采集及公众展示平台，使得身处各地的用户只需通过手机，就能深度品鉴广东3000多处历史建筑。苏州，以其精美的苏绣闻名遐迩。2021年1月，苏州市委、市政府提出实施《“江南文化”品牌塑造三年行动计划》，全国首个刺绣数字云平台——云上苏绣小镇应运而生。平台收录了苏绣技法介绍、经典作品展示等丰富的资源，构建了探绣、阅绣、传绣、品绣四大板块，充分展示苏绣魅力，既保留了苏绣的传统精髓，又为其在现代社会的传承与发展开辟了新途径。

（二）服务平台

1. 国家统筹规划。公共数字文化资源分布的零散性是其难以很好服务群众的原因，为充分发挥公共数字文化资源的作用，需要建立可以有效整合资源、用户操作便捷的数字平台。数字服务平台作为公共文化数字化转型的关键载体，可以有效推动资源的优化配置，在公共文化的数据集成、智能化运维、赋能多元化应用场景等方面发挥着不可替代的作用。2017年11月中国文化馆年会开幕当天，由文化部公共文化司指导、文化部全国公共文化发展中心具体建设的国家公共文化云正式开通。国家公共文化云统筹整合了全国文化信息资源共享工程、数字图书馆推广工程、公共电子阅览室建设计划三大惠民工程，升级推出公共数字文化服务总平台。2019年4月，文化和旅游部办公厅发布《公共数字文化工程融合创新发展实施方案》的通知，将整合工程平台与服务界面作为重点任务，就构建统一的公共数字文化基础平台、推出统一的基层服务界面、建设公共文化大数据平台提出具体指示，以期进一步推进公共文化服务水平。2021年6月，文化和旅游部印发的《“十四五”公共文化服务体系建设规划》积极引导建设基于“城市大脑”“城市数据湖”上的智慧文化服务，为群众提供“一体化”集成式平台服务。鼓励各地按统一标准和规范，因地制宜建设本地文化云平台，通过整合公共文化数字资源、建立公共文化资源共建共享数据库，建立健全全域共享、互联互通的公共文化数字化云平台体系。2022 年 3 月，为推进公共文化云建设，文化和旅游部全国公共文化发展中心印发了《公共文化云建设项目“十四五”建设指南》，对公共文化云建设项目涉及的看直播、享活动、学才艺、订场馆、赶大集、全民艺术普及资源总库建设等建设任务作了细化说明，详尽阐述了各项建设任务的要求、标准等内容，为各地实施公共文化云建设提供实践依据。各地方按照《公共文化云建设项目“十四五”建设指南》的要求与标准，加快实施公共文化云建设，形成覆盖全国的公共文化云平台服务体系，构建好全民艺术普及资源库与生态圈。

2. 地方响应。公共数字文化平台建设是提升公共文化服务能力、使数字成果惠及全民的重要途径，各地积极开展公共数字文化平台建设。2014 年 1 月，上海嘉定区“文化嘉定云”上线，开创了全国“文化云”服务模式的先河。同年 12 月，上海市出台《上海市推进智慧城市建设行动计划（2014—2016 年）》，提出围绕市民对公共文化服务的需求搭建文化上海云平台，为市民提供不受时间、地域限制的一站式服务。2016 年 3 月，由上海文广局主导的“文化上海云”上线，这是全国最早的省级公共文化云，通过整合零散、孤立的公共文化资源，为市民提供一站式数字公共文化服务的平台，包含活动预约、场馆预订、艺术培训等多项功能。除了便于市民操作的一站式服务外，云平台提供的大数据可显示不同区县、不同街镇、不同场馆的公共文化需求，进一步推动公共文化资源的精准配置。

2012 年 1 月，宁波市委发布《关于贯彻党的十七届六中全会精神加快文化强市建设的决定》，提出建设“书香宁波”，实现市、县、街道（社区）三级“一卡通”，开发网上图书馆、网上艺术馆、网上博物馆、网上教室等基层文化服务平台。2015 年 9 月，宁波首个公共文化服务平台“文化宁波”上线，整合众多文化和展馆资源，为公众提供数字图书馆、数字博物馆的场馆的网上服务，文化活动、演出信息等。

2018 年 9 月，江苏省人民政府办公厅发布《省政府办公厅关于印发智慧江苏建设三年行动计划（2018—2020 年）的通知》，提出加快建设公共文化云平台，推动公共文化产品和服务供需精准对接，以实现民生服务便捷普惠，更好满足市民需求。目前，江苏公共文化云已实现与国家公共文化云平台、厅智慧文旅平台的互联互通，实现数据共享、统一认证，为群众提供“一体化”服务。

2021 年 3 月《广东省关于促进文化和科技深度融合实施方案（2021—2025 年）》颁布，提出构建有国际化特色大湾区数字文化服务平台，开展粤港澳大湾区“互联网 + 公共文化服务”行动，建设大湾区公共文化云，打造大湾区文化 IP 云平台，实现文化资源互联共享。

三、公共文化的线下生态打造

（一）硬件设施

加强公共文化服务设施的硬件建设是公共文化服务建设的重要部分，也是公共文化适应数字化发展的必要条件。自2002年7月《建设部、文化部关于进一步做好基层公共文化设施规划和建设工作的通知》发布以来，公共文化设施建设一直深受重视。基层公共文化服务设施的建设是使公共文化数字化成果惠及更多群众的重要步骤，能够极大地提升公共文化服务的覆盖面和效率，使文化资源得以充分利用和广泛传播。2015年1月，中共中央办公厅、国务院办公厅印发《关于加快构建现代公共文化服务体系的意见》，指出要统筹推进公共文化服务均衡发展，提升公共文化设施建设、管理和服务水平。在公共文化服务设施日渐完善的过程中，快速发展的数字技术也成为延展、丰富公共文化建设的重要动力，科技元素与公共文化服务融合发展成为公共文化服务的新趋势，公共文化场所的数字化转型是这一阶段的重要成果。公共文化场馆数字化转型作为加速文化资源数字化、推动资源体系建设、提升服务效能的关键路径，旨在通过科技赋能，打破时空限制，拓宽文化服务的边界，深化公众的文化体验与参与度，是健全公共文化服务体系、落实文化数字化战略的关键环节。据国家文物局统计，2023年全国新增备案博物馆268家，备案博物馆总数达6833家，位居全球前列。随着博物馆免费开放政策的不断完善，我国超九成博物馆已实现免费对外开放。2023年我国博物馆举办展览4万余个，接待观众12.9亿人次，创历史新高。博物馆的数字化转型既是数字技术发展催生的结果，也是顺应民众日益增长的文化需求的必要之举。除了博物馆外，文化馆、美术馆等文化服务场馆亦成为我国构建公共文化服务数字化建设的重要组成部分，共同推进了文化数字化战略的深入实施。

1. 顶层设计。国家顶层设计统领了公共文化服务场馆的数字化转型。2013年1月文化部印发《全国公共图书馆事业发展“十二五”规划》，指出现代科学技术的发展为公共图书馆事业发展提供技术支撑，要把握好机遇，充分利用科技发展成果，积极推进公共数字文化服务体系建设，构建分布式、高效率的数字图书馆服务网络，为公众提供便捷、丰富的数字文化服务。2016年3月，国务院发布《国务院关于进一步加强文物工作的指导意见》提出实施智慧博物馆项目，完善博物馆公共文化服务功能。同年12月，科技部、文化部、国家文物局发布《国家“十三五”文化遗产保护与公共文化服务科技创新规划》提出加快推进公共文化服务数字化建设，提高博物馆、文化馆信息化、网络化、智能化水平，增强公共文化服务现代传播能力，以科技创新助力公共文化服务效能提升。2017年7月，《文化部“十三五”

时期公共数字文化建设规划》进一步明确初步建成公共数字文化服务网络、基本建成分级分布式资源体系的任务，提出提高公共文化设施信息化、智能化水平的目标，并明晰推进数字图书馆、数字博物馆建设，提出加强图书馆、文化馆（站）、美术馆、博物馆等公共文化机构信息化设施设备配备，鼓励运用人机交互、虚拟现实、增强现实、3D 打印等现代技术，为观众提供沉浸式文化体验，让公众仿佛亲临其境。“十四五”时期，推进公共文化场馆数字化的要求得到进一步阐明。2021 年 4 月，文化和旅游部发布《“十四五”文化和旅游发展规划》强调以全国智慧图书馆体系建设为核心，搭建一套支撑智慧图书馆运行的云基础设施，形成国家层面知识内容集成仓储。2021 年 5 月，中宣部等多部门出台《关于推进博物馆改革发展的指导意见》，强调要大力发展智慧博物馆，以业务需求为核心、以现代科学技术为支撑，逐步实现智慧服务、智慧保护、智慧管理。同年 10 月，国务院办公厅发布的《“十四五”文物保护和科技创新规划》着眼于提升博物馆服务能力，提出实施一批智慧博物馆建设示范项目，鼓励博物馆开发线上数字化体验产品，提供沉浸式体验、虚拟展厅等新型文旅服务。2022 年 5 月，中办、国办印发的《关于推进实施国家文化数字化战略的意见》要求推动公共图书馆、文化馆、博物馆、美术馆、非遗馆等加强公共数字文化资源建设。2023 年 2 月，中共中央、国务院印发了《质量强国建设纲要》提出大力推动图书馆、博物馆等公共文化场馆数字化发展，加快线上线下服务融合。

2. 地方响应。在国家政策文件的指导下，各地纷纷出台配套措施，加快推进公共文化服务场馆数字化建设工作。2020 年 6 月，安徽省政府办公厅发布《关于促进线上经济发展的意见》，指出要依托“安徽文化云”平台，推动公共图书馆、文化馆、博物馆等公共文化服务单位向现代化数字服务模式转变，优化数字资源供给，提升服务效能。2023 年 1 月，辽宁省委宣传部、省文化和旅游厅等十部门制定了《关于推进博物馆改革发展的实施方案》，提出推进藏品档案信息化标准化建设，通过数字化手段增强对文化藏品的保护能力，同时利用数据资源推进博物馆数据体系建设。此外，还提出要深入实施博物馆云展览工程，推广分众传播，优化服务水平。2023 年 9 月，北京市文物局发布了《北京市文物局关于推进博物馆数字化建设的通知》，计划到 2025 年，北京地区博物馆数字化建设取得显著成效，智慧化博物馆体系日益成熟，馆藏文物数字化保护水平得到大幅提升，数字文化产品和服务供给更加多样化。浙江省杭州市拱墅区于 2023 年 11 月发布《拱墅区推进公共文化服务高质量发展的实施意见》，基于省两办发布的《关于高质量建设公共文化服务现代化先行省的实施意见》中的数字服务标准，提出公共图书馆、文化馆等每年开展数字服务项目 24 项以上、线上服务群众 100 万人次以上等服务标准，高品质推进公共文化服务提升。

案例

故宫博物院

故宫博物院作为中国最具代表性的文化地标之一，其数字化转型是中国公共文化场所数字化进程中的一个典范案例。在2017年5月，中共中央办公厅、国务院办公厅印发的《国家“十三五”时期文化发展改革规划纲要》、2021年10月国务院办公厅印发的《“十四五”文物保护和科技创新规划》等政策支持下，故宫博物院在数字化建设方面持续发力，展现了传统文化与现代科技的完美交融，为全球观众提供了全新的文化体验方式。故宫博物院拥有丰富的文物藏品，超过186万件。通过数字化手段，这些珍贵文物被精心录入数字文物库，观众可以通过故宫博物院的官方网站按名称、类别等进行精准检索。这种线上平台的搭建，不仅极大地拓宽了文物展示的边界，让无法亲临现场的观众也能近距离感受文物的魅力，而且通过高清图片、3D模型、虚拟现实等技术，使文物的细节和故事生动再现，增强了观众的互动性和学习体验。故宫博物院利用数字技术，推出了多个虚拟展览和在线游览项目。例如，通过“全景故宫”栏目，观众可以在家中“漫步”紫禁城，体验身临其境的游览乐趣。“故宫名画记”“数字多宝阁”等栏目则是将传统展览空间延伸至云端，使得更多珍贵书画、瓷器、玉器等艺术品能够跨越时间和空间的限制，与全球观众见面。故宫博物院还积极探索数字文化产品的创新，推出了一系列数字文化创意项目，如APP、H5互动、数字音乐专辑等。这些产品不仅富有创意地融合了传统文化元素与现代审美，还通过趣味互动的形式，让更多年轻人感受到传统文化的魅力，有效推动了文化的传承与创新。在内部管理与服务上，故宫博物院还引入了数字化管理平台，如观众流量监测、文物预防性保护环境监测等，运用大数据分析优化游客体验，同时确保文物安全与环境保护。故宫博物院的数字化转型不仅提升了文化遗产的保护水平，还极大提高了公众对非物质文化遗产的认知和理解，为非遗的普及与传承开辟了新的路径，展现了科技赋能文化遗产保护与传承的广阔前景。

（二）惠民工程

1. 国家统领政策。一直以来，我国都十分重视公共文化服务的普惠性，众多政策出台旨在实现公共文化数字化成果全民共享。依托公共数字文化工程以及项目，公共数字文化建设取得了良好的惠民效果。2011年11月，《文化部、财政部关于进一步加强公共数字文化建设的指导意见》发布，对重点实施文化工程、数字图书馆推广工程和公共电子阅览室建设计划三大公共数字文化惠民工程进行部署。这是政策中首次明确提出的公共数字文化惠民工程，指出三大公共数字文化惠民工程是公共文化服务体系的基础性工程，是政府提供公共文化服务的重要手段，是实现广大人民群众基本文化权益的重要途径，是改善城乡基层群众文化服务的创新工程。经过多年的发展，三大公共数字文化惠民工程取得了显著的成效。除了这三大典型工程外，农村电影放映、数字农家书屋等项目也是推进公共文化服务数字化建设均等化的重要手段，2015 年 1 月，中共中央办公厅、国务院办公厅印发《关于加快构建现代公共文化服务体系的意见》统筹实施全国文化信息资源共享、数字图书馆博物馆建设、直播卫星广播电视公共服务、农村数字电影放映、数字农家书屋、城乡电子阅报屏建设等项目，构建标准统一、互联互通的公共数字文化服务网络，在基层实现共建共享。针对农家书屋，2019 年 3 月中宣部等十部委联合印发《农家书屋深化改革创新提升服务效能实施方案》，明确提出加快农家书屋数字化建设，有效推进了城乡公共文化数字服务一体化发展。2021 年 12 月中央网络安全和信息化委员会发布《"十四五"国家信息化规划》提出要持续建设优化无障碍信息化设施，提升文化等领域数字公共服务均等化，缩小城乡区域间服务水平差距，提升全民数字素养与技能。2022 年 10 月，党的二十大报告对"创新实施文化惠民工程"做出战略部署，指出要通过信息化建设提高公共文化服务覆盖面和时效性，构建覆盖全国的网络化公共文化服务体系。提升公共数字文化服务均等化、缩小城乡区域间服务差距是公共文化数字化的重要发展目标。

2. 地方特色政策。在地方层面，依托国家重点工程，各地开展了富有地方特色的惠民项目。2011 年 12 月，云南省怒江州人民政府发布《怒江州人民政府办公室关于利用文化信息资源共享工程建设农文网培学校的通知》，指出要依托全国文化信息资源共享工程先进成熟的网络技术和设施设备，进一步整合农村公共文化服务资源，提升完善农村公共文化服务产品，利用文化信息资源共享工程建设"农文网培学校"，为社会主义新农村建设培育具有一定思想道德和科学文化素质的新型农民，推动农村公共文化服务体系建设。

2013 年 10 月，内蒙古将"边疆万里数字文化长廊"项目纳入《内蒙古自治区农村牧区综合改革示范试点实施方案》，该项目是文化共享工程"十二五"规划的重点项目，计划在沿边沿海的 18 个省区市和新疆生产建设兵团已建的文化共享工程服务点和公共电子阅览室基础上，运用互联网与移动通信技术手段，构建环绕我国边疆地区的广覆盖、高效能公共数字文化服务网络，旨在提升我国边疆地区的公共文化服务效能，消除公共文化服务盲点。依托全国文化共享工程"边疆万里数字文化长廊"项目，内蒙古开始推出"数字文化走进蒙古包"的特色服务试点，有效解决广大农村牧区网络服务盲点问题，切实解决城乡公共服务均等化问题。

黑龙江省同样基于"边疆万里数字文化长廊"项目在中俄边境的公路与铁路口

岸、边防哨所、边境社区及乡镇服务点建设了边疆万里数字文化长廊示范点，努力消除公共文化服务盲点。2016 年 3 月《黑龙江省文旅厅 2016 年工作计划》明确指出要继续推进“边疆万里数字文化长廊”建设，推动基层综合性公共数字文化服务平台试点工作，推进全省边防部队数字图书馆服务全覆盖工作，并结合新型 SSLVPN 专网建设，将移动数字服务和远程数字服务普及到各类公共场所，打通公共文化服务“最后一公里”。通过这些地方公共文化数字化惠民政策，各地政府有效整合了现有的公共文化资源，利用先进的信息技术手段，提升了农村和边疆地区的公共文化服务水平，为我国公共文化数字化的深入发展做出重要贡献。

四、公共文化对外合作

我国重视优秀公共数字文化“走出去”，将对外合作作为公共文化数字化的重要环节之一。借助数字化手段实现富有中国特色的优秀中华文化走出去是实现这一理念的重要实践，是我国增强文化软实力、提升国际话语权的重要举措。国家就提升公共文化数字化传播能力、增强公共文化数字化国际影响力展开了积极部署。2016 年 12 月，科技部、文化部、国家文物局联合印发《国家“十三五”文化遗产保护与公共文化服务科技创新规划》，指出借助空间数字化、文化传播网络化、装备智能化等现代高科技手段构建较为完善的现代公共文化服务体系是当今世界的热点，将扩大开放交流作为加强文化遗产保护与传承、提升公共文化服务能力的五大保障举措之一，具体提出要扩大对外开放与交流，积极拓展文化遗产保护与公共文化服务科技领域的国际合作渠道、开展国际科技合作项目等。2017 年 7 月，中共中央办公厅、国务院办公厅印发《关于加强和改进中外人文交流工作的若干意见》，明确指出要加强中外人文交流综合传播能力建设，提出推动中外影视节目互播交流，做大做强“互联网 + 人文交流”，实现实体和虚拟交流平台的相互补充和良性互动。期望通过丰富媒体交流形式、打造具有国际影响力的全媒体和文化传播机构等举措，讲好中国故事，提高国际社会对中国文化的认知和理解，增强中国文化形象的亲近感。2021 年 1 月，文化和旅游部全国公共文化发展中心与中外文化交流中心和深圳文化产权交易所签署战略合作协议表示将联合探索公共数字文化海外推广的有效路径，推动中华优秀文化走出去。2021 年 10 月公布的《商务部、中央宣传部等 17 部门关于支持国家文化出口基地高质量发展若干措施的通知》指出要引导和支持基地积极参与中华优秀传统文化传统发展工程等工程的实施，指导基地加强非物质文化遗产保护传承弘扬，加快发展新型文化业态，鼓励优秀传统文化产品等数字文化产品“走出去”。2022 年 8 月，中共中央办公厅、国务院办公厅印发的《“十四五”文化发展规划》把扩大中华文化国际影响力作为重要落脚点，提出要统筹推进对外宣传、对外文化交流，增强国际传播影响力、中华文化感召力。同年 10 月，党的二十大报告指出要加强国际传播能力建设，全面提升国际传播效能，形成同我国综合国力和国际地位相匹配的国际话语权，运用数字技术创新传播方式为中华文化国际传播提供了新动力。

五、保障体系

公共文化数字化的顺利推进离不开保障体系的支持。2011 年 11 月，《文化部、财政部关于进一步加强公共数字文化建设的指导意见》发布，明确指出要加强组织领导和统筹规划、完善投入和保障机制、注重人才培养和队伍建设，为公共文化数字化提供制度保障、资金保障、人才保障等多方面保障。2015 年 1 月，中共中央办公厅、国务院办公厅印发的《关于加快构建公共文化服务体系的意见》指出加大公共文化服务保障力度，从加强组织领导、加大财税支持力度、加强基层文化队伍建设、建立健全公共文化服务法律体系四方面保障公共文化服务建设，为公共文化数字化发展提供了保障。2017 年 7 月，文化部发布的《文化部“十三五”时期公共数字文化建设规划》提出加强组织领导、完善经费保障、注重队伍建设与强化督查落实，为公共数字文化建设提供充足的保障措施。2019 年 4 月，文化和旅游部办公厅关于印发《公共数字文化工程融合创新发展实施方案》，将加强组织领导、强化政策保障、扎实稳妥推进作为公共文化数字化建设的三大保障措施。从制度保障、资金保障、人才保障到现在对政策落实的督查，我国公共文化数字化的保障体系不断完善，为公共文化数字化进一步发展奠定了坚实的基础。

各地也积极出台政策为公共文化数字化提供保障。2011 年 9 月，浙江省文化厅和浙江省财政厅联合下发《浙江省基层公共文化服务建设专项补助资金管理办法》，将文化信息资源共享工程建设作为经费补助项目之一，对市、县级图书馆公共电子阅览室建设，文化信息资源共享工程数字资源建设和管理平台建设予以经费补助。2015 年 12 月，江苏省人大出台《江苏省公共文化服务促进条例》提出“推动公共文化服务与科技、互联网融合发展，运用现代信息技术、数字技术和传播技术，提高公共文化服务水平”，“县级以上地方人民政府应当将公共数字文化建设纳入本地区信息化建设规划，加大公共数字文化资源开发利用，构建标准统一、互联互通的公共数字文化服务平台，为公众提供丰富、便捷的数字文化服务”，为公共文化数字化发展提供法律法规保障。2021 年 11 月，《云南省文化和旅游厅、云南省发展和改革委、云南省财政厅关于推动云南省公共文化服务高质量发展的实施意见》指出要加强政策法规保障、组织领导保障、财政投入保障、人才队伍保障。针对公共文化数字人才队伍建设，2020 年 7 月云南省普洱市文化和旅游局组织开展了“普洱市公共数字文化建设业务培训”，2024年云南省文化馆在杭州市举办了云南省公共文化数字人才队伍建设培训班，切实增强了公共文化数字人才队伍建设，有助于提升公共文化数字化服务效能提升。各地不仅为公共文化数字化建设提供了坚实的资金和法律保障，还通过加强人才培养和组织培训，切实提升了公共文化数字化服务的效能，为公共文化数字化发展提供良好的环境保障。

第二节

文化产业数字化发展

一、文化产业数字化发展格局

2016年11月，《“十三五”国家战略性新兴产业发展规划》发布，数字创意产业首次被纳入国家战略性新兴产业。数字创意产业在文化领域的表现即文化产业数字化。2017年4月，国家层面首份针对数字文化产业发展的政策文件《文化部关于推动数字文化产业创新发展的指导意见》出台，为推动数字文化产业发展提出具体政策举措，指出要促进文化资源数字化、数字文化产业与相关产业融合发展。2020年11月，《文化和旅游部关于推动数字文化产业高质量发展的意见》明确提出实施文化产业数字化战略。2021年5月，《“十四五”文化产业发展规划》进一步强调实施文化产业数字化战略的重要性。2022年5月，中共中央办公厅、国务院办公厅印发的《关于推进实施国家文化数字化战略的意见》，从战略高度提出要加快文化产业数字化布局，在培育文化产业数字化新业态、构建文化产业数字化生态方面提出了多项意见。

（一）传统文化产业数字化转型

数字经济的快速发展为传统产业转型升级提供了契机，在相关政策文件的指导下，数字经济与传统产业有了更深入的结合，传统文化产业如出版、影视等正通过大数据、人工智能、区块链等技术进行深度改造，以实现内容生产、传播和服务流程的优化升级。2016年3月，全国人民代表大会发布的《中华人民共和国国民经济和社会发展第十三个五年规划纲要》指出，要推动出版发行、影视制作、工艺美术等传统产业转型升级，促进文化与科技等产业融合发展，加快发展现代文化产业。2020年11月，《文化和旅游部关于推动数字文化产业高质量发展的意见》提出促进文化产业上线上云，加快传统线下业态数字化改造和转型升级。2021年12月，《文化和旅游部关于推动国家级文化产业园区高质量发展的意见》发布，指出要落实文化产业数字化战略，改造提升传统文化业态，推动传统文化业态与数字技术结合，提升演艺、娱乐、工艺美术等行业的科技创新应用水平。2022年8月，中共中央办公厅、国务院办公厅发布的《“十四五”文化发展规划》明确推动科技赋能文化产业，提出实施出版融合发展、电影制作提升、印刷智能制造以及大视听产业链建设等工程项目，引导和鼓励文化企业运用大数据、5G、云计算、人工智能、区块链和超高清等前沿技术，全面改造和提升产业链，旨在促进内容生产和传播手段的现代化，进而重塑文化产业发展模式，推动文化产业的高质量发展。

（二）数字文化新产品、新业态、新模式

1. 生产文化新产品、创新文化营销路径。随着信息技术的迅猛发展，数字文化产业成为推动文化创新和传播的重要领域。政府出台了一系列政策措施，旨在促进文化新产品的发展和创新文化营销路径。2012年6月，国务院制定的《关于大力推进信息化发展和切实保障信息安全的若干意见》明确指出，鼓励开发具有中国特色和自主知识产权的数字文化产品。2016年3月，全国人民代表大会发布的《中华人民共和国国民经济和社会发展第十三个五年规划纲要》就文化传播的现代化路径提出，要以先进技术为支撑、内容建设为根本，建设现代传媒体系，并针对网络文化建设提出要创新符合网络传播规律的网上宣传方式，加强互联网分类管理。2017年1月，中共中央办公厅与国务院办公厅联合发布了《关于实施中华优秀传统文化传承发展工程的意见》，这是首次通过中央级别的文件专题指出中华优秀传统文化的传承与发展问题。该意见强调要利用网络文学、网络音乐、网络剧以及微电影等新兴媒介形式，作为推动和弘扬中华优秀传统文化的重要途径。2017年4月，《文化部关于推动数字文化产业创新发展的指导意见》下发，为数字文化产业的发展提出了方向性的建议，明确指出数字文化产品和服务供给质量不断提升的目标，提出要建立一套结合司法、行政、技术和标准的综合保护体系以打击数字文化领域盗版侵权行为，并要规范数字文化产品版权交易市场，发挥版权交易激励原创、活跃市场、价值发现的作用，为数字文化产品的生产者提供强有力的保护和支持，激发创新活力，推动数字文化产业的繁荣发展。同月，文化部关于印发《文化部“十三五”时期文化产业发展规划》的通知发布，提出要大力开发适宜互联网、移动终端等载体的数字文化产品，促进优秀文化产品多渠道传输、多平台展示、多终端推送，鼓励创新文化产品和服务供给方式。2021年4月，《文化和旅游部、国家开发银行关于进一步加大开放性金融支持文化产业和旅游产业高质量发展的意见》从资金方面为数字文化新产品的生产提供了良好保障，提出要积极运用开发性金融支持数字文化产业发展，支持5G等新技术在文化产业中的应用，引导创作生产优质、

多样的数字文化产品，提高质量效益和核心竞争力。

2. 培育文化新业态。政府鼓励发展基于数字技术的新兴文化业态以更好满足人民群众的文化需求。2020 年 11 月，文化和旅游部出台《文化和旅游部关于推动数字文化产业高质量发展的意见》，强调要积极发展基于互联网的新兴文化业态，特别提到云旅游、云直播、云演艺等领域，通过构建线上线下融合的文化体验新生态，满足人民群众多样化、高品质的文化需求。2021 年 4 月发布的《“十四五”文化和旅游发展规划》中也明确提出，要推动数字文化产业发展，支持云演艺、云娱乐、云展览等新型业态发展，利用 5G、超高清、增强现实（AR）、虚拟现实（VR）等技术，提升文化体验的沉浸感和交互性。2021 年 3 月“十四五”规划提出推进沉浸式视频、云转播等应用，2021 年 8 月，广电总局组织制定了《广播电视和网络视听“十四五”科技发展规划》，指明要深化 5G、物联网、云计算、人工智能、大数据、区块链等新一代信息技术在广播电视和网络视听领域的应用，打造即时可取的大众化、个性化新视听业态，提升广电行业综合服务能力，扩大服务新版图。

3. 促进文化消费新模式。立足消费看生产，立足需求看供给已成为文化产业发展的必然。2013 年 8 月，国务院制定的《国务院关于促进信息消费扩大内需的若干意见》强调加强数字文化内容产品和服务开发，建立数字内容生产、转换、加工、投送平台，丰富信息消费内容产品供给。2020 年 9 月，《国务院办公厅关于以新业态新模式引领新型消费加快发展的意见》中强调要积极发展个性化定制、柔性化生产，丰富数字文化产品供给，促进文化消费向智能化、互动化转型；支持企业运用大数据分析消费者偏好，开发多样化、个性化的产品与服务，如定制化数字艺术作品、沉浸式互动体验剧目等，以创新驱动消费升级。2020 年 11 月文化和旅游部发布了《文化和旅游部关于推动数字文化产业高质量发展的意见》，提出顺应商业变革和消费升级趋势，促进网络消费、定制消费、体验消费、智能消费、互动消费等新型消费发展。此外，2021 年 5 月文化和旅游部印发的《“十四五”文化和旅游市场发展规划》也指出，要加强对体验式演艺、沉浸式娱乐、在线演出、在线艺术品拍卖、自助式上网、电竞酒店、电竞娱乐赛事等新业态新模式及综合性文化娱乐场所的引导、管理和服务，培育新型文化市场主体。

二、文化产业数字化发展体系

（一）多层次布局

各部门相继出台政策措施，引导数字文化产业发展风向，加强数字文化产品开发，建设数字化平台新经济，强化领军企业带动作用，打造产业集群协同功能，开发示范性项目，力求促进文化产业创新与集聚发展。2017 年 4 月，《文化部关于推动数字文化产业创新发展的指导意见》明确指出，培育具有核心竞争力的数字文化领军企业和一批各具特色的中小微数字文化企业，强调支持企业收购、兼并、创办，鼓励企业间合作，发挥大型企业引领作用，同时扶持中小微数字文化企业，鼓励其向“专、精、特、新”发展。同时，还提出要引导数字文化产业集聚，推动资源向园区集中，充分发挥国家级文化产业示范园区、国家文化产业创新实验区、国家文化与科技融合示范基地等创意创新资源密集区域作用。2020年11月，《文化和旅游部关于推动数字文化产业高质量发展的意见》发布，将培育20家社会效益和经济效益突出、创新能力强、具有国际影响力的领军企业，各具特色、活力强劲的中小微企业持续涌现，打造5个具有区域影响力、引领数字文化产业发展的产业集群，建设200个具有示范带动作用的数字文化产业项目作为发展目标。

地方实践中，各地区积极响应。2022年1月，成都市出台《成都市数字文化创意产业发展“十四五”规划》，规划了建设千亿元级数字文创产业集群。2022年5月，宁波市文化体制改革和发展工作领导小组办公室与宁波市财政局印发《宁波市加快数字文化产业发展的实施意见（暂行）》，提出市区两级联动打造数字文化产业集聚区，通过新建数字文化产业园区或利用现有园区转型提升，招引集聚数字文化企业。同年，山东省印发《关于健全“十四五”规划实施机制的意见》的通知，表示要鼓励数字文化产业向国家级文化产业示范园区、国家文化与科技融合示范基地等重点功能平台集聚，形成一批数字文化产业集群。2024年4月，福建省发布《关于推动数字文旅高质量发展的实施方案》，提出到2025年创建10个以数字产业为主业的文化产业示范园区，打造一批全国智慧旅游示范村镇等目标。2024年6月，广州市发布《广州市文化和旅游产业发展专项资金管理办法》指出要打造国家级数字文化产业集群，并给予资金扶持。

（二）多主体协同

多主体协同合作机制的建立，能有效整合科研机构、企业等多项资源，不仅强化了产业链各环节之间的协同效应，还加速了科技成果的市场化应用，在推动文化产业数字化生态持续发展中发挥着重要作用。因此，相关部门积极出台政策推动构建产学研协同平台，打造大数据支撑、网络化共享的产业链体系。2014年2月，《国务院关于推进文化创意和设计服务与相关产业融合发展的若干意见》发布，鼓励企业、院校、科研机构成立战略联盟，引导创意和设计、科技创新要素向企业集聚。同年3月，文化部发布《关于贯彻落实〈国务院关于推进文化创意和设计服务与相关产业融合发展的若干意见〉的实施意见》，进一步明确了政策的具体落实措施，提出数字文化产业发展工程，通过支持科研机构和企业加强数字文化产业关键技术研发、产业融合、商业模式创新和品牌培育等方面支撑文化产业数字化发展。

2017 年 4 月，《文化部关于推动数字文化产业创新发展的指导意见》积极推动数字文化产业创新创业，引导领军企业联合中小企业和科研单位布局创新链，促进产业协同创新，推进建设文化内容数字平台，建设以企业为主体、产学研用联合的数字文化产业创新中心。2019 年 8 月，科技部等六部门发布的《关于促进文化和科技深度融合的指导意见》提出要建设若干重点突出、协同攻关的文化科技领域国家科技创新基地。2020 年 11 月，《文化和旅游部关于推动数字文化产业高质量发展的意见》明确鼓励数字文化企业参与企业级数字基础设施开放合作，促进产业互联互通；集聚文旅部重点实验室、研究院等创新机构资源，再次提到促进产业协同创新，建设以企业为主体、产学研用联合的数字文化产业创新中心。

（三）多市场开发

为了推动中国文化在全球范围内的传播和影响，政府陆续出台了一系列政策措施，从提升数字内容与运用数字手段两方面推进文化出海与国际合作，旨在提升中国文化的国际竞争力和影响力。2017 年 5 月，中共中央办公厅、国务院办公厅印发的《国家“十三五”时期文化发展改革规划纲要》明确提出发展对外文化贸易和投资，利用跨境电子商务等新兴贸易方式提高数字文化产品的国际市场竞争力，推动文化装备制造技术标准走出去。2021 年 3 月，全国人民代表大会颁布的《中华人民共和国国民经济和社会发展第十四个五年规划和 2035 年远景目标纲要》在健全现代文化产业体系中明确提出要积极发展对外文化贸易，开拓海外文化市场，鼓励优秀传统文化产品和影视剧、游戏等数字文化产品“走出去”，加强国家文化出口基地建设。同年 12 月，中央网络安全和信息化委员会发布了《“十四五”国家信息化规划》，提出要大力发展数字文化贸易，积极利用线上平台展示中国文化，创新推动中外文化交流、文明互鉴。2022 年 7 月，《商务部等 27 部门关于推进对外文化贸易高质量发展的意见》发布，将大力发展数字文化贸易作为培育文化贸易竞争新优势的关键部分，具体聚焦数字文化内容建设、云展览等新型业态发展，积极培育网络文学、数字动漫等领域出口竞争优势，强调文化价值的提升。同时提出鼓励优秀广播影视出口，加大海外推广力度，加强与海外媒体平台合作，拓展广播影视节目出口渠道，并鼓励国际合拍，强调了出口途径的创新。2022 年 8 月，中共中央办公厅、国务院办公厅印发《“十四五”文化发展规划》，将大力发展数字文化贸易作为提升文化贸易国际竞争力的重要部分。

（四）多维度配套

为全面推进文化数字化建设，政府出台一系列配套政策，涵盖人才培养、资金支持、制度建设等多方面，为文化数字化战略实施提供坚实的保障。2014 年 3 月，文化部关于贯彻落实《国务院关于推进文化创意和设计服务与相关产业融合发展的若干意见》的实施意见出台，提出推动建立高技术服务业专项支持数字内容和动漫游戏领域项目的长效机制，加强数字文化产业人才培养和趋势研究工作，为文化产业数字化提供了一定保障。2017 年 4 月，《文化部关于推动数字文化产业创新发展的指导意见》发布，从落实相关财税金融政策、强化创新服务和人才支撑、持续推动“放管服”改革、加强组织领导四方面构建数字文化产业发展保障体系。2017 年 5 月，中共中央办公厅、国务院办公厅出台的《国家“十三五”时期文化发展改革规划纲要》明确指出抓好网络安全法、电影产业促进法等法规的落实，强化文化法治保障，加强互联网文化管理法规制度建设等举措，为文化产业数字化进一步发展提供保障。2020 年 11 月，文化和旅游部发布的《文化和旅游部关于推动数字文化产业高质量发展的意见》对实施文化产业数字化战略，推动数字文化产业高质量发展提出加强组织领导、完善政策环境、强化要素支撑三大保障措施，具体指出各级文化和旅游行政部门要高度重视数字文化产业发展结合实际制定推进政策、用好国家专项建设基金等投资政策、建设数字文化产业创新和高技能人才队伍等举措。2021 年 4 月，《文化和旅游部、国家开发银行关于进一步加大开发性金融支持文化产业和旅游产业高质量发展的意见》中明确指出顺应产业数字化、数字产业化发展趋势，落实文化产业数字化战略，积极运用开放性金融支持数字文化产业发展，支持金融机构开发适应数字文化产业特点的融资新产品，为文化产业数字化提供了资金保障。

（五）典型案例：马栏山视频文创产业园

2021 年 8 月，湖南省人民政府办公厅印发《进一步支持马栏山视频文创产业园发展若干政策》，从鼓励技术创新、降低企业运营成本、加大人才支持力度等八个方面对园区建设给予实质性支持。湖南省科技厅开通了服务科技创新计划管理绿色通道，支持园区享受国家高新区在科技创新计划管理中的直接申报、推荐和接受委托组织项目管理等方面的政策。这些政策的实施为园区的创新发展提供了有力保障。在政策对硬件设施和建设环境的支持上，马栏山视频文创产业园积极引入和应用前沿技术，如 5G 云、4K、AI 修复上色等技术手段，将传统电影《雷锋》从黑白转换为彩色，并使其成为更易存储和传播的数字电影。此外，园区还通过“视频超算”提升视频渲染效率，显著缩短了三维模型渲染和特效合成的时间。这些技术创新不仅提升了文化产品的质量和传播效率，也为文化产业的数字化转型提供了坚实的技术支撑。此外，在政策的大力支持下，园区通过引进大量企业和项目，形成了强大的产业生态，2000 余家企业、3500 多家上下游企业以及 5 万多专业人才汇聚成一个强大产业集群，已成为湖南省文化和科技融合的重要示范基地。这种产业集聚效应不仅促进了文化创意产业的发展，还吸引了大量创新人才和技术团队，进一步推动了文化产业的高质量发展。园区内培育了80家国家高新技术企业和46家科技型中小企业，形成了科技型、创新型、集群化的发展态势。马栏山视频文创产业园成功构建的文化产业数字化生态体系，成为具有国际影响力和核心竞争力的文化产业高地，为其他地区文化产业的数字化转型提供了宝贵的经验和借鉴模板。

三、智慧文旅建设

近年来，在文化产业数字化的大背景下，智慧文旅作为一个典型方向，体现了技术进步对于提升服务质量、促进文化交流以及推动经济发展等方面的重要性，对国家和地方发展都具有非凡意义。

（一）国家政策

从国务院常务会议的决策，到文化和旅游部的专项规划，国家层面不断推出支持智慧旅游、深化文化和科技融合的政策，推动了智慧文旅的全面发展。2020年11月，为促进常态化疫情防控下的旅游业健康发展，国务院常务会议确定了适应消费升级需求支持“互联网+旅游”发展的措施，包括支持建设智慧旅游景区、加大线上营销力度等举措。同月，文化和旅游部制定了《文化和旅游部关于推动数字文化产业高质量发展的意见》，结合文化产业和旅游业的发展趋势，对文旅发展提出了新要求，提出以数字化推动文化和旅游融合发展，实现更广范围、更深层次、更高水平融合。2021年3月，“十四五”规划强调深入发展智慧旅游、强化智慧景区建设。同年4月，文化和旅游部相继出台了《“十四五”文化和旅游发展规划》《“十四五”文化和旅游科技创新规划》，明确支持智慧旅游景区建设，并鼓励发展新一代沉浸式体验型旅游产品，强调将科技创新贯穿于文化和旅游发展的全过程，通过科技创新满足人民群众的文化和旅游需求。2021年12月，国务院印发《“十四五”旅游业发展规划》，提出要深化“互联网+旅游”，推进智慧旅游发展，并将智慧旅游建设工程列为“十四五”发展的重要任务，智慧文旅成为文旅发展的必然方向。为有效落实国家政策，帮助各地推动智慧旅游发展，2022年9月，文旅部资源开发司联合国家发展改革委社会发展司出台了《智慧旅游应用场景指南（试行）》，通过可复制的典型案例为各地智慧旅游发展提供政策指引。此外，文旅部还表示将编制《智慧旅游城市基本要求与评价》行业标准，促进智慧旅游发展的规范化管理。2023年3月，《文化和旅游部关于推动在线旅游市场高质量发展的意见》发布，指出要加快推进智慧旅游发展，发挥在线旅游的枢纽和引领作用。随着生成式人工智能的快速发展，智慧文旅的前景更加开阔，2023年4月工信部和文旅部出台的《关于加强5G+智慧旅游协同创新发展的通知》以及2023年8月工信部等五部门联合印发的《元宇宙产业创新发展三年行动计划（2023—2025年）》等政策的相继出台，规范了当前产业发展标准，也布局了未来产业发展方向。2024 年 5 月，文化和旅游部等五部门印发《智慧旅游创新发展行动计划》的通知，提出提升智慧旅游服务效能、管理水平、营销效能等多项重点任务，鼓励和支持考古遗址公园、旅游景区等运用虚拟现实（VR）、增强现实（AR）等新技术，旨在加快推进以数字化、网络化、智能化为特征的智慧旅游创新发展。

除了政策引领，国家还通过培育重点项目，示范带动文旅新业态高质量发展。2023 年，文化和旅游部公布了 20 个沉浸式文旅新业态示范案例、首批“5G + 智慧旅游”应用试点项目、首批全国智慧旅游沉浸式体验新空间培育试点、第五批国家文化和科技融合示范基地等项目，指导项目单位强化创新，并结合本地实际在资金、政策等方面做好配套支持，为文旅产业的数字化转型探索了创新模式，积累了宝贵经验，在引领智慧文旅发展过程中发挥了重要作用。

（二）地方响应

党中央、国务院以及文化和旅游部等国家部委相继对发展智慧旅游作出部署，各地政府积极响应，纷纷制定符合本地特色的智慧文旅发展规划。福建省人民政府办公厅于 2024 年 4 月印发了《关于推动数字文旅高质量发展的实施方案》，主要内容包括构建“1 + 2 + 3 + N”数字文旅发展格局，实施数字文旅综合服务平台提升工程、文旅产业链数字赋能工程等七大重点工程，以科技赋能和数字化带动全省文化和旅游的高质量发展。这些措施旨在通过文旅数据资源融合汇聚、数字文旅政务管理平台提升等手段，推动文旅经济的高质量发展。山东省委、省政府于 2023 年 3 月印发了《关于促进文旅深度融合推动旅游业高质量发展的意见》，涵盖了对未来 5 年文旅发展的指导思想、战略定位、发展布局和发展目标，秉持“万物皆可游、处处是场景”理念，突出市场化、国际化、数字化、特色化、精品化导向，点明要数字赋能文旅高质量发展，提出加快发展智慧旅游、拓展文旅新场景、创新发展未来业态的实施路径，同时明确提出要发展新优势推动旅游基础设施提档升级，推动游客服务中心数字化、智能化转型。重庆市经济和信息化委员会等三部门于 2023 年 8 月发布《关于加强重庆市 5G + 智慧旅游协同创新发展的通知》，提出包括加强 5G 网络覆盖、提升 5G + 智慧旅游管理能力、探索 5G + 智慧旅游营销模式、创新 5G + 智慧旅游服务新体验等 9 项重点任务，实现智慧旅游繁荣发展。江苏省文化和旅游厅于 2020 年 6 月出台《关于推进江苏智慧文旅平台建设工作的通知》，致力于整合全省特色文旅资源，打造了文旅在线超市“苏心游”。这些地方政策的实施不仅展现了地方政府在文化和旅游发展中的创新和远见，还有助于推动全国范围内文化和旅游产业的数字化转型和创新发展。

（三）典型案例：一部手机游云南

2017 年，云南省委、省政府决定整治旅游市场秩序，同时探索“互联网 + 旅游”实践，“一部手机游云南”应运而生。一部手机游云南，是云南省政府与腾讯公司合作打造的智慧旅游典范，标志着“互联网＋旅游”模式的深入实践。在数字经济蓬勃发展的背景下，云南省积极响应国家政策，于2018年推出了“一部手机游云南”项目，旨在利用云计算、大数据、物联网和人工智能等前沿技术，全面提升旅游服务质量，促进云南旅游业的高质量发展。项目围绕“国际化、高端化、特色化、智慧化”的发展要求，对云南丰富的旅游资源进行了系统性的整合与升级，旨在通过科技力量，重新定义旅游体验，打造云南旅游的新名片。项目通过APP、微信公众号和微信小程序，构建了一个集智慧导览、实时信息查询、个性化推荐等功能于一身的平台，全面覆盖游客在云南的各项需求，实现吃、住、行、游、娱、购等全方位服务。项目依托“一中心两平台”架构，即云南旅游大数据中心、旅游综合管理平台（一部手机管旅游）和旅游综合服务平台（“游云南”APP），实现旅游服务和公共服务的深度融合，不仅提升了游客体验，还加强了政府对旅游市场的监管能力，使游客在享受自由自在的旅游体验的同时，也能感受到无处不在的政府管理和服务保障。“一部手机游云南”的成功，不仅在于技术创新与应用，还在于它对旅游业态的重塑和对传统服务模式的革新。项目为云南省的智慧文旅建设提供了坚实的技术保障和成功范例，助力“数字云南”的全面实现。同时项目的成功实施还展示了科技在推动传统产业转型升级中的巨大潜力和重要作用，为其他地区的智慧文旅建设提供了宝贵的经验和可借鉴、可复制的模式。

第三节

网络文化发展

为推动数字文化产业可持续发展，国家在网络文化领域实施了一系列系统的政策措施。这些政策旨在鼓励创新、促进产业繁荣，同时加强市场规范和监管，保障网络文化的良性发展。网络游戏、网络文学和自媒体作为数字文化的重要组成部分成为国家政策支持和监管的重点对象。

一、网络游戏

网络游戏是我国数字文化产业的重要组成部分，是在盈利方面有卓越表现并持续迸发活力的朝阳产业，不仅在国内显示出蓬勃的生命力，在全球市场上也占据着重要地位。在2023年全球手游收入排行榜中，由中国研发的“王者荣耀”“PUBG

Mobile”（合并“和平精英”）以及“原神”包揽了前三位。网络游戏产业发展深受国家和地方重视。

（一）鼓励政策

政府高度重视网络游戏产业的自主创新能力和文化品牌建设，多次强调要加速自主研发步伐，通过一系列鼓励政策，对本土游戏开发企业实施强有力的扶持策略，对积极参与自主研发的游戏企业提供充裕的资金补助与税收减免优惠，为本土网络游戏产业的繁荣发展提供了强有力的支持，激发了国产游戏创新的内生动力，推动了整个行业向高质量、高原创的方向迈进。2009 年 9 月，文化部发布《文化部关于加快文化产业发展的指导意见》，指出要增强游戏竞争力，推动民族原创网络游戏的发展，鼓励研发具有自主产权的网络游戏技术、设备，打造中国游戏品牌。2010 年 3 月，中央宣传部等九部门联合发布《关于金融支持文化产业振兴和发展繁荣的指导意见》，指出通过发放融资租赁贷款等方式为游戏企业提供金融支持。2017 年 4 月，文化部出台的《文化部关于推动数字文化产业创新发展的指导意见》将游戏、数字文化装备产业实力、数字艺术展示等作为数字文化产业的重点领域，就游戏产业健康发展提出培育国产原创游戏品牌产品、团队和企业，促进电竞赛事、电竞直播等新模式健康有序发展等具体鼓励方向。2021 年 3 月，“十四五”规划提出要壮大包括数字娱乐在内的文化产业，鼓励游戏等数字文化产品“走出去”。2022 年，《“十四五”数字经济发展规划》和《“十四五”文化发展规划》相继出台，提出要发展互动视频、沉浸式视频、云游戏等新业态，并倡导推出更多优秀的游戏产品，进一步凸显了对网络游戏产业发展的深切期待与持续推动。2024 年 7 月，国务院发布《国务院关于促进服务消费高质量发展的意见》，明确提出提升网络文学、网络表演、网络游戏、广播电视和网络视听质量，为网络游戏进一步发展提供了强有力的政策支持。

各省市围绕国家层面的规划与政策，纷纷出台扶持地方网络游戏发展相关的举措。宏观维度，网络游戏的重要性得以肯定。2017 年 11 月浙江省委、省政府出台的《关于推进文化浙江建设的意见》，2022 年 4 月江西省商务厅出台的《江西省电子商务“十四五”发展规划》，2022 年 6 月北京市经信局和北京市商务局出台的《北京市数字消费能级提升工作方案》，2024 年 3 月成都高新区管委会出台的《成都高新技术产业开发区加快数字经济产业重点领域高质量发展若干政策》，都将网络游戏产业作为施政的重要领域。微观维度，上海、深圳、广州等地纷纷出台针对游戏产业的扶持政策。2018 年 5 月上海 13 个部门联合制定的《关于促进上海动漫游戏产业发展的实施办法》、2023 年 7 月深圳市文化广电旅游体育局发布的《深圳市关于建设国际电竞之都的若干措施》、2024 年 4 月广州市黄浦区新闻出版署出台的

《广州开发区（黄埔区）促进游戏和电竞产业高质量发展的若干措施》，均提出积极推动网络游戏行业发展，扶持优质游戏产品生产与“走出去”战略，政策主要内容涵盖专项资金扶持、税收减免、人才引进补贴等资金支持，以及积极提供基础配套设施建设、助力多主体合作等园区服务。其中，游戏行业中直接的资金支持与推进集聚发展是被各地普遍采用的政策。成都高新区发布的《成都高新技术产业开发区加快数字经济产业重点领域高质量发展若干政策》指出对游戏产品研发上线等成果提供资金补助，同时对人才给予高额补贴，助推优质游戏企业与人才集聚。江苏常州天宁区提出了网络游戏产业六大扶持政策，从资金支持、人才引进、配套服务等几大方面展开对网络游戏产业的支持。

在政策支持下，网络游戏产业发展成效显著，以上海为例。上海致力于打造“全球电竞之都”和“游戏创新之城”，深入贯彻落实国家各项推进游戏产业发展的部署，引导网络游戏产业发展。2018 年 2 月，上海市普陀区科学技术委员会等五部门公布《普陀区加快发展网络游戏产业实施意见》，指明了对网络游戏产业的鼓励举措，积极引进和培育网络游戏产业领域重大项目，加快推进网络游戏产业在普陀区形成集聚。2019 年 12 月和 2020 年 10 月，普陀区接连发布《上海市普陀区加快发展电竞产业实施意见（试行）》《普陀区支持新基建和在线新经济发展的实施意见》，对电竞原创游戏软件的开发运营、经备案且投入运营的网络游戏企业给予资金支持，显示了发展网络游戏产业的决心。2023 年 7 月上海浦东新区区委宣传部发布《浦东新区促进文创类互联网平台产业高质量发展的若干政策举措》，提出五年内拟投入超过 100 亿元，重点支持游戏产业的内容研发和技术创新。2024 年 2 月上海徐汇区出台《2024 年度徐汇区扶持游戏和电竞项目申报通知》，意在通过专项资金助力更多优质游戏与电竞产品的生产与发行等环节。在一系列政策举措下，上海网络游戏产业规模日益增长，经济效益不断提高。2023 年上海游戏产业收入 1445.3 亿元，占据全国游戏产业的 1/3 以上。2023 年中国游戏收入前 50 的企业，上海占据了 24%。普陀区以长征镇的天地软件园为核心，大力发展网络游戏产业，打造具有一定竞争优势的网络游戏产业集群，已经形成了一个集聚了 200 多家网络游戏企业的产业园区，集群效应日益凸显。2023 年，长征镇网络游戏产业实现区税 5.09 亿元，占普陀区智能软件产业区税比重的近 40%，网络游戏已成为推动当地经济高质量发展的主要阵地。

（二）管制政策

网络游戏在快速发展的同时也面临着许多问题，如侵权盗版、市场秩序、未成年人上瘾等，国家就市场秩序、网络游戏内容、未成年人管理等问题出台了政策加以监管。1996 年 3 月，新闻出版署发布《电子出版物管理暂行规定》，加强了对电子出版物的管理，对电子出版物出版、复制等进行规定。虽未指明网络游戏是监管对象，但网络游戏作为电子出版物种类之一受到相关规定的约束，自此游戏监管体系逐渐搭建起来。2002 年 6 月，国家电子工业部和新闻出版署双方联合颁布《互联网出版管理暂行规定》，明确了网络出版服务需要事前审批。通过网络向公众提供游戏可被认为是网络出版服务，受此规定约束，网络游戏在上线前需经过申报和审批的流程。2010 年 6 月，文化部发布的《网络游戏管理暂行办法》对网络游戏的娱乐内容、市场主体、经营活动等多方面作出系统规定，这是我国第一部专门针对网络游戏管理的部门规章。次月，文化部关于贯彻实施《网络游戏管理暂行办法》的通知公布，为切实落实《网络游戏管理暂行办法》提出具体措施，明确指出要明确网络游戏的管理对象，规范主体审批，针对强化网络游戏内容管理部分提出推行电子政务，依法公开信息，加强进口网络游戏内容审查，规范国产网络游戏备案，加强网络游戏动态监管等具体举措，并强调加强对网络游戏经营活动的监管，同时通过加强组织领导和检查、加大舆论宣传的力度以及强化社会监督和评议三个方面为网络游戏健康有序发展提供保障。2017 年 12 月，文化部与中宣部、中央网信办、公安部等部门联合印发了《关于严格规范网络游戏市场管理的意见》，对网络游戏违法违规行为和不良内容进行集中整治。在该政策指导下，文化部开展了专项查处行动，督办各地文化市场综合执法机构查办了 80 余件网络游戏案件，并对主要手机游戏产品进行了集中执法检查，严查淫秽色情、危害社会公德、赌博暴力等禁止内容。此外，2017 年 12 月，文化部修订了此前发布的《网络游戏管理暂行办法》，进一步规范了网络游戏市场秩序，促进了市场的健康发展。根据该办法，各网络游戏经营单位必须严格遵守规定的最低要求，在规范自身经营行为的基础上提升产品的文化内涵。2018 年 3 月，国务院机构改革，为进一步推进“放管服”改革，《网络游戏管理暂行办法》于 2019 年被废止，游戏产业在一段时间内缺乏新的具体管理规定。在此之后，国家新闻出版署在游戏产业监管中扮演了核心角色，近年来尤其注重加强对未成年人的保护措施。例如，2021 年 8 月出台的《关于进一步严格管理切实防止未成年人沉迷网络游戏的通知》，要求网络游戏企业严格落实用户账号实名注册和登录要求，将未成年人用户纳入统一的网络游戏防沉迷管理体系；严格限制未成年人游戏时间，加强对青少年健康成长环境的重视与保护。同年，教育部办公厅等六部门印发《关于进一步加强预防中小学生沉迷网络游戏管理工作》，指出各地出版管理、网信、公安等部门要加强对网络游戏企业的事中事后监管，对违反有关规定的网络游戏加以惩处。2022 年 7 月，商务部等 27 部门发布《关于推进对外文化贸易高质量发展的意见》，聚焦推动网络游戏等领域，开展优化审批流程改革试点，扩大网络游戏审核试点，创新事中事后监管方式。

二、网络文学

网络文学作为数字文化领域的重要组成部分，近年来在中国乃至全球范围内展现出强劲的发展势头，成为文化传播和文化创新的重要载体。截至 2023 年 6 月，网络文学用户规模达到 5.47 亿，占比超网民规模的一半，具有强大的社会影响力。政府高度重视网络文学的培育与规范，通过一系列政策鼓励原创内容生产，推动产业升级，同时加强对网络文学市场的监管，确保其健康发展。

（一）鼓励政策

近年来，为促进网络文学行业的健康持续发展，国家发布了多项政策举措。特别是党的十八大以来，网络文学受到高度重视。2014 年 10 月，习近平总书记《在文艺工作座谈会上的讲话》提到互联网技术和新媒体改变了文艺形态，期望新兴文艺领域成为繁荣社会主义文艺的有生力量，为网络文学的发展指明方向。2014 年 12 月，为落实习近平总书记在文艺工作座谈会上的重要讲话精神，国家新闻出版广电总局印发了《关于推动网络文学健康发展的指导意见》，加强对网络文学健康发展的引导，重点聚焦网络文学的内容质量问题提出相关方向指引，通过切实加强版权保护、发挥科技创新引领作用、加大政策扶持力度等具体措施为网络文学质量的提升提供法律、技术、制度等多方位保障，增强国家文化软实力。2015 年 10 月，党中央出台《中共中央关于繁荣发展社会主义文艺的意见》，提出要大力发展网络文艺，各级政府积极制定政策举措将网络文学纳入国家文化发展规划，为网络文学的发展指明了方向和提供政策支持。2021 年 3 月，“十四五”规划提出，要繁荣发展文化事业和文化产业，其中包括网络文学在内的数字文化产业被列为重要发展领域。网络文学日渐成为文化发展的重点领域，此外强调作品的原创性和文化内涵，鼓励创作反映中华优秀传统文化、时代精神和社会主义核心价值观的作品是网络文学发展的核心宗旨。2019 年 11 月，中共中央、国务院发布的《新时代爱国主义教育实施纲要》指出要大力开发体现中华文化精髓、富有爱国主义气息的网络文学。2020 年，《文化和旅游部关于推动数字文化产业高质量发展的意见》指出要培育和塑造一批具有鲜明中国文化特色的原创 IP，运用网络文学等产业形态，推动中华优秀传统文化创造新转换。2022 年 8 月，中共中央办公厅、国务院办公厅发布的《“十四五”文化发展规划》对网络文化创作提出了新要求，提出开展网络文艺创作传播工程，鼓励文化单位和广大网民依托网络平台进行文化创作表达，扶持网络文艺社群等新的文艺组织健康发展；加强网络文学、视听、音乐等网络文艺精品创作扶持等，引导网络文化创作踏上新征程，推出更多优秀的网络文学作品。2023 年 2 月，中共中央、国务院发布的《数字中国建设整体布局规划》也强调了大力发展网络文化，加强优质网络文化产品供给，引导鼓励平台和网民创作积极向上的网络文化产品。

各省市积极响应国家政策规划，通过资金支持、人才培养等举措为网络文学发展提供良好的发展环境。山西省发布《山西省“十四五”文化旅游会展康养产业发展规划》，指出要培育和塑造一批具有鲜明山西文化特色的原创 IP，加强 IP 开发和转化，充分运用网络文学、网络音乐、网络表演、网络视频、数字艺术、创意设计等产业形态，打造更多具有广泛影响力的数字文化品牌。北京市通州区发布《北京城市副中心文化旅游区发展建设三年行动计划（2023—2025 年）》，指明要以科技赋能活化文化资源，支持发展网络文学等新业态。江苏作为网络文学大省在推进网络文学发展方面采取了多项有力政策。《江苏省“十四五”文化发展规划》明确提出提升网络文艺发展水平，打造全国网络文学重镇。秦淮区以建设“江苏网络文学谷”为契机，推出了一系列帮扶举措，包括制定出台《秦淮区扶持“江苏网络文学谷”产业发展的政策措施》，配套引进“江苏网络文学谷著作权登记站”和“南京影视文化公共服务”等，为入驻企业提供高质量服务。江苏网络文学谷自 2018 年成立以来，已集聚了全省 60% 的重点网文平台，贡献了全省近 80% 的网文产出，吸引了 21 位网文白金作家签约，9 家动漫、影视等网文产业链企业入驻。政策全方位支持园区发展，形成网文创作、改编、出版、影视化以及营销等一站式政策服务体系。通过这些政策措施，江苏省在网络文学领域实现了快速发展，形成了完备的产业链生态，推动了网络文学产业的高质量发展。

（二）管制政策

IP 是网络文学的关键，完善网络文学版权保护是推动网络文学发挥作用的必要环节。在鼓励引导网络文化创作生产的同时，国家也在不断加强对版权的保护，以营造更健康的创作环境。2014 年 12 月，国家新闻出版广电总局印发的《关于推动网络文学健康发展的指导意见》中明确提出要加强版权保护，具体提出要健全法律法规，加强日常监管，持续打击网络文学作品侵权盗版行为，保障著作权人合法权益，鼓励企业建立规范的版权资产登记、使用等环节管理制度，加快网络文学作品版权保护技术及标准研发和运用以及加大版权保护宣传力度，旨在为网络文学创作者提供更健康的创作环境，进一步提升网络文学发展水平。2016 年 11 月，国家版权局发布的《国家版权局办公厅关于加强网络文学作品版权管理的通知》明确了网络服务商在版权管理方面的责任义务，细化了著作权法律法规的相关规定，健全了包括侵权处理机制、版权投诉机制、通知删除机制以及上传审核机制的四项工作机制，有力地推进了我国网络文学版权保护进程。2020 年 6 月，国家新闻出版署印发的《新闻出版署关于进一步加强网络文学出版管理的通知》明确了网络文学出版的规范标准，指出登载发布原创作品须在作品封面或内容首页显著位置标明书名、作者、责任编辑及版权说明等相关信息。2022 年 8 月，中共中央办公厅与国务院办公厅出台的《“十四五”文化发展规划》也提出要加强版权保护，其中包括要加强数字版权保护，持续开展“剑网”专项行动等。构建健康的版权环境，是推动网络文学迸发创新活力的关键，也是网络文学政策监管的重要方向。

三、自媒体

（一）自媒体概念

自媒体可以被定义为一种由大众通过互联网平台自主发布、传播信息的新型媒体形式，强调“自”，由用户个体自主注册账号、发布信息，具有个性化、自主性和互动性。自媒体的低准入门槛、快速传播速度以及强互动性，使其在信息社会中发挥着日益重要的作用。与传统媒体不同，自媒体不再依赖机构或专业媒体平台的审核与发布，而是由个人或小团队直接操作。这种去中心化的传播模式突破了传统信息传播的壁垒，使得每个个体都可以成为信息的生产者、传播者和受众。这一特性使得自媒体成为现代信息传播体系中不可忽视的重要组成部分。个体既是内容创作者，又是信息传播的参与者。自媒体平台的去中心化、即时性、多样化和互动性等特点，使得信息传播变得更加自主和灵活。用户不仅能够自由地发布内容，还能通过社交互动快速反馈并参与信息的传播，推动了信息传播方式的深刻变化。自媒体的影响力日益增强，成为公众信息获取和表达意见的重要渠道，如何引导和规范自媒体的发展，确保其发挥积极作用而避免产生负面社会影响是政府重点关注的问题。

（二）管制政策

自媒体的多样性和自由度无疑促进了文化创新和公众参与，不仅促进了个人创作的多样性，还为公众提供了更加丰富的娱乐与资讯内容。然而，随着自媒体影响力的不断扩大，其在自我表达的同时，也不可避免地对社会产生了广泛的公共传播效应。尤其是一些不当信息、虚假内容以及低俗、不健康的行为，可能在短视频平台上快速传播，带来社会负面影响。因此，如何有效引导和规制自媒体成为政府关注的重点。

实名制管理是自媒体信息管理的基本举措。2015 年 2 月，国家互联网信息办公室颁布了《互联网用户账号名称管理规定》，要求自媒体服务提供商在办理自媒体用户的申请手续时，要按照“后台实名、前台自愿”的原则，要求用户通过真实身份信息认证后注册账号。2017 年 8 月，国家互联网信息办公室出台的《互联网跟帖评论服务管理规定》和《互联网论坛社区服务管理规定》等专门性法规政策也提出相应要求，所有注册用户都被要求进行真实身份信息认证，否则不能获得跟帖评论服务。除了用户方面的要求外，政策也强调了平台责任与管理机制的健全。2016 年 11 月，国家互联网信息办公室出台的《互联网直播服务管理规定》提出互联网直播服务提供者应当加强对评论、弹幕等直播互动环节的实时管理。为保证审核制度落实，上述规定皆要求各信息服务提供者在技术、人力、管理制度上达到相应条件，以确保具备能即时阻断互联网直播的能力，正本清源，封死违法信息的发布渠道。2017 年 5 月，国家互联网信息办公室发布《互联网新闻信息服务许可管理实施细则》，同年 6 月，国家互联网信息办公室新修订的《互联网新闻信息服务管理规定》明确指出通过互联网站、公众账号、博客、网络直播等形式提供互联网新闻信息服务需要取得相应服务许可。2019 年 1 月，中国网络视听节目服务协会制定了《网络短视频平台管理规范》，提出平台对合作账户的管理、视频内容的管理以及技术的管理的规范，并针对短视频内容发布了《网络短视频内容审核标准细则》，对内容审核制定了明确的标准细则，以提升短视频内容质量，营造清朗网络空间。2023 年 7 月 10 日，中央网信办发布了《中央网信办秘书局关于加强“自媒体”管理的通知》，明确提出要压实网站平台信息内容管理主体责任，健全常态化管理制度机制，推动形成良好网络舆论生态。该通知提出了包括严防假冒仿冒行为、强化资质认证展示、规范信息来源标注和加强信息真实性管理等 13 条具体工作要求。2023 年 7 月，中央网信办召开专项部署会，全面部署加强自媒体规范管理工作，并决定自 7 月 29 日起，在全国范围内开展为期 3 个月的进一步加强自媒体基础管理专项治理行动，以夯实管理基础，促进自媒体健康有序发展。2024 年 4 月，中央网信办发布《中央网信办秘书局关于开展“清朗·整治‘自媒体’无底线博流量”专项行动的通知》，根据“清朗”系列专项行动计划，在全国范围内开展为期两个月的“清朗·整治自媒体无底线博流量”专项行动。该行动将加强重点平台和重点环节管理、加强“自媒体”账号全流程管理、加强信息来源标注展示、完善流量管理措施作为主要任务，提出加强组织领导、健全违规“自媒体”发现处置曝光机制、健全流量分配机制等工作要求，旨在遏制自媒体摆拍造假风，压缩无底线博流量行为空间，提升自媒体发布信息的可信度。通过一系列政策的出台与修订，政府逐步强化了自媒体领域的管理和监管，旨在构建更加健康、透明、有序的网络环境。

第七章　五位一体之数字社会

第一节

教育数字化转型

一、教育数字化的政策体系构建

（一）我国教育数字化转型的发展历程

深入实施教育数字化转型，是全球教育变革与发展的趋势，也是我国建设高质量教育体系的迫切要求。进入21世纪以来，我国制定了一系列教育信息化发展规划，大力推进教育数字化转型。具体而言，我国教育数字化转型的演进历程可以明确划分为四个主要阶段。

1. 教育信息化的起始阶段（2000—2010年）。2000年年底，教育部关于在中小学普及信息技术教育的通知提出全面启动中小学“校校通”工程，为中小学普及信息化技术教育、推动教育信息化建设奠定基础。2002年9月，教育部出台《教育信息化“十五”发展规划（纲要）》，提出到2010年，基本建成覆盖全国的教育信息化基础设施。这一阶段主要表现为我国教育信息化建设水平和应用水平的不断提高，初步形成了面向全国的教育信息基础设施体系，进入教育信息化的起始阶段。

2. 教育信息化的快速发展阶段（2011—2016年）。2012年3月，教育部印发《教育信息化十年发展规划（2011—2020年）》，确立了应用驱动、共建共享的工作方针，开启了教育信息化的快速发展阶段。在应用驱动下，“三通两平台”① 工程全面开展。例如，2014 年 7 月，天津市教委与市财政局联合发布了《关于天津市基础教育信息化“三通两平台”建设实施意见》，该意见旨在推动 2016—2020 年实现信息技术与教育教学的深度融合。2015 年 5 月，海口市发展和改革委员会转发了教育局关于启动信息化“三通两平台”建设项目的意见，该意见强调了统筹推进“三通两平台”建设项目的重要性，并建议由教育局主导，市科工信局、市信息中心等相关单位协同配合，共同开展“三通两平台”的规划设计工作。

3. 教育信息化的转型升级阶段（2017—2021 年）。经过多年的探索实践，信息技术对教育的革命性影响已初步显现，但与新时代的要求仍存在较大差距（教育部，2018）。为响应新时代对教育信息化的新要求，教育信息化顺利从 1.0 时代过渡到 2.0 时代。2018 年 4 月，教育部提出《教育信息化 2.0 行动计划》，在强调继续深入“三通两平台”主要任务的同时，到 2022 年基本实现“三全两高一大”的发展目标，即教学应用覆盖全体教师、学习应用覆盖全体适龄学生、数字校园建设覆盖全体学校，信息化应用水平和师生信息素养普遍提高，建成“互联网 + 教育”大平台，推动从教育专用资源向教育大资源转变、从提升师生信息技术应用能力向全面提升其信息素养转变、从融合应用向创新发展转变，努力构建“互联网 +”条件下的人才培养新模式、发展基于互联网的教育服务新模式、探索信息时代教育治理新模式。

4. 教育数字化的全面发展阶段（2022 年至今）。教育数字化作为教育信息化在新时代的演进与升级，标志着教育信息化发展进入了一个更为成熟和先进的阶段。2022 年，我国教育部正式启动了国家教育数字化战略行动（中国电化教育，2023）。这是顺应数字时代推动数字深化变革与创新的重要举措，为实现教育现代化提供了不可或缺的动力和支撑。2023 年 5 月，习近平总书记在中共中央政治局第五次集体学习时强调，教育数字化是我国开辟教育发展新路径、塑造教育发展新优势的关键突破口。这一重要论述，深刻揭示了教育数字化的关键作用，为建设教育强国指明了方向和路径，推动我国进入教育数字化的全面发展阶段。

（二）全面发展教育数字化的顶层设计

经过 20 多年教育数字化发展道路的探索，在当前教育数字化的全面发展阶段，我国已基本形成持续完善的顶层设计与细化的地方推进举措相结合的政策体系。

2022 年 10 月，党的二十大报告对推进教育数字化作出专门战略部署，明确提出要“推进教育数字化，建设全民终身学习的学习型社会、学习型大国”。此后，

① “三通两平台”中的“三通”是指宽带网络校校通、优质资源班班通、网络学习空间人人通；“两平台”是指教育资源公共服务平台和教育管理公共服务平台。

党中央和教育部多次发文提供政策导向和操作指南，已经初步完成教育数字化转型的顶层设计。2022 年 11 月，教育部发布《教师数字素养》标准，规定了教师在数字化意识、技术知识与技能、应用、社会责任和专业发展五个维度的要求。同年，教育部发布《数字教育资源基础分类代码》，规定了数字教育资源的分类标准。这一年年底，为保障直播教学正常开展，提升直播类在线教学平台的安全保障能力，教育部发布《直播类在线教学平台安全保障要求》教育行业标准的通知。2023 年 6 月，中共中央办公厅和国务院办公厅发布文件，强调推进教育数字化基础设施建设。这些政策文件在完善数字化资源建设与应用、提升教育信息化素养等方面制定了详细的顶层设计方案，对于有效推进国家教育数字化战略行动及持续优化教育信息化标准体系具有深远的意义。

（三）全面发展教育数字化的地方推进

为深入贯彻党中央关于推进教育数字化的战略部署，加速教育强国建设进程，并深入推进国家教育数字化战略行动，教育部于 2021 年 8 月决定将上海确立为教育数字化转型的试点区域。结合建设高质量教育体系、加快推进教育现代化、建设教育强国发展目标，2022 年 3 月，上海市教育委员会颁布了《上海市教育数字化转型“十四五”规划》，围绕教育现代化和上海市教育综合改革任务，以新一代信息技术和教育数字化转型为引擎，以融合创新发展为路径，深入推进教育教学模式变革，推进教育评价改革，推动教育理念重塑、结构重组和流程再造。

其后，各地方政府也相继制定教育数字化的行动计划。例如，2023 年 8 月，湖北省人民政府办公厅印发《湖北省教育数字化战略行动计划（2023—2025 年）》，强调教育数字化是开辟教育发展新赛道和塑造教育发展新优势的重要突破口，明确提出加快教育新型基础设施建设、推进基础教育数字化转型、推进高等教育和职业教育数字化转型、推进教师队伍数字化转型、提升教育治理数字化水平等重点任务。2023 年年底，浙江省教育厅印发《浙江省数字教育高质量发展行动计划（2024—2027 年）》，提出“学在浙江”平台建设行动、在线教学服务提质行动、基础设施提能升级行动、数字素养培育提升行动、网络与数据安全筑盾行动、“政产学研用”开放合作行动等多项重点任务。

纵览各地区教育数字化转型的重要任务，可以发现通过数字赋能的智慧教育建设是推进教育数字化转型的核心内容，健全数字素养培养体系，提升数字素养是推进教育数字化转型的重要保障。本部分将围绕“智慧教育建设”和“数字素养培养”两方面，对我国扎实推进教育数字化转型的具体措施进行详细分析。

二、推进智慧教育建设

（一）教育数字基础设施建设

大力推进教育数字基础设施建设是推进智慧教育的基础，不仅为教学、管理和服务提供了坚实的技术支撑，还促进了教育资源的整合与共享，提升了教育治理能力。2021 年 7 月，教育部、中央网信办、发展改革委、工业和信息化部、财政部、人民银行联合发布《关于推进教育新型基础设施建设构建高质量教育支撑体系的指导意见》，指出我国正致力于构建一个结构优化、集约高效、安全可靠的教育新型基础设施体系。该体系以信息化为主导，重点聚焦信息网络、平台体系、数字资源、智慧校园、创新应用、可信安全等方面，旨在推动教育数字转型、智能升级和融合创新，支撑教育高质量发展。为了贯彻落实教育部等六部门印发的《关于推进教育新型基础设施建设构建高质量教育支撑体系的指导意见》，2023 年 2 月福建省教育厅等六部门研究制定了《福建省教育数字化战略行动三年实施方案》，确立推动福建省教育数字化转型进入新阶段，智慧教育创新发展迈上新台阶的发展目标。在此背景下，信息网络、平台体系、数字资源、智慧校园、创新应用、可信安全等教育新型基础设施建设走上快车道。

（二）在线教育健康发展

在线教育作为推进智慧教育建设的关键组成部分，在政策的引导和支持下，正逐步构建高质量、多元化、互联互通的线上教育教学资源体系。2021 年 1 月，教育部、发展改革委、工业和信息化部、财政部、广电总局等部门在深入总结新冠疫情防控期间大规模在线教育宝贵经验的基础上，联合发布《关于大力加强中小学线上教育教学资源建设与应用的意见》，明确提出到 2025 年基本形成定位清晰、互联互通、共建共享的线上教育平台体系，优质教育资源共享共用格局基本完善，信息化推动教育公平发展和质量提升的作用得到有效发挥。重点举措主要有加强平台体系建设、高质量开发资源、充分用好平台资源、提高师生应用能力等。在地方政府层面，《河南省基础教育资源公共服务平台第三方应用及资源接入管理办法（试行）》《吉林省“互联网 + 教育”双优试点校建设项目实施方案》等相关文件的出台进一步强调了在线教育健康发展的重要性和重点举措。

“网易一块屏”公益项目是一个成功的在线教育案例。该项目利用先进的信息技术和平台，将优质教育资源输送到偏远和贫困地区，为农村学校提供了实时互动的在线课堂，提升了当地教师的教学能力，帮助学生获得了更好的教育机会。这既推动了教育公平，也为智慧教育的发展提供了有益的实践经验。

（三）数字专业建设

推动数字专业教育发展，培养适应数字化转型和创新需求的人才，是智慧教育建设的重要内容。这不仅有助于提升教育质量，还将为国家的数字经济发展提供坚实的人才支撑。中国在推进数字专业教育方面采取了一系列具体措施：21 世纪初（2000 年 11 月），教育部关于《在中小学普及信息技术教育》的通知明确将信息技术课程列为中小学必修课程，以实现基础教育的跨越式发展。通过科学规划和全面推进，信息技术教育被纳入教学改革，以促进教学方式的变革，并激发学生学习信息技术的兴趣。进入高等教育阶段，我国高度强调职业教育与普通教育的协调发展，并通过《关于推动现代职业教育高质量发展的意见》等政策文件，明确了职业教育在国民教育体系中的重要地位。政策中提出，要优化职业教育供给结构，优先发展与数字技术相关的新兴产业专业，如先进制造、新能源、新材料、现代农业、现代信息技术、生物技术、人工智能等，同时加快建设一批人才紧缺专业。在教材建设方面，《"十四五"职业教育规划教材建设实施方案》指出，要重点开发服务国家战略和民生需求的紧缺领域专业教材，特别是与数字技术相关的专业课程教材。同时，支持新兴专业和薄弱专业教材的建设，加快新形态教材的开发，以适应结构化、模块化专业课程教学和教材出版要求。浙江作为数字经济发展先行队，《浙江省大中小学教材建设行动计划（2021—2023 年）》提出要借助浙江的数字经济大省优势，探索数字化教材建设，不断丰富数字教材资源。积极推进教材对外输出，争取研制推广一批在国内外有一定影响力的普通中小学课程教材、教辅材料。

三、健全数字素养培养体系

在推进教育数字化转型过程中，提升各类群体的数字素养至关重要。教育工作者作为教育系统的核心力量，其数字素养直接影响教育的质量和效果；社会成员是数字经济发展的主要推动力，提升他们的数字素养有助于提高整体社会的数字化水平，增强就业竞争力和创新能力；而老年人作为数字化转型中容易被忽视的群体，提升他们的数字素养不仅能提高生活质量，还能减少因技术不熟悉而面临的风险。因此，各级政府针对教育工作者、社会成员以及老年人三个主要群体制定了具体的提升措施。

（一）提升教育工作者数字素养

对于教师、教育管理者和师范生等教育工作者而言，他们在教育实践、管理和未来教师队伍建设中发挥着重要作用，本部分将从教师、教育管理者和师范生三个方面入手，详细探讨如何提升教育工作者的数字素养。

首先，教师是教育的直接执行者，他们的数字素养水平直接影响课堂教学的质量和效果。提升教师的数字素养，能够帮助他们更好地运用数字技术进行教学设计和实施，提高教学互动性和灵活性，满足学生个性化学习需求。2022 年 11 月，教育部发布《教师数字素养》教育行业标准的通知，将教师数字素养框架分为数字化意识、数字技术知识与技能、数字化应用、数字社会责任和专业发展五个核心维度。基于这一框架，教育部门和学校可以有针对性地设计培训项目，加强教师对数字技术的理解和应用能力，同时培养他们在数字化环境下的责任感和专业成长。此外，通过评价和反馈机制，教师能够不断自我完善，提升其数字素养，以更好地适应数字化教育的需求。

其次，教育管理者在推动教育数字化转型过程中起着领导和决策的作用。他们的数字化领导力和执行力直接关系到教育数字化政策的落实和推进。提升教育管理者的数字素养，能够增强其数字化转型的意识与能力，提高教育管理和决策的科学性和效率，从而推动教育系统的全面现代化。2024 年 3 月，上海市教育委员会《关于做好 2024 年上海市教育数字化转型工作》的通知中，提出分类组织实施面向学校校长、信息化部门负责人、专业技术骨干等教育数字化执行力提升行动计划，整体提升相关人员推动教育数字化转型的意识与能力，提升教育数字化转型领导力和专业能力。

最后，师范生是未来教师队伍的预备队，培养他们的数字素养至关重要。通过优化师范生培养方案和课程体系，增强其数字技术基础教育和实践能力，可以为未来的教育数字化奠定坚实基础。2023 年 6 月，党中央出台《关于构建优质均衡的基本公共教育服务体系的意见》，强调要加强优化师范生培养方案和课程体系，开展人工智能助推教师队伍建设行动。这为提升师范生的数字素养提供了政策支持和方向指导。具体措施主要围绕数字技术基础教育应用、数字化教育研究、数据处理和信息安全意识以及评价机制优化等。

总之，通过全面提升教育工作者的数字素养，教育系统将更好地应对数字化转型挑战，促进各类教育工作者的全面发展，显著提升教育整体质量和效能。

（二）培养社会数字人才

数字人才的培养是实现教育现代化的关键环节，是一个多维度、多层次的过程，需要各方面的共同努力和协同配合。2024 年 4 月，为发挥数字人才支撑数字经济的基础性作用，人力资源社会保障部等部门联合印发《加快数字人才培育支撑数字经济发展行动方案（2024—2026 年）》，明确提出用 3 年左右时间，扎实开展数字人才育、引、留、用等专项行动，提升数字人才自主创新能力，激发数字人才创新创业活力，增加数字人才有效供给，形成数字人才集聚效应。

为全面提升数字人才的技能和素质，确保他们在数字化时代的各个领域中发挥关键作用，多个省份也已多次提及数字人才培养的重要性，并致力于通过系统的教育改革和技术应用，全面提升社会成员的数字素养和创新能力。例如，《浙江省数字教育高质量发展行动计划（2024—2027 年）》提出通过建立更为完善的数字教育基础设施和资源，提升全社会的数字技能水平。计划中特别提到，将构建覆盖全省的数字教育公共服务平台，这不仅服务于在校学生，还面向成人及老年人群，实现终身教育的目标。值得一提的是，数字人才的培养并不局限于传统的教育机构。上海市《教育数字化转型“十四五”规划》强调了建设开放的教育资源平台，鼓励所有社会成员，包括企业和公众，参与到教育内容的创造和分享中。这种开放的策略，旨在通过广泛的社会参与，进一步丰富教育资源，提高教育的质量和效率。

（三）提升老年人数字素养

鉴于老年人对数字技术的应用相对滞后，提升他们的数字素养不仅帮助他们更好地融入数字社会，而且有助于提升数字素养的普及性。党中央强调提升老年人数字素养的重要性，并通过各种措施和机构支持来帮助老年人更好地适应和使用数字技术，确保他们能够享受到数字社会的便利。例如，2021 年 6 月，国务院发布《全民科学素质行动规划纲要（2021—2035 年）》，提出老年人科学素质提升行动，具体包括实施智慧助老行动、加强老年人健康科普服务、实施银龄科普行动等具体方案。2021 年 11 月，中共中央、国务院发布《关于加强新时代老龄工作的意见》，再次强调了“智慧助老”行动，加强数字技能教育和培训，提升老年人数字素养。

为积极响应党中央关于提升老年人数字素养的顶层规划，各级政府结合本地实际情况，纷纷制定了具体的实施方案，以推进老年人数字素养的提升。例如，2022 年 9 月，四川省人民政府发布了《四川省全民科学素质行动实施方案》，该方案详细规划了实施智慧助老行动、强化老年人健康科普服务以及推进银龄科普行动等三方面的具体措施。云浮市人民政府于 2022 年 8 月印发的《云浮市全民科学素质行动规划纲要实施方案（2021—2025 年）》、中山市人民政府于 2022 年 12 月印发的《中山市全民科学素质行动规划纲要实施方案（2022—2025 年）》、东莞市人民政府于 2022 年 12 月印发的《东莞市全民科学素质行动规划纲要实施方案（2022—2025 年）》等文件均从地级市层面明确部署了智慧助老行动、老年人健康科普服务及银龄科普行动等旨在提升老年人科学素质的具体行动。

第二节

健康数字化转型

一、健康数字化的政策体系构建

（一）确立健康数字化转型的重要地位

全球健康数字化转型浪潮席卷而来，为医疗健康服务带来了革命性的变化。这一转型不仅是技术的革新，还是服务模式和管理理念的深刻变革。在此背景下，党和国家高度重视健康数字化转型发展，密集出台了一系列政策。2016 年 10 月，国务院印发《“健康中国 2030”规划纲要》，突出强调了建设健康信息化服务体系是推进健康中国建设的支撑和保障。国务院于 2016 年 6 月出台的《关于促进和规范健康医疗大数据应用发展的指导意见》以及于 2018 年 4 月出台的《关于促进“互联网 + 医疗健康”发展的意见》，初步规划了以信息化建设为基础、以大数据发展和“互联网 +”服务为引领的“一体两翼”发展格局。2020 年 9 月，国家卫生健康委办公厅、国家中医药局办公室联合发布《关于加强全民健康信息标准化体系建设的意见》，进一步强调充分认识全民健康信息标准化体系建设的重要性，并制定促进全民健康信息基础设施标准化建设、加强全民健康信息数据库标准化建设、推进新兴信息技术应用标准化建设、加强网络安全标准化建设等重点任务。2022 年 11 月，国家卫生健康委、国家中医药局、国家疾控局再次联合发布《“十四五”全民健康信息化规划》，明确提出加快构建数字化、网络化、智能化的转型，以支持卫生健康事业的高质量发展的目标。

（二）健康数字化转型的地方实践

为贯彻《关于促进和规范健康医疗大数据应用发展的指导意见》《关于促进“互联网 + 医疗健康”发展的意见》及《关于加强全民健康信息标准化体系建设的意见》等指导性文件，截至目前，已有大量地方性的政策与制度相继出台。其中，2020 年 6 月，四川省卫生健康委员会结合本地实际，印发《四川省健康医疗大数据应用管理办法（试行）》，明确提出省卫生健康信息中心要负责全省健康医疗大数据资源汇聚，承担省级健康医疗大数据标准管理、资源管理、服务管理、安全管理等具体工作。2020 年 11 月，天津市为加快推进“互联网 + 医疗健康”示范市建设任务，及时总结、推广一批应用成效和引领作用明显的“互联网 + 医疗健康”示范项目，制定了《“互联网 + 医疗健康”示范项目遴选实施方案》。2021 年 9 月，上海市卫生健康委员会发布《关于进一步做好本市“互联网 +”家庭医生签约服务的通知》，提出应全面开展“互联网 +”家庭医生签约服务，包括线上签约、解约、改签、续约、健康咨询解答等服务。

总体来看，健康数字化的政策体系不仅在国家层面得到高度重视和全面部署，而且在地方实践中也展现出多样化探索和创新。这一政策体系推动了数字健康的不断创新和优化，为健康中国建设奠定了坚实基础。

二、医疗服务数字化转型

（一）医疗服务数字化

医疗服务数字化是数字健康的重要组成，具体是指基于各类医疗、医药、医保和医院管理数据，实时对疾病监测、筛查、诊断、治疗、康复的数字化升级，链接医院、药械、企业、医保机构等实现动态互动，为居民提供便捷、高效、普惠的医疗服务。从医疗流程的视角来看，医疗服务数字化可分为面向管理方、面向医疗服务提供方、面向患者三个维度，如表 7-1 所示。

表 7-1 面向患者的医疗服务数字化内容说明

分类	说明
数字监测	采用数字技术监测患者健康数据，并利用这些数据可用于为特定疾病、健康状况或健康结果的管理提供信息
数字护理支持	通过教育资源、建议和提示，支持患者对已确诊的特定疾病进行自我管理
数字诊断评估	经过验证的数字工具，用于监测和描述疾病状态，衡量疾病状态、反应、进展或复发情况
数字治疗干预	通过生成和提供对患者健康具有明显积极治疗影响的医疗干预的数字技术，用于治疗或缓解疾病、失调、状况或损伤

从面向管理者的维度来看，主要是指针对医疗生态系统中除医疗机构和医疗系统管理机构之外的其他利益相关方（包括支付方、雇主和药械行业等）的信息化和数字化。以佛山市为例，2022 年 9 月发布的《推动公立医院高质量发展行动计划（2022—2025 年）》明确要求深化医保支付方式改革，并提出了一系列具体措施。推进紧密型医联体的医保支付方式综合改革试点工作，探索更好发挥中医药特色优势的医保支付方式，完善符合中医药特点的医保支付政策以及完善家庭医生签约服务医保支付机制等。这些举措都旨在通过信息化手段提升医疗管理的整体效率和质量。

从面向医疗服务提供方的维度来看，主要是指医生和其他医疗保健专业人员使用数字技术。为推动新一代信息技术与卫生健康工作融合，强化医疗健康行业的人才培养和队伍建设，国家卫生健康委员会与国家中医药管理局多次举办全国数字健康创新应用大赛以及全国卫生健康行业网络安全技能大赛。

从面向患者的维度来看，具体涉及数字监测、数字护理支持、数字诊断评估、数字治疗干预等内容。在政策方面，国务院于 2018 年 4 月发布的《关于促进“互联网 + 医疗健康”发展的意见》提出要实现个人健康实时监测与评估、疾病预警、慢病筛查、主动干预的发展目标，同时也鼓励医疗联合体内上级医疗机构借助人工智能等技术手段，面向基层提供远程会诊、远程心电诊断、远程影像诊断等服务。

综上，我国正在全面提升医疗服务全流程的数字化，这对于推进健康数字化转型具有极为重要的积极意义。

（二）智慧医院建设

智慧医院建设是医疗服务数字化转型的核心载体，旨在围绕患者需求，利用互联网信息技术拓展医疗服务的范围和内容，提供与诊疗科目相匹配的精准医疗服务。2021 年 9 月，国家卫生健康委与国家中医药管理局联合发布《公立医院高质量发展促进行动（2021—2025 年)》，明确提出建设“三位一体”智慧医院的目标，将信息化作为医院基本建设的优先领域，建设电子病历、智慧服务、智慧管理“三位一体”的智慧医院信息系统，完善智慧医院分级评估顶层设计。目前，我国建设“三位一体”智慧医院的顶层设计已经形成，并围绕“智慧服务”“电子病历”“智慧管理”出台了具体的行动方案及评估标准体系。

首先，针对“智慧服务”建设，2017 年 12 月，国家卫生计生委、国家中医药管理局印发的《进一步改善医疗服务行动计划（2018—2020 年）的通知》提出要应用新理念、新技术，创新医疗服务模式，不断满足人民群众医疗服务新需求。2019 年 3 月，国家卫生健康委办公厅颁布《医院智慧服务分级评估标准体系（试行)》，旨在指导医院以问题和需求为导向持续加强信息化建设、提供智慧服务，为进一步建立智慧医院奠定基础。该评估标准体系突出强调医院智慧服务是智慧医院建设的重要内容，医院针对患者的医疗服务需要，应用信息技术改善患者就医体验，加强患者信息互联共享，提升医疗服务智慧化水平的新时代服务模式。

其次，针对“电子病历”建设，2018 年 8 月，国家卫生健康委员会发布《关于进一步推进以电子病历为核心的医疗机构信息化建设工作的通知》，强调要提高对电子病历信息化建设工作重要性的认识，大力推进电子病历信息化建设。为落实《关于进一步推进以电子病历为核心的医疗机构信息化建设工作的通知》，持续推进以电子病历为核心的医疗机构信息化建设，国家卫生健康委办公厅于 2018 年 12 月发布了《电子病历系统应用水平分级评价管理办法（试行)》，并明确要求地方各级卫生健康行政部门需加大工作力度，积极组织辖区内相关医疗机构持续推进电子病历信息化建设，以提升医疗服务和管理的信息化水平。

最后，针对“智慧管理”建设，2021 年 3 月，为指导医疗机构科学、规范开展智慧医院建设，提升医院管理精细化、智能化水平，国家卫生健康委办公厅组织制定了《医院智慧管理分级评估标准体系（试行)》。该评估标准体系明确指出，医院智慧管理是构建“三位一体”智慧医院不可或缺的重要组成部分，并详细规定了从智慧管理的功能和效果两个维度进行分级评估的具体标准。

（三）电子健康档案建设

建设电子健康档案是全面实施我国卫生健康工作重点从“以疾病为中心”向“以健康为中心”转变的重要方针。这一举措有助于激发医药卫生体制改革的动力和活力，提升健康医疗服务效率和质量，扩大医疗资源供给。2016 年 10 月，中共中央、国务院印发《“健康中国 2030”规划纲要》，明确提出到 2030 年，实现国家、省、市、县四级人口健康信息平台互通共享、规范应用，人人拥有规范化的电子健康档案和功能完备的健康卡，远程医疗覆盖省、市、县、乡四级医疗卫生机构，全面实现人口健康信息规范管理和使用，满足个性化服务和精准化医疗的需求。

从政策实施效果来看，根据《“十四五”全民健康信息化规划》提供的数据，“十三五”期间，我国在构建互联互通的平台基础方面取得了显著进展，逐步夯实了相关基础设施，为全民健康信息化奠定了坚实基础。全国有7000多家二级以上公立医院接入区域全民健康信息平台，260多个城市实现区域内医疗机构就诊“一卡（码）通”，2200多家三级医院初步实现院内互通。该规划进一步提出，到2025年，全员人口信息、居民电子健康档案、电子病历和基础资源等数据库要更加完善，从而更好地满足人民群众对个性化服务和精准医疗的需求，提升整体医疗服务的质量和效率。

三、在线医疗服务供给

（一）建设在线综合性健康平台

在线医疗服务作为数字健康的重要组成部分，通过优化资源配置和创新服务模式，显著提升了医疗服务的便捷性和可及性，其发展与建设对于促进我国优质医疗资源的联通与普惠具有重要意义。随着健康数字化转型的深入推进，在线医疗服务供给逐渐成为这一变革的核心环节。利用互联网和数字技术集成多种医疗健康服务，是完善在线医疗服务供给的重要依托。在此背景下，顶层设计开始重视加强在线综合性健康平台的建设。例如，2023年3月，中共中央办公厅与国务院办公厅联合印发的《关于进一步完善医疗卫生服务体系的意见》中明确指出，需构建面向医疗领域的工业互联网平台，并加速推进互联网、区块链、物联网、人工智能、云计算、大数据等先进技术在医疗卫生领域的广泛应用，同时加强健康医疗大数据的共享交换与保障体系的建设，以推动医疗卫生服务的数字化转型。

各地方政府积极响应国家号召，纷纷出台各类健康综合业务平台项目，旨在进一步推动在线医疗服务的供给与发展，提升医疗服务水平。例如，2023年1月，广西壮族自治区发展和改革委员会批复了广西职业健康信息综合管理平台项目初步设计和投资概算，该项目总投资概算845.82万元。2021年12月到2023年11月，南京市大数据管理局先后批复了南京市卫生健康综合业务平台一期、二期、三期项目建议书，该项目总投资估算约为1300万元，所需资金由市财政统筹解决。

（二）发展远程医疗服务

远程医疗服务依托现代信息技术，有效克服了地理空间限制，实现了不同区域医疗机构间医疗信息的远程采集、高效传输、精准处理、安全存储及便捷查询，为医疗服务的便捷性和可及性提供了有力支持。这种技术被应用于异地患者的咨询、会诊、监护、查房、诊断、治疗和手术等医疗活动，重塑了传统医疗服务模式，对于提升在线医疗服务供给具有独特的战略意义。由表 7 - 2 可知，自 1999 年卫生部办公厅颁发《关于加强远程医疗会诊管理的通知》首次在正式文件中提及“远程医疗”以来，我国远程医疗已发展约 40 年。在此期间，相关政策和文件不断增加，内容逐渐具体化。早期政策主要关注远程医疗服务的基本管理和资质限制。随后政策重点逐渐转向推动远程医疗的广泛应用和标准化管理。例如，2014 年的《关于推进医疗机构远程医疗服务的通知》强调了优化医疗资源配置，实现医疗资源下沉的重要性。2018 年的《远程医疗服务管理规范（试行）》对远程服务的基本条件和服务流程进行了更明确的规定。近年来，政策更加注重通过信息技术手段提升远程医疗服务的覆盖面和效果。2022 年的《关于印发“十四五”全民健康信息化规划的通知》明确提出全国远程医疗协作网覆盖地级市和所有国家级贫困县，促进优质医疗资源下沉基层，特别是偏远农村地区，实现“重心下移、资源下沉”。

表 7 - 2　　远程医疗服务的代表性政策示例

日期	发布者	政策名称	内容简介
1999 年 1 月	卫生部	《关于加强远程医疗会诊管理的通知》	对远程医疗的性质、开展资质等相关内容进行限制与管理
2009 年 3 月	中共中央、国务院	《关于深化医药卫生体制改革的意见》	积极发展面向农村及边远地区的远程医疗
2013 年 11 月	国家卫生和计划生育委员会、国家中医药管理局	《关于加快推进人口健康信息化建设的指导意见》	推动中医药服务信息化建设，推进远程医疗等信息服务建设
2014 年 8 月	卫生计生委	《关于推进医疗机构远程医疗服务的通知》	优化医疗资源配置，实现医疗资源下沉
2015 年 3 月	国务院办公厅	《国务院办公厅关于印发全国医疗卫生服务体系规划纲要（2015—2020 年）的通知》	积极推动移动互联网、远程医疗服务等发展
2017 年 4 月	国务院办公厅	《关于推进医疗联合体建设和发展的指导意见》	全面启动多种形式的医疗联合体建设试点，推动构建分级诊疗制度
2018 年 7 月	国家卫生健康委员会、国家中医药管理局	《远程医疗服务管理规范（试行）》	对远程服务的基本条件、服务流程等相关内容进行更明确规定
2020 年 12 月	国家卫生健康委、国家医疗保障局、国家中医药管理局	《关于深入推进“互联网 + 医疗健康”“五个一”服务行动的通知》	各地要发挥远程医疗平台作用，借助信息技术下沉专家资源，提高基层医疗卫生机构疫情防控能力

续表

日期	发布者	政策名称	内容简介
2022 年 11 月	国家卫生健康委员会、国家中医药管理局、国家疾病预防控制局	《关于印发“十四五”全民健康信息化规划的通知》	全国远程医疗协作网覆盖地级市和所有国家级贫困县，实现优质医疗资源下沉基层特别是偏远农村地区，有力促进“重心下移、资源下沉”
2023 年 3 月	中共中央办公厅、国务院办公厅印发	《关于进一步完善医疗卫生服务体系的意见》	支持高水平医院建设疑难复杂专病及罕见病临床诊疗中心、人才培养基地和医学科技创新与转化平台，以满足重大疾病临床需求为导向加强临床专科建设，组建专科联盟和远程医疗协作网

（三）在线医疗服务的典型案例

在新冠疫情肆虐期间，在线医疗服务发挥了至关重要的作用，为广大民众提供了便捷、高效的远程就医选择，有效缓解了线下医疗资源的紧张状况，保障了人民群众的健康安全。《关于在疫情防控中做好互联网诊疗咨询服务工作的通知》《关于在国家远程医疗与互联网医学中心开展新冠肺炎重症危重症患者国家级远程会诊工作的通知》《关于开展线上服务进一步加强湖北疫情防控工作的通知》等文件的先后出台，及时响应了人民群众的就医用药需求。例如，在新冠疫情暴发后，华中科技大学同济医学院附属同济医院迅速响应，第一时间在其官方 APP“掌上同济”及官方微信公众号上开通了“发热门诊”在线问诊服务，使患者能够通过网络平台与医生实现“面对面”的远程交流问诊。上线首日，近 400 位同济专家接诊，问诊患者达万余人次，在线门诊量累计超过 4.1 万余人次。与此同时，通过与腾讯新闻展开合作，腾讯 APP 健康频道也对同济医院“新型冠状病毒感染的肺炎免费在线问诊”服务予以重点推介，推介上线后仅 1 天，访问量就增至 92 万人次。

除了在疫情特殊时期成为患者的首选，在线医疗服务长期以来也持续满足了许多患者的就医需求。北京协和医院互联网医院的发展是北京市大力推动在线医疗服务的一个典型案例。2021 年 3 月，北京协和医院互联网医院获得审批，成为北京市首家互联网医院（北京日报，2021）。初期，该医院提供 19 个科室的在线问诊、检查检验和处方开具服务。随着服务范围的不断扩大，截至 2024 年，已有 42 个专科和近 2000 名医生提供线上诊疗服务。协和互联网医院的服务特色主要体现在提供复诊服务上，特别适用于需要定期复诊的常见病和慢性病患者。此外，该医院实现了线上线下服务、流程、机制和标准的全面整合，极大地方便了患者的就诊过程。通过发挥多学科优势，协和医院推动了优质医疗资源的下沉，提升了基层医疗机构的服务能力和效率，并提供了在线咨询、检查预约、药品开具及配送等服务，进一步提升了患者的就医便利性。

第三节

社会服务与治理数字化

一、智慧社区建设

（一）智慧社区建设的政策体系

智慧社区通过充分应用大数据、云计算、人工智能等信息技术，整合社区各类服务资源，形成了一种基于信息化和智能化管理与服务的新型社区治理模式。智慧社区的建设涵盖了社区治理和小区管理现代化，以及公共服务和便民服务智能化等多个方面，是推进社会服务与治理数字化的关键路径。为指导各地智慧社区建设，住房和城乡建设部办公厅于 2014 年 5 月颁布了《智慧社区建设指南（试行）》。该指南提出 2015 年初步建成 100 个左右的智慧社区示范点，2020 年实现 50% 以上的社区达到智慧社区标准化建设的目标。同时，指南从保障体系、基础设施与建筑环境、社区治理与公共服务、小区管理、便民服务和主题社区六个维度构建智慧社区评价指标体系，并配套详细的评价标准。近年来，为充分运用现代信息技术，不断提升城乡社区治理服务智慧化、智能化水平，智慧社区建设被赋予了前所未有的高度与广度。2022 年 5 月，民政部等九部门联合印发《关于深入推进智慧社区建设的意见》，在国家层面上再次强调了智慧社区建设的重要性，并明确了六个关键任务：集约建设智慧社区平台、拓展智慧社区治理场景、构建社区数字生活新图景、推进大数据在社区的应用、精简归并社区数据录入流程，以及加强智慧社区基础设施的建设与改造。

随着信息技术的快速发展，面对移动网络、物联网、智能建筑、智能家居、居家养老等领域应用产品及模式不断成熟的新形势，各地开始探索以信息化和智能化为基础的智慧社区建设。例如，2021 年 8 月，天津市数字河东建设专项小组办公室印发《河东区智慧社区（村居）建设提升行动的实施意见》，从加快智慧社区基础设施建设、推进智慧社区服务体系建设、构建智慧社区治理体系建设三个方面确立了推进智慧社区建设的重要工作。2022 年 11 月，广西壮族自治区等十部门印发《关于深入推进智慧社区建设的实施意见》，旨在通过物联网、大数据、云计算和人工智能等现代信息技术的广泛应用，到 2025 年构建网格化管理、精细化服务、信息化支撑和开放共享的智慧社区服务平台，提升城乡社区治理和服务的智能化水平，实现社区治理和服务的现代化、信息化、智能化。2022 年 12 月，苏州市民政局等十部门共同制定了《苏州市智慧社区建设试点工作方案》，要求提供线上线下融合的社区治理、公共服务、生活服务及智能小区等服务。综合分析各地区智慧社区建设的政策文件，可以看出社区治理数字化和社区服务数字化是其中的核心任务，标志着我国智慧社区建设正朝着不可逆转的积极趋势发展。

（二）社区服务数字化

社区服务数字化具体是指充分利用互联网、大数据、云计算等现代信息技术，对传统社区服务进行全面升级，旨在打造一个高效、便捷、个性化的服务生态系统。我国社区服务数字化经历了信息化、互联化、智慧化的三个过程。2011 年 12 月，国务院办公厅印发《社区服务体系建设规划（2011 — 2015 年）》，明确提出积极推进社区服务信息化建设，在有条件的地区，建设社区综合服务信息平台，逐步提高社区信息装备条件和社区服务的信息化水平。规划从建设内容、建设方式、资金来源三个方面对社区服务信息化建设工程进行具体规划，给出了社区服务信息化建设的具体方案。这一阶段的社区服务主要以“信息化”为核心特征。

随着互联网的普及，社区服务开始实现互联化。社区服务提供者和居民可以通过网络平台进行交流和互动，服务形式更加多样化。2015 年，“互联网 +”首现政府工作报告，医疗、教育、物流、金融等各个领域的融合发展出现了迅速发展的态势。由互联网企业、通信企业和物业企业推进的社区服务互联化也在全国兴起。

近年来，社区服务数字化发展到了智慧化阶段。这一阶段的特点是利用大数据、云计算、物联网、人工智能等先进技术，实现社区服务的智能化和个性化，提升居民的生活质量和满意度。2021 年 12 月，国务院印发的《“十四五”城乡社区服务体系建设规划》提出以县（市、区、旗）为单位，支持利用互联网、物联网、区块链等现代信息技术，深入组织开展智慧社区、现代社区服务体系试点建设，高效匹配社区全生活链供需，扩大多层次便利化社会服务供给，确立了社区体系智慧化的重要建设方向。

（三）社区治理数字化

社区治理数字化是深入推进智慧社区建设的关键，它依托大数据、云计算、物联网等信息技术，重塑社区管理与服务模式。通过构建一体化信息平台，集成居民信息管理、服务资源调配、物业管理及公共安全监控等功能，社区治理数字化实现了数据的高效集成与智能分析。为推动社区治理的数字化转型，各级地方政府纷纷采取了各种方案和措施。例如，2022 年 8 月，广州市新型城市基础设施建设试点工作联席会议办公室组织编制了《基于城市信息模型的智慧社区建设、运营及评价技术指引（试行）》，鼓励快速有效地推广城市信息模型平台在各领域的应用以提升社区治理水平，从而形成一批智慧社区示范项目和可推广的智慧社区建设经验。

杭州市也一直是社区治理数字化的先行者，2020 年初，杭州市临安区创新推出“e 治理”智慧社区模式。以线上 APP“e 治理”＋线下居民议事客厅为平台，社区工作人员和居民进行各类问题的反映、沟通以及建议、评议，在线进行包括停车、垃圾分类、消防、噪声等小区事务的处理，拓宽居民的发声通道，提升居民参与及社区治理现代化、信息化、智能化水平。这些具体的方案为在数字上治理社区提供了巨大的可能性，有利于推动社区治理行为的数据化、高效化。

然而，值得注意的是，尽管社区治理数字化的初衷在于利用数字技术为社区居民提供更加便捷的服务，但在数字包容性方面却引发了广泛的讨论和争议。比如有部分没有能力接入数字化设备的老人，难以及时获得数字技术的红利。针对这一问题，政策早已明确社区治理数字化转型应关注老年群体。例如，2021 年 1 月，上海市发布《关于全面推进上海城市数字化转型的意见》，明确倡导各类公共服务“数字无障碍”，面向老年人和残障人士推进相关服务的适应性改造，创造无处不在、优质普惠的数字生活新图景。

二、智慧城市建设

（一）我国智慧城市的发展历程

IBM（International Business Machines Corporation）公司在 2009 年首次提出“智慧城市”概念，即充分利用信息通信技术，智慧感知、集成、分析和应对城市在行使市场监管、经济调节、社会管理和公共服务等职能中的需求和相关活动（石大千等，2018；2020）。此后，全球范围内掀起了智慧城市建设热潮，我国政府也积极跟进。自 2010 年开始，中央和地方政府分别从顶层设计到具体应用不断推出指导和鼓励智慧城市建设的相关政策，具体经历了以下四个阶段。

1. 探索实践期（2008—2013 年）。在这一阶段，中国的智慧城市建设处于初级探索阶段，各部门和地方政府按照各自的理解推进智慧城市建设，政策相对分散和无序。直到 2012 年 11 月，住房城乡建设部办公厅发布关于开展国家智慧城市试点工作的通知，并印发《国家智慧城市试点暂行管理办法》和《国家智慧城市（区、镇）试点指标体系（试行）》，从保障体系与基础设施、智慧建设与宜居、智慧管理与服务、智慧产业与经济等维度建立智慧城市建设的指标体系。随后，国家测绘地理信息局于 2012 年 12 月出台《关于开展智慧城市时空信息云平台建设试点工作的通知》，为智慧城市的建设提供了可靠保障。2013 年 10 月，科技部和国家标准委联合下发的《科技部办公厅、国家标准委办公室关于开展智慧城市试点示范工作的通知》中，公布全国首批 20 座智慧试点示范城市，标志着中国智慧城市建设迈出关键一步。

2. 规范调整期（2014—2015 年）。随着国家对智慧城市建设的重视，越来越多的政策相继出台，相关顶层设计逐渐完善。2014 年 3 月，中共中央、国务院发布《国家新型城镇化规划（2014—2020 年）》，明确指出智慧城市建设是新型城市建设的重要组成内容，提出要促进跨部门、跨行业、跨地区的政务信息共享和业务协同，强化信息资源社会化开发利用，推广智慧化信息应用和新型信息服务。同年 8 月，国家发改委发布《关于促进智慧城市健康发展的指导意见》，直面智慧城市建设中遇到的问题，如顶层设计缺失、机制创新滞后和网络安全风险，确立了智慧城市发展的指导思想与原则，并设立了 2020 年实现智慧城市显著成效的目标。2015 年，智慧城市建设被正式纳入政府工作报告，强调了在城镇规划管理中推进智慧城市建设的重要性。同年 7 月，国务院发布《关于积极推进“互联网 +”行动的指导意见》，提出进一步促进智慧城市相关的标准制定与推广，彰显了政府在健全智慧城市建设政策体系、推动跨部门协作上的努力。

3. 战略攻坚期（2015—2020 年）。随着“十三五”规划纲要的发布，明确强调推动智慧城市项目建设的战略导向，新型智慧城市理念已正式上升为国家战略，标志着智慧城市建设进入了战略攻坚期。其后，《智慧城市评价模型及基础评价指标体系　第 1 部分：总体框架》《关于组织开展新型智慧城市评价工作实务推动新型智慧城市健康快速发展的通知》《新型智慧城市评价指标（2016 年）》《智慧城市顶层设计指南》等系列政策文件的出台，不仅完善了新型智慧城市的评价指标体系，还细化了工作执行要求与组织架构，显著加速了我国智慧城市的建设进程。

4. 全面发展期（2021 年至今）。党的十九大进一步提出，将智慧城市理念深度融入中国国情与时代背景之中，并着重强调城乡一体化发展的重要性，为新型智慧城市的建设指明了明确的发展方向。2021 年 12 月，国务院印发《“十四五”数字经济发展规划》，提出要加快城市智能设施向乡村延伸覆盖，完善农村地区信息化服务供给，推进城乡要素双向自由流动，合理配置公共资源，形成以城带乡、共建共享的数字城乡融合发展格局。这一时期，我国已全面进入智慧城市建设的发展阶段，其建设范围已逐步从市辖区扩展至区县及农村地区，实现了更广泛的覆盖。

（二）我国智慧城市建设的顶层设计

经过“探索实践期→规范调整期→战略攻坚期→全面发展期”四个阶段的演进，我国智慧城市建设形成了从顶层设计到具体应用相结合的政策体系，确保智慧城市建设有章可循、有序进行。我国智慧城市在全面发展期（2021 年以来）的顶层设计总框架涉及以下四个方面：一是战略规划，明确智慧城市的总体目标、发展路径和重点任务，确保各领域建设协同推进，形成统一的建设愿景。如《智慧城市 城

市运行指标体系 总体框架》（2024 年 4 月）确立了智慧城市运行指标的制定原则，并给出了城市运行指标体系的总体框架、指标分类及描述、指标元数据等。二是技术标准，制定了《智慧城市 数据融合》系列和《智慧城市 建筑及居住区综合服务平台通用技术要求》等政策，确保数据采集、处理、共享和系统兼容性。三是安全保障，通过《信息安全技术 智慧城市安全体系框架》和《智慧城市建设信息安全保障指南》等政策，保障公共安全和个人隐私。四是智能应用，发布了《智慧城市 人工智能技术应用场景分类指南》和《智慧城市 智慧多功能杆 服务功能与运行管理规范》等政策，推动人工智能和智能基础设施的发展与应用。

（三）我国智慧城市的地方实践

在国家顶层设计的指导下，各地根据自身实际情况，制定了具有地方特色的实施方案（见表 7－3），以推动智慧城市建设的有效落地。地方推进智慧城市的政策主要包括三类：一是具体规划与实施方案，结合本地经济社会发展水平、资源禀赋、居民需求等因素，细化智慧城市的建设方案，明确阶段性目标和实施步骤。二是项目试点与示范，选取代表性区域或领域开展智慧应用试点，通过实践验证技术可行性和社会接受度，积累经验后逐步推广。三是评价与反馈机制，建立智慧城市建设效果的评估体系，定期对项目进展、社会效应、经济效益等进行评估，根据反馈调整策略。

表 7－3　　智慧城市建设的代表性政策示例（地方层面）

日期	发布者	政策名称	内容简介
2016 年 12 月	广东省经济和信息化委员会	《广东省智慧城市评价指标体系（试行）》	建立评估智慧城市发展水平的一套标准指标，指导智慧城市建设与评价
2017 年 8 月	杭州市人民政府办公厅	《“数字杭州”（“新型智慧杭州”一期）发展规划》	提出杭州市推进新型智慧城市建设的具体措施和目标
2018 年 8 月	郑州市人民政府	《郑州市新型智慧城市建设三年行动计划工作推进方案》	为郑州市未来三年的智慧城市建设设定了具体行动计划和目标
2020 年 10 月	成都市人民政府	《成都市智慧城市建设行动计划（2020—2022 年）》	确立成都智慧城市建设的三年行动计划及主要行动方向
2020 年 12 月	武汉市人民政府办公厅	《武汉市加快推进新型智慧城市建设实施方案》	详细规划武汉市新型智慧城市建设的实施步骤和重点任务
2021 年 1 月	深圳市人民政府办公厅	《关于加快智慧城市和数字政府建设的若干意见》	深圳市智慧城市和数字政府建设的发展目标、具体措施和保障机制
2021 年 1 月	长沙市人民政府办公厅	《长沙市新型智慧城市示范城市顶层设计（2021—2025 年）》	为长沙市智慧城市建设提供顶层设计方案和长远规划

续表

日期	发布者	政策名称	内容简介
2021 年 10 月	上海市人民政府办公厅	《上海市城市数字化转型“十四五”规划》	全面布局上海市“十四五”期间的城市数字化转型战略
2022 年 6 月	深圳市发展改革委	《深圳市数字政府和智慧城市“十四五”发展规划》	制定了深圳市在“十四五”期间推动数字政府和智慧城市建设的总体思路、具体实施路径等
2022 年 6 月	成都市住房和城乡建设局	《成都市“十四五”新型智慧城市建设规划》	阐明了成都市在“十四五”期间建设智慧城市的背景、总体要求、重点任务、保障措施等
2022 年 7 月	贵州省发展改革委等四部门	《贵州省“十四五”智慧黔城建设发展规划》	全面阐述了贵州省在“十四五”期间推进城市智慧化建设的背景、总体要求、主要任务、重点行动和保障措施

通过构建自上而下的顶层设计与自下而上的地方实践相结合的智慧城市政策体系，确保了国家战略与地方实践之间的有效衔接，从而推动了城市治理的现代化进程，并持续提升了人民的生活质量。国家和地方政府的共同努力，不断探索和完善智慧城市的政策环境，为城市智能化转型提供了坚实的制度保障。

三、数字乡村建设

（一）我国数字乡村建设的政策体系

1. 我国数字乡村建设的顶层设计。近年来，中共中央、国务院积极决策部署，从法律、规划、行动计划等多个层面不断完善数字乡村建设的顶层设计。2019 年 5 月中共中央办公厅、国务院办公厅印发《数字乡村发展战略纲要》，提出到 2020 年数字乡村建设取得初步进展；到 2025 年数字乡村建设取得重要进展；到 2035 年数字乡村建设取得长足进展；到本世纪中叶全面建成数字乡村，助力乡村全面振兴，全面实现农业强、农村美、农民富的“四步走”战略目标，并且从加快乡村信息基础设施建设、发展农村数字经济、强化农业农村科技创新供给、建设智慧绿色乡村、繁荣发展乡村网络文化等角度明确数字乡村建设的重要任务。2021 年 4 月全国人大常委会发布《中华人民共和国乡村振兴促进法》，明确规定“国家鼓励农业信息化建设”和“推进数字乡村建设”，从国家立法层面为数字乡村建设提供了最高保障。2021 年 11 月国务院印发的《“十四五”推进农业农村现代化规划》，进一步强调数字乡村在推进农业农村现代化中的重要作用，并明确了数字乡村建设的目标任务和重点工程。《数字乡村发展行动计划（2022—2025 年）》《乡村建设行动实施方案》《数字乡村建设指南 2.0》等一系列的政策文件的出台，持续加大了统筹协调力度，为以数字技术赋能乡村全面振兴，推动数字乡村建设再上新台阶提供坚实的政策支持。

2. 我国数字乡村建设的地方实践。随着我国数字乡村建设战略的全面推进，各地方政府积极响应国家号召，结合各自的实际情况，制定并实施了一系列政策文件，推动数字乡村的建设与发展。这些地方实践不仅丰富了数字乡村的内涵，也为实现乡村振兴目标提供了坚实的支撑。首先，以广东省为例，广东省农业农村厅于2020年6月1日发布《广东数字农业农村发展行动计划（2020—2025年）》，提出以大力发展农业农村数字经济为核心，全面提升农业农村的生产智能化、经营网络化、管理高效化和服务便捷化水平。通过推动农业农村的数字化转型，广东省致力于利用数字技术提升传统农业的生产效率，优化农村资源的配置方式，并实现农村公共服务的数字化覆盖。

其次，浙江省在数字乡村建设方面也走在了全国前列。2021年6月，浙江省农业农村厅发布《浙江省数字乡村建设“十四五”规划》，聚焦乡村数字新基建、乡村产业数字化、乡村服务数字化和乡村治理数字化四个方面，提出了一系列重点任务。浙江省通过加强数字基础设施建设，推动农村网络全覆盖，促进乡村经济活动的数字化转型，进一步推动了城乡一体化发展。此外，该规划还强调了数字化在提升农村治理水平中的作用，提出通过智能化手段提升乡村治理效能，建设和谐宜居的美丽乡村。

四川省则在数字乡村建设中注重实践创新。2024年5月，中共四川省委网信办和四川省农业农村厅联合发布了《四川省县域数字乡村建设与运营指南》。该指南详细列出了数字乡村的建设内容，包括新型基础设施建设、智慧农业发展、乡村数字经济、乡村数字治理体系、乡村数字普惠服务、乡村数字文化、智慧美丽乡村和数字化人才队伍等方面。四川省强调，通过加快数字技术与农业农村发展的深度融合，推动智慧农业的发展，促进乡村经济的高质量发展。同时，该指南明确了到2025年数字乡村发展的总体目标，提出要在数字乡村建设中取得重要进展，推动城乡融合发展，构建现代化的乡村治理体系。

总体来看，我国数字乡村建设的地方实践展现了各地因地制宜、积极创新的特点。各地通过政策引导和技术创新，推动数字技术与农业农村的深度融合，为乡村振兴注入了新的动力。在深入推进数字乡村建设的过程中，各地方的实践经验不仅为其他地区提供了宝贵的参考，还为国家层面的数字乡村战略实施提供了强有力的支撑。

（二）我国数字乡村建设的典型案例

关于“数字乡村怎么建”的问题，《数字乡村发展行动计划（2022—2025年）》《数字乡村建设指南2.0》《数字乡村发展战略纲要》等顶层设计文件，以及《广东数字农业农村发展行动计划（2020—2025 年）》《浙江省数字乡村建设“十四五”规划》《四川省县域数字乡村建设与运营指南》等地方政策实践，围绕乡村数字基础设施、乡村数字服务、乡村数字治理和数字富民产业等关键领域，给出了系统而明确的回答。

首先，乡村数字基础设施建设是推进数字乡村建设的基础，通过推动宽带网络全覆盖、构建智能化农业生产系统等举措，各地在打通“信息高速公路”方面已取得显著成效。其次，乡村数字服务的提升包括优化公共服务数字化水平，如医疗、教育、文化等领域的在线服务，提升了农村居民的生活质量。再次，乡村数字治理涉及智能化的乡村治理体系建设，利用大数据和信息技术提升乡村治理的科学化和精准化水平，助力构建共建共治共享的治理格局。最后，数字富民产业则关注如何通过数字经济的发展，促进乡村产业转型升级，实现农业增效、农民增收。因此，本部分将围绕这四个方面，梳理我国推进数字乡村建设的典型案例，详细说明各地在具体举措上的创新和成果，为进一步发展提供有益的参考。

1. 乡村数字基础设施：河南省新县。乡村数字基础设施的优化升级是数字乡村建设的底部支撑，直接关系到建设成效。2021 年 5 月，为贯彻落实《河南省人民政府办公厅关于加快推进农业信息化和数字乡村建设的实施意见》文件要求，加快推进新县农业农村数字化建设，新县人民政府办公室印发《新县数字乡村建设实施方案》，提出实施乡村信息基础设施提升工程，全面升级“智慧新县”。在智慧交通建设领域，新县不断深化“交通运输 +”模式，促进城乡交通与特色产业、乡村旅游、电子商务、邮政、快递、供销等行业的深度融合，实现资源互补与联通共享。具体举措包括：

（1）城乡交通智能化：近年来，新县已建成“四好农村路”300 余公里，打造示范路 5 条，全县农村公路总里程达 1756 公里，形成内联外通、四通八达的路网格局。同时，开通“全域公交”，优化城乡公交线路 11 条、镇村公交线路 24 条，建成智能候车亭 21 个，可实时显示车辆位置，群众出行更智慧、便捷。

（2）农村物流信息化：新县积极实施“一园区十站点”建设工程，升级改造原县级物流园区，吸纳 18 家物流快递企业入驻经营，引进自动化分拣设备，实现物流统仓共配、一体中转。优化城乡客运站点布局，新建城南客运站和 10 个乡镇运输服务站，综合客运衔接换乘、货运物流集散、旅游综合服务等多重功能，推动多站合一、功能集成。依托邮政、电商、供销、超市等村级网点，配齐监控、物流信息系统等设施设备，建成标准化物流服务点 165 个，实现快递下乡进村、全域覆盖。

（3）平台监管智能化：通过汇聚公安、邮政、物流、文旅等端口数据，新县推动行业监管协同联动、数据信息共享共用，实现车辆监管调度、道路监管、报警处置、透明执法等。新县积极开发“红城交通行”小程序，提供约车包车、定制客运等“一站式”服务，拓展综合交通服务功能应用，极大方便群众出行。

2. 乡村数字服务：福建省大田县。2020 年 10 月，中央网信办、农业农村部、国家发展改革委、工业和信息化部、科技部、市场监管总局、国务院扶贫办联合印发《关于公布国家数字乡村试点地区名单的通知》，将福建省三明市大田县列为首批国家数字乡村试点地区。大田县抓住这一契机，探索山区养老互联网应用，创新“互联网 + 山区养老服务 110 模式”，推动农村居家养老产业发展。2021 年 10 月，中国网信网报道了大田县推进“互联网 + 山区居家养老服务”的成果（中国网信网，2021），彰显出大田县在乡村数字服务方面取得的显著成效，为全国数字乡村建设提供可供借鉴的成功模式。具体举措包括：

（1）创建智能管理系统：大田县以县域为板块、呼叫中心为核心，设置“1 + N”养老数字信息化应用场景，创建“点菜式”服务系统，提供紧急救助、医疗照护等 32 种个性化服务，构建服务机构、服务人员、居家老人三位一体的“虚拟养老院”。

（2）建立“指尖云孝老”服务机制：整合乡镇卫生院、卫生所、家政、超市、快餐等资源，组建服务队伍、划分管理网格、设置服务驿站。通过 APP 或小程序，为老年人子女提供购买定制服务和网上商城，方便异地孝老和养老服务产品购买。

（3）拓展数字化应用场景：建立全县智慧养老数据库，为老年人、残疾人提供居家养老、居家托养、精准康复、适老化改造、家庭床位等服务。居家养老服务中心开通 24 小时服务热线，通过线上“一键呼叫”，线下 15 分钟内提供上门服务。

（4）实施精准监督：制定“互联网 + 农村居家养老服务”规范标准，规范服务人员上门服务行为，要求将服务情况以图片或视频形式上传至手机 APP 服务工单功能模块，相关数据存储在民政局监督系统、养老服务中心管理系统。通过服务对象反馈、电子评价、回访调查等形式，对服务质量进行评价打分，并对服务质量差的人员实行“优胜劣汰”。同时，制定《大田县政府购买居家养老服务暂行管理办法》，多部门通过线上线下相结合的方式，加强对养老服务质量监管。

3. 乡村数字治理：四川省双流区。乡村数字治理是国家治理能力的重要体现，其效能提升有助于优化国家治理结构、提高治理效率。2019 年 5 月，中共中央、国务院印发《数字乡村发展战略纲要》，提出要着力发挥信息化在推进乡村治理体系和治理能力现代化中的基础支撑作用。为认真落实党中央的重要指示，2024 年 5 月，中共四川省委网络安全和信息化委员会办公室、四川省农业农村厅制定《四川省县域数字乡村建设与运营指南》进一步指导县域数字乡村建设、运营，该指南明确提出要积极构建乡村数字治理体系。双流区根据四川省数字乡村建设的相关政策要求，积极推进数字乡村建设，成为乡村数字治理的典型案例。双流区辖 9 个镇（街道）、118 个村（社区）、935 个村（居）小组，共有 119 个村级集体经济组织、1735 个组级集体经济组织。全区集体经济组织共有 29.46 万亩土地，经营性资产 18.93 亿元，非经营性资产 16.32 亿元。近年来，双流区积极探索实行农村集体资产登记赋码，借助信息化平台实现资产变动实时更新，监督管理更加方便快捷。2024 年 4 月，双流区的这一创新举措被纳入《数字乡村建设指南 2.0》，为全国范围内的乡村数字治理提供了重要的参考范例。

4. 数字富民产业：山西省隰县。2022 年 6 月，山西省农业农村厅发布《山西省“十四五”数字农业农村建设规划》，强调“十四五”时期是农业农村数字化发展的重要战略机遇期。作为首批国家数字乡村试点地区，山西省隰县依据该规划，结合本地实际，积极顺应时代趋势、把握发展机遇，加快了数字技术推广应用，在乡村数字富民产业发展方面取得了显著成效。隰县依托产业服务平台，与“农旅商”协同发展模式相结合，有效推动了当地经济的增长和农民收入的增加。隰县以玉露香梨为主导产业，建设乡村产业公共服务平台，融合农产品电商服务、线上线下农业休闲采摘观光，并配套乡村文旅的一体化新业态发展，有效推动 2022 年梨果产量突破 1.2 亿斤，产值突破 4.8 亿元。具体举措包括：

（1）打造产业公共服务平台：隰县以梨果产业为核心，推动大棚果蔬等集体经济协同发展，构建了多维度在线公共服务体系。平台实现了农产品产业数据上报、统计分析、免费在线培训及课程开发、品牌宣传等功能，为当地农户提供了全面的产业服务支持。

（2）畅通线上平台推广渠道：隰县通过建设“隰之农”电商服务应用，实现了农户与消费者实时、直接的双向沟通。平台构建了“来源可靠、去向可追、责任可究”的农产品追溯链条，并增设了追溯评价功能。借助“隰之农”应用平台，隰县的电商从业人数已突破 2 万人，电商团队数量超过 1100 个，电子商务交易额累计超过 10.53 亿元。

（3）数字赋能产业融合发展：隰县通过举办线下采摘节和梨花节，吸引游客从线上走到线下，开发“隰之游”小程序，实现线上预约休闲服务，线下体验智慧农业，已经服务农户万余人。隰县还利用 AI 电子识别秤及智能监管设备，自动识别商品价格、重量等信息，提高了农村集体经济管理效率。

通过这些举措，隰县不仅实现了农产品销售渠道的拓展和销售额的提升，还促进了农旅一体化的发展，推动当地经济全面发展。隰县的实践为其他地区提供了宝贵经验和示范，展示了数字技术在乡村振兴和农民增收中的巨大潜力。

第八章　五位一体之数字生态文明

第一节

生态环境数字化

一、环境监测数字化

（一）推动环境监测数字化的政策举措

生态环境监测作为支撑、服务生态环境保护和生态文明建设的核心业务领域，是推进生态环境治理现代化的基础。在推进生态环境治理现代化进程中，我国充分利用数字化技术推动生态环境监测业务创新，加强对生态环境监测数据的深度挖掘、综合分析和创新应用，推动其在生态环境监测业务实践中持续迭代升级，激发数据要素价值，打造集数字化、网络化、智能化于一体的智慧监测体系。目前，环境监测数字化转型发展阶段可分为环境监测数字化建设和环境监测数字化转型两个阶段。

环境监测数字化建设阶段（2012—2020年）标志着我国生态环境监测体系的现代化转型。这一时期的数字化建设不仅提升了数据质量，而且推动了从传统监测方式向自动化、智能化监测的跨越，生态环境监测网络的建设与稳定运行得到了加强，确保了监测数据的“真实、准确、全面”。2012年4月，环境保护部发布《关于印发国家地表水、环境空气监测网（地级以上城市）设置方案的通知》，明确了利用现代技术手段对监测点位进行优化的重要性，包括通过实测或模拟计算的方法来确定污染物浓度的算术平均值，涉及数据的收集、处理和分析，是环境监测数字化的重要组成部分。2015年8月，国务院办公厅印发《生态环境监测网络建设方案》，明确提出了完善监测网络、提升数据质量、实现信息集成共享与自动预警的目标，为生态环境监测的数字化转型奠定了政策基础。2017 年 9 月，中共中央办公厅、国务院办公厅印发了《关于深化环境监测改革提高环境监测数据质量的意见》，明确污染源自动监测要求，建立重点排污单位自行监测与环境质量监测原始数据全面直传上报制度。2020 年 4 月，生态环境部印发《关于推进生态环境监测体系与监测能力现代化的若干意见》，提出构建生态环境监测“大格局”，优化监测“一张网”，强调利用数字化手段提升环境监测效能。“全面设点”得到落实，全国已建设 1 万余个空气质量自动监测站点，近万个地表水监测断面，4 万余个土壤监测点位，约 8 万个噪声监测点，建成了功能完善、覆盖全国的生态环境质量监测网络。

环境监测数字化转型阶段（2021 年至今）标志着我国生态环境监测业务的创新与深化。这一时期数字化技术被广泛应用于监测业务的各个方面，推动了信息、流程和业务的全面数字化，最终推动自动监测向智慧监测跨越。自“十四五”规划实施以来，生态环境部启动了智慧监测试点，各类生态环境监测数据跨部门、跨层级信息互联共享及监测与监管协同联动得以推进。2021 年 9 月，中共中央办公厅、国务院办公厅印发《关于深化生态保护补偿制度改革的意见》，提出健全统一的生态环境监测网络，优化全国重要水体、重点区域、重点生态功能区和生态保护红线等国家生态环境监测点位布局，提升自动监测预警能力，加快完善生态保护补偿监测支撑体系。2021 年 12 月，生态环境部印发《“十四五”生态环境监测规划》，强调要支持监测装备自主研发，推进人工智能、5G 通信、生物科技、超级计算、精密制造等高新技术在生态环境监测领域的应用。2022 年 6 月，国务院印发《国务院关于加强数字政府建设的指导意见》，明确要全面推动生态环境保护数字化转型，建立一体化生态环境智能感知体系，打造生态环境综合管理信息化平台，强化大气、水、土壤、自然生态、核与辐射、气候变化等数据资源综合开发利用，推进重点流域区域协同治理。2022 年 9 月，科技部、生态环境部、住房和城乡建设部、气象局和林草局联合印发《“十四五”生态环境领域科技创新专项规划》，指出推动生态环境监测向高精度、动态化和智能化发展；信息技术在生态环境监测等领域得到广泛应用；环保装备向智能化、模块化方向转变。2022 年 10 月，科技部印发《黄河流域生态保护和高质量发展科技创新实施方案》，提出到 2035 年，在流域系统治理、智慧黄河场景构建和水工程联合调度等技术方面取得整体跨越，支撑全面实现流域生态环境和水沙过程要素的智慧化监测和管理。2022 年 12 月，工业和信息化部等四部门联合印发《四部委关于深入推进黄河流域工业绿色发展的指导意见》，提出利用物联网、大数据等技术手段加强对工业污染源的监测，确保污染物排放符合标准。2024 年 3 月，生态环境部印发《关于加快建立现代化生态环境监测体系的实施意见》，提出加速推进生态环境监测的数智化转型，创新监测手段，实施四大监测体系。2024 年 5 月，国家发展改革委等四部门联合印发《关于深化智慧城市发展推进城市全域数字化转型的指导意见》，明确提高生态环境监管治理协同水平，打造智慧高效生态环境数字化监测体系，加强跨部门生态治理业务集成和数据联动，支撑美丽城市建设。生态环境智慧监测将呈现出感知高效化、数据集成化、分析关联化、应用智能化、测管一体化、服务社会化六大特征，逐步建立政府主导、社会参与的生态环境智慧监测格局。

（二）各省市环境监测数字化的政策举措和案例分析

1. 各省市环境监测数字化的政策举措。各省市根据国家环境监测顶层设计，结合地区特色与需求相继出台政策规划，旨在通过采用先进的信息技术手段，如物联网、大数据分析及人工智能等构建智能化监测体系和网络，实现对环境质量的实时监测和精准管理。2021 年 8 月，上海市人民政府发布了《上海市生态环境保护“十四五”规划》，强调要加快建设陆海统筹、天地一体、上下协同、信息共享的高水平生态环境智慧监测体系，全面提升生态环境监测自动化、智能化、立体化能力，同时完善环境质量和生态质量监测网络，提升环境质量预报预警和成因分析能力、生态遥感监测能力，推动监测装备向更精准、快速、便携化方向发展。2022 年 1 月，安徽省生态环境厅与安徽省发展和改革委员会共同发布了《安徽省“十四五”生态环境保护规划》，旨在持续完善水陆统筹、天地一体、上下协同、信息共享的生态环境智慧监测体系，构建以自动监测为主的立体综合监测体系，并健全污染源监测体系，完善生态环境监测数据采集、传输、审核机制，实现数据资源统一管理和发布，提升数据全面高效感知和深度挖掘应用能力。同年 1 月，河北省人民政府发布了《河北省生态环境保护“十四五”规划》，计划统一规划建设高质量生态环境智慧感知监测网络，实现环境质量、生态质量、污染源监测全覆盖，到 2025 年，初步建成陆海统筹、天地一体、上下协同、信息共享的生态环境监测网络。2022 年 1 月，四川省人民政府发布了《四川省“十四五”生态环境保护规划》，强调基于现代感知技术和大数据技术，加快构建天地一体、上下协同、信息共享的生态环境监测网络，实现污染源、环境质量和生态状况监测全覆盖，提升环境质量预警精准预报能力，并完善全省生态环境监测大数据平台建设。2021 年 8 月，江苏省人民政府办公厅发布了《江苏省“十四五”新型基础设施建设规划》，指出要加快智能环保基础设施建设，包括加快全省水环境、大气自动监测网络以及“空天地”一体化生态环境监测网络的建设，并构建集生活污水、固体废弃物、危险废物、医疗废物处理处置设施运行和监测监管于一体的城乡环境基础设施体系。2022 年 3 月，山西省生态环境厅与山西省发展和改革委员会联合发布了《山西省“十四五”生态环境保护规划》，提出建设大气、地表水、地下水、土壤、生态、污染源、风险源（包括放射源）全覆盖监测网络，建设多源数据的监控和溯源智慧环保监管系统，并构建生态环境监测大数据平台，开展生态环境监测技术研究及科研平台建设。2021 年 7 月，海南省人民政府办公厅发布了《海南省“十四五”生态环境保护规划》，提出要完善生态环境质量监测网络，优化调整全省大气、地表水、地下水、海洋、土壤、噪声等环境质量监测点位和指标体系，并建立覆盖重要生态空间和典型生态系统的生态质量监测站点与样地网络，加强卫星遥感等技术在监测生态环境、生态系统状况的应用。

2. 各省市环境监测数字化的典型案例。2021 年 7 月，浙江省发展和改革委员会、浙江省生态环境厅联合发布了《浙江省生态环境保护“十四五”规划》，提出要优化水、气、土、海洋及生态监测站点布设，实现地表水县控以上断面自动监测全覆盖、重点污染源自动监测全覆盖、省级以上开发区环境空气自动监测站全覆盖，并加快乡镇（街道）环境空气自动监测站建设。在政策引导下，浙江省大气环境监测预报预警平台上线。该平台基于人工智能的污染预报、溯源和污染减排调控技术，构建监测网络质控运维、监测数据审核管理、大气污染源清单、大气模式模型、多源数据融合分析五大工具模块，创建了空气质量评价、污染态势特征评估、空气质量预报预警、污染防治决策支撑和亚运保障五大应用场景，全方位满足空气质量全面改善的技术支撑需求。一是完成了动态大气污染源清单及反演清单的编制，实现省清单准实时动态更新，建立最高时间分辨 1 小时、最高空间分辨率 1 千米 ×1 千米的大气污染源清单。二是大气污染治理策略智能生成。平台通过逐小时滚动预报全省环境空气质量和历史过程相似案例智能检索匹配，综合研判，最终制定大气污染治理策略。实现污染内外源识别、行业诊断和传输影响分析，具体量化站点周边分行业的重点排放企业的污染贡献。实现了在线类 PPT 编辑、演示功能，实现平台分析页面和图表的自由拖拽及数据自动更新等功能。

广东省提出构建“以省中心为龙头、区域站为枢纽、驻市站为支撑、县区站为基础”的管理架构，形成统一管理、分工协作的大环境监测体系。2021 年 12 月，广东省生态环境厅发布了《广东省生态环境保护“十四五”规划》，强调以生态环境监测体系改革为抓手，明晰生态环境监测事权，健全海陆统筹、天地一体、上下协同、信息共享的生态环境监测网络，提升生态环境追根溯源能力，深化全省生态环境监测管理体制改革，搭建“以省中心为龙头，区域站为枢纽，驻市站为支撑、县区站为基础”的管理架构，形成由省级统一管理、统一指挥，分工协作的“大环境监测”体系。规划明确提出：实施空气质量精细化管理。建立省市联动的大气污染源排放清单管理机制和挥发性有机物（VOCs）源谱调查机制，推进区域和城市源排放清单编制与更新工作常态化，鼓励地市以道路机动车排放为重点，绘制动态更新的移动源污染地图。为实现在 2025 年基本消除重污染天气的目标，针对本省交通运输十分发达的现状，广东省建立典型城市机动车路网排放分析系统。系统通过深化大数据挖掘分析和综合研判，针对移动源污染实现了三大功能。一是建立珠三角典型城市本地化交通排放总量动态计算模型，有效降低机动车排放量核算的不确定性，实现机动车路网排放的近实时量化。二是构建基于大数据技术的城市实时交通流模型，创新地基于全路网平均行驶速度，交通态势等城市道路交通实时动态数据，建立基于排放清单动态表征需求的城市实时交通流模型，实现道路机动车污染物排放量实时计算。三是基于空气质量数值模型定量评估移动源管控措施减排效果，实现机动车管控措施减排量化及效果评估，为机动车管控决策提供有效支撑。本项目已从典型城市进一步推广到珠三角全域九地市，显著提高了广东省道路移动源排放监管能力。

2021 年 9 月，湖南省人民政府办公厅印发的《湖南省“十四五”生态环境保护规划》中强调了加强生态环境保护监控平台和生态环境监控中心建设，建设“生态环境 + 电力大数据”智慧监管平台，旨在实现“环境质量、污染源排放、智能电量、污染源视频”一体化监控。规划强调保障“一江一湖三山四水”生态安全，推动“长株潭、洞庭湖、湘南、大湘西”区域协调发展。在此背景下，湖南省致力于构建水环境大数据联网及预警预报综合管理平台，通过该平台汇聚全省水环境相关的数据，形成水环境大数据中心。此平台利用先进的大数据集成融合技术，实现了大规模数据交换的一站式集成，涵盖从设计、部署、运行到监控的全过程，并可通过平台网站便捷操作。同时，它还采用了多源异构数据结合技术，通过空间数据与时序数据属性的有效结合，确保了各种数据能够准确地加载至水质预报模型的指定位置和时间点，从而解决了多源属性结合的技术难题。更进一步，该平台构建了一套水质预警预报系统，利用水动力水质模型和深度学习技术，实现了水质状况的在线预报预警。此外，平台还建立了一套水环境应急系统，结合 Web - GIS 技术和水质污染扩散机理模型，以直观的形式展示污染物扩散范围及其迁移路径，从而有效增强了全省水环境管理体系，促进了水环境相关数据的整合与融合，为水环境管理提供了重要的‘事前管理’工具，为全省水环境管理决策提供了坚实的数据支持。

二、自然资源管理数字化

（一）推动自然资源管理数字化的政策举措

自然资源覆盖陆域、海域全域空间，涉及土地、矿产、森林、草原、水资源、湿地、海洋资源等多类别，其合理开发、利用、保护和管理对实现经济社会可持续转型至关重要。在推动自然资源管理现代化的进程中，我国政府已出台了一系列前瞻性政策，鼓励积极运用数字化技术革新自然资源管理方式，推动数字技术在水、能源和土地等自然资源管理的应用。深化对自然资源数据的采集、分析与应用，以期在管理实践中不断优化升级，释放数据潜能，构建起一个融合数字化、网络化、智能化的智慧资源管理体系。

1. 推动自然资源管理的数字化升级。在数字化转型的大潮中，推动自然资源管理的数字化升级已成为我国实现可持续发展、优化资源配置、提升治理效能的关键路径。这一战略构想的提出，根植于我国自然资源管理现代化的迫切需求与信息技术革命的深度融合。1998 年国土资源部成立，2001 年 8 月编制《国土资源信息化“十五”规划和 2010 年远景目标》，启动数字国土工程、金土工程、数字海洋工程等，初步形成了国土空间数字化治理体系。在“十五”建设的基础上，通过完善提高，建立起国土资源信息化体系，实现国土资源工作主流程信息化，国土资源信息化建设总体接近发达国家水平。2013 年，随着生态文明建设的需求提升，国家出台各项政策来加强自然资源管理的基础设施建设，包括建立全面的自然资源数据库、提升数据采集的自动化水平、搭建高效的数据处理平台等。环境保护部于 2013 年 1 月在《2013 年全国自然生态和农村环境保护工作要点》中强调自然资源数据库的建设，以实现对自然资源的有效管理和保护。国土资源部于 2013 年 4 月印发《保发展保红线工程 2013 年行动方案》的通知，提出进一步完善国土资源“一张图”综合信息监管平台建设，推进在线土地督察系统的应用。这些政策的出台不仅支持自然资源的合理利用和保护，同时也为后续自然资源管理的数字化转型奠定了基础。为了加速自然资源管理数字化的应用，我国采取了一系列精准有效的政策措施。2015 年 9 月国务院印发《促进大数据发展行动纲要》，明确提出要利用大数据提升政府治理能力，包括自然资源管理的智能化，推动资源节约和环境友好型社会建设。2016 年 7 月国土资源部印发《促进国土资源大数据应用发展实施意见》，指出充分利用大数据技术，推进国土资源调查、评价和监测技术研发，创新工作模式，培育智能地质调查、智慧探矿、土地智能监测等应用新业态。2016 年 12 月国务院印发《“十三五”国家信息化规划》，要求加强国土资源基础数据建设，建设不动产登记信息管理基础平台和农村土地流转管理信息平台，建立纵向联动、横向协同、互联互通的自然资源信息共享服务平台，为资源监管、国土空间优化开发提供有效支撑。推进测绘地理信息领域信息化建设，强化全国卫星导航定位基准站统筹建设和管理，建设地理信息公共服务平台。2019 年 11 月自然资源部印发《自然资源部信息化建设总体方案》，提出全面履行自然资源部“两统一”职责，建立全业务全流程数字化、网络化、智能化机制，建立高效、智能、便捷的一体化“互联网 + 政务服务”应用机制。

2. 自然资源管理由“数字化”迈向“数智化”。随着数字化转型的深化，我国自然资源管理正由“数字化”向“数智化”迈进。政府通过出台相关政策鼓励利用大数据、人工智能等先进技术，实现自然资源管理的智能化决策，如通过遥感技术和地理信息系统（GIS）进行精准的土地利用规划，利用机器学习模型预测森林火灾风险，以及通过物联网技术实时监控水资源状况等。2020 年 6 月自然资源部发布《自然资源部网络安全与信息化工作要点》，强化了对自然资源三维立体“一张图”、自然资源政务审批一体化、与国家相关部门的数据共享和自然资源数据的社会和服务的支撑。2021 年 11 月水利部印发《关于大力推进智慧水利建设的指导意见》，提出以数字化、网络化、智能化为主线，以数字化场景、智慧化模拟、精准化决策为路径，以构建数字孪生流域为核心，全面推进算据、算法、算力建设，加快构建具有预报、预警、预演、预案功能的智慧水利体系。2021 年 12 月中央网络安全和信息化委员会印发《“十四五”国家信息化规划》，明确指出按照“统一底图、统一标准、统一规划、统一平台”的要求，推进自然资源三维立体“一张图”和国土空间基础信息平台建设。强化综合监管、分析预测、宏观决策的智能化应用，提供自然资源和国土空间数据共享与服务。2022 年 6 月国务院印发《关于加强数字政府建设的指导意见》，要求建立一体化生态环境智能感知体系，打造生态环境综合管理信息化平台，强化大气、水、土壤、自然生态、核与辐射、气候变化等数据资源综合开发利用，推进重点流域区域协同治理。2023 年 2 月国务院印发《数字中国建设整体布局规划》，旨在推动生态环境智慧治理，加快构建智慧高效的生态环境信息化体系，运用数字技术推动山水林田湖草沙一体化保护和系统治理，完善自然资源三维立体“一张图”和国土空间基础信息平台，构建以数字孪生流域为核心的智慧水利体系，加快数字化绿色化协同转型。2024 年 2 月自然资源部印发的《自然资源数字化治理能力提升总体方案》作为指导今后一个时期全国自然资源数字化发展的纲领性文件，明确了数字化的撬动、赋能和引领作用，以信息系统整合提升为突破口，强化基础设施和网络数据安全保障能力，丰富自然资源数据体系，夯实国土空间基础信息平台数据治理、智能计算、场景构建、协同共享能力，以自然资源智慧化场景驱动治理模式变革、方式重塑、能力提升为目标，大幅提高自然资源管理和国土空间治理信息化水平和效能。

（二）各省市自然资源管理数字化相关政策与典型案例

1. 各省市自然资源管理数字化相关政策。近年来，各省市以全面提升自然资源的数字化治理能力为目标，充分利用云计算、大数据、人工智能、物联网和视联网等先进技术，构建了自然资源“一张网”“一张图”及国土空间基础信息平台，并开发了底线守护、格局优化、绿色低碳和权益维护四大应用场景。各地遵循“四统一”（统一底图、统一标准、统一规划、统一平台）的原则，积极推进自然资源管理的数字化转型，结合地方特色加强数字化建设，有效提升了行政审批效率、优化了营商环境。政策制定和出台方面，部分省市强调数字化赋能自然资源管理。如福建省人民政府于 2018 年 7 月发布《福建省自然资源产权制度改革实施方案的通知》，提出提高自然资源产权行使监管的技术水平。充分利用大数据、云计算、物联网、移动互联、卫星遥感等现代技术和数字福建已有成果，建立符合实际需要的自然空间监管平台，实现对自然资源产权主体行使权利和履行义务的有效监管。广东省自然资源厅结合自然资源部改革工作部署，主动应对新形势新挑战，在 2020 年 9 月发布《数治、协同、慧策》，数字化赋能中山市新时代自然资源管理初见成效，提出构建“1 + N + 1”的自然资源政务信息化体系，通过“数治”夯实基础，围绕“协同”“慧策”深化应用，以数字化赋能全市自然资源管理。更多省市进一步指出基于数字化转型背景和技术，构建和优化自然资源管理系统和平台。江苏省人民政府于 2023 年 4 月发布《江苏省数字政府建设 2023 年工作要点》，要求升级自然资源核心数据库和大数据平台，优化“互联网 + 自然资源”政务服务、监测监管、决策支持体系，提升自然资源服务经济发展的数字化、智能化水平。在应用场景与服务优化方面，鼓励各地开发底线守护、格局优化、绿色低碳和权益维护等四大应用场景，提升行政审批效率、优化营商环境。浙江省作为自然资源部“国土空间用途管制数据规范”和“国土空间用途管制监管系统建设”双试点，走出了一条“空间数字化、数字可视化、协同网络化、治理智能化”的自然资源管理整体智治新路径。浙江省自然资源厅 2024 年 5 月发布《加强自然资源要素保障促进海洋经济高质量发展若干政策措施》，提出了迭代升级“智控海洋”数字化场景，建立海洋空间资源管理数据库，推进数据集成共享，开展陆海一体的实景三维浙江建设，为海洋经济发展打造空间资源数据底座。

2. 各省市自然资源管理数字化典型案例。为提升国土空间数字化治理水平，整合多源自然资源数据，实现高效管理与科学决策，咸阳市采取了一系列措施。其中，2022 年 6 月咸阳市人民政府办公室印发的《咸阳市数字政府建设“十四五”规划》明确提出依托时空大数据平台，统筹整合土地、地质、矿产、林业、水利、测绘地理信息数据，深化自然资源“一张图”，完善自然资源信息化平台，增强自然资源三维动态监测与态势感知能力、综合监管与科学决策能力。在政策的指导下，咸阳市自然资源局建设了具有数据管理、系统集成、应用支撑的自然资源信息化基础平台。一是实现了多源数据集中归集、统一管理，以“三调”数据为底板，分析、建立了涵盖基础地理、现状、规划、管理等 299 个空间数据，空间化了人口、经济、农业、工业、三产等14900条专题数据，接入了矿山扬尘监测、视频监测等实时感知数据，形成了内容完整、标准权威、动态更新的自然资源“一张图”数据体系。二是实现了多级别、多业务的统一管理与服务，按权限共享国土空间规划、用途管制、生态修复、地质灾害监测等业务系统所需的支撑数据和功能服务，目前通过平台已整合局内22个应用系统，实现了内部系统互联互通以及业务数据的统一汇集，提升了业务办理工作效率。三是接入手机信令、人口等大数据，挖掘数据潜在价值，充分利用大数据、云计算、二三维一体化技术，搭建职住分析等专题应用场景，辅助业务科室人员掌握居住人口、工作人口、职住比例、通勤情况，提升决策能力。

2021年4月广东省自然资源厅和政务服务数据管理局印发《广东省地理空间数据管理办法（试行）》，提出省自然资源主管部门负责组织、指导、协调全省基础地理信息数据的生产、归集和共享等工作，包括：数字线划图、数字高程模型、数字正射影像图、数字栅格地图、实景三维等各类基本比例尺地图及新型基础测绘成果，涵盖测量控制点、水系、居民地及设施、交通、管线、境界与政区、地貌、植被与土质等要素。据此，广州市提出做精平台数据要素支撑，做实平台数据专题服务应用。其基于全国产化信息基础设施搭建平台，通过汇集全市约1600项规划和自然资源数据，形成统一的工作“底图”，支撑规划和自然资源业务办理20多万项，为全市提供统一的空间底板。同时结合市局各处室日常业务办理的需求，构建调查监测、耕地保护、生态修复、规划管理、项目审批、开发利用、违法监测、资产管理八大专题服务，以“一图+一账”的形式实现业务核心指标数据价值可现，打造面向不同业务的专题服务生态，实现数据资源从业务中来，应用到业务中去，形成自然资源数据体系内循环，提升广州市平台国土空间应用服务能力。

为响应国家和省级自然资源管理数字化转型趋势，2023年6月东莞市自然资源局印发了《东莞市自然资源信息化建设总体规划（2023—2025年）》，提出构建“一网一图一平台一系统四支撑”的信息化框架体系。该规划旨在通过构建自然资源领域的全面信息化网络（一网），实现对自然资源的动态监测与管理；绘制统一的自然资源分布图（一图），为城市规划、资源利用提供决策支持；建立综合性的自然资源管理信息平台（一平台），促进跨部门的信息交流与业务协同；开发高效的应用系统（一系统），提升业务处理和服务能力；以技术、制度、安全和人才为四大支撑点，确保信息化建设的顺利推进。为贯彻落实关于自然资源信息平台的建设要求，推进建设信息共享、各级联动、协调配合、权威准确和开放共享的数据平台，东莞市积极打造东莞自然资源数据平台。东莞围绕着数据和平台的公共能力，一是通过目录的梳理、脉络的清晰、权责的明确、架构的完善，保障了全局数据都能及时、有效汇集进来；目前共汇集1411项专题数据，形成260项数据和功能服务资产。二是结合东莞现状，建立“标准+工具+机制”的新管理模式，确保数据都能管得清楚；平台已建立7套数据标准规范、4类数据更新入库流程、15个数据流图。三是通过平台提供的统一服务调度、统一计算挖掘和统一应用支撑，实现对全局自然资源信息化工作能够支撑得住。四是面向全局用户提供权威安全、动态更新、可层层叠加打开的“自然资源一张图”数据应用，基于“一张图”开展了业务办理、存量土地、规划用地等5个大类12个专题分析与决策应用，通过“一张图+一本账”的形式使数据用得方便。五是实现互联互通、共享共用，让数据“活”起来，“动”起来。

三、生态保护和修复数字化

（一）推动生态保护和修复数字化的政策举措

生态保护和修复工作是典型的系统性重大工程，涉及土地、矿山、林草、海洋、山水等多个保护和修复对象，每个保护和修复对象又有多种不同的修复类型，业务类型多、涉及事务杂、涉及对象广、周期长、要求高，因而需要通过业务梳理与分析建模来全面理清业务逻辑、合理设计流程、重点管控关键节点，数字化手段能有效提升整体管理能力。近年来，我国在环境保护和修复治理领域取得巨大成就，这些成就离不开我国生态保护和修复数字化政策的安排落实。

1. 生态保护和修复数字化的战略制定与实施计划。推动生态保护与修复的数字化转型是实现绿色、可持续发展目标的关键路径。对此，我国出台了多个政策文件明确将生态保护与修复纳入国家数字发展战略。从顶层设计与指导方针方面来看，2022年6月国务院印发的《关于加强数字政府建设的指导意见》中，提出全面推动生态环境保护数字化转型，提升生态环境承载力、国土空间开发适宜性和自然资源利用效率，为生态环境保护数字化转型提供了明确的方向和指导。2023年1月中共中央办公厅和国务院办公厅联合印发《关于加强新时代水土保持工作的意见》，进一步强调了加强水土保持科技创新的重要性，并要求推进遥感、大数据、云计算等现代信息技术与水土保持的深度融合，以强化监管、监测等信息共享和部门间的互联互通，从而提高管理的数字化、网络化、智能化水平。从专项规划与实施计划来看，2020年9月自然资源部印发《关于开展省级国土空间生态修复规划编制工作的通知》，要求省级自然资源主管部门将国土空间生态修复规划编制作为重点工作抓紧抓实，结合本地区实际制订工作方案，尽快启动开展，力争于2021年6月底前完成规划文本等成果编制，并基于各省域自然资源“一张图”和国土空间基础信息平台，同步开展国土空间生态修复信息系统建设。2022年10月科技部印发《黄河流域生态保护和高质量发展科技创新实施方案》，提出通过开发水库河道清淤与淤泥利用技术，形成技术—装备—工艺—标准—应用全链条，实现智能监测—智慧控制—自动运行的水库泥沙解决方案。通过这些政策文件的发布与实施，我国确立了生态保护与修复数字化转型的国家战略定位，并为地方各级政府和相关部门提供了具体的行动指南和实施路径。这些措施不仅有助于提升生态保护工作的效率和质量，而且为实现绿色、可持续发展目标奠定了坚实的基础。

2. 生态保护和修复数字化的技术应用方面的政策。为进一步增强生态保护的智能化和精准性，中国政府已经出台了一系列政策措施，强调大数据、云计算、人工智能等前沿信息技术的重要性，鼓励这些技术在生态监测、资源管理、环境评估和灾害预防等多个领域的广泛应用。2022 年 9 月科技部联合其他三个部门发布了《"十四五" 生态环境领域科技创新专项规划》的通知，明确指出要利用现代信息技术，如大数据、云计算、人工智能等，来提升生态保护的智能化水平。这一规划的发布，标志着我国在生态环境保护领域科技创新的进一步深化，旨在通过科技手段提高生态监测、评估和治理的效率与准确性。2024 年 2 月自然资源部印发《自然资源数字化治理能力提升总体方案》，进一步强调了智能技术在生态问题诊断和国土空间生态修复中的作用。它提倡通过数字化转型，实现生态修复工作的全程智能化管理。同年 5 月国家发展改革委等四部门印发《关于深化智慧城市发展推进城市全域数字化转型的指导意见》，进一步拓展了智能技术在城市发展中的应用范围，特别提到了生态修复项目，鼓励发展基于人工智能等技术的智能分析、智能调度和智能监管系统，以加强大数据、区块链、先进计算、未来网络、卫星遥感和三维建模等关键数字技术在城市场景中的集成应用。这些政策和规划的发布，体现了我国政府对于利用科技创新推动生态环境保护和智慧城市建设的坚定决心。通过这些措施，不仅可以提高生态保护的效率和效果，还能实现对生态环境变化的实时监控和预警，为制定科学的生态保护策略提供强有力的数据支持。

（二）各省市生态保护和修复数字化的政策与典型案例

1. 各省市生态保护和修复数字化的相关政策。各省市积极响应国家关于生态保护和修复工作的号召，利用先进的信息技术手段如云计算、大数据、人工智能等，推动生态保护和修复工作的数字化转型，以实现更高效、更精准的管理和保护。福建省在生态保护和修复方面积极探索数字化管理模式，通过建立和完善生态保护红线监管信息系统，实现了对生态红线区域的动态监控。此外，福建省还注重利用遥感技术进行生态状况评估，及时发现并处理生态破坏事件。福建省发展和改革委员会和福建省自然资源厅于 2021 年 4 月发布了《福建省重要生态系统保护和修复重大工程实施方案（2021—2035 年）》，明确提出要利用数字化手段加强生态保护修复工作的监管力度，确保生态安全。浙江省作为生态保护和修复数字化的先行者，不断推进“智慧环保”建设，构建了覆盖全省的生态保护和修复信息平台。2021 年 7 月浙江省发展和改革委员会和省生态环境厅发布了《浙江省生态环境保护“十四五”规划》的通知，计划进一步完善生态保护修复数据库，推广使用智能分析工具，提升生态保护修复工作的科学性和有效性。江苏省在生态保护和修复数字化方面采取了一系列措施，包括建设生态保护红线监管平台，以及利用无人机和卫星遥感技术进行生态监测。江苏省生态环境厅于 2021 年 11 月发布了《江苏省“十四五”生态环境保护规划》，旨在通过数字化手段加强生态修复项目的跟踪和评估，确保生态恢复质量。广东省在生态保护和修复数字化领域积极探索，利用大数据和人工智能技术进行生态健康评估和预测，为生态保护提供科学依据。同时，广东省还加强了生态修复项目的信息公开和技术交流，促进了生态保护和修复工作的社会共治。广东省自然资源厅、发展和改革委员会于 2023 年 1 月发布了《广东省重要生态系统保护和修复重大工程总体规划（2021—2035 年）》，强调要利用数字化工具提升生态保护和修复项目的管理水平，确保生态保护目标的实现。

2. 各省市生态保护和修复数字化的典型案例。2020 年 9 月我国自然资源部发布了《关于开展省级国土空间生态修复规划编制工作的通知（自然资办发〔2020〕45 号)》，要求省级自然资源主管部门将国土空间生态修复规划编制作为重点工作抓紧抓实，结合本地区实际制订工作方案，尽快启动开展国土空间生态修复信息系统建设。浙江省作为“两山”理念的发源地，深入践行“绿水青山就是金山银山”理念，遵循节约优先、保护优先、自然恢复为主的方针，统筹对山水林田湖的整体保护、系统修复和综合治理的国土空间生态修复工作。与业务管理工作同频同步，浙江省稳步推进国土空间规划实施监督信息系统、生态修复监管系统的建设和应用，为构建全要素、全业务链、全生命周期的监管体系进行了有效的探索和实践，为加快实现治理体系和治理能力现代化、唯实唯先构建空间治理新格局奠定了坚实基础。作为国土空间规划的一项重要的专项规划，生态修复规划主要在开发利用和保护修复两个重要方面支撑国土空间规划的实施。因此，为了更好地支撑国土空间规划的实施，并与国土空间“一张图”良好衔接，具体实施了囊括两大部分内容的措施：一是国土空间生态修复“一张图”，建设国土空间规划实施监督信息系统，构建国土空间治理新格局，通过获取全省四级三类的最新规划编制成果和最新规划执行情况，形成现势的全省空间治理一张图，实现地块的全生命周期管理；二是生态修复全省智治，自 2018 年浙江在全国率先启动生态修复工程以来，浙江省以国土空间生态修复工程监管为突破口，科学合理地编制生态修复规划，量化评价生态修复效果，基于“生态修复全生命周期业务链”构建全省生态修复监管系统，对生态修复项目实施情况进行立项、实施、验收的全过程动态监管。

为了提升生态保护和修复工作的数字化管理水平，强化生态环境保护力度，并促进生态修复工作的科学化、精准化，2021 年 11 月山东省自然资源厅发布了《山东省矿山生态修复实施管理办法》，该办法旨在规范矿山生态修复工作，提升国土空间的生态修复能力，构建绿色和谐、功能优化的国土空间，从而助推生态文明建设和实现高质量发展。相应地，山东省自然资源厅启动了“山东省国土空间生态修复监管系统项目”。该项目的重点工作包括全域土地综合整治试点与矿山地质环境恢复治理。通过建立山东省生态修复“一张图、一本账、一个库”的综合管理体系，能够全面掌握全省矿山现状、生态现状及其修复进展情况，从而为全省生态修复的整体规划和布局提供坚实的数据和技术支持。建设内容为以项目全链条为抓手，实现生态修复项目全生命周期精细化管理。对生态修复项目从立项、规划设计、实施、竣工验收和后期管护的全生命周期进行精细化管理，并综合运用遥感、大数据、视频监控以及移动巡查等技术手段，对生态修复工程项目进行遥感影像自动切割、特征识别以及比对核查、动态预警等，实现生态修复项目实时动态、可视化、可追踪的全程全面监测监管，支撑全省国土空间生态修复管理工作，提升数字化治理水平。建设模式为采用省、市、县三级协同的省级统建模式，市县通过自然资源专网直接使用的省级统建模式，建立区县上报、省市审批监管的省市县三级协同的山东省国土空间生态修复监管系统。

第二节

能源数字化转型

一、数字化在节能减排领域的应用

（一）智慧建筑与能耗管理的政策举措

随着城市化进程不断加快，传统建筑粗放式生产方式已难以满足中国高质量增长需求，建筑业面临着能源资源大量消耗、劳动力短缺、资源浪费较大，以及环境污染严重等一系列问题。在此背景下，发展智能建造，是稳增长、扩内需的重要抓手，也是助力实现碳达峰、碳中和目标的重要举措。智慧建筑是运用信息技术、物联网、人工智能等先进技术，实现建筑的自动化、智能化管理和服务。它不仅能够提高建筑的能源利用效率，降低运营成本，还能为居住者提供更加安全、舒适、便捷的生活和工作环境。根据我国“十二五”计划至“十四五”规划，国家对智慧建筑行业的政策经历了从“大力推广电子技术在各行各业的应用”到“推进市政公用设施、建筑等物联网应用和智能化改造”的变化。

1. 优化建筑业结构和服务模式。政策初期的主要发展目标是推动计算机软硬件和网络等电子技术的发展，并在建筑业中广泛应用信息技术以优化其结构和服务模式。2006 年 2 月国务院发布《国家中长期科学和技术发展规划纲要（2006—2020 年)》标志着智慧建筑与能耗管理在科技创新体系中的地位得到显著提升。2011 年 10 月发展改革委、科技部等印发的《当前优先发展的高技术产业化重点领域指南(2011 年度)》中，将智能城市管理、智能环保、智能交通等信息服务解决方案及服务平台列入优先发展的高技术产业化重点领域。2012 年 2 月工信部印发《工业节能“十二五”规划》，鼓励信息化企业开发数字能源解决方案，并推进智能建筑等领域的建设。2014 年 3 月发展改革委印发的《国家新型城镇化规划（2014—2020 年)》，将基础设施智能化列为智慧城市建设方向之一，强调发展智能建筑，实现建筑设施、设备、节能、安全的智慧化管控。2015 年 5 月工信部发布的《中国制造 2025》进一步提出加快推进信息通信技术应用，推动智能电网、智能建筑、多网融合等领域的建设，以促进节能减碳。2017 年 5 月住建部印发《建筑业发展“十三五”规划》，提出推动建筑产业现代化，推广智能和装配式建筑。

2. 推进建筑的物联网应用。随着国家绿色低碳战略的全面深化，智慧建筑与能耗管理领域正迎来前所未有的发展机遇。这一时期政策主要目标为结合物联网技术，推进建筑的物联网应用和智能化改造。2020 年 7 月住建部等印发《关于推动智能建造与建筑工业化协同发展的指导意见》，提出以数字化、智能化升级为动力，运用物联网技术加大智能建造在工程建设各环节的应用，形成涵盖科研、设计、生产加工、施工装配、运营等全产业链融合一体的智能建造产业体系。同年 8 月工信部发布的《关于加快新型建筑工业化发展的若干意见》鼓励推动物联网技术在智慧工地的集成应用，发展可穿戴设备，提高建筑工人健康及安全监测能力，并推广物联网技术在监控管理节能减排和智能建筑中的应用。2021 年 9 月工信部印发的《物联网新型基础设施建设三年行动计划（2021—2023 年)》提出加快智能传感器、射频识别（RFID)、二维码、近场通信、低功耗广域网等物联网技术在 BIM 协同设计、智慧工地、智慧运维、智慧建筑等方面的应用。2023 年 9 月国家发展改革委等部门联合印发的《电力需求侧管理办法（2023 年版)》鼓励建设新型建筑电力系统和建筑智能化运行管理平台，探索发展电力物联网，提升智能用电的网络化、协同化水平。2024 年 3 月国家发展改革委等部门印发的《加快推动建筑领域节能降碳工作方案》提出，到 2027 年建筑用能结构更加优化，建成一批绿色低碳高品质建筑，建筑领域节能降碳取得显著成效。同年 5 月国家发展改革委等部门印发《关于深化智慧城市发展 推进城市全域数字化转型的指导意见》，提出推动综合能源服务与智慧社区、智慧园区、智慧楼宇等用能场景深度耦合，利用数字技术提升综合能源服务绿色低碳效益。

3. 各省市地方政府响应智慧建筑的政策举措。为推动智能建造与建筑工业化的协同发展，提升建筑业的整体技术水平和竞争力，我国各省市也提出了智能建造行业的发展目标。其中，北京、广东、天津、重庆、浙江等省市给出了较为量化的目标。中共北京市委、北京市人民政府在 2022 年 10 月出台了《首都标准化发展纲要 2035》，聚焦于推动智能建造标准化，完善建筑信息模型（BIM）技术、施工现场监控等相关标准。广东省茂名市在 2022 年 7 月发布《茂名市促进建筑业高质量发展的若干措施》，提出推行智能建造要加大建筑信息模型、互联网、大数据等新技术在建造全过程中的运用，鼓励企业与高校、科研机构共同开展智能建造与新型建筑、绿色健康节能减排等领域的科技创新。天津市住房城乡建设委员会在 2024 年 5 月发布《天津市智能建造试点城市实施方案》，提出大力推进建筑业转型，利用科技创新，大力发展智能建造。重庆市住房和城乡建设委员会在 2024 年 2 月发布关于印发《重庆市智能建造、建筑工业化项目技术复杂认定标准（试行）》的通知，提出加快智能建造与建筑工业化协同发展。江苏省南京市和苏州市入选全国 24 个智能建造试点城市名单，江苏省明确推行智能建造方式，制定、实施苏州市部门联动的推动智能建造政策，建立实现苏州市智能建造发展的体制机制。江苏省住房和城乡建设厅于 2024 年 3 月发布《江苏省改善型住宅设计与建造导则》，指出宜采用智能建造技术，通过实测实量机器人、混凝土施工机器人、墙面施工机器人等进行辅助施工作业。浙江近年来加快推进新型建筑工业化，积极推进智能建造，全面推动建筑业转型升级和提质增效。浙江省建设厅于 2024 年 3 月 5 日发布《关于开展浙江省智能建造试点参评项目（第一批）试点工作》的通知。进一步明确智能建造技术实施路径、进度计划和保障措施，力求形成可复制可推广的智能建造技术应用经验。

（二）智慧交通与能源效率的政策举措

智慧交通融合了物联网、云计算、互联网、人工智能、自动控制和移动互联网等前沿技术，通过对交通状况的实时感知、互联互通、数据分析、趋势预测和动态控制，不仅实现了交通信息的高效集成，确保交通安全，提升基础设施的运行效率，还为交通管理、运输服务、公众出行等多个方面提供了全面的管控和支持，增强交通管理的智能化水平。我国政府出台了一系列涵盖战略布局、技术集成和应用推广的政策和措施，并开展了试点项目，建立了法规标准，推动了交通系统的智能化和现代化。此外，还为智慧交通的长远发展奠定了坚实的基础。

1. 智慧交通的战略布局。为加快智慧交通战略布局，我国采取了一系列精准有效的政策措施。2015 年 7 月国务院发布《关于积极推进“互联网 +”行动的指导意见》，提出将互联网技术与交通行业紧密结合，开启了智慧交通发展的新篇章。强调加快互联网与交通运输领域的深度融合，通过基础设施、运输工具、运行信息等互联网化，推进基于互联网平台的便捷化交通运输服务发展，显著提高交通运输资源利用效率和管理精细化水平，全面提升交通运输行业服务品质和科学治理能力。2016 年 7 月交通运输部发布《城市公共交通“十三五”发展纲要》强调了智能公交系统的建设，以提升公共交通的服务质量。2017 年 9 月交通运输部印发的《智慧交通让出行更便捷行动方案（2017—2020 年）》是我国首个智慧交通专项政策，方案内容分为四个部分，即提升城际交通出行智能化水平、加快城市交通出行智能化发展、大力推广城乡和农村客运智能化应用、不断完善智慧出行发展环境。2019 年 7 月交通运输部印发《数字交通发展规划纲要》，明确到 2025 年，交通运输基础设施和运载装备全要素、全周期的数字化升级迈出新步伐，数字化采集体系和网络化传输体系基本形成。2021 年 3 月国家发展改革委印发《国民经济和社会发展第十四个五年规划和 2035 年远景目标纲要》，鼓励发展自动驾驶和车路协同的出行服务。推广公路智能管理、交通信号联动、公交优先通行控制。建设智能铁路、智慧民航、智慧港口、数字航道、智慧停车场。2023 年 6 月国务院印发《国务院办公厅关于进一步构建高质量充电基础设施体系的指导意见》，提出大力推广应用智能充电基础设施，积极推动配电网智能化改造，加强电动汽车与电网能量互动。

2. 智慧交通技术集成和应用推广。为优化城市交通网络布局，大力发展智慧交通，国家大力推动车联网、自动驾驶等关键技术的研发与应用。2017 年 7 月国务院发布《新一代人工智能发展规划》，提出发展自动驾驶汽车和轨道交通系统，加强车数感知、自动驾驶、车联网、物联网等技术集成和配套，开发交通智能感知系统，形成我国自主的自动驾驶平台技术体系和产品总成能力，探索自动驾驶汽车共享模式。2020 年 8 月交通运输部印发《关于推动交通运输领域新型基础设施建设的指导意见》，指出推动先进信息技术应用，逐步提升公路基础设施规划、设计、建造、养护、运行管理等全要素、全周期数字化水平。2022 年 9 月工业和信息化部印发《工业和信息化部等五部委关于加快内河船舶绿色智能发展的实施意见》，鼓励推动新一代智能航行船舶技术研发应用。加强新型数字化智能船用设备研发，开展基于 5G 网络的“岸基驾控、船端值守”船舶航行新模式研究。2023 年 10 月工业和信息化部等 6 部门印发《算力基础设施高质量发展行动计划》，提出面向智慧交通需求，加快“中心—区域—边缘”多层级算力设施部署，支持感知、通信、控制相关设备的标准化接入与数据汇聚。2024 年 3 月工业和信息化部等四部门印发《通用航空装备创新应用实施方案（2024—2030年）》，推动以无人化、电动化、智能化为技术特征的新型通用航空装备在城市空运、物流配送、应急救援等领域实现商业应用。

3. 智慧交通试点项目与标准建设。为构建健康有序的智能网联汽车和智慧城市基础设施发展环境，国家发布多项政策开展试点项目与标准建设。试点项目方面，2021年4月住房和城乡建设部和工业和信息化部联合发布《住房和城乡建设部、工业和信息化部关于确定智慧城市基础设施与智能网联汽车协同发展第一批试点城市的通知》，确定北京、上海、广州、武汉、长沙、无锡6个城市为智慧城市基础设施与智能网联汽车协同发展第一批试点城市，探索新的路径和技术解决方案同年12月将重庆、深圳、厦门、南京、济南、成都、合肥、沧州、芜湖、淄博10个城市确立为第二批试点城市。试点项目有助于探索如何更好地整合城市基础设施与智能网联汽车技术，提高交通效率，减少交通事故，并改善市民出行体验。标准建设方面，2021年3月工业和信息化部、交通运输部、国家标准化管理委员会联合发布《国家车联网产业标准体系建设指南（智能交通相关）》，针对智能交通通用规范、核心技术及关键应用，构建包括智能交通基础标准、服务标准、技术标准、产品标准等在内的标准体系，指导车联网产业智能交通领域的相关标准制修订，充分发挥标准在车联网产业关键技术、核心产品和功能应用的引领作用。2023年7月工业和信息化部和国家标准化管理委员会联合印发《国家车联网产业标准体系建设指南（智能网联汽车）》，进一步加快构建新型智能网联汽车标准体系。针对智能网联汽车通用规范、核心技术与关键产品应用，构建包括智能网联汽车基础、技术、产品、试验标准等在内的智能网联汽车标准体系，指导车联网产业智能网联汽车领域的相关标准制修订，充分发挥标准对车联网产业关键技术、核心产品和功能应用的引领作用。这些措施不仅促进了技术创新，还为未来大规模部署智能交通系统奠定了坚实的基础。

4. 智慧交通法规标准与安全保障。随着智慧交通技术的不断发展，特别是为了确保自动驾驶车辆能够在道路上安全、高效地运行，政府部门相继出台了一系列政策文件，不断完善安全保障措施和相关法规标准。安全保障方面，2021年1月交通运输部发布《关于促进道路交通自动驾驶技术发展和应用的指导意见》，提出推动综合交通运输公共信息资源开放，确保数据安全和个人隐私保护。同年9月，交通运输部发布《关于科技创新驱动加快建设交通强国的意见》，旨在建立健全智慧交通的安全管理体系和技术标准体系，为自动驾驶技术的发展提供更加坚实的基础。法规标准方面，2023年11月工业和信息化部联合其他三个部门共同发布了《关于开展智能网联汽车准入和上路通行试点工作的通知》，明确了智能网联汽车在特定区域内的准入条件和技术要求，为智能网联汽车的实际应用提供了明确的指引。同年 12 月交通运输部印发《自动驾驶汽车运输安全服务指南（试行）》，鼓励在特定场景下使用自动驾驶汽车从事运输服务，并详细规定了相应的安全管理和服务标准，以确保自动驾驶汽车能够安全可靠地服务于公众。这些政策的出台标志着我国在自动驾驶汽车领域正朝着规范化、标准化的方向稳步前进。它们不仅为行业的发展提供了明确的法律依据，也为消费者提供了更多的安全保障。

5. 地方层面发展智慧交通的主要政策举措。“十四五”时期是我国落实交通强国建设部署的关键阶段，各省市积极响应国家改革和发展措施，根据各自综合交通运输体系发展的现阶段特点，结合交通运输部规划编制体系，出台了符合自身建设条件的智慧交通发展政策。这些政策举措涵盖了基础设施建设与升级、智慧服务与应用推广、技术研发与创新等多个方面，旨在构建一个更加高效、安全、便捷的交通环境。在基础设施建设与升级方面，2021 年 8 月江苏省人民政府发布了《江苏省“十四五”新型基础设施建设规划》，规划提出在智能交通领域，推进五峰山高速、苏锡常南部通道、常泰过江通道等智慧公路和京杭运河智慧航运、智慧枢纽等智慧交通基础设施建设，建成我国首条 5G 网络全线覆盖的干线高速公路——宁沪高速江苏段，全省部署 RSU（路侧单元）车联网道路 770 公里。2021 年 10 月发布四川省人民政府印发的《四川省“十四五”综合交通运输发展规划》提出发展智慧交通，实施川藏线路等智能建造工程，推进既有铁路枢纽智能化升级改造。建设成都绕城、成都第二绕城、成宜高速、峨汉高速、成绵高速扩容等智慧高速公路。依托 G318 提质改造工程，试点建设智慧旅游公路。打造智能运输服务网络和智能监管系统，建设综合交通运输大数据体系，提升网络安全防护能力。支持遂宁建设全国 ETC 智慧停车试点城市。在智慧服务与应用推广方面，2022 年 1 月贵州省交通运输厅发布的《贵州省“十四五”数字交通发展规划》指出要深入推进交通运输新型基础设施建设，在智慧交通领域先行先试、率先突破。在综合交通大数据中心、智慧高速公路、农村公路管理等方面探索出具有“贵州”特色、可复制可推广的发展模式，为西南综合立体交通枢纽中心建设和交通运输高质量发展提供有力支撑。2022 年 2 月湖北省交通运输厅发布的《湖北省综合运输服务发展“十四五”规划》指出智慧交通快速发展，二级及以上汽车客运站、铁路、民航实现联网售票，所有市州进入全国公交一卡通阵营，武汉入列全国首批“智慧交通”示范城市。2021 年 8 月湖南省交通运输厅发布《湖南省“十四五”现代化综合交通运输体系发展规划》，提出建设智能路侧设施，有序开展自动驾驶区域性示范应用，提升自动驾驶汽车产业化应用水平。优化高速公路不停车收费（ETC）服务体系，拓展 ETC 系统应用场景和范围。推动船岸协同、自动化码头发展。推进空域管理智能化。2021 年 11 月江西省人民政府发布《江西省“十四五”综合交通运输体系发展规划》提出强化5G、大数据、互联网、北斗定位、物联网等技术在交通运输领域的应用，推广智能公交、智慧安检等应用，提供“一码通行”智慧出行服务，构建顺畅衔接的出行服务链条。推进城市智能交通系统建设，实施南昌、赣州“智慧杆塔”和南昌智慧停车示范工程，开展鹰潭智慧绿色共享交通城市试点，打造20个左右智慧交通应用试点示范。2021年12月云南省交通运输厅发布《云南省数字交通“十四五”发展规划》，提出上联国家综合交通运输信息平台，下接多终端服务门户，支撑综合交通运输数字化治理、智能化应急、智慧化服务三大应用。在昆明、保山、玉溪等试点建立综合交通运输信息分平台。2022年1月山东省人民政府发布《山东省新型城镇化规划（2021—2035年）》将发展智慧出行服务，加快布局城镇智慧交通网络，提升城镇交通设施整体智慧化水平和运营效率。全面推行旅客联程运输全程电子化服务，加快城镇交通信号灯、电子标识等智能升级，应用绿波等智能管控方式，提升通行效率。整合停车资源，开发智慧停车应用，实现资源统筹利用和信息精准推送。2022年4月河北省人民政府发布《河北省“十四五”现代综合交通运输体系发展规划》提出建成雄安新区智慧出行服务（Maas）系统、交通基础设施管理运维平台、智能交通安全管理平台、公共交通综合指挥平台、动态高精数字地图、一体化停车管理平台、物流公共信息服务平台等一系列平台系统，建成智能网联与车路协同设施、边缘计算节点交通应用以及道路、轨道交通基础设施智能化专项等示范工程。在技术研发与创新方面，2022年8月吉林省人民政府发布《吉林省综合交通运输发展“十四五”规划》中提出以交通强国试点为契机，全面推进季冻区公路智慧提升工程等关键技术研究。支持季节性冻土区公路建设与养护技术交通行业重点实验室（长春）等行业重点科研平台建设，提升季冻区路面结构和性能等研究水平，积极争取在季冻区公路基础设施长期性能观测、智慧交通建设等。2021年8月福建省人民政府发布《福建省“十四五”现代综合交通运输体系专项规划》，提出持续完善“1151”福建“智慧交通云”总体框架，推进数据资源赋能交通发展，建设公路、航道等智能感知系统，重点实施综合交通运输信息平台、全省交通大数据中心、交通运营检测调度中心（TOCC）等，整合完善现有信息系统，提升交通运输数字化、网络化、智能化水平。2022年1月青海省交通运输厅发布《青海省“十四五”交通运输发展规划》以数字化、网格化、智能化为主线，加快推进数字转型智能升级，拓展新一代信息技术在交通领域应用的广度和深度。以智慧公路建设为抓手，加快构建高精度地理信息平台，实现基础设施、交通运行、周边环境等相关数据全面掌握，推动基础设施物理实体和数字模型同步交付。

（三）工业智能化与绿色制造的政策举措

工业智能化是指在工业领域中，通过引入先进的信息技术和人工智能算法，实现生产、管理、决策等方面的智能化升级。工业智能化的核心目标是通过工业过程的智能化管理和控制，提高生产效率、优化资源利用、降低成本，同时提升产品质量和企业竞争力，以适应市场快速变化的需求。绿色化、数字化深度融合，是实现新型工业化的关键任务。国家出台多项政策加快传统制造业转型升级，高端化、智能化、绿色化、融合化。

1. 数字技术创新和绿色制造技术应用。我国政府高度重视工业领域中节能减排与智能化改造的推进，通过发布一系列相关政策文件，明确强调了数字技术创新在其转型过程中的核心地位与关键作用，旨在促进产业升级与绿色发展。2011 年 12 月国务院制定《工业转型升级规划（2011—2015 年）》，明确要求推动生产装备的数字化，支持重点行业污染治理设施设备升级改造，支持高耗能、高污染企业建立环境和污染源监控信息系统。这些措施旨在通过数字化转型和采用先进环保技术，特别是关键技术和核心部件的突破，如高性能传感器、智能控制技术等，促进工业领域的绿色发展。2013 年 12 月工信部印发《关于推进工业机器人产业发展的指导意见》，明确提出了积极利用工业机器人技术改造提升传统产业的目标，以提高生产和运行效率，推进节能减排。指导意见特别强调了工业机器人技术对于实现绿色制造的关键作用，包括减少能源消耗、降低废弃物排放、改善工作环境等方面，为工业领域向绿色可持续方向发展提供了强有力的支持。2016 年 11 月国务院印发《“十三五”国家战略性新兴产业发展规划》，强调顺应制造业智能化、绿色化、服务化、国际化发展趋势，加快突破关键技术与核心部件，通过绿色制造技术应用来促进产业链的协调发展。这意味着不仅要提高制造业的智能化水平，还要确保这一过程是环保且可持续的，通过采用清洁技术和资源高效利用的方式，减少对环境的影响，实现经济与生态的双赢。2017 年 1 月国务院印发《“十三五”节能减排综合工作方案》，提出推进新一代信息技术与制造技术融合发展，提升工业生产效率和能耗效率，强化重点用能设备节能管理。2022 年 1 月国务院发布《“十四五”数字经济发展规划》，明确要求深入推进制造业数字化、网络化、智能化，加快绿色制造技术的应用，提高资源利用率，减少废物产生和环境污染，促进循环经济的发展。2022 年 12 月工业和信息化部等四部门联合印发《关于深入推进黄河流域工业绿色发展的指导意见》，提出采用工业互联网、大数据、5G 等新一代信息技术提升黄河流域能源、资源、环境管理水平，深化生产制造过程的数字化应用，赋能绿色制造。2023 年 10 月工业和信息化部等六部门联合发布《关于印发〈算力基础设施高质量发展行动计划〉的通知》，提出赋能行业绿色低碳转型，推动算力设施在工业等重点行业发挥应用赋能作用，支撑行业数据分析、动态监测、工艺优化等生产环节创新，促进企业经营活动数字化、智能化发展，助力行业节能减排。2024 年 1

月工业和信息化部等九部门印发《原材料工业数字化转型工作方案（2024—2026年）》，提出支撑绿色化发展，基于数字技术开展装备及工艺流程优化升级改造，促进减污降碳、节能增效。推动企业建设碳排放管控平台和重点产品碳足迹基础数据库，综合运用物联网、人工智能、区块链、工业互联网标识解析等技术开展碳排放计算与碳足迹追溯，促进低碳发展。推动企业和园区加强数字化能源管控，开展重点用能环节的在线监测、运行优化与系统平衡，促进新能源应用和化石能源减量。

2. 构建智能化和绿色化制造体系。国家对于构建绿色制造体系和推广智能制造给予了高度关注。2012 年 5 月工信部制定《高端装备制造业“十二五”规划》，提出大力提高加工设备水平，推广先进工艺技术，推进制造过程信息处理、生产控制、资源管理、质量检测、环保处理等典型环节的流程化再造，实现产品设计、制造、测试等环节的自动化，提高产品稳定性和生产效率，提升制造过程的绿色化和智能化水平。2015 年 5 月国务院印发《中国制造 2025》，鼓励开展工业园区和企业分布式绿色智能微电网建设，控制和削减化石能源消费量。推进资源再生利用产业规范化、规模化发展，强化技术装备支撑，提高大宗工业固体废弃物、废旧金属、废弃电器电子产品等综合利用水平。2017 年 11 月工业和信息化部印发《高端智能再制造行动计划（2018—2020 年）》，提出推进高端智能再制造，有利于带动绿色制造技术不断突破，有利于推动实现绿色增长。培育一批技术水平高、资源整合能力强、产业规模优势突出的高端智能再制造领军企业，建设绿色再制造工厂，带动行业整体水平提升。2021 年 3 月国务院印发《中华人民共和国国民经济和社会发展第十四个五年规划和 2035 年远景目标纲要》，提出深入实施智能制造和绿色制造工程，发展服务型制造新模式，推动制造业高端化智能化绿色化。改造提升传统产业，推动石化、钢铁、有色、建材等原材料产业布局优化和结构调整，完善绿色制造体系。2021 年 12 月工业和信息化部等八部门联合印发《“十四五”智能制造发展规划》，强调推进智能制造，要立足制造本质，紧扣智能特征，以工艺、装备为核心，以数据为基础，依托制造单元、车间、工厂、供应链等载体，构建虚实融合、知识驱动、动态优化、安全高效、绿色低碳的智能制造系统，推动制造业实现数字化转型、网络化协同、智能化变革。2023 年 2 月中共中央、国务院印发《质量强国建设纲要》，明确要求开展重点行业和重点产品资源效率对标提升行动，加快低碳零碳负碳关键核心技术攻关，推动高耗能行业低碳转型；全面推行绿色设计、绿色制造、绿色建造，健全统一的绿色产品标准、认证、标识体系，大力发展绿色供应链；优化资源循环利用技术标准，实现资源绿色、高效再利用；建立健全碳达峰、碳中和标准计量体系。2023 年 4 月工业和信息化部办公厅印发《关于组织推荐第五批工业产品绿色设计示范企业的通知》（工信厅节函〔2023〕73 号），要求在“绿

色设计 + 制造”方面，重点支持电子电器、纺织、机械装备、汽车及配件、轻工、医药等行业企业，围绕轻量化、低碳化、循环化、数字化等重点方向加大绿色设计推行力度。2023 年 12 月工业和信息化部等八部门联合印发《加快传统制造业转型升级的指导意见》，提出到 2027 年传统制造业高端化、智能化、绿色化、融合化发展水平明显提升。引导企业实施绿色化改造，大力推行绿色设计，开发推广绿色产品，建设绿色工厂、绿色工业园区和绿色供应链；制修订一批低碳、节能、节水、资源综合利用、绿色制造等重点领域标准，促进资源节约和材料合理应用；发展节能节水、先进环保、资源综合利用、再制造等绿色环保装备。强化绿色制造标杆引领，带动更多企业绿色化转型。

3. 各省市推动工业智能化与绿色制造的主要政策举措。各省市纷纷出台政策以促进工业智能化升级和绿色转型。江苏省 2017 年 6 月印发了《江苏省“十三五”智能制造发展规划》，不仅强调了智能制造对提升生产效率和产品质量的重要性，而且着重指出了智能制造在降低能耗和减少污染物排放方面的巨大潜力。江苏省还大力推进“绿色制造工程”，鼓励企业采用先进的清洁生产技术，提高资源的循环利用率，构建起一个全面的绿色制造体系。四川省经济和信息化委员会 2017 年 8 月印发了《四川省推进智能制造发展的实施意见》，明确提出要加快智能制造关键技术装备的创新与应用，实现生产过程的智能化和绿色化，特别强调通过政策引导和资金支持，促进工业企业实施节能技术改造，发展循环经济，减少工业生产对环境的影响。内蒙古自治区人民政府 2022 年 2 月发布《关于促进制造业高端化、智能化、绿色化发展的意见》，提出加快完善新一代信息技术在智慧园区、工业互联网、智能工厂、智慧矿山等方面应用，促进产业数字化转型、智能化升级；加快过剩低效产能退出，加强工业项目节能节水改造，强化园区土地集约节约利用，创建低碳零碳示范园区，促进产业绿色化转型。安徽省人民政府办公厅于 2024 年 7 月印发了《支持以数字化转型推动制造业高端化智能化绿色化发展若干政策（2024 版）》，鼓励完善绿色制造体系，坚持数字化引领和绿色化协同，推动数字赋能绿色制造，发布工业节能环保“五个一百”推介目录，打造一批绿色产品、绿色工厂、绿色园区、绿色供应链管理企业。同时，实施制造业绿色化改造，对照重点领域能效标杆水平或行业领先水平，实施一批节能降碳重点工程，在全省建设一批绿色供给标杆项目，培育一批绿色制造供应商，助力重点行业及区域节能减排，实现数字化绿色化协同升级。

二、数字化在推动能源行业绿色化的应用

（一）化石能源生产数字化的政策举措

化石能源是碳排放的最主要来源，因而化石能源行业转型升级成为我国碳达

峰、碳中和目标落实和路径选择的重点。传统能源企业通过信息化、数字化、智能化建设，将信息系统和信息技术引入生产经营流程，大幅提升企业生产率和经营效益，降低资源消耗、成本开支和碳排放。

1. 化石能源生产数字化战略规划和专项意见。为通过数字化转型实现国家碳达峰和碳中和目标，国家出台了多项战略规划和专项意见。2016 年 2 月国家能源局发布《关于推进“互联网 +”智慧能源发展的指导意见》，鼓励煤、油、气开采、加工及利用全链条智能化改造，实现化石能源绿色、清洁和高效生产。鼓励建设与化石能源配套的电采暖、储热等调节设施，增强供能灵活性、柔性化，实现化石能源高效梯级利用与深度调峰。2017 年 4 月国家发展改革委和国家能源局印发《能源生产和消费革命战略（2016—2030 年）》，提出要促进能源与现代信息技术深度融合，重塑产业链、供应链、价值链。应用大数据、物联网等现代信息技术，建设智能高效的大型现代化煤矿。2021 年 3 月国家发展改革委印发《国民经济和社会发展第十四个五年规划和 2035 年远景目标纲要》，鼓励推动煤矿、油气田、电厂等智能化升级，开展用能信息广泛采集、能效在线分析，实现源网荷储互动、多能互补、用能需求智能调控。2022 年 1 月国家发展改革委和国家能源局联合印发《“十四五”现代能源体系规划》，提出实施煤矿系统优化工程，因地制宜开展煤矿智能化示范工程建设，建设一批少人、无人示范煤矿。加强油气智能完井工艺攻关，加快智能地震解释、智能地质建模与油藏模拟等关键场景核心技术开发与应用示范。建设能源大数据、数字化管理示范平台。这一系列政策为全面提升我国化石能源行业的智能化水平，推动高效、安全、清洁的能源生产和消费模式，实现国家的可持续发展目标奠定坚实的基础。

2. 化石能源领域数字技术赋能。化石能源领域数字化转型同样依托于物联网、5G、人工智能、大数据、云计算等技术，为此国家发布了相应推动政策。2020 年 2 月国家发展改革委等部门联合印发《关于加快煤矿智能化发展的指导意见》，提出以数字化、网络化、智能化为方向，探索建立国家级煤矿信息大数据分析与共享交换平台，加快工业互联网和车联网、新一代通信技术、云计算、大数据、人工智能、虚拟现实等现代信息技术在煤炭工业领域的推广应用，并鼓励地方政府有关部门建设信息管理云平台、大数据应用平台，实现煤矿智能化和大数据的深度融合与应用。2022 年 4 月国家能源局、科学技术部印发《“十四五”能源领域科技创新规划》，聚焦新一代信息技术和能源融合发展，开展能源领域用智能传感和智能量测、特种机器人、数字孪生，以及能源大数据、人工智能、云计算、区块链、物联网等数字化、智能化共性关键技术研究，推动煤炭、油气、电厂、电网等传统行业与数字化、智能化技术深度融合。2023 年 3 月国家能源局印发《加快推进能源数字化智能化发展的若干意见》，鼓励推动能源装备智能感知与智能终端技术突破，加快能源装备智能传感与量测技术研发。推动面向复杂环境和多应用场景的特种智能机器人、无人机等技术装备研发，提升人机交互能力和智能装备的成套化水平，服务远程设备操控、智能巡检、智能运维、故障诊断、应急救援等能源基础设施数字化智能化典型业务场景。推动基于人工智能的能源装备状态识别、可靠性评估及故障诊断技术发展。

3. 各省市推动化石能源生产数字化的主要政策举措。各省市同样采取了一系列措施推动化石能源领域的数字化转型。这些政策旨在利用大数据、云计算、人工智能等先进技术，提升化石能源行业的效率和安全性，同时减少环境污染。政策主要集中在技术创新与基础设施建设、智能化服务与管理模式两个关键领域。在技术创新与基础设施建设方面，山东省、安徽省、广西壮族自治区和重庆市等地区通过出台具体规划，强调了关键技术突破和新技术推广的重要性。例如，2021 年 12 月山东省能源局发布的《山东省能源科技创新“十四五”规划》围绕全面建设清洁低碳、安全高效的现代能源体系总体目标，重点突破“卡脖子”关键技术与核心装备，引领战略性、前瞻性能源技术快速兴起，实现能源自主创新能力大幅提升、能源产业竞争力显著增强、能源技术创新体系进一步健全。2022 年 5 月安徽省发展和改革委员会、安徽省能源局联合印发《安徽省能源发展“十四五”规划》，明确要求加快信息技术和传统能源生产领域融合发展，加强人工智能、5G、云计算、区块链、物联网、大数据等新技术在能源领域的推广应用。2022 年 8 月广西壮族自治区人民政府发布《广西能源发展“十四五”规划》，提出加快信息技术和能源产业融合发展，加强新一代信息技术、人工智能、云计算、区块链、物联网、大数据等新技术在能源领域的推广应用，支持在能源领域开展以 5G 技术为基础的新一代电力物联网关键技术及成套设备示范应用。在智能化服务与管理模式方面，重庆市、天津市等地区强调利用先进的信息技术提升能源系统的智能化水平，实现能源的优化配置和高效管理。2022 年 6 月重庆市人民政府印发《重庆市能源发展“十四五”规划（2021—2025 年）》，提出强化数字经济技术在能源系统中的应用，培育能源数字经济新优势，鼓励用户端智能化用能，实现能源自由交易和灵活补贴结算。整合气源、管网、客户端等供应链数据，推进物联网在燃气网络中的应用。2021 年 12 月河南省人民政府在《河南省“十四五”现代能源体系和碳达峰碳中和规划》中提出加快推进城市燃气系统智能化改造，推广物联网智能燃气表，推进天然气接收站、调压站智能化建设，优化综合智慧能源服务。2022 年 3 月天津市发展改革委印发《天津市能源发展“十四五”规划》，提出促进高效智慧能源发展，建设综合智慧能源。发展信息广泛感知、服务广泛覆盖、用户广泛参与的智慧能源新模式，推广智慧能源小镇技术，建设滨海能源互联网综合示范区。

（二）新能源建设与管理数字化的政策举措

除了传统的煤炭、油气等化石能源外，新能源领域技术快速迭代，多能互济、智慧互联已成为能源行业创新的必然趋势。新能源产业与数字技术融合发展是新时代推动我国新能源产业基础高级化、产业链现代化的重要引擎，是落实“四个革命、一个合作”能源安全新战略和建设新型能源体系的有效措施。

1. 国家层面新能源建设与管理数字化的政策举措。新能源行业数字化转型作为能源行业转型升级的重要内容，已经形成了不断完善的政策体系。从技术创新与应用推广来看，2010 年 10 月国务院印发《国务院关于加快培育和发展战略性新兴产业的决定》，明确了提高风电技术装备水平，有序推进风电规模化发展，加快适应新能源发展的智能电网及运行体系建设。2021 年 6 月国家发展改革委和国家能源局印发《能源领域 5G 应用实施方案》，提出促进 5G 技术在能源领域的创新应用，推动能源数字化转型，提升新能源发电、综合能源服务等领域的智能化水平。2023 年 1 月工业和信息化部等六部门印发《工业和信息化部等六部门关于推动能源电子产业发展的指导意见》，明确加快智能光伏创新突破，发展高纯硅料、大尺寸硅片技术，支持高效低成本晶硅电池生产，推动 N 型高效电池、柔性薄膜电池、钙钛矿及叠层电池等先进技术的研发应用，提升规模化量产能力。从产业智能化与数字化转型来看，2016 年 2 月国家发展改革委等部门印发《关于推进“互联网 +”智慧能源发展的指导意见》，提出利用互联网思维和手段，改造传统能源行业，发展分布式能源、能源大数据服务等，构建开放共享的能源网络。2022 年 1 月国家发展改革委和国家能源局联合印发《“十四五”现代能源体系规划》，鼓励推广电力设备状态检修、厂站智能运行、作业机器人替代、大数据辅助决策等技术应用，加快“智能风机”“智能光伏”等产业创新升级和行业特色应用，推进“智慧风电”“智慧光伏”建设，推进电站数字化与无人化管理，开展新一代调度自动化系统示范。2023 年 3 月国家能源局发布了《关于加快推进能源数字化智能化发展的若干意见》，该意见强调了数字技术与能源产业深度融合的重要性，以数字化智能化技术加速发电清洁低碳转型。发展新能源和水能功率预测技术，统筹分析有关气象要素、电源状态、电网运行、用户需求、储能配置等变量因素。加强规模化新能源基地智能化技术改造，提高弱送端系统调节支撑能力，提升分布式新能源智能化水平，促进新能源发电的可靠并网及有序消纳，保障新能源资源充分开发。从新能源发展与服务模式创新来看，2022 年 6 月国家发展改革委等九部门印发《“十四五”可再生能源发展规划》，鼓励推动可再生能源与人工智能、物联网、区块链等新兴技术深度融合，发展智能化、联网化、共享化的可再生能源生产和消费新模式。推广新能源云平台应用，汇聚能源全产业链信息，推动能源领域数字经济发展。

2. 地方层面新能源建设与管理数字化的政策举措。除国家层面各省也出台了能源管理数字化系统建设与推广、新能源技术与数字化应用、数字化平台与系统的集成与创新等方面政策。江苏省和浙江省在能源管理数字化系统的建设与推广方面进展显著。2022 年 1 月，江苏省人民政府发布的《关于加快建立健全绿色低碳循环发展经济体系的实施意见》强调推动能源流与信息流深度融合，积极推广综合能源服务，推动能源互联网建设，构建弹性互动、智能互联的智慧能源系统，围绕建设美丽园区、提高绿色产业发展水平及推进能源管理智慧化发展。2021 年 7 月，浙江省发展和改革委员会、浙江省能源局联合发布的《浙江省节能降耗和能源资源优化配置“十四五”规划》推动重大产业平台和重点用能单位建设能源管理数字化系统，加强系统协同和数据共享，加快能源与互联网、物联网、大数据的融合发展。福建省和甘肃省在新能源技术与数字化应用方面做出了积极探索。2022 年 6 月，福建省人民政府出台的《福建省“十四五”能源发展专项规划》围绕“数字福建”建设，推动能源产业数字化智能化升级，打破能源行业壁垒，加快能源大数据中心建设及社会化共建共享，推广大数据、人工智能和 5G 物联网等新技术应用，推动分布式能源技术。2022 年 1 月，甘肃省人民政府发布的《甘肃省“十四五”能源发展专项规划》积极支持用户侧储能多元化发展，探索储能与物联网的融合，建设分布式储能绿色能源系统，创新新能源技术服务体系，探索在风电基地和新能源基地建立统一公用信息化平台和高精度功率预测系统，通过气象数据、地面监测数据及传感器数据的大数据融合，提高微观选址和功率预测精度。辽宁省和山西省在数字化平台与系统的集成与创新方面取得了重要进展。2022 年 7 月，辽宁省人民政府的《辽宁省“十四五”能源发展规划》充分利用大数据、云计算、物联网、人工智能等现代科技手段，建立能源安全储备信息监督管理平台，确保数据信息全面翔实，有序共享、及时传递，增强形势分析研判与指挥调度能力，开展源网荷储一体化和风光火（储）、风光水（储）、风光储一体化规划与集成设计研究。2022 年 10 月，山西省人民政府发布的《山西省可再生能源发展“十四五”规划》大力推广数字化、主动控制技术在可再生能源发展中的应用，推进全生命周期数字化智慧型新能源电站建设。这些政策措施共同推动了地方新能源建设的数字化转型，提升了管理效率和技术水平。

（三）智能电网建设的政策举措

“八五”到“十一五”期间，我国不断完善基础设施建设，其中，电网工程的建设是提高居民生活质量，降低居民生活成本的重要手段，电网工程的持续建设为智能电网的全面发展打下了深厚的基础。“十二五”以来，发展智能电网被写入国民经济发展规划，上升为国家战略。政府开始大力推动智能电网的相关政策和技术标准的制定，以促进智能电网技术的研发与实际应用。至“十四五”期间，智能电网的应用已经成为我国优化多元化能源结构、增强电网灵活快速响应的关键环节。通过智能电网，不仅可以实现电力系统的高效运作，还能更好地整合可再生能源，如风能、太阳能等，进一步推动能源结构的绿色转型。我国智能电网建设的相关政策涵盖了多个方面，包括但不限于智能电网的建设规划与标准制定、智能电网技术研发与应用等。

1. 智能电网建设规划与标准制定。国家电网公司在“2009 特高压输电技术国际会议”上首次提出名为“坚强智能电网”的发展规划。随后政策频出，在智能电网建设试点、发展框架制定、行业规范建立等方面发挥了指导作用。2011 年 9 月国务院发布《关于印发“十二五”节能减排综合性工作方案的通知》，鼓励开展智能电网试点。2013 年 3 月科技部、发展改革委印发《“十二五”国家重大创新基地建设规划》，提出“十二五”期间，将在智能电网与特高压等领域启动国家重大创新基地建设试点工作。2015 年 5 月国务院印发《关于进一步深化电力体制改革的若干意见》，提出继续深化对区域电网建设和适合我国国情的输配体制研究；进一步强化政府监管，进一步强化电力统筹规划，进一步强化电力安全高效运行和可靠供应。2017 年 1 月国务院印发《全国国土规划纲要（2016—2030 年）》，提出强化智能电网与分布式能源系统的统筹建设，逐步降低煤炭消费比重特别是非电用煤比重。2019 年 7 月国家电网印发《关于推广国家技术标准创新基地（智能电网）建设经验做法》，结合智能电网新技术产品的挂网试点情况以及先进标准的研制进展，提出建立一套完善的先进技术标准应用机制。2023 年 3 月国家能源局印发《关于加快推进能源数字化智能化发展的若干意见》，提出推动实体电网数字呈现、仿真和决策，探索人工智能及数字孪生在电网智能辅助决策和调控方面的应用，提升电力系统多能互补联合调度智能化水平，推进基于数据驱动的电网暂态稳定智能评估与预警，支撑电网安全稳定运行。2023 年 10 月国家发展改革委印发《关于加强新形势下电力系统稳定工作的指导意见》，提出推动建设分布式智能电网，提升配电网就地平衡能力，实现与大电网的兼容互补和友好互动。

2. 智能电网技术研发与应用。2012 年 2 月国务院印发《国家能源科技“十二五”规划》，提出在发电与输配电技术领域，实现大容量高电压输电关键技术和装备的完全自主化，提高电网输电能力和抵御自然灾害能力，在智能电网、间歇式电源的接入和大规模储能等方面取得突破。2016 年 7 月国务院印发《“十三五”国家科技创新规划》，聚焦智能电网基础支撑技术等重点任务，实现智能电网技术装备与系统全面国产化，提升电力装备全球市场占有率。发展智能电网技术，重点加强特高压输电柔性输电、大规模可再生能源并网与消纳、电网与用户互动、分布式能源以及能源互联网和大容量储能、能派微网等技术研发及应用。2022 年 8 月科学技术部、国家发展改革委、工业和信息化部等九部门印发《科技支撑碳达峰碳中和实施方案（2022—2030 年）》，鼓励以数字化、智能化带动能源结构转型升级，研发大规模可再生能源并网及电网安全高效运行技术，重点研发高精度可再生能源发电功率预测、可再生能源电力并网主动支撑、煤电与大规模新能源发电协同规划与综合调节技术、柔性直流输电、低惯量电网运行与控制等技术。2024 年 3 月，国家发展改革委和国家能源局联合印发《国家发展改革委 国家能源局关于新形势下配电网高质量发展的指导意见》，明确提出在具备条件地区推广车网协调互动和构网型新能源、构网型储能等新技术。到 2030 年基本完成配电网柔性化、智能化、数字化转型，实现主配微网多级协同、海量资源聚合互动、多元用户即插即用。

3. 地方层面智能电网建设的政策举措。在地方层面推动新能源建设与管理数字化的过程中，各省市纷纷出台了详尽且多样化的政策举措，展现出明确的战略方向与创新思路。上海、江西和湖北等省份重点关注智能电网基础设施的建设和升级，包括新能源终端设施布设、电网智能化改造、智能变电站建设等。2022 年 6 月，上海市人民政府发布《关于印发促进绿色低碳产业发展、培育“元宇宙”新赛道、促进智能终端产业高质量发展等行动方案的通知》，强调加快新能源终端和智能电网设施布设，发挥新能源微电网和智慧减碳虚拟电厂示范作用，推动智能电网应用及高压化、智能化发展，并促进大容量长寿命电池及固态电池的应用，强化智慧能源服务。2022 年 5 月，江西省人民政府发布的《江西省“十四五”能源发展规划》推动能源使用向设备智能、多能协调和信息对称方向发展，加强新能源与增量配电网、充电桩、氢能等的融合，推进能源微电网应用示范工程及绿色能源示范项目。2022 年 5 月，湖北省人民政府印发的《湖北省能源发展“十四五”规划》则提出加快智能电网和智能变电站建设，扩大智能计量设施应用，提高电网与发电侧、需求侧的交互响应能力，推动能源产业与 5G、大数据、云计算、物联网、人工智能等现代信息技术深度融合。这些政策措施共同推动了地方新能源建设的数字化转型，提升了管理效率和技术水平。广东、贵州等省份则更侧重于智能电网技术的应用与创新，比如电力大数据平台、能源区块链平台、电网生产智能管控系统等的建设。这些省份通过引入云计算、大数据、物联网等现代信息技术，推动“互联网 +”智能电网的产业化应用和发展。2022 年 3 月，四川省人民政府发布的《四川省“十四五”能源发展规划》鼓励因地制宜构建智慧能源体系，加快电网智能化改造，加强源网荷储衔接，提高电力系统智能调节能力，实现能源大数据集成融合。2022 年 4 月，广东省人民政府发布的《广东省能源发展“十四五”规划》则大力推进电力大数据平台和能源区块链平台系统的建设，加强电力全域物联网、多能互补综合供能系统的研制，推动“互联网 +”智能电网和产业化应用，形成完整的产业体系。2022 年 5 月，贵州省能源局和贵州省科学技术厅联合发布的《贵州省能源科技创新发展“十四五”规划》建设了互联网 + 物联网 + 智能终端的电网生产智能管控系统，开发分散式光伏和风电技术，利用云计算、大数据、物联网等手段促进能源流与信息流的融合。

第三节

数字化与可持续发展

一、数字化与碳中和的政策举措

（一）推动数字化助力碳中和的相关政策

全球气候变化问题日益严峻，各国为达成碳中和目标，纷纷制定减排计划，并采取多项措施以减少碳排放量。然而，仅靠传统减排方法已难以满足当前紧迫的形势需求。此时，数字化发展为实现碳中和提供了新的可能性。我国高度重视数字化在推动碳中和进程中的关键作用，紧密围绕数字化转型与绿色低碳发展目标制定了相关政策举措。

1. 数字化助力碳中和的顶层设计。为加速推动经济社会的绿色低碳转型，通过智能化、信息化手段降低碳排放，构建清洁、高效、可持续的现代化经济体系，国家发布了一系列前瞻性的政策措施，构建了数字化助力碳中和的顶层设计。2021 年 9 月，国务院发布《关于完整准确全面贯彻新发展理念做好碳达峰碳中和工作的意见》，强调了实现碳达峰、碳中和的重要性，明确指出要加快形成绿色生产生活方式，推动产业结构优化升级，以及加快构建清洁低碳安全高效能源体系，并推动互联网、大数据、人工智能、第五代移动通信（5G）等新兴技术与绿色低碳产业深度融合。2022 年 11 月，科技部等五部门联合印发《“十四五”生态环境领域科技创新专项规划》，鼓励重点领域发展碳达峰碳中和的关键技术，研究火电、钢铁、水泥、化工、有色金属、交通等行业深度脱碳技术和数字化与低碳化协同的分布式能源系统支撑技术；开展重点工业、交通、建筑部门近零排放/净零排放示范工程，典型区域碳中和技术集成示范工程。2023 年 2 月，国务院出台的《质量强国建设纲要》明确了树立质量发展的绿色导向。《质量强国建设纲要》还指出开展重点行业和重点产品的资源效率对标提升行动，加快低碳、零碳、负碳关键核心技术的攻关，以及推动高耗能行业的低碳转型等具体措施。此外，还强调加快建筑信息模型（BIM）等数字化技术的研发和集成应用，以实现工程建设全过程的低碳环保和节能减排。

2. 数字化助力碳中和的行动方案。为落实数字化助力碳中和，相关部门出台了一系列具体行动方案，旨在利用新兴技术推动工业和能源领域的低碳转型。2022 年 6 月，科学技术部等九部门联合印发《科技支撑碳达峰碳中和实施方案（2022—2030 年）》，鼓励针对重点工业行业绿色低碳发展需求，以原料燃料替代、短流程制造和低碳技术集成耦合优化为核心，深度融合大数据、人工智能、第五代移动通信等新兴技术引领高碳工业流程的零碳和低碳再造和数字化转型。2023 年 3 月，国家能源局印发了《国家能源局关于加快推进能源数字化智能化发展的若干意见》，提出推动数字技术与能源产业发展深度融合，加强传统能源与数字化智能化技术相融合的新型基础设施建设。这有助于释放能源数据要素价值潜力，提升能源数字化智能化发展水平，促进能源数字经济和绿色低碳循环经济发展。同年 10 月工业和信息化部等六部门联合印发《算力基础设施高质量发展行动计划》，提出持续开展国家绿色数据中心建设，鼓励加强绿色设计，加快高能效、低碳排的算网存设备部署，推动软硬件协同联动节能。2024 年 4 月，工信部等七部门印发《加快推动制造业绿色化发展的指导意见》，提出健全我国碳排放权交易市场配套制度，研究有序扩大行业覆盖范围，协调推进碳排放权交易、用能权交易、绿电绿证交易等市场建设。加快建立数字化碳管理体系，鼓励企业、园区协同推进能源数据与碳排放数据的采集监控、智能分析和精细管理。

3. 数字化助力碳中和的行业规划。为具体推动各行业内数字化助力碳中和发展，确保绿色低碳技术的有效应用，国家针对重点行业制定了详细的发展规划。2020 年 10 月，国务院办公厅印发《新能源汽车产业发展规划（2021—2035 年）》，文件强调了通过数字化手段促进新能源汽车产业的全面升级，以实现更高效的碳减排目标。具体措施包括推进智能化技术在新能源汽车研发设计、生产制造、仓储物流、经营管理、售后服务等关键环节的深度应用。加快新能源汽车智能制造仿真、管理、控制等核心工业软件开发和集成，开展智能工厂、数字化车间应用示范。加快产品全生命周期协同管理系统推广应用，支持设计、制造、服务一体化示范平台建设，提升新能源汽车全产业链智能化水平。2022 年 3 月，住房和城乡建设部印发《“十四五”建筑节能与绿色建筑发展规划》，提出开展建筑群整体参与的电力需求响应试点，积极参与调峰填谷，培育智慧用能新模式，实现建筑用能与电力供给的智慧响应。通过加快绿色建筑建设，转变建造方式，积极推广绿色建材，推动建筑运行管理高效低碳，实现建筑全寿命期的绿色低碳发展，将极大促进城乡建设绿色发展。2022 年 8 月，工业和信息化部等七部门联合印发《信息通信行业绿色低碳发展行动计划（2022—2025 年）》，提出以数字化、智能化、绿色化转型需求为导向，以产业绿色低碳转型、居民低碳环保生活和城乡绿色智慧发展等领域为重点，加快提升数字技术与垂直行业应用深度融合的服务供给能力，助力经济社会数字化绿色化转型。

（二）各省市推进数字化助力碳减排的政策和具体案例

1. 各省市推进数字化助力碳减排的相关政策。各省市推进数字化助力碳减排政策主要聚焦于数字化与低碳融合、碳排放监测与管理、绿色低碳技术创新等方面。浙江省强调了数字经济与低碳发展的融合，通过数字化技术提升基础设施能效，推动经济体系的数字化变革。2021 年 5 月浙江省发展和改革委员会与浙江省生态环境厅联合印发《浙江省应对气候变化“十四五”规划》，明确提出到 2025 年，初步形成与经济社会发展相协调的应对气候变化工作新局面，碳达峰基础进一步夯实。规划中特别提出要推动经济体系数字化变革，加快数字经济与低碳化融合发展，加强数字经济领域新型基础设施建设节能，提升数据中心、新型通信等信息化基础设施能效水平。2022 年 2 月浙江省政府发布了《浙江省委、省政府关于完整准确全面贯彻新发展理念做好碳达峰碳中和工作的意见》，提出到 2025 年，绿色低碳循环发展的经济体系基本形成，重点地区和行业能源利用效率大幅提升，部分领域和行业率先达峰，双碳数智平台建成应用。广东省和湖南省鼓励企业利用数字化技术进行碳排放的实时监测和管理，通过建立统一的监测平台，为精准减排提供数据支持。2021 年 7 月广东省人民政府发布《广东省制造业高质量发展“十四五”规划》的通知，强调通过数字化技术的应用实现碳减排目标，并具体提出鼓励制造业企业广泛应用数字化技术，以提高生产效率并减少碳排放；支持企业建立或接入统一的碳排放监测平台，实时监测和管理碳排放情况，为精准减排提供数据支持；鼓励企业加大研发投入，开发和采用更加环保高效的生产工艺和技术装备，提高能源利用效率。2023 年 6 月湖南省工业和信息化厅发布《湖南省工业碳减排标杆企业认定管理暂行办法》，鼓励企业采用数字化技术监测碳排放，申报企业需通过数字化平台提交相关数据和信息，通过智能技术提高生产过程中的能源利用效率。江苏省和山西省等强调科技创新在碳达峰过程中的作用。江苏省人民政府 2022 年 1 月印发《关于推动高质量发展做好碳达峰碳中和工作实施意见》，提出到 2025 年绿色低碳循环发展经济体系初步形成，重点行业能源利用效率达到国际先进水平，二氧化碳排放增量得到有效控制的目标。强调科技、产业和制度创新协同并进，增强原始创新支撑能力，加快全面数字化，深化能源等相关领域改革，形成有效激励约束机制，构建绿色低碳创新体系。2023 年 1 月山西省人民政府在《山西省碳达峰实施方案》明确指出立足山西作为能源大省的基本省情，坚持煤炭和煤电、煤电和新能源、煤炭和煤化工、煤炭产业和数字技术、煤炭产业和降碳技术“五个一体化”融合发展的主要战略方向，实施传统能源绿色低碳转型、新能源和清洁能源替代、节能降碳增效三大行动。此外，还提出工业领域碳达峰行动、城乡建设碳达峰行动、交通运输绿色低碳行动、循环经济助力降碳行动、科技创新赋能碳达峰行动、碳汇能力巩固提升行动、全民参与碳达峰行动。

2. 各省市推进数字化助力碳减排的典型案例。北京海淀“城市大脑”作为城市智能化治理的核心引擎，不仅极大地提升了城市管理的效率，还在推动碳中和目标方面起到了关键作用。2021 年 3 月，北京市人民政府发布了《北京市“十四五”时期智慧城市发展行动纲要》，明确提出要充分利用大数据、云计算、物联网、人工智能等现代信息技术，全面提升智慧城市建设的智能化水平。基于城市大数据平台，建设城市大脑中枢，全面支撑领导驾驶舱迭代升级，构建以城市人口精准管理、经济活动监测、城市运行感知、城市管理综合执法等为核心的城市运行管理与决策支撑体系，实现全局统揽、精准服务、高效决策。通过“城市大脑”的先进技术和数据分析能力，政府得以获得更为精准的决策支持工具，进一步推动了节能减排的精细化管理。“城市大脑”全方位监测时空数据、地图数据、物联感知数据、社会数据、互联网数据等城市信息，利用人工智能实现海量多源异构数据信息的识别、处理和分析。另外，人工智能平台的开放共享性，让“城市大脑”可融合各行业多模态数据，全方位摸清“碳”家底，实现城市碳排放监管。“城市大脑”基于海量数据积累和行业沉淀构建了全流程、知识图谱解决方案，提供城市减碳智能决策辅助。例如：海淀区交通指挥中心依托“城市大脑”，实时感知交通态势，分析各类交通事件原因，一方面应急调整交通运行状态，降低交通拥堵产生的碳排放，另一方面结合长时间运行数据，优化调整已有交规政策，提高道路运输效率。此外，“城市大脑”还利用其开放的人工智能平台，促进了跨部门、跨行业的数据共享和协同工作。这种数据融合能力使得“城市大脑”能够全面掌握城市的碳排放状况，包括但不限于工业生产、建筑能耗、居民生活等领域，为政府实施有效的碳排放监管和制定减排策略提供了坚实的基础。

2021 年 12 月广州市人民政府印发《广州市推进制造业数字化转型若干政策措施的通知》，提出数字化手段不仅在推动制造业转型升级，而且在实现碳减排中均要发挥作用。通过提供财政补贴和技术支持，鼓励企业采用先进的制造技术和设备提高生产效率的同时降低能耗和碳排放。广州市工业和信息化局同广州供电局等部门研发了专注于碳排放精准计算的小程序“穗碳计算器”，为政府、企业和公众提供了强有力的碳足迹管理平台。“穗碳计算器”利用云计算、大数据、人工智能等先进技术，实现了对企业能源消费数据的智能采集与分析，涵盖电、气、油等多种能源类型。它通过简洁的用户界面，允许企业用户轻松输入能源使用记录，随后即刻输出详细的能耗报告与碳排放量评估，极大提升了碳排放数据处理的效率与精确度。小程序的算法模型基于科学标准，确保了碳排放计算的准确性和一致性。该计算器的开放性设计促进了数据的互联互通，不仅限于单一企业或行业，而是鼓励跨部门、跨企业数据共享，形成一个全面覆盖的碳排放监测网络。通过整合多方数据资源，穗碳计算器帮助政府和企业摸清碳排放的“家底”，实现从生产到消费全链条的碳足迹跟踪与管理，为制定针对性的减排策略奠定了坚实基础。以“穗碳计算器”为核心，广州市推动了企业碳账户体系建设，每个参与企业被赋予“穗碳码”，这不仅增强了企业对于自身碳排放责任的认识，还激发了企业主动采取节能减排措施的积极性。例如，通过小程序的数据反馈，企业可以快速识别高能耗环节，进而采取措施优化生产流程，减少不必要的能源浪费，有效控制和降低碳排放。此外，“穗碳计算器”还发挥教育与倡导作用，提升公众对碳减排重要性的认识。普通市民也可以通过该工具计算个人生活中的碳足迹，从而在日常生活中作出更环保的选择。

二、数字化与公众参与的政策举措

（一）数字化碳普惠相关政策

碳普惠是一项创新性自愿减排机制，通过构建一套公民碳减排“可记录、可衡量、有收益、被认同”的机制，对个人的节能减碳行为进行具体量化并赋予一定价值，从而建立起以商业激励和政策鼓励相结合的正向引导机制。通过参与绿色低碳活动，公众可以直接获得相应的减排量，并通过出售减排量换取收益。碳普惠机制作为智慧城市绿色发展的创新动力，通过运用互联网和数字技术，依据碳普惠标准或方法学，激励公众持续践行绿色生活，为实现碳中和目标贡献力量。中国政府高度重视数字化碳普惠的发展，通过一系列政策文件明确了数字化碳普惠机制的发展方向和目标。

在 2020 年 12 月的气候雄心峰会上，我国特别提出“要大力倡导绿色低碳的生产生活方式，从绿色发展中寻找发展的机遇和动力”。2021 年 2 月，生态环境部和中宣部等六部门联合编制的《“美丽中国，我是行动者”提升公民生态文明意识行动计划（2021—2025 年）》进一步指出，“结合移动互联网和大数据技术，建立和完善绿色生活激励回馈机制，推动绿色生活方式成为公众的主动自觉选择”。2021 年 9 月，国家网信办发布的《数字中国发展报告（2021）》中明确提出，普及数字化绿色生活方式，推进远程办公、在线会议、公共出行、绿色消费的广泛应用，积极探索多元参与、可持续的碳普惠机制。提升数字化绿色环境治理能力，优化完善自然资源、生态环境、国家公园、水利和能源动态监测网络和监管体系。2022 年 6 月，生态环境部等七部门印发《减污降碳协同增效实施方案》，提出倡导简约适度、绿色低碳、文明健康的生活方式，从源头减少污染物和碳排放，支持碳普惠机制与数字化手段相结合，并探索建立“碳普惠”等公众参与机制。2022 年 10 月，生态环境部发布的《中国应对气候变化政策与行动 2022 年度报告》也肯定了各地政府探索开展创新性自愿减排机制——碳普惠，激励全社会参与碳减排，并肯定了多家机构推动成立“碳普惠合作网络”，建立多元社会化参与机制，推动碳普惠更好落地。2024 年 5 月国家发展改革委、国家数据局、财政部和自然资源部联合颁布了《关于深化智慧城市发展推进城市全域数字化转型的指导意见》，提出“构建多方参与的碳普惠机制，并探索建立个人及企业碳账户、碳足迹等数据空间应用，以倡导绿色出行、数字消费等低碳生活方式，引领居民生活向数字化与绿色化协同转型”。碳普惠机制正逐步成为智慧城市绿色发展的创新动力，运用互联网和数字技术，依据碳普惠标准或方法学，激励公众持续践行绿色生活，为实现碳中和目标贡献力量。

（二）各省市数字化碳普惠政策和具体案例

1. 各省市数字化碳普惠相关政策。各级地方政府在国家政策的引导下，积极探索适合本地区的碳普惠模式。2016 年武汉市上线了“碳宝包 APP”，探索“碳币兑换机制”引导全民践行低碳生活，推动低碳消费。2021 年 9 月武汉市人民政府发布《武汉市推动降碳及发展低碳产业工作方案》，提出抓好碳普惠顶层设计，形成涵盖企业减碳、公民绿色生活、大型活动“碳中和”、森林固碳增绿、增汇等方面，覆盖千万级人群、可持续的“碳普惠”机制。并试点推广以“武汉马拉松”“武汉网球公开赛”等大型赛事和“国际汽车展”等知名展会为载体的大型活动“碳中和”行动，形成以政府引导、市场化运作、社会公众广泛参与的可持续自愿碳中和机制。深圳市通过打造碳普惠统一平台和优化数据采集功能，将个人低碳行为数字化并赋予经济价值。2022 年 8 月深圳市人民政府印发《深圳市碳普惠管理办法》，鼓励企事业单位和社会组织探索开发碳普惠应用程序，经市生态环境主管部门登记后，与碳普惠统一管理平台进行对接。上海市则构建了基于 MaaS 理念的绿色出行碳普惠体系，利用数字化手段鼓励市民采取低碳出行方式。2023 年 9 月上海市生态环境局印发《上海市碳普惠管理办法（试行）》，提出依托“随申办”等公共信息平台，以“随申码”等城市数字化转型工具为服务载体，运用区块链、大数据、物联网等数字技术，建立上海市碳普惠管理运营平台，用于方法学、减排项目、减排场景的管理，减排量和碳积分的签发、划转、转换、注销，以及碳信用的记录等。

同年9月成都市发展和改革委员会印发了《成都市零碳券管理办法（试行）》，通过创新的零碳券机制，为企业提供了一个主动适应和引领绿色低碳转型的激励平台。2024年5月北京市生态环境局发布了《北京市生态环境局关于做好2024年本市碳排放单位管理和碳排放权交易工作的通知》，该通知涵盖了碳排放单位的范围、核算和报告要求、配额核发以及碳普惠项目管理等内容。其中提到鼓励温室气体自愿减排活动，并支持根据方法学开发实施碳普惠项目，如低碳出行、油改电小客车、氢燃料电池汽车项目等。这些政策通过建立碳积分、碳交易等激励机制，不仅促进了经济结构的优化升级，也增强了公众的环保意识。同时，政策的实施有助于科技创新，为低碳技术的研发和应用提供动力。

2. 各省市数字化碳普惠典型案例。浙江省高度重视数字化碳普惠机制的建设，积极利用信息技术推进绿色低碳生活方式的普及。2021年6月，浙江省发展改革委和省生态环境厅印发《浙江省应对气候变化“十四五”规划》的通知，提出开展全民节能型消费和绿色低碳消费理念，将绿色低碳理念纳入教育体系，开展低碳校园建设，以教育带动全社会践行绿色低碳。并指出利用本省数字经济、互联网优势，探索碳普惠制度，推动践行绿色低碳理念。与此同时，浙江省发展改革委也牵头开发了“浙江碳普惠”应用，这是全国首个省级碳普惠应用，也是浙江省双碳数智平台中的重大应用之一，旨在助推形成人人碳普惠的低碳生活新风尚，助力全省碳达峰碳中和目标的实现。打开浙里办或支付宝，搜索“浙江碳普惠”进入应用，开通绿色低碳场景后，居民日常生活中的绿色出行、线上办理等低碳行为就会被记录，并累积到碳积分。该应用的核心功能包括：将个人或小微企业的节能减排行为量化为“碳资产”；用户可以通过低碳行为获得碳积分，这些积分可以兑换各种权益和奖励；鼓励公众参与到绿色低碳的日常活动中，比如节约水电、绿色出行、回收利用等；与第三方服务提供商合作，如菜鸟绿色物流，通过回收快递包装、低碳寄取件等方式积累碳积分。“浙江碳普惠”通过建立浙江省碳普惠核算标准体系和碳普惠技术体系，实现公众低碳行为的量化和全省标准的统一，为市民和小微企业的节能减碳行为赋予价值并建立激励机制。

2021年11月，深圳市人民政府办公厅印发《深圳碳普惠体系建设工作方案》的通知，鼓励建立碳普惠统一平台，依托平台开展碳普惠核证减排量的签发、转移登记和消纳，汇集各类低碳场景积分数据，开展政策发布、信息披露、碳普惠宣传和监督管理等工作。为推动碳普惠机制的实际应用，深圳市生态环境局、深圳排放权交易所与腾讯联合打造了互动小程序“低碳星球”，以一个城市的真实环境体系为试点，100万深圳市民通过绿色出行，科学核算成具体的碳减排量，并积累为区块链上的个人碳积分，从而培养绿色低碳的生活习惯。“低碳星球”通过多重激励，引导人们更多地践行低碳环保，在方案中，生态文明教育元素无处不在。九大主题星球中，以 3D 建模风格和养成系玩法吸引用户，与乘车码、地图平台打通，鼓励用户选择公交车、地铁等绿色出行方式进行减碳，获取个人积分。同时，每个主题的“低碳星球”里还设置了彩蛋，用户可在打卡低碳趣味知识中提升低碳意识。半年间，有近 100 万深圳市民通过“低碳星球”参与减碳行为，累积走出 14 亿步，并通过腾讯地图乘坐公交或地铁，累积减少碳排放 130 吨，相当于 260 亩森林半年的减碳量。其中，“最佳低碳公民”累积了 3800 个腾讯区块链上的碳积分，相当于 450 千克减碳量。目前，腾讯区块链碳普惠平台已涵盖出行、水电煤、林业和光伏等领域，基于 20 多种生活场景的碳普惠减排量的方法学，引导公众参与公共交通、节约水电和旧物回收等低碳行为。比如，地铁、公交车和共享单车等出行方式属于绿色低碳行为，公众选择这些出行方式可以获得相应的碳积分。

第九章　数字技术创新

第一节

增强数字技术创新能力的体系建设

一、全面加强支持科技创新的体制机制建设

（一）构建科技创新新型举国体制

1. 以科技创新推动高质量发展。面对全球科技竞争的新格局，我国积极拓展国际合作的广度与深度，以开放姿态拥抱世界。2016 年 7 月，国务院在《“十三五”国家科技创新规划》中明确指出，要构建开放协同的创新网络，围绕打通科技与经济的通道，以技术市场、资本市场、人才市场为纽带，加强各类创新主体间合作，促进产学研用紧密结合，推进科教融合发展，深化军民融合创新。2020 年 6 月，中共中央、国务院出台的《关于新时代加快完善社会主义市场经济体制的意见》指出，要坚持扩大高水平开放和深化市场化改革互促共进，坚定不移扩大开放，推动由商品和要素流动型开放向规则等制度型开放转变，吸收借鉴国际成熟市场经济制度经验和人类文明有益成果，加快国内制度规则与国际接轨，以高水平开放促进深层次市场化改革。2022 年 1 月，国务院在《“十四五”数字经济发展规划》中进一步强调，探索建立各类产业集群跨区域、跨平台协同新机制，促进创新要素整合共享，构建创新协同、错位互补、供需联动的区域数字化发展生态，提升产业链供应链协同配套能力。同时要进一步深化国际科技交流合作，引进国际先进科技资源和管理经验，同时推动国内科技成果国际化，提升我国在全球科技版图中的影响力与竞争力。

推动科技创新的一个重要途径是加快科技成果转化与产业化进程，《“十三五”国家科技创新规划》中强调，要持续推进技术标准战略的重要性，通过健全技术标准体系，实现科技、标准、产业的协同创新，确保科技成果能够顺畅地转化为技术标准，从而加速其在市场中的应用与普及。《关于新时代加快完善社会主义市场经济体制的意见》明确指出，建立与完善科技成果转化机制是当务之急，其核心在于促进科技成果与产业界的深度融合，确保科研成果能够迅速转化为推动经济发展的强劲动力。

科技创新能力还需要一个充满活力的创新生态系统。《“十三五”国家科技创新规划》提出要强化政策统筹协调，建立创新政策协调审查机制，组织开展创新政策清理，及时废止有违创新规律、阻碍新兴产业和新兴业态发展的政策条款，对新制定政策是否制约创新进行审查，形成目标一致、部门协作配合的政策合力。《关于新时代加快完善社会主义市场经济体制的意见》中提出，要建设高标准市场体系，实现产权有效激励、要素自由流动、价格反应灵活、竞争公平有序、企业优胜劣汰，加强和改善制度供给，推进国家治理体系和治理能力现代化，推动生产关系同生产力、上层建筑同经济基础相适应，促进更高质量、更有效率、更加公平、更可持续的发展。

2024 年 8 月，党的二十届三中全会对科技创新提出了更为系统性的发展要求和综合举措。全会明确提出构建支持全面创新体制机制，统筹推进教育科技人才体制机制一体改革，强调深化教育综合改革、深化科技体制改革、深化人才发展体制机制改革，提升国家创新体系整体效能。这是从党和国家战略发展全局的高度对全面创新体制机制进行的改革谋划和系统部署，是进一步全面深化改革、推进中国式现代化的重大举措，为塑造全面创新发展新优势新动能提供了根本遵循。

2. 利用新型举国体制构建科技创新核心能力。构建关键核心技术攻关新型举国体制，这一战略构想的形成与发展，深深植根于中国科技创波澜广阔的历程之中。2011 年 7 月，科技部在《国家“十二五”科学和技术发展规划》中首次提出“新型举国体制”，这标志着中国开始探索一种既能发挥社会主义制度优势，又能适应市场经济规律的新型科技组织模式。在新型举国体制的引领下，我国实现了跨领域、跨行业的资源整合与协同创新。

党的十八大以来，习近平总书记站在“两个大局”的战略高度，深刻洞察国际科技竞争态势，多次强调发挥新型举国体制优势，强调科技创新是国家发展的核心动力。2018 年 5 月，习近平总书记在“两院”院士大会上的重要讲话，将“关键核心技术”上升至国家战略的高度，指出“关键核心技术是要不来、买不来、讨不来的。只有把关键核心技术掌握在自己手中，才能从根本上保障国家经济安全、国防安全和其他安全”。这一重要论述，为构建新型举国体制提供了坚实的理论基础，成为国家科技战略的鲜明导向，引领中国科技走上自立自强的道路。

2019 年 1 月，党的十九届四中全会正式提出“构建社会主义市场经济条件下关键核心技术攻关新型举国体制”的重大命题，这不仅是对原有举国体制的继承与创新，还是基于新时代特征，对科技治理体系和治理能力现代化的积极探索。这一战略部署，明确了科技创新在国家治理体系中的核心地位，为我国科技创新体系的升级与优化指明了方向。自此，国家层面一系列政策举措应运而生，旨在构建多层次、全方位的科技创新体系。从深化科技体制改革，到优化科技资源配置；从强化企业创新主体地位，到完善创新导向的评价制度；从推动科技成果转化，到加强国际科技合作，每一项政策都紧密围绕关键核心技术攻关这一核心目标，旨在确保国家在关键技术领域拥有不可动摇的地位。

2024 年 8 月，党的二十届三中全会通过的《中共中央关于进一步全面深化改革、推进中国式现代化的决定》（以下简称《决定》）将健全新型举国体制作为构建支持全面创新体制机制的重要内容进行统筹部署，充分体现了健全新型举国体制对我国加快实现高水平科技自立自强、建成科技强国的重要意义。《决定》提出的新型举国体制在推动科技创新中的作用，就是要以优化重大科技创新组织机制为抓手，统筹强化关键核心技术攻关，推动科技创新力量、要素配置、人才队伍体系化、建制化、协同化，支撑新型举国体制不断完善。

（二）通过产学研深度融合推进科技成果转化

1. 产学研融合发展的历程。我国产学研深度融合推进科技成果转化的相关举措历经探索、快速发展及转型升级三个阶段，逐步深化并确立了企业主导的创新体系。1985 年 3 月，中共中央发布《关于科学技术体制改革的决定》，确立了科技与经济相结合的战略方向，开启了产学研协同创新的序幕。1992 年 9 月，“产学研联合开发工程”的启动，标志着合作机制的初步构建。随后进入快速发展期（1999—2011 年），1999 年 8 月中共中央、国务院《关于加强技术创新，发展高新技术，实现产业化的决定》的出台，以及 2000 年国家大学科技园的设立、2008 年产业技术创新战略联盟的建立，推动了产学研合作的形态升级和政策体系的完善。自 2012 年以来，创新驱动发展战略的实施，尤其是 2012 年 9 月中共中央、国务院《关于深化科技体制改革加快国家创新体系建设的意见》的发布，进一步明确了企业作为技术创新主体的地位，催生了国家级协同创新中心、自主创新示范区等多元化载体，加速了产学研深度融合的步伐。2022 年 10 月，党的二十大报告强调加强企业主导的产学研深度融合，标志着我国产学研合作进入了以企业为主导、目标导向明确、科技成果转化效率显著提升的新时代。

2. 推动产学研融合发展的政策举措。在产学研融合发展的共识达成后，政府出台了一系列政策，支持产学研的全面融合。从2017年7月国务院印发的《新一代人工智能发展规划》中提出的开源共享理念，促进产学研用各创新主体共创共享，2017年12月《关于深化产教融合的若干意见》中对教育与产业同步规划的强调，2022年1月，《“十四五”数字经济发展规划》进一步强化了技术供给，支持产学研协同创新平台的建设，打通了创新链的全过程。2024年4月出台的《加快数字人才培育支撑数字经济发展行动方案（2024—2026年）》着重于数字人才的培养，为产学研融合提供了人才保障。

3. 产学研融合发展的保障机制。从鼓励产学研融合发展的激励举措来看，各类政策着重于通过多样化的激励措施来促进产学研的深度融合。在2015年8月出台的《中华人民共和国促进科技成果转化法（2015年修订）》中，清晰地界定了科技成果转化过程中的权益分配规则，旨在鼓励科研人员积极参与成果转化活动，并确保他们在转化过程中能够获得相应的经济回报。2017年7月出台的《新一代人工智能发展规划》与2022年1月印发的《“十四五”数字经济发展规划》等政策文件强调了构建以企业为核心、市场为导向、产学研用深度融合的技术创新体系的重要性。

从支持产学研融合发展的人才保障层面看，各类政策文件明确凸显了数字人才培育在推动科技成果转化中的核心地位。2024年4月出台的《加快数字人才培育支撑数字经济发展行动方案（2024—2026年）》详细规划了数字技术工程师的培育项目，聚焦于大数据、人工智能、智能制造等前沿数字领域的新职业，以技术创新为轴心，系统性地培养数字技术专业人才。同时，政策文件还强调了政府、企业、高校、研究机构和使用者之间的协同合作，通过支持数字商务相关学科专业教育，组织多层次、实用性的数字商务人才培训，以及利用行业协会和产业联盟的平台作用，建立数字商务人才的公共服务平台，旨在为科技成果转化提供坚实的人才储备和智力支持。这种全方位的人才培养策略，旨在确保科技成果转化过程中，有足够的专业人才能够理解和应用科技成果，促进其在实际场景中的有效转化与应用，从而加速科技成果向市场价值的转变，为数字经济的持续增长注入活力。

（三）强化企业作为科技创新主体的角色

1. 国家明确将企业作为科技创新的主体。企业作为科技创新主体地位的提出始于20世纪90年代初，在“以市场换技术”的战略指引下，国内企业借力国际资本与技术，快速提升了技术创新能力。1991年12月，随着《科学技术发展十年规划和“八五”计划纲要》的发布，企业作为科技与经济交汇点的主体角色首次被明确，标志着企业技术创新主体地位的雏形初现。步入21世纪，中国加入WTO，企业创新环境与市场体系迎来优化升级，自主创新成为时代呼声。2006年2月，《国家中长期科学和技术发展规划纲要（2006—2020年）》的出台，正式确立了企业技术创新主体地位。

近年来，面对“百年未有之大变局”，2021年3月出台的《中华人民共和国国民经济和社会发展第十四个五年规划和2035年远景目标纲要》及2022年10月党的二十大报告，将企业科技创新主体地位提升至新高度，强调企业引领支撑作用，优化科技型中小微企业生态环境，力推产学研用深度融合，确保企业成为创新的核心驱动力，服务于国家创新体系的构建。这标志着企业创新主体地位步入全面强化的新时代。为深化科技体制改革，加速国家创新体系构建，国家层面高度重视企业技术创新能力的提升，推出一系列针对性强、力度大的政策措施。旨在激发企业创新活力，加大研发投入，推动企业成为创新决策、研发投入、科研组织与成果转化的主导力量。

国家政策鼓励企业与高校、科研机构携手，通过产学研深度融合的方式，共同建立研发中心、技术转移机构或是技术创新联盟。在法律层面，如《中华人民共和国促进科技成果转化法（2015年修订）》，明确赋予企业科技成果转化的主体地位，激励企业通过合作研发、技术许可、技术转让等多样化途径，加速科技成果向市场应用的转化过程。针对中小企业与创业者的独特需求，2023年6月工业和信息化部办公厅发布的《关于开展数字化赋能、科技成果赋智、质量标准品牌赋值中小企业全国行活动的通知》，通过提供定制化服务，助力它们在数字化转型、品牌建设、科技成果转化为实际产品和服务等方面取得突破，从而提升市场竞争力。这表明，无论是大型企业还是小微企业，政策均致力于构建一个以企业为中心，覆盖产学研各界，全面促进科技成果转化与数字经济蓬勃发展的生态系统。

2. 构建骨干企业和中小企业相结合的多层次创新生态系统。从支持企业作为科技创新主体的政策设计对象看，包含了大中型骨干企业和中小企业，旨在构建全面且多层次的创新生态系统。针对骨干企业，政策旨在通过多项措施促使其在创新链中发挥领航作用。2020年7月，国务院办公厅发布《关于提升大众创业万众创新示范基地带动作用进一步促改革稳就业强动能的实施意见》，倡导强化大企业对创业就业的带动效应，鼓励大企业与地方政府、高等教育机构共建创业孵化园区，深化产教融合。政策同时鼓励骨干企业积极参与产学研合作，构建创新联合体，通过市场导向的科研项目推动科技成果的转化应用。2017年7月，《新一代人工智能发展规划》明确指出，要支持建设各类产学研协同创新平台，实现从基础研究到产业化的无缝连接，尤其是在5G、人工智能等前沿技术领域，推动集成技术的突破，强化骨干企业对新兴产业的引领作用。

对于中小企业，政策重心在于提升其创新能力与市场竞争力。2023年6月，工业和信息化部办公厅发布《关于开展数字化赋能、科技成果赋智、质量标准品牌赋值中小企业全国行活动的通知》明确指出，需组织政策宣贯、挖掘服务需求、创新服务供给，为中小企业提供定制化服务。通过数字化赋能活动，政策鼓励中小企业运用数字技术提升效率，降低成本。科技成果赋智与质量标准品牌赋值活动则旨在帮助中小企业提升技术水平与品牌价值，增强其市场影响力。政策还特别指出，为创新型中小企业、专精特新中小企业、专精特新“小巨人”企业提供专属优惠服务，如免费试用工具、专属产品定制、特定产品价格折扣等，以加速中小企业创新成果的转化。

3. 增强企业科技创新动力的激励和保障机制。从激励举措看，政府正通过多种方式激发企业作为市场主体的创新活力。2024 年 4 月出台的《加快数字人才培育支撑数字经济发展行动方案（2024—2026 年）》与《数字商务三年行动计划（2024—2026 年）》均强调，要完善数字科技成果转化及数字知识价值驱动的收入分配政策框架，其中包括落实科研人员因职务科技成果转化而获得的现金奖励政策。此举旨在鼓励科研人员将科技成果推向市场，加速其实现商业化价值。同时，政府制定数字经济从业人员的薪酬分配指引，旨在指导企业建立与数字人才特质相符的薪酬体系，确保数字人才能够获得与其贡献相匹配的回报，从而有效刺激创新动力。《新一代人工智能发展规划》同样强调，要完善人才激励机制，构建与人工智能产业发展相适应的人才队伍。规划指出，应通过股权激励、分红权激励等多种方式，激发科研人员和企业员工的创新热情，促进人工智能领域人才的培养与集聚，为人工智能产业的长远发展奠定坚实的人才基础。

从资金支持的角度看，政府正显著强化资金投入力度，全力助推数字经济的蓬勃发展。具体而言，依据 2023 年 6 月《关于开展数字化赋能、科技成果赋智、质量标准品牌赋值中小企业全国行活动的通知》以及 2020 年 7 月《关于提升大众创业万众创新示范基地带动作用进一步促改革稳就业强动能的实施意见》，政府正通过多元化的政策宣讲、精细的政策服务以及精准的项目支持，确保各类扶持政策能够精准覆盖并惠及广大中小企业，为其数字化转型提供坚实保障。尤为值得关注的是，中央预算内投资已专门设立专项资金，用于支持双创示范基地的建设与发展，同时，还针对性地降低了双创示范基地相关支持项目所需的固定资产投资比例。此外，“揭榜挂帅”项目作为一种创新的科研组织模式，为强化企业创新主体地位提供了有效途径。根据《中华人民共和国国民经济和社会发展第十四个五年规划和 2035 年远景目标纲要》，国家聚焦国家战略需求、应用导向鲜明、最终用户明确的攻关任务，设立了“揭榜挂帅”项目。这一模式允许企业直接参与国家重大科技任务，无论注册时间、团队负责人年龄、学历和职称，只要有信心、有能力组织好关键核心技术攻坚，均可申报。通过签订“军令状”“里程碑”考核等管理模式，项目明确了榜单任务资助额度，简化预算编制，经费管理探索实行“负面清单”，为企业创新提供了便利条件和政策支持，极大地激发了企业创新潜能，提升了创新效能。

二、完善知识产权保护和收益分配体系

（一）健全知识产权保护法律体系

1. 我国构建知识产权保护体系的发展历程。自新中国成立初期，即1950年起，尽管面对着国内重建的艰巨任务与国际环境的严峻挑战，我国仍开启了知识产权保护的探索之路，先后出台了《商标注册暂行条例》（1950年7月）、《保障发明权与专利权暂行条例》（1950年8月）等法规，迈出了知识产权法治建设的第一步。1980年，中国专利局的成立与同年加入世界知识产权组织（WIPO）的决定，标志着我国知识产权保护工作进入专业化与国际化的新阶段。随后，1982年8月《中华人民共和国商标法》的通过，开启了我国知识产权立法的历史新篇章。2000年前后，为符合世界贸易组织（WTO）《与贸易有关的知识产权协定》（TRIPS）的要求，我国再次对知识产权法律体系进行了全面升级，确保了与国际高标准规则的接轨。2008年6月，《国家知识产权战略纲要》的出台，标志着知识产权保护上升为国家战略，此后的一系列政策举措，如建立知识产权战略实施工作部际联席会议制度、成立全国打击侵犯知识产权和制售假冒伪劣商品工作领导小组等，均体现了我国对知识产权保护工作的高度重视与系统推进。2021年9月《知识产权强国建设纲要（2021—2035年）》与10月《“十四五”国家知识产权保护和运用规划》的发布，确立了未来十五年知识产权工作的总体目标和战略方向，标志着我国知识产权事业进入了高质量发展的新时代。

2. 我国知识产权法律体系的框架结构。从法律体系的视角考察，我国已构建起一套全面且坚实的知识产权法制框架。这一体系的核心由《中华人民共和国专利法（2020年修正）》《中华人民共和国商标法（2019年修正）》与《中华人民共和国著作权法（2020年修正）》构成，这些基本法律不仅奠定了知识产权保护的根本原则，同时也为科技创新、品牌标识及文艺创作等多元化的创新成果赋予了坚实的法律保障。近年来，我国持续深化知识产权法制改革，2019年4月修订的《反不正当竞争法》新增了对商业秘密的严密保护条款，显著提升了企业创新的安全屏障。

2021年1月1日生效的《中华人民共和国民法典》中专设的知识产权编，标志着我国知识产权法律体系迈向了新的成熟阶段。该编目不仅统一了各类知识产权的民事法律关系，还进一步提升了法律体系的内在逻辑性和整体协调性，为知识产权

的保护与管理提供了更为系统和全面的法律依据。在司法实践层面，最高人民法院以及相关司法部门通过发布一系列具有指导意义的司法解释和实施细则，对知识产权案件的审理程序、证据认定标准及损害赔偿计算方法等关键环节进行了详尽规定，极大提升了司法裁决的专业水准和一致性。

3. 与知识产权保护法律体系配套的行政举措。在法律法规体系的基础上，国家还相继出台一系列行政文件，保障知识产权保护的相关举措落到实处。根据 2016 年 1 月印发的《国务院关于新形势下加快知识产权强国建设的若干意见》的要求，国家知识产权局、市场监管总局等职能机构，通过强化日常监督与专项执法行动的有机结合，对侵犯知识产权的行为展开了全面而深入的打击。特别是在应对假冒伪劣商品泛滥的问题上，各部门联合行动，发起了一系列高规格的专项整治活动，如从 2014 年以来每年发布的《全国打击侵犯知识产权和制售假冒伪劣商品工作要点》所指导的行动，有效地整顿了市场秩序，营造了公平竞争的市场氛围，切实保障了消费者的合法权益与知识产权权利人的正当权益。

为进一步优化知识产权保护的效率与成效，我国构建了知识产权快速协同保护机制。依据 2023 年 2 月最高人民法院和国家知识产权局发布的《关于强化知识产权协同保护的指导意见》，这一机制旨在促进跨部门、跨地区的紧密协作，向知识产权权利人提供包括快速审查、维权援助在内的全方位服务。具体实践中，当权利人面临侵权问题时，可通过该平台获得即时的法律指导、证据搜集与案件进展跟踪等专业支持，显著减少了维权时间，减轻了维权负担，大幅提升了知识产权保护工作的整体效能。

4. 开展知识产权保护的国际合作。从国际合作的角度考察，我国在知识产权保护领域展现出了坚定的责任担当与开放合作的姿态。我国一贯秉持国际承诺，严格遵循《保护工业产权巴黎公约》《保护文学艺术作品伯尔尼公约》《世界版权公约》等国际协议，与世界知识产权组织（WIPO）及其他国际机构保持着紧密的协作关系。依据 2001 年 11 月《中华人民共和国加入世界贸易组织议定书》及其附件，我国积极履行 WTO 框架下的《与贸易有关的知识产权协定》（TRIPS），并在此基础上，通过 2008 年 6 月出台的《国家知识产权战略纲要》等政策文件，明确了参与国际知识产权规则制定的目标与路径。

与此同时，我国高度重视跨境知识产权执法合作，主动融入国际联合执法行动，如“剑网”“龙腾”等专项计划，有效打击了跨国知识产权侵权行为，为我国企业的国际化经营提供了坚实后盾。通过 2021 年 12 月出台的《关于进一步加强海外知识产权纠纷应对机制建设的指导意见》等文件，我国明确了加强与各国知识产权执法协作的政策导向，致力于在保护国内企业海外权益的同时，促进全球知识产权保护的协同与均衡发展，为构建一个开放、包容、平衡、共赢的国际知识产权新秩序贡献了力量。

（二）完善知识产权转化收益分配机制

完善知识产权转化收益分配机制是促进科技创新、加速科研成果商业化的核心策略之一，这一机制的优化直接关系到知识创造者的激励与权益保护，对推动国家创新驱动发展战略至关重要。2021 年 9 月，中共中央和国务院印发的《知识产权强国建设纲要（2021—2035 年）》中明确指出，要构建公正合理、评估科学的政策体系，完善知识产权权益分配机制，健全以增加知识价值为导向的分配制度，促进知识产权价值实现。2021 年 10 月，国务院印发的《“十四五”国家知识产权保护和运用规划》进一步强调了深化科技成果使用权、处置权、收益权改革，开展赋予科研人员职务科技成果所有权或长期使用权试点，以充分调动高校和科研院所的创新活力，推动知识产权转化收益分配机制的改革与创新。

1. 完善知识产权转化收益分配机制的政策设计。政策与法规层面，中国近年来在完善知识产权法律框架、制定激励政策和强化合同规范方面采取了一系列措施，旨在促进知识产权转化，激发创新活力，推动构建新发展格局。

首先，完善法律框架，修订现有知识产权法律，确保法律法规与时俱进，适应快速变化的科技和市场环境。2021 年 9 月，中共中央和国务院印发了《知识产权强国建设纲要（2021—2035 年）》，构建了门类齐全、结构严密、内外协调的法律体系，强调了知识产权基础性法律的研究和专门法律法规之间的衔接，增强法律法规的适用性和统一性。2023 年 12 月，《中华人民共和国专利法实施细则》进行了第三次修订，进一步完善了专利审查、保护和转化运用制度，如细化外观设计本国优先权制度，明确了专利权期限补偿制度的具体制度，设置专章作出具体、细化规定，增加强制代理例外规定，放宽不丧失新颖性的情形，新增优先权恢复制度、优先权要求的增加和改正制度、援引加入制度、延迟审查制度等。

其次，制定激励政策，出台更多鼓励知识产权转化的优惠政策，降低转化成本，提高转化积极性。2021 年 10 月《“十四五”国家知识产权保护和运用规划》强调推进国有知识产权权益分配改革，深化科技成果使用权、处置权、收益权改革，赋予科研人员职务科技成果所有权或长期使用权试点，充分赋予高校和科研院所知识产权处置自主权，推动建立权利义务对等的知识产权转化收益分配机制。在 2023 年 10 月出台的《专利转化运用专项行动方案（2023—2025 年）》中，强化了高校、科研机构专利转化激励，健全专利转化的尽职免责和容错机制，对专利等科技成果作价入股所形成的国有股权保值增值实施整体考核，不再单独进行个案考核，支持高校、科研机构通过多种途径筹资设立知识产权管理资金和运营基金。

最后，强化合同规范，制定标准化的知识产权转化合同模板，明确各方责任、权利和收益分配机制。2021 年 10 月出台的《产学研合作协议知识产权相关条款制定指引（试行）》中提供了产学研合作中的知识产权归属与处置工作的指导，合理约定了权利归属与收益分配，降低了相关法律风险。这一指引旨在指导企事业单位有效防控产学研合作的知识产权风险，确保在签订合作协议时，基于合作产出知识产权的不同处置情形，合理选择相应的条款并参考使用，从而减少合同纠纷，加速转化流程。

2. 构建加快知识产权转化收益分配的支持体系。在市场与金融层面，我国正致力于构建一套全方位的机制，以加速知识产权的高效转化和充分利用。依据多项政策指导，如 2019 年 11 月发布的《关于加强知识产权保护的意见》与 2021 年 9 月发布的《知识产权强国建设纲要（2021—2035 年）》，我国正积极推动知识产权交易平台的现代化与优化，旨在提高交易透明度，提升交易效率，同时降低交易成本，以此激发市场活力，增强市场流动性。目标是打造一个线上线下无缝对接、规则清晰、活力四射的知识产权运用网络，确保专利转化信息的快速传播与广泛覆盖。为拓宽资金渠道，国家知识产权局正引领银行等金融机构创新服务，推出知识产权质押融资、保险及证券化等金融产品，为知识产权转化提供多元化资金支持，有效减轻企业财务负担。

在监督与执行层面，我国正全面深化知识产权转化领域的治理体系与治理能力现代化，致力于打造一个高效、公正、透明的知识产权转化生态，为创新驱动发展战略提供坚实支撑。依据 2021 年 10 月发布的《“十四五”国家知识产权保护和运用规划》与 2019 年 11 月发布的《关于强化知识产权保护的意见》，我国正着力构建严密的监管体系，对知识产权转化过程实施全程监督，尤其注重转化合同的合法合规性审查，严厉打击侵权假冒行为，坚决维护权利人的合法权益，营造公平公正的市场环境。

在绩效考核与反馈机制层面，我国正采取一系列措施确保知识产权转化项目的顺利推进。2017 年 5 月，国务院办公厅发布的《关于深化科技奖励制度改革的方案》中明确提出，要建立健全科学的绩效评价体系，定期对知识产权转化项目的实施效果进行评估，及时总结经验，发现问题，不断优化调整相关政策与措施，确保转化工作取得实效。为增强转化链条的透明度与公信力，2019 年 11 月，中共中央办公厅和国务院办公厅印发的《关于强化知识产权保护的意见》与 2021 年 10 月国务院印发的《“十四五”国家知识产权保护和运用规划》均强调，所有参与知识产权转化的主体应履行信息披露义务，定期公布转化进度、收益分配等关键信息，接受社会公众监督，保障转化过程的公开透明，增强社会各界对知识产权转化工作的信心。2021 年 10 月，国家知识产权局印发《产学研合作协议知识产权相关条款制定指引（试行）》，积极引导企事业单位有效防控产学研合作中的知识产权风险，合理选择并参考使用指引中的相应条款，确保知识产权收益分配机制的合理性和公正性。2022 年 10 月，国家知识产权局印发的《深入实施〈关于强化知识产权保护的意见〉推进计划》中，明确指出要深化知识产权转化的监管与执法，强化绩效考核与反馈机制，以及推行透明公开的信息披露制度。

三、构建数字技术创新生态

（一）鼓励发展新型研发机构等创新主体

鼓励发展新型研发机构等创新主体，是推动我国科技创新体系现代化的重要举措。通过政策引导、财政支持、人才培育和国际合作四大维度的协同推进，我国致力于构建一套高度灵活、充满活力的新型研发机构体系。这一体系旨在优化科研资源配置，促进科技与经济深度融合，提升国家创新能力和国际竞争力。2019 年 9 月科技部印发的《关于促进新型研发机构发展的指导意见》及 2021 年 3 月公布的《中华人民共和国国民经济和社会发展第十四个五年规划和 2035 年远景目标纲要》等政策文件明确了新型研发机构的定位和发展方向，强调通过制度创新、管理机制现代化、财政经费改革、人才引进与培养，以及深化国际科技合作，推动新型研发机构在国家战略性科技力量中的重要作用。

1. 鼓励新型研发机构的制度创新。制度创新是推动新型研发机构健康发展的关键驱动力。科技部于 2019 年 9 月发布的《关于促进新型研发机构发展的指导意见》强调了产学研用深度融合，旨在通过建立产业技术创新战略联盟，探索产学研结合的长效稳定机制，以促进科研成果的转化应用和产业技术的革新。新型研发机构被寄予厚望，它们不仅是科研活动的主体，还是连接科研与市场的桥梁，肩负着推动科技成果向实际生产力转化的重任。政策鼓励这些机构通过股权奖励、分红等激励机制，激发科技人员的积极性，加速科技成果转化的步伐。该文件明确了新型研发机构的定位与功能，将其定义为独立法人机构，聚焦于科学研究、技术创新和研发服务，强调其在国家创新体系中的重要角色。该文件还倡导了多元化的投资主体和灵活的用人机制，以促进科研力量的优化布局和产业技术供给的强化，推动科技成果的转化和经济社会的深度融合。

为进一步深化科技体制改革，2021 年 3 月，全国人民代表大会通过的《中华人民共和国国民经济和社会发展第十四个五年规划和 2035 年远景目标纲要》提出以国家战略性需求为导向，优化创新体系，构建以国家实验室为引领的战略科技力量，支持发展新型研究型大学和新型研发机构，推动投入主体多元化、管理制度现代化、运行机制市场化、用人机制灵活化，以促进科技与经济的深度融合。

2023 年 5 月，科技部等 12 部门联合发布的《深入贯彻落实习近平总书记重要批示精神加快推动北京国际科技创新中心建设的工作方案》强调了建强建优战略科技力量的重要性，明确提出要形成国家实验室体系，加快建成世界级重大科技基础设施集群，支持新型研发机构在人工智能、生命科学等领域取得世界级重大原创成果，同时深化科技体制改革，全面深化科技体制改革，完善创新生态，加强国际科技交流合作。这些政策文件不仅为新型研发机构的建设与发展提供了明确的方向，还提出了具体的制度创新与管理机制，比如实行理事会决策制和院所长负责制，以保障机构的高效运行与决策透明。

2. 推动科研经费管理改革。经费管理改革是推动科研创新体系发展的重要环节。为了提高科研经费的使用效率与灵活性，2021 年 8 月国务院办公厅出台的《关于改革完善中央财政科研经费管理的若干意见》明确提出了一系列改革措施，旨在解决科研经费管理方面存在的政策落实不到位、项目经费管理刚性偏大、经费拨付机制不完善、间接费用比例偏低、经费报销难等问题。一是扩大科研项目经费管理自主权。通过简化科研项目的预算编制流程、下放预算调剂权、扩大经费包干制的实施范围等方式，赋予项目负责人更大的经费使用自主权，提高科研活动的灵活性和效率。二是完善科研项目经费拨付机制。通过合理确定经费拨付计划、加快经费拨付进度、改进结余资金管理的方式，提高科研项目经费的使用效率。三是提高科研人员的激励力度。文件要求提高间接费用比例、扩大稳定支持科研经费提取奖励经费试点范围、扩大劳务费开支范围、加大科技成果转化激励力度，切实提高科研人员的研发工作待遇。四是减轻科研人员事务性负担。文件列出了全面落实科研财务助理制度、改进财务报销管理方式、推进科研经费无纸化报销试点、简化科研项目验收结题财务管理、优化科研仪器设备采购、改进科研人员因公出国（境）管理方式等举措，减轻科研人员在财务报销、设备采购、因公出差等方面的事务性负担。五是创新财政科研经费投入与支持方式。通过拓展财政科研经费投入渠道、开展顶尖领衔科学家支持方式试点、支持新型研发机构实行“预算 + 负面清单”管理模式等举措，为不同科研主题制定差异化、多样化的财政科研经费投入与支持方式。

为了支持新型研发机构的发展，国务院于 2022 年 1 月印发的《“十四五”数字经济发展规划》鼓励地方政府拓展多元投融资渠道，鼓励引导社会资本设立市场化运作的数字经济细分领域基金，支持符合条件的数字经济企业进入多层次资本市场进行融资，鼓励银行业金融机构创新产品和服务，加大对数字经济核心产业的支持力度。地方政府被鼓励探索“预算 + 负面清单”的管理模式，这种模式下，新型研发机构在符合规定的前提下，享有更大的财务自主权，能够更加自主地进行科研活动，这无疑为科研创新提供了更为宽松和灵活的财务环境。在财政科研经费支持方式上，政府正积极探索负面清单管理，给予新型研发机构稳定资金支持的同时，赋予其更大的经费使用自主权。这意味着除了负面清单上明确禁止的用途外，新型研发机构可以根据自身科研需求灵活使用经费，这不仅有助于提升科研经费的使用效率，也有利于激发科研人员的创新活力，推动科研成果的产出和转化。

3. 加强新型研发机构的人才保障。从人才培育角度看，在当今全球化的科技竞争环境中，人才的引进与培育成为推动科技创新与经济发展的核心要素。我国政府深知人才的重要性，因此在多个政策文件中，明确提出了吸引和培育高水平科技人才的策略。2023 年 1 月，商务部、科技部《关于进一步鼓励外商投资设立研发中心若干措施的通知》中，强调了支持外资研发中心充分利用国内科研资源，为其提供全方位的人才配套服务，包括工作许可、居留许可的便利化措施，以及鼓励海外人才参与职称评审的绿色通道，从而促进国际人才的交流与合作，为我国科技创新注入新鲜血液。

2024 年 4 月，《中关村世界领先科技园区建设方案（2024—2027 年）》则进一步细化了人才政策，旨在将中关村建设成为全球人才的集聚高地。方案特别指出要支持新型研发机构在人工智能、生命科学等前沿领域，集聚和培养高端科技人才，不仅提供优厚的待遇，还建立了科学合理的分类评价体系，重视人才的创新质量和贡献，鼓励科研人员投身于创新实践，产出高质量的科研成果。为了构建顶尖的科研团队，我国正大力实施顶尖科学家支持方式试点，通过设立专项基金、提供充足的科研资源和自由的研究环境，吸引全球顶尖科学家及其团队来华开展研究工作。

4. 推动新型研发机构的国际合作。从国际合作角度看，构建富有活力的创新生态环境与深化国际科技合作是国家科技发展战略的重要组成部分。2023 年 5 月，科技部等 12 部门联合发布的《深入贯彻落实习近平总书记重要批示精神加快推动北京国际科技创新中心建设的工作方案》进一步深化了开放创新的理念。方案提出要加快构建开放创新服务体系，鼓励新型研发机构积极参与国际科技合作，通过建设国家国际科技合作基地，开发国外人才资源，促进全球科技创新网络的构建。这不仅为我国科技人员提供了更广阔的国际交流舞台，也为吸引海外高层次人才回国或来华工作提供了政策支持，有助于提升我国科技创新体系的国际化水平。通过构建开放、合作、共赢的创新生态，我国正逐步形成以企业为主体、市场为导向、产学研深度融合的技术创新体系。

（二）完善高效协同开放的国家创新体系

完善高效、协同、开放的国家创新体系是实现我国科技创新战略目标的关键所在。基于我国国情与发展需求，2021 年 12 月修订的《中华人民共和国科学技术进步法》（以下简称《科技进步法》）为此提供了全面的法律保障。该法明确了提升国家创新体系整体效能的重要性，强调了体系化能力与重点突破能力的增强，以及创新主体间的协同合作和创新生态的优化。通过优化创新主体结构、布局创新活动体系、推进区域协同创新及深化国际科技合作，我国正全方位、多层次地完善国家创新体系，确保其在全球科技竞争中占据有利位置，推动经济社会高质量发展。

1. 国家创新体系的顶层设计。在战略导向上，国家创新体系的构建遵循高效、协同、开放的三大原则。高效原则要求优化资源配置，提高创新效率，确保科技创新成果能迅速转化为生产力，推动经济社会发展。协同原则强调国家创新体系内各主体，包括企业、高校、研究机构等，需形成合力，实现资源共享与互补，共同推动创新进程。开放原则在国际化的背景下，主张加强国际科技合作，引进和利用全球创新资源，促进科技领域的双向交流与合作，为国家创新体系注入更多活力。2021 年 12 月修订的《科技进步法》进一步明晰了国家创新体系构建的路径，包括统筹科技创新与制度创新，健全社会主义市场经济条件下的新型举国体制，充分发挥市场配置资源的决定性作用，同时强化政府在科技创新中的引导与支持作用，以期达成创新体系整体效能的显著增强。

2. 国家创新体系的主体结构和区域布局。《科技进步法》明确提出构建“国家战略科技力量”，这一体系涵盖国家实验室、国家科研机构、高水平研究型大学和科技领军企业，旨在关键领域与方向上发挥战略支撑与引领作用。此举措旨在通过国家级创新平台的建设，凝聚顶尖科研资源，深化基础研究与应用研究的融合，促进重大原创成果的产出，从而显著提升国家的创新实力。

《科技进步法》第二章与第三章分别对基础研究与应用研究及成果转化进行了详细规定，强调了系统布局与融通发展的重要性。为实现这一目标，需确保创新活动从研究初始阶段直至市场应用的全过程紧密相连，形成体系化能力和重点突破能力。在此进程中，地方政府肩负重任，通过合理确定基础研究的财政投入，激发企业加大基础研究投入的积极性，确保创新活动资金充沛，同时加速科技成果的商业化步伐，促成创新驱动发展的良性循环。

从区域协同的角度看，我国正多维度、系统性地推进相关举措，以形成一体化的区域创新格局，促进区域间科技创新资源的优化配置与协同创新。《科技进步法》的修订中新增章节，强调区域科技创新的重要性，倡导地方政府基于自身特点和需求，提升创新能级，打造创新高地和中心，旨在通过构建雁阵式布局，促进区域创新体系的纵深发展，带动国家整体科技创新能力的提升。这种布局策略，不仅优化了区域创新资源，还促进了知识、技术与人才的跨区域流动，形成创新资源的集聚效应。

3. 国家创新体系的国际合作。从国际化发展的要求来看，《科技进步法》特别增设了“国际科学技术合作”一章，明确提出了国际合作的类型、不同主体的权利义务，以及重点领域科技合作活动的多种路径规定，这标志着我国对国际科技合作的重视程度达到了新的高度，展现了中国愿意与全球伙伴共享科技成果、共谋科技发展的决心。《科技进步法》强调，国际科技合作不仅是科学研究和技术交流的桥梁，也是推动全球科技治理、增进人类福祉的重要途径。通过参与全球科技治理，中国致力于推进共建“一带一路”科技合作，深化与共建国家在科技创新领域的交流与合作，共同应对气候变化、环境保护、公共卫生等全球性挑战。此外，中国还加强与联合国教科文组织、世界卫生组织等国际组织的沟通协调，提升在全球科技治理中的影响力和话语权，为构建开放、公平、公正、非歧视的科技发展环境贡献力量。

（三）支持开源社区和开源项目发展

1. 中央和地方均支持开源社区建设和开源项目发展。支持开源社区和开源项目的发展已经成为推动我国软件和信息技术服务业高质量发展、加速数字经济创新的重要策略。2022 年 1 月，国务院在《“十四五”数字经济发展规划》中明确了开源社区和开发者平台作为新型协作平台的重要地位，并提出通过培育大中小企业及社会开发者之间的开放协作，构建数字产业创新生态的目标。这一规划旨在利用开源模式加速软件产品的迭代升级，促进产用协同创新，并完善开源软件的知识产权保护和法律框架，为开源生态的健康可持续发展奠定基础。

不仅中央政府高度重视开源软件的推动，地方政府也在积极响应和落实国家政策。2020 年 5 月，上海市在《上海市推进科技创新中心建设条例》中强调了支持开源软件的重要性，提出要建立开源软件的知识产权保护机制，鼓励企业通过开源方式分享技术成果，推动技术创新和产业升级。2021 年 10 月，广州市发布了《广州市软件和信息技术服务业发展“十四五”规划》，提出要培育一批具有国际影响力的开源软件企业，建设开源软件公共服务平台，支持开源软件的商业化和产业化。2021 年 11 月，北京市发布《北京市“十四五”时期国际科技创新中心建设规划》，明确提出支持开源软件发展，鼓励企业、高校和研究机构参与开源项目，推动软件技术的创新与应用。2023 年 10 月，南京发布《加快开源软件发展三年行动计划（2023—2025 年）》清晰地设定了多个具体目标，旨在推动开源生态的全面发展。这些目标包括培育具有本土特色的明星开源项目，吸引和培养开源商业化企业，打造一系列开源应用示范标杆，创建开源产业联盟与充满活力的开源社区，建设服务于开源的公共服务平台，编制并发布开源领域相关标准，以及举办各类开源领域的会展赛活动。通过这一系列目标的设定和实施，南京市期望能够构建一个开放共享、多方协同、融合创新且安全有序的开源生态系统，从而在软件和信息技术服务业领域形成强大的创新驱动力，促进数字经济的繁荣发展。

2. 加强开源社区和开源项目建设的资源和生态支持。中央层面，2021 年 12 月工信部出台的《“十四五”软件和信息技术服务业发展规划》中明确了国家科技计划将用于补齐产业短板，提升基础能力，确保软件企业享受到税收优惠，持续优化营商环境。同时，中央政府鼓励地方政府加大对软件产业的财政支持，尤其是在软件首版次应用、软件名园创建、适配中心建设以及特色化示范性软件学院建设方面给予资金奖补，强化开源软件知识产权保护，激励企业向科创板、创业板上市迈进。依据《“十四五”数字经济发展规划》，中央政府强调了推动开源社区和开发者平台等新型协作平台的发展，致力于培育大中小企业和社会开发者开放协作的数字产业创新生态。这一规划的核心在于通过开源加速软件迭代升级，促进产用协同创新，并完善开源知识产权和法律体系，为开源生态的健康发展提供坚实的制度保障。

地方层面，南京市的《加快开源软件发展三年行动计划（2023—2025 年）》是地方政府积极响应中央政策的典范，它详细规划了一系列资金与资源支持措施，包括加强产融对接，壮大开源投资规模，为开源软件企业提供上市辅导和绿色通道服务，以及统筹财政资金支持开源软件研发，落实税收优惠，引导金融机构提供专项金融服务。此外，南京市还将设立开源软件知识产权基金，促进开源软件的商业化和产业化。

在生态与平台建设方面，南京市明确提出了建设开源公共服务平台的计划，如欧拉生态创新中心、鸿蒙产业基地和鸿联联创中心，以及开源代码托管平台，旨在为企业提供涵盖辅导咨询、开源测评、开源治理能力评估、开源培训等全方位的服务。此外，南京市还鼓励成立开源产业联盟，推动园区、行业、企业及相关机构建设特色开源社区，加强开源治理体系建设，保护知识产权，优化营商环境，为开源软件的创新与应用提供肥沃土壤。

第二节

推动关键技术创新突破

一、支持集成电路技术创新的政策和举措

集成电路，作为现代信息技术的基石，其产业发展情况直接关联到国家安全、

经济竞争力和科技创新能力，是衡量一个国家科技实力的重要标志之一。然而，集成电路产业面临着诸多挑战。首先，技术壁垒高，研发成本巨大，需要持续不断的巨额投入。其次，全球竞争激烈，尤其是高端芯片领域，技术迭代迅速，市场变化莫测。再次，供应链复杂，涉及设计、制造、封装、测试等多个环节，任何一个环节的瓶颈都可能影响整个产业链的稳定。最后，人才短缺成为制约集成电路产业发展的关键因素，高技能人才的培养和吸引是各国竞相争夺的焦点。

面对上述挑战，国家和地方政府发挥了至关重要的作用，通过一系列政策扶持，为集成电路产业的发展提供了有力的保障。国家层面，政府制定了长远的产业发展规划；地方层面，各省市根据自身优势和资源，制定了特色化的支持政策。例如，设立专项基金，提供土地、资金、人才等方面的支持；建设专业园区，打造集设计、制造、封装、测试于一体的全产业链生态；加强与高校和科研机构的合作，推动产学研深度融合，加速科技成果的转化应用。国家和地方政策的双重驱动，为集成电路产业营造了良好的发展环境，促进了产业规模的扩大、技术水平的提升和国际竞争力的增强，为中国在全球集成电路版图中占据更加重要的位置打下了坚实的基础。本节将详细探讨这些政策的具体内容和实施效果。

（一）中央支持集成电路产业发展的顶层设计

2014 年 6 月出台的《国家集成电路产业发展推进纲要》，确立了我国集成电路产业发展的宏伟蓝图，明确了构建具有国际竞争力产业体系的核心目标。该纲要旨在推动集成电路产业实现从规模增长到质量提升的跨越，特别强调了技术创新能力的显著增强，力图在设计、制造、封装测试等关键环节突破核心技术，构建自主知识产权的产品体系。同时，《国家集成电路产业发展推进纲要》聚焦产业结构优化升级，致力于培育具备全球影响力的领军企业，打造世界级产业集群，通过促进上下游产业链的协同创新，实现整个产业链的协同发展。此外，纲要还全面部署了扩大产业规模、完善生态环境、深化国际合作、强化人才培养等战略举措，旨在为集成电路产业的健康发展与快速成长营造有利条件。

在投融资支持方面，依据《国家集成电路产业发展推进纲要》的指导思想，构建多元化、多层次的金融体系被视作推动集成电路产业高质量发展的关键。2020 年 7 月，《新时期促进集成电路产业和软件产业高质量发展的若干政策》的出台，标志着银行信贷政策对集成电路产业的全面倾斜，要求金融机构创新信贷产品，提供多样化的融资服务，加大对集成电路产业和软件产业的中长期贷款支持力度，积极创新适合集成电路产业和软件产业发展的信贷产品，在风险可控、商业可持续的前提下，加大对重大项目的金融支持力度，引导保险资金开展股权投资，支持银行理财公司、保险、信托等非银行金融机构发起设立专门型资管产品，有效缓解集成电路企业的融资难题。

在财税优惠政策方面，依据2020年12月发布的政策文件《关于促进集成电路产业和软件产业高质量发展企业所得税政策的公告》，国家对符合条件的集成电路设计、制造、封装测试企业实施了“两免三减半”的企业所得税优惠，即前两年免征企业所得税，第三年至第五年按25%法定税率减半征收。对于国家鼓励的重点集成电路设计企业和软件企业，自获利年度起，更是享有首五年免征企业所得税，后续年度则减按10%的税率征收的优待，这无疑为企业减轻了巨大的财务压力，激发了其创新活力。此外，2021年3月出台的《关于支持集成电路产业和软件产业发展进口税收政策的通知》为集成电路重大项目进口新设备提供了税收优惠，自项目开工之日起至项目约定完工之日后三年内，对符合政策条件的进口物资免征进口关税和进口环节增值税、消费税，有效降低了企业设备采购成本，加速了先进制程技术的引进与应用，为我国集成电路产业的高质量发展奠定了坚实的基础。

（二）地方层面发展集成电路产业的主要举措与案例

集成电路作为支撑经济社会发展和保障国家安全的战略性产业，受到了全国各级地方政府的重点关注和支持。各地方政府纷纷将集成电路产业纳入政府工作报告，并推出了一系列专门政策来促进产业发展。2023年1月，北京市在2023年1月公布的《关于北京市2022年国民经济和社会发展计划执行情况与2023年国民经济和社会发展计划的报告》中计划加强集成电路系列重要研发产业项目的建设，以提升高端制造业发展能级；江苏省通过《关于进一步促进集成电路产业高质量发展的若干政策》，提出提升产业创新能力、提升产业链整体水平、形成财税金融支持合力、增强产业人才支撑、优化发展环境5个大类26条具体措施；浙江省经信印发《浙江省集成电路产业链标准体系建设指南（2022年版）》，提出要在未来三年重点研制化合物半导体制造、集成电路芯片领域的多项标准；湖北省以光电子信息产业为突破口，发布《湖北省突破性发展光电子信息产业三年行动方案（2022—2024年）》，提出将推进集成电路等领域重点突破，带动软件和信息技术服务业、新一代信息通信等相关领域发展。这些政策举措旨在全面提升集成电路产业的竞争力，促进产业高质量发展。以下以厦门、宁波和成都这三个城市为例，对它们所采取的相关政策举措进行简要分析。

1. 厦门市。厦门市为了推动集成电路产业的发展，制定了一系列既创新又具有针对性的补助政策，旨在全面提升该产业的竞争力。其中，2022年7月发布的《厦门市进一步加快推进集成电路产业发展的若干措施》是一个关键性的文件。该政策文件详细列举了一系列针对集成电路企业的全面补助措施，包括设备融资租赁补助、电力稳压系统补助、洁净室装修补助、封装测试补助等在全国范围内属于首创的政策。

在设备融资租赁补助方面，厦门市为集成电路企业购置和租赁先进设备提供了财政补贴，降低了企业初期投入成本，鼓励企业采用国际先进的生产设备和技术，从而提升生产效率和产品质量。这一举措有助于企业快速扩大产能，缩短与国际领先水平的差距。电力稳压系统补助则是针对集成电路生产过程中对电力稳定性的极高要求，通过提供财政支持，帮助企业构建稳定可靠的电力供应系统，减少因电压波动导致的生产损失，确保生产线的连续运行，这对于保证集成电路产品的良品率和生产稳定性至关重要。洁净室装修补助政策针对集成电路生产环境的特殊要求，提供了专项补助用于洁净室的建设和改造，确保生产环境达到国际标准，避免微尘污染，提高芯片制造的精度和成功率。封装测试补助政策则旨在降低集成电路企业封装测试环节的成本，提升测试效率和质量，确保产品能够迅速进入市场，同时加强了对成品可靠性的控制。

2. 宁波市。为进一步加快集成电路产业发展，并致力于建设国家级特色工艺集成电路产业基地和专用材料产业基地，宁波市于 2021 年出台了《宁波市加快集成电路产业发展的若干政策》。这一政策从多个维度为企业提供了全方位的支持，旨在减轻企业在扩张或升级过程中的财务负担，鼓励企业扩大规模并提升经济效益，帮助企业开拓市场并增加销售额，特别是对于首次获得重要客户订单的企业提供额外支持，同时鼓励企业加大研发投入，支持关键技术的研发和产业化，推动技术创新和产品升级。

宁波除市一级政府对集成电路产业的支持外，所辖的镇海区政府结合自身产业优势，出台了具有地方特色的集成电路产业发展政策。2023 年 7 月发布的《镇海区集成电路产业发展专项政策》，旨在加速产业生态的构建与技术创新。该政策不仅关注龙头企业的引领作用，也重视产学研合作，通过联动市级集成电路产业投资基金，设立区集成电路产业专项投资基金，构建了一个多层次的资本支持网络。专项投资基金将重点支持集成电路设计、制造、封装测试等领域的项目，通过直接投资或联合投资的方式，为企业提供从初创到成熟各个阶段的资本支持，加速项目的孵化和产业化进程。

3. 成都市。为贯彻落实国家和四川省促进集成电路产业高质量发展的战略部署，抢抓集成电路产业重大发展机遇，加快优化产业体系，提升产业核心竞争力，聚力打造国家重要的集成电路产业基地，成都市政府于 2023 年出台了《成都市加快集成电路产业高质量发展的若干政策》，从集成电路人才、集成电路设计业、集成电路制造业、完善产业生态环境等方面支持集成电路产业高质量发展。在市级政策之外，成都高新区于 2024 年 7 月发布《成都高新技术产业开发区关于支持集成电路产业高质量发展的若干政策》，标志着地方政府对集成电路产业支持政策的重大升级，其核心目标是构建一个更为紧密、高效的产业生态圈，促进集成电路产业的高质量发展。

《成都高新技术产业开发区关于支持集成电路产业高质量发展的若干政策》的亮点之一在于其扶持范围的显著扩大。以往的开发区政策通常局限于高新区内部的企业，而此次新政首次将扶持范围扩展至登记注册、税收关系在成都市其他区（市）县与成都高新区合作共建的园区，实现了区域间产业的联动发展，打破了行政区域界限，鼓励跨区域合作与资源共享，为集成电路企业提供了更为广阔的市场空间和发展机遇。

政策中特别提到了对成都高新区集成电路链主企业配套项目的大力支持。链主企业，即处于产业链核心位置、具有较强整合能力和带动作用的龙头企业，是产业生态中的关键节点。《成都高新技术产业开发区关于支持集成电路产业高质量发展的若干政策》对这类企业的配套项目给予政策倾斜，包括但不限于资金支持、税收优惠、人才引进、研发创新等多方面的扶持，旨在优化产业生态，加速产业链上下游的协同创新，形成产业良性循环，促进集成电路产业的整体提升。

二、支持人工智能产业发展的政策举措

在当今数字化时代，人工智能（AI）被视为驱动第四次工业革命的关键技术，其对社会经济的影响深远且广泛。国家政策对人工智能产业的发展起到了至关重要的作用，不仅塑造了行业发展的方向和速度，还深刻影响着 AI 技术的创新应用、产业生态的构建以及国家在全球科技竞争中的地位。中国作为全球 AI 领域的积极参与者和领跑者之一，已将人工智能上升至国家战略的高度，通过一系列顶层规划和政策举措，为 AI 产业的发展提供了坚实的制度保障和资源支持。

国家政策为人工智能产业的发展设定了清晰的目标与路径，通过资金投入、税收优惠、人才培养、基础设施建设和市场准入等多方面措施，有效促进了 AI 技术的研发与应用。政策的导向性促使企业、研究机构和高校形成合力，共同推动技术创新和产业升级。同时，政策的稳定性和连续性为投资者和从业者提供了信心，有助于形成良好的投资环境和创新氛围，加速 AI 科技成果的转化和商业化进程。地方政府积极响应中央号召，出台了一系列支持 AI 产业发展的具体措施，包括设立专项基金、建设智能产业园区、提供人才激励和税收减免等。这些地方政策不仅丰富了国家政策的内涵，而且促进了区域经济的差异化发展，形成了全国范围内的 AI 产业生态网络。

（一）中央层面支持人工智能产业发展的政策

1. 以应用落地为导向促进人工智能产业发展。2016 年 5 月，《“互联网 + 人工

智能”三年行动实施方案》提出互联网与人工智能的融合，通过深度学习技术及应用创新、智能家居推广以及智能无人系统产品的开发，推动传统产业的智能化转型，加速新兴产业的崛起。2017 年 7 月，国务院发布的《新一代人工智能发展规划》确立了国家在人工智能领域的战略蓝图，明确指出到 2020 年实现人工智能技术与应用与世界先进水平同步，至 2030 年成为世界主要人工智能创新中心的宏伟目标。该规划通过六大重点任务，即构建开放协同的科技创新体系、培育智能经济、建设智能社会、打造智能化基础设施、布局重大科技项目以及确保技术安全可控，勾勒出了人工智能发展的清晰路径。随后，2017 年 12 月出台的《促进新一代人工智能产业发展行动计划（2018—2020 年）》旨在深化人工智能与实体经济的融合，特别强调了智能制造升级、智能服务新业态拓展、农业生产智能化提升、安全与隐私保护技术发展以及标准化体系的建立健全，旨在全面提升人工智能产业的核心竞争力。

为确保人工智能产业的规范发展，《国家新一代人工智能标准体系建设指南》和《中国人工智能标准化白皮书（2021 年版）》分别于 2020 年 7 月和 2021 年 7 月相继发布，前者致力于构建统一、协调的标准化体系，分别从“基础共性”“支撑技术与产品”“基础软硬件平台”“关键通用技术”“关键领域技术”“产品与服务”“行业应用”“安全/伦理”八个部分提出构建人工智能标准体系结构。后者则指出我国人工智能产业发展取得显著成绩的同时，面临着不少困难和挑战，尤其是底层技术存在较大欠缺、能够实现商业价值的应用较少、与实体经济的融合存在较高门槛，并从完善工作机制、研制重点标准、开展试点示范、打造事实标准、强化国际交流等方面，对我国人工智能标准体系建设进展与重点工作提出了一系列建议。

2022 年 7 月，科技部等六部门联合发布了《关于加快场景创新以人工智能高水平应用促进经济高质量发展的指导意见》。该指导意见强调了人工智能技术快速发展背景下，企业作为场景创新主体的重要性，并提出了若干推进措施，包括强化企业场景创新的主体作用、鼓励高校院所参与场景创新、构建人工智能场景创新高地以及拓展人工智能场景创新合作对接渠道等。这些国家级政策文件不仅体现了国家对人工智能产业发展的高度重视，也为地方政府和企业提供了明确的发展方向和行动指南，共同推动中国人工智能产业向更高层次迈进。

2. 科研基金和产业补贴双管齐下提供资金支持。自国家将人工智能确立为国家战略重点以来，一系列精心设计的国家级基金与财税优惠政策应运而生，旨在为人工智能产业的蓬勃发展注入源源不断的强劲动力。国家级基金的设立聚焦于科技部在 2018 年 10 月发布的《科技创新 2030——“新一代人工智能”重大项目 2018 年度申请指南》，以及国家自然科学基金委员会分别于 2023 年 12 月和 2024 年 3 月发布的《国家自然科学基金“生成式人工智能基础研究”专项项目申请指南》《关于发布可解释、可通用的下一代人工智能方法重大研究计划2024年度项目指南的通告》，持续聚焦于解决行业面临的瓶颈问题，设立新一代人工智能科研基金项目，集中优势资源攻克芯片设计、算法优化等关键技术，为人工智能产业的深度发展提供了强大的技术支撑，确保中国在该领域保持全球领先地位。

产业基金方面，根据2017年国务院印发的《新一代人工智能发展规划》，要求建立财政引导、市场主导的资金支持机制。通过统筹政府和市场多渠道资金投入，加大财政资金支持力度，盘活现有资源，对人工智能基础前沿研究、关键共性技术攻关、成果转移转化、基地平台建设、创新应用示范等提供支持。利用现有政府投资基金支持符合条件的人工智能项目，鼓励龙头骨干企业、产业创新联盟牵头成立市场化的人工智能发展基金。利用天使投资、风险投资、创业投资基金及资本市场融资等多种渠道，引导社会资本支持人工智能发展。积极运用政府和社会资本合作等模式，引导社会资本参与人工智能重大项目实施和科技成果转化应用。

3. 为人工智能产业发展提供人才保障。中国的人工智能战略深刻认识到，人才是驱动技术创新与产业发展的核心要素。因此，国家层面制定了一系列人才培养与引进政策，旨在构建一个多层次、全方位的人才生态系统，为人工智能产业的繁荣提供坚实的人力资源保障。教育体系的改革与科研项目的资助是人才培养的双轮驱动。根据《新一代人工智能发展规划》的指导精神，我国高等教育系统积极深化教育改革，加强人工智能相关学科建设。2018年4月，教育部发布的《高等学校人工智能创新行动计划》提出，到2020年建立50家人工智能学院、研究院或交叉研究中心。2019年，全国共有35所高校获得首批人工智能专业建设资格。清华大学、浙江大学等国内顶尖高校响应号召，先后成立人工智能学院或研究所，开设涵盖本硕博各层次的人工智能专业课程，构建起完整的人才培养体系。2020年3月，教育部再次审批通过180所高校开设人工智能专业。2020年1月，教育部、国家发展改革委和财政部印发《关于“双一流”建设高校促进学科融合加快人工智能领域研究生培养的若干意见》，提出要构建基础理论人才与“人工智能+X”复合型人才并重的培养体系，着力提升人工智能领域研究生培养水平。

（二）地方层面发展人工智能产业的主要举措与案例

在中国人工智能产业的迅猛崛起与蓬勃发展中，地方政府的角色显得尤为关键。它们不仅是国家政策的有效响应者，还是创新与实践的积极推动者。通过深度挖掘与融合各自的地域特色及产业优势，地方政府精心策划并落实了一系列兼具创新性和前瞻性的政策措施。2023年10月，北京市经济和信息化局印发了《人工智能算力券实施方案（2023—2025年）》，支持在京注册的软件信息服务业企业和制造业企业租用非关联方的智能算力资源，在工业、政务、医疗、金融、教育、法务、交通、文旅、科学研究、城市管理、便民服务等领域进行行业人工智能大模型训练和应用。企业与智能算力供给方签订智能算力服务合同后，可向市经济和信息化局申领算力券。2024 年 3 月，青海省数据局、青海省发展和改革委员会等部门联合发布了《青海省促进绿色算力产业发展若干措施》，该措施中明确指出，对人工智能产业重点项目给予不超过投资额 20% 的一次性奖励支持，并对在青海开展人工智能基础大模型训练、行业大模型训练的项目予以重点奖补支持。2024 年 1 月，浙江省财政厅联合省经信厅发布《关于组织开展未来产业（人工智能）先导区财政专项激励揭榜任务项目申报的通知》，推出未来产业（人工智能）先导区财政专项激励政策。该政策首年度重点围绕人工智能、氢能储能、合成生物三大重点领域，以任务揭榜挂帅的形式支持培育建设一批先导区，进一步推进人工智能等未来技术与实体经济深度融合应用，并最终确定了 10 个县（市、区）作为未来产业（人工智能）先导区财政专项激励实施对象。

本章以上海市、苏州市、天津市为典型范例，深入剖析地方政府如何巧妙运用差异化政策布局，精准施策，推动人工智能产业的繁荣发展，展现其在促进经济社会高质量发展中的卓越贡献。通过这些地方政府的创新实践，我们不仅能够洞察人工智能产业的未来走向，更能领略到地方政策在塑造产业格局、促进技术革新、优化资源配置等方面的深远影响。

1. 上海市。上海市作为中国人工智能创新应用的“领头羊”，始终处于政策创新与产业发展的最前沿。为了促进新一代人工智能的发展，上海市于 2021 年 7 月制定了《上海新一代人工智能算法创新行动计划（2021—2023 年）》。此计划旨在从算法基础突破、算法应用创新、算法生态培育、算法人才集聚以及算法社区开放五个方面全面推动人工智能算法的创新发展。首先，在算法基础突破方面，上海致力于构建国际一流的算法创新平台体系，如上海人工智能实验室，同时鼓励科研机构在人工智能数学基础、类脑智能、认知智能等多个前沿领域进行理论研究和技术突破，形成一批引领性的研究成果，并推动这些成果的国际传播。其次，通过算法应用创新行动，上海加强了行业应用算法的供给，特别是在自动驾驶、AI + 工业、AI + 医疗等关键领域，促进算法产品的研发和标准化，同时建立了算法应用转化体系，支持各类企业开放应用场景，加速算法的实际应用。在算法生态培育方面，上海计划建设算法交易集市，搭建算法标准和测评体系，强化算法资源支撑，从而为人工智能算法的应用和发展创造良好的生态环境。为了确保有足够的专业人才支持这一系列创新举措，上海启动了算法人才集聚行动，不仅注重引进国内外顶尖人才，还加强了算法人才培养体系建设，以满足行业发展的需求。最后，通过算法社区开放行动，上海致力于建设国际化的开源开放品牌社区，举办各种算法合作交流活动，以促进国内外算法技术的交流与合作。

为了加速人工智能技术的落地应用，上海市还致力于建设人工智能应用场景示范区。在智能制造领域，根据2019年7月《上海市智能制造行动计划（2019—2021年）》，上海市鼓励企业采用人工智能技术进行生产线智能化改造，提升制造效率与产品质量。在智慧医疗领域，上海市通过2022年2月《上海智慧健康养老产品及服务推广目录征集工作的通知》，推动人工智能在医疗诊断、健康管理等领域的应用，提升医疗服务的智能化水平。在智能网联汽车领域，上海市于2021年12月通过《上海市智能网联汽车道路测试与示范应用管理办法》的实施，为智能驾驶技术的测试与应用提供了合法化、规范化的环境。2023年12月，《上海人工智能示范应用清单（2023）》发布，推动智能网联汽车、智能制造、智慧医疗等领域的深度融合与创新应用。

2. 苏州市。苏州市始终将人工智能产业视为推动区域经济转型升级的核心引擎，以优化产业生态、强化集群效应为战略重心，精心设计并执行了一系列精准的政策布局，目标是构建一个开放、协同、高效的人工智能产业生态圈，集中力量于智能机器人、智能驾驶、智能语音与图像识别等前沿领域，通过技术创新与应用推广，引领产业升级与经济结构调整的步伐。2021年4月，苏州市出台了《苏州市促进新一代人工智能产业发展的若干措施》，为人工智能企业提供了研发经费补贴，旨在加快苏州国家人工智能创新发展试验区的建设，促进人工智能产业的集聚与发展。该政策从四个方面制定了15条具体的政策措施，旨在全方位支持人工智能产业的发展。

在促进产业集聚发展方面，包括支持重点企业引育、支持企业做大做强和支持重大项目集聚等措施，如对企业总部迁入、重点企业落户、众创空间企业孵化等给予现有政策支持，对人工智能龙头企业实施对强链补链有重大影响的兼并重组给予最高1000万元补助，对首次入选的人工智能“头雁”企业给予最高100万元奖励，以及对超算中心、数据中心、云计算平台、关键技术研发和产业化等人工智能领域重大项目的引进给予支持，具体支持措施“一事一议”。

在加快产业自主创新方面，《苏州市促进新一代人工智能产业发展的若干措施》支持关键技术创新，对重点领域技术攻关给予单个项目最高500万元的补助；支持重大创新项目，建立重点支持领域创新项目库，对技术水平先进、商业模式领先的项目择优给予最高200万元的项目扶持；支持创新产品推广应用，对经苏州市及以上认定的首台（套）装备及关键零部件、经江苏省及以上认定的首版次人工智能软件，分别给予最高1000万元和200万元的奖励；支持参与标准制定，对主导、参与人工智能标准研制的单位给予最高 100 万元/项的奖励。

在促进产业融合发展方面，《苏州市促进新一代人工智能产业发展的若干措施》支持场景应用示范，在全市范围内择优评定苏州人工智能应用场景示范项目，给予场景提供主体（非政府投资主体）最高 200 万元的奖励，给予人工智能产品及服务提供商最高 100 万元的奖励；支持供给能力提升，择优评定市级优秀人工智能产品及服务，给予最高 20 万元/项的奖励；支持加强供需对接，鼓励建设运营人工智能供需信息对接服务平台，按不超过年度运营经费 20% 给予单个平台每年最高 100 万元的补贴。

在优化产业发展生态方面，《苏州市促进新一代人工智能产业发展的若干措施》支持重大载体创建，对获评的国家级、省级人工智能创新应用先导区分别给予最高 300 万元、200 万元奖励，对新获认定人工智能领域的市级制造业创新中心给予最高 100 万元奖励，对新获认定的省级制造业创新中心、省级产业创新中心和省级工程研究中心给予最高 500 万元奖励；支持平台开放共享，鼓励企业、科研院所开放共享人工智能数据归集、算力开放等创新支撑平台，为苏州人工智能产业发展提供研发、云资源租赁等服务，择优给予开放平台最高 100 万元的奖励；支持举办重大活动，对在苏州举办的智博会等人工智能重大活动给予相应资金支持；支持产教深度融合，鼓励在苏高校研究设立人工智能专业和学科，支持人工智能校企合作共建产教融合人才公共实训基地，最高给予 100 万元建设资助；支持产业服务机构建设，鼓励苏州人工智能联盟、协会、学会等服务机构积极开展行业交流、区域创新合作、产业研究、产品推广等工作，并给予相应资金支持。

在此基础上，苏州市于 2021 年 4 月通过《苏州市建设国家新一代人工智能创新发展试验区实施方案》，着力于培育具有国际竞争力的龙头企业和专精特新企业，支持企业攻克关键技术难题，提升核心竞争力，促进产业链上下游的协同发展，形成良性互动的产业生态。方案提出目标，到 2023 年，苏州试验区要成为具有国际影响力的人工智能产业集聚区、以“AI + 制造”为特色的技术应用示范区、以“开放创新”为引领的政策创新先行区和以“人文关怀”为内涵的社会实验样本区，苏州成为我国新一代人工智能发展新高地。2022 年 12 月，为拓宽人工智能技术的下游应用场景，《苏州市制造业智能化改造数字化转型 2023 年实施方案》发布，该方案旨在引导企业加快智能化改造和数字化转型的步伐，强化标杆示范引领，提升服务支撑能力，加强平台载体赋能，加大关键技术攻关，打牢网络数据基础，为苏州市制造业的智能化改造和数字化转型提供全方位的支持，进一步提升苏州在全球制造业中的竞争力

3. 天津市。天津市作为北方重要的经济中心，始终将智能科技产业的加速发展

与人才高地的建设视为推动区域经济转型升级的核心战略。依据2018年10月出台的《天津市新一代人工智能产业发展三年行动计划（2018—2020年）》，天津市精心布局，实施了基础理论前沿技术攻关、产业核心基础夯实、智能终端产品产业化、人工智能示范应用、创新支撑体系搭建、领军企业引育等六大工程，旨在打造北方人工智能产业的新高地。这一行动计划聚焦于智能终端、智能传感器、云计算与大数据、智能网联汽车等关键领域，通过政策引导与市场机制的双重驱动，加速了产业的集聚与发展。政策中特别强调了人才队伍建设对于智能科技产业发展的决定性作用，为此，天津市出台了一系列人才引进与培养措施。

根据2022年3月《天津市人民政府办公厅印发天津市关于加快推进智能科技产业发展若干政策的通知》，天津市支持南开大学、天津大学等有条件的高校设立人工智能学院或研究院，鼓励高校自主设置人工智能学科方向，突出特色、错位发展。加强人工智能与机械工程、计算机科学与技术、控制科学与技术等新工科建设，鼓励高校、科研院所与企业等机构合作开展人工智能学科建设。鼓励拓宽人工智能专业教育内容，形成“人工智能+X”复合型人才培养新模式。紧密对接市场需求，及时调整人才培养方案，抓紧培养一批紧缺的跨学科、复合型、高学历、高专业度人才。对全职引进的领军人才，天津市给予最高不超过200万元奖励。对新落户领军企业引进的核心研发人才，由企业所在区政府给予每人最高不超过100万元、单个企业最高不超过2000万元的奖励。对国内外高端人才来津创办科技型企业，给予最高50万元创业启动资金支持。畅通高端人才“绿色通道”，对优秀创业创新团队或有市场影响力企业引进的人才，可直接享受人才引进相关支持政策。优化引进人才“绿卡”制度，为高层次人才提供出入境、落户、子女入学、配偶就业、医疗保险等方面的优质高效服务，支持引进的高端人才在津购买首套自住用房。对持有我市引进人才“绿卡”A卡的智能科技领域高端人才，其外籍子女就读本市国际学校的，给予连续3年每年最高15万元资助。对入选国家及市级“千人计划”的外籍人才，给予连续3年每人每年最高2万元商业医疗保险资助。对智能科技领域重点企业的急需型人才，由企业家自主确定落户条件。

三、支持工业软件技术创新的政策举措

（一）中央层面支持工业软件技术发展的政策

中央层面对于工业软件技术发展的重视，体现在一系列政策与规划的制定之中。首先是2015年5月《中国制造2025》这一国家级战略规划的出台，它将工业软件置于制造业转型升级的关键位置，清晰地勾勒出发展工业软件的目标与实施路径，旨在通过工业软件的突破，推动制造业向智能化、信息化迈进。2017年7月发

布的《新一代人工智能发展规划》则从更高维度出发，鼓励大型互联网企业建设云制造平台和服务平台，面向制造企业在线提供关键工业软件和模型库，开展制造能力外包服务，推动中小企业智能化发展。随后，2021 年 1 月《工业互联网创新发展行动计划（2021—2023 年）》的发布，进一步明确了工业软件在工业互联网平台中的核心地位，强调了工业软件与工业互联网的深度融合，以及对软件技术自主创新与可控性的追求，为工业软件技术的创新应用提供了广阔的舞台。2021 年 12 月，工信部发布的《“十四五”软件和信息技术服务业发展规划》将工业软件确立为行业发展的重点方向，提出加大研发投入、提升产品与服务质量的具体目标，旨在构建一个以工业软件为核心的高质量软件生态体系。2022 年 12 月，中共中央、国务院发布《扩大内需战略规划纲要（2022—2035 年）》，聚焦保障煤电油气运安全稳定运行，强化关键仪器设备、关键基础软件、大型工业软件、行业应用软件和工业控制系统、重要零部件的稳定供应，保证核心系统运行安全。2023 年 2 月，国务院发布《质量强国建设纲要》，支持通用基础软件、工业软件、平台软件、应用软件工程化开发，实现工业质量分析与控制软件关键技术突破。这些政策与规划的相继出台，标志着国家对工业软件技术发展的全面布局与系统推进，为我国工业软件产业的崛起奠定了坚实的政策基础。

1. 加速工业软件核心技术的突破与创新。根据《中国制造 2025》的指导思想，我国设立了关键核心技术攻关目录和重点项目储备库，明确将工业软件核心技术列为攻关重点，旨在通过集中资源，攻克制约工业软件发展的技术瓶颈。同时，为了促进技术创新与成果转化，国家鼓励工业软件企业与科研机构、高校之间建立深度合作的产学研用协同创新体系，这一策略在《工业互联网创新发展行动计划（2021—2023 年）》中得到了具体体现。通过搭建合作平台，共享资源，加速了工业软件技术从实验室到市场的转化速度。

为了激发工业软件企业的创新活力，国家还通过《“十四五”软件和信息技术服务业发展规划》等文件，明确提出鼓励企业加大研发投入，开展关键技术攻关，提升工业软件的自主创新能力，确保我国工业软件技术在全球竞争中占据有利地位。这些举措不仅增强了工业软件企业的核心竞争力，也为我国制造业的数字化、智能化转型提供了坚实的技术支撑。

2. 构建工业软件生态体系。依据《中国制造 2025》的规划蓝图，我国致力于构建完善的工业软件产业体系，通过推动工业软件与制造业的深度融合，实现产业链上下游的协同发展，进而促进制造业的智能化升级。为了强化产业集聚效应，提升产业整体竞争力，国家在《“十四五”软件和信息技术服务业发展规划》中提出，要打造工业软件产业集聚区，形成集研发、生产、服务于一体的综合性产业高地。

工信部印发《工业互联网创新发展行动计划（2021—2023 年）》提出，要加强平台设备接入、知识沉淀、应用开发等支持能力。突破研发、生产、管理等基础工业软件，加速已有工业软件云化迁移，形成覆盖工业全流程的微服务资源池。推动基础工艺、控制方法、运行机理等工业知识的软件化、模型化，加快工业机理模型、知识图谱建设。深化“平台 +5G”“平台 + 人工智能”“平台 + 区块链”等技术融合应用能力。鼓励工业软件企业基于平台打造功能组件和数据模型灵活组织复用的软件产品，带动设计仿真、工艺优化等功能强化。支持信息技术与自动化企业打造边缘控制器、边缘云与智能网关，推动边缘计算与可编程逻辑控制器（PLC）、过程控制系统的融合，构建具备智能计算与实时优化能力的边缘工业控制系统。这项政策旨在推动工业互联网平台的发展，提高工业软件的智能化水平，促进工业知识的软件化和模型化，深化关键技术的融合应用能力，并支持信息技术与自动化企业的融合发展，从而构建一个更加完善的工业软件生态体系，为制造业的智能化升级提供强有力的支持。

3. 加速工业软件市场应用与推广。根据《中国制造 2025》的指导方针，我国积极鼓励工业软件在设计、制造、管理等制造业全生命周期中的广泛运用，旨在通过工业软件的深度集成，提升制造业的智能化水平，推动制造业向价值链高端跃升。为了扩大中国工业软件的国际影响力，国家在《新一代人工智能发展规划》中明确提出，支持工业软件企业参与国际标准制定，这一举措不仅有助于提升中国工业软件的国际认可度，还能促进我国工业软件技术与国际接轨，增强全球竞争力。

为了加速工业软件在重点行业的推广应用，国家在《工业互联网创新发展行动计划（2021—2023 年）》中强调，要促进供需两侧的深度合作，通过建立工业互联网平台，加速工业软件与制造业的融合，推动制造业资源的高效配置与利用，从而实现制造业的数字化、网络化、智能化转型。

（二）地方发展工业软件的主要举措与案例

在中央政策的引导下，全国各地政府深刻认识到工业软件对于促进产业结构优化升级、增强制造业核心竞争力的重要作用，纷纷将发展工业软件产业提升至战略高度，制定并出台了一系列政策举措，展现了政府对工业软件产业持续、深入的关注与支持。2023 年 12 月，江苏省在《关于加快工业软件自主创新能力的若干政策措施》中，建立了省市示范区级“揭榜挂帅”支持机制，鼓励工业领军企业和工业软件企业组建创新联合体，实施基础软件和工业软件供需对接、产学研联合攻关。2024 年 4 月，北京市经济和信息化局在《北京市加快建设信息软件产业创新发展高地行动方案》中，提出关键产品性能要达到国际先进水平，用户体验明显提升，并且鼓励占比 30% 以上的关键软件企业推出融合大模型能力的软件产品，关键软件企业引入大模型编译器进行辅助开发。2024 年 4 月，湖北省经济和信息化厅发布《湖北省工业软件产业高质量发展行动方案（2024—2026 年）》，强调围绕工业软件关键核心技术，统筹科技专项资金，遴选一批项目予以支持。同时，鼓励工业软件企业开展关键技术研发，突破工业软件关键技术，并引导指导侧工业软件企业使用自主可控并实现典型应用示范。

在重点城市分析中，本章以南京、重庆和深圳为例，详细介绍每个城市发展工业软件的具体政策举措。

1. 南京市。2024 年 5 月，南京发布《南京市关于加快发展工业软件的实施意见》，以政策引领的方式，再次强化工业软件发展，奋力将工业软件打造为南京的优势新赛道，提出到 2028 年，力争工业软件实现跨越式增长，工业软件收入规模突破 500 亿元。该文件部署了八大重点任务，分别为打造关键工业软件产品体系、建设工业软件重大平台、加强工业软件核心技术攻关、培育工业软件名企梯队、推进关键领域应用示范、增强工业软件人才支撑、优化工业软件发展生态、发展工业软件技术新赛道。通过政策上的支持和引导，包括财政补贴、税收优惠、资金投入等措施，鼓励工业软件的研发和应用。建立产学研用的协同创新机制，促进企业、高校、研究机构之间的合作，共同推动工业软件的技术创新和产业升级。

南京市的南京软件谷作为国家级软件产业基地之一，同时也是中国工业软件产业的重要聚集区，其发展经验充分展示了地方政府如何通过全面的配套措施促进工业软件产业的繁荣。南京软件谷不仅享有南京市和软件谷管理委员会出台的一系列优惠政策，包括税收减免、研发经费补助、知识产权保护、人才引进等。软件谷与南京大学、东南大学等知名学府建立了紧密合作，共建工业软件人才实训基地，开展定向人才培养，并通过提供人才公寓、购房补贴、子女教育等优惠政策，吸引和留住国内外工业软件领域的高端人才。园区内设有多家工业软件研发中心和实验室，提供先进的研发设施和技术支持，鼓励企业进行关键技术研究和产品创新；同时还定期组织技术研讨会、项目路演等活动，促进企业间的交流合作。

软件谷致力于构建完整的工业软件产业链，吸引上下游企业入驻，形成涵盖研发、生产、销售、服务的完整生态，并通过举办工业软件展览会、论坛等活动，为企业提供展示和交流的平台，拓宽市场渠道。为了优化营商环境，软件谷提供一站式政务服务，包括企业注册、税务咨询、知识产权保护等，简化行政手续，提高办事效率，同时建立了企业服务平台，提供法律咨询、财务审计、人力资源等专业服务。软件谷与多家金融机构合作，设立产业投资基金，为入园企业提供信贷、股权投资、风险投资等金融服务，帮助企业解决资金需求，促进企业成长。

2. 重庆市。战略上，重庆市精心布局，将数字经济（区块链）产业园、大石化新区以及渝中区电子商务和创意产业园定位为政策与资本的交汇点，同时也是科研创新与企业孵化的摇篮，通过在研发设计、生产控制和经营管理三大领域精耕细作，培育一批具有国际竞争力的工业软件领军企业，为本地制造业的转型升级提供坚实的科技支撑。2022 年 9 月，重庆“揭榜挂帅”项目榜单（工业软件方向第二批）拟揭榜单位公布，5 家企业牵头在核心技术领域进行攻关。工业软件“揭榜挂帅”项目引导软件企业和制造业企业组成联合体单位，以软件企业牵头，其他企业配合，为项目落地提供试验环境和应用场景。

2024 年 7 月，《重庆市工业软件高质量发展行动计划（2024—2027 年）》发布，提出重庆将以高质量发展为主线，突破一批重点领域关键核心技术；以融合发展为牵引，培育一批龙头企业和知名产品；以市场主体培育为抓手，加快构筑全市工业软件产业生态；以人才队伍建设为支撑，推动形成新质生产力。政策还明确了工作目标，到 2025 年，全市将引进国际国内知名工业软件企业或项目 2—3 家，培育孵化“小而精”本地优质工业软件企业 5—10 家，加快突破一批关键核心技术，打造 5—10 个拳头产品。到 2027 年，全市工业软件自主创新能力显著增强，产品和服务体系更加健全，产业创新生态更加完善，累计引进知名工业软件企业 5 家以上，培育孵化优质工业软件企业 20 家以上，建成全国有影响力的工业软件研发应用高地。

3. 深圳市。深圳市政府深刻意识到工业软件对制造业转型升级的重要推动作用，于 2022 年 10 月发布《深圳市推动软件产业高质量发展的若干措施》，明确了对软件产业的重点发展方向，强调围绕战略性新兴产业和重点行业领域发展基础软件、工业软件、新兴技术平台软件、大型行业通用软件，并加快可见光通信与光计算、量子信息、脑科学与类脑智能等前沿领域的软件技术研发。文件还精心制定了多项精准扶持政策，广泛涉及技术创新体系、产业空间布局、人才集聚、市场拓展以及资金保障等多方面，形成了一套系统化的支持体系。

在构建技术创新体系方面，政策提供了关键核心技术和共性通用技术的协同攻关项目最高 3000 万元的资金支持，并对国家级及省级重大项目给予配套资金资助。此外，还支持建设开源社区、软件测评中心等各类公共技术服务平台，对重大产业技术生态平台采取“一事一议”的方式进行资助，并鼓励优质开源项目的发展。

在优化布局软件产业发展空间方面，政策明确了软件产业发展重点片区，并提出高标准打造一批重点软件园区，提升园区公共服务能力、信息基础及配套设施建设标准，同时构建国家、省、市软件名园体系，认定一批深圳市综合软件名园、特色软件名园，并对入驻园区的软件企业提供租金补贴。

在强化软件人才集聚效应方面，政策加大了软件人才培养力度，鼓励院校加快软件类学科建设，并支持软件企业与院校、科研院所合作开展人才培训认证、建设实训基地等。政策还针对性地制定了不同等级人才招引优惠政策，并支持建立以企业自主评价为主的软件人才评价体系。

在培育壮大市场主体方面，政策对软件企业营业收入首次达到特定规模的企业给予阶梯式奖励，并鼓励各行业重点企业成立独立法人资格的软件企业。政策还积极引进优质基础软件和工业软件企业，并提升软件企业质量品牌标准能力。政策还制定了深圳市信创软件产品标准（圳创标准），并定期发布“圳品库”，鼓励党政机关率先采购，并支持建设深圳市软件名企名品展示中心。政策还支持重点开源项目的推广，并对优秀的工业软件试点应用项目给予资金资助，同时鼓励用户单位购买软件云服务或低代码产品。

在加大资金保障力度方面，政策支持成立深圳市工业软件（基础软件）基金，并探索研究软件云服务税收优惠政策。此外，还将深圳市重点软件企业列为中小微企业银行贷款风险补偿资金池补偿对象，并对成功上市的基础软件、工业软件企业和开源商业化软件企业提供最高不超过400万元的资助。

四、支持量子信息技术的政策举措

（一）国家层面支持量子信息技术发展的政策

国家层面的政策法规与标准制定是推动量子信息技术健康发展、促进其商业化进程的关键。2018年8月，为加快量子技术成果转化、推动相关产业健康持续发展，全国量子计算与测量标准化技术委员会在山东济南正式揭牌成立。该委员会致力于加快建立健全量子科技标准体系，包括基础通用标准、关键技术和产品标准、测试方法和评价标准等，以确保量子科技产品的质量、安全性和互操作性。2020年10月，中共中央政治局就量子科技研究和应用前景举行第二十四次集体学习。中共中央总书记习近平在主持学习时发表了讲话，深刻阐述了我国量子科技深化发展的方向和路径，充分体现了党中央对该领域的高度重视。2023年6月，国家市场监督管理总局批准了我国首个量子信息技术领域国家标准《量子计算术语和定义》。该标准规范了量子计算通用基础、硬件、软件及应用方面相关的术语和定义，为量子计算领域相关科研报告编写、标准制定、技术文件编制等工作提供规范指导。中国致力于构建一个更加规范、高效、开放的量子科技标准化体系，为量子科技的创新、应用和商业化提供强有力的支持。

在量子科技这一前沿领域，资金扶持是推动科研创新与技术转化不可或缺的驱动力。各级政府精心设计并实施了一系列专项基金和计划，旨在为量子科技的全链条发展提供坚实的资金后盾。其中，国家自然科学基金委主导的“量子调控与量子信息”重点专项和科技部主导的科技创新2030——“量子通信与量子计算机”重大项目，堪称量子科技领域资金扶持的典范。国家自然科学基金委设立的“量子调控与量子信息”重点专项，自 2016 年 2 月《“量子调控与量子信息”重点专项 2017 年度项目申报指南》公布后连续多年投入大量资金，支持量子科技的基础理论研究与关键技术攻关。该项目聚焦量子信息处理、量子通信、量子计算、量子精密测量等核心领域，旨在解决量子科技发展中的基础性、前瞻性和交叉性科学问题。据统计，仅 2020 年度，“量子调控与量子信息”重点专项就资助了 118 个项目，总资助金额超过 4.5 亿元人民币，单个项目平均资助强度接近 400 万元。2020 年 4 月，国家自然科学基金委发布《“第二代量子体系的构筑和操控”重大研究计划 2020 年度项目指南》，旨在通过对展示纠缠/叠加量子态等量子行为的第二代量子体系进行构筑和操控，开展量子信息科学方面的前瞻性和基础性的研究，推动数理、信息、工材、化学等多学科交叉研究，为实现量子计算机等量子技术奠定物理基础，进一步推动了量子信息技术的发展。

科技部主导的科技创新 2030——“量子通信与量子计算机”重大项目，自 2023 年 4 月《科技创新 2030——“量子通信与量子计算机”重大项目公开竞争类项目 2023 年度项目申报指南》出台以来，已经成为中国量子科技领域最为重要的国家级研发计划之一。该计划围绕量子通信、量子计算和量子精密测量三大方向，设置了涵盖基础研究、技术研发、产品化与产业化等多个环节的课题，旨在构建从基础研究到产业应用的全链条创新体系。

（二）地方层面发展量子信息技术的主要举措

地方政府在推动量子信息技术发展方面扮演着至关重要的角色。通过设立专门的量子技术研究院或研究中心，地方政府能够集中优势资源，吸引国内外顶尖科研团队，开展量子信息技术的基础研究和应用开发，加速科技成果的转化和产业化进程。这些机构不仅成为地方量子科技发展的引擎，还为区域经济的转型升级提供了强大的智力支持和技术保障。

2024 年 4 月，宁波市人民政府发布《宁波市加快打造数实融合标杆城市行动方案》，提出加大量子通信等新型网络通信技术研发支持力度，加速研制新型网络通信关键部件，并鼓励通信运营商联合企业加快新型网络通信试点应用和基础设施建设。

2024 年 4 月，无锡市人民政府发布《无锡市强化企业科技创新主体地位行动方案》，提出每年挖掘 100 项技术门槛高、市场前景好的成果转化项目孵化，推动 50 家“硬科技”企业落地，特别是围绕量子科技等未来产业。

2024 年 5 月，浙江省通信管理局发布《浙江信息通信行业现代化发展创新赋能新型工业化实施方案（2024—2027 年）》，提出要加强量子信息等前沿技术布局，推进有条件的地区布局建设量子通信专网及城域网，推动量子通信在工业领域的应用。

2024 年 5 月，广东省政务服务和数据管理局发布《数字广东建设 2024 年工作要点》。在加强数字领域核心技术突破上，围绕新一代通信网络、量子通信等前沿领域，推动基础理论创新和关键技术突破。

2024 年 5 月，江苏省科学技术厅和财政厅发布了《2024 年度省前沿技术研发计划项目指南》，强调加强实用化量子技术研发，包括量子通信、可容错通用量子计算、量子精密测量等。在未来网络领域，重点开展包括抗量子密码等网络安全技术与设备研发。

2024 年 6 月，山西省工业和信息化厅发布《关于开展山西省量子信息先进技术和创新产品征集活动的通知》，征集量子信息先进技术和创新产品，并将择优入选形成“山西省量子信息先进技术和创新产品目录”，加大对入选技术和产品的支持力度。同时，山西省发展改革委员会批准建设量子科技大楼，购置量子芯片研制、量子网络构建及量子频标等科研仪器设备。

在重点城市分析中，本章以合肥市、上海市、济南市为例，详细介绍这些城市发展量子信息技术的政策手段。

1. 合肥市。安徽省合肥市，一座以科技创新闻名的城市，中国科学技术大学在此扮演着量子科技研究与突破的引领者角色。合肥市与中国科学技术大学合作共建的合肥微尺度物质科学国家研究中心，共同推动了量子科技领域的显著进展。根据合肥市政府 2020 年 11 月发布的《合肥市量子信息产业发展规划（2020—2030 年）》，该研究院在量子通信、量子计算、量子精密测量等前沿领域取得的成就，不仅在学术界获得高度认可，而且为量子科技的产业化开辟了崭新路径。合肥市通过实施产学研一体化模式，有效促进了科研成果的快速转化，加速了量子科技产品进入市场，从而推动了相关产业的升级与转型。合肥量子信息与量子科技创新研究院积极参与国际交流与合作，与全球多国科研机构建立了紧密的协作网络，共同致力于量子科技的前沿探索。

合肥市在量子科技领域的优异表现，归功于与科研机构的深度合作，以及遵循国家与地方科技发展规划与政策指导的坚定实践。2021 年 2 月发布的《合肥市进一步促进科技成果转化若干政策（试行）》提出，要出台我市加快科技企业孵化器众创空间建设发展专项政策，支持企事业单位依托优势科创资源建设孵化器和众创空间，依托“科大硅谷”建设量子信息、人工智能、生物医药、空天信息等专业性强、产业集聚度高的专业孵化载体。2023 年 9 月发布的《2023 年合肥市科技创新产业政策实施细则》指出，市科技重大专项“揭榜挂帅”项目聚焦于包括量子技术在内的重点产业链“卡脖子”技术、关键共性技术。这些政策为合肥市量子科技的发展提供了坚实的制度保障。

2. 上海市。上海市在量子科技领域的战略布局凸显了其作为中国科技创新前沿阵地的地位。2019 年 6 月成立的上海量子科学研究中心，是这一布局中的关键一环。上海量子科学研究中心的成立，是中国科学院和上海市政府认真贯彻落实习近平总书记关于上海建设具有全球影响力的科技创新中心重要指示的重大举措，也是院市双方聚焦国家战略，以全球视野谋划和推动科技创新的重大部署。上海量子科学研究中心将聚焦国家重大科技创新战略，结合上海科创中心建设部署，充分发挥双方优势，按照“多方投入、共建共享、融合发展”的原则，以中国科学技术大学上海研究院为基础，联合在沪相关量子科研力量，推进重大基础前沿科学研究、关键核心技术突破和系统集成创新，培育和发展量子信息新兴产业，支撑量子信息领域发展。这一定位体现了上海市政府对量子科技发展的高度重视，以及对上海量子科学研究中心在未来量子科技领域所扮演角色的期望。

上海量子科学研究中心自成立以来，已经在量子科技领域取得了一系列重要成果。中心的科研团队在量子计算、量子通信和量子测量等方向上开展了多项前沿研究，包括量子算法的开发、量子纠缠态的制备与操控、量子网络的构建等。这些成果不仅在学术期刊上发表，获得了国际同行的认可，还为量子科技的实际应用奠定了理论与技术基础。上海量子科学研究中心注重人才队伍建设与国际交流。中心吸引了众多国内外量子科技领域的顶尖科学家和青年学者，形成了一支高水平的科研队伍。同时，中心还与多个国家的科研机构建立了合作关系，通过学术研讨会、联合研究项目等形式，加强了与国际量子科技社区的联系，提升了上海在量子科技领域的国际影响力。

2022 年 10 月，上海市人民政府印发《上海打造未来产业创新高地发展壮大未来产业集群行动方案》，提出打造未来智能产业集群在浦东、徐汇、杨浦、宝山、闵行、嘉定、青浦等区域，以场景示范带动产业发展，打造未来智能产业集群，围绕量子计算、量子通信、量子测量，积极培育量子科技产业。攻关量子材料与器件设计、多自由度量子传感、光电声量子器件等技术，在硅光子、光通信器件、光子芯片等器件研发应用上取得突破。推动量子技术在金融、大数据计算、医疗健康、资源环境等领域的应用。

3. 济南市。济南市政府高度重视量子科技的发展，于 2019 年 9 月出台了《济南市加快建设量子信息大科学中心的若干政策措施》，提出要将济南市打造成为具有国际影响力的量子信息技术产业高地，并发布了一系列政策措施，旨在加速量子科技的创新与产业化进程。根据该意见，济南量子技术研究院被指定为承担国家重大科研项目的核心单位，负责推进量子科技领域的基础研究与应用开发，特别是在量子通信、量子计算等关键领域取得突破。首先，济南市将打造量子技术及产业发展战略高地，通过集聚高层次专家和引进量子企业，建设量子谷，提供人才安居保障配套服务等方式吸引顶尖人才。其次，济南市将拓展量子信息技术的应用，优先在政务、金融、电力等领域开展量子信息技术应用，并激励量子科研成果转化，提高职务发明成果转化收益的比例。最后，济南市将鼓励创投机构投资量子信息产学研合作项目和科技成果转化项目，支持承担国家重点研发项目，并实行重大支持政策，对引进的国内外顶尖人才（团队）、重大产业项目和重大研发机构等给予综合性资金和政策支持。

济南量子技术研究院自 2011 年 5 月成立以来，迅速成长为量子信息技术领域的研究与开发重镇。该研究院坐落在山东省济南市高新区，以其在量子通信、量子计算和量子精密测量等领域的突出贡献而闻名遐迩。作为一家由地方政府全力支持的正局级事业单位，研究院不仅汇聚了潘建伟院士等国内外顶尖的量子科技专家，还构建了一条从基础理论研究到关键技术开发，直至产业化应用的全链条创新体系。济南量子技术研究院在量子通信领域尤其成绩斐然。它承担了国家量子保密通信“京沪干线”济南接入网的建设任务，这一工程是全球首个实现商用化的量子通信骨干网的一部分，连接北京与上海，全长超过 2000 公里。研究院在其中发挥了关键作用，确保了量子密钥分发的安全性和可靠性，为构建国家量子保密通信网络奠定了坚实基础。

第十章　数字安全

第一节

数字安全概述

一、数字安全的概念与表现

（一）数字安全的概念与内涵

近年来，随着各国加速数字经济发展的战略政策密集出台并落地实施，数字经济已成为当前中国乃至世界的发展主题。在全球范围内，数字化转型正成为推动经济增长和社会进步的关键力量。然而，随着全社会各行业数字化转型的持续推进，网络安全风险也随之向业务场景不断渗透，并从网络空间向物理世界蔓延，导致安全需求逐渐超出了传统网络安全的范畴。这种情况下，"数字安全"的概念应运而生，以应对日益复杂的威胁环境，并保障数字经济健康稳定发展。数字安全作为一个研究领域虽然历史不长，但已经有众多学者将网络安全和信息安全纳入新的国家安全观之中，他们的研究成为数字安全是国家安全新维度的理论注脚①。

数字安全是为保障全社会各领域数字化全过程全方位全链条的安全，属于数字

① 邓集文. 数字安全：国家安全的新维度［J］. 求索，2004（02）：85－87. DOI：10.16059/j.cnki.cn43－1008/c.2004.02.032.

化发展背景下安全演进的产物①。经济合作与发展组织（OECD）将数字安全定义为②：为处理数字安全事件，促进经济社会繁荣而采取的一整套措施。数字安全事件是指损坏数据、软件、硬件和网络的可用性、完整性、机密性的一系列破坏性事件。

我国民间机构云安全联盟③认为数字安全是指在数字时代与数字化相关的一切安全要素、行为和状态的集合，既包括保障数字经济的安全性，也包括将数字技术用于安全领域。数字安全以数字身份为核心，以原生安全为基础底座，涵盖了信息安全、网络安全、数据安全、隐私保护等领域或场景，并可扩展（如元宇宙安全）。学者邓集文④认为数字安全是指在计算机网络环境中信息不被篡改网络不被破坏网站不遭袭击计算机软硬件系统不受损害。

2023 年 2 月，中共中央、国务院发布《数字中国建设整体布局规划》，牢牢把握数字安全作为数字中国建设基本保障的整体定位，并聚焦于网络安全和数据安全两大主线。虽然该规划没有提供精确的定义，但它首次在官方文件中将数字安全的概念归纳为网络安全与数据安全的结合。

综合各机构的观点，我们可以得出一个较为全面的数字安全定义：

数字安全涵盖网络安全与数据安全两个关键场景⑤，是指为保障数字经济安全而建立的防护体系，旨在保护数字时代下的硬件、软件、数据和基础设施等不同主体免遭破坏、更改和泄露。数字安全不仅关注技术层面，还包括管理和法律层面的保护措施，以确保数字资产的安全性，并促进经济社会的繁荣发展。

网络安全与数据安全是数字安全的两个细分领域，网络安全专注于保护计算机网络和通信系统的安全，而数据安全则聚焦于数据本身的安全保护。根据《中华人民共和国网络安全法》，网络安全是指通过采取必要措施，防范对网络的攻击、侵入、干扰、破坏和非法使用以及意外事故，使网络处于稳定可靠运行的状态，以及保障网络数据的完整性、保密性、可用性的能力。数据安全则根据《中华人民共和国数据安全法》第三条明确规定，是指通过采取必要措施，确保数据处于有效保护和合法利用的状态，以及具备保障持续安全状态的能力。

---

① 黄媛媛，周杨．我国数字安全发展路径研究［A］．中国计算机学会，第 38 次全国计算机安全学术交流会论文集［C］．中国信息通信研究院安全研究所．《信息安全研究》杂志社，2023：172 – 175.

② OECD（2022），OECD Policy Framework on Digital Security，OECD Publishing，Paris，https：//doi. org/10. 1787/a69df866 – en.

③ 云安全联盟．2022 全球数字安全报告．2023 年．

④ 邓集文．数字安全：国家安全的新维度［J］．求索，2004（02）：85 – 87. DOI：10. 16059/j. cnki. cn43 – 1008/c. 2004. 02. 032.

⑤ 黄媛媛，周杨．我国数字安全发展路径研究［C］//中国计算机学会．第 38 次全国计算机安全学术交流会论文集．中国信息通信研究院安全研究所，2023：4. DOI：10. 26914/c. cnkihy. 2023. 035929.

在数字时代，网络安全和数据安全是相互依存、密不可分的。网络安全是数据安全的前提和基础，数据安全则是网络安全的重要内容和目标。为了适应不断演变的数字环境，法律体系必须与时俱进，加强网络安全和数据安全的立法与监管，构建一个既包容创新又确保安全的法律框架，为数字时代的繁荣与发展奠定坚实的法治基础。

（二）数字安全关注的问题与挑战

数字安全问题在当今社会中表现出多种形式，对个人、组织和社会产生广泛而深远的影响。信息泄露、网络攻击、网络犯罪、网络恐怖主义和网络舆论操控、关键信息基础设施被攻击、数据篡改等问题成为数字安全领域的主要挑战。

1. 数据泄露与数据篡改。数据泄露与数据篡改是数字安全领域中最紧迫的威胁，它们不仅侵犯个人隐私，还对企业的运营和国家安全构成重大威胁。这些威胁源自动态变化的攻击面，包括内部威胁、外部攻击、系统漏洞、供应链风险等。数据泄露可能导致敏感信息落入恶意第三方手中，而数据篡改则可能扭曲事实，影响决策过程。

2. 网络攻击。网络攻击是针对计算机系统、网络或数据的恶意行为，意在破坏、窃取、修改或干扰目标系统的正常运行。攻击方式日新月异，从传统的病毒、蠕虫到高级持续性威胁（APT），再到零日攻击和供应链攻击，网络攻击手段愈发复杂。例如，2017 年的 WannaCry 勒索软件攻击展示了网络攻击如何迅速在全球范围内扩散，对医院、企业和政府机构造成严重影响。

3. 网络犯罪。网络犯罪在数字环境中利用计算机技术和网络设施实施一系列非法活动，包括诈骗、身份盗窃、在线赌博、知识产权侵犯等。网络犯罪的全球性、匿名性以及技术的快速发展，使其成为执法机关面临的重大挑战。例如，暗网市场的存在，为网络犯罪分子提供了交易非法商品和服务的平台。

4. 网络恐怖主义。网络恐怖主义将信息技术和网络空间作为行动工具和目标，利用数字技术策划和执行恐怖活动，如网络渗透、数据破坏和宣传极端思想。它不仅能够对国家关键基础设施造成破坏，还能通过网络放大恐怖活动的心理效应，影响社会稳定。

5. 网络舆论操控。网络舆论操控是通过有组织、有目的的策略影响公众意见走向，这种行为可能由政府、企业、政治团体或个人实施。利用社交媒体、假新闻和自动化账户，网络舆论操控者可以塑造舆论环境，影响公众决策，甚至操纵选举结果。随着技术进步，尤其是人工智能和大数据的结合，网络舆论操控变得更加精细化和难以察觉。

二、国外数字安全的主要做法

（一）美国

美国作为全球数字安全领域的先驱，在20世纪便已敏锐地洞察到数字安全的重要性，并迅速采取行动强化其防护体系。美国政府的多机构协作模式，形成了一个全面且深入的网络安全治理体系，旨在捍卫国家的网络疆域，确保数据安全。

1. 网络安全治理机构。对比中国由政府主导的集中网络安全执法，美国的执法机制较为分散，由多个机构共同负责，同时私营部门也积极参与网络安全的防御和响应。美国网络安全领域起核心作用的有三个主要联邦机构：美国国土安全部、联邦调查局和国防部，也被称为网络安全治理架构的“三驾马车”。这三个机构各自在网络安全的不同方面发挥作用，共同构成了美国网络安全战略的基石。国土安全部主要负责防御和保护关键基础设施，国家安全局专注于情报和政府网络的保护，而联邦调查局则侧重于执法和打击网络犯罪。

国土安全部（Department of Homeland Security，DHS）：在2001年9月11日“9·11”事件后设立的联邦行政部门，其下属的网络安全与基础设施安全局（CISA）在美国网络安全中扮演着关键角色。CISA负责协调联邦政府的网络安全工作，保护联邦网络和关键基础设施免受网络威胁，同时为私营部门提供网络安全指导和援助。

国家安全局（National Security Agency，NSA）：成立于1952年11月4日，作为世界上最大的情报机构之一，NSA收集和分析网络情报，为国家网络防御提供关键信息。它同时负责保护政府网络，研发先进安全技术，应对日益复杂的网络威胁，维护美国网络空间的安全与稳定。

联邦调查局（Federal Bureau of Investigation，FBI）：成立于1908年，是美国的主要执法机构之一，在网络安全领域，FBI负责调查网络犯罪，包括网络攻击、身份盗窃、信用卡欺诈和网络间谍活动。FBI收集网络威胁情报，并与其他国内外执法机构合作，共享情报，打击网络犯罪。

除了“三驾马车”外，美国还创建了其他机构负责网络安全问题。

网络安全与基础设施安全局（CISA）：作为联邦政府的网络安全中枢，CISA扮演着协调者和资源提供者的双重角色。它推动联邦部门间的协作，同时为公共与私营部门提供网络安全指南、工具和培训，以增强整体防御力。CISA专注于保护联邦网络与关键基础设施，抵御网络攻击，同时为私营部门提供支持，提升国家的网络安全韧性和响应能力。

国防部（DOD）：作为国家防御的核心，DOD负责军事网络的安全，设有网络司令部（CYBERCOM），专司网络空间的防御与进攻行动，确保军事网络和系统的安全。

联邦通信委员会（FCC）：FCC 监管美国的电信与广播行业，着重于通信基础设施的安全与可靠性，制定网络安全规定，对电信运营商和互联网服务提供商提出安全要求。

2. 网络安全立法体系。与全球其他国家一样，美国的网络安全立法首要目标是维护公民日常生活秩序，确保计算机网络及其系统的安全。在大陆法系国家，这一目标通常通过民法或刑法实现，而在普通法系的美国，由于缺乏统一的联邦民法或刑法，网络安全立法更多地基于跨州或跨国商务管理的需求展开。这意味着各州之间可能在网络安全法规上存在较大差异，而联邦层级的立法往往聚焦于解决普遍存在的、影响全美的网络安全问题，下面介绍联邦层面的立法结构。

美国联邦层面的网络安全立法可以沿着“一个框架 + 三条主线”来考察：一个框架指的是网络安全战略框架，三条主线是国家安全保障立法、社会安全保障立法和经济安全保障立法。国家安全保障立法关注的是保护国家免受网络攻击，维护军事和情报系统的安全；社会安全保障立法侧重于保护个人隐私和数据安全，防止网络犯罪侵害公民权益；经济安全保障立法则着眼于促进电子商务和数字经济的发展，确保关键基础设施的网络安全，以及保护商业机密和知识产权。

（1）网络安全战略框架。国家网络安全战略（NCSS）：作为政府应对网络安全威胁的指导性文件，NCSS 定期更新，反映了网络安全威胁的演变，概述了政府的战略目标与行动计划，确保美国在网络空间中的领先地位和安全。

网络安全框架（CSF）：由美国国家标准与技术研究院（NIST）制定，CSF 提供了一套自愿性的网络安全标准和框架，帮助公私部门识别、评估和管理风险，促进一致的网络安全实践，增强国家的整体防护能力。

网络安全改进法（CISA）：美国国会于 2015 年通过，旨在鼓励私营部门与政府分享网络安全信息，建立情报共享机制，同时为参与共享的企业提供法律保护，避免因信息共享而面临诉讼。

网络安全国家行动计划（NCSAP）：作为一项全面策略，NCSAP 包括提升关键基础设施安全、促进网络安全研发、提升公众意识、加强国际合作和建立高效应急响应能力等多方面内容，是一个随技术与威胁变化而更新的动态文件。

（2）国家安全保障立法。《1947 年国家安全法》（National Security Act of 1947）：是美国国家安全体系的基石，它创建了国防部、中央情报局（CIA）和国家安全委员会（NSC），并且重组了军事部门，以提高美国在冷战时期的国防和情报能力。

《爱国者法案》（USA PATRIOT Act，2001）：在“9·11”恐怖袭击之后通过，

旨在加强美国的反恐能力和执法手段，包括扩大了对电话和电子邮件通信的监控权限，允许更广泛的搜查令使用，以及增强了金融机构报告可疑活动的要求。

《外国情报监视法》(Foreign Intelligence Surveillance Act，FISA，1978)：设立了一个特别法庭（FISC）以监督对外国情报目标的电子监视，旨在平衡国家安全需要与公民隐私权利。

（3）社会安全保障立法。《健康保险流通与责任法案》(Health Insurance Portability and Accountability Act，HIPAA，1996)：主要关注保护个人健康信息的隐私和安全，规定了健康信息的处理标准，包括数据保护和患者隐私权。

《儿童在线隐私保护法》（Children's Online Privacy Protection Act，COPPA，1998)：针对13岁以下儿童的在线隐私保护，要求网站和服务提供商在收集、使用或披露儿童个人信息前需获得父母同意。

（4）经济安全保障立法。《多德－弗兰克华尔街改革和消费者保护法案》(Dodd－Frank Wall Street Reform and Consumer Protection Act，2010)：旨在改革金融服务行业，防止金融危机重演，包括设立消费者金融保护局（CFPB）和对大型金融机构的严格监管。

3. 数据安全治理机构。美国联邦政府机构中涉及数据安全治理的机构有以下这些：

联邦贸易委员会（FTC)：FTC保护消费者免受不公平或欺诈性商业行为侵害，监督数据泄露和隐私侵权，确保企业遵守数据保护规定。

美国证券交易委员会（SEC)：SEC监管上市公司财务信息披露，包括数据安全相关事宜，确保市场透明度与投资者信心。

美国卫生与公众服务部（HHS)：HHS依据HIPAA法案，制定并执行医疗信息的隐私与安全标准，保护患者数据。

联邦通信委员会（FCC)：FCC在电信行业中实施数据隐私与安全监管，确保通信数据的安全。

国家标准与技术研究院（NIST)：NIST制定数据安全标准与框架，为企业和个人提供最佳实践指南。

网络安全与基础设施安全局（CISA)：CISA协调政府与私营部门的数据安全工作，加强数据保护。

4. 个人数据安全立法。除了以上数字安全立法中以及涉及数据安全的法律外，还有几部法律也涉及个人数据安全：

《电子通信隐私法》(ECPA)：ECPA保护电子通信隐私，规范电话通信和电子邮件的隐私保护，确保个人通信不被非法侵扰。

《健康保险流通与责任法案》(HIPAA):HIPAA 设立隐私与安全规则,保护个人健康信息,确保其使用与披露符合法律规定,赋予个人对健康信息的控制权。

《格雷姆—里奇—比利雷法》(GLBA):GLBA 对金融机构的非公开个人信息处理设立了严格规定,要求金融机构在与第三方共享信息前必须告知客户并允许他们选择退出,同时需采取措施保护信息免受未经授权的访问。

(二)欧盟

欧盟的数字安全治理体系是一个全面而复杂的结构,旨在应对数字时代中不断增长的安全挑战。这个体系可以清晰地按照网络安全与数据安全两个主要维度来划分,每个维度都有一系列专门的法律政策与职能机构,共同确保欧盟内部的数字生态系统的安全和稳定。

网络安全维度聚焦于保护网络系统和基础设施免受各类网络攻击和威胁,确保关键服务的可用性和完整性。这包括了《网络与信息系统安全指令》(NIS Directive)及其后续的升级版 NIS 2 Directive,旨在确保关键行业部门如能源、交通、金融服务、卫生和数字基础设施的网络安全。此外,欧盟网络安全法案强化了欧洲网络安全局(ENISA)的作用,并推动了网络安全认证框架的建立,以提升网络产品和服务的安全性标准。

数据安全维度则着重于个人和组织数据的保护,防止数据泄露、滥用或未经授权的访问。《一般数据保护条例》(GDPR)是这一维度的核心,它提供了全面的数据保护框架,确保个人数据的处理符合严格的隐私和安全标准。《数字服务法》(DSA)和《数据法案》进一步加强了数据安全,前者要求数字平台对非法内容和服务采取行动,后者则规范了数据的使用和共享,确保数据的流动既安全又合规。

1. 网络安全法律体系。欧盟在网络安全领域的法律和执法体系主要由以下三个方面内容构成:

《网络与信息系统安全指令》(NIS Directive、NIS 2 Directive):NIS Directive 是欧盟在 2016 年首次推出的网络安全立法,旨在确保运营商和公共服务提供者的关键信息基础设施的安全。它要求这些实体采取适当的技术和组织措施来管理网络安全风险,并在发生重大安全事件时向当局报告。NIS 2 Directive 是对 NIS Directive 的重大更新,于 2022 年通过并在 2023 年正式生效。它扩大了适用范围,加强了网络安全要求,改善了事件通报程序,并引入了更严厉的惩罚措施,以提高欧盟的整体网络安全水平。

欧盟网络安全法案:该法案旨在加强欧洲网络安全局(ENISA)的作用,并创建一个统一的欧盟网络安全认证框架,以提高网络产品和服务的安全性。它还旨在提升成员国之间的合作和信息共享,以增强整体的网络安全态势。

欧洲网络与信息安全局（ENISA）：欧洲网络与信息安全局（ENISA）致力于提升欧盟的网络和信息安全水平，通过提供专家建议、技术支持、促进信息共享、协调应急响应以及推动网络安全政策的制定和实施，以增强整个欧盟区域的网络韧性。

2. 数据安全法律体系。随着数据作为新型生产要素的重要性日益凸显，数据安全已成为全球经济和社会发展的核心议题。欧盟作为一个高度发达的经济体，始终走在数据保护与治理的前沿，其数据安全法律体系的构建不仅反映了对个人隐私保护的高度关注，也是推动数字经济健康发展的基石。从《一般数据保护条例》（GDPR）确立的严格个人数据保护标准，到《数字服务法案》（DSA）和《数字市场法》（DMA）等立法的相继出台，欧盟构建了一个多层次、立体化的数据保护和市场监管框架，旨在为数字市场的公平竞争和个人信息的高效保护提供坚实的法律支撑。

《一般数据保护条例》（GDPR）是在全球化和技术迅猛发展的背景下，为应对大数据带来的新挑战而制定的。随着云计算、社交网络等技术的普及，个人数据保护面临着前所未有的压力，原有的欧盟 1995 年数据保护指令已经无法适应当前的数据处理环境。欧盟委员会于 2012 年提出了 GDPR 草案，旨在建立一个更强大、统一的数据保护框架，以解决 95 指令在实施过程中出现的不一致性和执法负担问题。这一条例不仅强化了个人的数据保护权，如被遗忘权、数据携带权等，还增加了对数据处理者的义务要求，如设立数据保护官（DPO）和在数据泄露时的通报义务。此外，GDPR 还规范了个人数据的跨境传输规则，确保了数据在欧盟内外流动时的安全性。GDPR 的出台对欧盟乃至全球产生了深远影响，促进了数据保护标准的一致性，并为其他国家和地区提供了立法参考。

欧盟在 2020 年 12 月公布了《数字服务法》草案，旨在通过构建统一的数字服务监管体系，确保在线环境的安全性，并保护消费者的权益不受非法产品和服务的侵害。立法目的在于通过设立明确的义务框架，规范数字服务供应商的行为，尤其是那些具有庞大用户基数的超大型在线平台，以缓解数据垄断的趋势，并增强欧盟在数字领导权方面的能力。在立法过程中，DSA 草案经历了广泛的讨论和修订，最终于 2022 年 7 月获得欧洲议会通过，并于 2024 年全面生效。DSA 不仅针对托管服务提供者，还特别关注了在线平台和超大型在线平台，对后者设立了更为严格的透明度、报告以及独立审计等要求。此外，DSA 还通过建立多方合作的监管体系，包括成员国之间的跨境合作机制，以及监督数字服务的能力，确保了所有公民受到同等保护，并提高了监管机构间的信任与执行力。DSA 的实施对欧盟乃至全球的数字市场产生了深远影响。一方面，它为服务接收者创造了更加安全的在线环境，减少了非法内容的传播，并通过赋予用户更多权利来提升透明度。另一方面，对于数字服务供应商而言，DSA 设定了更高的合规标准，特别是对于超大型平台供应商，旨在打破“太大而无法监管”的局面。同时，DSA 的全面适用也有助于塑造一个更加安全、透明的在线环境，并促使科技公司在全球范围内遵循高标准的业务实践。

《数据法案》旨在推动更多的数据在符合欧盟规则和价值观的前提下流转利用，作为欧盟《欧洲数据战略》的关键立法措施之一，该法案与 2020 年的《数据治理法案》和《一般数据保护条例》（GDPR）相辅相成，协同促进数据共享利用。《数据法案》明确能从数据中创造价值的主体和条件，要求保证数据访问权限之间的一致性，并通过制定有关物联网设备生成数据的使用规则以平衡重要数据的建设能力分配，消除企业和个人访问、获取、共享数据的障碍，促进创新。在立法过程中，《数据法案》草案于 2023 年 3 月至 6 月期间由欧洲理事会常驻代表委员会进行了多轮谈判和三方会谈。2023 年 6 月 27 日，欧盟议会和欧盟理事会达成政治协议，标志着该法案正式进入立法审议阶段。《数据法案》的实施将对欧盟内部的数据市场产生深远影响，通过构建统一协调的法律框架，不仅明确了数据访问和使用的主体，还为中小企业或政府的数据访问提供了实现路径，营造了一个允许创新和竞争的公平的数字市场环境。此外，《数据法案》强化了个人数据保护，延续了 GDPR 在个人数据隐私方面的治理原则，并为欧洲数据市场构建起统一协调的法律框架，确保欧盟境内的自然人的基本权利和自由在个人数据处理和流通过程中能够获得统一的、高水平的保护。

《数字市场法》草案于 2020 年 12 月由欧盟委员会提出，经过一系列谈判、修改与协商，最终于 2023 年获得通过。该法案的实施将对欧盟数字市场产生深远影响，不仅有助于营造公平竞争的市场环境，而且通过强化个人数据保护措施，如确保数据处理的合法性、公平性和透明性，提升了用户对数字市场的信任。

第二节

我国数字安全的监管体系

一、发展历程

（一）初步探索阶段（1986—2012 年）

在 1986 年中国正式接入国际互联网至 2012 年党的十八大的重要发展时期内，

我国逐渐意识到互联网所带来的深远影响，既有机遇也伴随着挑战。为应对这些挑战并把握机遇，我国逐步推出了一系列与网络安全和信息化紧密相关的基本法规。特别地，网络数据安全成为政策制定者和社会各界高度关注的议题。为了有效保障网络数据的安全性，国家开始着手探索如何通过法律框架和规章制度来规范网络活动，尽管在此期间出台了一系列初步的管理措施，但整体法规体系仍处于不断完善和积累经验的过程中。

20 世纪 80 年代末至 90 年代，当时中国正在经历改革开放，经济体制逐渐向市场经济转型的关键时期。随着计算机技术和通信技术的发展，信息在经济活动中的作用日益显著，国家需要一个专门的机构来规划和推动经济信息系统的建设和管理，以促进经济的现代化和信息化。因此国家在 1986 年成立了国家经济信息管理领导小组。领导小组的成立标志着中国开始重视并推动信息化建设，这不仅限于经济领域，还为后续国家整体信息化战略的形成奠定了基础。它预示着中国将信息技术作为推动社会经济发展的关键力量。

1985 年 3 月，中国科学技术协会转发了国家体改委（即国家经济体制改革委员会）的文件，正式批准成立独立的“中国计算机学会”。这一事件标志着中国计算机学会作为一个独立的国家级学术团体正式获得了官方认可，这也是我国最早成立的计算机安全专业机构之一。

1994 年对于中国互联网的发展是一个里程碑式的年份。这一年，中国正式接入国际互联网、注册了自己的顶级域名 .CN，成为全球第 77 个拥有全功能互联网的国家。从此中国互联网时代正式开启。

1994 年国务院发布《计算机信息系统安全保护条例》，这一里程碑式的法规标志着我国网络安全法律法规体系建设的开端。随着该保护条例的出台，国务院及其相关部门陆续发布了一系列配套法规、规章，以进一步细化对国际联网管理和信息安全保护工作的要求。例如：

1996 年，国务院发布了《中华人民共和国计算机网络国际联网暂行规定》，旨在加强对计算机国际联网的管理，确保国际网络信息交流的健康发展。

同年，邮电部也出台了《中国公用计算机互联网国际联网管理办法》，为公用计算机互联网的国际联网管理提供了具体的操作指南。

1997 年 4 月，国务院信息化领导小组在深圳召开了首次全国信息化工作会议，提出了信息化建设的二十四字方针，并通过了《国家信息化“九五”规划和 2010 年远景目标（纲要）》，为我国信息化建设指明了方向。

同年，公安部发布了《计算机信息系统安全专用产品检测和销售许可证管理办法》，该办法规范了计算机信息系统安全专用产品的检测和销售活动，确保了安全产品的质量和合法性。

1997 年 12 月，公安部又发布了《计算机信息网络国际联网安全防护管理办法》，这一法规在原有国家联网暂行规定的基础上，增加了安全防护管理的要求，进一步完善了我国网络安全法规体系。

1998 年 2 月 13 日，国务院信息化工作领导小组发布了《计算机信息网络国际联网管理暂行规定实施办法》，为该暂行规定的具体执行提供了操作层面的指导。

1999 年 9 月 13 日，我国早期的信息安全等级保护国家标准《GB 17859－1999 计算机信息系统安全保护等级划分准则》正式发布，为计算机信息系统安全保护等级的划分提供了国家标准，标志着我国信息安全等级保护工作进入了规范化、标准化的新阶段。

为了促进信息化建设，1996 年 4 月，中国在原有的国家经济信息化联席会议的基础上，成立了国务院信息化工作领导小组，这是一个重大的体制调整，旨在加强和统一国家层面的信息化工作。与此同时，原国家经济信息化联席会议办公室也进行了相应的调整，更名为国务院信息化工作领导小组办公室，简称国务院信息办。国务院信息办在后续的网络安全工作中，发挥了至关重要的作用。

1997 年 3 月 14 日，第八届全国人民代表大会第五次会议对《中华人民共和国刑法》进行了修订，这次修订考虑了计算机和信息技术迅速普及的背景下，新增加了与计算机时代相适应的犯罪类型——侵犯著作权罪、非法侵入计算机信息系统罪、破坏计算机信息系统罪等，以应对由此产生的新型犯罪行为。

1997 年 6 月 3 日，中国互联网络信息中心（China Internet Network Information Center，简称 CNNIC）在中国科学院计算机网络信息中心的基础上组建。作为国家级别的互联网络信息中心，CNNIC 肩负着国家网络基础资源的运行管理和服务的重要职责。

1998 年，公安部于正式成立了公共信息与网络安全监察局，这一机构在全国范围内垂直管理着各地的网络安全监察部门，形成了一个从中央到地方的网络安全保卫体系，对于维护国家网络安全、保障社会稳定和经济发展具有重要作用。

1999 年 12 月 27 日，国家保密局发布《计算机信息系统国际联网保密管理规定》，这一规定主要用于规范计算机信息系统国际联网的保密工作。

1999 年 12 月，国务院决定成立“国家信息化工作领导小组”，这标志着中国对信息化建设及国家信息安全的重视达到了一个新的高度。领导小组的成立，旨在统筹协调全国的信息化发展战略，推进信息化建设，并维护国家的信息安全。到了 2001 年 8 月，中央决定重新组建“国家信息化领导小组”，并提升了领导小组的规格，由时任国务院总理担任组长。此次重组强化了对信息化建设的领导力度，同时也凸显出国家对网络安全问题的重视。在此背景下，网络与信息安全协调小组应运而生。

2000 年 4 月，我国出台《计算机病毒防治管理办法》，该办法是依据《中华人民共和国计算机信息系统安全保护条例》制定的，旨在加强对计算机病毒的预防和治理，保护计算机信息系统安全，保障计算机的应用与发展。

2000 年 12 月 28 日，中国全国人民代表大会常务委员会通过了《关于维护互联网安全的决定》，此决定是我国最高立法机关首次针对互联网安全问题制定的专门立法文件，主要内容包括明确了网络空间中的犯罪行为、确立了法律责任、规定了行政责任、强调了网络空间的法治化。

2001 年，中国在国家信息化建设方面确实采取了一系列重要的措施，其中最突出的是国家信息化领导小组的重组以及网络与信息安全协调小组的成立。国家信息化领导小组的重组意味着国家层面对信息化战略的调整和升级，旨在更有效地协调和指导全国的信息化工作，确保信息化建设能够符合国家战略需求，促进经济社会全面发展。同时，网络与信息安全协调小组的成立，则是对网络安全问题的直接回应。在互联网快速发展的背景下，网络安全成为国家和社会关注的焦点。这个小组的职责是做好国家信息安全保障的综合协调工作，确保在信息化进程中，信息的安全性和可靠性得到充分保障。

2002 年 5 月，我国成立国家计算机网络应急技术处理协调中心（CNCERT），标志着中国在网络安全应急响应领域建立了国家级的协调机制。CNCERT 的设立旨在加强国家层面的网络安全监测、预警和应急响应能力，以应对不断增长的网络威胁和安全事件。

2003 年，国家信息化领导小组发布的《关于加强信息安全保障工作的意见》是中国网络空间安全政策的一个里程碑。这份文件基于国家信息化发展的客观需求和网络与信息安全工作的现实需要，提出了我国信息安全保障工作的总体框架和策略方向，标志着中国正式将网络空间安全提升到国家战略的高度。

2005 年，国信办（国家信息化办公室）发布的 2 号文件，即《国家信息安全战略报告》，是当时中国在国家层面关于信息安全战略的重要政策文件。这份报告是在全球信息化加速发展的背景下，针对中国信息安全面临的挑战和机遇，提出了一系列战略方针和政策措施，旨在全面加强国家的信息安全保障能力。

2008 年 8 月 6 日，国家发展和改革委员会（以下简称“国家发改委”）、公安部和国家保密局联合下发了文件《关于加强国家电子政务工程建设项目信息安全风险评估工作的通知》。它要求相关政府部门和机构在电子政务项目的设计、实施和维护阶段都应将信息安全风险评估作为一项必要环节。

2009 年 2 月 28 日，《刑法修正案（七）》获审议通过。此次修正案反映了随着互联网技术的迅速普及和发展，原有的刑法体系需要更新以应对新兴的网络犯罪问题。具体而言，《刑法修正案（七）》在刑法增加了非法获取计算机信息系统数据罪、非法控制计算机信息系统罪、提供侵入、非法控制计算机信息系统程序、工具罪。

2010 年 1 月 21 日，工信部第 11 号令发布《通信网络安全防护管理办法》，该办法适用于中国境内的电信运营商和互联网域名服务提供商，要求这些通信网络运行单位遵循积极防御、综合防范、分级保护的原则，对网络进行安全防护。

2011 年 5 月，中华人民共和国国家互联网信息办公室（以下简称“国家网信办”）正式成立。其作为中国共产党中央网络安全和信息化委员会的办事机构，同时也是国务院的直属部门，承担着统筹规划、指导协调、监督管理全国互联网信息内容的重要职责。这一机构的设立是中国政府为了加强对互联网信息内容的管理、推动互联网信息传播法制化建设以及落实互联网信息传播方针政策的重要举措。随着时间的推移，国家网信办的职能不断扩展，以适应互联网技术和应用的快速发展，以及随之而来的各种挑战。

2012 年底，全国人大常委会颁布了《关于加强网络信息保护的决定》（以下简称《决定》），旨在保护网络信息安全和维护公民与组织的合法权益。

2012 年 11 月 8 日至 14 日，党的十八大的召开标志着中国进入了一个新时代，网络安全治理作为国家安全和社会稳定的重要方面，在十八大后得到了前所未有的重视。随着信息技术的飞速发展和互联网的普及，网络安全威胁日益复杂，保护国家关键信息基础设施、维护网络空间安全、打击网络犯罪、保护公民个人信息安全等问题变得尤为重要。网络安全治理作为党和国家事业的重要组成部分，即将迎来重大升级。

（二）体系建设加速阶段（2012—2023 年）

党的十八大以来，网络安全和信息化被提升至国家战略层面，我国加速建立个人信息、关键基础设施保护体系，推动构建网络空间命运共同体。

2013 年是中国互联网产业发展的关键一年，这一年中，互联网尤其是移动互联网经历了显著的增长和转型。4G 牌照的发放，标志着中国进入 4G 时代，极大地提升了移动互联网的速度和体验；余额宝等互联网理财产品迅速走红，挑战了传统银行业务，同时也促进了基金行业和互联网行业的结合；大数据技术开始被广泛应用，为企业提供了新的商业洞察和决策支持；公众对个人信息保护的意识增强，呼吁加强网络信息保护立法，提高数据安全标准。为应对不断变化的网络环境和挑战，构建网络安全立法体系势在必行。

2013 年 11 月，党的十八届三中全会在京召开。会议通过的《中共中央关于全面深化改革若干重大问题的决定》是一个里程碑式的文件，它涉及了全面深化改革的诸多领域，在健全公共安全体系的部分，提出了一系列措施来加强网络安全和信息化工作。

2014 年 2 月 27 日，中央网络安全和信息化领导小组（后改名为中央网络安全和信息化委员会）宣告成立，旨在加强顶层设计，全面统筹和协调涉及经济、政治、文化、社会以及军事等广泛领域的网络安全和信息化的重大议题。此次中央网络安全和信息化领导小组不再是政府层面，而是上升到中央层面的顶层领导机构，领导小组组长由原来的政府总理转变为由党的总书记担任。中央网络安全和信息化领导小组的成立，意味着网络安全和信息化工作不再仅仅是政府部门的工作范畴，而是涉及国家整体战略、政策制定和执行的关键领域。

2014 年 4 月 15 日，中央网络安全和信息化委员会召开第一次会议，习近平总书记首次提出了总体国家安全观的概念，这是一个全面、系统、多层次的国家安全理念。习近平总书记在会议上特别强调了网络安全的重要性。他指出，没有网络安全就没有国家安全，这是总体国家安全观的一个核心要素。在数字化时代，网络安全已经成为国家安全的关键领域之一。

2015 年 6 月，国务院批复成立了由公安部牵头、23 个部门和单位组成的“国务院打击治理电信网络新型违法犯罪工作部际联席会议制度”。这一制度的设立旨在加强对全国打击治理电信网络诈骗工作的组织领导和统筹协调。联席会议办公室被设置在公安部刑侦局，以便于协调各相关部门和单位的工作，形成合力，共同应对电信网络新型违法犯罪的挑战。2020 年“云剑—2020”“长城 2 号”“510”等专项打击行动在这一制度框架下展开。

2015 年 7 月 1 日，《中华人民共和国国家安全法》通过并即日施行，是全面规范国家安全工作的基本法律。该法涵盖了广泛的国家安全领域，包括但不限于政治安全、国土安全、军事安全、经济安全、文化安全、社会安全、科技安全、信息安全、生态安全、资源安全以及核安全 11 个关键方面，共计有 7 章 84 条。每一章节都详细规定了在各自领域内如何有效防范和应对各类安全威胁，确保国家的长治久安。通过这部法律，中国构建了一个全面的国家安全体系，强化了国家安全工作的法治化、制度化水平，为维护国家主权、安全和发展利益提供了坚实的法律保障。

2015 年 12 月 16—18 日，乌镇召开第二届世界互联网大会，本次大会的主题为“互联互通 · 共享共治——构建网络空间命运共同体”，就网络文化传播、互联网创新发展、数字经济发展、数字经济合作、互联网技术标准、互联网治理等 22 个议题深入交换意见。

2016年3月25日，中国网络空间安全协会在中央网络安全和信息化领导小组办公室（网信办）的领导下创建，并且得到了国务院的批准，是一个全国性的、行业性的、非营利性的社会组织。协会的活动包括但不限于制定行业标准，提供专业培训，开展学术研究，组织行业交流，推动技术创新，以及参与相关政策的咨询和建议等。

2016年11月，国家互联网信息办公室发布了《移动互联网应用程序个人信息保护管理暂行规定》，这是中国首个专门针对移动互联网应用程序（APP）个人信息保护的管理规定，为APP开发者和运营商提供了一套完整的个人信息保护规则。

2016年12月15日，国务院印发《“十三五”国家信息化规划》，将“健全网络安全保障体系”作为一项重要任务。

2016年12月27日，中华人民共和国国家互联网信息办公室（以下简称“国家网信办”）正式发布了《国家网络空间安全战略》。这一战略文件是在中央网络安全和信息化领导小组的批准下出台的，旨在指导中国的网络安全工作。

2017年6月1日我国正式实施《中华人民共和国网络安全法》，标志着中国在网络和数据安全政策上迈出了重要的一步。《网络安全法》是中国第一部全面规范网络空间安全管理的法律，它填补了中国网络空间法律体系的空白，标志着中国网络空间治理步入法治化轨道。《网络安全法》确立了一系列关于网络安全的基本原则和制度，对于保障网络安全、维护网络空间主权和国家安全、社会公共利益，以及保护个人和组织的合法权益有着深远的影响。

2017年8月，国家网信办发布《个人信息出境安全评估办法》，明确了个人信息跨境传输的安全评估标准和程序。

2017年12月，国家标准委联合中央网信办、工业和信息化部、公安部等部门共同发布了《个人信息安全规范》，这是中国首部全面覆盖个人信息收集、存储、加工、使用、披露、转移、删除等全生命周期的安全技术标准，对于推动个人信息保护工作具有重要意义。

2019年1月10日，为了加强对区块链信息服务的安全管理，中华人民共和国国家互联网信息办公室（以下简称“网信办”）发布《区块链信息服务管理规定》。

2019年3月，《国务院政府工作报告》首次提出了“智能+”的战略构想。这一概念的提出，标志着中国将深化大数据、人工智能等技术的研发与应用，以工业互联网平台为基础，通过“智能+”赋能制造业，加速其转型升级，并推动传统产业的技术改造与提升。

2019年4月，国家互联网信息办公室公开征求《数据安全管理办法》意见，该草案旨在加强网络数据安全管理，维护国家安全和社会公共利益，保护个人、组织的合法权益。

2020 年 1 月 1 日，《中华人民共和国密码法》正式开始施行，对于规范密码技术的应用和管理，保障网络与信息安全具有重大意义，同时也促进了密码事业的发展。

2020 年 5 月，国家互联网信息办公室发布了《APP 违法违规收集使用个人信息行为认定方法》，旨在进一步规范移动应用软件（APP）的个人信息处理行为，保障公民个人信息安全。

2020 年 12 月，国家互联网信息办公室发布《常见类型移动互联网应用程序必要个人信息范围规定》，明确了各类移动互联网应用程序（APP）可合法收集的用户个人信息范围，旨在防止过度收集用户信息的行为。

随着数字经济的快速发展，网络安全的概念已经逐渐上升并扩展为数字安全。在过去，网络安全主要关注的是保护网络系统的完整性和可用性，防范黑客攻击、病毒传播等传统意义上的网络威胁。然而随着数字化转型的深入，网络安全面临着前所未有的挑战和变化：

（1）核心资产的变化：数据成为数字经济的核心资产，数据安全的重要性日益凸显。企业和个人都在积极收集、处理和利用海量数据以获得竞争优势，这使得数据安全成为保障数字经济健康发展的重要因素。

（2）安全威胁的演变：安全风险从虚拟空间威胁到现实世界，超出了传统网络安全的范畴。例如，工业控制系统遭受攻击可能导致工厂停工甚至发生安全事故；智能城市设施被黑客控制可能影响公共安全和服务质量。

（3）新技术带来的挑战：物联网、云计算、大数据等新技术的应用也带来了新的安全挑战。这些技术在提高效率的同时，也增加了网络攻击面，简单的安全问题升级为复杂的系统性问题。例如，物联网设备的安全漏洞可能被利用作为攻击其他系统的跳板；云平台的数据集中化存储需要更高级别的保护措施来抵御大规模数据泄露的风险。

在这个背景下，数字安全的概念应运而生。

2021 年 11 月，中共中央政治局 11 月 18 日召开会议，审议《国家安全战略（2021—2025 年）》，这是指导新形势维护国家安全的重要文件，级别极高。该战略明确提出要加快提升网络安全、数据安全、人工智能安全等领域的治理能力，这些本质上都属于“数字安全”的范畴。数字安全是一个更加全面、综合的安全框架，它不仅包括了传统的网络安全防护，还涉及数据保护、隐私保护、云安全、物联网安全以及人工智能安全等方面。

2021 年 6 月 10 日，第十三届全国人民代表大会常务委员会通过《中华人民共和国数据安全法》，这部法律的出台，标志着我国在数据安全保护领域迈出了关键一步，对于规范数据处理活动、保障数据安全、促进数据开发利用、维护国家主权、安全和发展利益具有重要意义。为了确保数据安全，《数据安全法》建立了多项制度。包括数据分类分级保护制度、数据安全风险评估和监测预警机制、数据安全应急处置机制以及数据安全审查制度等。这些制度旨在通过科学分类、动态评估、及时预警和有效处置等手段，全面提升数据安全保护能力。

2021 年 9 月 1 日，我国正式实施《关键信息基础设施安全保护条例》，该条例通过明确保护范围、强化主体责任、完善保护措施和加强实施监管等措施维护关键信息基础设施的安全与稳定。

2021 年 11 月 1 日起正式施行《中华人民共和国个人信息保护法》，是我国个人信息保护领域的一次重大立法突破。该法明确规定了个人信息的定义及其处理范围，即个人信息是以电子或其他方式记录的、与已识别或可识别的自然人有关的各种信息，但排除了匿名化处理后的信息。处理个人信息，包括收集、存储、使用、加工、传输、提供、公开、删除等一系列活动，均须遵循合法、正当、必要和诚信的原则，严禁通过误导、欺诈、胁迫等手段进行。

2022 年 1 月 12 日，工信部发布《网络安全产业人才岗位能力要求》标准。标准具体涵盖了网络安全规划与设计、网络安全建设与实施、网络安全运行与维护、网络安全应急与防御、网络安全合规与管理等五大类共 38 个岗位的通用标准和细分标准。

2022 年 6 月 22 日，中央全面深化改革委员会第二十六次会议审议并通过了《关于构建数据基础制度更好发挥数据要素作用的意见》。这份文件的出台，旨在加快构建完善的数据基础制度体系，以更好地发挥数据作为关键生产要素的作用，同时确保数据安全和合理利用。

根据《“十四五”数字经济发展规划》的部署，为了更有效地推进数字经济发展战略的实施，统筹数字经济发展工作，并解决数字经济领域内的重大问题，国务院于 2022 年 7 月 11 日发函决定建立数字经济发展部际联席会议制度。通过建立数字经济发展部际联席会议制度，可以有效加强各部门之间的沟通与协作，形成合力，共同推动我国数字经济的快速、健康发展。

2022 年 9 月 13 日，国务院办公厅印发《全国一体化政务大数据体系建设指南》，旨在整合构建标准统一、布局合理、管理协同、安全可靠的全国一体化政务大数据体系，加强数据汇聚融合、共享开放和开发利用，促进数据依法有序流动，充分发挥政务数据在提升政府履职能力、支撑数字政府建设以及推进国家治理体系和治理能力现代化中的重要作用。

2022 年 10 月 25 日，工信部印发《网络产品安全漏洞收集平台备案管理办法》，本办法适用于我国境内的网络产品安全漏洞收集平台的备案管理工作，旨在规范我国网络产品安全漏洞收集平台的备案管理，提升我国网络空间的安全防护能力。

2022 年 11 月 7 日，国务院新闻办公室发布《携手构建网络空间命运共同体》白皮书。它向世界展示了中国在互联网发展治理方面的理念和实践成果，为构建和平、安全、开放、合作、有序的网络空间提供了中国方案和中国智慧。同时，白皮书也呼吁各国加强合作，共同应对网络空间面临的挑战和问题，推动构建网络空间命运共同体。

2022 年 12 月 1 日，《反电信网络诈骗法》正式实施，该法不仅是为了惩治电信网络诈骗活动，更是为了预防此类活动的发生，通过法律手段构建全方位的防范和治理体系。

（三）“四梁八柱”形成阶段（2023 年至今）

2023 年 2 月中共中央、国务院印发《数字中国建设整体布局规划》（以下简称《规划》）。《规划》首次对数字中国的建设进行了系统性的谋划和布局，旨在通过一系列具体措施和目标，全面提升中国的数字化水平，从而在多个领域实现现代化和可持续发展。

《规划》紧紧把握数字安全作为数字中国建设基本保障的整体定位，聚焦网络安全、数据安全两大主线，提出工作部署，指明了我国数字安全重点工作方向和实践路径。由此，《规划》首次在官方层面将数字安全的概念定义为网络安全与数据安全的结合。在数字中国建设的过程中，网络安全和数据安全成为确保数字安全体系成功运行的核心要素。具体而言，《规划》的数字安全工作部署涵盖了以下方面：

（1）网络安全：强调加强网络基础设施的安全防护能力，建立健全网络安全监测预警和应急响应体系，提升关键信息基础设施的安全保护水平。

（2）数据安全：提出完善数据分类分级保护制度，强化数据全生命周期的安全管理，保障个人信息和重要数据的安全。

为了构建可信可控的数字安全屏障，强化网络安全防护能力，增强数据安全保障能力，这些工作部署为我国数字安全建设提供了清晰的方向。后续，各部门将继续出台相关的法律政策，进一步细化工作措施，确保《规划》的工作部署得到全面有效的落实。这不仅是推动数字中国建设顺利进行的关键保障，也是维护国家安全和社会稳定的重要基石。

2023 年 9 月国家网络安全宣传周新闻发布会，国家互联网信息办公室表示我国基本构建起网络安全政策法规体系“四梁八柱”，这一体系的形成，意味着中国在网络安全领域已经建立了较为完备的法律制度，为网络安全工作提供了坚实的法律基础和全面的保障。它不仅规范了网络空间的行为，还为各类网络活动提供了明确的行为准则和监管依据。在“四梁八柱”中，以《网络安全法》《数据安全法》《个人信息保护法》等为核心法律的出台，为中国网络安全治理提供了坚实的法律基础，为网络安全工作提供了更加全面的保障。同时标志着网络安全的基本原则和制度框架已基本形成。如今的网络安全监管体系涵盖网络安全审查、云计算服务安全评估、关键信息基础设施保护等领域的法规体系，确保了网络安全治理的全面性和针对性，为各类网络活动提供了明确的行为准则和监管依据。最后，它也标志着中国网络安全治理能力和水平不断提升，中国在全球网络安全治理中发挥着越来越重要的作用，将为全球网络安全治理贡献中国智慧和中国方案。

在“四梁八柱”稳固构建之后，中国网络安全法律法规的发展将迈入一个深化与拓展的新阶段。这一进程将以现有坚实的基础为依托，向着更加精细化、行业化及前瞻性的方向迈进。未来，法律法规的修订与补充将紧密跟随科技的脉搏，尤其是面对人工智能、大数据、物联网等前沿技术带来的新挑战，法律体系将展现出更强的适应性和灵活性，以期在促进技术创新的同时，构筑起坚固的数字安全屏障。对数据安全与个人信息保护的重视将持续升级，法规将细化对数据生命周期的管控，强化跨境数据流动的规范，确保数据在合法合规的前提下自由流动。同时，行业特定的网络安全标准和指引将陆续出台，满足金融、医疗、教育等各领域日益复杂的安全需求，形成一套既具普适性又兼顾行业特性的法律框架。应急响应机制与灾备体系的完善亦是重中之重，通过建立更为高效的预警与处置流程，提升对网络安全事件的快速反应能力和灾后恢复速度。此外，国际合作的深化将助力中国在国际网络空间治理中发挥更大作用，共同应对跨国网络威胁，推动构建网络空间命运共同体。网络安全产业的蓬勃发展与专业人才的培养也将得到更多政策支持，通过产学研用深度融合，加速网络安全技术的自主创新，打造一支高素质的网络安全人才队伍。最后，公众网络安全意识的提升和教育普及工作将常态化，营造全民参与、共同维护网络安全的良好氛围。

二、监管体制

近年来，中国政府深刻意识到网络安全与数据安全的极端重要性，积极响应时代的需求，逐步构建起一套综合性、多层次的数字安全监管体系。这一体系不仅涵盖了国家层面的顶层设计与战略规划，还深入到了各个行业与地方层面的实际操作，实现了从宏观指导到微观执行的全方位覆盖。

在战略层面，我国数字安全最高决策机构为中央国家安全委员会，其主要职责是制定国家安全的战略、政策和重大方针，并协调各相关部门的工作。根据《国家安全法》第五条的规定，“中央国家安全领导机构负责国家安全工作的决策和议事协调，研究制定、指导实施国家安全战略和有关重大方针政策，统筹协调国家安全重大事项和重要工作，推动国家安全法治建设。”同样，《数据安全法》第五条也规定，“中央国家安全领导机构负责国家数据安全工作的决策和议事协调，研究制定、指导实施国家数据安全战略和有关重大方针政策，统筹协调国家数据安全的重大事项和重要工作，建立国家数据安全工作协调机制。”

在监管层面，我国已经建立了一个以“1 + X”模式为核心架构的数字监管体系。依据我国网络安全领域的基础法律《网络安全法》第八条的规定：“国家网信部门负责统筹协调网络安全工作及相关监督管理活动。国务院电信主管部门、公安部门以及其他相关部门，在各自的职责范围内负责网络安全的保护与监督工作。”在这个体系中，“1”代表国家互联网信息办公室，作为数字安全监管的核心机构；而“X”则包括了国家数据局、公安部、市场监管总局、工信部等众多部门，这些部门通过协同合作、专业分工及具体执行任务的方式，共同构建了一个严密的数字安全防护网络。

（一）国家互联网信息办公室

国家互联网信息办公室，简称“国信办”或“网信办”，成立于 2011 年 5 月，与中央网络安全和信息化委员会办公室是同一个机构，两块牌子，隶属于中共中央直属机构序列，属于党的系统下的机构。国家互联网信息办公室作为中国数字安全监管的核心机构，承担着全面维护网络安全和数据安全的重要职责。其主要职能包括但不限于：

政策制定与执行：制定和实施互联网信息传播的相关政策法规，推动互联网信息传播法治建设，确保网络空间的安全与健康。

互联网内容管理：负责网络新闻业务及其他相关业务的审批和日常监管，指导、协调、督促相关部门加强互联网信息内容管理。

应急响应：参与网络安全事件的应急处置，协同其他部门快速响应网络攻击和安全事件，降低损害。

国际合作：与其他国家的执法机构合作，共同打击跨国网络犯罪，维护国际网络安全秩序。

（二）国家数据局

国家数据局于 2023 年 10 月 25 日正式揭牌成立，是我国新成立的集中管理数据的部门，主要负责宏观层面的数据基础制度建设和数据资源的统筹管理。国家数据局由国家发展和改革委员会（国务院组成部门）管理，虽然不是一个直接负责数据安全监管或其他特定行业监管的机构，但它与网信办、工信部、公安部等其他部门存在紧密的合作关系。其主要职责包括：

协调推进数据基础制度建设：这包括构建数据产权、流通交易、收益分配、安全治理等制度。

统筹数据资源整合共享和开发利用：这意味着国家数据局将促进不同来源的数据进行整合，并支持这些数据在合法合规的基础上被有效利用。

统筹推进数字中国、数字经济、数字社会规划和建设：国家数据局将参与制定相关的国家战略和政策，推动数字技术的应用与发展。

（三）公安部

公安部作为国务院组成部门，主管全国计算机信息系统安全保护工作，特别是针对网络犯罪的预防、侦查和打击上。具体包括：

网络安全执法：负责网络安全相关法律法规的执行，打击网络犯罪，包括黑客攻击、侵犯公民个人信息、网络诈骗等。

应急响应：参与网络安全事件的应急处置，协同其他部门快速响应网络攻击和安全事件，降低损害。

国际合作：与其他国家的执法机构合作，共同打击跨国网络犯罪，维护国际网络安全秩序。

（四）工业和信息化部

工业和信息化部作为国务院的组成部门，是主管工业、通信业及信息化发展的综合管理部门。其在数字安全监管方面的核心职责可概括为：

信息化发展规划与标准制定：负责制定国家信息化发展战略、规划和政策，推动信息技术的应用与创新，并制定电信、互联网等信息通信行业的技术标准和安全标准。

信息通信基础设施建设与安全：指导信息通信网络的建设，包括宽带网络、移动通信网络、物联网等关键基础设施的安全保障工作。

行业监管与市场准入：对电信与互联网行业实施监管，包括市场准入、服务质量、竞争行为等方面，同时监管电信资源的分配与使用。

（五）国家市场监督管理总局

国家市场监督管理总局是国务院直属机构，在数字安全监管体系中，主要聚焦于市场秩序维护与消费者权益保护，其职责具体体现为：

1. 数据交易监管：监督数据交易市场，防止不正当竞争，打击数据垄断和非法交易行为。

2. 消费者数据保护：确保企业在商业活动中对消费者个人信息的合法合规使用，防止滥用。

3. 标准与认证：制定数据安全、隐私保护相关的国家标准和行业标准，推行数据保护认证体系。

4. 市场秩序维护：查处数据相关市场的违法违规行为，维护公平竞争的市场环境。

5. 知识产权保护：在数据产品和服务中加强知识产权的保护，促进数据创新和合法利用。

我国通过构建以网信办为核心的“1 + X”数字安全监管体系，不仅彰显了对数字安全的高度重视，还体现了在复杂多变的数字时代中，国家层面战略指导与跨部门协同作战的高效执行力。这一系列举措不仅巩固了国家安全的数字防线，也为数字经济的繁荣发展铺设了坚实的法治与制度轨道。

第三节

我国数字安全的基础制度

一、网络安全基础制度

（一）关键信息基础设施保护制度

从全球视角来看，确保关键信息基础设施（Critical Information Infrastructure, CII）的安全已成为各国网络安全立法的重心。关键信息基础设施通常涉及国家的关键领域，如能源、交通、金融、水利、公共卫生、国防军事及政府服务等，它们的稳定运行对国家安全、经济繁荣和社会秩序至关重要。

我国关键信息基础设施安全保护制度是为了确保国家的关键信息基础设施免受各种威胁，保障其安全稳定运行而建立的一系列法规、标准、策略和管理措施的综合体系。建设关键信息基础设施保护制度，是对国家安全和社会稳定未来导向性的战略部署，它构筑了数字时代国家安全和社会经济平稳运行的坚固防线。在这个信息技术深度融入各行各业的时代，关键信息基础设施作为国家命脉所在，其安全性直接影响到公共服务、经济秩序乃至国家主权的稳固。

我国通过法律框架的确立、保护责任的明确、技术防护与管理机制的完善，以及应急响应能力的提升，为关键信息基础设施穿上了一层“数字铠甲”。我国关键信息基础设施保护制度根植于《网络安全法》，并通过《关键信息基础设施安全保护条例》具体化。

2017 年施行的《网络安全法》首次为关键信息基础设施保护制度的建设提供了法律依据和总体框架。以下是几个关键点：

（1）关键信息基础设施的定义与范围：《网络安全法》第三十一条首先界定了关键信息基础设施的概念，明确指出关键信息基础设施是指那些一旦遭到破坏、功能丧失或者数据泄露，可能对国家安全、国计民生、公共利益造成严重损害的信息系统或网络设施。这些设施通常涉及公共通信、信息服务、能源、交通、水利、金融、公共服务、电子政务等领域。

（2）重点保护原则：该法强调国家对这些关键信息基础设施实行重点保护，并要求采取措施确保其安全，防止可能的破坏、功能丧失或数据泄露，确保其持续稳定运行。

（3）保护责任体系：《网络安全法》构建了一个由政府、行业主管和运营者共同参与的保护责任体系。规定了国家网信部门负责统筹协调关键信息基础设施的安全保护工作，各有关行业主管部门负责指导监督本行业、本领域的关键信息基础设施安全保护工作，而关键信息基础设施的运营者则负有直接的安全保护责任。

（4）安全保护措施：要求关键信息基础设施的运营者必须履行一系列安全保护义务，包括但不限于制定内部安全管理制度和操作规程，采取技术措施和其他必要措施保护基础设施安全，定期进行安全风险评估，组织安全教育培训，以及建立数据分类、重要数据备份和加密等措施。

随后，2019 年施行的《关键信息基础设施安全保护条例》作为《网络安全法》的具体实施条例，详细阐述了如何实际操作和执行关键信息基础设施的保护工作，旨在进一步强化和细化关键信息基础设施的安全保护措施，确保国家网络安全与社会稳定。以下是几个关键点：

（1）关键信息基础设施定义：与《网络安全法》在关键信息基础设施的定义上是一致的，两者间并没有本质上的不同，而是补充和细化。条例定义了关键信息基础设施，指那些在公共通信和信息服务、能源、交通、水利、金融、公共服务、电子政务、国防科技工业等重要行业和领域中，一旦遭受破坏、功能丧失或数据泄露，可能对国家安全、国计民生、公共利益造成严重影响的网络设施和信息系统。

（2）保护机制与责任：条例建立了综合协调、分工负责、依法保护的机制，强化并落实关键信息基础设施运营者的主体责任。运营者需承担一系列安全保护义务，包括建立健全安全保护制度、开展安全风险评估、实施应急演练、保障数据安全等。

（3）政府职责：明确了国家网信部门、国务院公安部门、电信主管部门及其他相关部门在关键信息基础设施保护中的职责，包括指导监督、安全保护和监督管理工作。国家对关键信息基础设施实行重点保护，监测、防御、处置各类网络安全威胁。

（4）监测预警与应急处置：要求建立网络安全监测预警体系和信息通报制度，及时发现并有效应对网络安全事件，减少损失和影响。

（5）法律责任：对违反条例的行为设定了相应的法律责任，包括行政处罚、罚金乃至刑事责任，确保规定得到有效执行。

综上，《网络安全法》与《条例》两部法规共同构建了我国关键信息基础设施保护的法律基石和执行框架，既设定了宏观指导原则，也提供了微观操作规范，为确保国家关键信息基础设施的安全稳定运行提供了全面的法律保障。

（二）网络安全等级保护制度

我国网络安全等级保护制度（以下简称“等保制度”）是指对网络（包括信息系统和数据）根据信息系统的重要程度及其受损害后可能造成的影响，划分为五个安全保护等级（第一级至第五级，逐级增高），每一级都对应着不同的安全保护要求。它涵盖了对国家秘密信息、法人和其他组织及公民的专有信息、公开信息分类分级进行管理和保护。

我国的网络安全等级保护制度自实施以来，经历了不断的发展和完善，是一个融合了政策法规、技术标准与实际操作的综合性体系。这个过程伴随着多部重要法律法规的出台和修订，旨在适应信息技术的迅速发展和日益复杂的网络安全威胁环境。

我国首次明确提出建设网络安全等级保护制度是在1994年，通过《中华人民共和国计算机信息系统安全保护条例》（国务院令第147号）首次从国家层面提出“计算机信息系统实行安全等级保护”的概念。这一概念的提出标志着我国网络安全等级保护工作的初步探索阶段的开始。

随后，在2008年，随着国标GB/T 22239－2008《信息安全技术 信息系统安全等级保护基本要求》的正式发布，信息安全等级保护制度进入了标准化阶段，即等保1.0时代。GB/T 22239－2008提供了网络安全等级保护的技术标准和实施指南，细化了不同安全保护等级的信息系统应达到的安全控制要求。

到了2017年，《中华人民共和国网络安全法》正式实施，该法再次明确并强化了“网络安全等级保护制度”，将其提升至国家法律层面，成为所有网络运营者必须遵守的基本准则，这也标志着等级保护制度进入了一个新的发展阶段。

在2019年，国标GB/T 22239－2019《信息安全技术 网络安全等级保护基本要求》正式发布，更新并扩展了原有的等保标准，适应了网络安全新环境和新技术发展的需要，覆盖了云计算、物联网、移动互联、大数据等新兴领域。另外国标加强了对个人信息保护、数据安全、供应链安全等方面的要求，强调了风险管理、持续监控和动态防护的理念，推动网络安全防护从静态合规向动态防御的转变，进一步增强了网络安全保障能力。

网络安全等级保护制度的具体内涵涉及以下几个核心方面：

（1）系统定级：网络运营者需要根据信息网络、信息系统、网络上的数据和信息的重要性和遭受损坏后的危害性，将其分为五个安全保护等级，从第一级到第五级，逐级增高。定级过程需要考虑业务信息安全保护等级和系统服务安全保护等级，取其中较高者作为最终的安全保护等级。

（2）公安机关备案：对于定级为第二级（含）以上的网络，需要向公安机关进行备案。备案过程包括开展信息系统基本情况的摸底调查、初步确定安全保护等级、等级评审与审批、按要求履行备案职责等步骤。

（3）建设整改：备案单位需要根据网络的安全等级，按照安全国家标准开展安全建设整改。这包括安全管理制度建设、安全技术措施建设等方面，以确保网络系统满足相应的安全保护等级要求。

（4）等级测评：备案单位需要选择符合国家要求的测评机构，对其网络进行等级测评。等级测评的目的是验证网络系统或应用是否满足相应的安全保护等级要求，是落实等保制度的关键活动之一。

（5）监督检查：公安机关会对第二级网络进行指导，确保其满足基本的网络安全要求。对于第三级、第四级网络，公安机关会定期开展监督、检查，确保其网络安全状况符合等级保护的要求。

（6）保护措施：为了实现等级保护要求，需要采取相应的等级保护措施。包括建立安全审计和监控机制、实施网络访问控制和身份认证、建立数据备份和恢复机制、加强对系统漏洞的管理和修复等。

（三）网络安全应急响应机制

网络安全应急工作是网络安全的最后一道防线，当常规的防护措施被突破或者遇到未知威胁时，应急响应机制便成为阻止事态恶化、减少损失的关键环节。早在2016年，国家互联网信息办公室便发布了《国家网络空间安全战略》，规划我国网络空间安全的基本方略和行动指南，强调了完善网络安全监测预警和网络安全重大事件应急处置机制的重要性。

2017年6月我国正式实施《网络安全法》，这是我国网络安全领域的基础性法律，其设置专章第五章“监测预警与应急处置”对国家网络安全事件应急工作进行了明确规定，要求“国家建立网络安全监测预警和信息通报制度”，“发生网络安全事件，应当立即启动网络安全事件应急预案”。《网络安全法》的出台标志着我国网络安全监测预警与应急处置战略部署的形成。为了落实《网络安全法》的要求，后续我国发布了众多法律文件对其进行落实，其中最重要的是《国家网络安全事件应急预案》，其余配套法律法规还包括《关键信息基础设施安全保护条例》《工业控制系统信息安全事件应急管理工作指南》等。

《国家网络安全事件应急预案》（以下简称《预案》）于 2017 年 1 月由中央网信办印发，是国家层面组织应对特别重大网络安全事件的应急处置行动方案，同时也是各地区、各部门、各行业开展网络安全应急工作的重要依据。《预案》从组织架构、监测预警、应急处置、调查评估、预防工作等方面对网络安全应急工作进行了细致规定，从而形成一套完整的应急响应机制。下面对其进行介绍。

1. 组织架构。《预案》确立了一个多层次、全方位的组织架构来确保网络安全事件的有效应对。在中央网络安全和信息化领导小组的领导下，中央网络安全和信息化领导小组办公室（以下简称"中央网信办"）负责国家网络安全事件的应对工作，并建立了跨部门联动处置机制。国家网络安全应急办公室（以下简称"应急办"）设在中央网信办，承担网络安全应急的协调工作和指挥部的事务性工作，组织指导国家网络安全应急技术支撑队伍的工作。中央和国家机关各部门按照职责和权限，负责本部门、本行业网络和信息系统网络安全事件的预防、监测、报告和应急处置工作。各省（区、市）网信部门在本地区党委网络安全和信息化领导小组的统一领导下，负责本地区网络安全事件的预防、监测、报告和应急处置工作（见图 10－1）。

2. 监测预警。《预案》规定了严格的监测预警机制，以确保能够及时发现潜在的网络安全威胁。各单位需要按照"谁主管谁负责、谁运行谁负责"的原则，组织对本单位建设运行的网络和信息系统开展网络安全监测工作。预警信息分为四个等级：由高到低依次用红色、橙色、黄色和蓝色表示，分别对应特别重大、重大、较大和一般网络安全事件。预警信息包括事件的类别、预警级别、起始时间、可能影响范围、警示事项、应采取的措施和时限要求、发布机关等①。

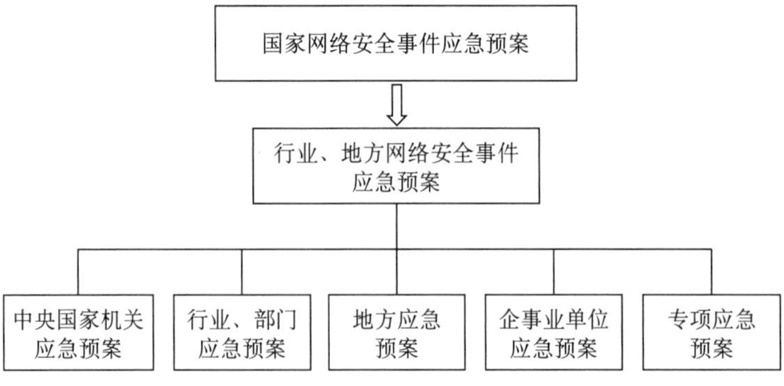

图 10－1　国家网络安全事件应急预案示意图

① 胡俊，严寒冰，吕志泉，等．从《国家网络安全事件应急预案》看我国网络安全事件应急体系［J］．中国信息安全，2021（03）：68－72.

3. 应急处置。《预案》详细规定了网络安全事件发生后的应急处置流程。一旦网络安全事件发生，事发单位应立即启动应急预案，实施处置并及时报送信息。各有关地区、部门立即组织先期处置，控制事态，消除隐患，注意保存证据，做好信息通报工作。对于初判为特别重大、重大网络安全事件的，立即报告应急办。网络安全事件应急响应分为四级，分别对应特别重大、重大、较大和一般网络安全事件，Ⅰ级为最高响应级别。例如，对于特别重大网络安全事件，会及时启动Ⅰ级响应，成立指挥部，负责应急处置工作的统一领导、指挥和协调。有关省（区、市）、部门应急指挥机构进入应急状态，在指挥部的统一领导下，负责本省（区、市）、本部门应急处置工作或支持工作，24 小时值班，并派员参加应急办工作。

4. 调查评估。《预案》规定了网络安全事件的调查处理和总结评估流程。特别重大网络安全事件由应急办组织有关部门和省（区、市）进行调查处理和总结评估，并按程序上报。重大及以下网络安全事件由事件发生单位自行组织调查处理和总结评估，其中重大网络安全事件相关总结调查报告报应急办。总结调查报告应对事件的起因、性质、影响、责任等进行分析评估，并提出改进建议。事件的调查处理和总结评估工作原则上在应急响应结束后 30 天内完成。

5. 预防工作。《预案》强调了预防工作的重要性。各地区、各部门需做好网络安全事件的日常预防工作，制定和完善相关应急预案，做好网络安全检查、隐患排查、风险评估和容灾备份，建立健全信息通报机制，及时采取有效措施，减少和避免网络安全事件的发生及危害，提高应对网络安全事件的能力。此外，还规定了定期演练的要求，各地区、各部门每年至少组织一次预案演练，并将演练情况报中央网信办。同时，加强网络安全事件预防和处置的宣传教育，将网络安全事件的应急知识列为领导干部和有关人员的培训内容，确保相关人员具备必要的网络安全知识和技能。

除了《国家网络安全事件应急预案》这一通用的网络安全应急指南外，我国还对网络安全的其他领域出台了更具针对性的法律法规，例如《关键信息基础设施安全保护条例》和《工业控制系统信息安全事件应急管理工作指南》等。

《关键信息基础设施安全保护条例》重点关注关键信息基础设施的安全保护，其中包括应急响应机制的建立和完善。该条例要求关键信息基础设施的运营者必须制定网络安全事件应急预案，明确相关人员的职责和权限，并定期进行培训和演练，以此来提高应急响应能力。

《工业控制系统信息安全事件应急管理工作指南》针对工业控制系统的安全事件应急响应提供了详细的应急响应指导。该指南涵盖了从预防措施、事前准备、事故发现与报告、应急响应到事后恢复等多个方面，旨在确保工业控制系统在面临安全威胁时能够迅速有效地采取应对措施。

（四）网络安全主体责任制度

建设网络安全主体责任制度对于保障国家网络安全、维护社会稳定和促进数字经济健康发展具有重要意义。这一制度通过明确各级党委（党组）、政府部门以及企业在网络安全方面的责任，实现了从上至下的责任链条，确保了网络安全管理工作的有效执行。网络安全主体责任制度涉及《网络安全法》《数据安全法》《关键信息基础设施安全保护条例》《党委（党组）网络安全工作责任制实施办法》《关于加强数字政府建设的指导意见》等多个政策法律文件，这些文件共同构成了中国网络安全管理的基础框架。

2017 年 6 月实施的《网络安全法》与 2021 年 9 月实施的《数据安全法》是我国数字安全领域的核心法律。《网络安全法》要求网络运营者应当制定内部安全管理制度和操作规程，明确网络安全负责人，并切实履行网络安全保护责任。该法还规定了网络运营者的基本义务，包括遵守法律法规、社会公德和商业道德，秉持诚信原则，维护网络安全等。针对关键信息基础设施，《网络安全法》特别强调关键信息基础设施的运营者应履行特别保护义务，包括设立专门的安全管理机构，任命安全管理负责人，并对这些负责人及关键岗位人员进行安全背景审查。2021 年 8 月公布的《关键信息基础设施安全保护条例》（以下简称《保护条例》）对《网络安全法》中关于关键信息基础设施的部分进行了细化补充，它要求关键信息基础设施运营者实行“一把手负责制”，并设置专门的安全管理机构，进一步强化和落实关键信息基础设施运营者的主体责任。

《数据安全法》则着重强调了数据安全的重要性，规定了数据处理活动主体的安全责任，覆盖了数据收集、存储、使用、加工、传输、提供、公开等各个阶段。数据处理者需要采取必要的措施确保数据的安全性与合法性，并保持数据持续处于安全状态的能力。

2017 年 8 月，中共中央办公厅印发了作为涉密文件的《党委（党组）网络安全工作责任制实施办法》（以下简称《实施办法》），标志着我国网络安全工作责任制的正式建立。2021 年 8 月《实施办法》随着《中国共产党党内法规体系》的公开发布而解密，使得其内容得以公之于众。《实施办法》将网络安全的责任从上到下，从执行、监管、问责的全周期管理体系进行了十分细致的具体和完整，意味着国家对于网络安全领域管理者的安全责任要求越来越高。

类似于《保护条例》，《实施办法》规定各级党委（党组）对本地区本部门网络安全工作负主体责任，其中领导班子主要负责人是第一责任人，强调按照“谁主管谁负责、属地管理”的原则。另外《实施办法》首次明确将网络安全建设和绩效纳入审计范围，这表明网络安全已经与财政、资金等重要事项同等重要。除了确定责任主体，《实施办法》还提出了强化网络安全意识教育、加强网络安全风险评估与监测预警、推进网络安全应急响应体系建设、完善网络安全保护技术措施、建立健全网络安全事件报告和处置机制以及加强网络安全队伍建设和技术支持能力等一系列具体要求。同时，还建立了相应的问责机制，对未能履行网络安全职责或造成严重后果的行为进行问责。

2022 年 8 月，国务院出台了《关于加强数字政府建设的指导意见》（以下简称《指导意见》），强调了数字政府建设中网络与数据安全的重要性，并提出要建设网络安全综合防御体系。具体而言，《指导意见》指出，需要建立数字政府网络安全领导体系，加强对网络安全工作的组织领导，建立专门的网络安全管理机构，负责组织和开展网络安全各项工作。此外，还需开展数字政府网络与数据摸底调查，掌握数字政府建设、运行、管理活动中支撑政府履行职能的网络系统和数据情况。

未来随着企业数字化进程的加速，越来越多的法规政策对网络安全主体责任进行了明确和细分，从而形成了更加严密和完善的安全管理体系。这种趋势促使更多的个人和企业认识到网络安全的重要性，并采取积极措施来加强自身的网络安全防护。

（五）网络安全标准体系

根据中华人民共和国国家标准 GB/T 20000. 1 – 2002："标准"是一种规范性文件，是为了在一定范围内获得最佳秩序，经协商一致制定并由公认机构批准，共同使用和重复使用。"标准化"指为了在一定范围内获得最佳秩序，对现实问题或潜在问题制定共同使用和重复使用的条款的活动。而网络安全标准化是指制定、发布和实施一系列旨在保护网络系统及其数据免受各种安全威胁的规范、指南和技术标准的过程。网络安全标准化是一项艰巨、长期的基础性工作，其兴起可追溯至 20 世纪 70 年代中期。知名国际组织如 ISO（国际标准化组织）、IEC（国际电工委员会）、ITU（国际电信联盟）以及 IETF（互联网工程任务组）等，在全球范围内引领了网络安全标准的制定与发展。

《网络安全法》第十五条明确规定，国家建立和完善网络安全标准体系。为落实《网络安全法》要求，同时统筹协调全国网络安全工作，形成全面立体的网络安全防护体系，我国制定了网络安全标准体系。这些标准是由国家标准化管理委员会或授权的标准化技术委员会制定的一系列规则、指南和技术规范。依据《中华人民共和国国家标准化法》的规定，网络安全标准是强制性标准，具有法律效力。我国网络安全标准的制定和实施机制十分完备，涉及国家标准委员会、全国信息安全标准化技术委员会等多个组织机构。

国家标准化管理委员会（SAC，以下简称“国家标准委”），是中国负责标准化工作的政府机构，主要负责指导和协调全国的标准化工作，包括标准的制定、发布、修订、实施和监督。此外，国家标准委还负责与其他国家和国际标准化组织的合作，以确保中国标准与国际标准的接轨和互认，进而促进国内外市场的对接和技术交流。

为了更好地推进各专业领域的标准化工作，国家标准委在各个专业领域下设了技术委员会（Technical Committee，TC），这些技术委员会负责提出并归口管理该领域的国家标准。如 TC260 是全国信息安全标准化技术委员会（SAC/TC260）的编号，主要负责我国信息安全领域标准的制定。

技术委员会（TC）通常由来自该领域的专家组成，他们负责制定、修订和审查国家标准。每个 TC 都有一个明确的职责范围，通常聚焦于某一特定的专业领域，如信息技术、机械制造、化工、环保、互联网等。

TC 的主管部门并非行业协会，而是由国家标准化管理委员会直接领导。然而，行业协会等组织可能会参与到 TC 的工作中来，提供行业视角和支持。此外，技术委员会（TC）还可以根据需要设立分技术委员会（Subcommittee，SC），这些分委会专注于 TC 所覆盖领域内的某个子领域或者特定技术方向。分委会同样由相关领域的专家组成，负责制定和修订该子领域的国家标准。

全国信息安全标准化技术委员会（简称信息安全标委会，TC260）是我国负责信息安全技术标准化工作的专业组织。该委员会经国家标准化管理委员会批准，于 2002 年 4 月 15 日正式成立。信息安全标委会的主要职责是在全国范围内负责信息安全技术、机制、服务、管理、评估等领域的标准化工作。信息安全标委会的标准化主要工作范围包括但不限于：网络安全技术、安全机制、安全服务、安全管理、安全评估。

2024 年 6 月，全国网络安全标准化技术委员会（以下简称“网安标委会”）2024 年第一次“标准周”全体会议成功召开，会议指出“为贯彻落实中央网络安全和信息化工作会议关于构建大网络安全工作格局的要求”，决定在全国信息安全标准化技术委员会基础上组建全国网络安全标准化技术委员会。另外，会议指出“新形势下网络安全标准化工作一是要构建适应大网络安全工作格局的工作机制，加强标准与政策法规的配套支撑，统筹做好相关行业、团体标准与国家标准的协调和衔接。二是为构建国家网络安全防御体系提供标准支撑，持续推进关键信息基础设施安全、网络安全产品互联互通等重点主题标准研制和标准体系建设。三是通过标准规范引导人工智能等新技术新应用，推动中国标准实践转化为国际标准，加强区块链、量子通信技术创新融合应用和标准前瞻研究，提升利用新技术保障网络安全的能力。”

截至2024年1月3日，网安标委会（包括信息安全标委会）已发布了网络安全国家标准共计378项，同时参与发布了网络安全国际标准188项。这一成就标志着我国在网络空间安全领域取得了显著的进步，展现了我国在制定网络安全标准方面的雄厚实力和积极贡献。

这些标准涵盖了网络安全的关键技术和管理实践，不仅为国内网络安全行业的健康发展提供了强有力的支持，还为国际网络安全标准的制定和互认作出了贡献。这些成果不仅反映了我国在网络技术领域的深入研究和实践经验，也体现了我国积极参与国际标准化活动的决心，旨在促进全球网络安全治理体系建设，保障网络空间的安全与稳定。

（六）网络安全审查制度

国家安全审查制度是在“总体国家安全观”的指导下构建起来的，这一制度体系旨在维护国家安全，并通过不同的立法和行政措施在多个领域得以体现。2015年施行的《国家安全法》是国家安全审查制度的法律基础之一，该法明确规定了国家安全审查和监管的制度和机制。而2017年施行的《网络安全法》与2021年施行的《数据安全法》明确建立网络安全审查制度与数据安全审查制度，是国家安全审查制度在网络安全领域和数据安全领域的具体落实。数据安全审查制度与网络安全审查制度有相似之处，但仍存在较大差异。前者侧重于对数据本身的可靠性、稳定性进行审查，更多关注数据处理活动，而后者侧重于对网络空间安全的稳定性、可靠性进行审查①。《网络安全审查办法》的出台细化了我国网络安全审查制度，然而在数据安全领域，类似的规范性文件尚未出台，《数据安全法》第二十四条仅仅确认了粗略的数据安全审查原则，还需法律文件对审查主体、审查方式、审查内容的进一步明确。

1. 网络安全审查制度。为了落实网络安全审查制度，我国于2020年6月施行《网络安全审查办法》（以下简称《办法》），规定了这一制度的审查对象、审查重点、审查流程、责任与义务等内容。《办法》规定网络安全审查制度的审查对象主要是采购网络产品和服务的关键信息基础设施运营者。审查重点主要有以下几类：

（1）产品和服务使用后带来的关键信息基础设施被非法控制、遭受干扰或破坏，以及重要数据被窃取、泄露、毁损的风险。

（2）产品和服务供应中断对关键信息基础设施业务连续性的危害。

（3）产品和服务的安全性、开放性、透明性、来源的多样性，供应渠道的可靠

---

① 金铭．我国数据安全审查制度研究［D］．湘潭：湘潭大学，2022. DOI：10.27426/d.cnki.gxtdu.2022.000908.

性以及因为政治、外交、贸易等因素导致供应中断的风险。

（4）产品和服务提供者遵守中国法律、行政法规、部门规章情况。

2. 网络安全审查流程。网络安全审查制度中的审查流程如下：

（1）启动审查：关键信息基础设施运营者在采购网络产品和服务前，应当预判该产品和服务投入使用后可能带来的国家安全风险。如果影响或者可能影响国家安全，应当向网络安全审查办公室申报网络安全审查。

（2）审查决定：网络安全审查办公室在收到审查申报后，应当在规定时间内确定是否需要进行网络安全审查，并书面通知运营者。

（3）审查过程：审查过程中，可能会涉及产品和服务的技术测试、源代码审计、安全评估等内容。

（4）审查结果：审查结果分为通过、不通过或有条件通过。如果通过审查，运营者可以继续采购网络产品和服务；如果不通过审查，则不能采购；如果条件通过，则运营者需要按照审查意见采取相应措施。

2020 年施行《网络安全审查办法》后，技术发展、国际形势发生变化，我国于 2022 年 2 月对其进行了修订，进一步完善网络安全审查制度。这次修订扩大了审查范围，明确规定将数据处理活动纳入审查范围，特别是对于掌握大量用户个人信息的网络平台运营者，另外对于赴国外上市的网络平台运营者，如果掌握了超过 100 万用户个人信息，必须申报网络安全审查。

二、数据安全基础制度

（一）数据分类分级保护

1. 数据分级分类保护原则的确立。2021 年 11 月 14 日，国家网信办发布关于《网络数据安全管理条例（征求意见稿）》公开征求意见的通知。征求意见稿提到，国家拟建立数据分类分级保护制度。

我国实施数据分类分级保护的主要目的在于构建一个系统化的数据安全管理体系，以应对在数字经济时代日益复杂的数据安全挑战。这一措施的根本出发点在于认识到并非所有的数据都同等重要或敏感，因此需要根据数据的不同属性，如其对国家安全、公共利益、个人隐私或企业商业机密的影响程度，来采取差异化的保护策略。

数据分类分级保护的核心思想是精细化管理，它能够确保关键数据，特别是那些涉及国家核心利益、公民个人隐私或具有高度商业价值的数据，得到更高层次的保护。通过这一制度，可以有效地预防数据泄露、非法获取和滥用，降低数据安全事件的发生概率，同时也能提升数据处理活动的整体合规性与数据治理效率，促进数据资源的合理利用和健康流通。

在构建中国数据分类分级保护制度的过程中，多部法律法规和政策文件起到了关键作用，为数据安全治理提供了坚实的法律基础。其中，2021 年 6 月通过的《中华人民共和国数据安全法》处于核心地位，其第二十一条明确规定国家建立数据分类分级保护制度，具体涵盖了以下关键点：一是根据数据在经济社会发展中的重要程度进行分类；二是考虑到数据一旦遭受篡改、破坏、泄露或非法获取、非法利用，对国家安全、公共利益或个人、组织合法权益可能造成的危害程度；三是实行数据分类分级保护，即根据不同标准确定相应级别的保护措施，以确保各类数据得到与其重要性和敏感性相匹配的安全保障。

2. 数据分类分级保护原则在其他数据安全法规中的体现。作为一项基础性原则，数据分类分级保护在以下几部法律法规中也得到了充分体现：

《数据安全技术数据分类分级规则》：旨在为数据分类分级提供通用规则，指导各行业领域、各地区、各部门和数据处理者进行数据分类分级工作。它详细规定了数据分类分级的原则、框架、方法和流程，并给出了重要数据识别的指南。标准中明确了数据的分类框架，包括数据描述对象与数据主体两个维度的分类参考，并定义了数据分级框架，将数据分为核心数据、重要数据和一般数据三个级别，根据数据在经济社会发展中的重要程度以及可能造成的危害程度进行分级。此外，标准还提供了数据分类分级的流程，包括数据资产梳理、制定内部规则、实施数据分类和分级、审核上报目录以及动态更新管理等步骤，以确保数据分类分级的有效性和适时性。

2021 年 8 月通过的《个人信息保护法》：进一步强化了个人信息保护机制，尤其注重敏感个人信息如种族、宗教信仰、生物识别信息等的分类与保护力度。此外，个人信息保护法还规定了个人信息跨境提供的规则，以及个人在个人信息处理活动中的权利，如知情权、同意权、撤回同意权、查阅复制权、可携带权、更正补充权和删除权等，强化了个人信息主体的权益保护。

《关键信息基础设施安全保护条例》：涉及数据分类分级保护的部分主要集中在关键信息基础设施的认定与安全保护工作上。条例规定，保护工作部门应结合本行业、本领域实际，制定关键信息基础设施认定规则，其中应考虑网络设施、信息系统等对于关键核心业务的重要程度，以及一旦遭到破坏可能带来的危害程度等因素。在关键信息基础设施安全保护工作中，条例要求运营者建立健全网络安全保护制度和责任制，保障人力、财力、物力投入，对关键信息基础设施进行安全保护，其中包括数据的分类分级保护。运营者需设置专门的安全管理机构，负责关键信息基础设施安全保护工作，包括建立健全网络安全管理、评价考核制度，组织推动网络安全防护能力建设，开展网络安全监测、检测和风险评估，以及制定应急预案和处置网络安全事件等。

《网络安全标准实践指南——网络数据分类分级指引》详细阐述了网络数据分类分级的原则、框架和方法，包括数据分类的多维度视角，以及数据分级的三个级别：一般数据、重要数据和核心数据。该指南还提供了数据分类分级的流程和具体步骤，帮助数据处理者识别不同类别的数据，并根据数据的重要性采取相应的保护措施。

《证券期货业数据分类分级指引》是证券期货业特定领域内的数据分类分级标准，它基于《证券期货行业数据模型》的业务条线划分，结合行业特点提出了一种从业务到数据逐级划分的分类分级方法。指引不仅提供了数据分类分级的理论框架，还包含了适用于行业典型机构的数据分类分级模板，如行业协会、证券公司、期货公司和基金管理公司等，为证券期货业提供了具体的数据分类分级实践指导。

《金融数据安全数据安全分级指南》：针对金融行业特性，规定了金融数据安全分级的目标、原则和范围，以及数据安全定级的要素、规则和流程。指南中详细描述了数据分级的考虑因素，包括数据规模、数据聚合、数据时效性、数据形态等因素，以及如何综合这些因素确定数据安全级别。此外，指南还提供了数据安全级别升降级的示例，以及重要数据的识别指南，为金融业机构的数据安全保护提供了标准化的参考。

《工业数据分级分类指南（试行）》：旨在指导工业企业和工业互联网平台企业对工业数据进行分类和分级管理，提升数据管理能力，促进数据的合理使用、流动和共享，释放数据价值，推动高质量发展。根据该指南，工业数据应按照研发设计、生产制造、经营管理、运维服务等环节进行分类，同时考虑数据的行业要求、业务模式、数据密度等实际情况。数据分级则根据数据一旦被篡改、破坏、泄露或非法利用后，可能对企业的生产、经济运行等带来的潜在影响大小，将工业数据分为三个等级，分别是三级数据（最高级别）、二级数据和一级数据。不同级别的数据需采取不同的保护措施，如三级数据应能抵御国家级敌对组织的大规模恶意攻击，而一级数据则需至少能抵御一般的恶意攻击。此外，该指南还鼓励企业在数据安全管理的前提下适当共享一级和二级数据，以充分发挥数据的潜在价值，但三级数据原则上不共享，确需共享时应严格控制知悉范围。

这些法律法规和政策文件的协同作用，构建起一个全面覆盖的数据分类分级保护体系。该体系要求企业和组织根据数据的敏感性和重要性，采取相适应的保护措施，既确保数据的安全与合理利用，又维护国家、社会及个人利益免受侵害，共同促进了数据经济的健康、安全发展。

（二）数据跨境传输安全

我国数据跨境传输监管起步较晚，在2017年之前，中国对于数据跨境传输的监管主要依靠行业自律和零散的政策指导，没有形成系统而严谨的法律法规体系。真正步入法治化轨道的转折点是2017年《中华人民共和国网络安全法》的出台。这部法律首次将数据跨境传输的安全评估制度纳入国家法律体系，为数据安全和个人信息保护确立了基本准则。尤其是对关键信息基础设施运营者而言，《网络安全法》明确要求其在中国境内收集和产生的个人信息和重要数据应在国内存储，且跨境传输需接受国家网信部门的安全评估，这标志着我国数据跨境传输监管步入规范化阶段。随着《网络安全法》的实施，我国开始构建一套全面的法律法规体系，以适应数据跨境传输的复杂需求。

2021年9月1日，《中华人民共和国数据安全法》生效，这部法律不仅细化了数据分类分级保护制度，还明确了数据出境安全评估的具体要求，确保数据跨境传输遵守国家规定，强化了数据安全管理与监管责任。

紧接着，《中华人民共和国个人信息保护法》于2021年11月1日施行，这部法律在个人信息保护领域树立了新的里程碑。其设专章对个人信息跨境提供的规则进行了详细规定，强调了个人信息向境外提供的条件，包括但不限于需通过国家网信部门组织的安全评估、个人信息保护认证，或订立个人信息出境标准合同。该法还明确了个人信息处理者在向境外提供个人信息前，需进行个人信息保护影响评估，确保个人信息在境外的安全和合法使用，以及个人信息主体的权益得到保护。

为了进一步指导实践操作，2022年9月，《数据出境安全评估办法》正式实施，该办法详细阐述了数据出境安全评估的程序和要求，规定了评估的申报材料、评估流程、评估结果的有效期和重新申报的条件，为企业提供了清晰的操作指引，确保了数据跨境传输的合规性与安全性。

随后，2023年6月，《个人信息出境标准合同办法》的出台，为个人信息跨境传输提供了个人信息处理者通过与境外接收方签订标准合同的方式向境外提供个人信息的规范。办法规定了适用标准合同的条件，包括处理个人信息规模的限制，以及在签订合同时应约定的数据安全保护责任和义务。标准合同需涵盖数据出境的目的、方式、范围、境外保存期限、数据再转移约束、安全措施、违约责任等内容，确保个人信息在跨境传输过程中的安全。

到了2024年3月，《促进和规范数据跨境流动规定》的发布，标志着我国数据跨境传输监管政策的进一步成熟与优化。明确了数据出境安全评估、个人信息出境标准合同、个人信息保护认证等数据跨境制度的施行细节，对跨境运输中涉及的国际贸易、跨境运输、学术合作等活动中产生的数据向境外提供的豁免条件进行了规定，同时也明确了需申报数据出境安全评估的具体情形，以及自由贸易试验区的特殊规定，以促进数据的依法有序自由流动。

这一系列法律法规的出台，不仅构建了中国数据跨境传输的法律框架，确保了数据的合法、安全和有序流动，同时也彰显了中国在全球数据治理中的积极角色。通过这些法律法规的实施，中国不仅强化了对数据处理者的责任要求，也提升了自身在数据保护领域的国际地位，为国内外企业提供了清晰的合规路径，促进了数据领域的国际合作与交流，为数字经济的未来描绘了更加安全、透明的蓝图。

第四节

人工智能安全

一、人工智能安全的表现与问题

（一）数字伦理与人工智能安全

随着技术革命的持续发展，数字科技作为一种新兴的技术力量正在深刻地重塑宏观经济结构和微观生产模式，同时也在悄悄地转变着社会的运作方式。数字社会已经成为数字科技时代下的一种新型社会形态①。与以往由能源技术引领的“硬科技”革命不同，本轮由数字科技主导的技术变革对社会的影响更为深远和全面。这意味着数字科技不仅在塑造数字社会，而且使得伦理问题不再局限于传统社会互动，而是扩展到网络空间和算法决策，触及到社会的方方面面②。

数字伦理作为伦理学的一个重要分支，是指在计算机相关技术（尤其是人工智能技术）普遍采用之后，对社会、机构和个人等相关实体的行为进行规范的一整套规则和道德准则。随着数字技术的普及，特别是在互联网、大数据、云计算和人工智能（AI）等领域的广泛应用，数字伦理变得尤为重要。它不仅涉及如何负责任地使用这些技术，确保它们对社会的影响是积极的，同时还需要保护个人权利和隐私，维护社会的公平与正义。

---

① 刘炜，金家琴，刘倩倩，等. 计算伦理与数字道德——AGI时代的人文主义与数字人文［J］. 信息与管理研究，2024，9（04）：2－12.

② 肖红军，阳镇. 数字科技伦理监管的理论框架、国际经验与中国借鉴［J］. 东北财经大学学报，2023（05）：47－61. DOI：10.19653/j.cnki.dbcjdxxb.2023.05.005.

数字伦理的核心在于确保数字技术的发展与应用能够符合道德标准，促进社会的福祉。它关注的焦点包括但不限于：一是隐私保护：确保个人数据的安全，防止未经授权的数据收集、使用和泄露。二是数据安全：保护数据免受未经授权的访问、破坏或泄露。三是算法公正：确保算法和自动化系统的决策过程公平无偏，避免歧视。四是透明度：技术系统和决策过程需要公开透明，便于理解和审查。五是责任归属：明确在数字技术引发的问题中，哪些个体或组织应承担责任。六是数字鸿沟：关注数字技术获取和使用能力的不平等，努力缩小数字鸿沟。七是数字素养：提高个人和社会使用数字技术的能力和意识。八是伦理审查：在新技术的研发和应用中进行伦理评估，确保技术发展符合道德标准。

（二）人工智能安全问题的表现

人工智能（AI）的发展虽然为现代社会带来了前所未有的机遇，但也伴随着多重风险，这些风险可以大致分为社会、技术与经济三个细分领域。

1. 社会领域风险。主要包括以下风险：

（1）隐私泄露：人工智能技术在数据收集与分析过程中可能会挖掘出用户的个人敏感信息，并加以利用，导致用户隐私泄露。

（2）数字鸿沟：随着技术的发展，社会上可能会出现技术能力较高与较低的人群之间的差距，使得技术能力较低的人群在新一轮的社会资源分配中处于劣势地位。

（3）伦理模糊：人工智能系统的决策过程往往是不透明的，这导致责任归属难以界定，当出现问题时，难以确定谁应该负责。

（4）暴力扩张：自主武器系统和军事应用可能导致冲突升级，增加战争风险。

2. 经济领域风险。主要包括以下风险：

（1）失业问题：人工智能作为先进生产力之一，将替代简单、重复、流程化的工作岗位，导致结构性失业等问题。

（2）资本集中：人工智能将影响不同行业企业的分配关系，使社会财富聚集在少数技术领先的企业中，导致收入分配不均衡。

（3）市场失衡：人工智能的应用可能引发市场失衡，导致部分行业过度依赖技术而忽视其他重要因素，进而影响市场的健康运行。

3. 技术领域风险。主要包括以下风险：

（1）技术失控：高度自主的人工智能系统可能会出现决策错误或行为偏离预期，导致不可预见的后果。

（2）算法偏见：训练数据中可能存在的偏见，人工智能系统可能会学习并放大这些偏见，导致不公平的决策结果。

（3）安全风险：人工智能系统可能遭受恶意攻击，导致数据泄露或系统功能受损。

二、国际上应对人工智能安全的探索

人工智能安全治理的全球重要性愈发凸显，它直接关乎技术如何在尊重人权、促进社会公正、确保安全与透明的框架下稳健发展。伴随人工智能技术的日新月异，其应用领域迅速拓展，从自动驾驶汽车、精准医疗诊断系统延伸至就业市场的数据分析，乃至社会生活的各个层面，对日常生活产生深远影响。鉴于此，各国政府普遍认识到人工智能安全治理的紧迫性，积极采取措施，确保技术的合理使用和长期可持续性。

（一）美国的人工智能安全治理政策

美国在人工智能安全治理方面确立了一系列核心原则，这些原则由国防创新委员会（Defense Innovation Board，DIB）提出，旨在确保人工智能技术在尊重人权、促进社会公正、确保安全与透明的前提下稳健发展。为推动人工智能安全标准的建立和完善监管机制，美国政府成立了国家人工智能咨询委员会（NAAC）与国家科学技术委员会（NSTC）人工智能特别委员会，汇聚白宫科技政策办公室、国家标准技术研究所和联邦贸易委员会等多部门资源，共同致力于人工智能安全治理政策的制定与实施。此外，美国还出台了《人工智能权利法案》（Blueprint for an AI Bill of Rights）和《人工智能原则：国防部对人工智能伦理使用的建议》等概念框架和指导原则，强化对人工智能安全的法律框架和监管环境。

1. 美国应对人工智能安全的机构。国家人工智能咨询委员会（National AI Advisory Committee，NAAC）：NACC是一个由国会授权的顾问小组，负责就人工智能相关问题向总统和国会提供建议。该委员会的成员来自学术界、产业界和非营利组织，他们专注于评估美国在人工智能研究、开发和应用方面的竞争力，同时深入考虑伦理、安全、法律和社会影响。NAAC积极推动建立人工智能安全标准，确保技术发展符合公共利益。

国家科学技术委员会人工智能特别委员会（NSTC Subcommittee on Artificial Intelligence）：NSTC下设的人工智能特别委员会由多个联邦机构代表组成，其目标是协调联邦政府在人工智能领域的活动，包括研究、开发和应用。该委员会的工作涉及伦理指导原则的制定、跨部门合作项目的推动以及促进人工智能的负责任使用。它还致力于提高公众对人工智能安全问题的认识。

白宫科技政策办公室（Office of Science and Technology Policy，OSTP）：作为总统的科学和技术顾问，OSTP在制定和实施联邦政府的科技政策中扮演核心角色。

在人工智能安全治理方面，OSTP主导或参与跨部门的政策制定，确保科技创新与伦理、法律和社会价值相协调。它还与国际伙伴合作，推动全球人工智能治理的一致性和互操作性。

国家标准技术研究所（National Institute of Standards and Technology，NIST）：NIST负责制定和推广测量、标准和技术，以促进创新和产业发展。在人工智能领域，NIST开展研究以定义和测试人工智能系统性能的标准，包括透明度、可解释性和安全性，从而支持伦理治理的目标。NIST还与其他联邦机构合作，开发指南和工具，帮助企业和政府机构实现人工智能的负责任使用。

联邦贸易委员会（Federal Trade Commission，FTC）：FTC是一个独立的联邦机构，负责保护消费者免受不公平或欺骗性的商业行为的侵害。在人工智能安全治理中，FTC监管人工智能系统的使用，确保它们不会导致对消费者的不公平损害。这包括监督数据隐私、打击算法歧视和保障消费者信息的准确性和安全性。FTC通过执法行动、政策指导和公众教育来实现这些目标。

2. 美国应对人工智能安全的政策文件。《人工智能原则：国防部对人工智能伦理使用的建议》：由美国国防部（DoD）下属的国防创新委员会（DIU）在2019年提出，包括负责任、公平、可追溯、可靠和可控性等原则。它们旨在确保AI技术在军事和国防领域的应用中，决策过程能够被理解和审计，技术不会无意中造成伤害，系统的行为可以预测并且能够被人类操作者控制，以及确保AI系统的使用不会侵犯人权或加剧社会不平等。这些原则为国防部和其他联邦机构提供了指导，帮助他们在AI项目中融入伦理考量，确保技术进步与道德责任相协调。

《人工智能权利法案》（Blueprint for an AI Bill of Rights）：由美国白宫科技政策办公室（OSTP）于2022年10月发布。该法案提出了五个核心原则来指导AI系统的创建和使用，包括安全和有效运作、无歧视、隐私保护、通知和解释权以及选择和退出权。其目标是确保AI系统在设计和部署时充分考虑到公民的权利和自由，从而构建更加公正、透明和包容的社会环境。

（二）英国的人工智能安全治理政策

英国在人工智能安全治理方面精心构筑了一个多层次的监管框架与政策体系，旨在确保技术进步与伦理责任并重。英国政府成立了人工智能委员会（AI Council）、数据伦理与创新中心（Centre for Data Ethics and Innovation，CDEI）以及Alan Turing Institute等机构，它们负责提供政策建议、开展研究、推动最佳实践以及增强公众对AI技术的信任。在法律政策方面，英国政府发布了《自动决策系统的伦理、透明度与责任框架》和《人工智能监管白皮书》等指导性文件，确保人工智能技术的发展遵循明确的伦理准则。

1. 英国应对人工智能安全的机构。英国人工智能委员会（AI Council）：是一个由业界领导者、学术专家和政府官员组成的高级别论坛，致力于推进英国人工智能（AI）战略的实施。该委员会的任务是加速 AI 领域的增长与创新，同时确保技术的开发和应用遵循伦理准则，避免潜在的社会负面影响。通过提供政策建议、促进最佳实践的传播、支持技能和人才发展，以及提升公众对 AI 技术的认知和信任，AI Council 在加强 AI 伦理治理方面扮演着关键角色。它与政府、工业界和学术界紧密合作，确保 AI 的发展路径既充满活力又负责任。

数据伦理与创新中心（Centre for Data Ethics and Innovation，CDEI）：作为政府顾问机构，专注于数据驱动技术和 AI 的伦理问题，旨在确保这些技术以对社会有益且负责任的方式发展。CDEI 通过开展研究，识别和缓解 AI 及数据驱动技术带来的伦理风险，包括算法偏见、透明度缺失和隐私侵犯等问题。它向政府提供有关 AI 伦理的政策和法规建议，同时促进技术的负责任使用，增强公众对 AI 伦理议题的意识。CDEI 的工作对于构建一个既能创新又能维护社会正义的 AI 生态系统至关重要。

艾伦·图灵研究所（Alan Turing Institute）：艾伦·图灵研究所是英国国家数据科学研究所，也是全球数据科学和 AI 研究领域的领军者。作为一家集研究、教育与合作于一体的机构，图灵研究所致力于将伦理原则融入 AI 和数据科学的实践之中。它通过研究项目、合作倡议和教育计划，深入探讨 AI 伦理的核心问题，如算法公正性、数据隐私和机器学习的透明度。图灵研究所与政策制定者、行业领袖和公众广泛合作，推动 AI 伦理的讨论与实践，确保 AI 技术的进步不仅体现创新精神，也符合伦理标准，满足社会需求。

2. 英国应对人工智能安全的政策文件。

《人工智能监管白皮书》：是英国政府针对人工智能技术监管提出的一项重要政策文件。该白皮书概述了一套全面的治理原则，旨在确保 AI 技术的安全性、稳健性、透明度、可解释性、公平性、问责制以及市场竞争力，同时提供有效的补救机制。它反映了政府对 AI 发展的高度重视，以及在促进技术创新的同时，保护公众利益、维护个人隐私和防止偏见的决心。白皮书倡导一种平衡的监管方法，既鼓励 AI 的健康发展，又防止潜在的风险和滥用。通过提出具体的监管措施和政策建议，白皮书为英国乃至全球的 AI 监管提供了框架和方向，推动建立一个既充满活力又负责任的 AI 生态系统。

《自动决策系统的伦理、透明度与责任框架》：旨在指导自动决策系统（ADS）设计、实施和使用的综合指南。该框架着重于确保这些系统在做出决策时遵循道德原则，具备高度的透明度，使用户能够理解决策背后的逻辑，并明确责任归属，以便在出现错误或不当决策时能够追责。

（三）欧盟的人工智能安全治理决策

欧盟在人工智能监管方面起步较早，并且在国际上处于领先地位。自 2015 年起，欧盟就已成立专门研究机器人和人工智能发展相关法律问题的工作小组，开始积极探索人工智能伦理与治理的举措，最后欧盟在这一领域取得了显著成就。尽管在人工智能技术的发展上未能先发制人，但在人工智能治理方面，欧盟走在了世界的前列。欧盟通过战略规划、产业政策、伦理框架、治理机制和法律框架等制度构建，搭建了一套完整的人工智能监管体系。

在法律层面，欧盟发布了《人工智能法》（Artificial Intelligence Act，AIA）、《可信人工智能伦理准则》（Ethics Guidelines for Trustworthy AI）、《一般数据保护条例》（General Data Protection Regulation，GDPR）、《数字服务法案》（Digital Services Act，DSA）等构成了人工智能监管的法律框架。

《可信人工智能伦理准则》于 2019 年 4 月提出，尽管该文件不具备法律效力，但这些准则对人工智能的研发和应用提供了重要的伦理指导，并且为后续相关规则的制定提供了参考。该准则的提出对人工智能技术的开发和使用进行了规范，确保它们遵循道德和伦理标准。

《数字服务法案》于 2020 年 12 月公布，是欧盟的一项重要立法，旨在提高在线平台和搜索引擎的责任与透明度，规范人工智能技术的在线服务以确保，并确保推荐算法等技术的使用不会导致非法内容的扩散，保障互联网空间的安全和可信度。

《人工智能法》的出台最受全世界关注，这是世界上第一部提供了全面的人工智能应用监管框架的法律，在全球范围内产生了深远的影响。《人工智能法》于 2024 年 2 月由欧盟 27 国一致通过，并于同年 3 月 13 日获得欧洲议会批准。该法在安全风险防控策略、防控对象的类型、安全风险防控制度、义务主体、透明度、法律责任等方面对人工智能安全进行了全面、综合性的监管。该法不仅定义了人工智能系统作为一种自主性工具，而且还根据风险的类别和大小程度，将防控对象分为禁止的人工智能活动、人工智能系统和通用人工智能模型三大类六小类，采取了禁止和不同程度的管控措施，重点防控高风险人工智能系统和通用人工智能模型的安全风险。以下是《人工智能法》提供的监管框架。

1. 安全风险防控制度。主要包括三方面内容：一是事前规制义务：建立并实施风险管理系统，以识别和分析潜在的健康、安全或基本权利风险；数据治理，确保训练、验证和测试数据集的质量；提供技术文件，证明系统符合法定要求；保存日志，确保人工智能系统的可追溯性；透明度和信息提供，确保部署者能够理解系统的输出；人为监督，确保自然人能够监督系统的使用；确保系统的准确性、鲁棒性和网络安全。二是事中与事后规制：建立上市后监测系统，以持续评估系统的性能和风险；记录人工智能系统的风险，评估系统是否持续符合要求；当发现严重事件时，向市场监管机构报告。三是合规性要求：对于高风险人工智能系统，提供者需要建立质量管理体系；制作、保存和提供相关文件；保存自动生成的日志；采取必要的纠正措施；与主管机构合作；指定授权代表。

2. 义务主体。主要包括两大类：一是操作方：包括提供者、产品制造商、部署者、有权代表人、进口商和分销商。二是其他主体义务：包括授权代表、进口商、分销商等。

3. 透明度。主要有三方面要求：一是与自然人直接互动的人工智能系统的提供者需要确保相关自然人被告知正在与人工智能系统互动。二是生成合成音频、图像、视频或文本内容的人工智能系统输出需要以机器可读的格式并可检测为人工生成或操作来标记。三是情绪识别系统或生物识别分类系统的部署者需要告知自然人该系统的运行情况及其成为系统的使用对象。

（四）人工智能治理的国际合作

2023 年 11 月，首届全球人工智能安全峰会在英国布莱切利庄园召开，正式发表《布莱切利宣言》，布莱切利庄园因其在二战期间作为盟军密码破译中心的历史而闻名，选择在此地发布宣言具有深远的历史象征意义。

《布莱切利宣言》是全球首个针对人工智能（AI）这一快速发展的新兴技术的国际性声明，是对全球 AI 治理的一次重要尝试，体现了国际社会对确保 AI 技术安全、可靠和有益于人类社会的共同承诺。《布莱切利宣言》关注和管理强大的人工智能模型可能给人类带来的生存威胁，以及当前增强有害或带有偏见信息的问题。宣言强调了人工智能技术在为人类带来巨大机遇的同时，也在网络安全、生物技术等领域带来了重大风险。

2024 年 9 月 5 日，美国、欧盟、英国等 10 个国家和组织在欧洲委员会司法部长会议上签署《人工智能框架公约》，这是全球首部具有法律约束力的公约。此前条约内容于 2024 年 5 月确定，一共有 57 个国家参与了讨论过程。此公约的制定和签署标志着人工智能治理的国际合作取得了实质性进展，是国际社会在人工智能治理方面的一个重要里程碑。

《人工智能框架公约》全文由序言及多个章节组成，内容覆盖了人工智能系统的设计、开发、使用和退出等各个阶段，并要求缔约国采取措施确保人工智能系统的应用不会损害人权、民主和法治，同时强调了保护隐私权和个人数据的重要性。公约要求缔约国提供有效救济手段，以解决人工智能系统生命周期内活动导致的人权侵犯问题，并确保受影响个人能够获得足够的信息以便对相关决策提出异议。此外，公约还强调了程序性保障的重要性，规定了缔约国在人工智能系统显著影响人权享受时应当提供的保障措施，并要求缔约国确保在与人工智能系统交互时告知用户。

这一公约的意义在于，它不仅是对当前人工智能技术现状的回应，也是对未来技术发展趋势的一种预见性安排。它试图在全球范围内建立一个统一的框架，以指导人工智能的研发和应用，从而在保障人权的同时推动技术的健康发展。

三、我国应对人工智能安全的政策举措

（一）从科技伦理到人工智能安全法

为了有效应对人工智能及其衍生技术所带来的伦理道德挑战，中国已制定并实施了一系列法律法规和指导性文件，旨在确保科技发展与应用符合伦理道德标准，保护个人权益，维护国家安全与社会公共利益。这些法规的出台，不仅体现了国家对人工智能安全问题的高度警觉与积极应对，也彰显了中国在全球科技伦理治理中的主动角色与责任担当。

为抓住人工智能发展的重大战略机遇，构筑中国在人工智能领域的先发优势，加速推进创新型国家和世界科技强国的建设。2017 年国务院印发的《新一代人工智能发展规划》首次在国家层面提出了促进人工智能发展的整体战略，包括制定相关的法律法规和伦理规范。具体而言，《新一代人工智能发展规划》制定了人工智能安全的基本原则，如公平、透明、责任、尊重人权和多样性等，强调必须将伦理道德融入人工智能的全生命周期，这意味着从技术的研发阶段开始，直到其应用、管理和最终退出，每一环节都应遵循严格的伦理准则。规划还呼吁加强国际合作，共同面对人工智能带来的全球性挑战，促进技术的和平利用和共享。这一规划自发布以来，对中国人工智能领域的发展产生了深远的影响，推动了相关政策法规的制定、科研投入的增加、产业生态的构建以及教育体系的改革。

基于《新一代人工智能发展规划》的指引，后续一系列法律法规和相关规定相继出台，细化了 AI 伦理治理的要求。

2021 年 4 月发布的《网络安全标准实践指南——人工智能伦理安全风险防范指引》为人工智能伦理安全风险的识别、防范和管理提供了具体措施，覆盖了从研究开发到部署应用的各个阶段，确保人工智能系统在整个生命周期中遵守法律法规，尊重社会价值观，保护个人基本权利。此外，该指南提倡提高算法的可解释性、可控性，建立回溯机制，推动开放协作和敏捷治理，以防范潜在风险。

紧接着，2022 年 1 月发布的《互联网信息服务算法推荐管理规定》进一步聚焦于算法推荐服务的管理，要求服务提供者遵循主流价值导向，优化算法，防止传播

违法和不良信息，保护用户权益。其中包括提供非个性化选项和关闭算法推荐服务的机制，以及定期审核算法、确保信息安全和紧急干预措施，从而保障用户选择权和信息安全。

同年 11 月通过的《互联网信息服务深度合成管理规定》，针对深度合成技术的应用，要求服务提供者建立内容审核和辟谣机制，对训练数据进行管理，定期审核算法，对合成内容进行标识，以避免公众混淆。规定深度合成服务提供者需对使用其服务生成的内容进行标识，并保存相关日志信息，以增强透明度和可追溯性，维护网络环境的健康和安全。

随后 2023 年 5 月 31 日，国务院公布了其年度立法工作计划，正式将人工智能法草案纳入预备审议的范畴，随后中国集中发布若干涉及人工智能的重要文件。

同年 8 月施行《生成式人工智能服务管理暂行办法》，该办法着重于生成式人工智能服务的规范，强调服务应遵循社会主义核心价值观，禁止生成有害内容，防止歧视，尊重知识产权和商业道德，保护个人隐私与信息权益，以及提高服务的透明度和内容的准确性。该办法还要求提供者进行数据标注规则制定、质量评估和人员培训，以确保数据处理的合法性与伦理性，保障生成内容的准确性和安全性。

同年 9 月公布的《科技伦理审查办法（试行）》详细规定了科技伦理审查的流程和标准，要求从事生命科学、医学、人工智能等领域的科技活动单位，在研究内容触及科技伦理敏感领域时，必须设立科技伦理委员会或相应机构，对项目进行伦理审查。审查过程需遵循科学、独立、公正、透明原则，确保科技活动的风险被妥善评估和管理，同时明确了审查主体的职责，包括制定管理规则、进行风险评估、跟踪监督，以及提供伦理咨询和培训，确保科研活动的伦理合规。

2024 年 9 月，为落实《全球人工智能治理倡议》，全国网络安全标准化技术委员会制定《人工智能安全治理框架》（以下简称《框架》）。《框架》提出了包容审慎、确保安全、风险导向、敏捷治理、技管结合、协同应对、开放合作、共治共享等治理原则，并系统梳理了人工智能的重大安全风险，包括技术缺陷导致的内生安全风险和不当使用、滥用或恶意利用引发的应用安全风险，同时从技术和管理两个层面提出了防范应对措施，并为不同主体提供了安全开发应用的具体指引，如模型算法研发者的安全开发、服务提供者的安全服务以及重点领域使用者和社会公众的安全应用。

这些法律法规和政策构成了中国在人工智能安全治理方面的基本框架，它们共同作用于促进人工智能的健康发展，确保其应用符合伦理标准，同时保护公民的权益和国家安全。随着技术的不断进步和应用场景的拓展，相关法律法规也将持续更新和完善，以适应人工智能技术的快速发展，保障科技的健康、可持续和负责任发展。

（二）积极参与全球人工智能治理

中国在人工智能领域的发展不仅注重国内治理与伦理规范的构建，而且积极投身于全球人工智能治理的进程之中，展现出一个负责任大国的形象。中国强调多边主义的重要性，以及对全球命运共同体理念的坚定承诺，认为全球人工智能治理需要所有利益相关方的广泛参与。通过参与联合国等多边平台，中国积极倡导构建公正、合理的国际人工智能治理新秩序，主张协同共治，成立国际人工智能治理机构，以应对全球性挑战。

2021 年 12 月，中国向联合国《特定常规武器公约》第六次审议大会提交《中国关于规范人工智能军事应用的立场文件》，明确表达在 AI 军事应用领域的审慎态度，倡导国际社会共同探索伦理准则与法律边界，防止技术滥用引发的道德与法理困境。

2022 年继续在联合国框架下，中国提交了《中国关于加强人工智能安全治理的立场文件》，进一步强调了人工智能安全治理的重要性，并展现中国愿同各国共建全球 AI 治理标准的诚意与决心。

2023 年 10 月中国在第三届“一带一路”国际合作高峰论坛开幕式上正式提出了《全球人工智能治理倡议》，这是一个全面的框架，旨在于推动构建人类命运共同体，并为全球人工智能治理提供指导原则和方向。倡议的核心在于促进全球人工智能领域的协同治理，确保 AI 技术的发展能够惠及全人类，同时减少潜在的风险。它强调了人工智能应当遵循的原则，包括但不限于公平性、透明度、隐私保护、伦理道德以及防止滥用。倡议还呼吁国际社会共同制定规则，以指导 AI 的研发、应用和监管，确保技术进步不会损害个人权利或国际和平与安全。

随后的 11 月，由中国公共外交协会主办的全球人工智能治理倡议专题交流会，汇聚多国代表，中国借此机会宣示其构建公平、透明、包容的全球 AI 治理体系的坚定立场，为全球 AI 对话与规则制定提供前瞻视角与实践路径。此次会议彰显了中国在科技治理领域的积极参与姿态，以及与各国合作应对 AI 挑战，推动全球科技健康发展的愿景。

中美两国作为全球 AI 发展的领航者，其在该领域的对话与合作，不仅关系双边未来，更关乎全球福祉。2024 年 4 月 17 日，习近平主席与拜登总统的会晤，双方就建立中美人工智能政府间对话达成共识，明确了在 AI 治理领域深化合作的路线图。

世界人工智能大会是 AI 领域最具影响力的活动之一，每届大会都会吸引来自全球的顶尖科学家、企业家和政策制定者参与。世界人工智能大会（WAIC）是一个全球性的年度盛会，旨在汇聚世界各地的专家、学者、企业和政府代表，共同探讨人工智能（AI）的最新进展、未来趋势以及其在全球治理中的作用。大会不仅是中国推动人工智能技术创新和产业发展的关键平台，也是展示中国在人工智能领域全球领导地位的一个窗口。

第十一章　数字治理生态

第一节

数字经济法律法规体系

一、我国数字经济法律体系

数字经济作为新时代经济发展的重要引擎，其蓬勃兴起对法律体系的完善提出了更高要求。本节将深入剖析我国现有数字经济法律法规体系，旨在揭示其如何适应并促进数字经济的快速发展。通过梳理我国国家及地区法律框架体系，展现我国数字经济法律规制的全貌，并探讨其在数据保护、网络安全与数字产业等方面的重要作用。同时，将展望我国数字经济法律法规体系的未来发展趋势，为数字经济政策的制定与实施提供学术支撑与参考。

（一）我国现有数字经济法律法规体系

我国数字经济法律体系的构建，旨在为数字经济的健康发展提供坚实的法律保障。这一体系不仅覆盖了国家层面的关键立法，还包括地方性的法规和政策，以及专项规划和立法规划，共同构成了一个全面、多层次的法制框架（见表11－1）。

表11－1　　我国数字经济立法总览

时间	法律名称	制定机构	主要内容
2017年6月	中华人民共和国网络安全法	全国人大常委会	建立网络安全等级保护等制度，强化监测预警和应急处置机制
2018年8月	中华人民共和国电子商务法	全国人大常委会	规范电商平台责任与义务，保护消费者权益，确保交易安全

续表

时间	法律名称	制定机构	主要内容
2019 年 10 月	中华人民共和国密码法	十三届全国人大常委会第十四次会议	规范密码应用与管理，确保网络与信息安全
2020 年 6 月	网络安全审查办法	网信办等	聚焦关键信息基础设施和大型网络平台的风险评估与管控
2021 年 9 月	中华人民共和国数据安全法	全国人大常委会	建立数据分类分级管理、风险评估等制度，保障数据安全
2021 年 11 月	中华人民共和国个人信息保护法	全国人大常委会	确立个人信息处理原则，保护个人信息权利，规范跨境数据流动
2022 年 6 月	中华人民共和国反垄断法（修订）	全国人大常委会	明确反竞争行为界限，设立专门执法机构，关注数字经济中的垄断问题
2022 年 9 月	数据出境安全评估办法	网信办等	规范数据出境风险评估流程，促进数据跨境安全流通
2019 年 4 月/2022 年 3 月	中华人民共和国反不正当竞争法	全国人大常委会	维护市场公平竞争，禁止不正当竞争行为，增强新兴市场监管效能
2023 年 5 月	数字经济促进法（草案）	—	明确数字经济法律地位，强化数据管理和网络安全措施

1. 数据保护领域的立法。在 2017 年以前，我国并没有一部专门针对数据保护的全面性法律，数据保护的相关规定散见于各种法规和部门规章中。2017 年 6 月，《中华人民共和国网络安全法》（以下简称《网络安全法》）正式实施，这是我国第一部全面规范网络空间安全的基础性法律，其中包含了数据保护和个人信息保护的基本原则，为后续的专项立法奠定了基础。

随后，为了进一步加强数据保护，我国又相继出台了《中华人民共和国数据安全法》（以下简称《数据安全法》）和《中华人民共和国个人信息保护法》（以下简称《个人信息保护法》）。其中，《数据安全法》于 2021 年 9 月正式实施，这是一部全面规范数据处理活动、保障数据安全、促进数据开发利用的法律。该法建立了数据分类分级管理、数据安全审查、数据安全风险评估、监测预警和应急处置等制度，为数据安全保护提供了更为详细的指导。同时，该法还强调了国家主权、安全和发展利益的重要性，对政务数据的安全与开放作出了规定，并保护个人和组织的合法权益。

另一部重要的法律是《个人信息保护法》，该法于 2021 年 11 月实施。该法确立了个人信息处理的合法性、正当性和必要性原则，保障个人对其信息的知情同意、访问、更正和删除权利。该法规范了个人信息的收集、使用、存储和传输，尤其强调了跨境数据流动的安全管控，设定了严格的法律责任以打击非法处理行为。

这一法律的实施，全面提升了我国个人信息保护的法律标准，为个人信息保护提供了更为坚实的法律保障。

为了规范境内数据向境外传输的安全评估流程，我国还出台了《数据出境安全评估办法》。该办法于 2022 年 9 月 1 日起实施，要求数据处理者对拟出境数据进行风险评估，涵盖数据出境目的、范围、方式的合法性，以及对国家安全、公共利益和个人权益的影响。这一办法旨在平衡数据流动与安全保障，促进数据的跨境安全流通。通过这一办法的实施，我国对外数据传输的监管框架得到了进一步强化。

2. 网络安全领域的立法。在当今数字经济迅速崛起的时代背景下，网络安全不仅关乎个人隐私和企业竞争力，而且直接关系到国家主权、经济安全和社会稳定的核心要素。随着信息技术的不断革新，数据成为推动全球经济繁荣的命脉。然而，随之而来的安全挑战也日益严峻。自 20 世纪末开始，我国便着手构建网络安全法制体系，这一进程在 2017 年 6 月达到了一个重要里程碑——《网络安全法》的正式实施。

《网络安全法》作为我国网络安全领域的首部综合性法律，填补了此前在网络安全全面法治化方面的空白。该法构建了一套完整的网络安全制度框架，涵盖网络安全等级保护制度、关键信息基础设施安全保护制度、网络信息安全管理制度等多个方面。它强调了网络安全监测预警和应急处置机制的重要性，并明确了一系列法律责任，旨在打造一个健康、安全、有序的网络生态环境，促进经济社会信息化的稳健发展。

随后，在网络安全法治建设的进程中，《中华人民共和国密码法》（以下简称《密码法》）于 2019 年 10 月由十三届全国人大常委会第十四次会议通过，自 2020 年 1 月 1 日起施行。这部法律旨在规范密码应用与管理，确保网络与信息安全，维护国家安全和社会公共利益。它细化了核心密码、普通密码与商用密码的应用场景，建立了密码工作体制，明确了密码使用规则及管理要求，推动了密码科技的创新与产业发展，确保密码技术、产品和服务的安全可控，为密码事业的健康发展奠定了坚实的基础。

为了进一步应对网络安全领域的新挑战，尤其是关键信息基础设施和大型网络平台所带来的风险，2020 年 6 月，《网络安全审查办法》应运而生。该办法聚焦于关键信息基础设施运营者采购网络产品和服务的行为，以及大型网络平台的数据处理活动，旨在通过系统性的审查评估，识别并防范供应链风险，确保国家安全和数据安全。审查机制的设立强化了网络安全和供应链安全管理，提升了对潜在安全威胁的评估能力，为我国网络安全防线的巩固提供了强有力的支撑。

这些法律法规的相继出台和实施，标志着我国在网络安全法治建设上迈出了坚实的步伐，展现了国家对于维护网络安全、促进数字经济健康发展的坚定承诺。通过构建完善的法制体系，我国正努力营造一个既开放又安全的网络空间，为全球数字经济的发展贡献中国智慧和中国方案。

3. 数字产业领域的立法。自 20 世纪末以来，我国逐步发展成为全球数字经济的关键参与者与引领者，这一转变始于早期的互联网接入，随后是“互联网 +”战略的推出，标志着我国数字产业建设的启动。自 2015 年起，“互联网 +”行动计划的实施，聚焦于互联网与传统行业深度结合，借助云计算、物联网、大数据等前沿科技，加速制造业、服务业等产业的转型与升级，催生新业态，激活创新与创业活力，力图实现经济结构优化与增长动能转换。

2018 年 8 月，我国颁布了《中华人民共和国电子商务法》（以下简称《电子商务法》），并于 2019 年 1 月正式实施，这是我国首部全面覆盖电子商务领域的综合性法律。该法不仅规范了电商平台经营者的责任与义务，确保信息安全与交易安全，还着重保护消费者权益，建立电子商务争议解决机制，强化对平台的监督力度，为电子商务的可持续发展提供了坚实的法律框架。

《中华人民共和国反不正当竞争法》（以下简称《反不正当竞争法》）经历多次修订，其中关键修订发生在 2019 年与 2022 年，其核心目标是维护市场公平竞争，禁止诸如商业混淆、虚假广告、侵犯商业秘密等不正当竞争行为。该法赋予市场监管部门广泛的执法权限，违规企业将面临警告、罚款、没收非法所得等处罚，情节严重的还可能涉及刑事责任。针对互联网领域不正当竞争现象的增加，法律持续更新，增强了对新兴市场的监管效能。

在数字经济立法方面，2023 年 5 月，我国发布《数字经济促进法》草案，该草案旨在确立数字经济的法律地位，明确基本原则，制定数据管理规则，强化网络安全与个人信息保护措施，激励数字技术创新与应用，以及促进国际数字经济合作。此草案意在构建一个有利于数字经济健康发展的法律环境与政策支撑体系。

此外，针对数字经济发展带来的垄断问题，《中华人民共和国反垄断法》（以下简称《反垄断法》）于 2022 年进行了修订，进一步明确了禁止垄断协议、滥用市场支配地位、控制经营者集中等反竞争行为的界限，设立了专门的反垄断执法机构，细化了法律责任与监管机制，确保市场公平竞争，维护经济秩序稳定，特别关注数字经济中的垄断问题，以适应新时代的市场挑战。

这些立法与政策举措共同构成了我国数字经济治理的基石，展现了我国从数字经济的追赶者到引领者的转变，以及对构建开放、公平、有序的数字市场环境的坚定承诺。

（二）数字产业治理实践

1. 数字经济巨头和平台经济带来的监管挑战。数字经济巨头和平台经济的崛起对传统监管框架提出了前所未有的挑战，这些挑战涉及法律法规、税收政策、市场竞争、消费者保护、数据治理等多个方面，要求监管机构采取创新性措施，以适应快速变化的技术和商业模式。

（1）法律与合规。数字经济巨头与平台经济的迅猛发展，对法律法规体系造成了深远影响。首当其冲的是数据保护与隐私法规。随着海量用户数据的收集与分析，如何确保个人信息的安全，防止数据泄露与滥用，成为亟待解决的紧迫问题。各国纷纷出台或升级数据保护法规，如欧盟的《通用数据保护条例》（GDPR），旨在加强对个人数据的管控，但这同时也为企业合规设置了更高门槛，尤其是在数据跨境流动方面，不同司法管辖区的法律差异增加了企业的合规难度。

反垄断与竞争法也面临前所未有的考验。平台经济的特性，如网络效应与数据驱动，容易导致市场集中度过高，部分企业可能滥用市场支配地位，实施排他性交易、数据驱动的价格歧视等行为，这不仅扭曲了市场竞争，还可能抑制创新。传统反垄断法规在界定市场范围、评估市场力量时，难以适应数字经济的复杂性，需要进行理论与实践上的创新。

知识产权保护在数字环境中变得复杂。原创内容的数字化使得版权侵权行为更加隐蔽且难以追踪，尤其是短视频、音乐、文学作品等领域的盗版问题。此外，平台责任界定模糊，当平台作为信息中介时，其在内容审核、版权管理中的角色与责任边界尚不明确，这不仅影响权利人的利益，还可能限制平台的运营自由。

（2）税收政策。数字经济巨头和平台经济的崛起对传统税收政策的深刻挑战，主要体现在税收管辖权的界定、税基侵蚀与利润转移，以及税收征管的效率与公平性上。首先，税收管辖权的界定遇到重大障碍。数字经济的无国界特性，使得基于物理存在的传统税收规则失效，跨国公司可以通过设立虚拟运营中心，在全球范围内优化其税收结构，导致税收管辖权的混乱。例如，科技巨头通过将利润归于低税或无税的司法管辖区，显著降低了全球税负，这对依赖传统税收体系的国家财政造成了压力。

其次，数字交易的性质与规模对税基构成威胁。平台经济中，数据、算法与知识产权等无形资产成为核心竞争力，其价值评估与归属地界定复杂，为税基侵蚀与利润转移（BEPS）提供了空间。跨国公司可能通过内部交易，将利润从高税国家转移到低税国家，减少了全球税收收入。同时，数字服务的即时性与虚拟性，使得交易记录难以追踪，小额、高频的在线交易增加了税务审计的难度，降低了税收征管效率。

最后，数字经济催生的新型就业与收入形式，对个人所得税体系提出了新要求。平台经济促进了自由职业者与共享经济的繁荣，这类从业者的收入来源多样且不稳定，税务登记与申报过程复杂，个人所得税的征收面临挑战。此外，数字货币与移动支付的兴起，进一步增加了税收征管的复杂性，传统现金交易的税收监管机制难以适应这些新兴支付方式，可能导致税收流失。

（3）市场竞争与垄断。网络效应和数据驱动的商业模式使得少数平台企业能迅速集聚市场力量，形成自然垄断趋势。这些企业利用庞大的用户基础和海量数据，不断优化算法和提升用户体验，吸引更多的用户和商家加入，形成“赢家通吃”的市场格局。这种市场动态不仅强化了平台的市场地位，而且对新进入者设置了高门槛，限制了市场活力和创新动力，挑战了传统竞争理论中关于市场均衡和有效竞争的概念。

平台经济中的多边市场特性，为反垄断执法带来了额外的复杂性。与单边市场不同，平台经济连接了多个用户群，如买家与卖家、乘客与司机等，平台的价值来源于用户间的互动。因此，评估市场支配地位和潜在的反竞争行为时，需要考虑平台如何平衡不同用户群体的利益，以及这种平衡如何影响市场的竞争状况。此外，平台企业通常提供免费或低价服务，传统的价格指标在这种情况下可能失去指示作用，需要寻找新的方法来判断是否发生了市场扭曲和消费者福利的损失。

数据的集中与使用进一步加剧了市场集中度和竞争失衡。平台企业依赖数据来优化服务，提升用户黏性，而数据本身具有网络效应，即数据越多，平台越有价值，这形成了一个正反馈循环。拥有大量数据的企业可以更好地定制产品和服务，提供个性化体验，从而吸引更多用户和数据，进一步巩固其市场地位。数据的这种累积效应，使得新兴企业难以与之竞争，增加了市场进入的难度，最终可能导致市场结构的固化和创新活力的减弱。同时，数据的不平等分配也可能引发新的权力关系，平台企业通过数据优势来控制市场信息流，影响市场参与者的选择和行为，进而影响市场竞争的公平性。

（4）消费者保护。随着平台经济的规模和影响力日益扩大，消费者在面对这些巨头时往往处于信息不对称的弱势地位。这些平台通过收集和分析大量用户数据，能够精准推送商品和服务，但同时也可能滥用这些数据，侵犯消费者隐私。同时，平台经济的垄断特性可能导致市场竞争力下降，限制消费者的选择权，形成对价格和质量的单方面控制。另外，算法决策的不透明性增加了消费者理解服务条款和评估交易公正性的难度，使得消费者权益在不知不觉中受到侵害。

进一步地，数字经济巨头和平台经济的复杂性增加了消费者权益保护的难度。随着技术的发展，新的商业模式和交易形式不断涌现，如共享经济、在线订阅服务等，这些新型服务往往缺乏成熟的监管框架。消费者在享受便利的同时，也可能面临服务质量不稳定、售后服务不到位等问题。同时，跨境电子商务的兴起使得消费者在面对国际交易时，面临更加复杂的法律环境和维权途径，这不仅增加了消费者识别风险的难度，还提高了跨国维权的复杂性和成本。

（5）数据治理与隐私保护。数字经济巨头与平台经济的蓬勃发展，导致数据集中现象日益严重，巨头企业凭借其庞大用户基数与丰富应用场景，掌控着海量的个人与企业数据，形成数据寡头。数据寡头的存在加剧了数据资源分配的不均衡，小企业与个人在数据获取与利用上处于弱势，这不仅影响市场公平竞争，还可能引发数据垄断风险。同时，数据跨境流动频繁，全球化背景下的数据传输跨越国界，涉及多国法律法规，导致数据主权与隐私保护标准不一，给数据主体的隐私权保护带来极大不确定性。再者，数据安全事件频发，黑客攻击、数据泄露、非法贩卖等安全问题屡见不鲜，严重威胁个人隐私与国家安全。此外，算法偏见与歧视问题不容忽视，平台算法在个性化推荐、广告推送、信贷评估等方面可能因数据偏差而导致不公平对待特定群体，损害社会公平正义。

针对数据治理与隐私保护，政策制定者面临着前所未有的复杂局面。首先，数据的商业化利用与个人隐私权保护之间存在天然张力，如何在促进数据价值挖掘与保障个人信息安全之间找到平衡点，成为政策制定的重大课题。其次，数据跨境流动的监管难题凸显，跨国数据流动规则的制定与执行面临主权冲突与利益博弈，构建全球数据治理框架的任务艰巨且紧迫。与此同时，数据安全防护机制亟待加强，建立有效的数据安全防护体系，提升数据防泄漏与抗攻击能力，成为当务之急。最后，算法伦理与公平性成为社会关注热点，如何确保算法设计与运行的透明度，避免算法歧视，维护数据治理的公平性与道德底线，是政策制定者必须直面的挑战。

2. 应对巨头和平台经济的政策举措。我国在应对数字经济巨头和平台经济带来的挑战时，采取了一系列政策举措，旨在促进市场公平竞争、保护消费者权益、推动创新与发展，同时加强数据安全和个人信息保护。

（1）强化市场监管与反垄断。为维护市场公平竞争，我国政府于 2022 年发布《反垄断法》修订版，并发布《关于平台经济领域的反垄断指南》，明确了对平台经济的监管原则与具体规则。国家市场监督管理总局等监管部门对涉嫌垄断行为的平台企业进行了调查和处罚，如对阿里巴巴集团开出的 182.28 亿元人民币的罚单，彰显了政府维护市场秩序的决心。此举有效遏制了资本无序扩张，促进了平台经济的健康发展，维护了中小企业和消费者的合法权益。

（2）推动数据安全与个人信息保护。随着《数据安全法》和《个人信息保护法》的出台，我国在数据治理和隐私保护方面迈出了坚实步伐。这些法律明确了数据处理活动的合规要求，确立了数据分类分级保护制度，以及个人数据的保护原则，为数字经济的规范运行提供了坚实的法律基础。通过这些政策，我国强化了数据资源的合理利用与保护，提升了公众对数据安全的信任度，为数字经济的长远发展奠定了良好的法治环境。

（3）促进创新与公平竞争。为激发市场活力，我国政府推出了一系列政策以促进平台经济的创新能力和公平竞争。例如，浙江省发布《浙江省畅循环稳工业攻坚行动方案》的25条举措，旨在支持平台企业科技创新，鼓励平台企业与产业链上下游的合作，推动产业转型升级。福州市和永康市也分别出台政策，通过奖励、融资支持、建设补助、场地租金减免等措施，吸引和培育平台企业。这些政策有效促进了平台经济的多元化发展，增强了经济的内生动力，同时通过建立科学的监管沙盒机制，允许企业在受控环境下测试创新业务模式，平衡了创新与监管的关系。

这些政策举措的实施，不仅规范了平台经济的发展，提高了数字经济的治理水平，而且通过强化市场监管、保护消费者权益、推动创新与公平竞争，为我国数字经济的持续健康发展创造了有利条件，展示了我国在数字经济时代下，如何平衡监管与创新，以实现经济高质量发展的政策智慧。

（三）地方层面数字经济法律法规体系

地方层面的数字经济立法，本书在第三章中已经有较为全面的介绍和阐述，读者若有兴趣，可翻阅第三章相关内容。

二、国外数字经济法律体系

在我国数字经济蓬勃发展的背景下，世界各国也纷纷出台一系列法律与政策以规范并促进这一新兴经济形态。此部分通过深入剖析美国与欧盟两大经济体的数字经济法律体系，展现了国外在数据保护、网络安全及数字产业领域的立法实践与成效。美国以其多维度、多层次的法律体系，从联邦到州级全面覆盖，确保数字经济创新与安全并重；欧盟则通过一系列里程碑式的立法，如GDPR，不仅引领了全球数据保护标准，还推动了数字市场的公平竞争。这些国际实践为我国数字经济政策制定提供了宝贵借鉴，强调了法律在保障数据安全、促进技术创新与维护市场公平中的核心作用。此部分旨在总结国外先进经验，为我国数字经济政策的持续优化与实践创新提供参考路径。

（一）美国数字经济法律体系

美国数字经济法律体系是一个多维度、多层次的架构，旨在促进数字经济健康发展，确保数据安全与隐私，维护网络安全以及构建公平竞争的市场环境。该体系核心法律内容涵盖数据保护、网络安全、数字战略与竞争三个关键层面，每一层面的法律设计和实施都紧密关联，共同塑造了一个有利于数字经济创新与繁荣的环境。1991—2024 年，美国国会通过一系列关键法案，覆盖了从宽带网络的推广、大数据技术的革新，到人工智能、量子科技、5G 通信和数据管理等前沿领域的立法。

1. 联邦层面的法律法规。

（1）数据保护领域的立法。在数字经济蓬勃兴起的浪潮中，美国政府自 1998 年起便展现出前瞻性的视野与决心。这一年，美国商务部发布的《浮现中的数字经济》报告标志着美国政府对数字经济发展的正式关注，拉开了数据保护领域政策制定的大幕。该报告不仅强调了数字经济对经济增长的潜力，还隐约预示着数据安全与隐私保护将成为未来政策制定的核心议题。

进入 21 世纪的第二个十年，大数据技术的迅猛发展进一步推动了美国数字经济政策的深化。2012 年，美国政府发布的《大数据研究与发展计划》将数据保护提升至国家层面的政策议程，这一里程碑式的举措不仅支持了数据科学家的培养，还推动了大数据在国防、安全、能源、医疗保健及环境保护等多个关键领域的应用。该计划通过明确数据管理、共享、隐私保护及技术创新的路径，确保了数据的可访问性与安全性，为科学发现和决策制定提供了坚实的数据支撑。同年，美国联邦政府相继发布了《美国开放数据行动计划》与《联邦大数据研究和发展战略规划》，进一步细化了数据保护的政策目标，并明确了政府在促进数据开放与保护数据安全方面的双重职责。这些举措不仅提升了数据的透明度与可用性，还强化了数据保护的法律框架，为数字经济的健康发展奠定了坚实基础。

面对全球数据流动的复杂性与挑战性，美国国会于 2018 年 3 月通过了《澄清域外合法使用数据法案》，针对数据跨境流动与使用的规范进行了深入探讨。该法案确立了“数据控制者”的核心标准，赋予了美国政府跨境调取数据的权力，同时也为符合条件的外国政府提供了数据请求的途径。此外，法案还创新性地为网络服务商提供了抗辩机制，有效平衡了国际数据保护法律之间的冲突，对全球数据流通格局产生了深远影响。

近年来，随着公众对数据隐私保护的日益关注，美国两院于 2022 年 6 月联合发布了《美国数据隐私和保护法》草案，旨在构建一个全面的国家数据保护框架。该草案不仅强调了数据最小化、忠诚义务及私人诉讼权等核心原则，还特别关注了对特殊群体数据的保护与大型数据持有者的监管责任，为数字经济时代的消费者隐私安全提供了强有力的法律保障。

以上是针对美国联邦数字经济发展下的数据法律体系梳理，但对数据保护方面的法律体系建设可以追溯到数字经济概念产生之前，虽然未体现明显与数字经济结合的数据保护特征，但对数字经济发展下的数据保护具有重要的指导意义。具体通过多个不同的法案来保护不同领域内的数据安全和个人隐私。在金融领域，1999 年

11 月通过《格拉姆—里奇—布利雷法案》对金融机构制定、实施和维护全面的安全措施提出要求，以保护客户信息的保密性和完整性；健康领域，《健康保险流通与责任法案》有效防止医疗领域的个人信息泄露；教育领域，《家庭教育权利和隐私法》赋予学生和家长保护教育记录的权利；除此之外，美国联邦还在电信领域、消费领域等多领域制定相应数据保护条例，体现了美国分行业式分散立法的特点。然而由于缺乏统一的联邦数据保护基本法，这种分散的体系有时会导致复杂性和不一致性，使得企业和组织在遵守不同法规时面临挑战。

（2）网络安全领域的立法。美国联邦政府从多元角度构建了数字经济网络安全体系，以确保关键基础设施和网络空间的安全。

2003 年 2 月，《国家网络安全战略》的发布标志着美国网络安全战略的正式确立。该战略不仅将网络安全提升至国家安全战略的核心位置，而且强调了公私部门的紧密合作与跨部门协同的重要性。通过构建公私合作伙伴关系，美国旨在汇聚各方资源，形成合力，共同应对日益复杂的网络威胁。同时，《关键基础设施和重要资产物理保护的国家战略》作为补充，引入了综合风险评估机制，要求对网络和物理威胁进行全面分析，为制定针对性的防御措施奠定了坚实基础。

面对关键基础设施的脆弱性，美国于 2012 年通过了《网络安全法案》。该法案针对核电站、供水系统、金融市场等核心领域，提供了具体的网络安全保护框架，显著增强了这些领域的网络防御能力。这一法案的出台，标志着美国在网络安全立法方面迈出了重要一步，为后续一系列防护措施的实施提供了法律支撑。

为了进一步提升网络安全的整体防御水平，美国于 2013 年 12 月颁布了《国家网络安全与关键基础设施保护法案》。该法案建立了国土安全部与国家关键基础设施系统所有者及运营商之间的威胁信息共享机制，确保威胁信息能够及时传递与响应。这一机制不仅促进了公私部门之间的深度合作，还极大地提高了国家应对网络攻击的速度与效率。

进入 2015 年，美国网络安全法律体系得到了全面扩展与深化。《2015 年网络安全法案》及其子法案的通过，不仅拓宽了网络安全的定义范畴，还强化了国土安全部的核心地位，赋予网络服务提供商必要的监控权利。这一系列立法措施共同构建了一个更加全面、立体的网络安全防护网，为美国数字经济的健康发展提供了坚实保障。

2022 年 3 月，在俄乌冲突升级背景下，美国参议院通过《网络安全加强法案》，其核心内容包括加强关键基础设施的网络安全保护，确立关键基础设施组织在遭受网络攻击时的 72 小时事件报告制度；促进联邦机构与私营部门间网络安全信息共享；推动云计算安全和联邦信息安全现代化；将总务管理局的联邦风险和授权管理计划（FedRAMP）正式立法，以认证云供应商的安全性；应对开源软件安全问题，确保快速响应和修复关键漏洞。此外，法案通过合并多项相关法案，如《网络事件通报法案》《2021年联邦信息安全现代化法案》和《联邦安全云改进和就业法案》等，以统一和加强网络安全立法框架。这些措施共同构成了提升国家网络安全防护能力的整体策略。

（3）数字产业领域的立法。开启美国数字战略进程的标志性事件，是1991年1月美国会通过《高性能计算法案》。这是美国政府出台的第一部关于计算机与互联网建设的综合性国家战略，它阐明了计算机科学与技术对国家安全、经济繁荣和科学进步的重要意义，明确了国家高性能计算项目的建设目标、任务以及政府机构的职责和分工，以确保美国在高性能计算及其应用方面保持领导地位，并促成了高性能计算和通信计划的推出。该计划后来发展成为美国政府最早实施的、最大的、跨部门的信息技术领域正式计划——网络与信息技术研发计划。

1998年，美国国会通过了具有深远影响的《下一代互联网研究法案》，这一法案不仅首次对《高性能计算法案》进行了重大修订，更为全球互联网的未来发展方向提供了明确的宏观指导。该法案特别强调了三大核心任务：一是推动尖端网络技术的研发与验证，以提升互联网的整体性能与效能；二是构建先进的研究试验网络，通过紧密连接众多研究机构，为新技术的发展提供强有力的支持；三是拓宽互联网应用以满足国家多方面的需求，从而推动国家信息化水平的整体提升。这为信息技术未来发展方向提供了宏观指导。

此后，美国政府在数字经济发展中一直发挥着主导和引领作用。进入21世纪，信息技术日新月异，特别是近年来数字化、网络化、智能化深入发展，移动互联网、云计算、大数据、人工智能、物联网、区块链等数字技术不断突破，美国政府紧跟信息技术发展趋势，从国家战略高度实施了《网络与信息技术研发计划》《大数据研究与发展计划》《机器人技术路线图》《国家战略计算计划》《国家人工智能研究与发展战略计划》《国家宽带研究议程》《关键和新兴技术国家战略》等一系列关于技术发展的部署，始终保持着对数字技术未来发展方向的掌控，同时针对中国的不断崛起之势保持警惕，通过立法与政策层面对中国科技领域展开封锁。

2021年，美国参议院通过《美国创新与竞争法案》，该法案分为7个部分，分别为“芯片和开放式无线电接入网（O-RAN）5G紧急拨款”、《无尽前沿法案》、《战略竞争法案》、《国家安全与政府事务委员会的规定》、《应对中国的挑战法案》、“其他事务”，以及《2021年贸易法案》。其中，以半导体、5G等数字技术为中心的对华科技遏制和竞争是该法案的重心；数字技术和网络空间作为中美竞争的战略高地也是重中之重。美国意图从技术研发体系、治理模式和国际联盟等方面实现“数字去中国化”[1]。

《无尽前沿法案》：该法案将发展关键产业技术上升到国家战略高度，提出在国家科学基金会（NSF）设立一个新的“技术与创新局”（DTI），加速技术商业化，加强美国在关键技术方面的领导地位。DTI将支持关键技术重点领域的研发；建立大学技术中心、学术技术转让中心和技术测试平台；通过奖学金和研究金发放，推动STEM（科学、技术、工程和数学）劳动力培养和发展。

《战略竞争法案》：该法案抗衡中国崛起的意图直接明了，构建了全面应对中国崛起的战略方案。该法案的相关条款众多，主要从全球技术基础设施、通信技术、信息内容等角度，授权国务院开展“数字连通和网络安全合作伙伴”项目，以在互联网接入、保护数据资产、确保互联网治理的各利益相关方模式、摆脱对中国ICT产品的依赖以及网络安全等领域为其他国家提供帮助，同时主导5G等关键数字技术的标准制定等。

芯片和开放式无线电接入网（O-RAN）5G紧急拨款：该条款致力于提升美国在半导体和5G两大领域的竞争力，为此计划在2022—2026财年拨款近540亿美元专门用于增加半导体、微芯片和电信设备的研发和生产。

《国家安全与政府事务委员会的规定》：该条款要求管理和预算办公室（OMB）制定在政府中使用人工智能的原则和政策，并指示OMB要求每个联邦机构的负责人准备和维护该机构的人工智能使用案例清单，包括当前和计划的使用。条款授权网络安全和基础设施安全局局长与国家网络安全主任协商，宣布重大事件的发生，并协调相关响应活动，以减轻事件的影响。同时，条款提出设立一个网络响应和恢复基金，用于协调、响应和恢复工作。

《应对中国挑战法案》：该法案主要着眼于在国家安全和金融服务领域对中国采取制裁措施，着重规定制裁网络攻击行为，为打击中国网络攻击行为提供新的制度工具。该法案提出要评估中国军民两用技术，包括机器人、人工智能和自主系统、面部识别系统、量子计算、密码学、空间系统和卫星、5G通信及其他数字化技术和服务，以及这些技术对美国及其盟友国家安全利益的影响。同时，评估中国利用全球供应链和其他机制获取外国技术来源的方式，包括利用“一带一路”倡议确保开发关键军民两用技术所需的资源、知识以及其他组件。

2. 州级层面。美国作为一个联邦制国家，其数字经济立法不仅在联邦层面展开，各州也根据自身的经济、社会和文化特点，制定了各具特色的数字经济法规和政策。

---

① 中国国际科技交流中心. 美国参议院：颁布《美国创新与竞争法案》[EB/OL]. (2021-11-30)[2024-07-31] https://www.ciste.org.cn/gjkjwj/zcyd/art/2021/art_99efcc92857c4d4580e9a7f0d1165d64.html.

华盛顿州《关于承认分布式分类账技术有效性》：此项法案于2019年4月由华盛顿州州长签署，核心聚焦于正式认可和推广区块链技术的应用。该法案明确了分布式账本技术（DLT）在法律框架下的地位，确认其在商业交易和数字签名中的合法有效性，旨在促进DLT在各行业中的应用，以提升效率、透明度和安全性。此法案通过修订《华盛顿州电子认证法案》，纳入了区块链技术的定义和适用范围，为商业活动中使用DLT的数字签名和许可流程设立了法律标准，确保技术实践的一致性和合法性①。

新泽西州《数字资产和区块链技术法案》：这项立法对虚拟货币业务提出新的要求，并通过要求加密货币公司披露其合法注册的名称、反洗钱（AML）和反恐怖主义融资（ATF）政策，以及这些公司在新泽西州银行和保险部的执照和法律记录，以创造对消费者有利的保护措施②。

佛罗里达州《禁止数字美元法案》：该法案明确规定禁止在佛罗里达州境内使用数字美元作为货币，并将其排除在州统一商业法典中的货币定义之外。此外，法案还禁止了外国政府发行的央行数字货币，如数字人民币等在该州的使用。这一立法举措旨在防止政府通过数字美元来监视和控制民众的个人财产，确保州民享有金融隐私和自由③。

（二）欧盟数字经济法律体系

欧盟数字经济法律体系全面且严谨，涵盖了数据保护、网络安全与数字产业三大关键领域。从早期数据保护指令到具有里程碑意义的《通用数据保护条例》（GDPR），欧盟不断完善个人数据保护机制，同时注重非个人数据的自由流动与监管。在网络安全方面，欧盟通过《网络与信息系统安全指令》《网络韧性法案》及《网络安全条例》等立法，构建起多维度、多层次的网络安全防护网。数字产业领域，欧盟推出《数字单一市场战略》以促进经济增长，并通过《数字服务法案》与《数字市场法案》加强市场监管与公平竞争。此外，各成员国如英国、德国也制定了符合自身特色的数字经济法规，共同推动欧盟数字经济健康、有序发展。

1. 数据保护领域的立法。随着信息技术的迅猛发展和全球化的深入推进，数据保护已成为国际社会关注的焦点。欧盟作为世界政治经济的重要一极，对数据保护的重视起始于较早时期，其立法历程是逐步发展和完善的过程，不仅反映了技术进

---

① 新金融法．金融新视界·华盛顿州法律承认区块链记录具有法律效力和可执行性［EB/OL］.（2019-05-13）［2024-07-31］https：//www.sohu.com/a/313840821_120057255.

② 金融界．新泽西州引入法案旨在要求虚拟货币业务持牌经营［EB/OL］.（2020-02-24）［2024.7.31］https：//baijiahao.baidu.com/s?id=1659428681603263901&wfr=spider&for=pc.

③ PANews. 美国北卡罗来纳州众议院全票通过禁止向该州支付数字美元的法案［EB/OL］.（2023-05-04）［2024.7.31］https：//new.qq.com/rain/a/20230504A08WYM00.

步带来的挑战，还体现了对全球化背景下数据流动与隐私保护的深刻思考。

早在1981年，欧洲理事会就颁布了第108号公约，这被视为数据保护领域的先驱。该公约明确要求各成员国采取必要措施，确保个人数据的保护，并规定了跨境传输个人数据的条件。这一里程碑式的国际法律文书为后续的欧盟数据保护立法提供了重要的参考和借鉴。

进入21世纪，随着互联网的普及和电子商务的兴起，个人数据的处理和使用变得更加频繁和复杂。在此背景下，欧盟于1995年制定了《数据保护指令》。这一指令成为欧盟在数据保护领域的首项关键法规，其核心内容在于确保个人数据在处理过程中的隐私权得到尊重和保护。根据《数据保护指令》，数据控制者必须遵循合法、公平、透明的原则处理个人数据，仅出于明确、合法的目的收集和使用数据。同时，该指令还强调了数据的准确性、保密性和安全性，要求数据控制者采取适当的技术和组织措施，防止数据泄露、丢失或滥用。

为了适应新的数据环境和保护要求，欧盟在2016年通过了《通用数据保护条例》（GDPR）。这一条例被誉为欧盟数据保护立法的“皇冠上的明珠”，其影响力和实施范围远超之前的《数据保护指令》。GDPR规定了个人数据处理的基本原则，包括透明度、目的合法性、数据完整性、数据主体权利等。同时，该条例还确立了对数据处理者和控制者的严格义务，要求他们采取适当的技术和组织措施，确保个人数据的处理符合规定，并对违法行为设定了高额的罚款。

在关注个人数据保护的同时，欧盟也意识到了非个人数据在经济发展中的重要作用。为此，欧盟于2018年通过了《非个人数据在欧盟境内自由流动框架条例》。这一条例明确了“非个人数据”的概念，确立了非个人数据在整个欧盟范围内的自由流通规则。该条例禁止了数据本地化限制，要求成员国不得限制非个人数据在欧盟境内的自由流通。同时，它还要求成员国通报有关数据本地化的现有或计划措施，以便欧盟委员会进行监督和评估。在数据监管方面，该条例确保了成员国政府机构能够基于监管需求访问在欧盟境内任何地点存储和处理的数据，并设定了一套成员国间的官方合作机制，以便利数据调取和共享。

为了进一步完善数据保护法律体系并促进数据的合理利用，2023年11月，欧盟理事会正式通过了《关于公平访问和使用数据的统一规则的条例》（以下简称《数据法案》），该法案已于2024年1月11日正式生效。该法案明确了数据访问、共享和使用的规则，规定了获取数据的主体和条件。在GDPR的基础上，《数据法案》提供了适用于所有数据的更广泛的规则，旨在构建一个更加平衡和有效的数据生态环境。

然而，《数据法案》的制定和实施也面临着诸多挑战。如何在保护个人隐私和促进数据利用之间找到平衡点？如何确保数据跨境流动的合规性和安全性？这些问题都是未来数据保护立法需要深入探讨和解决的问题。

2. 网络安全领域的立法。自 20 世纪末以来，随着信息技术的迅猛发展，网络安全问题逐渐凸显为全球性议题。欧盟作为国际舞台上的重要力量，其网络安全立法历程体现了从初步探索到系统完善的显著转变。这一转变不仅是对技术进步的直接响应，更是对全球化背景下日益复杂的网络空间安全挑战的深度思考与积极应对。

作为欧盟网络安全立法的开篇之作，《网络与信息系统安全指令》（NISD）于 2016 年 7 月正式出台，标志着欧盟网络安全法律框架的初步建立。该指令的核心目标在于强化网络基础设施的安全保障，确保数字服务提供者的责任与义务。具体而言，NISD 要求成员国制定国家网络安全战略，促进政府与私营部门之间的合作；同时，它规定了基础服务和数字服务提供者在遭遇网络安全事故时的通知义务，确保相关信息的及时传递与处置。

在监管策略上，NISD 采取适度监管的原则，旨在避免对行业发展造成不必要的阻碍。此外，该指令还强调了国际合作与信息共享的重要性，推动各国在网络安全领域的协作与共进。欧盟官方数据显示，自 NISD 实施以来，欧盟各国的网络安全事件报告数量明显增加，但处理效率与响应速度也同步提升，显示出该指令在促进网络安全防护能力提升方面的积极作用。

为全面保障欧盟所有数字产品的网络安全，《网络韧性法案》于 2023 年 12 月通过。该法案依据产品的重要性和网络安全风险等级进行分类管理，对关键数字产品提出更为严格的安全要求。例如，在身份管理系统软件、密码管理器、生物识别读取器、智能家居助理和私人安全摄像头等领域，法案制定了详细的新规则和标准。同时，《网络韧性法案》还强化了欧盟网络安全局（ENISA）在漏洞发现和事件处理中的角色，推动网络安全领域专业技能的教育、培训和劳动力流动性。这些措施不仅有助于提升欧盟整体网络安全水平，还为全球网络安全治理提供了有益借鉴。欧盟相关报告显示，自该法案实施以来，欧盟数字产品的网络安全性能得到显著提升，用户对数字产品的信任度也相应增强。

《网络安全条例》于 2024 年 1 月通过，进一步细化和完善了欧盟的网络安全法律框架。该条例旨在确保欧盟机构、团体和机关建立全面的网络安全风险管理框架，以应对不断演变的网络威胁。为实现这一目标，条例要求各机构评估供应商风险、提高网络安全预算占比，并设立网络安全中心（原 CERT - EU）作为协调枢纽。此外，《网络安全条例》还强调机构间网络安全委员会（IICB）的监督作用，确保各项网络安全措施得到有效执行。在应对重大网络事件时，条例要求及时报告并推进网络安全认证计划，以确保数据保护合规性。欧盟统计局数据显示，自条例实施以来，欧盟各机构的网络安全预算投入持续增长，网络安全事件得到有效控制，整体网络安全水平显著提升。

3. 数字产业领域的立法。2015 年 5 月，欧盟委员会推出《数字单一市场战略》，旨在打破成员国间的数字市场壁垒，构建一个统一的数字市场，以促进区域内的数字经济增长。该战略围绕三大核心支柱展开。首先，提供更优质的数字产品和服务，简化跨境电子商务流程，强化消费者保护，改善物流服务，并消除地域屏蔽现象；其次，营造一个有利于数字网络和服务发展的环境，包括电信法规改革、在线平台作用分析、数字化服务安全管理，以及建立网络安全合作机制；最后，充分挖掘数字经济的增长潜力，通过“欧洲数据自由流动计划”，推动关键领域的标准化和互通性，建设包容性数字化社会，确保民众能够抓住互联网带来的机遇。

为了进一步规范数字市场，确保公平竞争和消费者权益，欧盟于 2022 年 4 月进一步通过《数字服务法案》（DSA）且于 2024 年 2 月 17 日完全生效，此法案旨在监管数字服务，特别是在线平台。该法案要求平台采取行动移除非法内容、提高广告透明度、保护用户免受有害信息侵害。同时，对违规企业施加高达全球年营业额 6% 的罚款。DSA 还根据平台规模设置了不同的合规要求，重点监管大型平台，以确保网络环境的安全与健康。这一法案的实施，有助于维护网络环境的安全稳定，促进数字经济的公平竞争。

此外，2022 年 10 月欧盟还推出了《数字市场法案》（DMA）。该法案针对大型科技平台提出了“守门人”制度，要求这些在数字市场中占据主导地位的公司履行一系列义务，包括不得偏袒自身服务、允许用户自由选择服务、开放第三方应用商店、提供数据透明度以及确保用户隐私和数据安全。对于违反规定的“守门人”企业，欧盟将施以高达全球年营业额 10%—20% 的罚款。这一法案的出台，无疑为数字市场带来了更加严格的监管和更加公平的竞争环境。

除了欧盟层面的政策与立法外，在英国、德国等欧洲国家层面也进行了一些数字治理领域的政策和立法实践。

《国家数据战略》（英国）：2020 年 9 月，英国数字、文化、媒体和体育部（DCMS）发布《国家数据战略》，旨在通过四大支柱——数据获取、使用、基础设施和信任，以及五大任务——释放经济价值、提高公共服务质量、促进科研创新、加强数据安全、培养数据技能，来构建以数据为中心的经济与社会。其核心目标是在保障隐私与数据保护的前提下，推动数据的高效使用和创新，促进经济增长与社会福祉。

《联邦数据保护法》（德国）：自 1977 年首颁以来，经多次修订，与时俱进，确保个人数据处理过程中的隐私保护。该法规定数据处理需有合法依据，限制数据收集与使用，并保障个人访问、更正、删除数据及数据可携的权利。它强调数据最小化、安全性和保密性原则，并规范了向第三国传输数据的条件，与欧盟《通用数据保护条例》（GDPR）保持一致，反映了德国对数据保护的高标准要求[①]。

（三）数字经济法律体系的国际对比和发展方向

随着数字经济的迅速崛起，各国纷纷构建起适应数字时代背景的法律体系，以规范和促进数字经济的健康发展。中国、美国和欧盟作为全球数字经济的重要参与者，各自形成了独具特色的数字经济法律体系。

1. 数字经济法律体系的国际对比。美国的数字经济法律体系是一个多维度、多层次的架构，旨在促进数字经济的健康发展、确保数据安全与隐私、维护网络安全以及构建公平竞争的市场环境。从1998年《浮现中的数字经济》报告发布到2024年，美国国会通过了一系列关键法案，覆盖了从宽带网络推广到前沿领域的立法，如人工智能、量子科技、5G通信和数据管理。数据保护方面，美国政府先后发布了《大数据研究与发展计划》《美国开放数据行动计划》和《联邦大数据研究和发展战略规划》，并最终在2022年提出了《美国数据隐私和保护法》草案，强化了消费者数据隐私和安全的保护。网络安全领域，美国构建了全面的网络安全体系，通过《保护网络空间国家战略》《关键基础设施和重要资产物理保护的国家战略》《2012年网络安全法案》等一系列法案，确保了关键基础设施和网络空间的安全。数字战略与竞争层面，美国通过《无尽前沿法案》等法案，强化了在关键技术领域的领导地位，并在《2021年美国创新与竞争法案》中，明确了对华科技竞争的布局。

欧盟的数字经济法律体系体现了统一性与高标准。数据保护方面，欧盟自1981年《第108号公约》起，逐步完善数据保护法规，最终在2018年实施了《通用数据保护条例》（GDPR），确立了全球领先的数据保护标准。网络安全领域，欧盟通过《网络与信息系统安全指令》《网络安全法案》等，构建了全面的网络安全体系，强化了关键基础设施的保护。数字战略与竞争层面，欧盟推出了《数字单一市场战略》《数字市场法案》（DMA）和《数字服务法案》（DSA），旨在促进公平竞争、保护消费者权益，同时鼓励创新和市场活力。

我国数字经济法律体系构建旨在为数字经济的健康发展提供坚实的法律保障。在数据保护方面，我国经历了从无到有的立法过程，2017年《网络安全法》的实施奠定了数据保护的基础，随后《数据安全法》《个人信息保护法》等专项立法进一步完善了数据保护体系。网络安全方面，《网络安全法》确立了网络安全的基本制

---

① 任文倩. 德国《联邦数据保护法》介绍［J］. 网络法律评论，2016，19（01）：60－69.

度，包括网络安全等级保护、关键信息基础设施安全保护等，形成了网络安全监测预警和应急处置机制。数字战略与竞争层面，我国通过《数字经济促进法》（草案）等政策，推动数字技术与实体经济的深度融合，优化数字营商环境，支持数字产业化与产业数字化，促进数字经济与实体经济的协同发展。

2. 我国数字经济法律体系的优势和发展方向。美国、欧盟和我国在数字经济法律体系的构建上各有特色，反映了各自在数字经济领域的战略重点和政策取向。美国侧重于创新和竞争，欧盟强调统一和高标准，而我国则注重数字经济的全面发展和安全。美国的法律体系呈现出联邦与州级立法的多层次架构，强调了数据保护和网络安全的全面性；欧盟的法律体系以统一性和高标准著称，GDPR 的实施确立了全球领先的数据保护标准；我国的法律体系构建体现了国家对数字经济健康发展的高度重视，旨在平衡发展与安全，促进数字技术的广泛应用。这三个经济体都在数据保护、网络安全和数字战略上投入了大量立法努力，但实施方式和侧重点存在差异。总体而言，这三个主要经济体的数字经济法律体系反映了全球数字经济治理的多元化趋势，也体现了在数据主权、数据流动、网络安全和市场公平竞争等关键问题上的共识与分歧。未来，随着数字经济的进一步发展，各国将继续完善其法律体系，以适应不断变化的技术和市场环境，同时加强国际合作，共同应对全球数字经济治理的挑战。

在我国数字经济持续蓬勃发展的背景下，其法律法规体系正逐步向更加全面、细致和前瞻性的方向发展。未来，我国数字经济法律法规的发展趋势将围绕数据保护、网络安全、数字产业及国际合作等关键领域展开。

首先，数据保护领域的立法将更加完善。随着《数据安全法》和《个人信息保护法》的实施，我国已初步构建了数据保护的法律框架。未来为应对数据量的爆炸性增长和跨境数据流动的新挑战，预计将进一步细化数据分类分级管理，强化数据安全风险评估与监测预警机制，确保数据的全生命周期安全。同时，跨境数据流动的法律规制也将成为重点，以平衡数据自由流动与国家安全、个人隐私保护的需求。

其次，网络安全立法将不断深化。在《网络安全法》的基础上，未来或将出台更多配套法规，以应对网络攻击、网络诈骗、网络恐怖主义等新型威胁。特别是针对关键信息基础设施和大型网络平台的安全防护，将强化安全审查机制，确保关键领域的网络安全。此外，《密码法》的实施与完善也将为网络安全提供更加坚实的法律保障，推动密码技术的创新与应用。

在数字产业领域，立法将更加注重促进创新与市场公平竞争。随着《数字经济促进法》草案的发布，预示着我国将在数字经济领域制定更加系统的法律框架，以明确数字经济的法律地位、基本原则和发展方向。未来，立法将加大对数字产业创新的支持力度，推动云计算、大数据、物联网、人工智能等前沿技术的研发与应用。同时，为防范市场垄断和不正当竞争行为，《反垄断法》《反不正当竞争法》等法律将持续更新，确保数字经济市场的公平竞争与健康发展。

此外，国际合作将成为我国数字经济立法的重要方向。在全球化的背景下，数字经济的跨境活动日益频繁，国际法律协调与合作显得尤为重要。未来，我国将积极参与国际数字经济规则的制定与协商，推动建立更加公平、合理、包容的国际数字经济治理体系。同时，加强与世界各国在数据保护、网络安全、电子商务等领域的法律交流与合作，共同应对数字经济带来的全球性挑战。

第二节

构建数字标准体系

一、技术标准体系

我国数字标准体系的构建历程，是国家与地区层面协同推进、不断深化的过程，这一过程紧密围绕着国家政策导向展开，通过一系列具体政策文件的出台和实施，逐步形成了覆盖广泛、层次分明的标准体系。

自 2006 年起，《国家中长期科学和技术发展规划纲要（2006—2020 年）》的颁布，标志着我国正式将技术标准体系构建纳入国家战略层面，强调了标准在科技进步和产业发展中的基础性作用。此后，2010 年国务院办公厅发布的《关于加快推行合同能源管理促进节能服务产业发展意见》，以及 2015 年的《中国制造 2025》，进一步明确了在特定行业和领域加快标准体系建设的重要性，特别是对制造业和节能减排领域的标准制定提出了具体要求，推动了相关技术标准的快速形成与应用。

进入 2017 年后，中共中央、国务院联合印发的《关于开展质量提升行动的指导意见》将标准化工作上升至国家战略高度，要求加快构建推动高质量发展的标准体系，这标志着我国技术标准体系构建进入了全面加速期。2019 年 5 月，《关于建立国土空间规划体系并监督实施的若干意见》的出台，不仅强化了国土空间规划的技术标准建设，还体现了跨部门、跨领域标准协调机制的建立，为国土空间合理利用提供了坚实的标准化支撑。

2021 年，《国家标准化发展纲要》的发布，是我国标准化工作的一次重大升级。

该纲要系统规划了未来标准化工作的方向和路径，提出了构建高质量发展标准体系的目标，为各行各业的技术标准体系建设提供了顶层指导。同年，自然资源部中国地质调查局完成的地质调查技术标准体系构建，是地区层面积极响应国家政策，深化行业标准体系建设的典范，展现了技术标准体系从顶层设计到地方实践的落地效果。

2022—2024 年，随着《国家标准化发展纲要》的深入实施，我国技术标准体系的构建呈现出更加系统化、专业化的趋势。这一时期，我国技术标准体系的构建不仅在数量上显著增加，更在质量上实现了跨越式的提升，有效支撑了国家治理体系和治理能力现代化的进程。

总体来看，我国技术标准体系的构建是一个由国家政策引领，地方和行业积极响应，从宏观指导到微观实践，从顶层设计到基层落实的动态演进过程。这一过程充分体现了政策的连续性和递进性，以及标准化工作在推动经济社会高质量发展中的核心作用。

二、数字应用标准

自 2001 年，《国民经济和社会发展第十个五年计划纲要》首次将信息化提升至国家战略层面以来，我国就开始着手构建数字应用标准体系。

2015 年 7 月，《国务院关于积极推进“互联网 +”行动的指导意见》出台，标志着我国正式步入“互联网 +”时代。政策文件中明确提出要加快构建适应“互联网 +”融合发展的标准规范体系，涵盖了物联网、云计算、大数据等关键技术标准，这成为推动数字相关应用标准体系构建的关键节点。同年，工信部发布的《云计算综合标准化体系建设指南》和《物联网标准化白皮书》等文件，进一步细化了云计算和物联网领域的标准制定方向。

2017 年 7 月，《新一代人工智能发展规划》的发布，是我国人工智能领域发展的重大政策文件。规划中明确提出要建立人工智能标准体系，包括基础共性标准、关键技术标准和行业应用标准，为人工智能技术的健康发展提供了标准化保障。在《新一代人工智能发展规划》指导下，国家标准化管理委员会批准成立全国人工智能标准化技术委员会，负责组织制定人工智能领域国家标准，推动人工智能标准化工作。

2019 年 8 月，国务院办公厅发布《关于促进平台经济规范健康发展的指导意见》，强调平台经济相关标准的制定，包括数据安全、隐私保护、交易规则等方面。2021 年，《“十四五”国家信息化规划》发布，这是我国信息化发展的重要规划文件。规划中进一步强调了数字技术标准体系的构建，提出要构建统一的数字技术标准体系，包括 5G、工业互联网、区块链等前沿技术标准，以及数据资源、网络安全、个人信息保护等领域标准，为数字经济发展提供了更为全面的标准化框架。

在地区层面，各地政府积极响应国家政策，结合本地实际，制定了相应的数字应用标准。例如，北京市于 2016 年 8 月发布《北京市大数据和云计算发展行动计划（2016—2020 年）》，明确提出要建立数据开放共享标准体系，促进数据资源的高效利用；上海市则在 2020 年 5 月出台了《上海市推进新型基础设施建设行动方案（2020—2022 年）》，强调了 5G 网络、数据中心等新型基础设施建设的标准制定，推动了地区数字应用标准的落地实施。此外，广东省、江苏省等地也相继出台了相关政策，推动本地区数字应用标准的制定和实施，形成了国家与地方联动的良好态势。

第三节

健全网络综合治理体系

一、网络治理体系的概念

（一）概念提出

数字化时代，网络空间已成为国家治理体系的重要组成部分。本节将深入探讨网络治理体系的概念、发展历程及其与国家治理体系的紧密联系。通过分析一系列关键政策和法规，我们将揭示网络综合治理体系如何构建清朗网络环境，保障信息安全，并推动数字经济的健康发展。同时，本节还将讨论网络空间命运共同体的全球治理理念，展现其在促进国际合作与维护网络空间和平中的关键作用。

1. 网络治理体系概念。建立网络综合治理体系，是贯彻落实党的十九大确立的“管网治网的根本之策”，也是践行习近平总书记关于网络强国的重要思想的具体行动①。网络综合治理体系，是一个综合了政治、经济、法律、技术等多维度手段的治理框架，旨在构建一个清朗、有序的网络环境，从而推动数字经济健康发展。体系的核心在于多元主体的协同治理，包括但不限于政府、企业、社会组织、网民等，在党委和政府的统筹协调下，共同参与网络空间的治理工作。

网络治理的起源可追溯至我国互联网的早期发展阶段，随着网络技术的迅猛发

① 梅松．健全网络综合治理体系［J］．党政干部论坛，2023（09）：34－36.

展和社会影响力的不断扩大，我国逐渐形成了独具特色的网络治理理念。党的十九大报告首次明确提出建立网络综合治理体系的构想，强调加强互联网内容建设和营造清朗网络空间的重要性。随后，中央全面深化改革委员会第九次会议进一步明确了网络综合治理体系的战略目标，党的二十大报告则进一步强调了从“建立”到“健全”网络综合治理体系的重要性，体现了对该体系认识的深化和治理能力的不断提升。

网络综合治理体系的发展过程体现了我国对互联网治理规律的科学认识和积极应对。这一体系涵盖了领导管理、正能量传播、内容管控、社会协同、网络法治和技术治网六个关键要素，构建了一个全方位、多层次、立体化的治理结构。领导管理强调党和政府的主导作用；正能量传播侧重于社会主义核心价值观的网络渗透；内容管控通过对违法和不良信息的规范来维护网络秩序；社会协同鼓励社会各界参与网络治理，形成共治格局；网络法治通过法律法规确立治理基础；技术治网则利用先进技术手段提高治理效率。

2. 与国家治理体系的关联。网络综合治理体系是国家治理体系的重要组成部分，在数字化时代承担着维护网络空间秩序、保障信息安全、推动数字经济发展等多重任务，体现了国家治理体系的核心价值和目标，确保了网络治理与国家治理在价值导向和政策执行上的一致性。

首先，从经济层面来看，网络综合治理体系是国家在新经济形态下，特别是数字经济发展中不可或缺的管理工具。数字经济的高速发展对国家经济格局产生了深远影响，而网络综合治理正是为了规范这一新兴领域的市场秩序，保障数字交易的公平性与安全性。通过有效的网络治理，可以促进数字经济的健康发展，进而推动国家治理体系的现代化。其次，在社会管理层面上，网络综合治理体系对于维护社会稳定、促进社会和谐具有关键作用。网络空间是信息传播和公众意见表达的重要平台，网络综合治理旨在防止虚假信息的传播，减少网络谣言对社会造成的负面影响。这种治理不仅有助于提升公众的信息素养，还能增强社会凝聚力，从而支持国家治理体系的稳固。再次，从法律的角度来看，网络综合治理体系与国家法律体系相互补充，共同构建了法治社会的基石。网络空间的法治建设是国家法治进程中的重要一环，它要求依法管网、依法办网、依法上网。网络综合治理通过实施法律法规，保护个人隐私，打击网络犯罪，为数字经济提供法律保障，同时也强化了国家治理体系的法治基础。最后，网络综合治理体系还反映了国家治理体系的创新性和适应性。随着数字技术的不断进步，网络空间的新问题、新挑战层出不穷。网络综合治理体系需要不断创新和调整，以适应这些变化。

3. 网络空间命运共同体。网络空间命运共同体是一个新兴的全球治理理念，旨在应对网络空间的全球性挑战，促进各国在网络空间的和平共处与互利共赢。网络空间命运共同体强调了全球网络空间的互联互通和共享共治，其核心理念是尊重各国的网络主权，推动建立一个多边、民主、透明的国际互联网治理体系。这一理念认为，网络空间不应成为某些国家的私有领地，而应是全球共享的公共空间，各国在其中享有平等的权利和义务①。

网络空间命运共同体的理念构思从网络综合治理体系中逐渐发展而来。网络综合治理体系强调的是在国家层面上，通过领导管理、正能量传播、内容管控、社会协同、网络法治和技术治网等多方面的整合，实现网络空间的有效治理。这一体系的建立和完善，为网络空间命运共同体的提出提供了实践基础和理论支撑。而随着全球化和信息化的不断深入，网络空间的治理逐渐超越单一国家的范畴，需要国际社会的共同参与和协作。网络空间命运共同体的构筑正是基于这样的认识，推动从单一国家治理向全球治理转变，强调各国在网络空间治理中的平等地位和共同责任。

构筑网络空间命运共同体具有深远的意义，它不仅是对全球互联网治理理念的重大贡献，还是推动构建和平、安全、开放、合作网络环境的实际行动。首先，构筑网络空间命运共同体有助于增强国际互信，通过建立共识和合作机制，减少网络空间的冲突和误解，提升全球网络治理的效率和效果。其次，它推动了全球网络治理体系的公正性和合理性，确保各国在网络空间中的权利平等，反对网络霸权，提倡多边、民主、透明的治理原则。此外，构筑网络空间命运共同体还强调了对网络文化多样性的尊重和促进，鼓励不同文化在网络空间的交流互鉴，增进各国人民之间的相互理解和友谊。同时，这一理念也倡导加强网络安全防护，共同防范和应对网络攻击、数据泄露等风险，保护个人隐私和数据安全。最后，构筑网络空间命运共同体还意味着推动数字经济的合作与发展，通过共享数字技术进步的成果，减少数字鸿沟，促进全球经济的均衡发展。通过这些措施，网络空间命运共同体的构筑将为全球网络治理提供新的思路和方向，为实现网络空间的持久和平与共同繁荣作出积极贡献。

（二）网络治理体系结构

治理体系结构的完善与否直接关系到国家信息安全和社会稳定。我国已构建起一个全面、系统化的网络综合治理体系，涵盖党委领导、政府管理、企业履责、社会监督、网民自律等多元主体，形成了协同合作的治理格局。本部分将详细阐述我国网络治理体系的结构，包括其治理主体、手段和实践路径，同时深入探讨这一体

① 张文祥，刘松炜．新安全格局下健全网络综合治理体系的战略任务探析［J］．现代视听，2023（12）：5－9.

系如何通过经济、法律、技术等手段，实现网络空间的清朗、健康和有序，以及如何通过领导管理、正能量传播、内容管控、社会协同、网络法治和技术治网等路径，推动网络治理体系的现代化和法治化。

1. 治理主体。

（1）主体结构。网络综合治理体系是一个全面、系统化的治理结构，涵盖了多个治理主体，共同构建起一个多元参与、协同合作的治理格局。自 2019 年 7 月《关于加快建立网络综合治理体系的意见》提出了“五统一”的治理体制创新，当前我国已基本形成了党委领导、政府管理、企业履责、社会监督、网民自律五位一体的网络综合治理主体体系①。

在这一体系中，各治理主体根据其职能和责任，共同参与到网络环境的监管与建设中。党委在网络综合治理体系中扮演着核心领导角色，负责制定网络治理的方针政策，统筹协调各方面力量，确保网络治理工作与国家整体发展战略相一致；党委的领导作用体现在对网络治理工作的顶层设计、决策部署和督促落实。政府作为网络空间的管理者，负责执行法律法规，对网络行为进行监管和指导；政府通过制定相关政策、标准和规范，对网络信息内容、网络安全等进行管理，确保网络空间的秩序和安全。互联网企业作为网络服务的提供者，承担着维护网络秩序、保护用户权益的社会责任；企业需要遵守法律法规，加强自我管理，通过技术创新和管理措施，提升网络服务的质量和安全水平。社会监督主体包括网络行业协会、网络组织、网络社团以及广大网民；这些主体通过举报不良信息、参与网络治理讨论、开展网络志愿服务等方式，对网络环境进行监督和评价，促进网络空间的健康发展。而网民作为网络空间的直接参与者，需要提高自身的网络素养，遵守网络道德和法律法规，自觉维护网络秩序；网民自律是网络综合治理体系的基础，每个网民都应该成为网络文明的建设者和维护者。

（2）国家互联网信息办公室的设立与职责。2011 年 5 月，经国务院同意，国务院办公厅日前就设立国家互联网信息办公室（以下简称“网信办”）发出通知，并指出网信办的主要职责包括，落实互联网信息传播方针政策和推动互联网信息传播法治建设，指导、协调、督促有关部门加强互联网信息内容管理，负责网络新闻业务及其他相关业务的审批和日常监管，指导有关部门做好网络游戏、网络视听、网络出版等网络文化领域业务布局规划，协调有关部门做好网络文化阵地建设的规划和实施工作，负责重点新闻网站的规划建设，组织、协调网上宣传工作，依法查处违法违规网站，指导有关部门督促电信运营企业、接入服务企业、域名注册管理和

① 罗昕，许嘉馨．中国网络综合治理体系的构成维度与推进路径［J］．青年记者，2023（15）：82－85．DOI：10．15997/j．cnki．qnjz．2023．15．022．

服务机构等做好域名注册、互联网地址（IP 地址）分配、网站登记备案、接入等互联网基础管理工作，在职责范围内指导各地互联网有关部门开展工作。此外，网信办不另设新的机构，在国务院新闻办公室加挂网信办牌子①。

随后几年，为了进一步加强党对网络意识形态工作的统一领导，网信办在组织架构上进行了扩展。各省级、地市级党委纷纷成立网信办，以确保网络意识形态工作的顺利开展。同时随着网络环境的不断变化和管理需求的增加，网信办的职责也在不断扩展和完善。2014 年 2 月，中央网络安全和信息化领导小组成立，其办公室设在国家网信办，进一步提升了网信办的地位和影响力。此时，网信办的职责不仅限于信息管理，还扩展到网络安全领域，形成了更全面的互联网管理体系。

2018 年 3 月，根据中共中央印发的《深化党和国家机构改革方案》，中央网络安全和信息化领导小组改为中共中央网络安全和信息化委员会，其办公室设在国家网信办，网信办调整为国务院直属机构。这一变化进一步提升了网信办在互联网信息管理领域的权威性和影响力。此时，网信办的职责已经涵盖了互联网信息传播的方针政策落实、法治建设推动、信息内容监管以及网络安全等多个方面。随着时间的推移，网信办的职责不断细化和完善。除了上述核心职责外，网信办还逐步加强了对网络游戏、网络视听、网络出版等网络文化领域的监管，并积极推动网络信息生态治理。这些举措旨在维护网络空间的清朗，保障公民的合法权益，同时也体现了网信办在互联网信息管理领域的专业性和全面性。

2. 健全网络治理体系的手段和路径。

（1）治理手段。在数字化、信息化的时代背景下，网络空间已成为人们获取信息、交流思想、开展业务的重要场所。然而，随着网络技术的迅猛发展和普及，网络空间也面临着越来越多的挑战，如信息安全、网络犯罪、不良信息传播等问题。为了应对这些挑战，维护网络空间的健康、安全和有序，我国采取了一系列健全网络治理体系的手段。2019 年 7 月，《关于加快建立网络综合治理体系的意见》明确提出了经济、法律、技术“三结合”的治理手段，三种手段相互独立又相互联系，共同构成了网络治理的多维框架。

首先，经济手段被用来对网络主体进行有效约束和调控。通过经济激励和惩罚机制，如资质提升、经营限制、税收调整等，引导网络信息活动主体形成正确的价值取向和规范行为，从而促进了网络空间的健康发展。其次，法律手段则作为管网治网的标准参照和惩戒依据，明确界定了各类网络主体的权利与责任，清晰划分了网络空间主体活动的行为边界。这要求所有网络参与主体，包括党委政府、企业、

① 新华社．国办通知设立国家互联网信息办公室王晨任主任［EB/OL］．（2011－05－04）［2024－8－1］https：//www.gov.cn/rsrm/2011－05/04/content_1857301.htm.

社会组织及公民个人，在网络公域中各司其职、各守其责，确保了网络空间的秩序和安全。最后，技术手段作为基础性支撑，重点控制网络信道，利用技术优势进行网络空间的管理和防控。技术的应用，包括程序代码的编制和软硬件的开发，从底层支撑并控制着网络的运行，确保网络信息传播的合法性和安全性。此外，我国在网络治理中注重了治理手段的综合运用，强调根据不同情况下问题的性质和风险程度，灵活运用并平衡经济、法律、技术三种手段。这种综合运用手段的方法，不仅提高了治理的精准性和灵活性，而且有助于促进数字经济的创新发展和保障网络安全风险监管之间的治理平衡。

为了系统提升网络综合治理的效能，我国基于系统观念，从法治化、制度化、协同化三个层面强化了点、线、面三位一体的融合治理。这包括对管网体制和治网机制进行体系化系统整合，增强了网络空间多元主体共建共享共治的韧性，实现了多元主体网络治理功能的优势互补、资源整合和良性互动，推动了网络综合治理体系建设工作向体系化治理阶段的迈进。通过这些措施，我国网络治理体系的建设不仅提升了治理效能，而且为数字中国和网络强国建设营造了包容审慎的监管环境。

（2）实践路径。我国的网络综合治理体系已经初步建成了由领导管理、正能量传播、内容管控、社会协同、网络法治、技术治网六部分构成的网络综合治理体系，基本覆盖了多方面的互联网领域。

①领导管理。在领导管理方面，我国网络综合治理体系的实践路径彰显了党管互联网的核心原则与制度优势。中央网络安全和信息化委员会的设立，标志着我国网络治理领导体制的创新与完善，实现了对网络安全和信息化工作的集中统一领导，确保了网络治理政策的顶层设计与战略规划的权威性与有效性。

首先，在领导管理路径下，我国网络治理工作呈现出高度的组织化与系统化。从中央到地方，各级网络安全和信息化领导小组的建立，形成了上下联动、左右协同的网络治理领导体系，保证了政策的快速响应与高效执行。同时，跨部门协作机制的建立，如公安部、网信办、工信部等部门的协同配合，有效整合了资源，形成了网络治理的合力。其次，在领导管理层面，我国强化了网络意识形态工作责任制。各级党委和政府将网络意识形态工作纳入重要议事日程，定期分析研判网络意识形态领域情况，切实维护网络意识形态安全。这种责任制的落实，有效地提升了各级领导干部对网络治理工作的重视程度和执行力。再次，领导管理还体现在对网络舆论的引导和管理上。我国通过建立完善的网络舆情应对机制，及时监测、分析和处置网络舆情事件，防止不良信息的扩散和误导。同时，积极运用政务新媒体等平台，主动发声、及时回应社会关切，增强了政府与网络民众的互动和沟通。最后，在领导管理过程中，我国还注重加强网络人才队伍建设。通过培养和引进高素质的网络专业人才，提升网络治理的专业化水平。这些专业人才在网络技术、信息安全、数据分析等领域发挥着重要作用，为网络综合治理体系的建设提供了有力的人才保障。

②正能量传播。我国网络综合治理体系在正能量传播方面，通过一系列具体政策的制定与实施，构建了全方位、多层次的正能量传播机制，旨在营造清朗的网络空间，弘扬社会主义核心价值观。

2016 年 10 月，中共中央办公厅、国务院办公厅印发《关于加强网络内容建设的意见》，明确提出了加强网络内容建设的指导思想和基本原则，强调了网络正能量传播的重要性，要求加强网络内容建设，提升网络文化产品和服务的品质，为网络正能量传播提供了政策指引。2017 年 3 月，《网络信息内容生态治理规定》进一步规范了网络信息内容的生产、传播与使用，要求网络信息内容服务使用者和生产者不得制作、复制、发布违法信息内容，防止和制止网络暴力、低俗色情、恐怖暴力等不良信息的传播，为网络正能量传播创造良好的网络生态。此后，在 2020—2021 年，《关于进一步加强网络直播营销行为规范管理的指导意见》《关于开展网络直播行业专项整治和规范管理工作的通知》《关于加强网络文明建设的意见》等文件的出台，对网络直播、网络营销等活动提出规范管理办法，要求加强网络道德建设，培育积极健康、向上向善的网络文化，推动社会主义核心价值观在网络领域的广泛传播，为网络正能量传播提供了系统性、长期性的政策支持。

③内容管控。我国网络综合治理体系的内容管控是指在网络空间内，通过一系列政策、法规、技术手段以及社会参与，对网络信息内容进行有效管理和控制的过程，涵盖了从信息发布、传播到接收的整个生命周期，其目标是确保网络信息的真实性、合法性和健康性，防止虚假信息、有害内容和不良行为的传播，维护网络秩序和公共利益。内容管控的范围广泛，不仅包括对网络谣言、暴力、色情等违法违规内容的打击，也涉及对网络舆论的引导、网络文化建设以及对未成年人网络环境的保护等多个方面。

我国在内容管控上采取了多种方法。一方面，通过制定和完善相关法律法规，如《网络信息内容生态治理规定》等，为内容管控提供了明确的法律依据和操作指南。这些法规不仅明确了网络信息内容的标准和要求，还规定了相应的处罚措施，有效遏制了违法和不良信息的传播。另一方面，技术手段的运用也是内容管控的重要环节。通过加强网络安全技术应用研究，提升网络安全技术水平，能够有效地识别和过滤不良信息，保护网络环境的清朗。最后，我国还积极推动网络素质教育，提升公民的网络安全意识和素养，从源头上减少不良信息的产生和传播。

这些方法的综合运用，使得我国网络综合治理体系在内容管控方面取得了显著的成效。

④社会协同。社会协同是指通过政府、企业、社会组织、网民等多元主体的共同参与和协作，形成共建共治共享的网络治理格局。这种协同机制的核心在于通过各方的积极参与和相互配合，实现对网络空间的有效管理和服务，确保网络环境的清朗和秩序。社会协同的实施，不仅依赖于政府的引导和规范，还需要企业加强自我管理，承担起社会责任，同时鼓励和支持社会组织和网民参与到网络治理中来，形成政府、市场、社会三方联动的治理模式。

社会协同的实践体现在多个层面。首先，在政策制定和执行过程中，政府通过征求意见、举行听证会等方式，广泛听取社会各界的意见和建议，确保政策的科学性和民主性。其次，在网络内容管理方面，通过建立举报机制、奖励机制等，鼓励网民积极参与不良信息的监督和举报，形成群防群治的良好局面。再次，在网络文化建设方面，通过支持和引导社会组织、文化机构等开展网络文化活动，丰富网络文化产品供给，提升网络文化品质。最后，在网络技术发展和应用方面，鼓励企业、科研机构等加强技术创新，推动网络技术更好地服务于社会治理和民众生活。通过这些措施，社会协同不仅提升了网络综合治理的效率和效果，还增强了网络空间的活力和创造力，为构建清朗的网络环境提供了坚实支撑。

⑤网络法治。网络法治作为我国网络综合治理体系的重要组成部分，其核心在于运用法律手段规范网络行为，保障网络空间的秩序与安全。我国通过制定一系列法律法规，如《网络安全法》《数据安全法》和《个人信息保护法》等，构建起完善的网络法律体系，为网络行为提供了明确的法律指引。这些法律不仅规范了网络运营者的责任和义务，还加强了对个人信息的保护，有力地打击了网络犯罪活动。

在执法层面，我国加强了对网络违法行为的查处力度，通过跨部门协作和信息共享，提高了执法效率和准确性。同时，政府积极推动网络普法教育，提升公众对网络法律法规的认知和遵守意识。此外，我国还注重与国际社会的合作，共同应对跨国网络犯罪等挑战，形成了全方位、多层次的网络法治格局。这些举措共同促进了网络空间的法治化进程，为构建清朗的网络环境提供了坚实的法治保障。

⑥技术治网。技术治网指的是利用先进的信息技术手段，对网络空间进行有效管理和控制，以保障网络环境的安全、稳定和清朗。随着互联网技术的快速发展，技术治网已成为提升网络治理能力的关键途径。它涵盖了从网络安全防护、数据加密、访问控制到人工智能内容审核等多个方面。技术治网的实施，不仅需要政府的

引导和规范，也需要企业的技术创新和社会各界的积极参与。通过技术手段的不断优化和升级，可以有效识别和过滤违法违规信息，提高网络治理的智能化和精准化水平。

为了确保技术治网措施的有效实施，我国还从法律法规、标准制定、监管机制等方面进行了全方位的布局。《网络安全法》《数据安全法》《个人信息保护法》等法律法规的出台，为技术治网提供了法律依据，保护了公民隐私和数据安全。同时，推动技术标准化，制定网络信息安全技术标准，确保技术应用的统一性和规范性。建立健全网络监管机制，包括建立网络执法队伍，开展网络巡查，对违法违规行为进行及时处置。此外，鼓励产学研用深度融合，促进科研机构、高校与企业之间的合作，共同研发网络治理关键技术，提升技术治网的创新能力。通过这些具体措施，我国网络综合治理体系在技术治网上形成了闭环管理，有效维护了网络空间的秩序，促进了互联网的健康发展。

二、网络生态治理

互联网的蓬勃发展，在为人们生活带来便利的同时，也带来了信息过载、网络谣言、网络暴力等一系列问题，严重威胁着网络生态的健康和安全。为了构建清朗的网络空间，维护国家安全和社会稳定，我国政府积极行动，制定了一系列法律法规和政策文件，对网络信息生态、内容生态、舆论生态和安全生态进行全方位治理。本部分将重点介绍我国在网络生态治理方面的探索和实践，分析相关政策法规的主要内容，并探讨其对我国网络环境的影响。

（一）网络信息生态治理

自 21 世纪初互联网在我国迅速普及以来，政府就开始着手制定相关政策以规范网络信息传播。这一过程始于 2005 年 9 月《互联网新闻信息服务管理规定》的施行，该规定为新闻信息服务管理定下了基调，明确了管理职责和规范，标志着网络信息生态治理的初步探索。随后，在 2015 年 2 月和 2022 年 6 月，我国进一步加强了网络账号的管理，《互联网用户账号名称管理规定》和《互联网用户账号信息管理规定》的相继出台，强化了实名制和账号行为规范，为网络信息的有序传播打下了基础。

进入 2019 年 12 月，网络信息生态治理迎来了重要时刻，《网络信息内容生态治理规定》正式发布，并于次年 3 月实施。该规定强调了多元主体共治的原则，明确了网络信息内容生产者和服务平台的责任与义务，对网络信息内容进行了分类管理，从而构建了一个全面的网络信息生态治理框架。随着技术的快速发展，2021 年 1 月，《互联网信息服务算法推荐管理规定》应运而生，对算法推荐带来的信息传播问题进行了有效规制，确保了算法技术在公平、公正和透明的原则下应用。这一系列政策文件的精确发布与实施，不仅彰显了我国在网络信息生态治理工作上的决心与智慧，还反映了治理体系的逐步成熟与完善。从初步的新闻信息管理到用户账号的规范，再到全面的信息内容生态治理，以及针对新兴技术的算法推荐管理，每一步都体现了我国网络信息生态治理工作的深化与拓展，共同构筑了一个清朗、健康的网络空间。

（二）网络内容生态治理

我国对网络内容的生产与传播管理，是基于维护国家安全、社会稳定和公共道德的考量，构建了一套全面且细致的管理体系。该体系旨在促进健康、积极的网络生态，同时保障公民的言论自由与信息获取权利。

自进入互联网时代以来，我国政府高度重视网络内容的监管与引导，逐步构建起了一套完整的政策体系。2013 年 9 月，最高人民法院和最高人民检察院联合发布了《关于办理利用信息网络实施诽谤等刑事案件适用法律若干问题的解释》，为打击网络谣言、诽谤等违法行为提供了明确的法律依据。此后的几年里，随着《网络安全法》、《互联网新闻信息服务管理规定》（修订版）、《个人信息保护法》等一系列法规的出台，我国网络内容管理的法治化程度显著提升，为网络内容的生产与传播划定了清晰的法律界限。2019 年 11 月，网信办、文旅部、国家广播电视总局联合发布《网络音视频信息服务管理规定》，针对网络音视频信息服务提供者和使用者的行为进行了详细规范，要求网络音视频信息服务提供者建立健全用户注册、信息发布审核、信息安全管理等制度，有效预防和制止利用网络音视频信息服务制作、发布、传播法律法规禁止的信息内容。这一规定直接回应了网络音视频领域存在的突出问题，提高了网络内容生产的质量标准。

具体实践中，监管机构通过“清朗”“护苗”等专项行动，集中整治网络空间的违法违规内容，如色情、赌博、侵权盗版等。此外，网信办等单位定期发布《中国互联网络发展状况统计报告》，数据显示，通过持续的治理努力，网络环境明显改善，正能量内容占比逐年提升，网络用户满意度持续提高。

1. 针对网络游戏的监管。2003 年 12 月，原文化部、原国家广播电影电视总局、原新闻出版总署联合发布《关于开展对“私服”“外挂”专项治理的通知》，标志着国家层面对网络游戏市场中非法运营行为的首次大规模整治。随后，2010 年 6 月《网络游戏管理暂行办法》出台（2019 年 7 月废止），为网络游戏的运营、内容管理、用户权益保护等方面提供了首个全面的法规依据，标志着我国网络游戏监管进入规范化轨道。

进入 21 世纪第二个十年，针对网络游戏对未成年人可能产生的负面影响，监管政策进一步聚焦。2019 年，国家新闻出版署发布《关于防止未成年人沉迷网络游戏的通知》，具体要求包括：网络游戏企业必须实施实名认证，每日 22 时至次日 8 时不得为未成年人提供游戏服务，法定节假日外，未成年人游戏时间不得超过 90 分钟等。根据中国青少年网络协会的调查，这些措施实施后，未成年人过度游戏的情况得到了明显改善，家长和社会的满意度有所提升。

内容监管方面，2016 年 3 月《网络出版服务管理规定》的实施，将网络游戏纳入网络出版物范畴，对其内容的合法性和健康性提出更高要求，强调网络出版服务单位应取得《网络出版服务许可证》。同年，国家版权局、网信办、工信部、公安部联合开展“剑网行动”，严厉打击网络侵权盗版行为，包括网络游戏在内的数字版权保护得到显著加强。

近年来，随着人工智能、大数据等技术的应用，监管方式也趋向智能化。例如，通过建立网络游戏防沉迷实名验证系统，运用人脸识别等技术手段，提高未成年人身份识别的准确性，进一步强化防沉迷措施的执行效力。此外，监管部门还利用大数据分析，监测网络游戏市场动态，及时发现并处置违法违规内容，提升监管效率。

2. 针对网络文学的监管。网络文学监管的起步可追溯至 2000 年前后，随着《互联网信息服务管理办法》（2000 年）的出台，为网络文学在内的网络信息服务提供了基本的法律框架。随后，《信息网络传播权保护条例》（2006 年 5 月）的公布，标志着对网络环境下版权保护的正式确立，为网络文学的原创内容提供了法律保障。这一时期，国家版权局和各级文化市场执法机构加大了对网络文学盗版行为的打击力度，有效遏制了网络文学侵权现象的蔓延。

进入 21 世纪第二个十年，随着网络文学作品数量激增，内容监管成为政策关注的重点。2014 年 5 月，国家新闻出版广电总局发布《关于推动网络文学健康发展的指导意见》，强调了网络文学的社会责任和文化导向，倡导创作更多正能量作品。2016 年 3 月，实施的《网络出版服务管理规定》进一步细化了网络出版物（包括网络文学）的管理要求，要求网络出版服务单位须取得相应许可，明确网络文学内容不得含有危害国家安全、泄露国家秘密、破坏社会稳定的违法信息。

针对网络文学中可能存在的不适合未成年人阅读的内容，政策制定也逐渐细化。2014 年 5 月，国家新闻出版广电总局发布的《关于推动网络文学健康发展的指导意见》，强调了网络文学的导向作用，要求加强网络文学作品的内容审查，特别是要净化网络环境，保护未成年人免受不良信息影响。此政策指导下，网络文学平台开始实施更加严格的自我审查机制，对含有暴力、色情等不适宜未成年人阅读的内容进行清理。

新闻出版署于2020年发布的重要文件《关于进一步加强网络文学出版管理的通知》强调了网络文学内容的审核机制建设，要求内容导向正确、格调健康向上，严格把控涉及暴力、色情等不良信息，避免对青少年产生不良影响。网络文学出版单位被要求实行创作者实名注册制，保障未成年人隐私安全，同时定期开展社会效益评价考核，确保网络文学环境的健康与安全。对于出现严重错误导向的作品，将影响出版单位的评优评奖资格，促使行业整体向更加负责任、高品质的方向发展。通过这些措施，同时致力于构建一个有利于未成年人成长的网络文学环境，确保网络文学作品能够传递正能量，促进青少年健康成长。

3. 针对网络直播与视频服务的监管。自2016年起，随着网络直播行业的爆发式增长，政府开始加大对这一领域的监管力度。2016年9月，原网信办、文化部、国家新闻出版广电总局联合发布《关于加强网络视听节目直播服务管理有关问题的通知》，首次对网络直播服务提出了明确的管理要求，包括实行实名制、内容审核、持证上岗等。同年，文化部发布《关于加强网络表演管理工作的通知》，针对网络表演（含网络直播）中存在的低俗内容进行整治。

随着短视频平台的兴起，其内容的快速传播与广泛影响引起了监管部门的高度关注。2019年1月，国家网信办、文化和旅游部、国家广播电视总局联合发布《网络短视频平台管理规范》及《网络短视频内容审核标准细则》，明确了短视频平台的主体责任，要求建立健全内容审核机制，对包括政治、社会、文化等多个领域的不良信息进行全面审核。这一政策标志着短视频内容监管正式纳入国家网络内容管理体系。

针对未成年人保护，政府出台了一系列针对性措施。2019年，网信办发布《儿童个人信息网络保护规定》，首次专门针对儿童个人信息保护制定规定，要求网络运营者严格保护儿童个人信息安全。2022年5月，为应对网络直播对未成年人的潜在风险，2022年中央文明办等四部门联合发布《关于规范网络直播打赏 加强未成年人保护的意见》，规范直播打赏，加强未成年人保护。主要措施包括：禁止未成年人参与打赏和担任主播，实施严格实名制；优化“青少年模式”，禁止不适宜内容和打赏功能；建立未成年人专属客服，优先处理投诉和退款；规范打赏榜单和功能，取消排名，限制PK惩罚；加强网络素养教育，提升未成年人自我保护能力。该指导意见通过一系列具体措施，旨在构建全方位的未成年人网络保护体系，确保未成年人在网络直播环境中的健康成长。

（三）网络舆论生态治理

我国网络舆论生态治理工作自2012年以来，经历了从初步探索到逐步深化的过程，形成了一系列具有里程碑意义的政策实践。2013年9月，最高人民法院、最高人民检察院联合发布《关于办理利用信息网络实施诽谤等刑事案件适用法律若干问题的解释》，明确了网络诽谤的法律界定和刑事责任，为打击网络诽谤行为提供了法律武器，有效净化了网络舆论生态。

2017 年 10 月，网信办发布《具有舆论属性或社会动员能力的互联网信息服务安全评估规定》，要求具有舆论属性或社会动员能力的互联网信息服务提供者在提供服务前进行安全评估，确保服务的安全性，避免信息传播中的不良影响，维护了网络舆论生态的健康稳定。

2018 年以来，中央网信办持续开展“清朗行动”，针对网络直播、短视频、网络文学、网络教育等领域的突出问题，进行专项治理，打击网络谣言、低俗内容、虚假信息，净化网络空间，包括有“清朗 · 打击网络谣言”专项行动、“清朗 · 未成年人网络环境整治”、“清朗 · 饭圈乱象整治”专项行动、“清朗 · 互联网用户账号运营乱象专项整治行动”等行动，涵盖网络诽谤打击、互联网信息服务安全评估、网络谣言治理、未成年人网络环境整治、饭圈乱象整治、互联网用户账号运营乱象整治等多个领域的治理体系。

此外，2023 年 12 月，网信办等多部门联合发布了《网络暴力信息治理规定》，该规定自 2024 年 8 月 1 日起施行，旨在治理网络暴力信息，营造良好网络生态，保障公民合法权益，维护社会公共利益。规定明确了网络信息服务提供者和用户的责任，要求建立网络暴力信息治理机制，加强用户身份信息认证，并对网络暴力信息进行有效识别、监测和处置。

案例模块

“清朗”行动：净化网络空间

我国的“清朗”行动是国家层面针对网络生态治理的一系列专项整顿活动，旨在净化网络空间、维护网络安全、保障网民合法权益。自 2021 年以来，网信办主导的“清朗”系列专项行动，成为网络生态治理的核心政策工具。2021 年，网信办启动“清朗 · 打击网络水军黑公关”等行动，聚焦网络水军、黑公关、恶意营销账号等问题，全年累计清理违法和不良信息 2200 多万条，处置账号 13.4 亿个，封禁违规主播账号 10.5 万个，下架应用程序 3200 余款，有力地打击了网络空间的乱象。

2022 年，“清朗”行动进一步升级，网信办部署了包括“清朗 · 打击网络谣言”在内的 10 项重点任务，针对网络谣言、虚假信息、网络暴力等现象进行专项整治。据统计，2022 年的行动中，共清理网络谣言和虚假信息超过 300 万条，关闭违法违规账号近10万个，对200余家网站平台进行了约谈整改，有效遏制了网络谣言的传播，提升了网络空间的可信度。

进入2023年，“清朗”行动继续深化，重点开展了打击网络水军操纵信息内容、规范重点流量环节等行动，对网络直播、短视频领域的乱象进行了全面清理。据官方通报，一季度即查处关闭违法违规账号5万余个，约谈教育了一批“自媒体”账号使用人，限流、禁播、关闭了一批直播、短视频账号，网络生态得到了显著改善。这一系列行动不仅净化了网络环境，还促进了网络空间治理体系的完善，体现了我国政府在互联网治理上的决心和成效。通过持续的“清朗”行动，我国构建了一个更加健康、有序、安全的网络生态环境，为全球网络治理提供了中国方案和经验。

（四）网络诈骗专项治理

1. 网络诈骗与防范。网络诈骗是指利用互联网进行的非法骗取他人财物的行为，通常涉及虚构事实、隐瞒真相等手段，通过电子邮件、社交媒体、即时通讯工具等网络渠道实施。近年来，我国网络诈骗案件频发，且呈现逐年上升的趋势。以公安部公布的数据为例，仅2023年上半年，全国就破获了电信网络诈骗案件高达10.1万起，抓获犯罪嫌疑人9.2万名，同比分别上升73.7%和78.4%。基于此，我国制定一系列相关法律规定以应对逐年上升的网络诈骗案例。

2016年是我国在电信网络诈骗治理方面的重要一年。2016年9月，银监会与公安部联合发布的《电信网络新型违法犯罪案件冻结资金返还若干规定》，与公安部、最高人民法院、最高人民检察院等六部门联合发布的《关于防范和打击电信网络诈骗犯罪的通告》相继出台，首次明确了电信网络诈骗的严重性，要求各电信企业、银行等机构采取有效措施，配合执法机关，从源头上防范和打击电信网络诈骗犯罪；针对电信网络诈骗案件中冻结资金的返还问题，提供具体的操作流程和管理规定，确保受害人权益的及时恢复，同时也为公安机关的侦查工作提供有力支持，体现了治理策略中的人文关怀和法律实践的灵活性。

同年12月，最高人民法院、最高人民检察院、公安部联合发布了《关于办理电信网络诈骗等刑事案件适用法律若干问题的意见》，进一步细化了电信网络诈骗的法律适用标准，明确了电信网络诈骗的犯罪构成和量刑标准，为司法实践提供了具体指导，有效提升了对电信网络诈骗犯罪的打击效率。

2022年，面对不断上升的网络诈骗趋势，我国继续加大对电信网络诈骗的打击力度。4月，中共中央办公厅、国务院办公厅印发《关于加强打击治理电信网络诈骗违法犯罪工作的意见》，该意见提出依法严厉打击电信网络诈骗违法犯罪、构建严密防范体系、加强行业监管源头治理、强化属地管控综合治理等要求，强调了各级党委和政府的组织领导责任。9 月，我国发布《中华人民共和国反电信网络诈骗法》，法律明确了电信网络诈骗的定义，涵盖境内诈骗行为、中国公民在境外实施的诈骗行为，以及境外针对境内实施的诈骗行为，明确了电信、金融、网络机构在反诈工作中的主体责任，对从事电信网络诈骗违法犯罪人员和关联犯罪的人员从严惩处，并对未能履行风险防控责任和合规义务的电信业务经营者、互联网服务提供者等主体规定了严格的行政处罚，体现了我国对电信网络诈骗问题的持续关注，也展示了我国在打击网络犯罪、保护网络安全方面的决心和力度。

2. “净网”行动：维护网络安全与秩序。我国的“净网”行动是公安部自2014年起连续开展的一项全国范围内的网络安全专项整治行动，旨在严厉打击网络违法犯罪活动，净化网络环境。2014 年，公安部正式启动“净网行动”，重点打击网络色情、赌博、诈骗等犯罪行为。据公安部发布的数据，仅 2014 年一年，全国公安机关就侦破各类涉网案件近 2 万起，抓获犯罪嫌疑人 3 万余名，清理违法有害信息数百万条，有效震慑了网络犯罪分子，净化了网络空间。

2019 年，随着网络生态的日益复杂，公安部深化“净网 2019”专项行动，加大对侵犯公民个人信息、网络黑客攻击、网络赌博等新型网络犯罪的打击力度。据统计，该年度共侦破网络犯罪案件 5.9 万余起，抓获犯罪嫌疑人 8.8 万余名，捣毁一批网上犯罪窝点，有力维护了网络安全和社会稳定。

进入 2021 年，面对日益严峻的网络安全形势，公安部启动“净网 2021”专项行动，聚焦打击网络诈骗、网络赌博、侵犯公民个人信息等违法犯罪行为。行动期间，全国公安机关共侦破各类网络犯罪案件 6.2 万余起，抓获犯罪嫌疑人 10.3 万余名，清理网络黑产链条，有效遏制了网络犯罪的高发态势，为维护国家安全、社会稳定和人民群众合法权益做出了重要贡献。通过持续开展“净网”行动，我国不断强化网络空间的安全治理，构建了更加安全、健康的网络生态环境。

三、网络文明建设

随着网络技术的飞速发展，网络文明建设显得尤为重要。本部分将深入探讨我国在网络文明建设方面的政策实践和成就，包括强化网络法治意识、加强网络道德建设以及鼓励网络正能量的传播。

（一）强化网络法治意识，依法上网

我国在强化网络法治意识、依法上网方面，采取了一系列政策实践，以构建健康、文明的网络环境。2016 年 12 月，中共中央办公厅、国务院办公厅印发《国家网络空间安全战略》，明确提出要依法治理网络空间，强调完善网络立法，加大执法力度，保护公民网络权益，打击网络犯罪。此战略为后续的网络法治建设奠定了

基础，推动了相关法律法规的制定和完善。

2017 年 6 月 1 日，《网络安全法》正式施行，这是我国第一部全面规范网络空间安全管理的基础性法律，明确规定了网络运营者、网络使用者的权利与义务，以及政府部门的监管职责。该法实施以来，有效提升了全社会的网络安全意识，据统计，截至 2020 年年底，全国共有超过 2 万家关键信息基础设施运营单位完成网络安全等级保护定级备案，增强了网络空间的法治化水平。

2021 年 9 月，中共中央办公厅、国务院办公厅印发了《关于加强网络文明建设的意见》，明确指出要强化网络法治意识，加强网络法治宣传教育，引导网民自觉遵守法律法规，依法上网。该意见的出台，为网络文明建设提供了重要的政策依据和行动指南。

此外，为了进一步提升网民的法治观念，相关部门持续加强网络法治教育，如通过“国家网络安全宣传周”“宪法宣传周”等主题活动，广泛开展网络法律法规宣传，提高公众对网络安全和个人信息保护的认识。据统计，自 2019 年以来，每年的网络安全宣传周期间，全国各级网信部门和教育部门联合举办的各类线上线下活动累计覆盖数亿人次①，有效增强了全社会的网络法治意识和依法上网的自觉性。

（二）加强网络道德建设

我国网络文明建设的政策实践，充分展示了国家层面对于网络道德建设的系统规划与有力推动。自 2016 年以来，一系列重要政策文件的发布，标志着我国在网络道德建设领域的全面布局与深化发展。

首先，2016 年，中共中央办公厅、国务院办公厅印发《国家网络空间安全战略》，首次将网络道德建设提升至国家战略高度，强调了网络空间的伦理道德和法律法规建设。随后，2017 年，《网络安全法》正式实施，该法不仅确立了网络安全的基本制度框架，还明确规定了网络运营者应承担的信息安全管理责任，为网络道德建设提供了坚实的法律基础。

2019 年 10 月，《新时代公民道德建设实施纲要》明确提出，要“加强网络道德建设，净化网络空间”，标志着网络道德建设进入政策框架构建阶段。该纲要强调加强网络道德建设，净化网络空间，为后续政策制定提供了理论依据。在这一纲要指导下，我国各地区开展网络文明传播活动，倡导健康向上的网络文化，打击网络谣言和不良信息，保护青少年健康成长，截至 2021 年年底，全国共清理各类违法和不良信息超 15 亿条，有效净化了网络环境。

---

① 澎湃新闻·澎湃号·政务.【网络安全宣传周】梳理！2019 年国家网络安全宣传周取得这些成果［EB/OL］.（2019－09－24）［2024.8.5］https://m.thepaper.cn/newsDetail_forward_4510168.

2021 年 8 月，《个人信息保护法》出台，填补了网络道德建设中个人信息保护的法律空白，为网络空间的道德秩序提供了坚实的法律基础。同年 9 月，中共中央办公厅、国务院办公厅印发《关于加强网络文明建设的意见》，全面部署了网络文明建设的重点任务和保障措施，强调了网络道德、网络文化、网络法治等多维度建设。

（三）鼓励网络正能量传播

我国在鼓励网络正能量传播方面，制定了一系列政策，旨在引导网络文化健康发展，营造积极向上的网络环境。2018 年，中央网信办启动“五个一百”网络正能量精品评选活动，包括百名网络正能量榜样、百篇网络正能量文字作品、百幅网络正能量图片、百部网络正能量动漫音视频作品、百项网络正能量专题活动，旨在表彰在网络空间传播正能量、弘扬主旋律的优秀个人和作品。截至 2022 年，该活动已成功举办六届，累计吸引数亿人次参与投票，评选出数千件优秀网络正能量作品，形成了良好的示范效应[①]。

2019 年 12 月，中央网信办还发布了《网络信息内容生态治理规定》，对网络信息内容生产者、服务平台、使用者的行为规范提出了具体要求，特别强调要鼓励和支持制作、复制、发布、传播有利于弘扬社会主义核心价值观的内容，促进网络空间的健康发展。据统计，自规定实施以来，各大网络平台主动清理违规信息数百万条，关闭违规账号数十万个，网络环境得到明显改善[②]。

为进一步激发网络正能量创作活力，2020 年，中央网信办、教育部、共青团中央等部门联合发起“中国好网民”工程，通过开展线上线下培训、主题宣传活动等形式，提升网民网络素养，鼓励广大网民积极参与网络正能量传播[③]。2021 年 9 月，中央网信办发布了《关于加强网络文明建设的意见》，强调要加大网络正能量内容的生产和传播力度，提升网络文化产品的质量和品位，倡导文明上网、理性表达。同年，为庆祝中国共产党成立 100 周年，开展了“百年征程・网络强国”主题宣传活动，通过线上线下相结合的方式，讲述中国共产党领导下的中国故事，展现新时代中国的发展成就。

2023 年，为了进一步落实网络正能量传播，中央网信办联合多个部门启动了“网络强国・青春力量”行动，旨在培养青年网络文明使者，引导青少年正确使用

---

① 网信中国．中国正能量“五个一百”网络精品征集评选展播今天启动［EB/OL］．（2022 - 12 - 31）［2024 - 08 - 05］ http：//politics. people. com. cn/n1/2022/1231/c1001 - 32597565. html.

② 年度网络内容治理研究课题组．趋深向实与“国家在场”：2023 年中国网络内容治理报告［EB/OL］．（2024 - 01 - 29）［2024. 8. 5］ https：//new. qq. com/rain/a/20240129A00SWQ00.

③ 央广网．中央网信办：引导多部门共同参与青少年网络素养教育［EB/OL］．（2021 - 11 - 16）［2024 - 08 - 05］ https：//baijiahao. baidu. com/s?id = 1716586211431927311.

互联网，传播网络正能量。该行动包括网络文明教育进校园、网络公益项目孵化、青年网络文化产品创作大赛等子项目，据统计，活动通过微博等社交媒体平台发起了“我的网络成长故事”和“网络未来我憧憬”话题，引发了广泛的网民共鸣和参与。这些话题的总阅读量超过9000万，互动量11.8万，讨论量2.8万①。

① 中国新闻网．为网络强国建设注入青春力量［EB/OL］.（2026－06－28）［2024－8－5］https：//www.chinanews.com.cn/sh/2024/06－28/10242406.shtml.

第十二章　数字国际合作

第一节

构建数字国际合作体系

一、数字丝绸之路

（一）“数字丝绸之路”的提出

数字丝绸之路，作为“一带一路”倡议的创新性路径，旨在推动数字经济与“一带一路”共建国家的网络和信息化建设，深化互联互通，提升区域经济发展水平。这一概念首次由习近平主席在2017年“一带一路”国际合作高峰论坛上提出，主张在数字经济、人工智能、纳米技术、量子计算机等前沿领域合作，推动大数据、云计算、智慧城市建设，以构建21世纪的数字丝绸之路[①]。

2015年3月，中国政府制定并发布《推动共建丝绸之路经济带和21世纪海上丝绸之路的愿景与行动》，其中明确提出：“共同推进跨境光缆等通信干线网络建设，提高国际通信互联互通水平，畅通信息丝绸之路。”其本质上就是要以信息基础设施互联互通为重点，加快“一带一路”倡议的信息化建设。2015年12月，在第二届世界互联网大会上，“数字丝绸之路”的原型构想被提出。习近平总书记在开幕式的演讲中指出：要加快全球网络基础建设，推动全球数字经济发展。随后，以“数字丝绸之路·合作共赢”为主题的分论坛主要讨论了如何构建“数字丝绸之

① 王业斌，高慧彧，郭磊．“数字丝绸之路”的发展历程、成就与经验［J］．国际贸易，2023（10）：56－65.

路”。2016年5月，“‘一带一路’空间认知国际会议”在北京召开，会议中提出了“数字丝绸之路”国际科学计划。该计划通过参与组织之间的数据、技术和知识共享，为“一带一路”建设提供科学的决策依据，从而助力“一带一路”建设可持续健康发展。在“一带一路”数字化转型与高质量发展的背景下，推进共同发展的过程需要一个新方案。

2017年5月，在“一带一路”国际合作高峰论坛上，习近平主席正式提出了“数字丝绸之路”的概念。随后产生的《“一带一路”国际合作高峰论坛圆桌峰会联合公报》提出要支持电子商务、数字经济、智慧城市、科技园区等领域的创新行动计划，鼓励在尊重知识产权的同时，加强互联网时代创新创业模式交流，推动电子商务和数字经济等方式扩大贸易。此后，2017年12月，在第四届世界互联网大会上，中国、老挝、沙特、塞尔维亚、泰国、土耳其、阿联酋等国家相关部门共同发起《“一带一路”数字经济国际合作倡议》，通过加强政策沟通、设施联通、贸易畅通、资金融通和民心相通，致力于实现互联互通的“数字丝绸之路”，打造互利共赢的“利益共同体”和共同发展繁荣的“命运共同体”。2018年4月全国网络安全和信息化工作会议上，习近平总书记强调，要以“一带一路”建设等为契机，加强同共建国家特别是发展中国家在网络基础设施建设、数字经济、网络安全等方面合作，建设21世纪数字丝绸之路。2022年7月，商务部等27部门联合发布的《关于推进对外文化贸易高质量发展的意见》明确指出，推动中华文化走出去，要把握数字经济发展趋势和规律，加强数字文化内容建设，积极培育相关领域的出口竞争力。2023年10月，在第三届“一带一路”国际合作高峰论坛数字经济高级别论坛上，中国同缅甸、肯尼亚等13个“一带一路”国家联合发布《“一带一路”数字经济国际合作北京倡议》，明确提出要加强数字互联互通，深化区块链、人工智能等技术在商贸领域的应用与合作。数字丝绸之路发展历程中的重要文件如表12-1所示。

表12-1　数字丝绸之路发展历程中的重要政策文件

时间	相关国家或组织机构	文件
2015年3月	中国国家发展改革委、外交部、商务部	《推动共建丝绸之路经济带和21世纪海上丝绸之路的愿景与行动》
2015年12月	中国、老挝、沙特、塞尔维亚、泰国、土耳其、阿联酋	《“一带一路”数字经济国际合作倡议》
2017年5月	中国、阿根廷、白俄罗斯等30国	《“一带一路”国际合作高峰论坛圆桌峰会联合公报》
2022年7月	中国商务部等27部门	《关于推进对外文化贸易高质量发展的意见》
2023年10月	中国、缅甸、肯尼亚等13国	《“一带一路”数字经济国际合作北京倡议》

（二）建设数字丝绸之路的相关政策

中国推动数字丝绸之路的相关举措涵盖了顶层设计、基础设施建设、国际合作、规则制定、人才培养等多个维度，旨在促进共建国家的数字经济合作与共同繁荣。中国政府制定了顶层制度设计与一系列战略规划。2015 年 3 月，国家发展改革委、外交部、商务部联合发布了《推动共建丝绸之路经济带和 21 世纪海上丝绸之路的愿景与行动》；同年 5 月，国务院发布《中国制造 2025》，这些文件明确了数字丝绸之路的建设目标、路径和合作框架，强调以政策体系为支撑，为数字丝绸之路合作提供坚实的政策保障。中国在推动数字丝绸之路的建设过程中，积极响应全球数字化发展趋势，通过制定一系列政策与策略，旨在促进与“一带一路”共建国家在数字经济领域的深度合作，共同提升全球数字贸易的包容性与可持续性。政策层面，中国在国家发展战略中明确数字贸易的战略地位，提出“数字金砖”合作倡议，强调在全球数字经济规则制定中发挥引领作用。通过发布《数字贸易发展与影响白皮书》等文件，中国构建了完善的数字贸易发展规划，鼓励电子商务和跨境数据流动。在具体实施上，中国与共建国家共同推进数字基础设施建设，如跨境光缆铺设、5G 网络部署等，为数字贸易提供坚实硬件支持。并在《区域全面经济伙伴关系协定》（RCEP）等多边贸易框架下推动电子商务、数据流动等数字贸易规则的制定。此外，中国还通过“一带一路”国际合作高峰论坛等平台，倡导构建包容普惠的数字贸易国际规则体系，推动数字经济领域的功能性合作，如电子商务合作、数字化产业升级、智慧城市建设等。同时，中国注重与共建国家的数字经济安全合作，打击网络犯罪，加强数据保护，确保数字丝绸之路的安全与稳定发展。通过上述举措，中国致力于在国际舞台上推动形成更加公平、开放的数字贸易环境，助力全球数字经济的均衡发展。

（三）数字丝绸之路发展典型案例

数字丝绸之路作为“一带一路”倡议的一部分，旨在促进共建国家在数字经济领域的合作与交流，通过加强数字基础设施建设、推动电子商务、提升数字治理能力等，加速区域经济一体化和全球数字经济发展。以下是几个典型的数字丝绸之路发展案例。

1. 中国与塞尔维亚的数字合作。塞尔维亚作为西巴尔干地区增长最快的经济体之一，积极响应“一带一路”倡议。中国企业在塞尔维亚投资建设了多个信息技术项目，包括华为在塞尔维亚部署的智慧城市解决方案，以及中国电科在贝尔格莱德设立的研发中心，这些项目促进了塞尔维亚数字基础设施的升级，增强了其数字经济竞争力。中国与塞尔维亚的数字合作是两国关系中的一个重要方面，特别是在“一带一路”倡议和中国—中东欧国家合作（“17 +1 合作”）框架下。中国与塞尔维亚的数字合作不仅促进了两国在技术、经济和文化领域的交流，还有助于塞尔维亚数字经济的发展和区域数字一体化进程。在具体的协议落实方面，双方有效开展数字经济领域合作，通过发挥中塞投资合作工作组机制作用，持续推进落实2022年签署的《中塞关于加强数字经济领域投资合作的谅解备忘录》，积极推动具体合作项目落地见效。

2. 中非电子商务合作。中非共建"数字丝绸之路"在推动非洲国家数字经济的快速发展中扮演着至关重要的角色，特别是在移动通信网络扩张、智能手机市场的蓬勃兴起、电子商务的平台构建以及移动支付领域的日益活跃等方面，展现出巨大的潜力。这一合作框架不仅为非洲国家提供了平等融入全球产业链的宝贵机会，还为中国分享其数字化转型的经验和成果开辟了新的路径。非洲国家如肯尼亚、尼日利亚、南非等，在互联网用户数量和智能手机普及上取得显著进展，显示出非洲正逐步步入数字经济时代。然而，非洲在数字基础设施、网络安全、区域治理协调等方面仍面临挑战，如数字鸿沟明显、金融科技初创企业融资难、网络欺诈频发、专业人才短缺等。面对挑战，中非双方正积极寻求合作机遇，共同构建数字丝绸之路。在"一带一路"倡议与非盟《2063年议程》的指导下，双方已签署多项合作备忘录，联合推出数字经济国际合作倡议，通过建设跨境光纤、海底光缆等重要基础设施，以及推动电子政务、智慧城市等项目落地，加速非洲的数字化进程。2024年7月，中非数字合作论坛在北京召开。会上，中国与非洲26个国家共同发布了《中非数字合作发展行动计划》。中国信息通信研究院发布了《中国助力非洲数字发展案例集》。与会非洲国家数字部长在论坛上纷纷赞赏中国在数字通信领域取得的巨大成就，希望借鉴中国发展经验和做法，助力非洲加快数字化转型步伐。此外，中国互联网和电信企业的技术优势，如华为、中兴通讯和阿里巴巴等，在非洲实施的项目不仅提升了当地的数字通信能力，而且助力了非洲在电子商务、野生动物保护等领域的数字化转型。

为了巩固合作成果，中非双方正加强在需求对接、项目落地、人才培养与数字治理等领域的合作。例如，北京四达时代软件技术股份有限公司与尼日利亚国家电视台合作推动数字化转型，中国建材集团推出"跨境数字贸易+共享海外仓"模式，以及阿里巴巴集团与非洲国家在人才培养、数字技术应用等方面的合作。通过深化这些合作，中非共建"数字丝绸之路"旨在提升非洲数字基础设施，促进产业链、服务链和供应链的融合，最终共享数字经济发展的红利，实现双方经济的共同发展与繁荣。

3. 马来西亚数字自由贸易区。阿里巴巴集团与马来西亚政府合作建立了数字自由贸易区（DFTZ），这是一个综合性的数字贸易平台，于2017年11月正式启用。

旨在简化贸易流程，提高物流效率，为中小企业提供电子商务和物流服务，促进了马来西亚乃至东南亚地区的跨境电商发展。该项目核心在于促进中小企业在全球市场中的竞争力，特别是通过一个高效的物流中心——e Fulfillment Hub，它简化了贸易流程，加速了货物处理，降低了成本。DFTZ 还与电商平台如 Lazada 紧密合作，为马来西亚商家开辟了直达全球消费者的渠道，同时构建了一个涵盖数字支付、金融服务、云计算和数据分析的全面数字生态系统。此外，该项目重视人才培养，通过教育项目提升当地劳动力的数字技能，为数字经济转型提供人才支撑。马来西亚数字自由贸易区不仅提升了该国在全球电子商务领域的角色，还成为推动地区数字化转型和经济增长的典范。

4. 中哈霍尔果斯国际边境合作中心。中哈霍尔果斯国际边境合作中心是位于中国新疆与哈萨克斯坦交界处的一个独特的跨境经济合作区域，它横跨中哈两国边界，集自由贸易、商务交流、文化旅游于一体，是“一带一路”倡议下重要的国际合作平台。该中心于 2006 年 6 月建立，通过创新的管理模式，实现了“境内关外”的特殊海关监管模式，允许游客和商人无须办理签证即可在限定区域内自由往来，促进了双边商品、服务、人员的高效流动。合作中心内不仅设有免税购物中心，吸引大量消费者，还涵盖了会展、金融、物流等多种功能区，为中哈及周边国家的企业提供了展示、交易和投资合作的便利条件。随着数字经济的发展，该中心正积极探索跨境电商、数字支付等新兴领域合作，进一步提升区域合作的深度与广度，成为推动区域经济一体化和数字丝绸之路建设的新亮点。

以上这些案例展示了数字丝绸之路在促进跨国数字基础设施建设、推动电子商务合作、提升数字治理能力等方面的积极作用，不仅增强了参与国家的数字经济实力，还为全球数字经济发展和国际合作提供了新路径。

二、数字贸易发展

（一）数字贸易的形成

数字贸易是指利用互联网技术进行产品和服务的商业活动，其核心特征包括基于互联网的交易基础、数字化产品和服务的交易内容以及创新的商业模式。数字贸易不仅包括传统意义上的电子商务，还涵盖了数字服务贸易、数据流动、商业存在等新型贸易形式。随着信息技术的飞速发展，数字贸易已成为推动全球经济增长的新动力，对国际贸易的规则、结构和格局产生了深远影响。在中国，数字贸易作为数字经济的重要组成部分，已被置于国家战略的高度。

鉴于数字贸易对经济发展的颠覆性潜力，中国正努力将数字贸易提升到国家发展战略的核心位置，制定专门的发展规划，明确发展目标、路径和重点方向。国家层面的重视旨在推动数字贸易成为推动经济转型升级、增强国际竞争力的关键力量。数字贸易在中国贸易政策体系中不仅是新的经济增长点，更是推动贸易方式创新、促进产业升级、提升国际竞争力的关键力量。中国正通过政策支持、规则制定、基础设施建设等多方面的努力，积极塑造有利于数字贸易健康发展的生态环境，以期在全球数字贸易规则构建中占据主动地位。中国政府高度重视数字贸易的发展，近年来发布了一系列政策文件以推动其快速增长和规范发展。2016 年 2 月，《国务院关于同意开展服务贸易创新发展试点的批复》（国函〔2016〕40 号）提出，积极探索信息化背景下服务贸易发展新模式，依托大数据、物联网、移动互联网、云计算等新技术推动服务贸易模式创新，打造服务贸易新型网络平台。2018 年 6 月，为了进一步深化落实中国数字贸易的建设发展，《国务院关于同意深化服务贸易创新发展试点的批复》（国函〔2018〕79 号）中提到，要探索推进服务贸易数字化，运用数字技术提升服务可贸易性，推动数字内容服务贸易新业态、新模式快速发展。推动以数字技术为支撑、高端服务为先导的“服务 +”整体出口。2018 年 8 月，《电子商务法》出台，进一步表明中国政府对数字贸易发展的重视。2019 年 11 月，《中共中央、国务院关于推进贸易高质量发展的指导意见》提出加快数字贸易发展。2020 年 4 月，商务部会同网络安全和信息化委员会办公室、工业和信息化部联合发布公告，认定中关村软件园等 12 个园区为国家数字服务出口基地，目标是通过建立一批以数字服务出口为导向、具有较强带动作用的基地，培育数字服务新业态、新模式，打造数字贸易发展先行区。

为了提升全球价值链中的地位，中国针对跨境电商和数字内容产业制定了中长期发展规划，强化数字基础设施建设，包括城市信息网络提速升级和农村宽带普及，同时逐步放宽数字基础设施领域的市场准入限制。为了更好地融入全球数字贸易体系，中国积极参与数字贸易规则的国际谈判，力图构建符合自身利益的“中式模板”，并加强与国际规则的对接，包括推动跨境电子商务法律法规的透明化，以及在数字证书、电子签名领域的国际互认。在微观层面，政府鼓励企业通过技术创新和人才培养提升数字化运营水平，优化物流信息平台，促进全球智慧物流网络的构建，同时推动商业模式创新，增强平台经济的生态系统，为中小企业提供更多跨境贸易机会。为了保障数字贸易的安全与秩序，中国不断完善国内数字领域法律法规，强化数据保护和隐私安全，推动数据跨境流动的规范化，确保在开放中维护国家经济安全。这些政策和措施共同构成了中国发展数字贸易的全面策略，旨在促进贸易转型升级，提升国际竞争力，为实现高质量发展和构建开放型经济体系提供坚实支撑。

商务部在近年来针对数字贸易和数字经济的发展，推出了一系列关键政策与文件，旨在推动相关领域高质量发展并增强国际竞争力。2021 年 7 月，商务部发布了《深化“证照分离”改革进一步激发市场主体发展活力工作实施方案》，通过优化政务服务、强化监管措施，促进包括数字贸易在内的各类企业健康发展。在 2021 年，商务部参与制定了《“十四五”时期数字贸易高质量发展：问题审视与创新路径》研究报告，明确数字贸易作为贸易强国建设的重要组成部分，需加快跨境电商提质升级，提升数字服务贸易竞争力，推进贸易数字化进程，并支持数字平台企业国际竞争。此外，2023 年 11 月，中国信息通信研究院发布的《全球数字经贸规则年度观察报告》中，商务部作为政策制定者，强调了参与国际规则制定、强化国际合作的重要性，以共享数字贸易发展红利，同时指出要关注数字贸易规则的公平性和包容性构建，特别是在跨境数据流动、供应链弹性规则方面的进展。这些政策与文件体现了商务部对数字贸易发展的全面布局，从国内环境优化、国际规则参与，到具体业态支持与企业能力建设，旨在构建一个有利于数字贸易蓬勃发展的生态环境。

中国各地方政府同时也在积极响应国家数字经济发展战略，纷纷推进数字贸易示范区建设，如北京市致力于打造国际一流的数字贸易发展高地；义乌市依托市场采购贸易方式试点，加速数字贸易生态圈构建；武汉汉口北探索市场采购贸易与跨境电商融合新路径；嘉善县聚焦特色产业与数字技术深度融合，推动数字贸易创新发展。这些示范区通过优化数字营商环境、强化数字基础设施、促进跨境电商与服务贸易数字化，以及加强国际合作与规则对接，不仅促进了本地经济转型升级，还为全国乃至全球数字贸易规则的探索与实践提供了宝贵经验。

（二）国外数字贸易发展的相关政策

自 2013 年起，美国国际贸易委员会（USITC）在《美国和全球经济中的数字贸易》报告中首次明确提出了“数字贸易”概念，强调互联网及数字技术在贸易中的核心作用，随后在 2014 年和 2018 年发布报告，进一步细化数字贸易的内涵，推动了“美式模板”数字贸易规则的形成，旨在保持全球数字市场的开放。2015 年，欧盟通过《数字单一市场》战略，聚焦跨境数据流动、知识产权保护及视听合作，促进数字贸易的自由化和规则制定。2016 年 9 月，二十国集团（G20）杭州峰会通过了《二十国集团数字经济发展与合作倡议》，标志着全球对数字贸易的重视进入新阶段。

2019 年，美国、欧盟和日本在华盛顿的贸易部长会议上确认将携手促进数字贸易和数字经济的发展，通过促进数据安全共同改善数字环境，其中美国力推数据自由流动，欧盟强调隐私保护，日本则通过签订贸易协议加强在数字贸易规则上的立场。美国的数字贸易规则包括电子传输免关税、跨境数据自由流动、数据存储非强制本地化、源代码保护、数字产品非歧视性待遇等，欧盟在2018年生效的《一般数据保护条例》（GDPR）中，为全球数据保护立法树立了高标准①。日本则通过加入《跨太平洋伙伴关系全面进步协定》（CPTPP）和与欧盟的经济伙伴关系协定，推动了其在数字贸易规则上的立场②。

这些国家的政策文件和动态体现了全球数字贸易规则制定中的“竞合”关系，以及各自对数字贸易自由化、数据保护、知识产权等方面的重视，对全球数字贸易的未来发展格局产生了深远影响。

（三）中国发展数字贸易产业的相关政策措施

1. 中央战略布局。中国在推动数字贸易方面采取了一系列国家战略和政策，旨在促进数字经济的发展，提升国际贸易的数字化、网络化、智能化水平，进而提高国家整体的数字经济竞争力和国际影响力。政府将数字贸易视为推动经济高质量发展的重要引擎，明确其在“一带一路”倡议和国家整体发展战略中的核心地位。通过发布相关政策文件，如《数字贸易发展与影响白皮书》等，强化对数字贸易的战略部署，提出中国方案、中国提案，为数字贸易发展提供政策指导和制度保障。积极参与WTO框架下的数字贸易规则制定，同时在RCEP、中韩自由贸易协定等多边及双边贸易协定中推动电子商务和数字贸易规则的制定。通过与欧盟、美国等主要经济体在数字贸易领域的对话与合作，争取在跨境数据流动、知识产权保护、消费者保护、竞争政策等方面形成国际共识，推动构建公正合理的全球数字贸易规则体系。

另外，中国政府加大对5G、物联网、云计算、人工智能等关键技术的投资与布局，提升国内数字基础设施水平，为数字贸易提供坚实的硬件支持。同时，通过自由贸易试验区、海南自由贸易港等平台，先行先试国际通行的数字贸易规则，积累经验，探索适合中国的数字贸易发展路径。

2. 地方政策推动。中国各地在推进数字贸易的战略措施上展现出了显著的多样性和创新性，这些措施主要聚焦于地方政策与规划、产业与服务的数字化转型、区域合作与市场拓展以及人才培养与创新等几个关键领域，共同构成了一个全方位、多层次的数字贸易发展体系。

在地方政策与规划方面，各地政府根据自身独特的地理、经济和文化特色，精心制定数字贸易发展规划。以广东、上海等沿海经济发达地区为例，它们充分利用自身的开放优势和产业基础，大力推动建设数字贸易示范区，通过提供政策扶持、

---

① 许可．数字经济视野中的欧盟《一般数据保护条例》［J］．财经法学，2018（06）：71－83.

② 黄冠．全面且进步的跨太平洋伙伴关系协定的政治经济影响［J］．陕西师范大学学报（哲学社会科学版），2019，48（02）：155－163. DOI：10.15983/j.cnki.sxss.2019.0342.

财政补贴、简化行政手续等一系列激励措施，吸引了大量数字贸易企业入驻，加速形成产业集聚效应，打造出了一批具有国际影响力的数字贸易高地。

产业与服务的数字化转型成为各地推动数字贸易发展的另一大重点。地方政府鼓励传统行业与数字技术深度融合，促使服务贸易向数字化、智能化方向升级。例如，通过大力发展跨境电商平台，不仅拓宽了商品的销售渠道，还促进了数字内容创作、远程教育、在线医疗等新兴服务业态的兴起，显著提升了服务贸易的国际竞争力。同时，各地还致力于优化数字服务出口结构，着重发展高新技术服务、文化创意服务等高附加值领域，以提高数字贸易的质量和效益。

区域合作与市场拓展被视为拓宽数字贸易发展空间的重要途径。地方政府积极响应国家共建"一带一路"倡议，深化与共建国家在数字基础设施建设、电子商务、数字支付等领域的合作，共同构建数字丝绸之路，为本地企业进军国际市场搭建桥梁。通过拓展与"一带一路"共建国家的数字贸易合作，各地不仅能够降低对欧美市场的依赖，还能够构建更加多元化、稳定的国际供应链关系，增强地方经济的韧性和抗风险能力。

人才培养与创新被视为数字贸易持续发展的核心动力。地方政府积极促进产学研深度融合，鼓励高校、研究机构与企业之间建立紧密的合作关系，共同培养数字贸易领域的高素质人才，推动技术创新和模式创新。通过设立数字贸易研究基地、举办国际性数字贸易论坛、提供创新基金支持等方式，各地有效激发了数字贸易领域的创新活力，为数字贸易的长远发展奠定了坚实的人才和技术基础。

三、跨境电商发展

（一）国际跨境电子商务的总体发展态势

国际跨境电子商务的总体发展态势在过去十年间展现出显著增长与深化的趋势，尤其在21世纪10年代以来，随着全球互联网的普及和信息技术的飞跃，跨境电商逐渐成为国际贸易中不可或缺的部分。以下是一些关键年份的政策背景和全球跨境电商的发展概览。

21世纪10年代初：随着全球经济从2008年金融危机中缓慢复苏，电子商务开始展现其对传统贸易模式的重塑能力。国际社会开始认识到跨境电子商务在促进国际贸易中的潜力，尤其是在推动小型企业参与全球市场方面的作用。例如，2012年，美国、欧盟、日本等经济体在电子商务和数字贸易规则方面加强了讨论，尝试制定统一标准和协议，以促进全球电子商务的自由流动和安全交易。

2015年：全球电子商务市场规模持续扩大，根据相关数据，电子商务在国际贸易中的地位显著提升，B2C和C2C模式的跨境交易尤为活跃。此时，全球各地政府开始着手解决跨境电商相关的法律和监管问题，如知识产权保护、税收、物流和支付安全等，以期为跨境电商创造更加友好的政策环境。

2016年：联合国贸易和发展会议（UNCTAD）指出，全球数字经济规模预计到2025年将达到23万亿美元，成为推动全球经济增长的关键驱动力。这一时期，国际上对数字贸易的关注显著提升，许多国家和地区开始出台具体政策，支持本国企业通过电子商务平台进入国际市场，同时探索解决数据流动、电子支付和跨境物流等核心问题。

2018年以后：随着第四次工业革命的深入，数字贸易成为国际贸易的前沿阵地。美国、欧盟、日本等经济体继续巩固其在数字贸易领域的领导地位，通过推动数字经济和电子商务的国际标准制定，试图在全球贸易规则中占据有利位置。同时，其他国家，尤其是发展中国家，也开始积极融入这一进程，虽然起点较低，但增长速度迅速，显示出巨大的市场潜力。

2020年至今：新冠疫情的全球大流行加速了电子商务的发展，尤其是跨境电子商务，成为企业应对国际贸易中断、维持市场供应和需求连接的重要渠道。国际社会更加重视跨境电商在经济复苏中的作用，各国政府推出了一系列政策支持，包括税收减免、资金援助、简化通关流程等，以降低跨境贸易壁垒，提升贸易便利化水平。

总体来看，国际跨境电子商务在不断壮大的同时，面临着诸如监管差异、数据安全、知识产权保护、物流效率等挑战。国际社会正通过多边或多边框架下的合作，如WTO电子商务谈判、《数字经济伙伴关系协定》（DEPA）等，寻求建立更加公平、开放和包容的跨境电子商务规则体系，以适应数字经济时代的新要求。

（二）中国发展跨境电商的相关政策举措

据相关数据，2015年，中国跨境电子商务的年均复合增长率达到了33.1%，远高于同期传统外贸的6.97%。这期间，中国政府采取了多项措施推动跨境电子商务的发展，包括2012年商务部出台的《关于利用电子商务平台开展对外贸易的若干意见》和2012年底海关总署启动的跨境电子商务通关服务试点工作，以及后续几年中陆续发布的多项支持政策，如税收优惠、结汇便利化等，这些政策旨在解决报关、退税、支付结算等实际操作中的难题。具体而言，在中央层面，2012年12月，海关总署在上海、重庆、杭州、宁波、郑州等城市开展跨境电商通关服务试点工作；2013年8月，商务部等部门出台《关于实施支持跨境电子商务零售出口有关政策意见的通知》，进一步细化了支持措施；2014年1月，财政部和国税局发布《关于跨境电商零售出口税收政策的通知》，明确了出口退税等相关优惠政策；2016年1

月，国务院常务会议决定在广州、深圳、上海、天津等12个城市新设一批跨境电子商务综合试验区；2019年1月，《电子商务法》正式实施，对跨境电商的监管和服务进行了规范；2016年11月，中国商务部与智利外交部签署关于电子商务领域合作的谅解备忘录，开启了“丝路电商”合作序幕。截至2023年年底，中国已与五大洲30个国家建立双边电子商务合作机制，如表12－2所示。

表12－2 与中国建立双边电子商务合作机制的国家

洲别	国家	时间
亚洲	越南	2017年5月
	柬埔寨	2017年11月
	哈萨克斯坦	2018年6月
	科威特	2018年7月
	阿联酋	2018年7月
	乌兹别克斯坦	2019年11月
	新加坡	2022年10月
	巴基斯坦	2022年11月
	泰国	2022年11月
	老挝	2022年11月
	菲律宾	2023年1月
	印度尼西亚	2023年9月
欧洲	爱沙尼亚	2017年11月
	匈牙利	2017年11月
	奥地利	2018年4月
	俄罗斯	2018年6月
	冰岛	2018年9月
	意大利	2019年3月
	白俄罗斯	2022年9月
大洋洲	新西兰	2017年3月
	澳大利亚	2017年9月
	萨摩亚	2019年10月
	瓦努阿图	2019年10月
美洲	智利	2016年11月
	巴西	2017年9月
	阿根廷	2018年12月
	巴拿马	2018年12月
	哥伦比亚	2019年7月

续表

洲别	国家	时间
非洲	卢旺达	2018 年 7 月
	塞内加尔	2021 年 11 月

在中央层面之外，各地方政府同样对跨境电商发展积极响应。广东省（粤港澳大湾区）于 2016 年 5 月发布了广州和深圳的跨境电子商务综合试验区实施方案，并在 2018 年将珠海和东莞列为第三批跨境电商综合试验区，出台了多项支持政策；浙江省于 2015 年 3 月设立了中国（杭州）跨境电子商务综合试验区，并在 2016 年形成了多个电商产业园区和特色馆；江苏省政府在 2018 年 11 月发布的《省政府办公厅关于促进进口的实施意见》提出要推进苏州、南京、无锡国家级跨境电子商务综合试验区建设，加快发展跨境电商零售进口业务，政策组合拳下江苏跨境电商业务快速发展；新疆维吾尔自治区积极响应“数字丝绸之路”倡议，提出了多项措施来促进跨境电商的发展，包括加强物流体系建设、人才培养和政策支持。这些政策和措施共同推动了中国跨境电商行业的快速发展。

（三）上海市“丝路电商”合作先行区

为推动“丝路电商”发展，2023 年 10 月，国务院批复同意《关于在上海市创建“丝路电商”合作先行区的方案》。该方案提出：到 2025 年，上海“丝路电商”合作先行区将集聚一批有国际竞争力的电子商务经营主体，建成一批促进“丝路电商”伙伴国共同发展的公共服务平台等。上海建立首个合作先行区旨在为发展“丝路电商”提供可复制的“上海模板”。上海被选为首个“丝路电商”合作先行区，不仅因为其在电商生态、市场规模和航运枢纽方面的显著优势，还因为上海拥有成熟的金融体系和国际化的营商环境，为先行区的落地提供了得天独厚的条件。上海“丝路电商”合作先行区的建设目标明确，到 2025 年，旨在形成一批具有示范引领作用的制度型开放成果，集聚一批具有国际竞争力的电子商务经营主体，打造一批各具特色的区域载体，建成一批促进“丝路电商”伙伴国共同发展的公共服务平台。为达成这一目标，先行区聚焦于三个核心任务：扩大电子商务领域开放、营造先行先试环境、大力推进国际和区域交流合作。[①] 扩大电子商务领域开放方面，先行区计划建设数据交易登记服务体系和数据交易国际板，参与数据流通国际标准合作，推动跨境电子发票互操作，支持提单、仓单等电子可转让记录的使用，以及建立数字身份和电子认证服务的跨境互操作平台。同时，鼓励跨境电商企业、传统外

① 杨昊雯．“丝路电商”生态系统构建研究——基于上海市“丝路电商”合作先行区案例探索［J］．价格理论与实践，2023（12）：165－170，211.

贸企业和物流企业建设海外仓，搭建海外仓综合服务平台，优化跨境电商的全球布局。营造先行先试环境方面，为了营造良好的试验环境，先行区将在自贸试验区及临港新片区的海关特殊监管区域打造中心功能区，在虹桥国际中央商务区打造辐射引领区，建立跨境电商全球集散分拨中心。此外，还将培育壮大“丝路电商”企业，完善基础设施，吸引国际人才，形成电商产业集聚效应，打造国际人才集聚地。推进国际和区域交流合作方面，先行区将成立“丝路电商”国际智库联盟，开展跨境电商规则、产业对接和知识产权保护等研究；打造数字技术应用中心，推进云计算、区块链、大数据、物联网等技术应用；设立“丝路电商”合作研修中心，构建政府、高校、社会、企业多方联动的电子商务人才培养体系，促进人才交流和能力建设。上海的贸易规模优势显著，2023 年前三个季度，上海与“一带一路”共建国家的跨境电商进出口额同比增幅超过 60%，进口来源地和出口国家和地区广泛。此外，上海的海陆空国际开放枢纽优势突出，拥有全球最大的集装箱港口，连续多年位居全球航运中心城市综合实力前三，中欧班列“上海号”等多条线路的开通，为“丝路电商”的物流提供了强有力的支持。上海“丝路电商”合作先行区的创建，将为上海乃至全国与“一带一路”共建国家的数字经济合作提供新的机遇，推动跨境电商、数据服务、电子单证标准应用等领域的创新发展。然而，先行区的建设也面临着一系列挑战，包括数据安全、跨境支付体系的完善、数字鸿沟的缩小以及国际规则的对接等。面对这些挑战，上海将通过不断优化政策环境、加强国际合作、提升技术能力等方式，确保先行区的成功运营，为全球数字经济合作注入新动力。

第二节

拓展数字国际合作空间

随着经济全球化和数字技术的推动，国际电子商务的规模和重要性不断上升。截至 2016 年，全球电子商务交易额达到 1.3 万亿美元，移动电商的崛起使得通过移动设备购物的用户数量激增。各国政府，包括中国、美国、欧盟、日本等，均在积极构建适应电子商务发展的政策框架，如推动数字贸易规则的制定、强化知识产权保护、优化物流配送、鼓励信用体系和支付系统的国际化建设，以及探索跨境数据交换机制（见表 12－3）。中国在应对国际贸易环境变化和全球疫情挑战中，跨境电商平台如天猫国际、京东国际和阿里巴巴国际在全球市场中的影响力持续增强。中国政府在“十四五”期间进一步加大了对电子商务的支持力度，提出到2025年，电子商务要深度融入国民经济各领域，形成更加开放、合作、规范、健康的数字生态。同时，政策层面也更加注重跨境电子商务的法治规范、信用体系、云服务与监管、国际话语权建设，以及物流云服务供应链的全球布局，为中国企业“走出去”提供有力支持。此外，随着国际贸易规则的演进，数字贸易规则成为各国争夺的重点，中国积极参与全球数字经济合作，推动建立数字贸易的国际协调机制，解决跨境数据流动、税收、知识产权保护等关键问题。同时，国际贸易中的知识产权保护、物流配送、信用和争端处理等挑战，促使各国政府和企业不断寻求创新解决方案，如利用区块链技术提高透明度和效率，建立更高效的跨境电子商务生态环境。

表12-3　各类多边合作组织中关于数字经济合作的政策文件

组织名称	数字合作相关文件及时间
G20	《G20数字经济发展与合作倡议》（2016年9月）、《G20数字普惠金融高级原则》（2016年9月）
APEC	《APEC互联互通蓝图2015—2025》（2014年11月）《APEC互联网和数字经济路线图》（2017年11月）
金砖国家	《金砖国家经济伙伴战略2025》（2017年9月）、《金砖国家数字经济伙伴关系框架》（2022年6月）、《金砖国家制造业数字化转型合作倡议》（2022年5月）
上合组织	《上海合作组织成员国多边经贸合作纲要》（2019年11月）、《上海合作组织成员国元首理事会关于数字经济领域合作的声明》（2020年11月）

一、G20

在全球经济日益依赖数字技术驱动的今天，G20（二十国集团）作为全球经济治理的核心平台，扮演着推动数字经济合作与规则制定的关键角色。自2008年全球金融危机以来，G20峰会不仅致力于由危机应对向长效治理机制的转变，还将数字经济议题置于全球经济复苏与增长的战略核心。2016年9月，G20杭州峰会通过的《G20数字经济发展与合作倡议》标志着数字经济正式成为全球治理议程的重点，强调了通过创新与数字化转型，提升全球经济的包容性与可持续性。G20国家认识到，数字经济是全球经济增长的新引擎，不仅关注于推动技术革新和数字基础设施建设，还着重于数字普惠金融的发展，旨在通过促进金融服务的普及与便捷，缩小数字鸿沟，确保所有人都能享受到数字技术带来的福祉。《G20数字普惠金融高级原则》的提出，不仅为发展中国家的金融包容性提供了政策指导，还促进了全球范围内金融科技的协作与创新。

在数字经济规则构建方面，G20致力于推动跨境数据流动、数字产品贸易、数字身份管理等方面的国际协调，同时在数据保护、网络安全和数字贸易规则上寻求共识。面对全球数字鸿沟和网络安全挑战，G20 成员国积极推动国际合作，共同制定相关标准与规则，确保数字世界的开放、安全与公平。此外，G20 在杭州峰会上还首次将数字贸易纳入议题，强调在保护个人隐私和数据安全的同时，促进数据自由流动，为全球数字贸易的健康发展奠定了基础。为了应对数字时代的挑战，G20 还倡导科技创新合作，通过建立多边合作机制，如数字合作高级别小组，提出全球数字合作的路线图，旨在构建一个公平、包容、安全的数字世界。在具体行动上，支持数字基础设施建设、鼓励创新与数字化转型、加强数据保护和网络安全，以及推动数字技术的普及应用，都是 G20 成员国共同努力的方向。

G20 在数字经济领域的合作是多维度、多层次的，它不仅推动了全球数字贸易规则的制定，还促进了全球数字治理框架的形成，旨在构建一个更开放、公平、安全的数字经济环境，为实现全球经济的长期增长和可持续发展提供强大动力。通过这些努力，G20 正不断推进全球数字治理的现代化，确保所有国家都能在全球数字化进程中受益。

二、APEC

亚太经济合作组织（APEC）在数字经济领域持续发力，致力于打造开放、透明、竞争性的市场环境，以促进经济复苏并增强未来潜在冲击的抵御能力。APEC 框架下的数字经济合作涵盖了推动数字经济发展、强化中小企业竞争力、优化行政流程、保护特殊群体就业权益等方面。面对数字鸿沟、规则合作进展缓慢等挑战，APEC 正通过战略规划和灵活机制，如探路者方式，来加速推动数字化转型、强化数据安全和隐私保护，并促进更高水平的互联互通。中国作为 APEC 重要成员，积极贡献力量，如优化营商环境、提供中小企业融资支持、加强数字基础设施建设、完善新业态下的劳工权益保护机制，并在国际舞台上分享改革经验，参与多边治理，为构建包容性、可持续的经济增长贡献力量。APEC 数字经济合作的具体成果体现在制定了一系列合作倡议与行动计划，如《APEC 互联互通蓝图 2015—2025》《APEC 互联网和数字经济路线图》《APEC 数字经济行动计划》等，旨在通过深化合作缩小数字鸿沟，推动跨境电子商务便利化，以及在数据保护和数字标准构建上取得进展。面向未来，APEC 需进一步聚焦基础设施建设、推动数字化转型，同时，中国应发挥其在数字经济领域的优势，通过“一带一路”建设等途径，促进国际合作，为区域乃至全球数字经济发展和治理体系改革提供动力。

三、金砖国家

金砖国家（巴西、俄罗斯、印度、中国和南非）在推动数字经济的发展方面展现出了强烈的合作意愿与行动力，通过一系列重要文件和政策框架深化了成员国之间的协作。自2016年在印度举行的数字经济闭门会议上首次提出“数字金砖”概念以来，金砖国家逐步深化了在数字经济领域的合作探索与实践。这一历程标志着金砖国家正式开启了对数字经济合作的关注与布局。

2017年，中国在厦门峰会上倡议建立未来网络研究机构，旨在强化成员国间通信技术基础设施建设和信息互联互通，为合作奠定技术基础。次年，于约翰内斯堡峰会上，中国提出的“金砖国家新工业革命伙伴关系”获得采纳并写入峰会宣言，进一步明确了合作方向。同期，金砖国家工商理事会还成立了专门的数字经济工作组，标志着合作进入实质性的规划与推动阶段。进入实施阶段后，2019年的金砖国家新工业革命伙伴关系咨询组会议锁定了六大优先合作领域，涵盖创新中心、技术孵化器及企业网络等，为合作框架填充了具体内容。2020年，《金砖国家经济伙伴战略2025》的通过，强调了提升数字经济的普及性和包容性，力求缩小数字鸿沟，展现了金砖国家对于促进全球数字公平的承诺。2021年，作为金砖国家主席国的印度提出了打造金砖国家数字公共产品平台的倡议，旨在通过为金砖国家及其他发展中国家提供开源技术应用的存储库，特别是在数字普惠金融领域，加速技术转移与应用，进一步推动了全球南方的数字化进程。这一系列举措不仅彰显了金砖国家在数字经济合作上的持续深化与拓展，还为全球数字经济的均衡与包容性增长贡献了金砖力量。2022年推出《金砖国家数字经济伙伴关系框架》《金砖国家制造业数字化转型合作倡议》等，将金砖数字经济合作推向深处，包括港口数字化、数字基础设施、中小微企业能力等，开启了金砖国家数字经济合作新进程。

成员国亦在国内层面推进了各自的数字经济战略，如俄罗斯的“数字经济”国家计划、巴西的《数字政府战略》、南非的《国家数字及未来技术战略》、中国的《“十四五”数字经济发展规划》以及印度的“数字印度”计划，彰显了对数字经济未来的共同愿景。此外，复旦发展研究院金砖国家研究中心发布《金砖国家数字经济与智慧城市发展》报告，不仅分析了当前进展与挑战，还探索了智慧城市建设、金融科技创新等前沿领域，强调了这些努力对促进可持续发展的重要性。综上所述，金砖国家通过这些综合性的举措，不仅在强化内部合作机制，还在为全球数字经济的健康发展贡献金砖方案，共同塑造一个更开放、协作与包容的数字时代。

四、上合组织

上海合作组织（以下简称“上合组织”）在数字经济领域展现出了强烈的合作意愿，旨在通过制定和完善数据安全规则、加强数字基础设施建设、推动跨境数据流动和数据创新等措施，促进区域经济一体化和共同繁荣。合作中，成员国关注点各异，如中国侧重于数据出境安全评估与数字经济规则的国际对接，印度和俄罗斯致力于构建安全的网络环境和保护国家数字主权，哈萨克斯坦、巴基斯坦等国则在加强数据保护立法和提升数字能力方面发力。此外，上合组织成员国在数字经济合作中强调构建安全的网络空间、推进智慧交通、远程医疗、跨境电商等合作，并通过建立多边对话机制、统一标准、培养人才等措施，旨在缩小成员国间的发展差距，提升区域经济合作新空间。在具体行动上，中国提出了一系列促进数字经济合作的倡议，包括建设数字丝绸之路、推动跨境电子商务、强化数字技术与制造业融合等，显示了通过数字经济合作提升区域经济一体化和国际竞争力的决心。

上合组织成员国在多个场合表达了对数字经济合作的重视，包括通过《上海合作组织成员国元首理事会关于数字经济领域合作的声明》等文件，明确了成员国在数字化、信息通信技术、创新活动等领域的合作目标和方向。2019 年 11 月通过的《上海合作组织成员国多边经贸合作纲要》将数字经济列为合作新领域，提出了一系列合作重点，如电子商务、智慧物流、农业数字化、信息通信技术基础设施建设等。

中国在数字化领域国际发展合作中扮演着积极角色，不仅响应联合国全球数字契约倡议，在数字连接、避免互联网碎片化、数据保护等多方面建言，还通过对外援助项目支持发展中国家的电信基础设施建设，助力缩小全球数字鸿沟。中国强调在互利共赢基础上，结合自身优势，重点推动数字经济、数字能力建设和数字化运用的合作，同时注重风险评估与管理，加强网络安全和个人数据保护。在合作路径上，中国主张以人为本，注重能力建设，分享数字化经验，特别是在经济、就业和政府治理领域，通过培训、知识分享等方式，助力发展中国家的数字化转型。此外，中国还积极参与全球数字治理，与国际组织和区域政府间组织展开务实合作，共同推动构建开放、包容、安全的数字未来。积极参与联合国、G20、金砖国家、APEC、WTO 等多边机制下的数字领域国际规则制定，推动多利益攸关方合作。

第三节

参与数字国际规则制定

正如习近平总书记强调的，要“深度参与数字经济国际合作，让数字化、网络化、智能化为经济社会发展增添动力，开创数字经济合作新局面”①。中国作为数字

① 杨帆，罗静雯，张珺．习近平向中国—上海合作组织数字经济产业论坛、2021 中国国际智能产业博览会致贺信［N］．重庆日报，2021－08－24（001）．DOI：10.28120/n.cnki.ncqrb.2021.005731.

大国，有责任更有能力在数字时代国际规则制定中发出中国强音，通过积极践行中国数字主张，主动参与数字国际规则和标准制定，维护数字领域公正合理的国际经济秩序，积极参与多边机制下的数字领域国际规则制定，推动多利益攸关方合作。

一、DEPA

（一）DEPA 发展历史与现状

《数字经济伙伴关系协定》（Digital Economy Partnership Agreement，DEPA）是全球首个聚焦数字经济的专项贸易协定，旨在促进数字贸易和数字经济的发展。该协定由智利、新西兰和新加坡三国于 2020 年 6 月 12 日共同发起并签署，标志着全球在数字经济领域国际合作的新篇章。DEPA 的诞生反映了全球数字经济发展趋势下，小规模但经济活跃的国家寻求在数字治理和规则制定方面占据先机的努力。DEPA 覆盖了 16 个主题模块，包括但不限于商业与贸易便利化、数字产品、数据流动、数字身份、网络安全、网络消费者信息保护、新兴趋势和技术、创新与数字经济、数字包容性等，为数字贸易规则的制定提供了一个包容性的制度框架。DEPA 的灵活性和前瞻性体现在其模块化的设计，允许各缔约方根据自身情况选择性采纳，为全球数字贸易规则的制定树立了新的参考模板。DEPA 的出现及中国申请加入的行动，反映出在全球数字经济规则制定过程中，新兴经济体正尝试通过参与制定规则，增强自身在国际数字经济治理体系中的地位和影响力。DEPA 作为新型的自由贸易协定，其开放、包容、创新的特质，对于促进数据的自由流动、保护个人隐私、促进跨境数据驱动的创新，以及构建更加安全、透明的数字贸易环境具有重要意义。中国在对接 DEPA 的过程中，面临着内部改革和外部竞争的双重挑战，包括数据流动政策的完善、数字安全的保障、数字产业创新的推动等，同时也面临着如何在国际规则制定中体现“中国方案”的机遇。

（二）DEPA 的主要内容

《数字经济伙伴关系协定》（DEPA）代表了当前国际上最新且具有前瞻性的数字贸易治理模式。DEPA 由新加坡、智利和新西兰三国共同签署，旨在解决数字时代贸易中的关键问题，促进数字贸易便利化，倡导数据跨境自由流动，并建立更广泛的信任环境。该协定涵盖了 16 个模块，包括商业和贸易便利化、处理数字产品及相关问题、数据问题、更广泛的信任环境、商业和消费者信任、数字身份、新兴趋势和技术、创新与数字经济、中小企业合作、数字包容性、透明度及争端解决等内容。其中，商业和贸易便利化方面涉及无纸化贸易、电子支付等；数据问题部分关注个人信息保护、通过电子方式跨境传输信息以及计算机设施的位置等议题；在更广泛的信任环境中，强调网络安全合作；而新兴趋势和技术则包含金融科技合作、人工智能、政府采购和竞争政策合作等软性安排。此外，DEPA 还致力于推动政府间的数据开放、数据创新和开放政府数据，并特别注重中小企业参与数字经济的机会，以及妇女、农村人口等社会群体的数字包容性。协定不仅聚焦于数字贸易本身，还延伸到数字经济的整体框架，如对数字身份认证的支持，以促进不同国家和地区之间的数字连通性。DEPA 采取模块化设计，允许各国根据自身发展水平选择加入不同的模块，从而增加了其灵活性和适用范围。这种设计有助于吸引更多成员加入，同时也为未来可能出现的新技术和新挑战预留了调整空间。DEPA 通过构建一套全面且灵活的数字贸易规则体系，不仅支持现有贸易协议承诺，还鼓励缔约方就新的数字领域问题进行协作，为其他正在进行的相关贸易谈判提供了参考模板，同时促进了国家间的数字连接，并为 WTO 框架内制定多边数字贸易规则奠定了基础。DEPA 与其他主要区域贸易协定如 CPTPP、USMCA 相比，在许多方面展现出更强的前瞻性、包容性和专业性特征，尤其体现在对新兴技术领域的重视以及对中小企业发展的扶持上，这些特点使得 DEPA 成为全球数字贸易治理中不可忽视的一股力量。随着中国正式申请加入 DEPA，如何应对"数据跨境流动和本地化存储""数字产品相关规则""数字贸易便利化""新兴趋势和技术相关规则""数据创新与数据公开""中小企业及数据包容"等方面的挑战，成为中国提升数字贸易治理水平的关键所在。总体来说，DEPA 不仅是对现有数字贸易规则的补充和完善，还是对未来全球数字贸易发展趋势的一种引领，它所体现出来的理念和机制将对中国乃至全球数字经济的发展产生深远影响①。

（三）中国参与 DEPA 的情况

《数字经济伙伴关系协定》（DEPA）作为全球首个针对数字经济的专项协定，其对促进跨境数据自由流动、确立数据存储非强制本地化原则、强化个人信息保护及推动数字产品和服务的自由化等方面提出了高标准规则。中国于 2021 年 11 月正式申请加入 DEPA，意在通过对接国际高标准数字贸易规则，提升自身数字治理水平，并在国际贸易中争取更多的话语权。DEPA 在数据流动、数字产品、数字创新、网络安全等关键领域提出了详尽的规则，与中国的《区域全面经济伙伴关系协定》（RCEP）等现有贸易协定相比，DEPA 在规则的广度和深度上均有显著超越，对中国的数字贸易发展既是挑战也是机遇。DEPA 的成立和发展是全球数字贸易规则制定进程中的重要里程碑，中国加入 DEPA 的决策体现了对数字经济全球化趋势的积极响应，以及在推动全球数字治理和构建开放型世界经济中的积极作用。未来，随着中国与 DEPA 成员国之间的合作加深，中国将有望在数字经济领域发挥更加重要

---

① 赵旸頔，彭德雷. 全球数字经贸规则的最新发展与比较——基于对《数字经济伙伴关系协定》的考察[J]. 亚太经济，2020（04）：58－69，149.

的作用，为全球数字经济发展注入新的活力。

二、数字贸易领域规则

数字贸易作为一种新型的贸易形式，伴随着互联网、大数据、云计算等现代信息技术的发展，在全球范围内快速兴起，极大地改变了商业模式并降低了国际贸易的准入门槛，为众多中小企业提供了国际化发展的机遇。然而，目前学术界对于数字贸易的具体内涵尚未达成普遍共识，较为认可的是2014年美国国际贸易委员会提出的定义，即基于互联网和互联网技术的国内商业与国际贸易活动。随着数字贸易在全球经济中的重要性日益增加，相关规则的制定成为国际新一轮规则竞争的焦点。美国凭借其在全球价值链上的优势，通过跨大西洋贸易与投资伙伴关系协议（TTIP）、跨太平洋伙伴关系协议（TPP）和服务贸易协定（TISA）等贸易谈判，形成了影响广泛的"美式模板"，强调数据跨境自由流动、反对数据本地化要求，并倡导数字服务贸易自由化；欧盟则提出了重视隐私保护、视听产品例外、知识产权和消费者保护的"欧式模板"；中国作为全球数字贸易大国，也正在构建符合自身利益诉求的"中式模板"。当前，WTO框架下的电子商务谈判议题虽然涉及了多个方面，但至今未取得实质性进展，主要成员之间存在较大分歧。与此同时，《信息技术协定》（ITA）和《服务贸易协定》（TiSA）等诸边协定在一定程度上促进了数字贸易的增长，但同样面临挑战。《区域全面经济伙伴关系协定》（RCEP）在促进无纸化贸易、电子认证、线上消费者保护等方面取得了进展，但在数据跨境流动等议题上仍存在局限。新加坡、新西兰和智利共同签署的《数字经济伙伴关系协定》（DEPA）则进一步推动了新兴领域如电子发票、数字身份、金融科技、人工智能、数据流动和创新等方面的国际合作。此外，数字贸易领域的快速发展还带来了跨境数据流动、个人隐私保护、知识产权等一系列难题，各国和地区正努力寻求解决方案以适应这一新趋势，而中国在此过程中需结合自身的比较优势和发展需求，加快形成一套具有全球约束力且符合国家利益的数字贸易规则体系，从而在全球数字贸易治理中发挥更大作用①。

在世界贸易组织（WTO）框架下，各国已就电子签名、无纸化贸易、透明度、电子传输免关税等相关内容达成共识，一些协定文本如《服务贸易协定》（GATS）、《信息技术协定》（ITA）、《与贸易有关的知识产权协议》（TRIPS）、《全球电子商务宣言》（DGEC）、《国际服务贸易协定》（TISA）也界定了部分相关规则。在多边和双边协议中关于数字服务贸易的内容逐渐增加，尤其是近年来签署的高标准自贸协

---

① 汤扬，武悦，董晓颖．全球数字贸易规则发展趋势及我国基本对策［J］．互联网天地，2022（03）：12－17.

定把数字贸易国际合作推向更深层次。《欧盟—日本经济伙伴关系协定》（EU-Japan EPA）、《美墨加协定》（USMCA）、《跨太平洋伙伴关系协定》（CPTPP）等大型区域贸易协定，美国和欧盟的双边经贸协定中均包括数字服务贸易的相关内容。在20国集团（G20）、亚太经济合作组织（APEC）、经济合作与发展组织（OECD）等国际合作机制中，各国也围绕数字服务贸易的相关规则进行了讨论。数字贸易领域规则的发展呈现出多元化态势，不同国家和地区根据自身情况制定了不同的模式和策略，旨在应对数字化带来的挑战，同时抓住由此产生的机遇，实现更加开放、融合的全球经济环境。

三、国际数字货币规则

（一）推动数字人民币国际化

作为快速崛起的世界第二大经济体、世界第一货物贸易大国、世界第一制造业大国和全球主要储备大国，中国是全球高速互联网技术、大数据、超级计算、人工智能及量子通信技术的引领大国，不仅具备发行和流通以人民币为信用基准的主权数字货币的技术与市场条件，而且具备推动以人民币为信用基准的人民币主权数字货币国际化的条件和现实必要性。中国在推动数字人民币国际化的过程中，构建了一套旨在确保数字人民币跨境使用、流通与监管的规则体系，同时着眼于促进全球金融治理体系的变革。自2014年起，中国人民银行开始对中央银行数字货币（CBDC）进行研究，标志着数字人民币（E-CNY）研发的启动。2016年10月1日，人民币正式加入国际货币基金组织（IMF）的特别提款权（SDR）货币篮子，为数字人民币的国际化铺垫了基石。2020年，随着数字人民币试点的推进，相关规则制定的滞后成为关注焦点，中国开始加强与国际货币基金组织、世界银行、国际清算银行等国际金融组织的合作，以及各国央行数字货币跨境交易和支付体系的协作，以推动数字人民币的国际合作与跨境支付。2021年，数字人民币跨境支付的技术测试启动，包括与香港金融管理局的技术测试，以及在粤澳跨境金融合作（珠海）示范区的试点使用，同时金融网关信息服务有限公司的成立，暗示了与环球银行金融电信协会（SWIFT）的合作意向，探索数字人民币跨境支付和流动性解决方案。2022年，中国认识到为数字人民币跨境流动提供完善的法律和监管框架的重要性，包括更新《中国人民银行法》《商业银行法》等相关法律，以及央行和外汇管理机构的部门规章，以促进人民币跨境流动，同时维护货币管理秩序和货币主权[①]。进入2023年，中国强调了建设良好支付基础设施的重要性，包括利用分布式记账技

① 保建云．主权数字货币、金融科技创新与国际货币体系改革——兼论数字人民币发行、流通及国际化［J］．人民论坛·学术前沿，2020（02）：24-35.

术、建立广泛的数字人民币交易网络，以及建设完善的数字人民币支付结算系统，以促进数字人民币的国际流通。2024 年，中国持续推动数字人民币国际化的制度构建，包括建设支付基础设施、制定完善的法律和监管规则，并加强与他国的法律、监管与政策合作，以应对数字人民币跨境流动带来的挑战，确保数字人民币在国际舞台上稳健前行①。这一系列的举措和进展，体现了中国在推动数字人民币国际化过程中，不仅着眼于技术创新和应用，还重视规则体系的构建和完善，以及与国际社会的紧密合作，以确保数字人民币在全球范围内的安全、便捷与合规使用。通过上述努力，中国正逐步建立起一套支持数字人民币国际化和全球金融治理体系变革的规则体系，为数字人民币的全球流通和国际货币体系的未来布局奠定基础。这一进程不仅反映了中国在金融科技领域的创新和领导力，而且彰显了中国在全球经济治理中日益增强的责任感和影响力。

（二）央行数字货币 CBDC 跨境支付实践

2020 年中国人民银行提出 CBDC 跨境安排应遵守的三原则，即“无损”“合规”“互通”，并在零售和批发两个层面推进数字人民币跨境支付。在零售层面，利用冬奥会跨境支付新场景的契机，为境外运动员、教练员以及裁判员等群体推出解决方案。在批发层面，参与多边货币桥项目。2021 年 2 月，中国人民银行开始与泰国、阿联酋的央行，以及香港进行数字货币跨境批发支付项目。2021 年 4 月，中国人民银行和香港金融管理局开始对数字人民币的使用进行技术测试。同时，以开放和包容的方式，参与国际机构法定数字货币标准和原则制定的探讨。

2020 年 1 月，国际清算银行（Bank for International Settlements，BIS）与加拿大、英国、日本、欧盟、瑞典和瑞士央行六家央行设立工作组，之后美联储加入。工作组主要是评估 CBDC 的应用场景和设计方案，分享新兴技术。2020 年 10 月，工作组发布《央行数字货币：基本原则与核心特征》的报告。此外，BIS 于 2019 年设立了创新中心，将 CBDC 作为其研究的 6 个关键主题之一。G20 从 2020 年就将改善跨境支付作为其一项关键优先事项。同年 10 月，批准了金融稳定委员会（Financial Stability Board，FSB）与国际清算银行支付与市场基础设施委员会（The Bank for International Settlements' Committee on Payments and Market Infrastructures，CPMI）和其他国际机构以及标准设定机构协调开发的改善跨境支付的“路线图”，其中重点领域之一是探索包括 CBDC 在内的新支付基础设施和安排，探索 CBDC 如何能够提升跨境支付。2021 年 G20 领导人峰会上，鼓励 CPMI、BIS、IMF 和世界银行等国际机构，继续深化研究 CBDC 对加强跨境支付的潜在作用。BIS、国际货币基金组织

① 卜学民，马其家．数字人民币跨境流动：动因、挑战与制度因应［J］．法治研究，2022（01）：91－101.

（IMF）、世界银行、CPMI 等国际组织和监管机构已经推进多个 CBDC 跨境支付合作项目，有采用互联模式的 Jasper－Ubin、Jura，单一平台模式的 Aber、Dunbar。在互联模式中，不同央行间的 CBDC 国内系统独立运行，同时使用一个技术界面进行系统连接，不同央行之间需进行大量的系统协调。在单一平台模式中，参与的央行统一运用管制框架、基础设施等，可以有效解决互联模式的协调问题。多边央行数字货币桥（mBridge）使用的是单一平台模式，目前已成功完成基于 4 个国家和地区 CBDC 的真实交易试点测试。测试表明，mBridge 可以显著提高跨境支付效率，且能兼容传统的实时全额支付系统①。

① 郭霞．央行数字货币跨境支付：优势、进展与我国因应［J］．北方经济，2024（05）：74－77.

参考文献

［1］干勇，谢曼，廉海强，等．先进制造业集群现代科技支撑体系建设研究［J］．中国工程科学，2022，24（02）：22－28.

［2］焦豪，崔瑜，张亚敏．数字基础设施建设与城市高技能创业人才吸引［J］．经济研究，2023，58（12）：150－166.

［3］刘瑞明，许元．数字时代的中国经济：机遇、挑战与应对［J］．产业经济评论，2024（02）：44－59.

［4］江小涓，黄颖轩．数字时代的市场秩序、市场监管与平台治理［J］．经济研究，2021，56（12）：20－41.

［5］王英，马海群．数据要素视角下公共数据安全保障的若干问题研究［J］．现代情报，2024，44（08）：4－12.

［6］张涛，王瀚功，于同同，等．基于文本计算的我国数据安全政策与科研主题协同研究［J］．现代情报，2024，44（11）：99－107.

［7］马长山．智慧社会的基层网格治理法治化［J］．清华法学，2019，13（03）：18－27.

［8］钟伟军．公民即用户：政府数字化转型的逻辑、路径与反思［J］．中国行政管理，2019（10）：51－55.

［9］祁壮，莫漫漫．国家治理现代化进程中数字治理的价值偏离与纠偏［J］．管理学刊，2024，37（02）：70－80.

［10］卜令通，张嘉伟．基于PMC指数模型的数字经济政策量化评价［J］．统计与决策，2023，39（07）：22－27.

［11］张倩，马海群，牛晓宏．基于PMC指数模型的我国数据安全政策评价研究［J］．现代情报，2024，44（08）：13－27，136.

［12］杜荷花，周环．我国公共数字文化政策量化评价——基于PMC指数模型的分析［J］．数字图书馆论坛，2024，20（04）：1－11.

［13］朱晋昆，王华．基于 PMC 指数模型的数字政府建设政策量化评价与优化［J］．北京经济管理职业学院学报，2023，38（02）：33－40.

［14］陶长琪，丁煜．数字经济政策如何影响制造业企业创新——基于适宜性供给的视角［J］．当代财经，2022（03）：16－27.

［15］王照明．浅述数字经济在构建国内外双循环经济发展新格局中的地位和作用［J］．信息系统工程，2020（11）：92－93.

［16］黄萃，赵培强，李江．基于共词分析的中国科技创新政策变迁量化分析［J］．中国行政管理，2015（09）：115－122.

［17］师博，常青，张良悦．中国数字经济发展的政策演进与理论研究脉络［J］．技术经济，2022，41（08）：1－10.

［18］秦海波，李文翰，孙卢玲，等．中国数字经济政策的焦点变迁与演进规律［J］．中国科技论坛，2024，（03）：83－94.

［19］李雯轩，李晓华．全球数字化转型的历程、趋势及中国的推进路径［J］．经济学家，2022（05）：36－47.

［20］诸葛凯，何会涛，袁勇志．我国数字经济政策演进与趋势分析——基于政策文献的量化考察［J］．经济体制改革，2024（01）：24－32.

［21］陈小鼎，李珊．美国数字基建的现状与挑战［J］．现代国际关系，2021（10）：46－54，64.

［22］许吉黎，叶玉瑶，郭杰，等．国内外地理学视角下数字基础设施的研究进展与展望［J］．地理科学，2024，44（04）：586－597.

［23］韦柳融．关于加快构建我国数字基础设施建设体系的思考［J］．信息通信技术与政策，2020（09）：63－66.

［24］新华网．新基建，是什么？［EB/OL］．（2020－04－26）［2020－04－26］．http：//www.mofcom.gov.cn/article/i/jyjl/e/202004/20200402957398.shtml.

［25］杜振华．“互联网＋”背景的信息基础设施建设愿景［J］．改革，2015（10）：113－120.

［26］秦文晋，刘鑫鹏．网络基础设施建设对数字经济发展的影响研究——基于“宽带中国”试点政策的准自然实验［J］．经济问题探索，2022（03）：15－30.

［27］刘修岩，王雨昕．数字基础设施与中国城市的空间重构［J］．经济地理，2024，44（04）：55－63.

［28］李琬，张国胜．跨越“数字鸿沟”的数字基础设施建设供给政策研究［J］．当代经济管理，2022，44（11）：24－30.

［29］钞小静，王灿．打通“信息大动脉”：以数字基础设施助力数字中国建设

［J］. 治理现代化研究, 2023, 39（04）：41－48.

［30］胡乐明, 杨虎涛. 产业发展战略选择的内在逻辑——一个连接演进的解析框架［J］. 经济研究, 2022, 57（06）：45－63.

［31］蔡跃洲, 马文君. 数据要素对高质量发展影响与数据流动制约［J］. 数量经济技术经济研究, 2021, 38（03）：64－83.

［32］许正中, 王晓晓. 数字社会新型基础设施建设路径研究［J］. 行政管理改革, 2024（03）：34－43.

［33］周嘉, 马世龙. 从赋能到使能：新基建驱动下的工业企业数字化转型［J］. 西安交通大学学报（社会科学版）, 2022, 42（03）：20－30.

［34］李方卓. 数字基础设施政策驱动企业数字化转型的实践逻辑和理论逻辑［J］. 现代管理科学, 2024（02）：143－150.

［35］方福前, 田鸽, 张勋. 数字基础设施与代际收入向上流动性——基于"宽带中国"战略的准自然实验［J］. 经济研究, 2023, 58（05）：79－97.

［36］百度百科. 数字市政［EB/OL］. https：//baike. baidu. com/item/% E6% 95% B0% E5% AD% 97% E5% B8% 82% E6% 94% BF/9165855.

［37］孟庆国, 林彤, 乔元波, 等. 中国地方政府大数据管理机构建设与演变——基于第八次机构改革的对比分析［J］. 电子政务, 2020（10）：29－38.

［38］曹海军. 数字中国视域下国家数据管理机构改革的若干思考［J］. 理论学刊, 2023（03）：96－104.

［39］张克. 从地方数据局到国家数据局：数据行政管理的职能优化与机构重塑［J］. 电子政务, 2023（04）：58－67.

［40］中国信通院. 数据标准管理实践白皮书. 2019.

［41］中国电子技术标准化研究院. 大数据标准化白皮书. 2014.

［42］中国联通研究院微信公众号. 以福建为例看懂两级授权运营模式. 2024－06－02.

［43］中国信通院. 数据要素白皮书（2022）. 2023.

［44］乔朋华, 薛睿, 韩先锋. 数字营销何以激发中小企业创新——基于信息动态能力的中介作用［J］. 南开管理评论, 2024, 27（5）：40－50, 77.

［45］杨述明. 智能经济导论［M］. 武汉：华中科技大学出版社, 2024.

［46］陈春花, 尹俊. 新个体经济新在何处［J］. 人民论坛, 2021（01）：19－23.

［47］徐晓林. "数字城市"：城市政府管理的革命［J］. 中国行政管理, 2001（01）：17－20.

［48］祁志伟. 中国数字政府建设历程、实践逻辑与历史经验［J］. 深圳大学学

报（人文社会科学版），2022，39（02）：13－23.

［49］陈小华，潘宇航．数字政府：演进阶段、整体形态与治理意蕴［J］．观察与思考，2021（01）：97－106.

［50］高乐，李晓方．发展高效协同的数字政务：数字中国整体布局视域下的政府数字化转型［J］．电子政务，2023（09）：51－61.

［51］杜链，王江．我国电子政务发展回顾［J］．电子政务，2009（10）：19－25.

［52］朱国伟，张颖慧．中国共产党的信息化——基于党和国家重要文献的历程分析（1956—2022）［J］．决策与信息，2023（03）：5－23.

［53］朱琳，刘雨欣，顾文清．基于共词分析的中国电子政务政策变迁研究［J］．电子政务，2020（11）：59－73.

［54］刘学涛．数字经济视野下数字政府发展与实践图景［J］．南海法学，2022，6（02）：102－115.

［55］祁志伟．中国数字政府现代化：逻辑、机制与转向［J/OL］．电子政务，1－11［2024－06－12］．http：//kns. cnki. net/kcms/detail/11. 5181. TP. 20240520. 1619. 002. html.

［56］陈荟词，刘念．“最多跑一次”改革从“浙”里推向全国［N］．中国改革报，2024－07－08（007）.

［57］茹惠素．杭州市首脑机关办公决策服务系统［J］．杭州科技，1997（04）：6.

［58］尹秀莲，于跃武．电子政务与网络信息安全［J］．内蒙古科技与经济，2002（02）：76－77.

［59］华信咨询设计研究院．数字政府建设与发展白皮书（2024）——典型特点与未来展望［R］．华信咨询设计研究院有限公司，2024.

［60］复旦大学数字与移动治理实验室．中国地方公共数据开放利用报告——省域（2023 年度）［R/OL］．（2023－11－01）［2024－09－12］．http：//ifopendata. fudan. edu. cn/report.

［61］教育部．教育部关于印发《教育信息化 2. 0 行动计划》的通知［EB/OL］．（2018－4－13）［2024－7－19］．http：//www. moe. gov. cn/srcsite/A16/s3342/201804/t20180425_334188. html.

［62］中国电化教育．深入落实国家教育数字化战略行动全面提升教师队伍信息化素养和现代化治理水平——2022 年教师队伍数字化建设情况报告［J］．中国电化教育，2023（04）：1－6.

［63］北京日报．本市首家互联网医院正式获批［EB/OL］．（2021－3－27）

［2024－8－1］. https：//www. beijing. gov. cn/ywdt/gzdt/202103/t20210327_2330718. html.

［64］石大千，丁海，卫平，等．智慧城市建设能否降低环境污染［J］. 中国工业经济，2018（06）：117－135.

［65］石大千，李格，刘建江．信息化冲击、交易成本与企业 TFP——基于国家智慧城市建设的自然实验［J］. 财贸经济，2020，41（03）：117－130.

［66］中国网信网．福建大田：推进“互联网＋山区居家养老服务”［EB/OL］.（2021－10－18）［2024－8－11］. https：//www. cac. gov. cn/2021－10/18/c_1636153130454093. htm.

［67］邓集文．数字安全：国家安全的新维度［J］. 求索，2004（02）：85－87. DOI：10. 16059/j. cnki. cn43－1008/c. 2004. 02. 032.

［68］黄媛媛，周杨．我国数字安全发展路径研究［A］. 中国计算机学会，第 38 次全国计算机安全学术交流会论文集［C］. 中国信息通信研究院安全研究所；《信息安全研究》杂志社，2023：172－175.

［69］OECD（2022），OECD Policy Framework on Digital Security，OECD Publishing，Paris，https：//doi. org/10. 1787/a69df866－en.

［70］云安全联盟．2022 全球数字安全报告．2023 年．

［71］邓集文．数字安全：国家安全的新维度［J］. 求索，2004（02）：85－87. DOI：10. 16059/j. cnki. cn43－1008/c. 2004. 02. 032.

［72］黄媛媛，周杨．我国数字安全发展路径研究［C］//中国计算机学会．第 38 次全国计算机安全学术交流会论文集．中国信息通信研究院安全研究所，2023：4. DOI：10. 26914/c. cnkihy. 2023. 035929.

［73］胡俊，严寒冰，吕志泉，等．从《国家网络安全事件应急预案》看我国网络安全事件应急体系［J］. 中国信息安全，2021（03）：68－72.

［74］金铭．我国数据安全审查制度研究［D］. 湘潭：湘潭大学，2022. DOI：10. 27426/d. cnki. gxtdu. 2022. 000908.

［75］刘炜，金家琴，刘倩倩，等．计算伦理与数字道德——AGI 时代的人文主义与数字人文［J］. 信息与管理研究，2024，9（04）：2－12.

［76］肖红军，阳镇．数字科技伦理监管的理论框架、国际经验与中国借鉴［J］. 东北财经大学学报，2023（05）：47－61. DOI：10. 19653/j. cnki. dbcjdxxb. 2023. 05. 005.

［77］中国国际科技交流中心．美国参议院：颁布《美国创新与竞争法案》［EB/OL］.（2021－11－30）［2024－07－31］https：//www. ciste. org. cn/gjkjwj/zcyd/art/2021/art_99efcc92857c4d4580e9a7f0d1165d64. html.

［78］新金融法．金融新视界·华盛顿州法律承认区块链记录具有法律效力和可执行性［EB/OL］．（2019－05－13）［2024－07－31］https：//www. sohu. com/a/313840821_120057255.

［79］金融界．新泽西州引入法案 旨在要求虚拟货币业务持牌经营［EB/OL］．（2020－02－24）［2024－07－31］https：//baijiahao. baidu. com/s?id＝1659428681603263901&wfr＝spider&for＝pc.

［80］PANews. 美国北卡罗来纳州众议院全票通过禁止向该州支付数字美元的法案［EB/OL］．（2023－05－04）［2024－07－31］https：//new. qq. com/rain/a/20230504A08WYM00.

［81］任文倩．德国《联邦数据保护法》介绍［J］．网络法律评论，2016，19（01）：60－69.

［82］新华社．“产业大脑＋未来工厂”引领浙江新“智造”［EB/OL］．（2021－12－22）［2024－07－31］https：//baijiahao. baidu. com/s?id＝1719836606679151936&wfr＝spider&for＝pc.

［83］农业农村部信息中心课题组．数字农业的发展趋势与推进路径［J］．中国果业信息，2020，37（03）：2.

［84］东南网．福建“农业云131”信息工程亮相第三届数字中国建设峰会［EB/OL］．（2020－10－12）［2024－08－01］https：//new. qq. com/rain/a/20201012A0CF2R00.

［85］黑龙江日报．农产品质量安全追溯数字化转型现场会在黑龙江省召开［EB/OL］．（2024－05－12）［2024－08－01］https：//www. hlj. gov. cn/hlj/c107856/202405/c00_31734166. shtml.

［86］梅松．健全网络综合治理体系［J］．党政干部论坛，2023（09）：34－36.

［87］张文祥，刘松炜．新安全格局下健全网络综合治理体系的战略任务探析［J］．现代视听，2023（12）：5－9.

［88］罗昕，许嘉馨．中国网络综合治理体系的构成维度与推进路径［J］．青年记者，2023（15）：82－85. DOI：10. 15997/j. cnki. qnjz. 2023. 15. 022.

［89］新华社．国办通知设立国家互联网信息办公室 王晨任主任［EB/OL］．（2011－05－04）［2024－08－01］https：//www. gov. cn/rsrm/2011－05/04/content_1857301. htm.

［90］澎湃新闻·澎湃号·政务．【网络安全宣传周】梳理！2019年国家网络安全宣传周取得这些成果［EB/OL］．（2019－09－24）［2024－08－05］https：//m. thepaper. cn/newsDetail_forward_4510168.

［91］网信中国．中国正能量“五个一百”网络精品征集评选展播今天启动［EB/OL］.（2022－12－31）［2024－08－05］http：//politics. people. com. cn/n1/2022/1231/c1001－32597565. html.

［92］年度网络内容治理研究课题组．趋深向实与“国家在场”：2023 年中国网络内容治理报告［EB/OL］.（2024－01－29）［2024－08－05］https：//new. qq. com/rain/a/20240129A00SWQ00.

［93］央广网．中央网信办：引导多部门共同参与青少年网络素养教育［EB/OL］.（2021－11－16）［2024－08－05］https：//baijiahao. baidu. com/s?id＝1716586211431927311.

［94］中国新闻网．为网络强国建设注入青春力量［EB/OL］.（2026－06－28）［2024－08－05］https：//www. chinanews. com. cn/sh/2024/06－28/1024240.

［95］王业斌，高慧彧，郭磊．“数字丝绸之路”的发展历程、成就与经验［J］．国际贸易，2023（10）：56－65.

［96］许可．数字经济视野中的欧盟《一般数据保护条例》［J］．财经法学，2018（06）：71－83.

［97］黄冠．全面且进步的跨太平洋伙伴关系协定的政治经济影响［J］．陕西师范大学学报（哲学社会科学版），2019，48（02）：155－163. DOI：10. 15983/j. cnki. sxss. 2019. 0342.

［98］杨昊雯．“丝路电商”生态系统构建研究——基于上海市“丝路电商”合作先行区案例探索［J］．价格理论与实践，2023（12）：165－170，211.

［99］杨帆，罗静雯，张珺．习近平向中国—上海合作组织数字经济产业论坛、2021 中国国际智能产业博览会致贺信［N］．重庆日报，2021－08－24（001）．DOI：10. 28120/n. cnki. ncqrb. 2021. 005731.

［100］赵旸頔，彭德雷．全球数字经贸规则的最新发展与比较——基于对《数字经济伙伴关系协定》的考察［J］．亚太经济，2020（04）：58－69，149.

［101］汤扬，武悦，董晓颖．全球数字贸易规则发展趋势及我国基本对策［J］．互联网天地，2022（03）：12－17.

［102］保建云．主权数字货币、金融科技创新与国际货币体系改革——兼论数字人民币发行、流通及国际化［J］．人民论坛·学术前沿，2020（02）：24－35.

［103］卜学民，马其家．数字人民币跨境流动：动因、挑战与制度因应［J］．法治研究，2022（01）：91－101.

［104］郭霞．央行数字货币跨境支付：优势、进展与我国因应［J］．北方经济，2024（05）：74－77.

后　记

当合上这本书的最后一页，回望整个写作历程，内心充满感慨。这本《数字经济政策：中国经验》的诞生，既是对中国数字经济政策发展历程的系统梳理，也是我们对数字经济未来发展的深入思考。

写作缘起于2021年初，我们在思考数字经济学科体系和专业建设时，注意到无论从学科知识体系的建构还是从数字经济专业的教学角度看，在数字经济蓬勃发展的新时代，都迫切需要一本能够全面反映中国数字经济政策体系的著作。虽然市面上已有不少关于数字经济的著作，但系统梳理中国数字经济政策实践、深入分析政策演进规律的专著还比较缺乏。正是基于这样的思考，我们几个人一拍即合，带领研究团队开始了这本书的写作。

回顾写作历程，最深的体会是“知易行难”。本书由毛丰付、盛来芳和辛晓睿对选题、逻辑、结构和章节目细纲进行了初步讨论，由刘芸芸、盛来芳（第一章）、魏亚飞（第二章）、盛来芳（第三章）、高雨晨（第四章）、邵芳琴（第五章）、辛晓睿、胡蒂娅（第六章）、郑好青、王闫（第七章）、侯玉巧（第八章）、王远帆（第九章）、邬哲浩（第十章）、陈强（第十一章）、段兆轩（第十二章）提供了初稿，在初稿完成后，由毛丰付、盛来芳和辛晓睿对初稿进行了多轮的讨论和修改。虽然研究团队在数字经济领域已经有多年的积累，既有高校的研究者，也有政府和业界经历的专家，但要构建一个完整的政策分析框架，并对各个领域的政策演进和实践案例进行深入分析，仍然面临诸多挑战。

第一个挑战是资料收集的全面性。数字经济政策涉及众多部门，政策文件浩如烟海。为了确保资料的完整性，我们建立了专门的政策文件数据库，收集了从改革开放以来特别是党的十八大以来的重要政策文件。第二个挑战是分析框架的系统性。如何构建一个既能反映政策体系完整性，又便于读者理解的分析框架？经过反复讨论和多次修改，我们最终确定以“数字中国”2522体系为指导，从11个维度展开分析。这个框架既保持了逻辑性和系统性，又突出了中国特色。第三个挑战是案例选择的典型性。为了让政策分析更加生动具体，我们创新性、示范性和可复制性地收集了大量政策实践案例。

写作过程中，我们得到了来自各方面的大力支持。我们感谢浙江工商大学经济学院数字经济学科建设和数字经济专业建设经费的支持，感谢浙江省自然科学基金重点项目（Z24G030005），数字化转型视角下城市经济韧性研究：浙江经验；国家社会科学基金青年项目（22CJY061），产业集群数字化转型的模式、机制和路径优化研究；教育部人文社科基金项目（24YJA790043），基于机器学习的高潜能未来产业识别与发展路径研究；浙江省哲学社会科学规划“习近平总书记考察浙江重要讲话精神研究阐释”专项课题（23YJZX20YB），浙江打造数字产业集群的优化机制与推进路径研究；“商大精品文库”建设项目——冲浪数智时代：数字浙商口述史 2.0 等项目的支持。

多位政府部门的领导和专家为我们提供了宝贵建议，多家企业分享了他们的实践经验，众多学者参与了研讨和审读。正是有了这些支持，本书才能更加贴近实际、更具参考价值。

数字经济发展方兴未艾，政策体系也将持续完善。我们期待这本书能为读者提供有益参考，为政策研究提供新思路，为实践发展提供新启示。同时，我们也将持续关注数字经济发展动态，不断更新研究成果，为推动数字经济高质量发展贡献力量。因此，本书在写作过程中参考使用了许多作者的著作与论文，已经在文中相应的位置做了标注，并在参考文献中列出，但数字经济的研究卷帙浩繁，编写过程中难免还会有遗漏，希望未被标注的引文作者能够给予谅解，并联系我们增加参考标注。当然，由于数字经济发展日新月异，政策环境持续变化，本书难免存在一些不足和局限。比如，某些最新的政策动态可能未能及时收录，某些领域的分析可能还不够深入，某些案例可能需要进一步更新。这些都需要在今后的修订中不断完善。

最后，要特别感谢中国财政经济出版社吕小军编审团队的精心策划和编辑。正是她们的专业、热情和严谨，才使得这本书得以顺利完成。

毛丰付

2024 年 12 月于杭州